Aufbau und Strukturwandel im Altkreis Lübbecke

– Parteien und Wahlen im Altkreis Lübbecke 1953 - 1973 –

Verlag Uhle & Kleimann · Lübbecke

Inhaltsverzeichnis

Herausgeber: Dirk Möllering, Volkshochschule Altkreis Lübbecke

Autoren und Mitarbeiter: Karl-Heinz Hentschel, Friedrich-Wilhelm Meier, Gerd Milkereit, Dr. Eckhard Struckmeier, Reinhold Wöstehoff, Dr. Heinz-Ulrich Kammeier, Hans Eickemeyer, Helmut Kammeier, Roland Mettenbrink, Ernst-August Schmidt, Wilhelm Westerkamp, Dr. Günter Linkermann, Karl Schröder, Klaus Loske

Einband-Gestaltung: Elke Schmidt-Sawatzki

ISBN 3-928959-30-1

Vorwort

Nach der erfolgreichen Buchveröffentlichung »Demokratischer Neubeginn – Zur Entstehung und Entwicklung der politischen Parteien im Altkreis Lübbecke nach 1945«, in der die Gründung, Neugründung und Entwicklung der politischen Parteien in den Jahren nach dem Zusammenbruch 1945 im Altkreis Lübbecke nachgezeichnet sowie wichtige kommunalpolitische Diskussionspunkte jener Zeit aufgegriffen worden sind, – dieses Buch ist 1988 erschienen – hat die Volkshochschule Altkreis Lübbecke in den sechs Städten und Gemeinden des Altkreises wiederum Arbeitskreise eingerichtet, die die kommunale Landschaft in den Jahren 1953 bis 1973 beleuchten und wichtige Ergebnisse und Namen aus dieser Zeit festhalten sollten. Insbesondere sollte die Entwicklung der politischen Parteien im heimischen Raum weiter verfolgt werden. Zeitzeugen wurden befragt, Dokumente, Aktenbände, Zeitungsartikel, Fotosammlungen gesichtet und nach zweijähriger Spurensuche „vor Ort“ nunmehr in Schriftform als VHS-Edition „Aufbau und Strukturwandel im Altkreis Lübbecke – Parteien und Wahlen im Altkreis Lübbecke 1953 - 1973“ fertiggestellt.

Danken darf ich den 13 Arbeitskreisleitern, die als Autoren für die einzelnen Kapitel verantwortlich zeichnen: Hans Eickemeyer, Karl-Heinz Hentschel, Dr. Heinz-Ulrich Kammeier, Helmut Kammeier, Dr. Günter Linkermann, Friedrich-Wilhelm Meier, Roland Mettenbrink, Gerd Milkereit, Ernst-August Schmidt, Karl Schröder, Dr. Eckhard Struckmeier, Wilhelm Westerkamp und Reinhold Wöstehoff. Mein besonderer Dank gilt aber auch den befragten Zeitzeugen, Archivaren, Heimatpflegern, Parteivorsitzenden oder Verwaltungsmitarbeitern in den Städten und Gemeinden für ihre Hinweise, Berichte oder die Überlassung von Dokumenten.

Waren die fünfziger Jahre Zeit der Grundlegung und Weichenstellung, und somit natürlicher Beginn dieser Darstellung als Anschluss an die vorausgehende Veröffentlichung, – eines der Probleme bei unserer Betrachtungsweise ist ja immer die Festlegung der Zäsuren – so hat sich als Ende die Gebietsreform aufgedrängt, die am 1. Januar 1973 in Kraft getreten ist und die die kommunale Landschaft im heimischen Raum grundlegend verändert hat. Und hiermit kann dieses Buch Anspruch erheben, umfassende und grundlegende Dokumentation kommunalen Geschehens in diesem Zeitraum zu sein, vielleicht sogar Nachschlagewerk für speziell kommunalpolitisch Interessierte. Für viele wird es aber auch Erinnerung an Namen und Geschehnisse sein, die mitbestimmend und mitprägend im und für den heimischen Raum waren. Keine wissenschaftliche Abhandlung soll hier vorgelegt werden, sondern Zusammenfassung, in Erinnerung rufen, Spurensuche und damit Wecken von lokaler Bindung, Heimatbewusstsein und Aufforderung zur gesellschaftlichen Teilhabe sollen Gegenstand unseres Buches sein.

Im März 2001

Dirk Möllering,
Leiter der Volkshochschule Altkreis Lübbecke

Der Arbeitskreis der Volkshochschule Altkreis Lübbecke:
Dirk Möllering, Herausgeber und Arbeitskreisleiter; Gerd Milkereit; Helmut Kammeier; Dr. Günter Linkermann; Elke Schmidt-Sawatzki; Karl Schröder; Wilhelm Westerkamp (1. Reihe von links); Karl-Heinz Hentschel; Ernst-August Schmidt; Friedrich-Wilhelm Meier; Roland Mettenbrink; Dr. Heinz-Ulrich Kammeier (2. Reihe von links); Klaus Loske; Reinhold Wöstehoff; Dr. Eckhard Struckmeier (3. Reihe von links); nicht auf dem Foto Hans Eickemeyer.

I. Deutschland von 1953 bis 1973 – wirtschaftlicher Aufstieg und Wohlstand

von Dr. Heinz-Ulrich Kammeier und Reinhold Wöstehoff

Die Eckpunkte dieser im vorliegenden Buch umrissenen Epoche der Geschichte und Entwicklung der Parteien im Altkreis Lübbecke sind, bezogen auf die Geschichte der Bonner und Ostberliner Republiken, nicht zufällig so gewählt. In beiden Jahren vollzogen sich entscheidende Ereignisse: 1953 der Tod Stalins, der Volksaufstand in der DDR oder etwa das Ende des Koreakrieges und 1973 der Beginn des KSZE-Prozesses, der „Waffenstillstand“ in Vietnam oder der Jom-Kippur-Krieg mit der folgenden Ölkrise. Auf den Kreis Lübbecke bezogen bedeutet das Jahr 1973 das Ende des Kreises auf Grund des sogenannten „Bielefeld-Gesetzes“, in dem die kommunale Neugliederung des Regierungsbezirks Detmold geregelt wurde. Das Jahr 1953 als Anfangspunkt der Betrachtungen in diesem Buch wurde auch gewählt, um zu verdeutlichen, dass es sich um den Nachfolgeband des 1988 von der Volkshochschule des Altkreises Lübbecke veröffentlichten Buches „Zusammenbruch und demokratischer Neubeginn“ handelt, das mit dem Jahr 1952 seinen Abschluss findet.

Um zwanzig Jahre deutsche Geschichte allgemein betrachtet vorzustellen, bedarf es einer Schwerpunktsetzung, um eine Zersplitterung in Einzelheiten zu vermeiden. An dieser Stelle soll auf die Aspekte Außen- und Innenpolitik sowie wirtschaftliche und gesellschaftliche Entwicklung eingegangen werden. Besondere Belange der Entwicklung des 1946 gegründeten Bundeslandes Nordrhein-Westfalen werden integriert.

Ost-Berlin, am 17. Juni 1953: Jugendliche bewerfen einen Sowjet-Panzer mit Steinen.

Die Außenpolitik der fünfziger Jahre wurde maßgeblich von Konrad Adenauer beeinflusst, unter dessen Kanzlerschaft die junge Republik in das westliche System unter Zurückstellung des Einheitsgedankens eingebunden wurde. 1955 erfolgte der Beitritt zur NATO und damit verbunden die Wiedergewinnung der staatlichen Souveränität (vollständig freilich erst 1990). 1958 war die Bundesrepublik Gründungsmitglied der EWG. Weiterer Kernpunkt der Bonner Außenpolitik war die Begründung einer Freundschaft mit dem bisherigen „Erzfeind" Frankreich, die einen ersten Höhepunkt in der Rückgliederung des Saarlandes 1957 fand. Weniger erfolgreich konnte auf Grund des Kalten Krieges die Ostpolitik Adenauers sein, dessen Schwerpunkt eindeutig auf der Westintegration lag. Es gelang ihm jedoch eine gewisse Normalisierung der Beziehungen zur Sowjetunion und die Heimholung der letzten Kriegsgefangenen im Jahre 1955. Allerdings ließ sich die fortschreitende Teilung Deutschlands, die sich zum Beispiel durch den Ausbau der Sperranlagen oder die Einbindung der DDR in das östliche System manifestierte, durch diese Politik nicht verhindern.

Innenpolitisch festigten sich die politischen Strukturen während der fünfziger Jahre. Radikale Parteien wie die SRP und KPD wurden verboten, kleinere Parteien wie der BHE, die DP oder die FVP verloren an Bedeutung, was in der Regel zu stabilen Mehrheitsverhältnissen in den westdeutschen Parlamenten führte. CDU, CSU und SPD konnten auf Grund dieser Entwicklung ihre Stimmenanteile ausbauen. Besonders durch die erfolgreiche wirtschaftliche Entwicklung konnten CDU und CSU 1957 die Bundestagswahlen mit absoluter Mehrheit gewinnen. In diesem Zusammenhang sei daran erinnert, dass Nordrhein-Westfalen, abgesehen von den Jahren 1956 bis 1958, ein Stammland der Union war, die auch in den Großstädten des Ruhrgebietes beachtliche Stimmenanteile aufweisen konnte.

Das wohl wichtigste innenpolitische Thema der fünfziger Jahre war die Frage eines deutschen Wehrbeitrages. Um diese Frage wurde zwischen den beiden großen Parteien erbittert gerungen, bis sich die Position Adenauers (Aufstellung einer Bundeswehr als Wehrpflichtarmee) durchsetzte. Erst durch das Godesberger Programm von 1959 bekannte sich auch die SPD zu dieser Armee, deren Existenz viele Menschen nach der Katastrophe von 1945 nicht für möglich gehalten hatten. Zu den innenpolitischen Problemen dieser Jahre zählte auch die Integration der Flüchtlinge und Vertriebenen nicht nur aus den Ostgebieten, sondern auch aus der DDR. Diese war am Ende der fünfziger Jahre weitestgehend gelungen – das System der sozialen Marktwirtschaft diene an dieser Stelle als Erklärung. Die Stabilität der Republik wurde durch Skandale wie die Entdeckung zahlreicher (ehemaliger) Nazis in hohen Positionen oder die Enttarnung von Ostagenten nicht erschüttert, auch wenn die Propaganda der DDR hier nicht ganz zu Unrecht die „Vergangenheitsbewältigung" in der Bundesrepublik anprangerte.

Wirtschaftlich waren die fünfziger Jahre eine Zeit des rasanten Aufschwungs. Wurden 1950 beispielsweise 15,2 Milliarden DM an Bruttolöhnen und -gehältern ausgezahlt, waren es 1955 bereits 29,5 Milliarden. Das Bruttosozialprodukt stieg von 181,4 Milliarden DM 1955 auf über 490 Milliarden 1966. Vor allem im Bereich des Wohnungsbaus wurden Rekorde gebrochen, freilich um den Preis von heute oft als unansehnlich und schlicht empfundenen Gebäuden. Waren Anfang der fünfziger Jahre noch mehr als eine Million Menschen arbeitslos, mussten 10 Jahre später „Gastarbeiter" aus den Ländern Süd- und Südosteuropas angeworben werden. Zusammenfassend

Andernach, am 13. November 1955: Bundeskanzler Adenauer begrüßt die ersten Bundeswehrsoldaten.

wird diese Entwicklung, basierend auf der Politik Ludwig Erhards die Menschen mit Kaufkraft auszustatten und ein „soziales Netz“ einzuführen, als „Wirtschaftswunder“ bezeichnet.

Symbol des Wirtschaftswunders: der VW-Käfer. Allein 1963 rollten 2,5 Millionen Fahrzeuge vom Band.

Gesellschaftlich „waren“ die Deutschen jener Jahre „wieder wer“, vor allem nach dem überraschenden Gewinn der Fußball-Weltmeisterschaft 1954. Dieser Sieg über die ungarische „Wunderelf“ gab vielen Menschen nach dem verlorenen Krieg Selbstbewusstsein zurück. Insgesamt jedoch war ein Wandel der Mentalität festzustellen. Es dominierten Heimatfilme mit Stars wie Sonja Ziemann oder Rudolf Prack und als Höhepunkt gewissermaßen die Sissi-Trilogie, in denen Romy Schneider ihren Weltruhm begründete. Die Unterhaltungsmusik der fünfziger Jahre war in der Regel ruhig und wird rückblickend nicht zu Unrecht als „schnulzig“ bezeichnet. Rudi Schurickes »Caprifischer« seien hier stellvertretend für viele andere Titel gleicher Machart genannt. Begründet werden kann diese Entwicklung mit der Sehnsucht von Menschen der jungen und mittleren Generation, die Jahre ihres Lebens in Luftschutzkellern, Schützengräben und Gefangenenlagern verbracht hatten, nach etwas Schönem, nach der heilen Welt, die sie zeitweise nicht erlebt hatten. Es gab jedoch auch ernste und kritische Filme wie etwa die

Antikriegsfilme »Haie und andere kleine Fische«, »Die Brücke« oder »Rosen für den Staatsanwalt«, in denen eine Auseinandersetzung mit der NS-Vergangenheit stattfand. Und am Ende der fünfziger Jahre, als sich der Einfluss der US-amerikanischen Lebensart immer mehr bemerkbar machte, bevorzugte die dann junge Generation Rock'n'Roll-Musik, Lederkleidung und Motorräder, woran viele Ältere Anstoß nahmen. „Halbstarke" gehörten ebenso zum Straßenbild wie Jugendliche in Anzügen bzw. Kostümen. Peter Alexander und Connie Froboess bestimmten ebenso die Hitparaden wie Ted Herold oder Peter Kraus.

Die sechziger Jahre verliefen in mancherlei Hinsicht anders als die Fünfziger. Gab es in den fünfziger Jahren nur einen Kanzler, nämlich Konrad Adenauer, so waren es im folgenden Jahrzehnt vier: Adenauer, Erhard, Kiesinger und Brandt. Allein diese Tatsache deutet auf einen Umbruch hin. Der Bau der Berliner Mauer am 13. August 1961 unterband die ständige Abwanderung besonders von Fachkräften aus der DDR und machte den meisten Deutschen deutlich, dass an eine Überwindung der Teilung auf lange Sicht nicht zu denken war. Das Foto des über den Stacheldraht springenden Volksarmisten Conrad Schumann und die Worte von Präsident Kennedy „Ich bin ein Berliner!" sind auch knapp vierzig Jahre nach den Geschehnissen vielen Menschen noch in lebhafter Erinnerung. Der Mauerbau war für viele westliche Politiker ein Signal, fortan eine „Politik der kleinen Schritte" zu betreiben, um eine Annäherung der beiden deutschen Staaten zu erwirken. Eine neue Ostpolitik, die die DDR zunehmend als selbständiges politisches Gebilde betrachtete, begann unter der Kanzlerschaft Kiesingers (1966–1969) mit dem Außenminister Willy Brandt und dem Minister für Gesamtdeutsche Fragen Herbert Wehner. Brandt war es dann, der als Kanzler (1969–1974) diese Politik forcierte. Nach emotionalen politischen Auseinandersetzungen schloss die Bundesrepublik Deutschland mit ihren östlichen Nachbarn Grundlagenverträge, die auf eine Normalisierung der Beziehungen und menschliche Erleichterungen zielten. Brandt erhielt für diese Politik 1971 den Friedens-Nobelpreis.

Ost-Berlin, am 13. August 1961: Unter Aufsicht eines NVA-Soldaten zieht ein Maurer die Mauer hoch.

Ost-Berlin, am 13. August 1961: Einer Familie aus der Bernauer Straße gelingt in letzter Minute die Flucht nach West-Berlin.

Gemeinsame Aktion verschiedener Organisationen im Altkreis zum Mauerbau in Berlin

Im Kampf um die Mehrheiten in den Kommunalvertretungen waren die Parteien Konkurrenten. In Einzelfällen gab es vielleicht auch in Wahlkämpfen Auseinandersetzungen, die über sachliche Auseinandersetzungen hinaus gingen. Die Zusammenarbeit der Parteien, auch mit anderen gesellschaftlichen Gruppen, soll ein Beispiel zeigen. Verschiedenste Gruppen formierten sich im August 1961 zu gemeinsamem Protest gegen den Bau der Berliner Mauer.

In einem Bericht der Lübbecker Kreiszeitung vom 26. August 1961 wurde über die Aktion ausführlich berichtet.

„Zu einem außerordentlich eindrucksvollen Bild gestaltete sich am Donnerstagabend (24. August 1961) der stumme Protestmarsch gegen die Willkürakte der ostzonalen Machthaber. Wohl an tausend Menschen zogen mit brennenden Fackeln durch die nachtdunklen Straßen von Lübbecke. Alle Schaufensterbeleuchtungen und Lichtreklamen waren ausgeschaltet, und auch die städtische Straßenbeleuchtung erlosch bei Beginn des Schweigemarsches.

...

Eine große Menschenmenge hatte sich bald nach 20 Uhr auf dem Marktplatz versammelt und formierte sich in Dreierreihen zum Protestmarsch durch die Stadt.

An der Spitze des langen Zuges sah man die Lübbecker Stadtverordneten mit Bürgermeister Klöpping und dem stellv. Bürgermeister Klöpper in der Mitte. Es folgten Vertreter der Behörden und kommunalen Vertretungen mit Landrat Schumacher und Oberkreisdirektor Dr. Huchzermeyer an der Spitze, die Vertreter der politischen Parteien, der Ärzteschaft und dann die lange Reihe der Teilnehmer aus der Bevölkerung, aus den Betrieben und Verwaltungen.

Vor allen – und das war besonders erfreulich – war viel Jugend in dem Zuge, darunter auch die St.-Georgs-Pfadfinder mit dem Banner. Eine ganze Reihe von Transparenten wurde mitgeführt, auf denen die Willkür der ostzonalen Machthaber angeprangert wurde."

An die Bevölkerung des Kreises Lübbecke

Kreis Lübbecke. Mit großer Empörung und tiefer Sorge beobachtet auch die Bevölkerung unseres Heimatkreises die Willkürmaßnahmen der sowjetzonalen Machthaber gegen unsere Brüder und Schwestern in der Zone und in Ost-Berlin.

Wir alle verurteilen schärfstens die Terrormaßnahmen gegen Freiheit und Menschenwürde. Der Versuch der Diktatoren, deutsche Menschen durch Stacheldraht und Betonwände zu trennen, wird an unserem unbeugsamen Willen zur Einheit Deutschlands scheitern.

Wir rufen die Bevölkerung des Kreises Lübbecke auf, ihre Solidarität mit unseren Brüdern und Schwestern im unterdrückten Teil Deutschlands durch die Beteiligung an einem Schweigemarsch öffentlich und machtvoll zu bekunden.

J. Hockel
DGB
Kreisausschuß Lübbecke

W. Feldkötter
Kreisjugendring
Lübbecke

SPD
Unterbezirk Lübbecke
H. Burkamp

CDU
Kreispartei Lübbecke
K. Weimann

FDP
Kreisverband Lübbecke
H. Kosynowski

Ein weiterer Schwerpunkt der bundesdeutschen Außenpolitik in den sechziger Jahren war neben der langsam fortschreitenden europäischen Einigung die Gestaltung der Beziehungen zu Israel. 1965 wurden diplomatische Beziehungen zu diesem Staat aufgenommen: die Bundesrepublik verpflichtete sich, Wiedergutmachung in Milliardenhöhe zu leisten, sofern dies angesichts des Leides überhaupt möglich war.

Innenpolitisch sind die sechziger Jahre durchaus als turbulent zu bezeichnen. Die Spiegel-Affäre, während der dem Hamburger Magazin auf Grund von Veröffentlichungen über das NATO-Manöver „Fallex 62" Landesverrat vorgeworfen wurde, führte zur Verhaftung der führenden Herausgeber Augstein und Ahlers. Als sich die Vorwürfe der Staatsanwaltschaft nicht aufrecht erhalten ließen, sah sich Bundesverteidigungsminister Franz Josef Strauß zum Rücktritt gezwungen, der seinerseits falsch gehandelt hatte. Die Affäre brachte den 86-jährigen Bundeskanzler Adenauer in Bedrängnis, weil nunmehr die FDP ihn zum Rücktritt drängte. Schließlich machte er im November 1963 Platz für den Schöpfer der sozialen Marktwirtschaft in der Bundesrepublik, Wirtschaftsminister Ludwig Erhard. Dieser agierte als Kanzler eher unglücklich. In seine Kanzlerschaft fiel zum Beispiel die Starfighterkrise, bei der die Bundeswehr zahlreiche Maschinen dieses Typs und auch einige Piloten verlor, darunter den Sohn von Verteidigungsminister von Hassel. Zudem etablierte sich die NPD für einige Jahre als vierte Partei in deutschen Landtagen und schwächte vor allem die CDU. Auch verlor die CDU ihr traditionelles Stammland Nordrhein-Westfalen 1966 an die SPD, die fast 50 % bei den Landtagswahlen erzielen konnte. Vorausgegangen war ein konstruktives Misstrauensvotum der SPD gegen die CDU/FDP-Regierung unter Franz Josef Meyers, dem sich etliche FDP-Abgeordnete anschlossen. Nach1956 hatte der FDP-Landesminister Willy Weyer erneut eine CDU-Regierung zu Fall gebracht. Dies bedeutete auch das Ende der Ministerzeit des Wehdemers Gustav Niermann, der dem Kabinett seit 1958 als Landwirtschaftsminister angehört hatte. Der Regierungswechsel in Nordrhein-Westfalen sollte Folgen für die Bonner CDU/CSU/FDP-Regierung haben. Auslöser des Bruchs dieser Koalition war die erste Rezession in der Bundesrepublik seit ihrer Gründung 1949, während der sich die Arbeitslosenzahl von 300.000 auf 600.000 verdoppelte. Grund für diese Entwicklung war unter anderem eine Überhitzung der Konjunktur, die zu einer Übersättigung des Marktes führte. Hinzu kam die Kohlekrise, die zur Schließung zahlreicher Zechen im Ruhrgebiet führte. Dass der Wirtschaftsfachmann Erhard die Krise nicht überwinden konnte, führte zu einem Rückgang seiner Popularität und schließlich zu seinem Rücktritt. Zu seinem Nachfolger wählte der Deutsche Bundestag den bisherigen baden-württembergischen Ministerpräsidenten Kurt-Georg Kiesinger, eine Art Verlegenheitskandidaten. Seinem Kabinett gehörten Minister der CDU/CSU und SPD an. Vor allem SPD-Wirtschaftsminister Schiller und CSU-Finanzminister Strauß bildeten ein effektives Duo („Plisch und Plum"), dem es in Zusammenarbeit mit Arbeitgebern und Gewerkschaften gelang, die Krise schnell zu überwinden. Die Bundesregierung verabschiedete auch die seit Jahren diskutierten Notstandsgesetze, in denen die Einschränkung der Grundrechte während Krisenzeiten festgeschrieben wurde. Die notwendige Zweidrittel-Mehrheit für die entsprechende Änderung des Grundgesetzes war leicht zu erreichen, da die Regierungsparteien mehr als 90 % der Abgeordneten stellten.

Gerade diese Tatsache aber führte zu mentalen Umbrüchen, die zunächst von Studenten ausgingen. Es bildete sich die sogenannte „Außerparlamentarische Opposition" (APO) unter dem charismatischen Berliner Studentenführer Rudi Dutschke. Neben sozialistischem und kommunistischem Gedankengut spielte die Tatsache, dass nur die FDP im Bundestag als Kontrolle der Regierung fungierte, eine wichtige Rolle. Aber auch außenpolitische Vorgänge wie die Errichtung der Militärdiktatur in Griechenland (1967), der Schahbesuch in Berlin im gleichen Jahr und vor allem der Vietnamkrieg beflügelten diese Bewegung. Den westlichen Demokraten wurde vorgeworfen, mit totalitären Regimen zusammen zu arbeiten und korrupte Regime gegen den Willen des Volkes zu unterstützen. Hatten 1963 noch Hunderttausende Berliner Präsident Kennedy zugejubelt, waren 1968 „Ho-Ho-Ho-Tschi-Minh“-Rufe Tausender auf dem Kurfürstendamm zu hören. Auch wenn diese Bewegung niemals in irgendeiner Form mehrheitsfähig war, so kristallisierte sich doch eine Tendenz heraus, „alte Zöpfe abschneiden“ zu wollen, wie die FDP 1969 im Bundestags-Wahlkampf formulierte.

1969 wurde der SPD-Kandidat Gustav Heinemann mit FDP-Unterstützung zum Bundespräsidenten gewählt, ein Signal, das ein halbes Jahr später zur Bildung der sozialliberalen Koalition unter Willy Brandt (SPD) und Walter Scheel (FDP) führte. Über deren Ostpolitik wurde bereits gesprochen.

West-Berlin, im November 1968: Demonstranten und Polizei (noch mit dem Tschako).

Bonn, am 19. November 1972: Bundeskanzler Brandt, Bundesaußenminister Scheel – und (ganz links) Günter Grass feiern den Sieg der soziallliberalen Koalition bei den Bundestagswahlen.

Vor allem gesellschaftlich waren die sechziger Jahre eine Zeit des Umbruchs. Der Aufstieg des Beat und die damit verbundene Änderung der Mode („Pilzköpfe", Miniröcke) wurde von vielen Menschen mittleren Alters als provozierend empfunden. Popgruppen wie die Beatles, Rolling Stones, Lords, Pink Floyd und Sänger/innen wie Jimi Hendrix, Joan Baez, Lulu oder Joe Cocker prägten eine ganze Generation von Jugendlichen. Es gab aber auch eine Gegenbewegung, die eine „heile Welt" besang: Heintje und Roy Black Ende der sechziger und Anfang der siebziger Jahre seien hier stellvertretend genannt.

Das Fernsehen trat seinen Siegeszug in bundesdeutschen Wohnzimmern an und verdrängte das Kino vom ersten Platz der Unterhaltung. Lou van Burg, Hans-Joachim Kulenkampff, Vico Torriani und die englischen Filmhelden John Steed und Emma Peel waren die Idole von Millionen Fernsehzuschauern. Im Fernsehen wurden die Fußball-Weltmeisterschaften 1962 und 1966, die Beerdigung von Kennedy 1963 und die erste Mondlandung 1969 ebenso wie der Vietnamkrieg mitverfolgt. Dem Kino blieben zunächst Produktionen wie die Karl-May-Verfilmungen mit Pierre Brice und Lex Barker und am Ende der sechziger Jahre die Aufklärungsfilme von Oswalt Kolle sowie die „Schulmädchenreports“.

Die Erfindung der „Antibabypille“ Mitte der sechziger Jahre, das Aufbegehren gegen Autoritäten und das Aufwachsen der meisten Jugendlichen in einer Wohlstandsgesellschaft hatten ab etwa 1966 zu einer Lockerung der Moral geführt, die sich auch in den Medien widerspiegelte, Dinge, die bis dato als unvorstellbar galten und neben Zustimmung auch zu Empörung führten. Erst Ende der siebziger Jahre kam es zu einer gewissen Übersättigung und zu einer Gegenbewegung, die mit dem Namen Alice Schwarzer verbunden ist.

In diese Zeit fielen, sportlich betrachtet, die Gründung der Bundesliga 1963, die Vizeweltmeisterschaft 1966 mit dem unvergessenen „Wembley-Tor“, die Erfolge des Eislaufpaares Kilius-Bäumer sowie die Auflösung der gesamtdeutschen Olympiamannschaft, die 1968 getrennt antrat und zu einem Erfolg der DDR führte. Weltklassespieler wie Franz Beckenbauer und Gerd Müller traten in das Rampenlicht ebenso wie die Radsportler Rudi Altig und der Boxer Karl Mildenberger.

Die frühen siebziger Jahre waren geprägt von der Ostpolitik Willy Brandts, die kontrovers diskutiert wurde. Auf der einen Seite stand das Bemühen des Kanzlers, das Verhältnis zu den östlichen Nachbarn der Bundesrepublik weitgehend zu normalisieren, auf der anderen Seite die Befürchtung, der Gedanke der Wiedervereinigung und die verlorene Heimat im Osten könnte dieser Politik geopfert werden. Zudem machte man der SPD-FDP-Koalition den Vorwurf, ohne Gegenleistungen bewährte Positionen zu opfern. Diese Politik wurde nach dem gescheiterten Misstrauensvotum der CDU/CSU-Opposition 1972 fortgeführt und gipfelte in den sogenannten Ostverträgen mit der DDR, Polen, der ČSSR und der UdSSR. Sie machte den Weg frei für den UNO-Beitritt der Bundesrepublik und der DDR und führte zu menschlichen Erleichterungen für die Bürger beider Staaten.

Das Jahr 1973 bedeutete mit dem Jom-Kippur-Krieg zwischen Israel und einigen arabischen Nachbarländern auch einen Einschnitt im Bewusstsein der Deutschen. Durch den Ölboykott der OPEC wurde den meisten schlagartig bewusst, wie abhängig man vom Öl war und welche Folgen das Ausbleiben des arabischen Öls für die Wirtschaft haben konnte. Nicht nur die autofreien Sonntage bewirkten eine Änderung des Bewusstseins, die 1979 in der Gründung der Partei „Die Grünen“ einen ersten Höhepunkt finden sollte.

Innenpolitisch bedeutete der Regierungswechsel 1969 das Aus für die APO, die sich am Ziel wähnte und mit Rudi Dutschke ihre Galionsfigur verloren hatte und auch die NPD auf parlamentarischer Ebene. Während sich die Mehrheit der APO in die Gesellschaft integrierte, ging eine radikale Gruppe um Andreas Baader, Ulrike Meinhof, Gudrun Ensslin und Jan-Carl Raspe in den Untergrund und begann eine Serie von Terroranschlägen, die bis in die neunziger Jahre etwa 50 Tote forderten und die 1977 im sogenannten „Deutschen Herbst“ einen traurigen Höhepunkt finden sollten. Diese Jahre waren auch geprägt von Flugzeugentführungen und Bombenanschlägen radikaler Palästinenser und Nordiren. Die mit großen Erwartungen begonnenen Olympischen Spiele von München 1972 mussten nach einem Terroranschlag der El Fatah, der zahlreiche Tote forderte, unterbrochen werden. Bundeskanzler Brandt versuchte zunächst, Geiseln durch den Austausch von Inhaftierten frei zu bekommen. Da dies in einen Teufelskreis mündete, änderte man später diese Politik zu Gunsten einer Politik der Stärke gegenüber radikalen Gruppen.

Wirtschaftlich bedeuteten die frühen siebziger Jahre ein Ansteigen des Wohlstands, aber auch der Inflation und der Arbeitslosigkeit. Folge dieser Entwicklung war unter anderem ein Anwerbestopp für Gastarbeiter. Gesellschaftliche Reformen blieben weitgehend aus, so dass Bundeskanzler Brandt nach seinem überzeugenden Wahlsieg zunehmend an Ansehen, auch in seiner eigenen Partei, verlor.
Kulturell waren Dichter wie Heinrich Böll, Siegfried Lenz oder Günter Grass auf der Höhe ihrer Schaffenskraft. Künstler wie Beuys beherrschten die Kasseler Documenta und Regisseure wie Rainer Werner Fassbender drehten Filme von internationaler Bedeutung wie »Die verlorene Ehre der Katharina Blum«. Fernsehstars wie Dieter Thomas Heck, Peter Frankenfeld, Hans Rosenthal, Ingrid Steeger, Dietmar Schönherr oder Ilja Richter beherrschten dieses Medium (seit 1967 in Farbe) ebenso wie die Schlagersänger und -sängerinnen Heino, Katja Ebstein, Chris Roberts, Manuela, Roy Black, Tony Marschall, Mireille Mathieu und viele andere. Mit dem »Tatort« und dem »Kommissar« begannen Fernsehserien, die in nahezu alle Länder der Welt exportiert wurden.

Sportlich stand der Fußball im Vordergrund. Unvergessen das Weltmeisterschafts-Halbfinale zwischen Deutschland und Italien 1970 (3 : 4 nach Verl.) und der Sieg gegen die UdSSR bei der Europameisterschaft 1972 in Brüssel, die Gladbacher Fohlenelf mit den Klassespielern Netzer, Vogts und Heynckes sowie der FC Bayern München mit seinen Weltstars Beckenbauer, Müller, Maier, Hoeneß und Breitner. 1972 beendete das Fußballidol Uwe Seeler seine Karriere. Unvergessen aber auch der Bundesligaskandal 1971 mit maßgeblicher Beteiligung von Arminia Bielefeld und der kometenhafte Aufstieg des

München, am 10. September 1972: 4 x 100 m der Frauen. Im Ziel Heide Rosendahl (Bundesrepublik) knapp vor Renate Stecher (DDR).

München, am 4. September 1972: Die 16-jährige Schülerin Ulrike Meyfarth gewinnt sensationell die Goldmedaille im Hochsprung; nachdem ihr Olympiasieg bereits feststand, stellte sie noch einen neuen Weltrekord auf.

späteren Handball-Europapokalsiegers TuS Nettelstedt in unserer Region. Die Olympischen Spiele 1972 brachten Spitzensportler wie Monika Pflug, Heide Rosendahl, Ulrike Meyfarth oder Dieter Kottysch hervor.

Insgesamt betrachtet waren die Jahre von 1953 bis 1973 gute Jahre für die Bundesrepublik Deutschland. Der wirtschaftliche Aufschwung nach dem verlorenen Krieg, der der überwiegenden Mehrheit der Menschen in der Bundesrepublik zu bislang nie gekanntem Wohlstand verholfen hatte, prägte die Menschen mehr als politische Ereignisse wie Regierungswechsel und gesellschaftliche Reformen bzw. Veränderungen. Dass dieser Wohlstand für breite Schichten der Bevölkerung möglich wurde, lag nicht nur an Politikern auf Bundesebene, sondern auch an weitsichtigen Kommunalpolitikern, die entscheidende Weichen stellten und auf die Erfordernisse der Zeitläufte weitgehend richtig reagierten. Von Letzterem wird im vorliegenden Band die Rede sein.

Die kommunalen Strukturen vor und nach der Gebietsneuordnung –

Die 50 Städte und Gemeinden und die 7 Ämter des ehemaligen Kreises Lübbecke vor 1973 und ihre Einbindung in die gesamtstaatliche Ordnung

von Karl Schröder

Vom Obrigkeitsstaat zur kommunalen Selbstverwaltung

Nichts Gegenwärtiges ist ohne Vergangenheit, das gilt auch für das öffentliche Leben in unseren Städten und Gemeinden, Ämtern und Kreisen.

Die uns heute vertrauten Strukturen der kommunalen Selbstverwaltung haben Wurzeln, die bis weit in das 18. Jahrhundert zurückreichen. Während das öffentliche Handeln in den früheren Jahren bis in die örtliche Ebene hinein weitestgehend staatlich reglementiert war („Obrigkeitsstaat"), entwickelte sich, insbesondere nach dem Untergang des „Dritten Reiches", ein anderes Ordnungssystem. Dieses war dadurch geprägt, dass der kommunalen Ebene ein starkes Recht des eigenverantwortlichen Handelns eingeräumt wurde.

Diese Entwicklung soll hier am Beispiel der 50 Städte und Gemeinden, der 7 Ämter und des ehemaligen Kreises Lübbecke (Altkreis) verdeutlicht werden.

Das Leben und die öffentliche Ordnung im Altkreis während der Nachkriegsjahre

Der seit dem 1. Januar 1832 bestehende Kreis Lübbecke liegt am nördlichen Rand von Ostwestfalen und zwar beidseitig des in Ost-West-Richtung verlaufenden Wiehengebirges. Westlich, nördlich und nordwestlich bildet er die Grenze zum heutigen Bundesland Niedersachsen mit seinen Kreisen Osnabrück (früher Melle und Wittlage), Diepholz und Nienburg. Nachbar im Süden ist der Kreis Herford. Im Osten war es bis 1972 der Kreis Minden, mit dem der Altkreis seither den Kreis Minden-Lübbecke bildet. Beide zuletzt genannten Kreise gehören zum nordrhein-westfälischen Regierungsbezirk Detmold.

Bis zur erwähnten Neugliederung am 1. Januar 1973 gehörten dem damaligen Kreis Lübbecke folgende Städte, Gemeinden und Ämter an:
Die Stadt Lübbecke; das Amt Alswede mit den Gemeinden Alswede, Fabbenstedt, Hedem, Lashorst und Vehlage; das Amt Dielingen-Wehdem mit den Gemeinden Dielingen, Arrenkamp, Drohne, Haldem, Oppendorf, Oppenwehe, Wehdem und Westrup; das Amt Gehlenbeck mit den Gemeinden Gehlenbeck, Eilhausen, Frotheim, Isenstedt und Nettelstedt; das Amt Levern mit den Gemeinden Levern, Destel, Niedermehnen, Sundern und Twiehausen; das Amt Hüllhorst mit den Gemeinden Hüllhorst, Ahlsen-Reineberg, Bröderhausen, Büttendorf, Holsen, Huchzen, Oberbauerschaft, Schnathorst und Tengern; das Amt Preußisch Oldendorf mit den Gemeinden Preußisch Oldendorf, Blasheim, Börninghausen, Engershausen, Getmold, Harlinghausen, Holzhausen, Offelten und Schröttinghausen und das Amt Rahden mit den Gemeinden Rahden, Espelkamp, Kleinendorf, Pr. Ströhen, Sielhorst, Tonnenheide, Varl und Wehe.

Zu beiden Seiten einer durch den in Ost-West-Richtung verlaufenden Mittellandkanal gebildeten Grenze waren die Städte und Gemeinden bis in die Nachkriegszeit in vielerlei Hinsicht unterschiedlich geprägt: Die nördlich des Mittellandkanals gelegenen Gemeinden zeichneten sich durch eine Siedlungs-

Der Kreis Lübbecke – die 7 Ämter – die 50 Städte und Gemeinden in den Grenzen vom 1. Januar 1832 bis 31. Dezember 1972

Blick vom Wiehengebirge zum Norden in die abwechslungsreiche Parklandschaft des Kreises Lübbecke.

Blick auf die Kreisstadt Lübbecke – Die Perle des Wiehengebirges – Im Hintergrund das alte Kreishaus ohne Neubau.

struktur aus, die vornehmlich landwirtschaftlich geprägt war. In den südlich gelegenen Gemeinden hingegen war der Einfluss der nahegelegenen Städte Bünde, Bad Oeynhausen, Herford und Bielefeld mit ihren wirtschaftlichen Impulsen unverkennbar. Dieser Unterschied ist – trotz vielschichtiger Einflüsse seither – bis heute vielerorts unübersehbar. Nach dem Zweiten Weltkrieg, insbesondere mit der Währungsreform im Jahre 1948 und der Gründung der Bundesrepublik Deutschland 1949, änderten sich die Lebensbedingungen der Bevölkerung sowie auch die strukturelle Situation im Kreis Lübbecke gravierend und schnell.

Der Mittellandkanal ist nicht nur eine wichtige Verkehrsader des Kreises mit den Häfen Lübbecke, Espelkamp und Getmold; bis in die 50er Jahre trennte er auch den landwirtschaftlich geprägten Norden von dem stärker besiedelten südlichen Raum des Kreises.

Landwirtschaft einst und heute.

Von jeher wiesen die dörflichen und kleinstädtischen Siedlungen eine gemischte Bebauung auf. Wohn- und Arbeitsstätten lagen in der Regel eng beieinander. Die Haupterwerbsquelle war die Landwirtschaft. Gewerbe- und Handelsbetriebe gab es nur soweit, wie sie den landwirtschaftlichen Betrieben dienten oder zu ihnen einen engen Bezug hatten. Beispielhaft sind hier zu nennen: Dorfschmiede, Mühle, Molkerei, Viehhandel, Bezugs- und Absatzgenossenschaft, Spar- und Darlehnskasse. Diese enge Verbindung ging nach und nach als Folge der umsichgreifenden Rationalisierung, Mechanisierung sowie Spezialisierung und damit das dörfliche Leben schlechthin verloren. Nicht unerheblich zu dieser Entwicklung trug auch die Motorisierung bei.

Nach einer Zeit der Normalisierung und Stabilisierung der politischen und wirtschaftlichen Verhältnisse erwarteten die Menschen Anfang der 50er Jahre vom Staat und den kommunalen Aufgabenträgern, eine Verbesserung ihrer Lebensbedingungen. Dazu gehörten insbesondere die Verkehrsverhältnisse und die Einkaufsbedingungen, das Angebot an Dienstleistungen sowie die Verbesserung der Umwelt.

Öffentliche Aufgabenträger auf der örtlichen Ebene waren die Städte, Gemeinden, Ämter und auch der Kreis. Ihre verfassungsrechtlichen Grundlagen bildeten in Nordrhein-Westfalen die Gemeindeordnung 1), die Amtsordnung 2) und die Landkreisordnung 3). Diese noch durch den Einfluss der britischen Besatzungsmacht geprägten Regelungen wurden in den Folgejahren verschiedentlich geändert, doch ihr wesentlicher Inhalt blieb erhalten.

1) vom 21. Oktober 1952 in der Fassung der Bekanntmachung vom 28. Oktober 1952
2) vom 10. März 1953
3) vom 21. Juli 1953

Die kommunale Selbstverwaltung in Nordrhein-Westfalen

Die vorgenannten kommunalen Gebietskörperschaften haben das Recht der Selbstverwaltung. Sie haben alle ein aus Kommunalwahlen hervorgegangenes Parlament (Gemeinderat/Stadtrat, Amtsvertretung, Kreistag). Diese Gremien wählen aus ihrer Mitte einen Vorsitzenden, der zugleich auch Repräsentant der jeweiligen Körperschaft ist (Bürgermeister, Oberbürgermeister, Amtsbürgermeister, Landrat). Sie verfügen über eine fachlich qualifizierte Verwaltung, für die jeweils ein hauptamtlicher Verwaltungsbeamter (Gemeindedirektor / Stadtdirektor, Oberstadtdirektor, Amtsdirektor, Oberkreisdirektor) die Verantwortung trägt.

Abgesehen von einigen Aufgaben, insbesondere von solchen, die sich der Staat selbst vorbehalten hat, tragen Parlament und Verwaltung gemeinsam die Verantwortung für ihren jeweilig räumlichen und sachlichen Aufgabenbereich. Zur Wahrnehmung dieser Aufgaben sind die kommunalen Gebietskörperschaften mit verfassungsrechtlich garantierten Hoheitsrechten ausgestattet 4), die sie im Rahmen der Gesetze wahrnehmen müssen. Hierüber wacht die staatliche Aufsicht, die gegenüber den Gemeinden und Ämtern vom Oberkreisdirektor als untere staatliche Verwaltungsbehörde wahrgenommen wird.

Dieses seit dem Ende der Diktatur bestehende System der kommunalen Selbstverwaltung, d. h. das Zusammenwirken von ehrenamtlich tätigen Politikern und einer fachlich qualifizierten Verwaltung, hat sich seit seinem Bestehen in hervorragender Weise bewährt. Es dient der Aufgabe, die persönlichen Bedürfnisse der Bürger mit den Belangen der Allgemeinheit, z. B. denen der Gemeinde, Gemeindeverbände, des Lan-

4) Art. 28 GG, Art. 78 Verf. NRW

des und des Bundes, in Einklang zu bringen. Die an der Bewältigung dieser Aufgabe beteiligten Personen – jeder an seinem Platz und unabhängig von subjektiven Wertvorstellungen und ggf. Zugehörigkeit zu einer politischen Partei – sind verpflichtet, dem Wohle der Allgemeinheit zu dienen.

Das Funktionieren dieses Systems beweist u. a., dass die Gemeinden und Gemeindeverbände seit jeher den Kern des öffentlichen Lebens bilden, auch wenn ihre räumliche Abgrenzung und ihre Organisation sich auf der Grundlage des „Bielefeldgesetzes" 5) mit der Neugliederung der Gemeinden und Kreise verändert haben.

Verändert hatten sich jedoch bereits vor dem Berichtszeitraum – und zwar zum Teil grundlegend – bestimmte Zuständigkeiten und Aufgaben der Verwaltung.

Hier ist vor allem die im Jahre 1948 erfolgte Eingliederung der staatlichen Sonderbehörden in die Kreis- und Stadtverwaltungen durch das NRW-Landesgesetz 6) zu nennen. Mit diesem Gesetz wurden folgende auf der Kreisebene bestehenden unteren staatlichen Verwaltungsbehörden in die Kommunalverwaltung des Kreises eingegliedert: Katasteramt, Gesundheitsamt, Veterinäramt, Regierungskasse (Staatliche Kreiskasse), Ernährungsamt A (zuständig für die Lebensmittelproduktion) und Straßenverkehrsamt. Die von diesen Behörden bisher erledigten Aufgaben sind seither Angelegenheiten der kommunalen Selbstverwaltung, doch sind sie als „Pflichtaufgaben zur Erfüllung nach Weisung" der jeweils zuständigen staatlichen Stellen wahrzunehmen.

Eine wesentliche Veränderung gab es auch für die Städte, Gemeinden, Ämter und Kreise in ihrem Aufgabenbereich als „Träger der obrigkeitlichen Gewalt", für die sie nach dem Preußischen Polizeiverwaltungsgesetz 7) sowohl für die Verwaltungs-, als auch für die Vollzugspolizei zuständig waren.

Auf Anordnung der britischen Besatzungsmacht 8) erfolgte eine Trennung der allgemeinen, überwiegend auf Verwaltungstätigkeiten beruhenden Aufgaben der Gefahrenabwehr, z. B. auf den Gebieten Melde-, Wege-, Wasser-, Bau-, Gewerbe- und Gesundheitswesen, von denen der Vollzugspolizei. Die Aufgaben der Polizei wurden auf den exekutiven Sicherheits- und Ordnungsbereich beschränkt, z. B. im Versammlungs-, Waffen- und Munitionswesen, bei der Überwachung des Straßenverkehrs, der Verhütung und Verfolgung der mit Strafe oder Geldbuße bedrohten Handlungen.

Diese Entwicklung vollzog sich in Nordrhein-Westfalen in mehreren Schritten und zwar mit dem Erlass des Polizeiorganisationsgesetzes 9) und des Ordnungsbehördengesetzes 10). Kreispolizeibehörde in den Kreisen ist seitdem der Oberkreisdirektor. Für die Wahrnehmung der Aufgaben der Ordnungsbehörden sind seither die Gemeinden bzw. die Ämter sowie die Kreise und kreisfreien Städte zuständig, die – wie bereits erwähnt – diese Aufgaben als „Pflichtaufgaben zur Erfüllung nach Weisung" wahrnehmen. Mit der Aufgabenzuordnung erfolgte zugleich eine Änderung der Bezeichnungen. Das Wort „Polizei" wurde durch das Wort „Aufsicht" ersetzt. So heisst es seither z. B. „Bauaufsicht" und nicht mehr „Baupolizei".

5) *vom 24. Oktober 1972*
6) *vom 30. April 1948*
7) *vom 1. Juni 1931*
8) *vom 25. September 1945*
9) *vom 11. August 1953*
10) *vom 16. Oktober 1956*

Mit dem Inkrafttreten des Polizei-Organisationsgesetzes und des Ordnungsbehördengesetzes trat das Polizei-Verwaltungsgesetz außer Kraft. Zur Durchsetzung ordnungsbehördlicher Maßnahmen waren jetzt das Verwaltungs-Vollstreckungsgestz des Bundes 11) und danach das des Landes Nordrhein-Westfalen 12) zugrunde zu legen. Im Bereich der Verwaltungsgerichtsbarkeit trat an die Stelle der Militärregierungsverordnung Nr. 165 13), die für das gesamte Bundesgebiet geltende Verwaltungsgerichtsordnung 14).

Die Ahndung rechtswidriger Handlungen erfolgt auch nicht mehr nach den Vorschriften des Strafrechts. So werden seither Verstöße dieser Art, sofern sie nicht als kriminelle Handlungen einzustufen sind, von der zuständigen Verwaltungsbehörde – z. B. der Stadt, der Gemeinde, dem Amt oder dem Kreis – als Ordnungswidrigkeit nach dem Gesetz über Ordnungswidrigkeiten 15) behandelt.

Die Gemeinden

Unabhängig von den Änderungen ist bis heute die Universalität des Wirkungskreises der Gemeinden erhalten geblieben. Sie wird in § 2 der Gemeindeordnung für das Land NRW wie folgt beschrieben: „Die Gemeinden sind in ihrem Gebiet, soweit die Gesetze nicht ausdrücklich etwas anderes bestimmen, ausschließliche und eigenverantwortliche Träger der öffentlichen Verwaltung“, d. h. alle öffentlichen Aufgaben in der örtlichen Ebene sind von ihnen wahrzunehmen, soweit für deren Erfüllung kein anderer öffentlicher Aufgabenträger zuständig ist.

Die Ämter

Die Ämter waren bis zu ihrer Auflösung durch das „Bielefeld-Gesetz“, Gemeindeverbände, die aus einander angrenzenden Gemeinden desselben Kreises bestanden. Ihre wesentlichste Aufgabe war die Erledigung der Verwaltungsgeschäfte für die ihnen angehörenden Gemeinden. Darüber hinaus konnten sie im Bereich der Selbstverwaltung eigenständig und eigenverantwortlich Aufgaben wahrnehmen, die im Interesse ihrer Gemeinden lagen. Ein besonders eindrucksvolles Beispiel hierfür ist die Errichtung des Amtsfreibades in Gehlenbeck.

Anders verhält es sich bei den Aufgaben, die den Gemeinden, Ämtern und Kreisen wegen ihrer gesamtstaatlichen Bedeutung durch Bundes- oder Landesgesetze zur Wahrnehmung ausdrücklich übertragen worden sind. Es sind im Wesentlichen Staatsangehörigkeits-, Personenstands-, Ausländer-, Lastenausgleichs-, Wohngeld-, Wehrpflicht- und Zivildienst- sowie Zivilschutzangelegenheiten und die Durchführung der Bundestags- und Landtagswahlen.

Die Kreise als Träger der kommunalen Selbstverwaltung und als untere staatliche Verwaltungsbehörde

Die Kreise sind – wie die ehemaligen Ämter – Gemeindeverbände. Im Bereich der kommunalen Selbstverwaltung haben sie ausschließlich übergemeindliche, überörtliche und ergänzende Aufgaben wahrzunehmen. Dabei handelt es sich vorrangig um solche, die auf die gemeinsamen Bedürfnisse der Kreisbewohner ausgerichtet sind. Darüber hinaus haben die Kreise darauf hinzuwirken, dass das Gefälle der Leistungsfähigkeit der zu ihrem Bereich gehörenden Städte und Gemeinden möglichst ausgeglichen wird.

Aus der historischen Entwicklung betrachtet sind die Kreise zugleich aber auch „Untere staatliche Verwaltungsbehörde“. Bei ihnen verbinden sich also Staat

11) vom 27. April 1953
12) vom 23. Juli 1957
13) vom 15. September 1948
14) vom 21. Januar 1960, in Kraft getreten am 1. April 1960
15) vom 24. Mai 1968

und Selbstverwaltung auf besondere Weise. Daher ist eine klare Abgrenzung ihrer Zuständigkeiten gegenüber den Gemeinden und Ämtern sowie den auf Kreisebene tätigen staatlichen Behörden erforderlich.

Besuch der nordrhein-westfälischen Landesregierung in Lübbecke. Von links nach rechts: Ehem. Bürgermeister und späterer Stadtdirektor von Espelkamp Wilhelm Kern; Regierungspräsident Dr. Gustav Galle (von 1952 bis 1964), ehem. Oberkreisdirektor in Lübbecke von 1946 bis 1952; Ministerpräsident Franz Meyers; Bürgermeister und Kreistagsmitglied Wilhelm Borcherding, Wehe; Oberkreisdirektor Dr. Ernst Huchzermeyer; ehem. Landrat und Minister Gustav Niermann, ehem. Landrat in Lübbecke von 1946 bis 1952.

In angeregter Unterhaltung. Von links nach rechts: Kreiskämmerer Willi Vette; Regierungspräsident Ernst Graumann; Landrat Heinrich Schumacher.

Die Aufgaben des Kreises als untere staatliche Verwaltungsbehörde im eigenständigen staatlichen Verwaltungsbezirk sind nach § 47 der Kreisordnung vom Oberkreisdirektor und vom Kreisausschuss oder einem nach § 51 der Kreisordnung besonders einzurichtenden Ausschuss wahrzunehmen. Die Funktion des Kreisausschusses ist im Wesentlichen auf eine interne Mitwirkung bestimmter Aufgaben begrenzt. Die Entscheidungszuständigkeit liegt beim Oberkreisdirektor. Er ist also insoweit weder dem Kreistag, noch dem Kreisausschuss, sondern ausschließlich unmittelbar der Aufsicht des Regierungspräsidenten unterstellt und nur den ihm übergeordneten staatlichen Stellen verantwortlich.

Bei dem erwähnten, gemäß § 51 der Kreisordnung, ggf. einzurichtenden Ausschuss handelt es sich um den Beschlussausschuss, dem nach der Verordnung über die Zuständigkeit von Beschlusssachen 16) und dem Gesetz über die Befugnis zur Erteilung und zum Entzug von gewerberechtlichen Konzessionen und ähnlichen erlaubnispflichtigen Vorhaben 17) Kompetenzen übertragen waren. Diese Aufgabe bestand auch nach der Kommunalen Neuordnung weiter.

Der Oberkreisdirektor bildet ferner, gemeinsam mit den staatlichen Schulräten, das bei den Kreisen eingerichtete Schulamt, das über die Grund-, Haupt- und Sonderschulen die Aufsicht ausübt.

Die Landschaftsverbände

In diesem Sachzusammenhang darf auch ein weiterer kommunaler Gemeindeverband, nämlich der Landschaftsverband Westfalen-Lippe, nicht unerwähnt bleiben. Die verfassungsrechtliche Grundlage des Landschaftsverbandes bildet die Landschaftsverbandsordnung 18). Seine Bedeutung für die kommunalen Gebietskörperschaften wird bis heute leider verkannt. Das gilt vor allem bezüglich seiner Zuständigkeiten im Bereich des Sozialwesens, der Jugendpflege, der Trägerschaft von Heilstätten (z. B. Landesheilstätte Haldem) und der Kultur und Heimatpflege.

Darüber hinaus ist er für die Landesstraßen und die Bundesfernstraßen (Autobahnen und Bundesstraßen) verantwortlich. Unter Mitwirkung der Kreise war der Landschaftsverband bis zum Inkrafttreten des Straßen- und Wegegesetzes des Landes Nordrhein-Westfalen 19) auch für die Verwaltung der Landstraßen zweiter Ordnung — den heutigen Kreisstraßen — und deren Unterhaltung, einschließlich des Um- und Ausbaues, zuständig. Bis Ende 1975 waren die bei den Landschaftsverbänden gebildeten Landesplanungsgemeinschaften, deren Mitglieder auch die Kreise waren, Träger der Regionalplanung. Sie wurden durch das Landesplanungsgesetz 20) Anfang 1976 aufgelöst.

Kommunale Zusammenarbeit und Gemeinschaften

Über die genannten Organisationsformen hinaus können die kommunalen Gebietskörperschaften zur Wahrnehmung von Aufgaben, die gemeinsame Interessen berühren, auf freiwilliger Grundlage Arbeitsgemeinschaften begründen, öffentlich-rechtliche Vereinbarungen schließen und Zweckverbände bilden. Zweckverbände sind, auf Grund ihrer rechtlichen Selbständigkeit, die bekannteste und wichtigste Form kommunaler Zusammenarbeit.

In diesem Zusammenhang sind auch die nach dem Wasserverbandsgesetz 21) gebildeten Wasser- und

16) vom 23. Juni 1948
17) vom 23. Juli 1957
18) vom 12. Mai 1953
19) vom 28. November 1961
20) vom 8. April 1974
21) vom 10. Februar 1937

Bodenverbände zu nennen, die eine wesentliche Aufgabe bei dem Bau und der Unterhaltung von Wasserläufen wahrnehmen, z. B. Ausbau und Unterhaltung der Großen Aue.

Diesen Veränderungen musste sich auch der Kreis stellen, wie dies an den folgenden Beispielen verdeutlicht werden soll. Eine besondere Herausforderung war, wie die Aufstellung auf der nächsten Seite zeigt, die schnell wachsende Motorisierung. Sie zwang den Kreis, sein Augenmerk auch auf den Ausbau eines leistungsfähigen Verkehrsnetzes zu richten.

In der wunderschönen Rahdener Parklandschaft mündet in Pr. Ströhen die Kleine Aue in die Große Aue: Einbindung in die Parklandschaft.

Entwicklung des Kraftfahrzeugbestandes im Altkreis Lübbecke 1951 bis 1973

Kfz-Art	Bestand am 1. 1. 1951	Bestand am 1. 1. 1955	Bestand am 1. 1. 1965	Bestand am 1. 1. 1970	Bestand am 1. 1. 1973
Pkws	835	2 158	14 387	22 054	26 860
Lkws	459	833	1 196	1 448	1 618
Omnibusse	23	38	33	52	61
Krafträder	3 713	6 723	1 820	356	204
Zugmaschinen	302	851	3 837	5 041	5 504
Sonstige	16	45	151	244	351
Insgesamt	5 348	10 648	21 424	29 195	34 598
Anhänger	547	715	907	1 243	1 676

Die Bodenreform

Ein Novum in dieser Zeit war die Bodenreform, die auf Anordnung der Besatzungsmächte auf der Grundlage des auf der Moskauer Konferenz 22) gefassten Beschlusses bis Ende 1947 in ganz Deutschland durchgeführt werden musste. In der britischen Besatzungszone bildete hierfür die Militärregierungs-Verordnung Nr. 103 23) die Grundlage. Für ihre Durchführung wurde für die Kreise Herford, Minden und Lübbecke sowie für den Stadtkreis Bielefeld bei der Kreisverwaltung Lübbecke ein Kreissiedlungsamt eingerichtet, das am 1. Juni 1950 im Kreishaus Lübbecke seine Tätigkeit aufnahm. Am 21. März 1951 konstituierte sich ein aus neun Mitgliedern bestehender Kreissiedlungsausschuss.

Für den Kreis Lübbecke selbst war die Bodenreform nicht von so wesentlicher Bedeutung. Sie beschränkte sich, bei einer Gesamtfläche des Kreises von 56 480 ha, auf eine Fläche von 3 008,48 Hektar. Davon waren 1 635,71 Hektar landwirtschaftlich, 1 201,14 Hektar forstwirtschaftlich und 171,63 Hektar anders genutzt. Diese Flächen wurden bei Entschädigung überwiegend auf freiwilliger Basis zur Verfügung gestellt. Im gegebenen Zusammenhang ist zu erwähnen, dass auf dem Bodenreformland des Gutes Hudenbeck in der Gemeinde Holzhausen – ausgangs der Gemeinde in Richtung Preuß. Oldendorf südlich der Bundesstraße 65 – von der Gemeinnützigen Siedlungsgesellschaft »Rote Erde« aus Münster 16 landwirtschaftliche Nebenerwerbsstellen errichtet worden sind. Aus dem Rechenschaftsbericht des Kreissiedlungsamtes für die Zeit vom 1. Januar 1951 bis 31. März 1958 geht hervor, dass ein besonderer Schwerpunkt seiner Arbeit die Betreuung der Siedler war. Diese Siedler waren in der Mehrzahl vertriebene oder geflüchtete Bauern aus den östlichen Gebieten des ehemaligen Deutschen Reiches, z. B. aus Ostpreußen, Pommern, Schlesien.

Um als Siedler anerkannt zu werden – was für die Inanspruchnahme, z. B. von staatlichen Förderungen notwendig war – wurde ein „Siedlereignungsschein"

22) am 12. April 1947
23) in der Fassung vom 4. November 1947

benötigt, der vom Kreissiedlungsamt für insgesamt 425 Antragsteller aus dem Kreis Lübbecke ausgestellt wurde. Am 1. April 1958 wurde das Amt aufgelöst 24); die verbliebenen Aufgaben wurden dem „Amt für Flurbereinigung und Siedlung" in Minden übertragen.

Die Flurbereinigung
Das Amt für Flurbereinigung und Siedlung führte als staatliche Landesbehörde in vielen Gemeinden des Kreises Flurbereinigungsverfahren durch. Aufgabe der Flurbereinigung ist es, den ländlichen Grundbesitz durch Maßnahmen nach der Reichsumlegungsordnung 25) bzw. dem Flurbereinigungsgesetz 26) neu zu ordnen und zwar zur Verbesserung der Produktions- und Arbeitsbedingungen in der Land- und Forstwirtschaft sowie zur Förderung der allgemeinen Landeskultur und Landesentwicklung.

Das Verfahren wird unter der Mitwirkung der Grundeigentümer und der Träger öffentlicher Belange, d. h. aller staatlichen Stellen in der örtlichen Ebene der Städte und Gemeinden, der Ämter, des Kreises sowie der landwirtschaftlichen Berufsvertretung, durchgeführt. Die betroffenen Grundstückseigentümer sind in einer Teilnehmergemeinschaft, die als solche eine Körperschaft des öffentlichen Rechts ist, zusammengefasst. Die vom Verfahren erfassten Flächen werden, unter Berücksichtigung aller berührten Belange, neu geordnet und in einem Flurbereinigungsplan festgesetzt, der für jedermann verbindlich ist, sobald er Bestandskraft erlangt hat. Die Grundstückseigentümer werden mit Land vom gleichen Wert abgefunden. Für öffentliche Maßnahmen, z. B. für das Straßen-, Wege- und Gewässernetz, haben sie die benötigten Flächen nach dem Wertverhältnis ihrer in das Flurbereinigungsverfahren einbezogenen Grundstücke bereitzustellen.

Die Städte und Gemeinden, aber auch der Kreis, haben diese Gelegenheit im Interesse der gesamten Entwicklung genutzt, das seit vordenklichen Zeiten bestehende Straßen- und Wegenetz den Verkehrsbedürfnissen entsprechend anzupassen; das gilt in gleicher Weise auch für das Gewässernetz.

Flurbereinigungsverfahren wurden durchgeführt: In allen Gemeinden der Ämter Alswede, Dielingen-Wehdem und Levern und im Amt Gehlenbeck in den Gemeinden Isenstedt und Nettelstedt, im Amt Hüllhorst in den Gemeinden Ahlsen-Reineberg und Oberbauerschaft, im Amt Preußisch Oldendorf in den Gemeinden Engershausen, Getmold, Holzhausen, Offelten und Schröttinghausen und im Amt Rahden in den Gemeinden Rahden, Sielhorst, Tonnenheide, Varl und Wehe.

Bau- und Siedlungstätigkeit
Ein Schwerpunkt der Aufgaben in dieser Zeit war die Bautätigkeit. Die bauliche Entwicklung in den Städten und Gemeinden sowie die Genehmigung von einzelnen Bauvorhaben erfolgte bis zum Jahre 1960 vorwiegend auf der Grundlage des Reichs- und preußischen Rechts. Sie sollte vorrangig in den nach dem Gesetz über die Aufschließung von Wohnsiedlungsgebieten 27) festgelegten „Wohnsiedlungsgebieten" stattfinden. Dies waren im Kreis Lübbecke nach der 23. Verordnung über die Wohnsiedlungsgebiete, die Stadt Lübbecke; im Amt Alswede nur die Gemeinde Alswede, einschließlich der Ortsteile Fiestel und Gestringen; in den Ämtern Gehlenbeck und Hüllhorst alle Gemeinden und im Amt Preußisch Oldendorf, mit Ausnahme von Getmold und Schröttinghausen, ebenfalls alle Gemeinden.

24) NRW-Gesetz vom 19. November 1957
25) vom 16. Juni 1937
26) vom 14. Juli 1953
27) vom 22. September 1933 in der Fassung vom 27. November 1938

Durch Erlass der NRW-Landesregierung vom 4. April 1949 wurden die Gemeinden Espelkamp, Fabbenstedt und Rahden ebenfalls zu Wohnsiedlungsgebieten erklärt.

Für die betreffenden Gemeinden war von der unteren Verwaltungsbehörde, also dem Kreis, ein Wirtschaftsplan aufzustellen, der die geordnete Nutzung des Bodens in den Grundzügen darstellte. Er ist vergleichbar mit dem Flächennutzungsplan nach dem Bundesbaugesetz 28) bzw. Baugesetzbuch. Bei den in Wohnsiedlungsgebieten erforderlichen Genehmigungen des Bodenverkehrs durch den Kreis als untere Verwaltungsbehörde diente er, bis zum Inkrafttreten des Bundesbaugesetzes 1960, als Entscheidungsgrundlage.

Mit der Wohnsiedlungsgenehmigung wurde grundsätzlich über die planungsrechtliche Zulässigkeit von (Bau-)Vorhaben entschieden. Sie galt – gemäß Preisgesetz 29) – zugleich als Preisgenehmigung nach der Preisstoppverordnung 30), die u. a. auch der Regelung der Baulandpreise galt.

Mit dem Baugesetzbuch wurden nicht nur die Inhalte, sondern auch die Zuständigkeiten neu geregelt. Die Vorbereitung und Leitung der gesamten Entwicklung ihres Gebietes, also auch die der Bebauung, ist nach diesem Gesetz nunmehr ausschließlich eine Aufgabe der Gemeinde (Planungshoheit). Der Kreis ist als Ordnungsbehörde nur noch für die Erteilung der Baugenehmigung zuständig, die jedoch nur dann erteilt werden darf, wenn die Gemeinde ihr Einvernehmen erklärt hat.

Die kommunale Selbstverwaltung regelt also ihre Belange eigenverantwortlich und sie kann sich insoweit auch gegenüber anderen – zum Beispiel staatlichen Stellen – Geltung verschaffen.

Welch ein Wandel war eingetreten. Ursprünglich hatte es eine staatliche Reglementierung bis in die Angelegenheiten der örtlichen Gemeinschaften gegeben. Jetzt wirken die kommunalen Selbstverwaltungen bei vielen staatlichen Planungen und Maßnahmen mit.

Die Vielfalt der dem Kreis obliegenden Aufgaben wird aus all den Aktivitäten deutlich, die in den Jahren 1953 bis 1972 vom Kreistag und von der Verwaltung entwickelt wurden.

Beispielhaft seien hier genannt:
Räumliche Unterbringung der Verwaltung

- Erweiterung des Kreishauses, Neubau eines Sitzungssaales, Errichtung eines Verwaltungsgebäudes an der Osnabrücker Straße in Lübbecke, Herstellung von Parkplätzen am Kreishaus, Anmietung von Räumen für das Straßenverkehrsamt und das Kreiskulturbauamt in Lübbecke sowie für das Katasteramt in Lübbecke und Rahden.

Räumliche Unterbringung im Aufgabenbereich des Gesundheitswesens:

- Erweiterung und Um- und Ausbau der Krankenhäuser, Neubau von Schwesternwohnheimen und Kindertagesstätten jeweils in Lübbecke und Rahden. Umbau und Erweiterung des Kreisgesundheitsamtes in Lübbecke, Neubau einer Fürsorgestelle in Wehdem sowie die Unterhaltung einer Nebenstelle des Gesundheitsamtes in Rahden.

28) vom 23. Juni 1960
29) vom 10. April 1948 in der Fassung vom 29. März 1951
30) vom 26. November 1936

In einmalig schöner Lage: Das Kreishaus (Alt- und Neubau) am Fuße des Wiehengebir- ges. Foto: Erwin Eisfeld, Lübbecker Kreiszeitung

Schwesternwohnheim in Lübbecke an der Wittekindstraße.

Landrat Hermann Struckmeier überreichte Landesdirektor Walter Hoffmann anlässlich des Westfalentages 1969 in Levern einen Ehrenteller.

Der Kreis Lübbecke verfügte über breitgefächerte und modern eingerichtete berufsbildende Schulen.

Das 1969 bezogene Schulgebäude in Espelkamp an der Trakehner Straße.

Das 1952/53 gebaute, damals sehr moderne Berufsschulgebäude an der Kaiserstraße in Lübbecke entsprach schon in den 60er Jahren nicht mehr den Erfordernissen.

Das 1972 eingeweihte Schulgebäude an der Rahdener Straße.

Räumliche Unterbringung sowie die Schaffung und Unterhaltung von Anlagen und Einrichtungen in den Aufgabenbereichen der Bildung, der Kultur, des Sports und der Freizeit:

- Gewerbliche und kaufmännische Berufsschulen in Lübbecke und Espelkamp, landwirtschaftliche Berufsschulen in Lübbecke, Wehdem und Rahden, Kreisvolkshochschule, Kreismusikschule, Kreiskulturring, Kreisheimatmuseum, Kultur- und Sportheim in Lübbecke, Kreisjugendheim in Espelkamp und Kreisbildstelle.

Bau und Unterhaltung von 222 km Kreisstraßen, die im Verbund mit den Stadt- und Gemeindestraßen eine Verbindung an das regionale und überregionale Straßennetz schaffen; Bau und Unterhaltung einer Straßenmeisterei in Lübbecke.

Schutz und Pflege von Natur und Landschaft, u. a. Ausweisung der Naturschutzgebiete Oppenweher Moor, Sonnenwinkel in Lübbecke, Limberg in Holzhausen und Schnakenpohl in Varl in einer Gesamtgröße von 342,2 Hektar. Nicht unerwähnt bleiben darf in diesem Zusammenhang das Ende der 60er Jahre

Trotz mehrfacher Erweiterungen genügte das Kreiskrankenhaus in Lübbecke an der Wittekindstraße nicht mehr den heutigen Anforderungen an die medizinische Versorgung.

geplante „Jahrhundertbauwerk" – das neue Krankenhaus – am Nordhang des Wiehengebirges.
Die Aktivitäten des Kreises werden auch durch eine Vielzahl von Mitgliedschaften, Beteiligungen und Partnerschaften deutlich, zum Beispiel:
Deutscher und nordrhein-westfälischer Landkreistag, Gemeindeverwaltungs- und Sparkassenschule Bielefeld, Zweckverband Sportzentrum Lübbecke, Kommunales Rechenzentrum Minden-Ravensberg-Lippe, Kreissparkasse Lübbecke, Westfälisch-Lippischer Sparkassen- und Giroverband, Gemeinnützige Wohnungs- und Siedlungsgenossenschaft Lübbecke, Aufbaugemeinschaft Espelkamp, Hafenbetriebsgesellschaft Lübbecke, Wittlager Kreisbahn, Niedersächsische Kraftwerke (Nike), Rheinisch-Westfälische Elektrizitätswerke (RWE), Westfälische Ferngas-AG, Kuratorium »Unteilbares Deutschland«, Partnerschaft zum Bezirk Kreuzberg in Berlin, Elisabeth-Meyer-Spelbrink-Stiftung, Kinderheim Nettelstedt usw.

Ebenso wichtig war die Ausgleichsfunktion, die der Kreis gegenüber seinen Städten und Gemeinden in vielen Bereichen wahrgenommen hat, zum Beispiel:

Bei der Planung der städtebaulichen Entwicklung und dem Gewähren von Hilfen im technischen Bereich, soweit die Gemeinden und Ämter nicht über fachkundiges Personal verfügten, und durch die Gewährung von Zuwendungen an die Städte und Gemeinden für den Bau und die Unterhaltung von Gemeindestraßen, für den öffentlichen Personennah- und Schulverkehr, für Maßnahmen an der Realschule in Lübbecke, den Bau der Rundturnhalle und die Herrichtung eines Freisportgeländes sowie die Errichtung einer Aula bei der Hauptschule in Espelkamp, den Bau einer Mehrzweck-/Festhalle in Levern, für die Errichtung einer Schieß- und Sportanlage in Oppenwehe, für die Bau-, Denkmal- und Dorfbildpflege im Rahmen des Wettbewerbs »Unser Dorf soll schöner werden«, für den Museumshof in Rahden, die Bockwindmühle in Oppenwehe und die Rossmühle in Oberbauerschaft.

Nicht weniger bedeutend war das finanzielle Engagement des Kreises in anderen Bereichen. So hat er insbesondere unterstützt: Die Wasser- und Bodenverbände zur Unterhaltung der Gewässer, den Ausbau der Ronceva in Lübbecke und den Tengerner Bach, die Land- und Forstwirtschaft einschließlich der Tierzuchthaltung sowie die gewerblich-industrielle Wirtschaft, insbesondere das Handwerk, die Errichtung eines Handwerks-Bildungszentrums, für die berufliche Aus- und Fortbildung die private Handelsschule Dr. Kohlhase in Rahden und die Höhere Landbauschule in Herford, die Evang. Pflegevorschule in Lübbecke, die Sonderschulverbände in Lübbecke und Espelkamp, das Volksbildungswerk in Espelkamp; die sporttreibenden Verbände und Vereine beim Bau von Sportplätzen, Turnhallen und Umkleideräumen, u. a. Reithalle in Drohne, den Fremdenverkehr auf örtlicher, Kreis- und Landesebene sowie die Freilichtbühnen in Nettelstedt (Hünenbrink) und Oberbauerschaft (Kahle Wart), den sozialen, karitativen Bereich u. a. Deutsches Rotes Kreuz, freie Wohlfahrtsverbände, Diakonisches Werk, katholischer Sozialdienst, Johanniter-Unfallhilfe, Lebenshilfe Lübbecke, den Bau und die Unterhaltung von Kindertagesstätten, Gemeindeschwester-Stationen und Altenheimen sowie Erholungsmaßnahmen für hilfsbedürftige Menschen. Dies sind weitere Beispiele für die Verbesserung der Lebensbedingungen.

Wie bedeutsam die Selbstverwaltung für den Kreis war, mag auch daraus zu entnehmen sein, dass im Jahre 1972, außer dem Kreistag, 21 Ausschüsse und 12 sonstige, zum Teil paritätisch besetzte Gremien tätig waren.

Der Kreis Lübbecke, der am 31. Dezember 1972 aufgelöst wurde, hat also für die Gesamtentwicklung des Raumes und die Förderung des Wohls der in ihm wohnenden Menschen einen nicht unerheblichen Beitrag geleistet.

Repräsentanten des Kreises Lübbecke im Berichtszeitraum waren die Landräte

Gustav Niermann	(CDU)	von 1954 bis 1958
Heinrich Kosynowski	(FDP)	von 1958 bis 1961
Heinrich Schumacher	(CDU)	von 1961 bis 1969
Hermann Struckmeier	(CDU)	von 1969 bis 1972

die Oberkreisdirektoren

Dr. jur. Ernst Huchzermeyer	von 1952 bis 1967
Dr. jur. Rolf Momburg	von 1967 bis 1972

Am Ende seiner Zeit konnte man mit Fug und Recht sagen – wie dies bei verschiedenen Anlässen zu hören war – dass sich die Bürger in „ihrem Kreis“ heimisch und mit ihm verbunden gefühlt haben.

Persönlichkeiten, die den Kreis Lübbecke entscheidend geprägt haben. Von links: Landrat Hermann Struckmeier; ehem. Landrat Heinrich Schumacher; Oberkreisdirektor Dr. Rolf Momburg; Oberkreisdirektor a. D. Dr. Ernst Huchzermeyer und Staatsminister a. D. und ehem. Landrat Gustav Niermann.

III. Wirtschaft und Gesellschaft in unseren Städten und Gemeinden

(Diese Überschrift ist nicht typisch für den Bereich Espelkamp. Da mehrere Beiträge über die wirtschaftliche und gesellschaftliche Entwicklung Espelkamps vorhanden sind, ging es dem Autor im Folgenden darum, die Entwicklung Espelkamps zu einer selbständigen, amtsfreien Kommune darzustellen.)

Espelkamp

von Karl-Heinz Hentschel

Geschichtliche Entwicklung

Durch das „Bielefeld-Gesetz" vom 28. September 1972 wurden mit Wirkung vom 1. Januar 1973 die Stadt Espelkamp, die Gemeinden Fabbenstedt, Frotheim, Isenstedt und Vehlage, die Ortschaften Fiestel und Gestringen der Gemeinde Alswede und der Ortsteil Schmalge der Gemeinde Tonnenheide zur „neuen" Stadt Espelkamp zusammengeschlossen. Wie sich diese Gebietskörperschaften besonders in der Zeit von 1953 bis zur Kommunalen Neuordnung entwickelt haben, wird im Folgenden und den weiteren Kapiteln aufgezeigt. Über die Entwicklung des Ortsteils Schmalge der Gemeinde Tonnenheide wird in den Kapiteln unter Rahden berichtet.

Nach jahrelangen Bemühungen wird am 1. April 1910 die Bauerschaft Espelkamp durch Trennung von der Gemeinde Großendorf selbständige Gemeinde. Die neue Gemeinde hat rund 1 000 Einwohner und ist 18,5 km^2 groß. Das Dorf Espelkamp unterschied sich bis 1938 kaum von anderen westfälischen Ansiedlungen nördlich des Wiehengebirges. Eine entscheidende Veränderung ergab sich, als mit dem Bau einer Munitionsanstalt (MUNA) im südlichen Waldgelände (Flurbezeichnung „Mittwald") begonnen wurde. Das Munagelände wird eingezäunt und westlich des eingezäunten Geländes werden zwei Holzbarackenlager für die Muna-Arbeiter errichtet, später „Kolonie" und „Hedrichsdorf" genannt. Von den drei Funktionen der Muna ist die Anlage für die Herstellung von Giftgasgranaten nicht ganz fertiggestellt und auch nicht in

General Bishop

Lageplan der Muna Espelkamp-Mittwald

Betrieb genommen worden. Am 4. April 1945 beschlagnahmt die 2. Britische Armee die unzerstörte Anlage (ein Sprengungsbefehl wurde zum Glück nicht ausgeführt) und sprengt nach Vernichtung der gefährlichen Kampfstoffe in den Jahren 1945-1948 auf Grund der Entmilitarisierungsbestimmungen des „Potsdamer Abkommens" große Teile der Muna, besonders aber die Anlagen für die Herstellung von Giftgasgranaten. Am 3. Oktober 1948 erklärt der Militärgouverneur von Nordrhein-Westfalen, General Bishop, das Ende der Sprengungen und gibt damit die erhalten gebliebenen Anlagen der Muna zur friedlichen Nutzung frei.

Für den Ausbau und die Besiedlung standen danach zur Verfügung rund 250 ha Waldfläche, ein rund 20 km ausgebautes Straßennetz, ein Anschlussgleis an die Bahnstrecke Herford – Bassum, ein Wasserwerk mit Ringleitung, eine Kläranlage, ein Hochspannungsanschluss und insgesamt 133 massive, einstöckige Lager- und Munitionsfertigungshallen mit etwa 60 000 m^2 bebauter Fläche.

Inzwischen waren nach Kriegsende im Juni 1945 die ersten Flüchtlinge in die Baracken der „Kolonie" eingewiesen worden. Im Oktober 1946 wird in der Baracke 12 eine einklassige Volksschule errichtet; dieser Raum wird auch als Kirchraum genutzt.

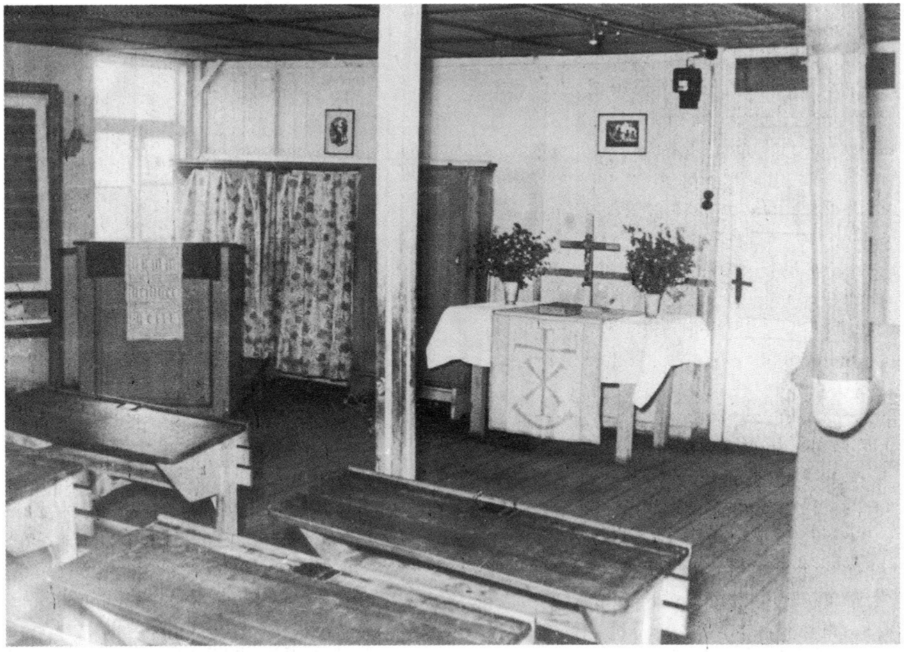

Schul- und Kirchraum in der Baracke 12.

Nach Entfernung der Munition aus der Muna bemühen sich mehrere Einrichtungen, besonders das Ev. Hilfswerk von Westfalen unter Pastor Pawlowski und der schwedische Pastor Birger Forell, der in England von deutschen Kriegsgefangenen, die nach ihrer Entlassung nicht mehr in ihre ostdeutsche Heimat zurückkehren können, von Espelkamp gehört hatte, um die Freigabe dieser Einrichtung.

Während Pastor Pawlowski die Muna vorwiegend für karitative Zwecke (es sollte ein „zweites Bethel" entstehen) nutzen will, setzt sich Pastor Forell für den Ausbau zu einer industriellen Siedlung ein.

Schließlich einigen sich das Zentralbüro des Hilfswerks der Ev. Kirche in Deutschland, das Ev. Hilfswerk Westfalen und die Ev. Kirche von Westfalen auf ein gemeinsames Vorgehen und beschließen mit Vertretern der Wirtschaft, eine Gesamtplanung für Espelkamp-Mittwald durchzuführen. Dabei soll eine industrielle Siedlung für 5 000 Vertriebene errichtet und die karitativen Aufgaben sollen vom Ludwig-Steil-Hof wahrgenommen werden. Da die öffentlichen Stellen vor Ort (Gemeinde Espelkamp und Amt Rahden) mit diesen Aufgaben überfordert waren, erarbeitete das „Planungsbüro" unter Leitung von Dr. Ilgner hierfür ein Konzept. Da die Ev. Kirche dieses Konzept („Idee Espelkamp") alleine nicht verwirklichen kann, versucht sie das Land Nordrhein-Westfalen mit ins Boot zu bekommen. Dies gelingt, denn am 20. Juli 1949 wird der Aufbauplan für die Muna zu einer industriell-gewerblichen Flüchtlingssiedlung von der Landesregierung unter Ministerpräsident Karl Arnold genehmigt. Am 4. Oktober 1949 wird von der Ev. Kirche in Deutschland, der Ev. Kirche von Westfalen und dem Land Nordrhein-Westfalen die gemeinnützige »Aufbaugemeinschaft Espelkamp GmbH« gegründet, die Trägerin des Gesamtaufbaues und nach zwei Jahren erfolgreichen Wirkens als „Organ der staatlichen Wohnungspolitik" anerkannt wird. Der Zweck dieser Einrichtung ist aus dem Gesellschaftsvertrag ersichtlich. Damit beginnt der planmäßige Aufbau des Gemeinwesens Espelkamp.

Zum Vorsitzenden der Gesellschafterversammlung und des Aufsichtsrates der Aufbaugemeinschaft wird Superintendent D. Hermann Kunst, der spätere Beauftragte der Ev. Kirche in Deutschland am Sitz der Bundesregierung und Militärbischof berufen.

Ihrer Aufgabenstellung nach hat die Aufbaugemeinschaft die Flüchtlingsstadt Espelkamp zu bauen und nimmt aufgrund ihrer weitgehenden Vollmachten eine Fülle gemeindlicher Aufgaben wahr, wie z. B. die Grund- und Bodenverwaltung, die städtebauliche Gestaltung in Gesamtplanung und einzelnen Bebauungsplänen, den Straßenbau, den Ansatz von Industrie-, Handwerks- und Gewerbebetrieben sowie die Verwaltung der hierfür bestimmten Aufbaumittel und die Verwaltung des Wasserwerkes und der Kläranlage.
Erst im Herbst 1949 übernahm das Amt Rahden durch die Einrichtung einer Außenstelle in Espelkamp-Mittwald die Verwaltung für ganz Espelkamp; für die Barackensiedlung „Kolonie" war bis dahin der Kreis Lübbecke zuständig.

Das Personal dieser Außenstelle wurde im Laufe der Jahre ständig aufgestockt und nach der Ausamtung am 1. Januar 1966 vollständig von der Stadt Espelkamp übernommen.

Um zu ermitteln, unter welchen Bedingungen sich Espelkamp-Mittwald weiter positiv entwickeln kann, wird Oberbaurat Grünberg gebeten, ein Gutachten hierzu zu fertigen. In dem Gutachten vom 6. November 1950 stellt Herr Grünberg fest, dass nach einer Untersuchung der Standortbedingungen über die Zukunft von Espelkamp-Mittwald damit zu rechnen sei, dass die Einwohnerzahl im ersten Jahrzehnt bis zu 10 000

Amtsgericht Rahden, den 4.Oktober 1949
Gegenwärtig:
Amtsgerichts:
Dr.Wiebke
als Richter

I.14/49 --

Gesellschaftsvertrag
für die Aufbaugemeinschaft Espelkamp.

1. Die Evangelische Kirche in Deutschland, Zentralbüro des Hilfswerks der Evangelischen Kirchen in Deutschland, Stuttgart,
vertreten durch Oberkonsistorialrat Dr.Gerstenmaier, Stuttgart,
dieser wiederum vertreten durch Syndikus Dr.Rudolf Lais, Espelka
2. die Evang.Kirche Westfalen -Evangelisches Hilfswerk Westfalen-
vertreten durch Pastor Karl Pawlowski, Bielefeld, einerseits
und
3. das Land Nordrhein-Westfalen,
vertreten durch den Herrn Finanzminister des Landes Nordrhein-Westfalen
dieser wiederum vertreten durch Min.Rat Dr.Nordbeck, Düsseldorf
andererseits

errichten, um ein Beispiel zu schaffen, eine bisher militärischen Zwecken dienende Liegenschaft friedlichen, vom Geiste eines Christentums der Tat getragenen Zielen zuzuführen, die

Aufbaugemeinschaft Espelkamp
Gemeinnützige Gesellschaft mit beschränkter Haftung,
mit dem Sitz in Espelkamp, Kreis Lübbecke in Westfalen.

I.

Zweck und Umfang der Gesellschaft.

§ 1

(1) Zweck der Gesellschaft ist, die bisherige Wehrmachtsliegenschaft Espelkamp durch Maßnahmen des Wohnungs und Siedlungswesens, durch Ansetzung von gewerblichen Unternehmen und Förderung sozialer und caritativer Anstalten zu einem gesunden, dem Allgemeinwohl dienenden Gemeinwesen zu machen, das Flüchtlingen und Heimatvertriebenen eine neue Heimat bieten soll.

betragen werde. Er hält von diesem Zeitpunkt ab die Bildung einer selbständigen amtsfreien Gemeinde für notwendig, um einen gesunden harmonischen Verlauf dieser Entwicklung sicherzustellen. Für diese neue Gemeinde Espelkamp-Mittwald mit einer Größe von ca. 15 km^2 schlägt er eine Grenze vor, in deren Verlauf die Gemeinden Espelkamp, Fabbenstedt, Frotheim, Isenstedt und Tonnenheide zwar flächenmäßig beschnitten, in ihrer Lebensfähigkeit aber nicht beeinträchtigt werden. Herr Grünberg geht dabei davon aus, dass die Altgemeinde wieder selbständig wird.

Um den weiteren Aufbau nach Westen und Süden planen zu können, ist es erforderlich, auf Flächen der Gemeinden Fabbenstedt und Frotheim zurückzugreifen. Die Bitte der Amtaußenstelle Espelkamp auf Umgemeindung von Gebietsteilen wird zunächst von den genannten Gemeinden abgelehnt. Erst aufgrund von Erlassen des Finanzministers und Innenministers sowie Verfügungen des Regierungspräsidenten und des Oberkreisdirektors stimmen die Gemeinden Ende 1951 einer Umgemeindung, aber nur der allernotwendigsten Gebietsteile, zu. Bei späteren Verhandlungen werden Flächen unter Bedingungen abgetreten, auf die noch an anderer Stelle hingewiesen wird.

Schon frühzeitig machten sich Persönlichkeiten Gedanken um den Aufbau des gesellschaftlichen, kirchlichen und kulturellen Lebens in Espelkamp-Mittwald. Der Aufbau des Gemeinwesens Espelkamp lag sicher dem früheren Stadtkämmerer von Prenzlau und späteren Prokuristen der Aufbaugemeinschaft, Bürgermeister und ersten Stadtdirektor Espelkamps, Wilhelm Kern, besonders am Herzen. Der „Kolonist“ Kern wurde bereits 1948 in den Rat der Gemeinde gewählt. Er begann gleich mit den anderen Ratsvertretern aus der Kolonie mit dem Aufbau von Infrastruktureinrichtungen in Espelkamp. Dabei kam ihm zugute, dass er als Verantwortlicher für die Finanzen der Aufbaugemeinschaft im Aufsichtsrat mit hohen Vertretern der Kirche und des Landes Nordrhein-Westfalen zusammentraf und dadurch Beziehungen zu höchsten Stellen aufbauen konnte. Dies hat sich insgesamt sehr positiv für Espelkamp ausgewirkt.

Der Anstieg der Bevölkerung, besonders durch die Schaffung von Arbeitsplätzen und Wohnraum, bedingte den Ausbau bzw. die Einrichtung von Strukturmaßnahmen. So wurde die Feuerwehr Espelkamp-Mittwald gegründet, das Schulwesen wurde ausgebaut, ein Wochenmarkt auf dem Garagenhof eingerichtet und ein Friedhof angelegt. Ein eigenes Standesamt wurde in der Amtsaußenstelle am 1. Januar 1954 eingerichtet.
Bereits seit Frühjahr 1953 beschäftigt sich der Rat mit der Aufstellung eines Wirtschaftsplanes und beauftragt Landesrat a. D. Niemeyer mit der Aufstellung eines Entwurfes. Über diesen Entwurf wird in der Folgezeit beraten, wobei der Rat schon über die Ausweisung von Bebauungsgebieten im gesamten Gemeindegebiet beschließt und diesem Wirtschaftsplan-Entwurf zustimmt sowie den Plan zum Leitplan im Sinne des Aufbaugesetzes (heute Flächennutzungsplan nach BbauG) erklärt. Danach beginnt das übliche Genehmigungsverfahren mit der Offenlegung und der Beratung über die vorgebrachten Bedenken und Anregungen. Bei den Erläuterungen seines Entwurfes in den Gremien der Gemeinde führt Landesrat Niemeyer u. a. aus, dass seine Vorschläge im Unterschied zum Gutachten Grünberg darin beständen, dass er eine stärkere Ausdehnung der Vertriebenensiedlung nach Süden vorgesehen habe, weil die natürliche Weiterentwicklung von Mittwald nur nach Süden gehen könne.
In den Erläuterungen zum Leitplan der Gemeinde Espelkamp vom 14. Januar 1955 werden von Landesrat Niemeyer zunächst die Raumordnungsprobleme

des Kreises Lübbecke behandelt und dazu festgestellt, dass die Berufsgliederung und die Arbeitsverhältnisse im Kreise zu einer strukturellen Arbeitslosigkeit führen müssten, wenn nicht neue Arbeitsplätze in genügender Zahl geschaffen werden. Daher könnte ein zielgerichteter Ausbau der Industriegemeinde Espelkamp-Mittwald für den Kreis von großer Bedeutung sein. Auch sei für die wirtschaftliche Entwicklung des Kreises auch der Ausbau der Verkehrsverbindung in Nord-Süd- und Ost-West-Richtung besonders wichtig.
Auch er rechnet im Hinblick auf die zukünftige Größe mit einer Einwohnerzahl von mindestens 10 000 und stellt fest, dass bei dieser Größe ein Maßstab für die Amtsfreiheit der Gemeinde gegeben sei und eine hauptamtliche Verwaltung rationell arbeiten könne.

Bei der Aufstellung des Leitplanes für Espelkamp-Mittwald ging Landesrat Niemeyer davon aus, dass zwischen Alt-Espelkamp und Espelkamp-Mittwald die Topografie, Vegetation, Tradition, Bevölkerungs- und Besitzverhältnisse einen klaren Trennungsstrich ziehen. Er empfiehlt jedoch abschließend in seinen Erläuterungen, den kommunalen Zustand vorerst noch bestehen zu lassen.

Die Verhandlungen mit der Gemeinde Fabbenstedt über die Eingemeindung von Gebietsteilen gehen weiter und finden schließlich mit dem Abschluss eines Gebietsänderungsvertrages im August 1956 ein vorläufiges Ende.

Im Mai 1955 beschließt der Rat, den Leitplan nach Beratung und Beschlussfassung über die eingereichten Anregungen und Bedenken zur Genehmigung vorzulegen. In der gleichen Sitzung erklärt sich die Gemeinde auch bereit, das Sportplatzgelände und die Badeanstalt mit aufstehenden Gebäuden von der Aufbaugemeinschaft zu übernehmen.

Anfang 1956 wird die Verwaltung beauftragt zu untersuchen, wie sich eine Übernahme der Be- und Entwässerungsanlage sowie der Straßenverwaltung von der Aufbaugemeinschaft für die Gemeinde finanziell auswirken würde.

Im Rahmen der Beratung des Nachtragshaushaltsplanes 1957 in der Sitzung des Haupt- und Finanzausschusses am 24. Februar 1958 ging Bürgermeister Kern auch auf die Auswirkungen des erhöhten Steueraufkommens auf die Amts- und Kreisumlage ein und teilte mit, dass schon im kommenden Rechnungsjahr die Gemeinde Espelkamp die Hälfte der Amtsumlage aufbringen müsse, die Verwaltungsaufgaben des Amtes für Espelkamp sich aber in erheblich niedrigeren Grenzen halten. Man müsse sich jetzt überlegen, ob nicht eine Ausamtung der Gemeinde vorangetrieben werden solle. Gegenwärtig seien die Verflechtungen mit dem Amt noch nicht so groß, dass bei einem Ausscheiden der Gemeinde das Amt noch auf längere Sicht Forderungen an die Gemeinde stellen könne. Das Amt habe auch durch Espelkamp erreicht, dass das Amtskrankenhaus auf den Kreis überging. Auch sei durch die Amtsumlage Espelkamps der Amtshaus-Erweiterungsbau ermöglicht worden. Nach seiner Ansicht solle die Ausamtung der gesamten Gemeinde angestrebt werden. Espelkamp-Mittwald würde jedenfalls ein weiteres Zusammenbleiben mit der Altgemeinde begrüßen. Er wies auch auf die Vorteile für die Altgemeinde bei einem Verbleiben bei Espelkamp-Mittwald außerhalb des Amtsverbandes hin und teilte mit, dass eine Trennung der Gemeinde von Espelkamp-Mittwald auf keinen Fall angestrebt werde. Eine Trennung komme nur dann infrage, wenn die Altgemeinde gegen einen Verbleib innerhalb der jetzigen Gemeinde im Falle der Ausamtung votieren sollte. Die längere Aussprache endete mit dem Ergebnis, dass die Ratsherren der Altgemeinde zunächst die

Stimmung der Bevölkerung der Altgemeinde zu diesem Problem erkunden sollten.

Anschließend wurde der geplante Bau eines Verwaltungsgebäudes erläutert. Es wurde beschlossen, hierfür einen Ideenwettbewerb auszuschreiben.

Schon in zwei zuvor stattgefundenen Besprechungen der Kreisverwaltung, der Amtsverwaltung Rahden und der Aufbaugemeinschaft über die zukünftige verfassungsrechtliche Stellung von Espelkamp-Mittwald wurden die verschiedenen Auffassungen dargelegt. Dabei erklärte Bürgermeister Kern auf die Frage des Amtsdirektors Suderow, wie sich die Bevölkerung in Mittwald die Zukunft der Gemeinde vorstelle, dass jedenfalls der breiten Masse in Mittwald vorschwebe, Mittwald müsse eine Stadt mit eigener Verwaltung werden. Danach nahm Amtsdirektor Suderow, nachdem er vorweg betont hatte, dass er diese Frage aus Sicht des gesamten Amtes behandele, zur Frage der kommunalen Einordnung des Raumes Espelkamp ausführlich Stellung. Nach seiner Ansicht würden folgende Gesichtspunkte eine etwaige Ausgliederung von Mittwald aus dem Amtsverband zu einem echten Problem machen.

1. Die gegenwärtige Amtsumlage, die jetzt schon bei 37 % liege, würde nach überschläglichen Berechnungen für die restlichen Gemeinden auf 42 % bis 45 % erhöht werden müssen, da Espelkamp infolge der Industrie-Ansiedlung in Mittwald die bei weitem steuerkräftigste Gemeinde des Amtes geworden sei und bereits jetzt – im Jahre 1957 – zwei Fünftel der Amtsumlage aufbringe. Der Wegfall dieses wirtschaftlichen Potenzials würde für das verbleibende Amt eine nicht zu rechtfertigende Schwächung bedeuten. Da die Erhöhung der Amtsumlage nicht nur vorübergehend notwendig sei, würde den Gemeinden neben ihren Aufwendungen für Pflichtaufgaben so gut wie keine finanzielle Verfügungsfreiheit mehr bleiben. Es sei deshalb damit zu rechnen, dass einige Gemeinden den Ausgleichsstock in Anspruch nehmen müssten.
2. Ganz erhebliche Schwierigkeiten würden die bei einer Ausgliederung von Mittwald notwendig werdenden Grenzänderungen ergeben. Selbst wenn die Gemeinde Espelkamp eine eigene Gemeindeverwaltung erhalte und ungeteilt aus dem Amtsverband ausscheide, werde schon die psychologisch wichtige Frage aufgeworfen, wie sich die Bevölkerung der Altgemeinde dazu stelle, zumal sich die Altgemeinde ohne Übergang an Rahden anschließe und früher zusammen mit Rahden die Gemeinde Großendorf gebildet habe.
   Im Übrigen sei auch die Entfernung nach Rahden kürzer als nach Mittwald. Bei einer Ausamtung der ganzen Gemeinde Espelkamp werde ohne zwingenden Grund historisch Gewachsenes zerrissen.

Aus allen diesen Gründen stelle er für seine Person klar, dass er sich als Hauptverwaltungsbeamter des Amtes nur für ein Verbleiben Mittwalds im Amt aussprechen könne. Die Gebietserweiterung der Gemeinde nach Süden halte er jedoch aus baulichen und planerischen Gründen für notwendig.

Bei der weiteren Aussprache wies Amtsdirektor Suderow noch darauf hin, dass eine Neuordnung nur nach den vom Gesetzgeber aufgestellten Erfordernissen erfolgen könne und dass nach der Gemeindeordnung für Grenzänderungen allein nur „Dringende Gründe des übergemeindlichen Interesse“ maßgebend seien. Er bezweifele, dass diese Gründe vorliegen würden.

Schließlich wird vorgeschlagen, dass die Kreisverwaltung aus ihrer Mittlerstellung heraus einen geeigneten Gutachter vorschlagen solle, der sich zu der Frage der Neuordnung Espelkamps äußert. Ebenfalls soll die Bezirksplanung gebeten werden, ihre Betrachtungen zu einer möglichen Raumfestlegung für die neue Siedlung bald abzuschließen.

Bürgermeister Kern betonte noch, dass die Gemeinde an einer Lösung mit Rücksicht auf den Aufgabenübergang zwischen Aufbaugemeinschaft und Gemeinde interessiert sei. Im übrigen glaube er aber, dass die Entscheidung über das Schicksal Mittwalds im Wesentlichen auf der politischen Ebene fallen würde.

Im zweiten Gespräch wurden nochmals die unterschiedlichen Auffassungen ausgetauscht und schließlich abgesprochen, dass sich zunächst die Gemeinde nach Anhörung des Gemeinderates äußert und danach das Amt zur Sache Stellung nehmen sollte.

In der Sitzung des Haupt- und Finanzausschusses am 17. April 1958 wird eingehend über die kommunale Neuregelung gesprochen und dabei besonders betont, dass die gesamte Gemeinde aus dem Amtsverband ausscheiden sollte und das Eigenleben der Bewohner der Altgemeinde gewährleistet bleiben müsse. Der Amtsdirektor teilte zur Sache mit, dass er selbstverständlich eine Ausamtung der Gemeinde nicht befürworten könne. Sodann erläutert er die Rechtslage und teilt dabei u. a. mit, dass sich nach einem entsprechenden Beschluss des Rates die Ausamtung noch jahrelang hinziehen könnte, falls ein verwaltungsgerichtliches Verfahren angestrengt werden sollte. Im Laufe der weiteren Aussprache teilte Amtsdirektor Suderow mit, dass im Auftrag des Kreises an Prof. Kühn die Frage enthalten sei, welches die Idealgrenze für Espelkamp-Mittwald sei. Da dies nach seiner Meinung nicht die jetzige Grenze zwischen Espelkamp und Rahden sein könne, solle man doch erst das Gutachten des Prof. Kühn abwarten.

Der Bürgermeister glaubte aus den Äußerungen des Amtsdirektors entnehmen zu können, dass er sich für eine Trennung Mittwalds von der Altgemeinde ausgesprochen habe. Die Gesichtspunkte des Amtsdirektors zwängen die Gemeinde zu schnellen Entschlüssen. Auch der stellvertretende Bürgermeister Rose betonte, dass eine Trennung der Altgemeinde auf keinen Fall erfolgen dürfe. Durch eine Änderung der Hauptsatzung sollen die eigenständigen Belange der Altgemeinde abgesichert werden.

Der Haupt- und Finanzausschuss beschloss einstimmig, dem Rat ein Ausscheiden der gesamten Gemeinde aus der Verwaltung des Amtes unter Berücksichtigung der Wünsche der Altgemeinde zur Änderung der Hauptsatzung vorzuschlagen.

In der entscheidenden Ratssitzung am 12. Mai 1958 wird zunächst die Hauptsatzung einstimmig geändert. Danach erhält § 1 Abs. 2 folgende Fassung:
Bei der weiteren Entwicklung der Gemeinde ist die Eigenart der beiden Ortsteile zu beachten und auf ein Eigenleben der Altgemeinde in der bisher gewohnten Art und Weise Rücksicht zu nehmen. Beim Ausbau der gemeindlichen Einrichtungen sind die Einrichtungen und Bedürfnisse der Altgemeinde entsprechend der allgemeinen wirtschaftlichen Entwicklung der Gemeinde zu berücksichtigen. Weiterhin wird der Altgemeinde der erste stellvertretende Bürgermeister zugestanden und es wird ein Bezirksausschuss für die Altgemeinde gebildet, der für das Gebiet der Altgemeinde auf allen Gebieten Beschlüsse fassen kann, sofern Mittel im Haushaltsplan bereitgestellt sind.

Zum Punkt 4: „Beschlussfassung über das Ausscheiden der Gemeinde Espelkamp aus dem Amtsverband Rahden“ legen zunächst der Bürgermeister und die Fraktionsvorsitzenden Siebert (SPD) und Hollert (CDU) ihre Auffassungen dar. Anschließend trägt Amtsdirektor Suderow seine Bedenken vor, zu denen die genannten Fraktionssprecher Stellung nehmen.

Schließlich beschließt der Rat mit 16 Stimmen bei 1 Stimmenthaltung das Ausscheiden der Gemeinde Espelkamp aus dem Amtsverband. Die Amtsvertretung Rahden lehnt in ihrer Sitzung am 16. April 1959 mit 19 gegen 9 Stimmen bei 2 Enthaltungen das Ausscheiden der Gemeinde Espelkamp aus dem Amtsverband Rahden ab.

In dem bereits vorerwähnten Gutachten des Prof. Kühn, das Mitte 1959 fertiggestellt ist, wird festgestellt, dass der weitere Ausbau bis auf ca. 20 000 Einwohner von Espelkamp-Mittwald für die Gemeinde, den Kreis und die Region sinnvoll und richtig ist. Prof. Kühn übernimmt im Prinzip die Grenzziehung von Oberbaurat Grünberg. Im Norden würde er für den Fall, dass die Altgemeinde Espelkamp wieder selbständig werden sollte, die Grenze der Trasse der in Ost-West-Richtung geplanten Verbindungsstraße angleichen (der heutigen L 770), nur im Süden müsste die Grenze weiter nach außen bis etwa zum Fabbenstedter Graben verschoben werden.

Unter der Überschrift „Verwaltung" hält Prof. Kühn eine verwaltungsmäßige Verbindung der Altgemeinde mit der Neugründung nicht für unbedingt erforderlich. Da die bäuerliche Altgemeinde völlig andere Interessen als ein rein industriell ausgerichtetes Gemeinwesen hat, spricht er sich praktisch für eine selbständige Altgemeinde aus.

Die gegenwärtigen Verwaltungsstrukturen in Bezug auf das Verhältnis Gemeinde Espelkamp – Aufbaugemeinschaft Espelkamp werden auf Dauer so nicht für tragbar gehalten, da die Gemeinde zum Amts- und Kreisverband gehört und damit in die Selbstverwaltungsbehörden eingegliedert und der staatlichen Aufsicht untersteht, während die Aufbaugemeinschaft in direkter Verbindung mit den übergeordneten staatlichen Stellen bis zum Ministerium steht. Das Verhältnis Stadt – Aufbaugemeinschaft hat sich nach weiteren Aufgabeübernahmen und Stärkung der Verwaltung nach der Ausamtung im Laufe der Jahre stabilisiert. Die seinerzeit empfohlene ständige und rechtzeitige Unterrichtung über alle Maßnahmen wird seit langem durchgeführt.

Im Endstadium hält es Prof. Kühn für notwendig, Espelkamp-Mittwald zu einer selbständigen Gemeinde außerhalb des Amtsverbandes zu machen. Dies sollte zur Zeit noch nicht geschehen, weil es auch im Interesse der Gemeinde liegen sollte, ein günstiges Verhältnis über den Amtsverband zu den umliegenden Gemeinden zu schaffen und es psychologisch richtig sei, die amtsangehörigen Gemeinden und das Amt noch für einige Zeit am Finanzaufkommen der Industriegemeinde zu beteiligen.

Die Gemeinde Espelkamp-Mittwald sollte ständig Kontakt zu den umliegenden Gemeinden halten. Es würde allen dienen, wenn die Interessen im Rahmen einer Gesamtplanung gemeinsam und rechtzeitig aufeinander abgestimmt würden. Er empfiehlt, die Gemeinde Espelkamp-Mittwald mit den Randgemeinden zu einem Planungsverband zusammenzuschließen. Ob Prof. Kühn wohl damals schon die Kommunale Neuordnung im Blick gehabt hat?

In der Ratssitzung am 25. Juni 1959 wird eingehend über das Gutachten Prof. Kühns beraten und beschlossen, bei seinem bisherigen Beschluss auf Ausamtung der gesamten Gemeinde zu bleiben.

Wie wichtig der Gemeinde die Errichtung des Rathauses war, ist daraus zu ersehen, dass der Rat in einer nichtöffentlichen Sitzung am 9. September 1958 die eingegangenen Entwurfsvorschläge eingehend geprüft hat und sich danach der Haupt- und Finanzausschuss und Rat in über 20 Sitzungen mit dem Rathausneubau beschäftigt haben. Der Rat entschließt sich für den Entwurf des Regierungsbaurates Wiersing und beauftragt ihn mit der weiteren Ausarbeitung seines Entwurfes. In der Sitzung am 23. März 1960 stimmt der Rat der geänderten Planung zu und spricht sich für den Beginn der Bauarbeiten aus. Mit der Bauausführung wird Architekt Wagner, Espelkamp, beauftragt. Am 30. September 1960 erfolgt die Grundsteinlegung, am 14. März 1961 das Richtfest und am 15. September 1962 wird das neue Rathaus mit einem großen Festakt und einem Tag der offenen Tür sowie Veranstaltungen auf dem Rathausplatz eingeweiht. Die sehr beachtete Festansprache hielt Bischof D. Kunst. Zuvor war die Verwaltung aus dem Nordflügel des Martinshauses ausgezogen. Nach dem Festgottesdienst in der Martinskirche zogen die geladenen Gäste, der Rat und die Verwaltung an der Spitze mit Bischof D. Kunst, Regierungspräsident Dr. Galle und Bürgermeister Kern von der Kirche über die Breslauer Straße zum neuen Rathaus. Es war ein großer Tag für Espelkamp.

Umzug zum neuen Rathaus.

Die erste Sitzung des Rates der Stadt fand am 23. Oktober 1962 im neuen Rathaus statt.

Das neue Rathaus.

Im Juli 1958 wurde der in der geänderten Hauptsatzung neu eingerichtete Bezirksausschuss gewählt. Ihm gehörten die Ratsherren und weitere sachkundige Bürger aus der Altgemeinde an. Er hat bis zur Kommunalen Neuordnung 1973 alle ihm in der Hauptsatzung zugewiesenen Aufgaben wahrgenommen.

In der Ratssitzung am 25. August 1959 wird mitgeteilt, dass, nachdem die Gemeinde inzwischen auf über 10 000 Einwohner angewachsen ist und die wirtschaftliche und sonstige Entwicklung der Gemeinde einen entsprechenden Charakter gegeben hat, sich der Haupt- und Finanzausschuss mit der Frage eines Antrages auf Verleihung der Stadtrechte beschäftigt und dem Rat eine entsprechende Beschlussfassung empfohlen habe.

Nach Aussprache fasste der Rat auf Vorschlag des Bürgermeisters mit 14 Stimmen bei 2 Enthaltungen ohne Gegenstimme die folgende Entschließung: „Die Gemeinde Espelkamp bittet die Landesregierung ihr gem. § 10 Gemeindeordnung die Bezeichnung „Stadt" zu verleihen. Die wirtschaftlichen und städtebaulichen Voraussetzungen hierfür sind auf Grund der Aufbauarbeiten der letzten Jahre gegeben. Der Beschluss der Gemeinde vom 12. Mai 1958 über das Ausscheiden der Gemeinde Espelkamp aus dem Amte Rahden wird hierdurch nicht berührt. Die Gemeinde hält diesen Beschluss aufrecht und eine baldige positive Entscheidung über ihren Antrag auf Ausscheiden aus dem Amt Rahden für notwendig, damit nicht später für die Gemeinde jetzt noch vermeidbare Nachteile entstehen."

Abschlusskundgebung der 10-Jahr-Feier im Waldstadion.
Von links: Bürgermeister Kern, Direktor Souchon, Kultusminister Schütz, Präses Wilm, Pastor von Aderkas, Erzbischof Kardinal Jäger.

Am 3. und 4. Oktober 1959 begeht die Aufbaugemeinschaft ihr 10-jähriges Bestehen und feiert diesen Anlass mit Führungen und Besichtigungen, mit Platzkonzerten, einem Lampion-Umzug der Kinder, kulturellen Veranstaltungen, mit Festgottesdiensten in der Martinskirche und der Liebfrauenkirche, mit einem Festakt in der Turnhalle der Waldschule und einem Festumzug durch die Breslauer Straße mit Abschlusskundgebung im Waldstadion. Während beim Festakt am 4. Oktober für den Gesellschafter – Ev. Kirche – der Aufsichtsratsvorsitzende Prälat D. Kunst die Festrede hält, teilt für den Gesellschafter – Land Nordrhein-Westfalen – der Festredner Ministerpräsident Dr. Meyers, u. a. mit, dass die von ihm geleitete Landesregierung zum ersten Male seit ihrem Bestehen außerhalb der Landeshauptstadt zu einer Kabinettssitzung zusammengetreten ist und mit sämtlichen Kabinettsmitgliedern an dieser feierlichen Veranstaltung teilnimmt. Außerdem kündigt er die Gewährung weiterer Landesmittel für Infrastrukturmaßnahmen an. In der vom Ministerpräsident Dr. Meyers angesprochenen Kabinettssitzung hatte am Vortage die Regierung in Espelkamp beschlossen, der Gemeinde Espelkamp die Bezeichnung „Stadt" zu verleihen. Die 10-Jahr-Feier der Aufbaugemeinschaft wird den Espelkampern in guter Erinnerung bleiben.

Am 1. und 2. April 1960 wird im Saal der Gastwirtschaft Heitkamp-Schwettmann das 50-jährige Bestehen der Gemeinde Espelkamp gefeiert. In einer Sitzung des Rates aus diesem Anlass am 1. April wird u. a. über die Errichtung eines neuen Ehrenmales und die Errichtung eines Gemeindefriedhofes in der Altgemeinde beraten.

URKUNDE

DIE GEMEINDE
ESPELKAMP
IM LANDKREIS LÜBBECKE.

in der mit Unterstützung kirchlicher Institutionen und des Landes Nordrhein-Westfalen viele vertriebene und geflüchtete Deutsche eine neue Heimat gefunden haben, hat sich im letzten Jahrzehnt zu einem bedeutenden Ort entwickelt und durch die zum Wohle ihrer Bürger geschaffenen Einrichtungen städtisches Gepräge erlangt. Beachtliche soziale und kulturelle Leistungen der Gemeinde legen Zeugnis ab von dem Gemeinsinn und der Aufgeschlossenheit ihrer Bürger. Weitschauende Planungen begründen die Erwartung, dass die Gemeinde auch ihren künftigen Aufgaben gerecht wird.

In Würdigung dieser Entwicklung und des Strebens der Bürgerschaft hat die Landesregierung durch Beschluss vom 3. Oktober 1959 der Gemeinde die Bezeichnung

»STADT«

verliehen.

Düsseldorf, den 3. Oktober 1959

DIE LANDESREGIERUNG
DES LANDES NORDRHEIN-WESTFALEN

MINISTERPRÄSIDENT

INNENMINISTER

In der Feierstunde am 2. April begrüßte Bürgermeister Kern die Ehrengäste und Veranstaltungsteilnehmer. Heinrich Rüter, langjähriger Bürgermeister im und nach dem Kriege hielt die Festansprache in plattdeutscher Mundart. Die Ev. Volksschule Espelkamp und der Männergesangverein Espelkamp-Mittwald hatten die musikalische Ausgestaltung übernommen.

Die Stadt Espelkamp bemüht sich nunmehr verstärkt um die Übernahme der öffentlichen Grundstücke und der Be- und Entwässerungsanlagen vom Land Nordrhein-Westfalen und der Aufbaugemeinschaft. Die Verhandlungen ziehen sich auch deshalb jahrelang hin, weil sie mit dem Ausamtungsbegehren verbunden werden. In mehreren Sitzungen wird über den Vertragsentwurf der Regierung in Detmold beraten und es werden Gespräche im Finanzministerium in Düsseldorf geführt. In der Sitzung des Haupt- und Finanzausschusses am 2. November 1961 wird von einem Gespräch mit der Aufbaugemeinschaft über den Übergang der öffentlichen Flächen berichtet und dabei auch mitgeteilt, dass diese Besprechnung auch unter dem Gesichtspunkt eines baldigen Übergangs der noch von der Aufbaugemeinschaft wahrgenommenen kommunalen Aufgaben geführt worden sei. Der Aufgabenübergang sei auch von Vertretern des Innenministeriums beim Anhörungsverfahren zur kommunalen Neugliederung am 17. Oktober 1961 in Rahden als nunmehr an der Zeit und finanziell auch für die Stadt tragbar bezeichnet worden. Vom Ausschuss wurde ein baldiger Übergang aller öffentlichen Flächen sowie der Be- und Entwässerungsanlagen bejaht. Nach weiteren Verhandlungen wird schließlich in der Ratssitzung am 28. Juli 1964 dem sogenannten „Generalvertrag" einstimmig zugestimmt. Danach übernimmt die Stadt vom Land Nordrhein-Westfalen und der Aufbaugemeinschaft öffentliche Grundstücke sowie von der Aufbaugemeinschaft die Entwässerungsanlage und erwirbt von ihr das Wasserwerk für 900 000,– DM. In der Sitzung wird festgestellt, dass mit der Zustimmung zu den Verträgen ein historischer Abschnitt in der Geschichte der Stadt beendet und durch den Übergang der öffentlichen Einrichtungen die Stadt wieder ein Stück selbständiger geworden sei.

Zum besseren Verständnis dieses Vorganges muss noch darauf hingewiesen werden, dass nach Freigabe des Muna-Geländes das Eigentum an den Grundstücken an die Bundesrepublik und 1958 an das Land Nordrhein-Westfalen übergegangen war. Zwischenzeitlich wurden die jetzt an die Stadt übertragenen Grundstücke von der Aufbaugemeinschaft treuhänderisch verwaltet.

Am 18. Dezember 1962 beschließt der Rat die Einrichtung der Stelle eines hauptamtlichen Stadtdirektors in der Stadt Espelkamp. Bevor der Oberkreisdirektor die Genehmigung dazu erteilen kann, ist die Zustimmung des Innenministers erforderlich. Dieser macht jedoch seine Zustimmung von der Übernahme der kommunalen Aufgaben und Einrichtungen von der Aufbaugemeinschaft durch die Stadt abhängig. Am 18. Dezember 1964 genehmigt der Oberkreisdirektor die Stelle und am 11. Juni 1965 wird nach Ausschreibung Bürgermeister Kern zum Stadtdirektor gewählt.

Wegen des Ausamtungsbegehrens finden Anhörungsgespräche des Innenministeriums und Besprechungen auf Einladung des Regierungspräsidenten und des Oberkreisdirektors auf örtlicher Ebene statt. Durch einen Erlass vom 26. November 1961 versucht der Innenminister in das Geschehen vor Ort einzugreifen.

Die an einer Grenzänderung beteiligten Gemeinden Fabbenstedt, Frotheim und Tonnenheide lehnen eine

Abgabe von Flächen entsprechend dem Gutachten Kühn ab. In der Sitzung des Haupt- und Finanzausschusses am 15. Januar 1962 erklärt Bürgermeister Kern zur Sache, dass bei allen Überlegungen zunächst nur die verwaltungsmäßige Trennung vom Amt Rahden im Vordergrund gestanden habe und erst danach sich die Stadt um Grenzänderungen im Süden bemühen wollte, die nach seiner Meinung nur durch ein Gesetz verwirklicht werden können. Bei der Besprechung mit Vertretern der Landesregierung in Rahden am 17. Oktober 1961 habe noch die befriedigende Behandlung des Antrages auf Ausamtung im Sinne der Stadt im Bereich des Möglichen gelegen. Eine baldige Entscheidung über den Ausamtungsantrag sei aber durch Äußerungen eines Vertreters der Altgemeinde und Ansprüche der Gemeinde Rahden auf Gebietsteile der Altgemeinde vereitelt worden. Falls es doch zu einer Trennung von Espelkamp-Mittwald und Altgemeinde kommen sollte, müsste sich die Nordgrenze jedenfalls nach dem Gutachten Kühn richten. Der Amtsdirektor erklärte auf Befragen hierzu, dass er eine selbständige Altgemeinde trotz Verlustes eines Teils ihrer Flächen und ihrer Bevölkerung für durchaus lebensfähig halte. Er halte nach wie vor den Kühnschen Plan mit den aufgezeigten Grenzen für die beste Lösung. Der Ausschuss sprach sich erneut einstimmig für das Zusammenbleiben der ganzen Stadt und für eine nachdrückliche Weiterbearbeitung des Ausamtungsantrages aus, ohne dass damit die Regelung der Grenzfrage im Süden verbunden wird.

Die oben genannten Gemeinden lehnen den Abschluss von Gebietsänderungsverträgen weiterhin ab. Die Stadt drängt auf eine baldige Entscheidung über den Ausamtungsantrag unabhängig von den Grenzänderungs-Verhandlungen im Süden der Stadt.

Der Rat beschließt einstimmig in der Sitzung am 28. Mai 1962, durch Abstimmung den Willen der Bevölkerung zu der Frage, ob das ganze Stadtgebiet aus dem Amt ausscheiden oder eine Gemeindeteilung vorgenommen werden soll, wobei der nördliche Teil der jetzigen Stadt dann als selbständige Gemeinde beim Amt Rahden verbleibt, festzustellen.

Bei der am 16. September 1962 gem. § 14 der Gemeindeordnung durchgeführten Abstimmung der Wahlberechtigten über eine Änderung der Gemeindegrenzen hat sich die Bevölkerung der Stadt Espelkamp mit 93,7 % der abgegebenen Stimmen gegen eine Teilung der Gemeinde Espelkamp ausgesprochen. Danach bestätigt der Rat nochmals seinen Beschluss vom 12. Mai 1958, dass die Gemeinde Espelkamp in ihrem derzeitigen Gebietsstand aus dem Amtsverband ausscheidet. Er bittet die Amtsvertretung des Amtes Rahden, dem Ausamtungsantrag zuzustimmen und die Landesregierung für den Fall, dass eine übereinstimmende Beschlussfassung nicht zustande kommt, im Interesse der weiteren Entwicklung der Stadt, zumal gerade jetzt die Übernahme der bisher von der Aufbaugemeinschaft verwalteten städtischen Einrichtungen die Schaffung einer eigenen Verwaltung dringend notwendig ist, eine positive Entscheidung in der Ausamtungsfrage zu treffen.

Bei einer Besprechung in Detmold am 12. März 1963 wird bekannt, dass das Innenministerium und die Regierung beabsichtigen, dass die Stadt Espelkamp im Norden einen Teil ihres Gebietes an die Gemeinde Rahden abtreten soll und im Süden und Osten nur geringe Grenzberichtigungen vorzunehmen. Von Espelkamp werden die in Aussicht genommenen Regelungen im Interesse der Bevölkerung nicht für annehmbar gehalten. Den übergeordneten Stellen soll deshalb noch einmal der Standpunkt der Stadt vorgetragen werden. Bei den weiteren Besprechungen verfestigt sich immer mehr, dass das Amt Rahden nicht bereit ist, die Gesamtausamtung Espelkamps hinzunehmen und bei einer diesbezüglichen Entscheidung der Regierung sogar den Verwaltungsrechtsweg beschreiten würde. Damit würde voraussichtlich auf längere Zeit keine endgültige Regelung im Sinne der bisher gefassten Beschlüsse zu erwarten sein. Auch sei nicht mit der Bildung einer selbständigen Altgemeinde Espelkamp zu rechnen. Die Regierung hat eine Gebietsabtretung im Norden an Rahden vorgeschlagen und bei der Besprechung am 12. März 1963 einen Katasterplan übergeben, in dem die von ihr gewünschte Grenze eingetragen ist. Danach ist an eine Abtretung von etwa 300 ha Fläche mit 72 Wohngebäuden und 402 Personen an Rahden gedacht.

In der Ratssitzung am 29. April 1963, in der der Vorschlag der Regierung erläutert wird, gibt Ratsherr Rose auch namens der vier Ratsherren aus der Altgemeinde die folgende Erklärung ab: „Wir beantragen die Bildung einer selbständigen Gemeinde Alt-Espelkamp im Amtsverband Rahden und können daher keiner Gebietsabtrennung zustimmen."

Da auch der Amtsdirektor keine andere Möglichkeit mehr sieht, wird mit 17 Stimmen bei 4 Gegenstimmen und 2 Enthaltungen beschlossen, in dem mit der Gemeinde Rahden bald abzuschließenden Gebiets-Änderungsvertrag den Vorschlag der Regierung zur Grenzänderung etwas modifiziert zugrunde zu legen.

Die Landesregierung und der Landtag werden gebeten, nun auch die Grenzverhältnisse im Süden neu zu regeln und dabei auf das Gutachten des Prof. Kühn zurückzugreifen. Am 24. Mai 1963 werden Gebiets-Änderungsverträge im Norden mit der Gemeinde Rahden und im Osten mit der Gemeinde Tonnenheide abgeschlossen, die von der Aufsichtsbehörde genehmigt werden. Tonnenheide tritt dabei ein etwa 19 ha großes unbewohntes Gebiet ab, so dass die Wassergewinnungs-Anlagen künftig im Gebiet der Stadt liegen.

Da die Vertretungen der Gemeinden Fabbenstedt und Frotheim und der Ämter Alswede und Gehlenbeck Grenzänderungen im vorgeschlagenen Umfange einstimmig abgelehnt haben, und die Bevölkerung der genannten Gemeinden in der angeordneten Abstimmung am 11. Juli 1965 mit großer Mehrheit gegen Gebietsänderungen stimmt, verfügt der Regierungspräsident in Detmold am 21. Juli 1965, weil dringende Gründe des überörtlichen öffentlichen Interesses zwingend nach einer zweckmäßigen Grenzziehung verlangen, Bedingungen über die Einzelheiten der Gebietsänderung zwischen der Stadt Espelkamp und den Gemeinden Fabbenstedt und Frotheim.

Danach werden eine Fläche von 99,06 ha aus der Gemeinde Fabbenstedt und eine Fläche von 47,98 ha aus der Gemeinde Frotheim an die Stadt Espelkamp eingegliedert und die Stadt zahlt dafür Abfindungen an die beiden Gemeinden.

Das Gesetz zur Änderung der Gemeindegrenzen zwischen der Stadt Espelkamp und den Gemeinden Fabbenstedt, Frotheim, Rahden und Tonnenheide, Kreis Lübbecke, wird am 14. Dezember 1965 verabschiedet und tritt am 1. Januar 1966 in Kraft. Im Gesetz werden die Gebietsänderungs-Verträge und die Bestimmungen des Regierungspräsidenten bestätigt und die am 27. September 1964 gewählten Räte der Stadt Espelkamp und der Gemeinde Rahden werden aufgelöst; ebenso die Amtsvertretung des Amtes Rahden.

Am 10. Dezember 1965 hatte das Amt Rahden mit der Stadt einen Auseinandersetzungsvertrag abgeschlossen.

Der Oberkreisdirektor als untere staatliche Verwaltungsbehörde verfügt am 15. Dezember 1965 die

STADT ESPELKAMP

Ausamtung der Stadt Espelkamp zum 1. Januar 1966 gem. § 5 Abs. 2 der Amtsordnung und genehmigt den Auseinandersetzungsvertrag. Nunmehr ist nach jahrelangen Bemühungen das Ziel erreicht, Espelkamp ist amtsfreie Stadt mit eigener Verwaltung.

Zu den Symbolen einer selbständigen Gemeinde bzw. Stadt gehört u. a. das Wappen. Der Kunsterzieher am Söderblom-Gymnasium, Alois Hilgart, wird beauftragt, Entwürfe zu fertigen. Am 16. September 1964 bittet der Rat Alois Hilgart, den ausgewählten Entwurf heraldisch aufzubereiten. Durch Erlass vom 27. Juni 1966 genehmigt der Innenminister das Wappen und eine Flagge.

Das Wappen wird wie folgt begründet: „Die Espenblätter sind redendes Zeichen für den Namen »Espelkamp«. Die Farben Schwarz-Weiß und Grün-Weiß knüpfen an die Farben des Deutschen Ordens, Preußens und Sachsens an und erinnern an die Herkunft der Bürger aus Ost- und Mitteldeutschland. Das Kreuz weist auf die kirchliche Initiative zur Entstehung dieser neuen Flüchtlingsstadt hin."

Auch schon Anfang der 60er Jahre bemüht sich Espelkamp um die Errichtung eines Mahnmals. Am 29. April 1963 erhält Prof. Volwahsen den Auftrag zur Erstellung von Entwürfen. Die Plastik »Nach der Flucht« wird neben dem mit Kupfer ummantelten Kreuz an der Breslauer Straße aufgestellt und am Volkstrauertag, dem 13. November 1966, mit einer Festansprache des Pastors Gerhard Wilde eingeweiht. Am Kreuz und der Plastik, die auf den Mittelstreifen der Breslauer Straße wegen des Bürgerhauses umgesetzt wurden, finden nach wie vor am Volkstrauertag Ansprachen und Kranzniederlegungen statt.

Mahnmal: Kreuz und Mahnmal.

Wilhelm Kern hat nicht mehr lange als Stadtdirektor für Espelkamp wirken können. Er verstarb plötzlich und unerwartet am 10. Juli 1967 nach kurzer schwerer Krankheit in Hamburg.
Am 14. November 1967 wird Kreisverwaltungsrat Dr. Horst Eller aus Unna mit 15 Stimmen zum Stadtdirektor gewählt. Der langjährige Stellvertreter und Finanzexperte der Stadt, Stadtoberamtmann Rudolf Eickhoff, erhält 9 Stimmen. Diese Stadtdirektorenwahl bringt politische Veränderungen in der Stadt mit sich, auf die in Ziffer IV näher eingegangen wird. Stadtdirektor Dr. Eller wird am 15. Dezember 1967 eingeführt und vereidigt und tritt mit viel Schwung und neuen Ideen am 1. Januar 1968 sein Amt an.

In der Ratssitzung am 6. November 1968 erhält die Wibera AG, Düsseldorf, einstimmig den Auftrag, ein Gutachten über die Möglichkeiten der strukturellen und räumlichen Entwicklung Espelkamps zu erstellen.

Vom 7. bis 22. Juni 1969 feiert die Stadt mit zahlreichen Veranstaltungen ihr 20-jähriges Bestehen unter dem Motto »Espelkamp – 20 Jahre Aufbau einer neuen Stadt«, verbunden mit dem Westfalentag 1969 vom 13. bis 15. Juni in Levern und Espelkamp.

Am Sonntag, dem 15. Juni 1969, besuchen Bundespräsident Heinrich Lübke und viele Vertriebene und Flüchtlinge aus Westfalen unsere Stadt und den Westfalentag. Nach Festgottesdiensten in der evangelischen und katholischen Kirche, einem Festumzug durch die Breslauer Straße zum Waldstadion sprechen auf der Festveranstaltung der Stadt verbunden mit der Schlussveranstaltung des Westfalentages im Waldstadion der Vorsitzende des Westfälischen Heimatbundes und Direktor des Landschaftsverbandes Westfalen-Lippe, Walter Hoffmann, Ministerpräsident Heinz Kühn, Bischof D. Hermann Kunst, Staatssekretär a. D. Dr. Nahm und Bürgermeister Gerhard Wetzel. Als weitere prominente Gäste waren nach Espelkamp gekommen Generalmajor Sir Alec Bishop und Bundesvertriebenenminister Heinrich Windelen. Auch diese Veranstaltungen sind bei der Bevölkerung gut angekommen.

Tribüne beim Festumzug. Erste Reihe von links: Bischof D. Kunst, Frau Lübke, Bundespräsident Lübke, Bürgermeister Wetzel, Bundesvertriebenenminister Windelen.

In einer außerordentlichen Sitzung des Rates am 24. September 1971 verleiht die Stadt Espelkamp Bischof D. Hermann Kunst DD das Ehrenbürgerrecht und würdigt damit seine außerordentlichen Verdienste um den Aufbau Espelkamps. Als Dank dafür schenkt Bischof Kunst dem Bürgermeister später eine Amtskette mit der Widmung aus Jer. 29,7 „Suchet der Stadt Bestes...“, die mehrere Wappen der Herkunftsländer der Espelkamper Bürger, das Stadtwappen und das Martinssymbol enthält.

Am 17. Juli 1972 stirbt der Direktor der Aufbaugemeinschaft Fritz Souchon. Er und seine Mitarbeiter haben besonders in den ersten Jahrzehnten für die Entwicklung des Gemeinwesens Espelkamp viel geleistet. In diesem Zusammenhang ist Dipl.-Ing. Günter Buss zu nennen, der durch seine Vorträge in den städtischen Gremien wesentlich zur Erschließung und Gestaltung der Stadt beigetragen hat.

Inzwischen nimmt die Kommunale Neuordnung des Neugliederungsraumes Bielefeld immer konkretere Formen an. Mehrere Einrichtungen und die Wibera machen Vorschläge zur Kreis- und Gemeindereform, wobei allen klar ist, dass die Ämter aufgelöst werden. In einer ersten Stellungnahme der Stadt vom Juni 1970 wird u. a. der Mittellandkanal als Grenze zwischen Lübbecke und Espelkamp unterstützt und die Forderung Rahdens, als Grenze die L 770 festzusetzen, zurückgewiesen.

Am 29. September 1971 stimmt der Rat dem „Vorschlag des Innenministers des Landes Nordrhein-Westfalen zur Neugliederung der Gemeinden und Kreise des Neugliederungsraumes Bielefeld“ für den Raum Espelkamp einstimmig zu und nimmt zu Einzelheiten der vorgesehenen Regelungen eingehend Stellung. Auf die Gebietsneuordnung wird eingehend an anderer Stelle dieses Buches hingewiesen. Im »Bielefeld-Gesetz«, das am 1. Januar 1973 in Kraft tritt, ist festgesetzt, dass bis zur Neuwahl des Rates für die Wahrnehmung der Aufgaben des Rates und des Ratsvorsitzenden der Amtsbürgermeister des Amtes Alswede, Erich Seidel, und die Wahrnehmung der Aufgaben des Stadtdirektors, Stadtdirektor Dr. Horst Eller, Espelkamp, beauftragt sind.

Die Espelkamp zugeordneten Gemeinden der Ämter Alswede und Gehlenbeck

Die Gemeinden des Amtes Alswede werden jeweils um ihre Stellungnahme zu den Vorschlägen zur kommunalen Neuordnung des Kreises Lübbecke, der Wibera und des Innenministeriums Nordrhein-Westfalens gebeten.

Die Gemeinde **Alswede** spricht sich mehrheitlich (8 ja, 5 nein) für den Zusammenschluss der amtsangehörigen Gemeinden zu einer Großgemeinde aus. Im Juni 1970 wird dem Vorschlag der Wibera – fast identisch mit der durchgeführten Neuordnung – widersprochen. Wenn jedoch eine Änderung kommt, dann sollte eine Gemeinde gebildet werden (6 ja, 6 Enthaltungen). Zum Vorschlag des Innenministers (modifizierter Vorschlag der Wibera) wird eine weitere Stellungnahme abgelehnt. Im Mai 1972 wird einstimmig beschlossen, die Gemeinden des Amtes sollen zusammenbleiben und eine Gemeinde bilden.

Die Gemeinde **Vehlage** spricht sich jeweils einstimmig für den Zusammenschluss der Gemeinden des Amtes Alswede zu einer Großgemeinde aus.

Auch die Gemeinde **Fabbenstedt** spricht sich immer einstimmig so aus, wie für Vehlage ausgeführt. Nur im April 1970 wird zusätzlich zum Vorschlag der Wibera angemerkt, dass, falls nicht eine Gemeinde gebildet werden sollte, alle Gemeinden des Amtes der Stadt Espelkamp angeschlossen werden sollten.

Aus den Protokollbüchern der Gemeinden **Frotheim** und **Isenstedt** des Amtes Gehlenbeck ist zu entnehmen, dass diese nur zum Wibera-Gutachten und zum Vorschlag des Innenministers Stellung nehmen. Sie lehnen die Kommunale Neuordnung generell ab und begründen dies auch ausführlich. Falls jedoch gegen den Willen der Gemeinden die Kommunale Neuordnung kommen sollte, spricht sich Frotheim jeweils einstimmig für die Bildung einer Großgemeinde Gehlenbeck aus, während Isenstedt mehrheitlich (5 ja, 4 nein, 4 Enthaltungen) für die Großgemeinde Gehlenbeck stimmt. Falls es jedoch so kommen sollte, wie von oben vorgeschlagen, sollte der Mittellandkanal die Grenze bilden.

Fabbenstedt

Die Gemeinde Espelkamp grenzt im Süden u. a. an die Gemeinde Fabbenstedt. Bei der Einzäunung der Muna wurden auch Gebietsteile von Fabbenstedt mit vereinnahmt. Beim Aufbau und Ausbau von Espelkamp-Mittwald durch die Aufbaugemeinschaft kommt es wegen der ungeklärten Grundstücks- und Besitzverhältnisse in den Anfangsjahren zu Schwierigkeiten.

In der Sitzung des Gemeinderates am 28. April 1951 wird über Maßnahmen gegen eine etwaige Aufteilung der Gemeinde beraten und in der Niederschrift festgehalten, dass die seit einiger Zeit umlaufenden Gerüchte sich hartnäckig halten und zu schwersten Besorgnissen Anlass geben. Es soll mit allen Mitteln baldigst eine Klärung herbeigeführt werden. Der Bürgermeister wurde beauftragt, mit einem Fachmann Verbindung aufzunehmen, der die Gemeinde beraten und vertreten kann. Weiteres hierzu ist aus dem Protokollbuch nicht zu entnehmen.

In einer gemeinsamen Sitzung der Gemeindevertretung und der Amtsvertretung Alswede am 2. Juni 1951 wird das Anliegen der Amtsaußenstelle Espelkamp auf Anerkennung der Verwaltungshoheit über die zum Siedlungsgebiet Espelkamp-Mittwald gehörenden Gebietsteile der Gemeinde Fabbenstedt abgelehnt. Schließlich, nachdem sich auch die Landesregierung eingeschaltet hatte, stimmt im Juli 1951 die Gemeinde der Gebietsabtretung der im Munagebiet gelegenen Grundstücke unter der Voraussetzung zu, dass die Gemeinde Espelkamp amtsangehörige Gemeinde des Amtes Rahden bleibt und keine selbständige amtsfreie Gemeinde wird.

Der Umgemeindung eines 60 m langen Weges von der Rahdener Straße zur Kolonie nach Espelkamp stimmt die Gemeindevertretung im März 1952 einstimmig zu.

In den drei folgenden Jahren werden von Fabbenstedt nur die allernotwendigsten Flächen abgegeben. Weitere Umgemeindungswünsche werden mit dem Bemerken abgelehnt, dass die Gemeinde Espelkamp doppelt so groß sei wie die Gemeinde Fabbenstedt und deshalb ihre Vorhaben auf ihrem Gebiet verwirklichen solle.

Weil die Aufbaugemeinschaft bereits Flächen an der Grenze auf Fabbenstedter Gebiet erworben und teilweise mit Wohnblocks bebaut hat und sich nach dem Bezug der Wohnungen rechtliche Probleme ergeben, wird eine Umgemeindung weiterer Flächen unbedingt erforderlich. Die Gemeinde- und Amtsvertretung stimmen schließlich einer Umgemeindung der gewünschten Flächen unter der Bedingung zu, dass Espelkamp die Bewohner der Behelfsheime in Fabbenstedt und Gestringen aufnimmt und gegebenenfalls fürsorglich betreut. Espelkamp stimmt in einem Gebietsänderungsvertrag vom 3. August 1956 der Bedingung mit der Maßgabe zu, dass die beiden Gestringer Familien bis zum 1. April 1957 aufgenommen werden, wenn deren Haushaltsvorstände im Zeitpunkt des Vertragsabschlusses in Espelkamp arbeiten.

Im Februar 1962 sprechen sich bei einer Versammlung im Beisein der Gemeindevertretung und des Oberkreisdirektors alle 28 beteiligten Grundstückseigentümer gegen die vom Innenminister Nordrhein-Westfalens vorgeschlagene Gebietsabtretung von etwa 80 ha Flächen an die Stadt Espelkamp aus.

Die Gemeinde beschäftigt wegen der Gebietsabtretungsangelegenheit den Rechtsbeistand Dr. jur. Michelly, Herford, um mit seiner Hilfe eine Milderung der vorgesehenen Gebietsabtretung zu erreichen.

In dieser Angelegenheit erfolgen weitere Verhandlungen und Gespräche mit dem Ergebnis, dass Fabbenstedt zwar weitere Gebiete in Grenznähe abgeben will, aber die Umgemeindung der von Espelkamp verlangten Flächen von etwa 91 ha – ca. $^1/_{10}$ der Gesamtfläche Fabbenstedts – strikt ablehnt.

Am 11. Mai 1965 ordnete die Landesregierung Abstimmungen der wahlberechtigten Einwohner der Gemeinde Fabbenstedt und Frotheim an, weil die abschließende Grenzänderung im Interesse einer geordneten Entwicklungs Espelkamps und der notwendigen Beruhigung im Verhältnis der Gemeinden untereinander nicht länger aufgeschoben werden konnte. Die Abstimmung am 11. Juli 1965 hatte in Fabbenstedt folgendes Ergebnis: Von den 495 Abstimmungsberechtigten haben 413 ihre Stimme abgegeben. Von den 408 gültigen Stimmen sprachen sich 372 Einwohner gegen Gebietsabtretungen aus. Der weitere Verlauf dieser Angelegenheit ist aus dem Bericht über Espelkamp zu ersehen.

Fiestel - Gestringen

Gleich nach der ersten Sitzung der Gemeindevertretung Alswede am 17. Januar 1953 im Berichtszeitraum wurde über die Ausgemeindung der Bauerschaft Fiestel aus der Gemeinde Alswede und Bildung einer selbständigen Gemeinde Fiestel beraten. Dabei wurden die drei Anträge vom 1. Dezember 1952 mit 51 + 98 + 57 = 206 Unterschriften verlesen. Über die Angelegenheit wurde lebhaft debattiert. Einige Ratsmitglieder sprachen sich nachdrücklich gegen die beantragte Ausgemeindung aus und verbanden ihre ablehnende Haltung insbesondere mit dem Hinweis auf die bevorstehende Verkopplung (später Flurbereinigung genannt), die nach ihrer Sicht zweckmäßigerweise abgewartet werden sollte. Die Abstimmung ergab 2 Stimmen für und 8 Stimmen gegen die Ausgemeindung. Die Durchführung einer Abstimmung der Wahlberechtigten wurde mit 7:3 Stimmen ebenfalls abgelehnt. Es wurde dann aber einstimmig beschlossen, die drei Anträge der Aufsichtsbehörde mit der Bitte um weitere Verfügung vorzulegen. In der sieben Tage später folgenden Sitzung werden alle gefassten Beschlüsse in dieser Sache wieder aufgehoben. In der nästen Sitzung soll wieder darüber gesprochen werden. In dieser Angelegenheit ist jedoch nichts mehr geschehen.

Im April 1959 beantragt die Bauerschaft Gestringen die Ausgemeindung aus der Gemeinde Alswede. Dieser Antrag wird vom Rat mit 3 gegen 5 Stimmen bei 1 Enthaltung abgelehnt. In der Sitzung am 14. Mai 1959 wird beschlossen, in der nächsten Sitzung am 19. Mai über die Auflösung der Gemeinde Alswede und die Unterteilung in drei Gemeinden, die mit den heutigen Bauerschaften ungefähr identisch sind, zu beraten und zu beschließen. 6 Ratsmitglieder stimmten dafür und 3 Mitglieder enthielten sich der Stimme. In der Sitzung am 20. Oktober 1959 erfolgt die Beschlussfassung über den Verlauf der Grenzen zwischen den drei Bauerschaften. Zunächst wird mitgeteilt, dass die Bauerschaft Alswede ca. 298 ha, Fiestel ca. 321 ha und Gestringen ca. 521 ha groß sein würden. Danach werden die Grenzen zwischen den drei Bauerschaften in einem Messtischblatt genau aufgezeigt. Anschließend stimmten 6 Ratsmitglieder für und 2 Ratsmitglieder gegen die aufgezeichnete Grenzziehung. In den weiteren Niederschriften wird hierzu nichts mehr gesagt.

Frotheim

Die Gemeinde Espelkamp grenzt neben Fabbenstedt auch im Süden an die Gemeinde Frotheim. Wie im Fall Fabbenstedt werden auch die Gebietsteile Frotheims im Munagebiet mit vereinnahmt. Der Gemeinderat spricht sich im Juni 1951 gegen eine Umgemeindung von Gemeindeteilen nach Espelkamp-Mittwald aus und erklärt sich erst nach Erlassen der Landesregierung damit einverstanden, dass die Verwaltungshoheit über die Munaflächen von der Gemeinde Espelkamp bzw. von der Amtsverwaltung Rahden ausgeübt wird, um die Umgestaltung der ehemaligen Muna zu einer Flüchtlingssiedlung nicht zu hemmen. Ende 1951 erklärt sich Frotheim mit der Ausgliederung der Muna- und einiger weiterer kleinerer Flächen bereit.

Im Jahre 1962 spricht sich der Gemeinderat gegen die Abgabe weiterer Flächen an die Stadt Espelkamp aus.

Da weitere Gespräche – wie im Falle Fabbenstedt – zu keinem Ergebnis führen, wird auch in Frotheim eine Abstimmung der wahlberechtigten Einwohner für den 11. Juli 1965 angeordnet. In Frotheim nehmen von 1 495 Berechtigten 900 an der Abstimmung teil und entscheiden sich mit 875 Stimmen gegen eine Gebietsabtretung. Schließlich werden per Gesetz 47,9840 ha Fläche der Gemeinde Frotheim in die Stadt Espelkamp eingegliedert.

Hüllhorst

von Friedrich-Wilhelm Meier

Das Amt Hüllhorst bestand bis zur Gebietsneuordnung am 1. Januar 1973 aus den selbständigen Gemeinden

Ahlsen-Reineberg
Bröderhausen
Büttendorf
Holsen
Huchzen (1909 abgetrennt von der Gemeinde Tengern)
Hüllhorst
Oberbauerschaft
Schnathorst und
Tengern.

Das Amt Hüllhorst (mit den selbständigen Gemeinden) hat in diesen Grenzen seit 1831 bestanden.

Nach der Übernahme Westfalens durch Preußen im Anschluß an den Wiener Kongreß wurde der Regierungsbezirk Minden aufgrund der preußischen „Verordnung wegen verbesserter Einrichtung der Provinzialbehörden" vom 30. April 1815 und nach der Verfügung des Chefpräsidenten der Mindener Regierung vom 18. Oktober 1816 mit Wirkung vom 1. November 1816 in folgende 12 Kreise eingeteilt: Minden, Rahden, Bünde (einschließlich Amt Hüllhorst), Herford, Bielefeld, Halle, Wiedenbrück, Paderborn, Büren, Warburg, Höxter und Brakel. Der Kreis Lübbecke ist am 1. Januar 1832 aus dem 1816 gebildeten Kreis Rahden hervorgegangen. Dem Kreis Lübbecke wurden die Kirchspiele Hüllhorst und Schnathorst sowie die Gemeinde Oberbauerschaft des damaligen Kreises Bünde zugeordnet.

Damit wird deutlich, dass das Amt Hüllhorst und die Gemeinden des Amtes von 1832 bis Ende 1972 - also 140 Jahre - in den ursprünglichen Grenzen bestanden haben.

Verwaltungssitz war — und ist bis heute — Hüllhorst.

Die Wohnbevölkerung des Amtes Hüllhorst betrug nach den Volkszählungen bzw. Fortschreibungen des Statistischen Landesamtes:

1939 7 842 Einwohner
1946 9 259 Einwohner
1950 9 818 Einwohner
1961 10 105 Einwohner
1970 11 177 Einwohner
1972 11 644 Einwohner (31. 12.)

Die Aufteilung der Bevölkerungszahlen auf die einzelnen Gemeinden stellt sich wie folgt dar (exemplarisch 1946 und 1972):

	1946	1972	
Ahlsen-Reineberg	760	1 005	
Bröderhausen	460	481	
Büttendorf	823	826	
Holsen	1 012	1 092	
Huchzen	125	—	
Hüllhorst	1 380	1 910	
Oberbauerschaft	1 843	2 454	
Schnathorst	1 501	2 095	
Tengern	1 355	1 781	(einschl. Huchzen)
	9 259	11 644	

Der Bevölkerungszuwachs von 1939 bis 1950 — 1.976 Einwohner oder 25 v. H. der Einwohner von 1939 — ist nicht etwa auf rege Bautätigkeit im Amt Hüllhorst zurückzuführen, sondern war bedingt durch die Aufnahme von Evakuierten, Flüchtlingen und Vertriebenen. Für diese vom Schicksal hart betroffenen Menschen mußte Wohnraum bereitgestellt, mußten

Arbeitsplätze geschaffen, Bildungs-und Ausbildungseinrichtungen geschaffen oder erweitert werden. Daher war es eine große Leistung aller Städte und Gemeinden in Deutschland – auch der Kommunen des hiesigen Raumes –, zunächst bescheidenen Wohnraum und später Siedlungsraum zur Verfügung zu stellen und die Menschen im weitesten Sinne zu integrieren.

Der Wohnraum konnte anfangs nur in den vorhandenen Gebäuden und Wohnungen vorgehalten werden. Und das waren in erster Linie landwirtschaftliche Wirtschaftsgebäude, Heuerlings- und Siedlungshäuser.

Erst später – ab Mitte der 50er Jahre bis Ende der 60er Jahre – konnte für Kleinsiedlungen und Nebenerwerbsstellen Bauland zur Verfügung gestellt werden. Preiswertes Bauland zu beschaffen, war nicht einfach und spiegelt die besondere Leistung der Gemeindevertretungen und Bürgermeister wider. Beispiele für solche Siedlungsgebiete waren: Schnathorst-Wulfsiek, Ostlandstraße, Kreuzstraße; Tengern-Tengerholz; Oberbauerschaft-Niedringhausen, Langenkamp.

Diese Menschen waren aber nicht nur wohnraummäßig zu versorgen, sondern auch in das Erwerbsleben einzugliedern, so weit das vor Ort – im Amtsbezirk Hüllhorst – überhaupt möglich war.

Das Amt Hüllhorst war landwirtschaftlich geprägt. In allen Gemeinden gab es eine große Anzahl von landwirtschaftlichen Voll- und Nebenerwerbsbetrieben.

Daneben gab es Handwerksbetriebe (z. B. Schmiede-, Maler-, Maurer-, Tischler-, Dachdecker-, Zimmerer-, Elektro- und Sanitärbetriebe) und bis in die 70er Jahre die Zigarrenindustrie.

Es soll hier nicht die Geschichte der Zigarrenindustrie (Geschäftsgründungen, Aufschwung und Niedergang der Branche) nachgezeichnet werden. Das haben Dr. Rolf Momburg in seinem Buch »Die Zigarrenmacher« – Beitrag zur Wirtschafts- und Sozialgeschichte des Minden-Lübbecker Landes – und Dr. R. Lüpke für die Gemeinde Hüllhorst bzw. die Rechtsvorgänger in seinem Werk »Geschichte der Gemeinde Hüllhorst« in so eindrucksvoller Weise niedergeschrieben.

Festgehalten werden soll hier nur, dass für die Zeit von 1953 bis 1972 die Zigarrenindustrie im Amt Hüllhorst von beschäftigungspolitischer Bedeutung war und den Beschäftigten selbst mit den mithelfenden Familienangehörigen bescheidenen Wohlstand gebracht hat.

Beschäftigte in der Zigarrenindustrie des Amtes Hüllhorst:

1871 5 Filialbetriebe mit 150 Beschäftigten,
1925 18 Filialbetriebe mit 381 Beschäftigten.

Zu diesen Zahlen kommen noch die in Heimarbeit Beschäftigten. Nach 1945 befand sich die Zigarrenproduktion auf einem sehr niedrigen Niveau. Im Amt Hüllhorst arbeiteten noch 13 Filialen, in denen direkt noch ca. 70 Personen beschäftigt waren. Überwiegend war die Zigarrenproduktion in die Heimarbeit verlagert.

Als 1956 das Verbot, Zigarren maschinell herzustellen, aufgehoben wurde, war damit auch das Aus für die hausindustrielle Fertigung von Zigarren vorprogrammiert.

Der letzte Betrieb, der im Amt Hüllhorst seine Pforten im Jahre 1978 schloss, war der ehemalige Betrieb Deter in Schnathorst (letzter Eigentümer Fa. André, Bünde).

Die 1963 erbaute Zigarrenfabrik Deter in Schnathorst. Das Gelände ist inzwischen mit Wohnhäusern bebaut.

Für die abgebauten oder ganz weggefallenen Arbeitsplätze in der Zigarrenindustrie mussten neue Arbeitsplätze geschaffen werden. Das konnte nicht direkt durch die Gemeinde erfolgen, sondern nur indirekt durch Vermittlung von Bauland, die Beplanung geeigneter Flächen und die Erschließung dieser Flächen.

Beispiele solcher Gewerbeansiedlungen waren:

Fa. Deutsche Wurlitzer GmbH in Hüllhorst (1961)

Fa. Brotfabrik Peter Bösen in Oberbauerschaft (1965)

Fa. Apparatebau Gerhard Ney in Oberbauerschaft (1965)

Fa. W. Upheber in Tengern (Erweiterung)

Fa. Wilh. Stallmann in Tengern und Hüllhorst (Erweiterung und Umsiedlung)

Fa. Carl Coors in Hüllhorst (Erweiterung und Umsiedlung)

Fa. Heinrich Schnake in Schnathorst (Erweiterung und Umsiedlung)

Wickelherstellung in der Fabrik Deter.

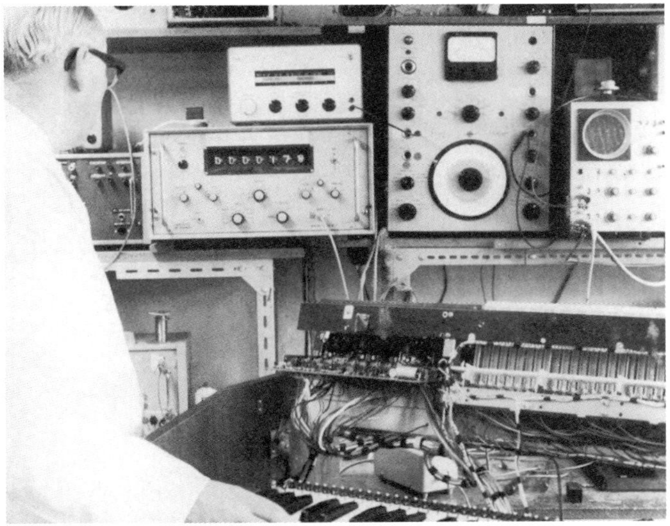

Die Firma Deutsche Wurlitzer GmbH produzierte bzw. produziert elektronische Orgeln, Musik-, Zigaretten- und Verkaufsautomaten. Bevor der Wahl- und Abspielmechanismus eines Musikautomaten eingebaut wird, wird er auf dem Prüfstand getestet.

Zu einem funktionierenden Gemeinwesen im ländlichen Raum gehören auch die Vereine. In ihnen organisieren sich die Bürgerinnen und Bürger und gestalten durch die Vereine auch das Gesellschaftsleben im weitesten Sinne. Die vornehmsten Betätigungsfelder waren und sind die Förderung des Sports, die Förderung und Bereicherung des Kulturlebens, die Förderung des Heimatgedankens und Erhaltung des Brauchtums oder auch die Vertretung berufsständischer oder Verbandsinteressen.

Zu diesen Sportvereinen zählen bis heute:
AMC Oberbauerschaft
AMC Schnathorst
Holsener Sportverein
Reiterverein „Herzog-Wittekind“ Oberbauerschaft
Schachclub „Springer“ Schnathorst
Sportschützen Oberbauerschaft
SV Hüllhorst
SV „Blau-Weiß“ Oberbauerschaft
SV Schnathorst
Tennisclub Schnathorst
Tennisclub Tengern
TuS Tengern
Schützenverein „Am Wiehen“ Tengern.

In allen Vereinen gab es zahlreiche Sparten, so dass jedes Mitglied sich nach seinen Neigungen im Verein betätigen konnte.

Das kulturelle Leben in den Gemeinden des Amtes Hüllhorst wurde insbesondere durch die Pflege des Liedgutes und Chorgesanges, der Volksmusik, des Volkstanzes, Pflege der plattdeutschen Mundart, der Hege und Pflege des Heimat-und Volksgutes und des Laienspiels bereichert.

Zu den Vereinen, die die vorstehenden kulturellen Ziele über Jahrzehnte pflegten, zählen insbesondere folgende Vereine:
Chorgemeinschaft „Am Wiehen“ Schnathorst
Dorfkapelle Oberbauerschaft
Gemischter Chor Oberbauerschaft
Hausmusikkreis Tengern
Heimatverein Oberbauerschaft mit Freilichtbühne „Kahle Wart“
Heimatverein Singkreis Ahlsen-Reineberg
Männergesangverein Hüllhorst
Naturfreunde Büttendorf
Schnathorster Blasorchester.

Jeder Verein trat auch – und das gilt bis heute – mit einer außerordentlichen über die Grenzen des Ortes hinaus bekannten Veranstaltung oder Reihe jährlich wiederkehrend an die Öffentlichkeit, z. B. Kahle-Wart-Spiele, Ahlser Dorfabende, Sängerfest im Nachtigallental, Festkonzerte des Schnathorster Blasorchesters, Theateraufführungen in Büttendorf.

Berufsständische Interessen wurden insbesondere durch die landwirtschaftlichen Ortsvereine in allen Ortschaften, durch den Landfrauenverein Hüllhorst und die Landjugend Hüllhorst vertreten.

In der sozialen Betreuung engagierten sich in besonderer Weise die Reichsbundvereine in Ahlsen, Büttendorf, Holsen, Hüllhorst, Oberbauerschaft, Schnathorst und Tengern und die Arbeiterwohlfahrt in Hüllhorst. Alle Reichsbundgruppen sehen ihre Hauptaufgabe in der Betreuung und Rechtsvertretung der Beschädigten und Hinterbliebenen der Weltkriege, Behinderten, Sozialrentner und Wehrdienstopfer.

Auf dem Gebiet des Tierschutzes und der Tierzucht leisten die Rassegeflügelzuchtvereine Hüllhorst-Tengern, Büttendorf, Holsen, Oberbauerschaft und Schnathorst, der Reisetaubenverein „Kehre Wieder“ und der Kaninchenzuchtverein Schnathorst wertvolle Arbeit und führen insbesondere Kinder und Jugendliche an Tier-und Artenschutz heran.

Seit dem Jahre 1947 besteht die Freilichtbühne auf der Kahlen Wart. In jedem Sommer finden auf dieser Bühne Aufführungen mundartlicher Spiele statt oder treten Musikgruppen – wie die Dorfkapelle Oberbauerschaft – auf.

Unvollständig wäre ein Bericht über das Leben in den Gemeinden, ohne die Kirchengemeinden Hüllhorst, Oberbauerschaft und Schnathorst zu erwähnen. In diesem Zusammenhang ist nicht die kirchliche Arbeit im engeren Sinne gemeint (Predigtarbeit, Konfirmandenunterricht, Besuchsdienste), sondern es sollen die unterschiedlichsten Kreise und Einrichtungen der Kirche genannt werden, wie z. B. Posaunenchöre, Gitarren- und Mandolinenkreise, Kirchenchöre, Flötenkreise, Christliche Vereine junger Männer (CVJM), Frauenhilfe und Abendkreise, Altenclubs, die wichtige Arbeit mit den und für die Menschen leisten.

Alle – Kirchen, Kommunen und Vereine im weitesten Sinne – bilden und bestimmen das gemeindliche Leben und Zusammenleben: Jeder Einzelne und die Gemeinschaft leisten ihren Beitrag.

Kirche in Schnathorst. Erbaut 1902.

Lübbecke

von Reinhold Wöstehoff und
Dr. Heinz-Ulrich Kammeier

Die Stadt Lübbecke besteht seit der Kommunalreform 1973 aus
der ehemaligen Kreisstadt Lübbecke,
den Gemeinden Gehlenbeck, Eilhausen und Nettelstedt des ehemaligen Amtes Gehlenbeck,
der Gemeinde Blasheim mit dem Kirchdorf Blasheim und den Bauerschaften Obermehnen und Stockhausen des ehemaligen Amtes Preuß. Oldendorf und dem Ortsteil Alswede der Gemeinde Alswede, die zusammen mit den Bauerschaften Fiestel und Gestringen zum ehemaligen Amt Alswede gehörte.

In der Darstellung müssen diese ursprünglichen kommunalen Einheiten berücksichtigt werden. Grundlagen der Ausführungen sind die Chronik der Stadt Lübbecke und das Archiv der »Lübbecker Kreiszeitung«. Die Fotos aus Lübbecke sind im Besitz des Stadtarchivs Lübbecke, ebenso wie die Fotos der Kommunalpolitiker in Abschnitt V.

Der wirtschaftliche Aufstieg in Lübbecke wird in den Jahren von 1953 bis 1973 beschrieben durch die beginnende Umstrukturierung der landwirtschaftlich genutzten Flächen zwischen der Innenstadt und dem Kanal im Lübbecker Norden. Schon 1951 beschlossen die Stadtväter, Flächen in diesem Bereich aufzukaufen. Anfangs stand das Ziel im Vordergrund, über Flächen zu verfügen, die gegen Baugrundstücke im Innenstadtbereich ausgetauscht werden konnten. Schon am Ende der fünfziger Jahre wurden in den Flächennutzungsplänen Gewerbegebiete ausgewiesen. Es begann der Aufbau des heutigen Industriegebietes zwischen Wiehengebirge und Kanal. Zu den großen Betrieben, die zu Beginn der sechziger Jahre ihre Produktion in Lübbecke aufnahmen, gehörten z. B. die IMA (1961) und der Schlachthof (1962).

Die Einwohnerzahlen und das Haushaltsvolumen zeigen in doppelter Weise das Wachstum der Stadt.

Jahr	Einwohner	Haushalt
1952	9200	2,2 Mill. DM
1962	10800	4,6 Mill. DM
1972	12315	12,2 Mill. DM

Silberner Teller und Sparkassenbuch

Für den 10 000. Einwohner Lübbeckes

Über den kleinen Ernst Bösch berichtete die »Lübbecker Kreiszeitung« am 7. Dezember 1955.

Die fünfziger Jahre waren in der Lübbecker Innenstadt gekennzeichnet durch die Anwesenheit der britischen Truppen. Eine wichtige Folge war eine rege Bautätigkeit zum Bau von Wohnungen für die Besatzungsmacht. Aber auch für die Einwohner

Das Bild zeigt den Bierbrunnen 1954 an seinem ersten Standort am Westerwall.

Lübbeckes, deren Häuser beschlagnahmt worden waren und die sie in der Nachkriegszeit hatten räumen müssen, musste neuer Wohnraum geschaffen werden. So wurden z. B. 1954 neue Bauflächen zwischen Bahngelände und Wiehenweg und an der Gasstraße erschlossen. Geschlossene Wohnbereiche für die Rheinarmee wurden zur gleichen Zeit an der Obernfelder Allee vorbereitet (26 Wohneinheiten) und

1955 östlich der Reineburgstraße (33 Wohneinheiten). Im Dezember 1956 informierten die Briten durch ein Schreiben des Garnisonskommandanten über eine Verwaltungsumorganisation des „British Military District Headquarters“. Durch Verlegungen der Truppen und mit dem Bau des Camps an der Mindener Straße wurden 1957 nahezu alle beschlagnahmten Gebäude freigegeben. Das Ende dieser Art von Kriegsfolgen in Lübbecke machte auch die Auflösung der „Notgemeinschaft der Besatzungsverdrängten und Besatzungsgeschädigten“ deutlich. Nach achtjähriger erfolgreicher Tätigkeit wurde sie Anfang Juli 1957 aufgelöst.

Weit über die Grenzen des Kreises hinaus wurde Lübbecke bekannt durch verschiedene Veranstaltungen. 1954 war die Premiere für ein Fest, das bis heute seine Anziehungskraft nicht verloren hat. Die Privatbrauerei Barre stiftete der Stadt Lübbecke einen Bierbrunnen. Ursprünglich sollte er auf dem Marktplatz aufgestellt werden, der Landeskonservator verweigerte aber seine Zustimmung. So wurde als erster Standort ein Bereich ausgewählt, auf dem heute etwa das Volksbankgebäude steht. Der Bierbrunnen wurde im Rahmen einer Feier der Stadt übergeben. Aus dieser Feierstunde entwickelte sich das traditionelle Lübbecker Bierbrunnenfest, zu dem lt. Presseberichten 1964 bis zu 30 000 Besucher in die Stadt kamen. Nach einer ersten Verlegung des Standortes auf den Gänsemarkt hat der Bierbrunnen den früheren Plänen entsprechend doch noch seinen Platz auf dem Marktplatz gefunden.

Unter den vielen Schützenfesten im Kreis Lübbecke nimmt das Lübbecker Bürgerschützenfest eine Sonderstellung ein. 1950 nach dem Weltkrieg zum ersten Mal wieder durchgeführt, findet es alle zwei Jahre statt. Geführt von einer Offiziersgruppe, können sich die Lübbecker Bürger in verschiedenen Zügen am Fest beteiligen, ohne Mitglied im Schützenverein sein zu müssen. Einmalig im Kreis ist auch wohl die Tradition der zwei Schützenkönige, die sich zu jedem Fest als gute Schützen ausweisen müssen. Einer repräsentiert die geraden, der andere die ungeraden Hausnummern.

In den fünfziger und sechziger Jahren machte der große Reitsport in Lübbecke Station. Der Turniersportgemeinschaft unter der Leitung des Zigarrenfabrikanten A.-W. Blase gelang es, die deutsche Reiterelite nach Lübbecke auf den Turnierplatz an der Obernfelder Allee zu holen. Die Presse berichtete vom „Großereignis der Turniersaison“ oder von „Glanzvolle Reitertagen in Lübbecke“ (FP vom 6. und 8. August 1955). Die berühmtesten deutschen Reiter, H.-G. Winkler und F. Thiedemann, bestritten mit ihren bekannten Pferden Halla und Meteor das letzte Stechen und „rissen die Zuschauer zu Begeisterungsstürmen hin“, wie die Presse berichtete. Hans-Günther Winkler als Weltmeister wurde von der Stadt Lübbecke und der Turniergemeinschaft in besonderer Weise geehrt.

Ein Höhepunkt der Turnierjahre war vielleicht das Jahr 1956. Ein umfangreiches Programm mit Dressurwettbewerben, Eignungsprüfungen für Wagenpferde, Schauvorführungen von Voltigiergruppen, musikalischen Einlagen, Springwettbewerben für die ländlichen Reiter und natürlichen den großen S-Springen, zu dem sich wieder die deutsche Reiterelite eingefunden hatte, sorgten für gute Unterhaltung der Zuschauer. In dem Jahr sollen bis zu 10 000 Zuschauer die verschiedenen Wettbewerbe besucht haben. Einen abschließenden Höhepunkt bildete die Veranstaltung im Jahre 1963. Etwa 250 Pferde wurden zu den verschiedenen Wettbewerben gemeldet. Im Juni dieses Jahres verstarb A.-W. Blase, der Motor der Turniersportgemeinschaft. Die Reitertage wurden wohl noch weiterhin durchgeführt, aber die Bedeutung ging langsam zurück.

Am 3. August 1956 wurden Hans-Günter Winkler und Alfons Lütke-Westhues im Rathaus von Bürgermeister Hülsmeier empfangen und als Olympiateilnehmer in besonderer Weise geehrt.

Ein weiterer Sportverein sorgte in dieser Zeit dafür, dass den Zuschauern in Lübbecke Spitzensport geboten wurde. Im Juli 1963 wurde dem SV Neptun Lübbecke die Ausrichtung der „Westdeutschen Meisterschaften im Kunst- und Turmspringen" übertragen. Es waren deutsche Meister am Start und der Wettbewerb wurde von der Presse schon als Vorbereitung auf die olympischen Spiele in Tokio gesehen. Im Juli 1965 holte der Verein ein Länderspiel der Wasserballmannschaften von Deutschland und Belgien nach Lübbecke. Dieser sportliche Höhepunkt lockte 1200 Zuschauer in das Lübbecker Freibad.

Von 1955 bis 1957 gab es für Kinder und Jugendliche eine ganz besondere Veranstaltung. Von Mitarbeitern der Jugendarbeit wurden „Seifenkistenrennen" durchgeführt. Bastler konnten ihre Fähigkeiten zeigen. So wurden z. B. Kinderwagenunterteile zu „Rennmaschinen" umgebaut, mit denen die Kinder dann so schnell wie möglich die Andreasstraße herunterrollen konnten. Leider fanden sich 1958 nicht mehr genug

Ein außergewöhnliches Ereignis: das Seifenkistenrennen 1955 in Lübbecke.

Geldgeber, um die Veranstaltung weiterführen zu können.
Im September 1960 konnten sich Besucher bei einer einmaligen Veranstaltung ein besonderes Erlebnis leisten. Die Lübbecker Luftsportgemeinschaft veranstaltete die Lübbecker Flugtage. Mit zwei einmotorigen Flugzeugen startete man auf einem Feld oberhalb des Hamkerweges zu Rundflügen über Lübbecke.

Die Berggemeinden

Die drei Gemeinden Gehlenbeck, Eilhausen und Nettelstedt waren bis zum Ende der fünfziger Jahre geprägt von der heimischen Zigarrenindustrie. In zahlreichen selbständigen Zigarrenfabriken und Niederlassungen großer Firmen verdiente ein großer Teil der Einwohner sein Geld. Neben der Arbeit in den Fabriken gab es viele Häuser, in denen die Menschen an den Zigarrentischen in Heimarbeit die Zigarren rollten.

Gehlenbeck war Sitz der Amtsverwaltung und die einwohnerstärkste Kommune (ca. 3 000 Einwohner) des Amtes, zu dem auch noch die Gemeinden Frotheim und Isenstedt gehörten. Die enge Verbindung Eilhausens (ca. 500 Einwohner) zur „großen Schwester" zeigt sich in vielfältigen gemeinsam Einrichtungen. Eilhausen war bis 1867 ein Ortsteil Gehlenbecks. Beide Gemeinden gehörten zu einer Kirchengemeinde, bildeten einen Schulverband und beteiligten sich gemeinsam an anderen Einrichtungen.

Das alte Amtshaus in Gehlenbeck mit dem Bahnhof der Mindener Kreisbahnen im Vordergrund (Zeichnung: Willi Blase).

Das Amtshaus Gehlenbeck 1960 nach dem Umbau von 1958/1959.

Gruß aus Eilhausen

Postkarte aus den sechziger Jahren.

In Gehlenbeck und Eilhausen begann in den fünfziger Jahren die Entwicklung zu „Pendlergemeinden“. Nach der Aufgabe vieler Zigarrenfabriken versuchten sich in einigen Gebäuden kleinere Industriebetriebe anzusiedeln. Bis auf die örtlichen Handwerksbetriebe und die Geschäfte entstanden aber längerfristig keine industriellen Betriebe, in denen Arbeitsplätze geschaffen wurden. Die Einwohner fanden Arbeit in den traditionellen Betrieben im nahen Lübbecke oder in den entstehenden Industriegebieten in Lübbecke und Espelkamp.
In Nettelstedt war eine andere Entwicklung zu beobachten. Dort spielte der Unternehmer Erwin Hucke eine entscheidende Rolle. Er begann 1934 im elterlichen Hause mit einer Näherei. Nach dem Krieg wurde sie zu einem der großen Bekleidungswerke der Bundesrepublik ausgebaut. Dies zeigte sich 1962 an dem Neubau einer großen Fabrikhalle in Zentrum des Dorfes und an der Eröffnung von Zweigbetrieben in mehreren Orten. Mit anderen Betrieben wie z. B. der Polstermöbelfabrik Heitmeyer oder dem Bauunternehmen Schrewe gab es in Nettelstedt in den besten Zeiten bis zu 1 400 Arbeitsplätze. Bei dieser Entwicklung verlor die Landwirtschaft an Bedeutung.
Neben der Ausweisung neuer Baugebiete und der Entstehung von neuen Siedlungen wurde auch in den Ortskernen viel gebaut. Der Verdienst aus der Arbeit in den Fabriken ermöglichte größere An- und Umbauten. Dabei ging viel alte Bausubstanz verloren. In Gehlenbeck wurden z. B. Fachwerkhäuser entlang der B 65 abgerissen und durch Neubauten ersetzt. Zentrale Bereiche mit traditioneller Bebauung in große Zusammenhang sind heute nicht mehr zu finden. Einen Teil des alten Gehlenbeck hielt der Zeichner und Gastwirt Willi Blase in seinen Zeichnungen fest, die in Kalenderform, Postkarten, u. ä. veröffentlicht wurden. So kann man sich angesichts heutiger Schulbauten kaum vorstellen, dass ein Gebäude wie die alte Turnhalle bis zu seinem Abriss im Jahre 1958 den Gehlenbecker Kindern als Schulturnhalle diente.

Aus heutiger Sicht ist es kaum vorstellbar, dass der vom Lehrer Droste 1910 gezeichnete Bau bis 1958 als Turnhalle genutzt wurde.

Einen äußerst wichtigen Beitrag für die Geschichte der Gemeinden des Amtes Gehlenbeck leistete der Nettelstedter Lehrer Karl Meyer-Spelbrink. Er beschäftigte sich mit der Geschichte der Region und veröffentlichte seine Erkenntnisse in den fünziger Jahren in den »Nettelstedter Blättern zur Ortsgeschichte«. Sie sind heute eine wichtige Quelle für die Entwicklung der Gemeinden im 19. Jahrhundert.

Über die Region hinaus wurde Nettelstedt bekannt durch seine Freilichtbühne. Die entscheidende Rolle beim Aufbau dieses Freilichttheaters hatte ebenfalls Karl Meyer-Spelbrink. Er kam nach dem Ersten Weltkrieg nach Nettelstedt und unter seiner Leitung entstand 1923 die Freilichtbühne. 1949 wurde der Spielbetrieb wieder aufgenommen und mit Stücken wie »Jungfrau von Orleans« (1953) oder »Diener zweier Herren« (1959) wurden in den fünfziger Jahren große Erfolge gefeiert. Die Nettelstedter Spielgemeinde setzte nach dem Tode von Meyer-Spelbrink im Jahre 1962 seine Arbeit unter der Leitung des Spielleiters Dr. Schultze fort. Durch eine erfolgreiche Jugendarbeit begann 1969 die Tradition der Jugendstücke. 1973 feierte man mit den Stücken »Neues vom Räuber Hotzenplotz« und »Die Defraudanten« das 50-jährige Jubiläum.

Das Verhältnis der drei Berggemeinden untereinander wird auch deutlich in der Organisation der Kirchengemeinden. Sie bildeten zusammen mit weiteren Orten eine Pfarrgemeinde. Die weiten Wege, in der Vorkriegszeit überwiegend zu Fuß zurückgelegt, förderten die Pläne zum Bau einer eigenen Kirche in Nettelstedt. Der Gottesdienst in Nettelstedt wurde seit 1928 wieder in der kleinen Kapelle durchgeführt, die häufig nicht alle Kirchenbesucher aufnehmen konnte. Sie lag so nahe an der heutigen B 65, dass ein Ausbau der Straße nicht möglich war. Die über 600 Jahre alte Kapelle wurde 1961 abgebrochen, auch wenn dieser

Freilichtbühne Nettelstedt 1965: »Im weißen Rößl«.

Entschluss später noch von einigen Bürgern bedauert wurde. Mit den Mitteln der Kirche, aber auch mit der finanziellen Unterstützung aus Nettelstedter Familien, von Geschäftsleuten und mit der Hilfe der Kommune konnte 1960 die neue Kirche eingeweiht werden. Mit dem Beginn des Jahres 1961 konnte sich Nettelstedt mit der eigenen Kirche aus der Kirchengemeinde Gehlenbeck lösen und wurde selbständige Kirchengemeinde.

Weitere Einrichtungen, über die nicht jedes Dorf verfügte, waren in Gehlenbeck und Nettelstedt die selbständigen Banken. Zu den ältesten Einrichtungen gehört die 1899 als „Spar- und Darlehnskassenverein" gegründete Einrichtung in Nettelstedt. Schon kurz nach dem Krieg fand im Dezember 1945 die erste Mitgliederversammlung statt. Nach der schwierigen Nachkriegszeit mit der Währungsreform wies die Spar- und Darlehnskasse Nettelstedt 1952 eine Bilanzsumme von etwa 500.000 DM auf. 1959 zog man in das neue Gebäude im Zentrum des Dorfes ein, inzwischen konnte eine Bilanzsumme von 2 Mill.

Die Kirche in Nettelstedt wurde 1960/61 gebaut.

erreicht werden. Die „örtliche SpaDaKa" spielte bei der Finanzierung der Gewerbeansiedlungen eine wichtige Rolle. 1973 hatte sie eine Bilanzsumme von über 8 Mill. DM erreicht. Der Wandel in der Wirtschaft führte zum einem Überdenken der genossenschaftlichen Strukturen. So wurde 1976 der Zusammenschluss mit der Volksbank Lübbecke beschlossen, in den die SpaDaKa Nettelstedt inzwischen eine Bilanzsumme von fast 13 Mill. DM einbringen konnte.

Gemeinde Blasheim

Zunächst sei darauf verwiesen, dass die Einwohnerzahl der Gemeinde von 1946 (4 033) auf 3 668 im Jahre 1968 sank. Wie in anderen ländlichen Gemeinden auch ist die Rückkehr der Evakuierten in die wieder aufgebauten Städte vornehmlich des Ruhrgebietes eine Ursache des Rückganges. Eine weitere Komponente ist aber wohl die Tatsache, dass in Blasheim bis zum heutigen Tag kein Industriegebiet entstand; einige Familien verzogen deshalb, um ihren Arbeitsplätzen näher zu sein.

Die Gemeinde war bis in die sechziger Jahre ländlich strukturiert, Stockhausen und Obermehnen stärker als Blasheim, wenngleich der Anteil der Arbeiter recht hoch erscheint. Ein Blick auf die soziale Zusammensetzung der Bevölkerung im Jahre 1961 mag dies verdeutlichen:

Selbständige:	348 Personen
Mithelfende Familienangehörige:	391
Beamte:	39
Angestellte:	166
Arbeiter, einschließlich Lehrlinge:	878
Heimarbeiter:	102
Schulpflichtige:	423

Bei den Selbständigen handelte es sich vornehmlich um Landwirte, was aus der hohen Zahl der mithelfenden Familienangehörigen zu ersehen ist. Bei den Heimarbeitern kann davon ausgegangen werden, dass sie vornehmlich in der niedergehenden Zigarrenindustrie (Zigarrenfabrik Koch in Blasheim) beschäftigt waren.

Wie in anderen Gemeinden auch, bestanden bzw. bestehen in Blasheim eine Reihe von Vereinen.

Der Blasheimer Sportclub (BSC) konnte ab 1960 auf die Sporthalle und das Lehrschwimmbecken der Blasheimer Schule zurückgreifen, die sich jedoch bald als zu klein erweisen sollten. Der auf dem Gelände der alten Blasheimer Badeanstalt an der Riede angelegte Sportplatz lag recht weit vom Dorfkern entfernt und entsprach spätestens ab 1970 nicht mehr den üblichen Standards (Zustand der Umkleidekabinen; fehlende Flutlichtanlage). Ende der sechziger Jahre begannen die Planungen für einen neuen Sportplatz östlich der Sonnenbrinkstraße, der 1973 fertiggestellt wurde. Einer der Höhepunkte des Vereinslebens war der Deutsche Vizemeistertitel im Vereinsgruppenwettstreit auf dem Deutschen Turnfest in Berlin 1968.

Der TV „Grüne Eiche“ Stockhausen erlebte in den fünfziger Jahren eine Blütezeit, was das Turnen anging. Von 1952 bis 1958 und 1960 wurde die Herrenriege Kreismeister im Zwölf- bzw. Zehnkampf, 1953 gelang dies auch der Damenriege. Dieser Verein hatte von jeher das Problem, nicht über eine Turnhalle im eigentlichen Sinne zu verfügen. Erst 1968 zeichnete sich eine Lösung ab, als man daran ging, die inzwischen geschlossene Stockhauser Schule zu einer Kleinturnhalle umzubauen.

Tausendjahrfeier 1969: Turmhaus Gut Stockhausen.

Der Heimatverein „Babilonie“ in Obermehnen richtete seine Aktivitäten vornehmlich auf die Unterhaltung von Wanderwegen im Wiehengebirge und das Aufstellen entsprechender Sitzgelegenheiten sowie die Förderung eines bescheidenen Fremdenverkehrs. Anfang der sechziger Jahre gelang es jedoch nicht, für Obermehnen den Status eines Luftkurortes zu bekommen.

Die „Kameradschaft ehemaliger Soldaten“ schloss eine Partnerschaft mit einer in der GFM-Rommel-Kaserne in Augustdorf stationierten Einheit und betreibt Schießsport.

Ein Höhepunkt des Gemeindelebens waren sicherlich die 1000-Jahre-Feierlichkeiten der Gemeinden Blasheim, Levern und Wehdem, die in einer Festwoche vom 3. bis zum 9. Mai 1969 ihren Höhepunkt fanden. In den liebevoll gestalteten Motivwagen des Festumzuges durch die Gemeinde wurden dabei unter anderem der technische Wandel in Landwirtschaft und Handwerk, das Vereinsleben, alte Traditionen und die geschichtlichen Besonderheiten der Gemeinde (Sachsenherzog Wittekind; Burg Stockhausen) deutlich.

Tausendjahrfeier 1969: Alte und neue Landwirtschaft.

Abschließend soll auf eine Besonderheit in der Gemeinde Blasheim hingewiesen werden, die im Laufe der Jahre zu einer immer wichtigeren Einnahmequelle für die Gemeinde und auch Betriebe werden sollte: der alljährliche Blasheimer Markt am ersten Septemberwochenende. Abgesehen vom Liborimarkt in Paderborn handelt es sich um die größte Kirmes in Ostwestfalen-Lippe.

Zwar nahm die Bedeutung des Viehmarktes kontinuierlich ab, aber die Entwicklung der Gewerbeschau und der Fuhrgeschäfte erfolgte um so rasanter. „Der Markt ist größer und bunter als je zuvor!“ und „Komm zum Blasheimer Markt 1971, er wird auch den von 1970 in den Schatten stellen“, titelte am 4. September 1970 bzw. am 2. September 1971 die Lübbecker Kreiszeitung. Bereits 1967 wurde der Markt von etwa 20 000 Menschen besucht. Im Laufe der Zeit wurde die Marktfläche nach Westen erweitert, um weitere Geschäfte aufnehmen zu können. 1970 betrug die Marktfläche mehr als 80 000 Quadratmeter, auf der sich 13 Tanz- und Restaurationszelte sowie Ausschankwagen, 15 Fahrgeschäfte (vom Kinderkarussell bis zur Achterbahn), ein Riesenrad, 28 Verkaufsstände für Süßigkeiten, drei Fisch- und Räucherwarenstände, 15 Spiel- und Schmuckwarenstände, 10 Schieß- und Verlosungshallen, 8 „Ausspielgeschäfte“ (Pfeilschießen, Dosenwerfen usw.), 27 Verkaufsstände für Textilien, Leder und Korbwaren und, nicht zu vergessen, 16 Bratwurststände befanden.

Für die Gemeinde war dies eine erhebliche steuerliche Einnahmequelle; genaue Zahlen konnten allerdings bis auf eine Ausnahme nicht ermittelt werden. In einem Protokoll vom 14. Oktober 1963 stellte Bürgermeister Treseler fest, dass sich die Einnahmen der Gemeinde aus dem Blasheimer Markt um ca. 1 500 DM erhöht hatten. Er regte an, dass die Gemeinde eine neue Markt- und Gebührenordnung erstellen solle. 1964 solle der Bau einer Wasserleitung quer über das Marktgelände erfolgen, um alle Zelte mit Frischwasser versorgen zu können. Zudem bedürfe es neuer Anschlusskabel, um die Stromleitungen nicht zu überlasten. Der stellvertretende Bürgermeister Althoff stellte fest, dass das traditionelle Feuerwerk 1963 „wenig Wirkung“ gezeigt habe. Im nächsten Jahr müsse man mindestens den doppelten Betrag ausgeben, weswegen man prüfen müsse, ob man den Schaustellern und Zeltbesitzern eine höhere Umlage zumuten könne.

Aus heutiger Sicht waren die Preise recht niedrig, wurden aber 1970 als sehr hoch angesehen. „Im neuen Karussell ‚Round-up‘, das Geschwindigkeiten von 80 km/h erreichte, zahlte man für eine recht kurze Fahrt eine Mark und in der Achterbahn sogar 1,50 Mark. Und am Sonntag war's noch ‚gesalzener‘. Erinnern Sie sich an den Blasheimer Markt vor einigen Jahren, als einmal Karussellfahren 20 Pfennig, höchstens aber 30 Pfennig kostete?“ (Lübbecker Kreiszeitung, 7. September 1970)

Nicht vergessen werden soll in diesem Zusammenhang, dass das Tanzlokal „Stockhauser Busch“ unter Leitung der Familie Borchard in den fünfziger und sechziger Jahren zu den beliebtesten Vergnügungsstätten im Kreis Lübbecke gehörte.

Auch rückblickend in die Geschichte machte die Gemeinde Blasheim von sich reden. Am 25. Oktober 1958 fand der Landwirtschaftsgehilfe Heinz Lehrke, beschäftigt auf dem Hof Spellsiek, Obermehnen Nr. 36, beim Pflügen in einem Bronzegefäß 62 Münzen, drei Trachtenperlen und zwei silberne Messergriffe, die nach 1624 vergraben worden waren. Dieser Fund, dem später weitere folgen sollten, war bedeutsam für die Erforschung der Geschichte des Dreißigjährigen

Krieges in der Region. Die gefundenen Gegenstände werden heute im Museum für Westfälische Landesgeschichte in Münster aufbewahrt.

Blasheimer Markt

Viehmarkt mit Achterbahn und Riesenrad im Hintergrund (Bild oben) und „Kuchenbude“ (Bild unten).

Preußisch Oldendorf

von Hans Eickemeyer

Das Amt Preußisch Oldendorf mit dem Verwaltungssitz in Preußisch Oldendorf bestand bis zur Gebietsneuordnung am 1. Januar 1973 aus den selbständigen Gemeinden

Preußisch Oldendorf
Offelten
Engershausen
Harlinghausen
Schröttinghausen
Getmold
Holzhausen
Börninghausen
Blasheim

Zur Gemeinde Holzhausen gehörte die Bauerschaft Heddinghausen, zur Gemeinde Börninghausen die Bauerschaft Eininghausen und zur Gemeinde Blasheim die Bauerschaften Obermehnen und Stockhausen. Wegen der räumlichen Entfernung hatte das Amt in Blasheim eine Verwaltungsaußenstelle (Gemeindebüro).

Am Ende des Jahres 1953 hatte das Amt Preußisch Oldendorf 14 003 Einwohner, die sich wie folgt aufteilten:

Preußisch Oldendorf	2 782
Offelten	549
Engershausen	533
Harlinghausen	694
Schröttinghausen	544
Getmold	661
Holzhausen mit Heddinghausen	2 265
Börninghausen mit Eininghausen	2 140
Blasheim mit Obermehnen und Stockhausen	3 835

Am 31. Dezember 1972 betrug die Einwohnerzahl 13 747. Vergleicht man die Zahlen vom 31. Dezember 1953 und 31. Dezember 1972 stellt man fest, dass diese in etwa konstant geblieben sind. In den einzelnen Gemeinden haben sich während dieser Zeit aber gravierende Verschiebungen ergeben. Die nachstehende Tabelle gibt einen Überblick über die Entwicklung der Einwohnerzahlen im Fünfjahresrhythmus.

Gemeinde	1958	1963	1968	1972
Preuß. Oldendorf	2 473	2 401	2 396	2 517
Offelten	529	512	514	481
Engershausen	446	448	412	403
Harlinghausen	654	696	816	834
Schröttinghausen	513	489	463	453
Getmold	611	590	611	573
Holzhausen	2 362	2 578	2 518	2 603
Börninghausen	2 131	2 226	2 146	2 135
Blasheim	3 467	3 557	3 659	3 748
	13 186	13 497	13 535	13 747

Am 31. Dezember 1953 lebten im Amt Preußisch Oldendorf 2 988 Flüchtlinge und Vertriebene. Das waren rd. 21 % oder $^1/_5$ der gesamten Bevölkerung. Dieser Personenkreis wohnte zunächst bei Einheimischen, die Räumlichkeiten zur Verfügung stellen mussten, aber auch in Holzbaracken, insbesondere in Preußisch Oldendorf, Harlinghausen und Börninghausen, die eigens für diesen Personenkreis errichtet wurden. Viele Einheimische wohnten in Heuerlingshäusern (Bauernkotten). In den 50er Jahren setzte in den meisten Gemeinden eine rege Bautätigkeit ein. Es entstanden größere Siedlungen. Bauherren waren Einheimische, insbesondere die, die in Heuerlingshäusern wohnten aber auch Flüchtlinge und Vertriebene. Die Häuser hatten fast alle den gleichen Baustil.

Es waren sogenannte Einfamilienhäuser mit Einliegerwohnung, noch verbunden mit einem kleinen Stallgebäude, in dem Vieh gehalten wurde. In Holzhausen entstand eine Siedlung (Rote Erde) nur mit Eigenheimen von Vertriebenen und Flüchtlingen. Zuzüge durch die rege Bautätigkeit gab es kaum, weil die meisten Bauherren bereits im Amt Preußisch Oldendorf wohnten. Dass die Einwohnerzahl trotz des Baubooms zurückging, lag in erster Linie an dem Wegzug von Flüchtlingen und Vertriebenen. Der Rückgang der Einwohnerzahlen konnte nach und nach dadurch kompensiert werden, dass die Gemeinden weitere Baugebiete auswiesen und auch Bauwillige von außerhalb in das Amt Preußisch Oldendorf kamen.

Wie sah es wirtschaftlich im Amt Preußisch Oldendorf aus und welche Entwicklung nahm das Amt?
In allen Gemeinden mit Ausnahme von Preußisch Oldendorf gab es eine große Anzahl von landwirtschaftlichen Betrieben. Diese Betriebe waren zum größten Teil Vollerwerbsbetriebe. Es gab aber auch eine Reihe von Nebenerwerbsstellen. Die landwirtschaftlichen Betriebe waren Familienbetriebe. Die Bewohner der Heuerlingshäuser mussten beim Vermieter, dem Landwirt, bei der Getreideernte, Kartoffelernte, beim Dreschen und bei sonstigen Arbeiten helfen, ohne bei diesen beschäftigt zu sein. Die Einheimischen hatten in der Regel einen größeren Garten, in dem Kartoffeln, Gemüse u. a. angebaut wurden. In fast

Rathaus mit dahinterliegender früherer Amtsdirektorenwohnung.

jedem Haus wurde auch Vieh (Schweine, Ziegen, Hühner) gehalten. Der überwiegende Teil der Bevölkerung versorgte sich selbst mit Grundnahrungsmitteln. In jedem Ort gab es auch mindestens ein Lebensmittelgeschäft, oft angeschlossen mit einer Bäckerei und Gastwirtschaft und in den größeren Orten auch Metzgereien.

Das Handwerk hatte im Amt Preußisch Oldendorf eine große Bedeutung. Fast in jeder Gemeinde gab es, auch bedingt durch die Landwirtschaft, einen Schmied, der dafür sorgte, dass die Pferde der Landwirte immer gut beschlagen waren. Er reparierte auch die landwirtschaftlichen Geräte. Oft war der Schmiede auch ein Fahrradhandel angeschlossen. Es gab fast überall Schuhmacher mit einem kleinen Ladengeschäft, Maler-, Maurer-, Tischler-, Zimmerer-, Dachdecker-, Stellmacher-, Elektro- und Sanitärbetriebe und Sattlereien. Es handelte sich hierbei oft um Einmann-Betriebe. Aber die Maler-, Maurer-, Tischler-, Dachdecker- und Elektro- und Sanitärbetriebe hatten oftmals mehrere Beschäftigte, wobei es sich in der Regel um Fachkräfte handelte. Bedingt durch die rege Bautätigkeit konnten sich die vorgenannten Firmen über Arbeit nicht beklagen. Das Einkaufszentrum war Preußisch Oldendorf. Hier gab es Manufakturwaren-, Uhren- und Optik- und Eisenwarengeschäfte, ein Fotogeschäft, Schuhgeschäfte und Autowerkstätten mit angeschlossenen Tankstellen. Die meisten Arbeitsplätze gab es in der Industrie. Vorherrschend war hier die Möbelindustrie.

In Preußisch Oldendorf gab es zwei Möbelfabriken, die bis 1975 bzw. 1977 existierten und eine größere in Offelten, die bis 1971 produzierte. In Holzhausen wurden von einer Firma Zigarrenkisten hergestellt. In Börninghausen gab es ab 1949 eine Polstermöbelfabrik. In den vorgenannten Betrieben wurden überwiegend männliche Arbeitskräfte beschäftigt, die zum großen Teil aus dem Amt Preußisch Oldendorf kamen. Es gab aber noch weitere größere Betriebe. Zu nennen wären in erster Linie die Margarinefabrik Vortmeyer, die Ziegelei, zwei Baugeschäfte, Maschinenbaufirma, Nähereien und eine Kleiderfabrik. Bei allen Betrieben handelte es sich um kleine bis mittelständische Betriebe.

Die Zigarrenindustrie erlebte ihren Höhepunkt vor und unmittelbar nach dem Zweiten Weltkrieg. Aber auch in den 50er Jahren bis Mitte 1960 spielte die Zigarrenindustrie noch eine bedeutende Rolle. In Preußisch Oldendorf, Holzhausen und Börninghausen gab es mehrere Zigarrenfabriken. Allein in Börninghausen waren es fünf. In diesen Fabriken fanden jeweils rd. 30 Personen Arbeit, in erster Linie Frauen. Noch größer war die Zahl der Heimarbeiter, fast ausschließlich Frauen. Hier war es oft so, dass selbst die Ehemänner, die einmal das Zigarrenhandwerk erlernt hatten, nach Feierabend noch ihren Ehefrauen beim Zigarrenrollen halfen. Selbst die Kinder mussten bei den Vorarbeiten mithelfen. Die Zigarrenfabriken waren in der Regel Filialen namhafter Firmen, wie Blase, Lübbecke (heute Dannemann), oder André, Bünde, oder auch kleinere im heimischen Raum bekannte Firmen, wie Hurlbrink, Bünde, Hellhake, Hartum, oder Niemann & Tintelnot, Vlotho. Anfang der 60er Jahre wurden viele Filialen geschlossen, weil in den Hauptwerken die maschinelle Zigarrenherstellung immer mehr an Bedeutung gewann. Außerhalb des Amtes Preußisch Oldendorf gab es noch verschiedene Filialen, in denen insbesondere Heimarbeiter eine Beschäftigung fanden. Hier wurden qualitativ hochwertige Zigarren nach wie vor in Handarbeit hergestellt. Ende der 60er Jahre schlossen dann die letzten Filialen. Viele der in Heimarbeit tätigen Zigarrenmacher hatten bereits das Rentenalter erreicht, andere standen kurz davor. Viele wurden auch arbeitslos. Sie fanden teilweise Aufnahme bei den

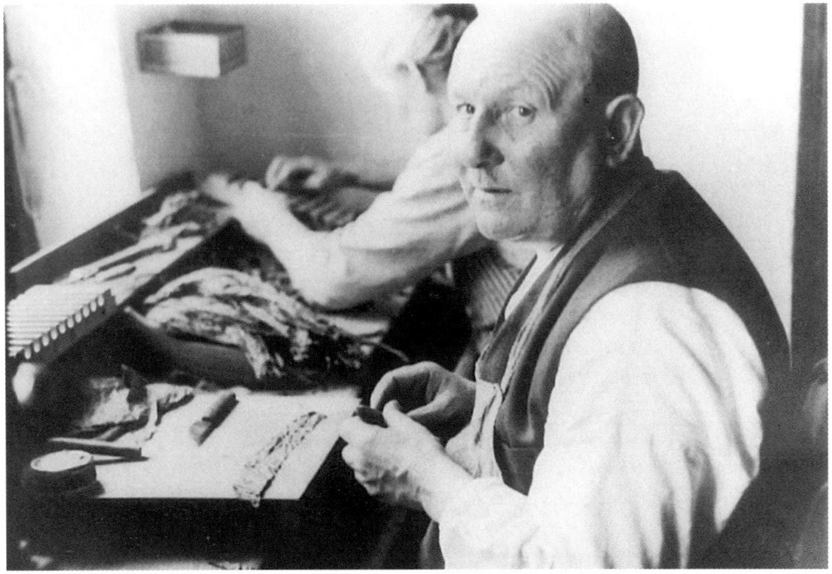

Oben: Zigarrenarbeiter bei der Arbeit am „Rollbrett“.

Links: Firma W. Vortmeyer Margarinefabrik in Preußisch Oldendorf. Heute Vortella Lebensmittelwerk. Seit 1904 in Familienbesitz.

Firmen Blase oder André, aber auch in der Bekleidungsindustrie. Es galt nun, einmal die leerstehenden Filialen gewerblich zu nutzen und zum anderen die Arbeitslosen wieder zu beschäftigen. In Holzhausen richtete in einer Filiale die Firma Krause aus Espelkamp, die Ringbuchmechaniken herstellte, eine Filiale ein. In einer anderen Filiale ließ sich ein metallverarbeitender Betrieb nieder. In Börninghausen richtete die Firma Wurlitzer (Musikautomaten-Hersteller) eine Filiale ein. In diesen Firmen fanden auch Arbeitslose aus der Zigarrenindustrie Arbeit. Einige Filialen fanden keine andere Verwendung und wurden später zu Wohnungen umgebaut.

Es gab aber auch in anderen Bereichen Rückschläge zu verkraften. So mussten im Jahre 1964 die Zigarrenkistenfabrik in Holzhausen und 1971 die Möbelfabrik in Offelten die Pforten schließen. Durch diese Schließungen wurden viele Arbeitskräfte freigesetzt. Aber Gott sei Dank expandierten bereits bestehende Firmen oder es kamen neue hinzu. Die Möbelfabrik in Offelten übernahm die Firma Tetra aus Melle (Zierfischnahrung), die eine stattliche Zahl von Arbeitnehmern beschäftigte. Nähereien ließen sich nieder oder vergrößerten ihre Betriebe enorm. Ab Mitte der 60er und Anfang der 70er Jahre war ein wirtschaftlicher Aufschwung unverkennbar. Es wurden auch erstmals in Holzhausen und Getmold Gewerbegebiete ausgewiesen. Ziel dieser Ausweisung war die Ansiedlung neuer Betriebe bzw. Aussiedlung vorhandener Betriebe aus Wohngebieten. Insbesondere in Getmold erhoffte man sich durch den Mittellandkanal als Wasserstraße einen besonderen Standortvorteil. Der Hafen wurde in den Jahren 1972 bis 1974 mit einem Aufwand von mehreren Millionen DM ausgebaut.

Obwohl es in Holzhausen schon vor 1953 die Bäder Holsing und Bringewatt mit Heilquellen gab und auch heute noch gibt, lag der Fremdenverkehr noch sehr im Argen. In Holzhausen gab es auf diesem Gebiet ab 1965 aber Fortschritte. Ende der 60er Jahre und Anfang der 70er Jahre nahm auch der Fremdenverkehr insgesamt einen Aufschwung. Man versuchte im Amt Preußisch Oldendorf die schwarze (Betriebe) und weiße (Fremdenverkehr) Industrie zu koordinieren. Für die schwarze Industrie kamen insbesondere die bereits erwähnten Gewerbegebiete in Preußisch Oldendorf, Holzhausen und Getmold in Frage und für die weiße Industrie die Gemeinden Preußisch Oldendorf, Holzhausen und Börninghausen. Der Fremdenverkehr lief auch Anfang der 70er Jahre gut an. Es gab mehrere größere Pensionen, die mit namhaften Firmen (z. B. AEG) Verträge abschlossen. Es gab aber auch in den Gemeinden eine ansehnliche Zahl von Privatpensionen. In Holzhausen entstanden mehrere Pensionen in landwirtschaftlichen Betrieben, die mit „Ferien auf dem Bauernhof" warben und hiermit auch Erfolg hatten. Die Gäste kamen vorwiegend aus dem Ruhrgebiet. In Börninghausen wurden eine Zigarrenfabrik und zwei landwirtschaftliche Betriebe zu Hotel-Pensionen mit je rd. 30 Betten umgebaut. Die Gäste fühlten sich in Holzhausen und Börninghausen wohl, weil das Preis-Leistungs-Verhältnis stimmte. Obwohl eine stattliche Anzahl von Einwohnern in heimischen Betrieben beschäftigt waren, mussten viele noch auspendeln. Sie waren in Lübbecke, Bünde, Herford, Bielefeld oder im benachbarten Niedersachsen beschäftigt.

Zu einem funktionierenden Gemeinwesen gehören auch die Vereine. Hiervon gab es Anfang der 50er Jahre eine Menge, teilweise mit langer Tradition. Größter Verein in Preußisch Oldendorf war der Turnverein „Jahn", der 1909 gegründet wurde. Im Jahre 1952 teilte sich der Verein in den Turnverein VfL „Jahn" und den Fußballverein OSC Preußisch Oldendorf. In der Leichtathletik nahm der VfL „Jahn" von

1950 bis Anfang der 70er Jahre auf der Ebene des Kreises Minden-Lübbecke eine dominierende Rolle ein. In verschiedenen Disziplinen wurden immer wieder Kreismeisterschaften errungen. Die Kreisbestenlisten wurden von Preußisch Oldendorfer Leichtathleten angeführt. Auf Gauturnfesten erzielte man hervorragende Ergebnisse. Der herausragende Athlet war Gerhard Faust, der im Dreisprung sogar an den Deutschen Meisterschaften teilnahm. Mit Beginn des Jahres 1972 wurde auf der Ebene des Kreises Lübbecke die LG Kreis Lübbecke gegründet. Ab diesem Zeitpunkt traten die Athleten des VfL „Jahn" unter dem Namen LG Lübbecke an. Obwohl die Leichtathletikabteilung das Aushängeschild des Vereins war, herrschte auch in den Turngruppen reger Betrieb. Hier widmete man sich ab 1952 dem Kinderturnen. 1959 wurde auch eine Faustball-Abteilung gegründet, die auch überkreislich sehr erfolgreich war. Aber nicht nur der VfL „Jahn", sondern auch der OSC war erfolgreich. Der Verein spielte bis 1963 in der Fußballbezirksklasse. Im Jahre 1957 verpasste er nur knapp den Aufstieg in die Landesliga. Auch der OSC legte großen Wert auf die Jugendarbeit. Am 28. Januar 1972 fusionierten beide Vereine zum heutigen OTSV Preußisch Oldendorf.

Der größte Verein in Holzhausen war der SuS Holzhausen, gegründet im Jahre 1920. Im SuS stand der Fußball ganz oben an. Im Amt Preußisch Oldendorf hatte dieser Verein im Fußball die größten Erfolge zu verzeichnen. 1965 stieg er in die Bezirksklasse auf. 1968 schaffte man sogar den Aufstieg in die Landesliga. Später noch einmal im Jahre 1970. Unvergessen sind die Pfingstsportfeste am Holzhauser Bahndamm. Mannschaften der höchsten deutschen Spielklasse (Werder Bremen, Hamborn 07, Westfalia Herne) gastierten in den 50er Jahren in Holzhausen. Mehrere tausend Zuschauer kamen jeweils zu den Spielen dieser Mannschaften. Sie reisten sogar mit der Bundesbahn aus Herford an. Aber auch die Tanzveranstaltungen anlässlich der Pfingssportfeste hatten überörtlichen Charakter. Nicht nur der Fußball, auch das Turnen wurde großgeschrieben. Großer Wert wurde auch auf die Jugendarbeit gelegt. Die Erfolge im Fußball waren möglich, weil gute Spieler von Nachbarvereinen abgeworben wurden, sehr zum Leidwesen dieser Vereine. 1969 konnte der SuS ein vereinseigenes Jugendheim errichten. Zum damaligen Zeitpunkt ein Novum im Kreis Lübbecke.

Größter Verein in Börninghausen war der SV Börninghausen, ebenfalls 1920 gegründet und in den 50er und 60er Jahren ein reiner Fußballverein. 1953 stieg der Verein erstmals in die Bezirksklasse auf, im nächsten Jahr leider wieder ab. Auf Grund einer schon damals sehr guten Jugendarbeit gelang 1959 wieder der Aufstieg in die Bezirksklasse. Mit einem Jahr Unterbrechung konnte man diese Klasse bis 1970 halten. Ein großes Plus war damals der eigene Sportplatz, der von anderen Vereinen zu Recht als eine „Kuhwiese" bezeichnet wurde. Die Gemeinde Börninghausen hatte schließlich ein Einsehen und im Jahre 1964 konnte ein neuer Sportplatz eingeweiht werden. Eine ordentliche Turnhalle gab es bis 1973 in Börninghausen nicht. Lediglich ein Provisorium mit katastrophalen sanitären Anlagen und ohne Beheizung. Darum war es fast unmöglich, Breitensport zu betreiben. Trotzdem konnte 1969 eine Damenturngruppe ins Leben gerufen werden, die ihren Übungsbetrieb in einer Turnhalle in Preußisch Oldendorf abhielt.

Neben den genannten Vereinen, die mit Abstand die größten im Amt Preußisch Oldendorf waren, gab es in den einzelnen Gemeinden eine Reihe von anderen Vereinen, die alle ihre Daseinsberechtigung hatten, wie z. B. Kyffhäuserkameradschaften, Geflügelzucht-

Pfingstsportfest in den 50er Jahren auf dem Sportplatz am Bahngelände in Holzhausen.

vereine, Reichsbundortsgruppen und landwirtschaftliche Ortsvereine. Nicht unerwähnt bleiben sollten die Reitervereine in Preußisch Oldendorf und Holzhausen. Es etablierten sich aber auch neue Vereine. So wurde im Jahre 1953 in Offelten ein Schützenverein gegründet und in Preußisch Oldendorf im Jahre 1965 eine Schützengemeinschaft. Auf Amtsebene gab es außerdem ab 1948 die Landjugend.

Nicht unerwähnt bleiben sollten in diesem Zusammenhang auch die Kirchen. Im Amt Preußisch Oldendorf gab es die evangelischen Kirchengemeinden Preußisch Oldendorf (bestehend aus den Gemeinden Preußisch Oldendorf, Offelten, Engershausen, Harlinghausen, Schröttinghausen und Getmold), Holzhausen und Börninghausen sowie der katholischen Pfarrvikarie. Die evangelischen Kirchen haben alle historische Bedeutung. Die Kirchen betrieben nicht nur soziale Arbeit, sondern auch Jugendarbeit. Die Jungscharen, später CVJM, wurden von den Kindern in den einzelnen Gemeinden gut besucht. Auch Kindergartenarbeit wurde von den Kirchen betrieben. In Preußisch Oldendorf befand sich der Kindergarten in kirchlicher Trägerschaft. Später kam noch der Kindergarten in Schröttinghausen hinzu.

Wie sah es mit der Kultur in Preußisch Oldendorf aus?

Ein Theater gab es nicht und es hätte sich auch nicht gelohnt. Von 1958 bis 1963 existierte in Preußisch Oldendorf ein Kino. Ansonsten waren die Vereine für die Kulturarbeit zuständig. Sie feierten ihre Feste, die unter großer Teilnahme der Bevölkerung durchgeführt wurden. Die Vereine organisierten auch Theaterveranstaltungen mit heimischen Laienspielgruppen. Auch der Gesangverein „Liederkranz Preußisch Oldendorf“ trug mit seinen Liederabenden und Auftritten bei anderen Veranstaltungen zur Kulturförderung bei. In den einzelnen Gemeinden herrschte ein großes Zusammengehörigkeitsgefühl. Die ehrenamtliche Arbeit, die in Vereinen geleistet wurde, war bewundernswert. Auf dem Limberg in Börninghausen fand alljährlich am 1. Mai eine Großkundgebung des Deutschen Gewerkschaftsbundes statt. Die Veranstaltung begann am 30. April mit dem „Tanz in den Mai“. Am 30. April und 1. Mai strömten die Massen aus Preußisch Oldendorf, Holzhausen, Börninghausen und weit darüber hinaus zum Limberg. Als diese Großveranstaltung nicht mehr durchgeführt wurde, kam man in Börninghausen auf die Idee, als Ersatz ein Volksfest durchzuführen, zwar nicht auf dem Limberg, sondern in Eininghausen am Sportplatz. Im Jahre 1963 fand dieses große Volksfest unter Beteiligung aller Börninghauser Vereine auch statt. Das Fest sollte zu einer Dauereinrichtung werden. Hierzu kam es jedoch nicht, weil sich nicht alle Vereine bei den umfangreichen Vorbereitungen einbringen und niemand den Vorsitz in der Vereinsgemeinschaft übernehmen wollte. So blieb es im Jahre 1963 zunächst bei der einmaligen Veranstaltung. Später wurde der Gedanke der Volksfeste wieder aufgegriffen. Von 1974 bis 1984 fanden in Börninghausen Volksfeste statt. Anlässlich der „Bunten Abende“ traten Künstler, die aus Funk und Fernsehen bekannt waren (z. B. Medium-Terzett, die Kaiserlich-Böhmischen, Pat und Paul) und Blaskapellen aus Oberbayern und Österreich auf. Umzüge durch das Eggetal mit 40 und mehr Festwagen waren ein weiterer Höhepunkt der Volksfeste. Die „Bunten Abende“ lockten 1 000 und mehr Besucher an. Bei den Festumzügen wurden mehrere Tausend Besucher gezählt. Die Volksfeste in Börninghausen waren das kulturelle Ereignis in der neuen Stadt Preußisch Oldendorf. Die Jahrmärkte in Preußisch Oldendorf und Holzhausen hatten überörtlichen Charakter. Wer dennoch Theaterveranstaltungen mit gehobenen Ansprüchen besuchen wollte, hatte die Möglichkeit, mit dem Kulturverein Preußisch Oldendorf nach Bielefeld oder Osnabrück ins Theater zu fahren.

Zusammenfassend zu diesem Themenbereich kann festgestellt werden, dass die Entwicklung im Amt Preußisch Oldendorf in den Jahren von 1953 bis 1973 zufriedenstellend verlaufen ist.

Rahden

von Roland Mettenbrink

Zum Amt Rahden gehörten 1953 folgende selbständige Gemeinden:

Rahden
Espelkamp (1966 ausgeschieden)
Kleinendorf
Varl
Sielhorst
Pr. Ströhen
Wehe
Tonnenheide

Die Ortschaften des Rahdener Landes sind durch die Geschichte hindurch ländlich geprägt. Die Gehöfte liegen vereinzelt. Wir finden Streusiedlungen vor. Einen Ortskern, der seinen Namen verdient, mit einer Ansammlung von Häusern gab es nur in Rahden selbst. In den Jahren 1953 - 73 veränderte sich das Bild: Siedlungen entstanden, Industriebetriebe siedelten sich an. Auch in den umliegenden Ortschaften bildeten sich Ortskerne.

Nicht mehr nur die Landwirtschaft und das Handwerk ernährten die Menschen. Das trifft insbesondere auf Rahden selbst zu, das schon von seinem Erscheinungsbild mit der Johanniskirche, den Behörden, Amtshaus und Amtsgericht, den Schulen, dem Krankenhaus, dem Bahnhof und einem vollständigen Dienstleistungsangebot (Geschäfte, Handwerker, freie Berufe) der herausragende Zentralort ist.

Die Steinstraße in Rahden mit der Johanniskirche.

1. Bevölkerungsstruktur /-entwicklung

Die Bevölkerungszahl blieb im Amtsbezirk Rahden, Espelkamp ausgenommen, im Berichtszeitraum konstant. Das war nur möglich, weil die Menschen, die nicht mehr ausreichend ihren Lebensunterhalt in der Landwirtschaft und im Handwerk verdienen konnten, andere Möglichkeiten des Auskommens fanden, z. B. in den Industriebetrieben in Rahden und Espelkamp.

Die Flüchtlingsstadt Espelkamp entwickelte sich in diesen Jahren sprunghaft. Von 1953 bis 1966 stieg dort die Bevölkerungszahl fast um das Vierfache, von 3 549 auf 12 916. 1966 schied Espelkamp aus dem Amt Rahden aus und wurde selbständig.

Teile des alten Espelkamp, u. a. die Firma Kolbus, ein wichtiger wirtschaftlicher Faktor, kamen allerdings durch die neue Grenzziehung zur Gemeinde Rahden, so daß dort die Einwohnerzahl 1967 um 402 Bürgerinnen und Bürger anstieg, von 3 765 auf 4 167.

Espelkamp wurde zur Heimat der Flüchtlinge und Vertriebenen. Die Aufnahme der Menschen aus den deutschen Ostgebieten wurde dort, wie im gesamten Amtsbezirk, hervorragend bewältigt. 1953 wies die Bevölkerungsstatistik noch 35 Flüchtlinge in Rahden auf und insgesamt 37 Flüchtlinge in den umliegenden Ortschaften (ohne Berücksichtigung von Espelkamp). Diese Zahl ging in den folgenden Jahren zurück.

Der Anteil von Vertriebenen im Amt Rahden war 1953 erheblich: 491 in Rahden, 234 in Kleinendorf, 251 in Varl, 105 in Sielhorst, 276 in Pr. Ströhen, 160 in Wehe und 152 in Tonnenheide.

Die Nachwirkung des Zweiten Weltkrieges erkennt man 1953 auch noch an den Evakuiertenzahlen: 336 in Rahden und 404 in den umliegenden Ortschaften.

Im Amtsbezirk gab es 1953 546 Wohnungssuchende. Diese Zahl nahm in den folgenden Jahren durch die Bautätigkeit und durch die Rückkehr zahlreicher Evakuierter in ihre alte Heimat ab.

Der Anteil ausländischer Mitbürger infolge der Beschäftigung von Gastarbeitern war im Rahdener Raum vergleichsweise gering (1970: 43).

2. Wirtschaftliche Entwicklung

Anfang der 60er Jahre finden sich in den Zeitungen Artikel mit den Überschriften „Industrie stoppt die Landflucht" (Lübbecker Kreiszeitung vom 9. April 1960). „Gemeinden siedeln Industrie an" (Lübbecker Kreiszeitung vom 23. April 1960). „Rahden bietet Industrieunternehmen gute Entwicklungsmöglichkeiten" (Lübbecker Kreiszeitung vom 31. Dezember 1960). „Rahden erhält neue Industrie" (Lübbecker Kreiszeitung vom 22. April 1961). „Nur in ländlichen Gebieten findet die Industrie noch Arbeitsreserven" (Lübbecker Kreiszeitung vom 29. März 1963).

Anfang der 60er Jahre haben drei Betriebe ihren Standort im etwa 4,5 Morgen großen Industriegelände am Bahnhof: Die Produktionslandmaschinenfabrik Heinzig, die Eisengießerei Meier und der Federkernbetrieb Zur Heide. In dem Industriegelände an der Bahn (14 Morgen) errichtete 1961 die Bielefelder Fahrradfabrik Baronia eine Fabrikation. Die Firma Kolbus mit ihren Buchbindemaschinen avancierte zur Weltfirma. Die Zigarrenindustrie prägte längst nicht wie im Süden des Altkreises das Bild. Zwei Zigarrenfabriken befanden sich im Amtsbezirk: In Tonnenheide im Hause Hartke die Fa. Schrader & Co (ab 1952 Fa. André, Bünde) und in Rahden Steinmeister & Wellensiek (ab 1954 Fa. André).

Über die Grenzen Rahdens hinaus waren die beiden Baufirmen Heinrich und Wilhelm Wlecke (der große und der kleine) bekannt. Sie gelangten zu beträchtlicher Größe.

Bevölkerungsstatistik des Amtes Rahden von 1973 bis 1973

	1953	1954	1955	1956	1957	1958	1959	1960	1961	1962	1963
Rahden	3 549	3 561	3 510	3 528	3 528	3 528	3 567	3 567	3 602	3695	3 775
Espelkamp	4 727	6 199	6 922	7 755	8 363	9 261	10 002	10 636	11 091	11 471	11 718
Kleinendorf	1 766	1 799	1 803	1 824	1 818	1 866	1 824	1 868	1 915	1 963	1965
Varl	1 740	1 705	1 662	1 668	1 661	1 678	1 681	1 722	1 724	1 730	1 749
Sielhorst	935	887	880	841	855	826	836	833	831	829	814
Pr. Ströhen	2 328	2 301	2 270	2 220	2 192	2 225	2 231	2 234	2 189	2 163	2 182
Wehe	1 738	1 679	1 658	1 643	1 611	1 613	1 619	1 620	1 610	1 632	1 622
Tonnenheide	1 882	1 876	1 814	1 792	1 781	1 785	1 776	1 779	1 807	1 797	1 808
Gesamt	18 665	20 007	20 519	21 271	21 799	22 780	23 536	24 281	24 769	25 280	25 633

	1964	1965	1966	1967	1968	1969	1970	1971	1972	1973
Rahden	3 798	3 786	3 765	4 167	4 139	4 251	4 290	4 261	4 322	4 363
Espelkamp	12 164	12 549	12 196							
Kleinendorf	1 999	2 091	2 113	2 131	2 136	2 170	2 219	2 275	2 328	2 334
Varl	1 764	1 767	1 776	1 754	1 738	1 740	1 723	1 700	1 693	1 720
Sielhorst	822	830	883	833	840	847	830	841	849	838
Pr. Ströhen	2 203	2 214	2 193	2 177	2 144	2 135	2 127	2 123	2 143	2 101
Wehe	1 645	1 666	1 676	1 692	1 700	1 687	1 660	1 653	1 640	1 649
Tonnenheide	1 833	1 880	1 935	1 945	1 968	1 982	1 996	1 949	1 920	1 910
Gesamt	26 228	26 713	27 202	14 699	14 665	14 812	14 845	14 802	14 892	14 915

Auch die Molkerei bot für eine beträchtliche Anzahl von Menschen Arbeit (20 Beschäftigte). Dieses gilt um so mehr für die Bundesbahn, sie war nicht nur infrastrukturell, sondern auch, was die Arbeitsplätze anbelangt, wichtig. Bei der Bundesbahn waren bis zu 500 Menschen angestellt. Die Beschäftigtenstatistik zeigt, daß trotz Anwachsens der Industrie die überwiegende Mehrzahl der Menschen in der Landwirtschaft tätig blieben (1961: 3452 Pers. = 47,6% — 1971: 2092 Pers. = 31,3%). In den Zahlen kommt allerdings auch deutlich der Strukturwandel zum Ausdruck.

Am 25. Oktober 1972 wurde durch Beschluss des Haupt- und Finanz- und Bauausschusses das Gewerbegebiet an der Weher Straße ausgewiesen.

3. Neue Siedlungen:

In den Jahren 1953 - 1973 lag der Bebauung noch kein übergreifendes orts- oder städtebauliches

Konzept zugrunde. Siedlungen entstanden dort, wo Landwirte bereit waren, Grundstücke zu verkaufen. Eine planmäßige Bautätigkeit im Amtsbezirk begann erst Ende der 60er Jahre, nachdem das neue Baugesetz des Bundes die Aufstellung von Flächennutzungs- und Bebauungsplänen verbindlich vorgeschrieben hatte.

Die Siedlungsgebiete:
in Rahden: Sandtrift, (Mitte 50er Jahre), Amselweg (Ende 60er Jahre), Maschweg (Mitte 60er Jahre), Stelle (Mitte 60er Jahre)

in Espelkamp: Siehe Bericht Espelkamp

in Kleinendorf: Spradows Kamp (1955-1960), Gattgarten (um 1960), Kreuzkuhlenweg (50er-60er Jahre), Am Hagedorn (Ende 60er - Anfang 70er), Jahnstraße (60er Jahre), Im Westerfeld (50er-60er Jahre), Carl-Diem-Straße (ab 1973)

in Varl: Vorwerker Feld (ca. 1954-63)

in Sielhorst: Im Springel (Ende 60er Jahre - Anfang 70er Jahre)

in Pr. Ströhen: Am Speukebusch (70er Jahre), Am Bahnhof (Ende 60er Jahre) Hinter der Kirche (Anfang 70er Jahre)

in Wehe: –

in Tonnenheide: Heidkamp (Anfang 60er Jahre), Schmalger Weg (Küthe) (Ende 50er - Anfang 60er Jahre)

4. Maßnahmen zur Verbesserung der Infrastruktur

Vieles, was für die Bürgerinnen und Bürger heute selbstverständlich und ohne das ein Leben für sie nicht vorstellbar ist, wurde in den 50er bzw. 60er Jahren eingeführt, oder bestand damals im großflächigen Maß erst wenige Jahre. Das Telefonnetz, die Wasserversorgung, die Müllabfuhr, die Straßenbeleuchtung, die Kanalisation und der Straßenbau haben sich in diesen Jahren Zug um Zug entwickelt.

a) Das Telefonnetz
Damals waren Telefone eine Seltenheit. Nicht nur die Zahl von Fernsprechern war gering, sondern auch das Herstellen von Telefonverbindungen war schwierig und dauerte oft lange.

1954 konnte bei einem Brand in Tielge die Feuerwehr in Pr. Ströhen erst eine Viertelstunde nach der Brandentdeckung alarmiert werden. Die Verbindung nach Rahden kam gar nicht zustande. Die Lübbecker Kreiszeitung vom 5. März 1954 beziffert den durch die Verzögerung entstandenen Schaden auf 12.000,– DM.

Das Fernsprechortsnetz in Rahden hatte gegen Ende des Jahres 1970 erst 1069 Fernsprechteilnehmer.

b) Wasserversorgung
Im September und Oktober 1959 kam es im Rahdener Land zu einem Wassernotstand. Die oberen Teile der Wasserläufe waren trocken. Über 420.000 Liter Trinkwasser transportierte die Rahdener Feuerwehr allein im Monat September 1959 zu den Verteilerstellen im Amtsbezirk, wo die Einwohner in Kannen, Eimern und Kübeln ihr Wasser abholten. Die Wasserqualität an vielen Stellen des Rahdener Landes ließ zu wünschen übrig. Ältere Bürger berichten von einem bräunlichen Wasser und einem bitter schmeckenden Kaffee.

Die Brunnenbohrtrupps hatten zwar Hochbetrieb, und Rutengänger suchten nach Wasseradern, doch die Probleme konnten so nicht gelöst werden. Erst mehr als zehn Jahre später sollte es zu einer befriedigenden Lösung kommen. Wasser guter Qualität war in Wehe aufgefunden worden. Ein Wasserbeschaffungsverband des Amtes Rahden wurde gebildet. 1971 wurde das Wasserwerk in Wehe fertiggestellt und in

Noch Ende der 60er Jahre wurde vor dem Feuerwehrgerätehaus in Pr. Ströhen ein Wassertank aufgestellt. Hier konnten sich die Bürger mit gutem Wasser versorgen.

wenigen Jahren war das Leitungsnetz soweit ausgebaut, dass alle Haushalte im Amt mit gutem Trinkwasser versorgt waren. Eine Ausnahme bildete ein Teilgebiet von Pr. Ströhen, das von 1963 an Wasser aus Wagenfeld bezog, bis schließlich auch dort die Versorgung von Wehe aus erfolgte.

c) Kanalisation

Kanalisation gab es zwar in Rahden schon vor 1953. In den folgenden Jahren jedoch wurde sie erheblich ausgebaut. 1962 errichtete man die vollbiologische Kläranlage in Stellerloh.

Mit der Kanalisation in den anderen Ortschaften des Amtsbezirkes wurde erst später begonnen. Schon Anfang der 60er Jahre war der Kernbereich von Rahden fast vollständig durch die Kanalisation erfasst.

d) Straßenbau

In den Gemeinden des Amtsbezirks ließ in den 50er Jahren die Beschaffenheit des Straßen- und Wegenetzes erheblich zu wünschen übrig. Die Motorisierung nahm in jenen Jahren deutlich zu. Ein erweitertes Straßennetz und entsprechende Straßendecken waren erforderlich, insbesondere auch um den Anforderungen der technisierten Landwirtschaft zu genügen. Mit Hilfe der Hand- und Spanndienste, von den Anliegern und Interessenten freiwillig gezahlten Beiträgen sowie mit Bundes- und Landeszuschüssen wurden in den 50er und 60er Jahren die Wirtschaftswege ausgebaut. Straßenbau war eine Gemeinschaftsleistung der Einwohner. In jeder Gemeinde wurde eine Wegebaukolonne aufgestellt, die ausnahmslos aus Nebenerwerbslandwirten bestand. Das erforderliche Gerät wurde angeschafft und die Angehörigen der Kolonne brachten sich den Umgang mit den „Teermaschinen“ selbst bei. Die Vergabe von Straßenbaumaßnahmen an Tiefbauunternehmen war zu der Zeit noch eine seltene Ausnahme.

Die L 770 wurde westlich von Espelkamp in den 60er Jahren und östlich ab Mitte der 70er Jahre gebaut.

e) Straßenbeleuchtung

1953 hingen im Ortsbezirk Rahden 16 Lampen. Im November des Jahres kamen 25 hinzu. Straßenbeleuchtung war u. a. an der Mindener Straße, Wellerstraße, Eisenbahnstraße, Weher Straße, Gartenstraße, Lange(n) Straße, Steinstraße, Lemförder Straße, An der Hohen Mühle, Feldstraße, Flachsstraße, Lübbecker Straße, Am Vordamm, Gerichtsstraße, Katzengasse, am Eisenweg und am Kirchplatz installiert.

Die Straßenbeleuchtung war bis 0.30 Uhr, bis zum Eintreffen des letzten Zuges in Rahden, eingeschaltet.

f) Flurbereinigung
In die Flurbereinigungsmaßnahme im Kreis Lübbecke waren auch Gemeinden des Amtsbezirkes Rahden mit eingeschlossen. Das Flurbereinigungsverfahren in Wehe wurde 1954 eingeleitet. Es umfasste, einschließlich Kleinendorfer und Pr. Ströher Gebiete, rund 2 600 Hektar.

1963 wurde die Flurbereinigung in Varl durchgeführt. Es wurden 2490 Hektar und 257 Betriebe erfaßt. In Verbindung mit dem Bau der Umgehungsstraße waren 1964 Rahden (694 Hektar) und Kleinendorf (1271 Hektar) an der Reihe, schließlich ab 1967 Sielhorst (1.498 Hektar) und Oppenwehe (3.768 Hektar) (einschließlich der Pr. Ströher Gebiete westlich der Bahn; hier kam es eindeutig zu einer Entwässerung der Grundstücke durch den Tielger Bruchgraben).

g) Müllabfuhr
Im Juni 1954 wurde für Rahden die Müllabfuhr beschlossen. Die anderen Ortschaften im Amtsbezirk folgten.

Die Gemeinde Rahden übernahm die regelmäßige Abfuhr und Beseitigung des Hausmülls von den Grundstücken. Es bestand Anschlußzwang; nur die sehr weit entfernt liegenden Grundstückseigentümer wurden ausgenommen.

Man erfasste insgesamt 700 Haushaltungen. Im Mai 1961 wurde dann die staubfreie Müllabfuhr eingeführt. Ein Vertrag mit der Firma Tönsmeier sah vor, den Müll mit einem Spezialwagen abzufahren. Die Haushaltungen hatten die vorschriftsmäßigen Mülleimer anzuschaffen.

h) Umgehungsstraße
Nach jahrelangen Beratungen über Bau und Trassenführung der Umgehungsstraße konnte man 1968 mit den Arbeiten beginnen. Im Dezember 1969 wurde sie dann für den Verkehr freigegeben. Sie war die erste Kraftfahrzeugstraße im Kreis Lübbecke und entlastete den Verkehr in den Ortszentren Rahden und Kleinendorf sehr. Der Bau der Umgehungsstraße war der erste Schritt zur gut ausgebauten B 239, die bis in die 60er Jahre noch Landstraße war (L 544).

i) Aueregulierung
Verheerende Überschwemmungskatastrophen in den Jahren 1954 und 1956, besonders in dem Gebiet von Pr. Ströhen, spornten zu schnellem Handeln an. Damals standen 12.000 Hektar Weiden und Äcker unter Wasser. Da das Problem nicht nur auf nordrheinwestfälischer Seite zu lösen war, kam es zu Verhandlungen mit der niedersächsischen Regierung. Am 19. Mai 1961 wurde der erste „Spatenstich“ (mit Baggern) zur Regulierung der Großen Aue von dem NRW-Landwirtschaftsminister Gustav Niermann und dem niedersächsischen Ministerpräsidenten Alfred Kubel vorgenommen. Das Gesamtprojekt sah in Westfalen 80 km Hauptvorfluter, 169 km Binnenvorfluter und in Niedersachsen 48 km Hauptvorfluter und 166 km Binnenvorfluter vor.

Verbunden mit diesem Projekt war der Bau von Wegebrücken.

Träger der Maßnahme war auf westfälischer Seite der Wasserverband „Große Aue“. Die Aueregulierung konnte schon im Jahr 1962 zum Abschluß gebracht werden.

Politische Prominenz an der Aue, um sich ein Bild über die Regulierung zu verschaffen.
Von links nach rechts: Gustav Niermann, Ministerpräsident Franz-Josef Meyers, Rudolf Hohl, Dr. Ernst Huchzermeyer und Albert Pürsten.

5. Umweltzerstörung

Die 50er und 60er Jahre waren geprägt durch wirtschaftlichen Aufschwung und Verbesserung der Infrastruktur, aber auch durch die Ausbeutung der Natur. Im Rahdener Raum wurde die Zerstörung der Umwelt u. a. am Fischesterben und dem Verschwinden der Störche deutlich.

a) Fischesterben

Im September 1961 wurde in der Presse von einem großen Fischesterben berichtet, das sich auf die Große Aue ausdehnte. Hechte, Schleie, Karpfen, Weißfische und Aalquappen trieben sterbend im Wasser. Das Fischesterben damals wurde auf das in den Wiesen stehende Wasser, das sogenannte Brakwasser, das sich mit Ammoniak und sonstigen Kunstdünger vermengte, zurückgeführt.

Die zunehmend sich verschlechternde Wasserqualität und die damit einhergehende Verminderung der Fischmenge und Arten in den Flüssen des Rahdener Landes in den folgenden Jahren sind auf die Intensivierung der Landwirtschaft, auf die durchgeführte Aueregulierung und die Belastung durch nicht ausreichend geklärtes Abwasser der südlich von Rahden gelegenen Betriebe zurückzuführen.

b) Das Verschwinden der Störche

Storchennester gab es in den 50er und 60er Jahren im Amtsbezirk Rahden an drei Orten: in Rahden selbst auf

Das Storchennest auf dem Hof Löhr in Varl.

dem Hof Hollendieck (Stelle), in Pr. Ströhen auf dem Hof Spreen-Ledebur und in Varl auf dem Hof Löhr.

Der Horst in Rahden-Stelle wurde 1961 und der in Varl 1969 aufgegeben.

In Pr. Ströhen kam es erst 1962 zum Bau eines Storchennestes. Seit 1974 ist der Horstplatz verwaist. Gründe für das Verschwinden der Störche liegen (ähnlich wie beim Sterben der Fische), in der Auereglierung und der intensiven Nutzung des Bodens durch die Landwirtschaft und dem damit verbundenen Fehlen von Feuchtgebieten.

6. Die schulische Entwicklung

a) Volksschule, Grundschule, Hauptschule.
Eine bewegte Geschichte vollzog sich in den 50er und 60er Jahren im Neubau und Ausbau von Volksschulen.

Die Ortschaften Varl und Varlheide (1956), Barl (1960), Tielge (1961), Rahden, (1963), Wehe (1963) und Tonnenheide (1963) bekamen neue Schulbauten. Die Schule in Pr. Ströhen wurde 1962 erweitert.

Der Standort der Schule in Tonnenheide erscheint auf den ersten Blick, weil sehr am Rande liegend, als denkbar ungünstig. Zu erklären ist er als Kompromiß zwischen Schmalge und Tonnenheide, er bildete gleichsam die Mitte von beiden Ortschaften. Schmalge kam dann allerdings infolge der kommunalen Neuordnung 1973 zu Espelkamp.

Durch die Neuordnung des Schulwesens 1968 waren Schließungen unumgänglich. Schon vorher, 1964, wurden die Volksschulen Moorort und Heuerort mit der Pr. Ströher Dorfschule zusammengelegt. Ab 1968 vollzog sich dann die Umwandlung der Volksschulen Rahden, Varl, Wehe, Tonnenheide und Pr. Ströhen in Grundschulen. Die Schulen in Varlheide, Sielhorst, Barl und Tielge wurden aufgelöst.

Zwei Hauptschulen entstanden im Amtsbezirk Rahden: Die HS Rahden I in Rahden für die Schüler aus Varl, Varlheide und Sielhorst, die HS Rahden II in Wehe (ab 1969) für die entsprechenden Jahrgänge aus Pr. Ströhen, Wehe und Tonnenheide. (Die GS Wehe wurde mit der GS Tonnenheide zur GS Tonnenheide-Wehe zusammengelegt).

b) Realschule

Für die Schullandschaft im Amt Rahden von größter Bedeutung, gerade in den Jahren 1953 - 1973, war die Realschule. Aus dem gesamten Amtsbezirk und darüber hinaus besuchten dort Schülerinnen und Schüler den Unterricht, um eine gehobenere Bildung zu erlangen, als das in den Volksschulen möglich war. 1954 erhielt die Realschule einen Neubau.

c) Die berufsvorbildende bzw. -bildende Schule Dr. Kohlhase

1953 wurde die private Handelsschule Dr. Kohlhase im Hause Nobbe, Steinstraße errichtet. 1955 erhielt die sog. Kohlhase-Schule einen Neubau, Am Schulhof Nr. 1. 1990 stellte sie den Lehrbetrieb ein.

d) Landwirtschaftliche Berufsschule

Auf dem Mühlendamm, an der Grenze der beiden Gemeinden Rahden und Kleinendorf, wurde eine Landwirtschaftliche Berufsschule im Dezember 1959 eingeweiht und ihrer Bestimmung übergeben. Zwischen 300 und 500 Schüler erhielten Unterricht.

Richtfest der Landwirtschaftsschule. Im Vordergrund Heinrich Kottenbrink; Ilse-Marie Herzfeld dirigiert den Schulchor.

Der Lehrbetrieb endete 1974, die Fachabteilung Landwirtschaft wurde in die Kreisberufsschule Lübbecke integriert.

7. Kulturelles

a) Gedenken an die Kriegstoten

Nach dem Krieg dauerte es einige Zeit, bis Gedenkstätten zur Ehrung der Kriegstoten des zweiten Weltkrieges geschaffen wurden:
in Tonnenheide auf dem Friedhof 1959, in Pr. Ströhen am Speukebusch 1959, in Alt-Espelkamp auf dem Friedhof 1960, in Rahden hinter dem Gemeindehaus 1966, in Varl auf dem Friedhof 1968 und in Wehe als Ehrenbuch in der Kirche, in dem die Gefallenen und Vermissten 1914-18 und 1939-45 eingetragen sind, 1973.

In Kleinendorf und in Sielhorst wurden Ehrentafeln an den früheren Gedenkstätten aufgerichtet.

Wurde bei den alten Denkmälern der Heldentod betont, so waren die neuen Gedenkstätten Mahnungen zum Frieden (Den Toten zur Ehre – den Lebenden zur Mahnung). Alljährlich versammelte man sich am Volkstrauertag im Berichtszeitraum noch in großer Zahl an den Gedenkstätten und gedachte der Toten, die viele auch noch persönlich kannten.

b) Der Museumshof

Zu einem Besuchermagneten hat sich seit den 60er Jahren der Museumshof entwickelt. Er ist die Stätte heimatlicher Traditionspflege im Rahdener Land geworden.

Wurden überall Fachwerkbauten abgerissen, kam es hier zur Aufstellung eines schönen Ensembles, das Leben und Arbeit in der Landwirtschaft früherer Generationen darstellte.

In unmittelbarer Nähe der Burgruine in Kleinendorf wurde 1962-1966 eine geschlossene Hofanlage errichtet, zu der neben dem Haupthaus auch eine

Die Bockwindmühle in Wehe in den 60er Jahren. Die Restaurierung erfolgte erst nach der Kommunalen Neuordnung durch den Mühlenkreis Minden-Lübbecke.

Wagenremise, ein Schafstall, ein Speicher, ein Backs, eine Bleichhütte, eine Immenschur, ein Göpel, ein Ziehbrunnen, ein Teich, ein Hausgarten, ein Erdkeller, eine Bokenmühle und eine Scheine gehörten. Das Haupthaus war ursprünglich das Bierenriedsche Haus von 1683, Sielhorst Nr. 17.

c) Vereine und Sport

Traditionell ist das Rahdener Land von einem lebendigen Vereinswesen geprägt. Nach Krieg und Nachkriegszeit vollzog sich in den 50er und 60er Jahren wieder ein spürbares Aufleben.

Die Schützenfeste sind heute noch die Dorffeste schlechthin.

Der Sport wurde immer wichtiger. Es kam zum Bau von Turnhallen und Sportplätzen. 1968 erhielt Rahden ein Hallenbad, unmittelbar neben dem Freibad. Dieses war schon vor dem Zweiten Weltkrieg in der Trägerschaft des Verkehrsvereins Rahden errichtet worden und ging in den 50er Jahren in kommunale Trägerschaft über.

Dritter von links: Altbürgermeister Wilhelm Tirre, Dr. Joseph Schepers (der Herr mit Fliege) vom Landschaftsverband in Münster und rechts daneben Amtsbürgermeister Wilhelm Rehling mit Amtsdirektor Alfred Suderow.

Der Rahdener Markt fand in den 50er und 60er Jahren auf dem alten Markt statt.

In Pr. Ströhen war das Himmelfahrtsturnier des Pferdezucht- und Reiterverbandes des Altkreises Lübbecke auf der Halge der Anziehungspunkt vieler Zuschauer. Bis 1975 fanden dort Rennen statt.

8. Die Kirchengemeinden

Im Amtsbezirk Rahden bestehen zwei evangelische Kirchengemeinden: Rahden und Pr. Ströhen. Neben der Johanniskirche wurden in der Rahdener Kirchengemeinde in den Jahren 1953 - 1973 weitere Gottesdienststellen in den Ortschaften errichtet: In Wehe wurde 1963 die Auferstehungskirche gebaut, und 1969 wurde in Tonnenheide die Christuskirche geweiht. In Varl (1968) und in Sielhorst (1971) entstanden Friedhofskapellen, die nicht nur für Beerdigungen genutzt werden, sondern auch sonntägliche Gottesdienststellen sind. Schon vorher, 1960, wurde eine Kapelle auf dem Rahdener Friedhof errichtet.

In Pr. Ströhen wurde in den Jahren 1967/1968 ein neues Gemeindehaus gebaut.

Neben den evangelischen Kirchengemeinden existiert eine katholische Pfarrvikarie.

Die katholischen Mitbürgerinnen und Mitbürger, deren Zahl durch die Ostvertriebenen deutlich angewachsen war, konnten in der St. Michaels-Kirche in Kleinendorf (1952 geweiht) zum Gottesdienst gehen.

Das neue Gemeindehaus in Pr. Ströhen im Bau. Links daneben das alte Pfarrhaus, das abgerissen wurde, und rechts daneben das schon fertiggestellte neue Pfarrhaus.

Ein neues Feld der kirchengemeindlichen Arbeit erschloß sich in der Kindergartenarbeit. Die ersten Kindergärten im Amtsbezirk waren in kirchengemeindlicher Trägerschaft: Rahden, Am Brullfeld (1968), und Pr. Ströhen (1972). Die Ausnahme bildete die Kindertagesstätte am Krankenhaus. Für die Mitarbeiterinnen und Mitarbeiter des Krankenhauses wurde 1972 eine Kindertagesstätte in kommunaler Trägerschaft seiner Bestimmung übergeben.

9. Die Feuerwehren

Die Feuerwehren des Amtes Rahden waren mit einem VW-Bully und Tragkraftspritzenanhänger ausgerüstet. Mitte der sechziger Jahre erhielten alle Feuerwehren ein Löschgruppenfahrzeug LF8, in Rahden waren Tanklöschfahrzeuge stationiert. Die Fahrzeuge erhielten Funkgeräte, und die Alarmierung erfolgte über Sirenen.

In Rahden (1964/65), Pr. Ströhen (1964/65), Varl (1962/63) und Tonnenheide (1964/65) wurden neue Gerätehäuser gebaut, die übrigen Gerätehäuser wurden modernisiert.

10. Die Amtsdirektoren

a) Christian Friedrich Niedermeyer

Christian Friedrich Niedermeyer wurde am 30. April 1891 in Hüllhorst geboren. Er absolvierte das Realgymnasium in Bückeburg. Von 1909 bis 1911 war er Verwaltungsvolontär bei der Amtsverwaltung in Rahden. Beim Oberlandesgericht in Hamm legte er im Juni 1914 die Inspektorprüfung ab.

Er war Kriegsteilnehmer im Ersten Weltkrieg und wurde verwundet. Im Zweiten Weltkrieg war er Oberstleutnant. Nach dem Zusammenbruch 1945 wurde Niedermeyer, der seinen Wohnsitz in Bad Oeynhausen hatte, von der britischen Militärregierung als Amtsbürgermeister eingesetzt und 1946 zum Amtsdirektor gewählt.

Christian Friedrich Niedermeyer

In die Zeit seiner kommunalpolitischen Tätigkeit in Rahden fallen der Neubau der Realschule (1954) und die Übernahme des Amtskrankenhauses in die Trägerschaft des Kreises (1956). Er begleitete den Aufstieg Espelkamps. Christian Friedrich Niedermeyer trat am 30. April 1956 in den Ruhestand. Er starb am 3. Juli 1980 in Lübbecke im Alter von 89 Jahren.

b) Alfred Suderow

Alfred Suderow erblickte am 14. Dezember 1919 in Preußisch Oldendorf das Licht der Welt. Er bestand

1938 an der Aufbauschule Lübbecke, später Wittekindgymnasium, das Abitur. Im Zweiten Weltkrieg war er Flugzeugführer im Range eines Leutnants. Von 1946 bis 1949 studierte er Jura in Erlangen. 1949 bestand er das 1. und 1953 das 2. Staatsexamen. Richterliche Tätigkeit in Dortmund, Bielefeld und Rahden schlossen sich an. Vom 1. Mai 1956 bis zum 31. Dezember 1972 war er Amtsdirektor in Rahden (mit 14 zu 10 Stimmen gewählt, Gegenkandidat war Wilhelm Kern, Espelkamp). Vom 1. Januar 1973 bis 30. September 1982 war er dann Stadtdirektor, der im Zuge der Gebietsreform neu gebildeten Stadt Rahden. Alfred Suderow lebt heute im Ruhestand in Minden.

Alfred Suderow

Der Rahdener Bahnhof um 1955.

Stemwede

von Ernst-August Schmidt

Im Kreis Lübbecke existierten vor der kommunalen Gebietsreform in der heutigen Gemeinde Stemwede 13 selbstständige Gemeinden. Sie waren in den beiden Ämtern Dielingen-Wehdem und Levern kommunalpolitisch organisiert.

Die gemeinsame damalige Kreisverwaltung hatte ihren Sitz in Lübbecke.

Das Amt Dielingen-Wehdem war 1936 aus den Verwaltungseinheiten des Amtes Dielingen und des Amtes Wehdem im Zuge nationalsozialistischer Gesetzgebung gebildet worden. Zum Dielinger Bezirk gehörten die Gemeinden Dielingen, Drohne, Haldem und Arrenkamp, zum Wehdemer Bezirk die Gemeinden Wehdem, Westrup, Oppendorf und Oppenwehe. Der Verwaltungssitz dieser langgestreckten Gemeinde an der Südseite des Stemweder Berges lag in Dielingen. Für Oppenweher und Oppendorfer war die Verwaltung daher aufgrund der unzureichenden Anbindung an die öffentlichen Nahverkehrsmittel nur zeitaufwendig zu erreichen, zudem waren Autos und sogar Fahrräder Mangelware.

Daraus ergaben sich spezielle Probleme für eine Flächengemeinde mit einer Ost-West-Ausdehnung von mehr als 20 km.

Am 29. März 1952 beantragte Amtsdirektor Pollert für den neugewählten Bürgermeister Lammert (Nachfolger des verstorbenen Bürgermeisters Röhling) einen für die Ausübung dieses Amtes unverzichtbaren Telefonanschluß bei der Fernmeldedienststelle in Lübbecke. Nach umfangreichem Schriftverkehr, unter Hinweis auf fehlendes Kabelmaterial, erklärte sich dann das Fernmeldeamt in Bielefeld mit Schreiben vom 7. Februar 1953 – also fast ein Jahr später – bereit, diese Angelegenheit zu prüfen und das Ergebnis schriftlich mitzuteilen.

Mit Unzulänglichkeiten hatte nach Berichten der Kreiszeitung auch die Postzustellung zu kämpfen, die nachweislich zwei bis drei Tage verzögert war und sich täglich bis in den Spätnachmittag hinzog. Auch damals schon – Ende 1955 – versuchte die Post, durch „Verwaltungsvereinfachung“ Einsparungen zu erzielen. So wurde ein Teil des Amtes Dielingen-Wehdem von Lübbecke über Rahden postalisch versorgt, statt einheitlich von der nördlichen niedersächsischen Seite wie die Stemweder-Berg-Gemeinden, Lemförde, Quernheim und Brockum von der Bahnstation Lemförde über Dielingen.

Nach Beratung in der Amtsvertretung wurden Landrat Gustav Niermann und Amtsdirektor Pollert einstimmig und dringlich aufgefordert, bei der Oberpostdirektion in Münster zu intervenieren. Damit hatten sie zumindest vorübergehenden Erfolg.

Diese beiden „Postbeispiele“ zeigen exemplarisch, wie mühsam es in diesen Jahren war, eine effektive Verwaltungsstruktur aufzubauen und wieviel guter und unermüdlicher Wille dazu notwendig war.

Es sei noch darauf hingewiesen, dass die Sitzungen aller Kommunalparlamente im ländlichen Bereich meistens abends, nach Feierabend, stattfanden und bis zur kommunalen Neugliederung 1973 ohne Aufwandsentschädigungen für die Ratsmitglieder.

Die Wohnbevölkerung des Amtes Dielingen-Wehdem verteilte sich auf die acht Gemeinden zwischen 1953 und 1972 folgendermaßen:

	1953	1963	1967	1972	qkm
Arrenkamp	458	395	359	342	5,52
Dielingen	1 409	1 613	1 817	1 956	8,00
Drohne	777	642	583	579	11,08
Haldem	1 719	1 652	1 747	1 662	18,91
Oppendorf	1 135	968	1 051	1 044	17,19
Oppenwehe	1 990	1 903	2 175	2 173	30,05
Wehdem	1 302	1 177	1 179	1 260	12,98
Westrup	828	713	753	731	6,26
Amt Dielingen	9 528	9 063	9 664	9 747	109,99

Die teilweise gravierenden Veränderungen der Bevölkerungszahlen sind unter den Gesichtpunkten Rückkehr von Evakuierten, Wohnungsbau, Arbeitsplatzbeschaffung und Anwerbung ausländischer Arbeitskräfte in den sechziger und siebziger Jahren durch einheimische Firmen zu betrachten. Die Entwicklungsschwerpunkte Dielingen, Haldem, Wehdem und Oppenwehe konnten sich strukturell um einiges günstiger entwickeln, obwohl auch sie mit den üblichen Benachteiligungen des „platten Landes“ und der Randlage an der Landesgrenze zu Niedersachsen zu kämpfen hatten.

Der Anteil an Flüchtlingen und Evakuierten war in allen acht Gemeinden auch 1953 noch sehr hoch. Er betrug in den einzelnen Gemeinden zwischen 15 und 20%.

Aus der Statistik von 1972 ist zu ersehen, dass mit zunehmender Wohnbebauung in Dielingen, Haldem, Wehdem und Oppenwehe diese Bevölkerungsgruppen zu einem beachtlichen Prozentsatz ansässig, also einheimisch, geworden waren.

Ähnlich wie im Amtsbereich Dielingen-Wehdem war auch im Amtsbereich Levern 1953 der Anteil der Bevölkerung an Flüchtlingen und Evakuierten noch ziemlich hoch. Die meisten von ihnen blieben ebenfalls dauerhaft wohnen. Der eindeutige Neubauschwerpunkt war im Süden Leverns die Meyer-Siedlung. In den vier anderen Gemeinden lag die rege Bautätigkeit vornehmlich im Aus- und Umbau bereits vorhandener Wohnsubstanz.

Die Wohnbevölkerung verteilte sich wie folgt auf die fünf Gemeinden des Amtes Levern :

	1953	1963	1967	1972	qkm
Destel	926	780	744	700	8,49
Levern	1 527	1 604	1 671	1 706	10,73
Niedermehnen	945	851	852	809	13,20
Sundern	531	406	442	404	7,93
Twiehausen	892	769	778	783	16,80
Amt Levern	4 821	4 410	4 478	4 402	57,16

Eine Wohnstraße in der neuen Leverner Siedlung.

Der Baustil dieser Zeit, besonders in Siedlungsbereichen, war vorwiegend uniform. Es wurden hauptsächlich Einfamilienhäuser mit ausgebautem Dachgeschoss und mit der Möglichkeit der Tierhaltung errichtet, oft mit großem anschließenden Gartenland.

Im Zuge der regen Bautätigkeit in den Jahren zwischen 1950 und 1970 wurden allein in diesem Bereich mit den Schwerpunkten Dielingen, Haldem und Oppenwehe 517 Neubauten errichtet, insgesamt 784 Wohnungseinheiten.

Im Amtsbereich Levern lagen die Bebauungsschwerpunkte hauptsächlich im alten Stiftsort Levern, der für die amtsangehörigen Gemeinden Sundern, Niedermehnen, Twiehausen und Destel der deutlich angenommene untere Nahversorgungsbereich war und das schon seit Jahrhunderten.

Außerdem war Levern dank der verkehrsgünstigen Lage zu seinen angrenzenden Gemeinden gut zu erreichen, für die Erledigung von Besorgungen jeglicher Art ebenfalls eine vorteilhafte Voraussetzung.

20 Jahre kommunaler Entwicklung in den Jahren von 1953 bis 1973 aufzuzeigen, bedeutet aber auch oder vielleicht sogar gerade für den ländlichen Bereich der heutigen Gemeinde Stemwede, eine Fülle von kleinen und größeren Ereignissen zu vermerken.

Betrachtet man die dörflichen Ereignisse jener Jahre aus heutiger Sicht, mögen diese dem Außenstehenden unwesentlich erscheinen. Damals jedoch waren sie, eingebettet in die jeweilige Dorfstruktur, von exponierter Bedeutung für den Alltag. Immerhin hatte jede einzelne, wenn auch teilweise finanzschwache, Gemeinde bis zur kommunalen Neuordnung 1973 ihre Selbständigkeit und Planungshoheit selbstbewusst und effektiv ihren Möglichkeiten entsprechend wahrgenommen.

Unterschiede im dörflichen Alltagsgeschehen waren strukturell und finanziell bedingt und stellten daher schon vor der kommunalen Neuordnung die Weichen für die zukünftigen Entwicklungen.

Der Rahmen dieses Buches lässt nur eine mosaikartige Darstellung jener Jahre zügigen Aufbaus zu. Die exemplarische und stichpunktartige Auswahl skizziert Wichtiges aus diesem Zeitraum.

Die Gemeinden des Amtes Dielingen-Wehdem

Gemeinde Arrenkamp

1957: Umbau der Schule, Erweiterung und Ausstattung mit neuen Möbeln

1968: Auflösung der Volksschule Arrenkamp, bedingt durch die Schulreform NRW

1970: Bau der Friedhofskapelle (Bergkapelle)
Die Glocke stammt aus dem Glockenturm von Arrenkamp.

1972: Neugestaltung des Friedhofs
Letzte Ratssitzung der Gemeinde Arrenkamp am 21. November 1972

Gemeinde Dielingen

1953: Beginn der Produktion im Dielinger Werk der Lemförder Metallwaren
Um- und Ausbau des Sportplatzes

1954: Erste Kanalisation und Ausbau der Bachstraßensiedlung
50-jähriges Jubiläum des Schützenvereins Reiningen
Dielinger Bruderschaft St. Matthias besteht 300 Jahre

1956: Selbständiges Postamt Dielingen wird als Zweigpostamt dem Postamt Lübbecke unterstellt und ausgebaut.
Genossenschaftsmühle durch Brand zerstört

Die erste Produktionshalle der Firma »Lemförder Metallwaren« in Dielingen, flankiert von zwei Mehrfamilienhäusern, 1953.

1959 : Einweihung der neuen Volksschule am 19. und 20. 12.
1960 : Ausbau der Bruchstraße von Dielingen nach Rüschendorf
1963 : Fertigstellung des Dielinger Pfarrhauses
1964-1975 : Rasante Erweiterung der „Lemförder Metall“ zum weltweit agierenden Großbetrieb
1966 : Abwasserpumpwerk Linnert fertiggestellt, Abwasserkanalbau ab 1963
1968 : Dorf- und Straßenerneuerungsmaßnahmen Volksschule Dielingen wird Hauptschule am 1. 8.
1969 : Ausbau der Wasserversorgung in Dielingen ab 1969
1971 : Baubeginn der Dielinger Schulsiedlung
1972 : 50jähriges Jubiläum der Freiwilligen Feuerwehr Dielingen

Gemeinde Drohne

1953 : Abschluss der ersten regen Bautätigkeit

Abwanderung von Arbeitskräften aus der Landwirtschaft in die Industrie
NIKE erstellt erste Straßenbeleuchtung mit 12 Brennstellen
1954: Ratsbeschluss zur Erstellung eines Gutachtens für zentrale Wasserversorgung
1955: Beschluss des Gemeinderates über den Wegfall der Hand- und Spanndienste, dafür werden die Realsteuern erhöht
Errichtung von Gemeinschafts-Gefrieranlagen
1958: Umbau des Ehrenmals, Aufbringung der Kosten durch erhöhte Umlagen und Spenden
1961: Baubeginn der ersten Bahnüberführung in Drohne
Fertigstellung der Brücke 1962

Bau der ersten Bahnüberführung in Drohne im Jahre 1961.

1968: Schließung der evangelischen Volksschule Drohne
1969: Ausbau der Wasserversorgung
1971: Errichtung der Friedhofskapelle in Drohne
Beginn der Einrichtung der Zentralen Wasserversorgung
1972: Gründung der Jugendfeuerwehr
Bau der Immenklause mit erheblichen Eigenleistungen der Dorfbewohner

Gemeinde Haldem

1953: Neue Straße zur Wilhelmshöhe
1954: Installation der ersten Straßenlampen durch die NIKE
1955: 50-jähriges Jubiläum des Radsportvereins „Germania-Haldem"
Initiative „Gutes und ausreichendes Trinkwasser für alle" – Amtsdirektor Pollert unterbreitet Vorschläge
1957: Jubiläumsfeier zum 50jährigen Bestehen des Schützenvereins
Gründung des Heimatvereins Stemwede auf der Wilhelmshöhe
1959: Einrichtung der Landesheilstätte im alten Schloss durch den Landschaftsverband von Westfalen-Lippe; zahlreiche Arbeitsplätze entstehen.
Beginn des Flurbereinigungsverfahrens für Drohne, Dielingen und Haldem,
Anlage notwendiger Entwässerungsgräben, Ausbau von Straßen und Wirtschaftswegen
Einweihung des neuen Ehrenmals für die Gefallenen der beiden Weltkriege am Volkstrauertag
Streit zwischen Haldem und Arrenkamp wegen der Besetzung der zweiten Pfarrstelle in der Kirchengemeinde Dielingen
1961: Auflösung der Volksschule Illwede
1963: 8. 11. Einweihung der neuen Haldemer Volksschule
1965: Beginn des Baus einer Kläranlage

In dieser idyllischen Umgebung soll der Suchtkranke sein Gleichgewicht wiederfinden – die Landesheilstätte kann Startpunkt für ein neues Leben sein.

1968: Volksschule Haldem wird zweizügige Grundschule für die Kinder aus Haldem und Arrenkamp

1971: Zusammenlegung der Grundschulen Dielingen und Haldem im Schulort Haldem

Gemeinde Oppendorf

1953: Von 180 Familien leben 100 von der Landwirtschaft; Handwerk und Handel sind ausreichend vertreten
Bis 1970 erheblicher Rückgang an landwirtschaftlichen Vollerwerbsbetrieben, ebenso in Handel und Handwerk.

1956: Ausbau des Brahendammes – auch als Arbeitsbeschaffungsprogramm

1958: Erweiterung und Erneuerung des Ehrenmals

1961: Erweiterung der neuen Volksschule: ein Klassenraum, Pausenhof, Toiletten, ein Lehrerwohnhaus (2 Familien) und eine Hausmeisterwohnung

Ab 1962: Erweiterung des Sportplatzes mit Sportheim, zwei Wohnungen und Duschanlagen
Ausbau der Landstraße Rahden - Lemförde durch den Landschaftsverband

1964: Ausbau der Ortsdurchfahrt bis Oppenwehe
Ab 1964 bis 1972 umfangreiche Straßenausbaumaßnahmen

1968: Ausgelöst durch die Schulreform erheblicher Streit um den Sitz der neuen Hauptschule; zur Lösung des Problems Gründung eines Zwangs-Schulverbandes, Auflösung der Volksschule Oppendorf (seit 1691)

1970 versuchte der Storch in Oppendorf zum letzten Mal sich ein „Haus“ zu bauen. Leider duldete die Nike damals dieses Vorhaben nicht.

1971: Flurbereinigung, umfangreiche Entwässerungsmaßnahmen im Oppendorfer Fledder
1973: Unterrichtung der Hauptschüler in Wehdem, der Grundschüler in Oppenwehe.

Gemeinde Oppenwehe

1953: Empfehlung von Schulrat Schettler zum Neubau einer Zentralschule statt Beibehaltung zweier Volksschulen
1954: Firma Klinksiek 75-jähriges Firmenjubiläum (Gastwirtschaft, Bäckerei, Einzelhandelsgeschäft)
1955: Elternversammlung und Gemeinderat bebeschließen Architektenwettbewerb für Schulneubau
1956: Entscheidung über Standortfrage der neuen Schule
Richtfest 10. November
Vor 300 Jahren (1656) Gründung der Oppenweher Schule durch die Bauernschaft
1957: Einzug der Kinder und Lehrer aus beiden Schulen in die neue Zentralschule am 17. 12.
1959/60: Firma Sulo (Streuber & Lohmann) errichtet kunststoffverarbeitendes Werk
Mehrere Werkhallen und 2 Siedlungen entstehen
Beginn von Kanalbaumaßnahmen, Straßenbau und Straßenbeleuchtung, positive Veränderungen im Ortsbild
Die Kirchengemeinde Oppenwehe trennt sich von Wehdem und wird rechtlich selbständig
1961: 30-jähriges Bestehen der evangelisch-lutherische Kirchengemeinde
Firma Brockschmidt (Gasthof und Einzelhandelsgeschäft) seit 50 Jahren örtliches Einkaufszentrum
1962: Beginn der Flurbereinigung im Nordkreis
Oppenweher Moor wird Naturschutzgebiet
1963: Spar- und Darlehenskasse Oppenwehe feiert 50-jähriges Bestehen
Firma Rehburg (Bäckerei, Lebensmittelgeschäft und Gasthof) besteht seit 25 Jahren
Bau von Abwasserkanälen
1964: Bau einer Kläranlage
1970: Schützenverein Oppenwehe besteht 50 Jahre, ebenso der FC Oppenwehe (früher TuS Oppenwehe)
1972: Firma Biljes besteht 50 Jahre (1922 als Dorfschmiede gegründet, jetzt Stahlbau)
Bau der Schießsportanlage Oppenwehe als überregionales Schießsport-Leistungszentrum
Amtseinführung von Pastor Westerfeld

SULO-Spritzgusswerk in Oppenwehe. Außer einem umfangreichen Haushaltsprogramm werden in großen Stückzahlen die bekannten »suloplast«-Müllgefäße und Zulieferteile für die Industrie gefertigt.

Gemeinde Wehdem

1953: Beschluß zur Erweiterung und Modernisierung der Landwirtschaftsschule

1954: Wahl des Landwirtes Gustav Niermann zum Landrat des Kreises Lübbecke

1958: Ernennung von Gustaf Niermann zum Landwirtschaftsminister von NRW
50jähriges Bestehen des Schützenvereins Wehdem; Schützenkönig wird Minister Niermann.

1960: Einweihung der neuen Wehdemer Volksschule mit Lehrküche, Turnhalle und Lehrschwimmbecken.

1964: Freiwillige Feuerwehr begeht 30-jähriges Bestehen.
Abwasserkanäle und Kläranlagen werden gebaut

1968: Ausbau der Ortsdurchfahrt Wehdem

Die Wehdemer Landwirtschaftsschule im Jahre 1969.

1969: Verlegung der Landwirtschaftsschule Wehdem nach Lübbecke
1000-Jahr-Feier der Ortschaft Wehdem
1973: Erweiterung der Wehdemer Schule um einen modernen Anbau

Gemeinde Westrup
1953: Bau einer neuen Volksschule
Alter Schulsportplatz als Siedlungsgelände ausgewiesen
Errichtung eines neuen Schießstandes am Freudeneck
1954: Bau des Jugendheims, bis 1962 belegt mit Jugendlichen aus der Erziehungsanstalt Schweicheln
Bau des Feuerwehrgerätehauses

Jugendheim Westrup mit seiner zwar jungen, aber wechselhaften Geschichte (Bild von 1965).

1962-1966: Grenzschutzlehrgänge im Jugendheim
ab 1964: Flurbereinigung, Entwässerung und verstärkter Straßenbau
ab 1970: Gemeinschaftswäschereibetrieb für Westrup
1971: Einweihung der neuen Schützenhalle
2. Platz im Wettbewerb „Unser Dorf soll schöner werden" in den Jahren 1969, 1971 und 1973

Die Gemeinden des Amtes Levern

Gemeinde Destel
1953: Der Aufschwung beginnt: Die Landwirtschaft wird rationalisiert.
1956: Verkauf des alten Schulgartens an die Firma Rohlfing zwecks Betriebserweiterung
1957: Bau der sog. Heidmeier-Siedlung (4 Siedlungshäuser)
Die Gemeinde Destel befaßt sich mit An- und Verkauf von Grundstücken
1958: Gemeinde erwirbt Grundstücke für Schulneubau
1959: Verkauf der alten Schule und Umbau zu Wohnungen
1960: Einweihung der neuen Schule am 15. Januar, Firma Niemeyer und Abel erwirbt Schneiderwerkstatt am alten Postweg – Ausbau zur Näherei
1961: Reiterverein Destel baut mit Unterstützung der Gemeinde neben dem Gasthaus Winkelmann eine Reithalle.
1962: Die Freiwillige Feuerwehr Destel bekommt als erste Löschgruppe im Amtsverband ein modernes Tank-Löschfahrzeug.
Planungsbeginn des Ausbaus der L770
1964: Ausbau der L770 beginnt
1965: Errichtung des Ehrenmals hinter der Schule
1968: Verlegung der Hauptschulklassen der Desteler Schule nach Levern

1969: Destel, ebenfalls 969 erstmals urkundlich erwähnt, beteiligt sich an 1000-Jahr-Feier mit mehreren Festwagen
Reiterverein Destel richtet Ostwestfalen-Turnier aus
1972: Installation von Straßenbeleuchtung im Ortskern durch die NIKE
1973: Schließung der Desteler Schule im Zuge der Schulreform NRW

Gemeinde Levern

1953: Fertigstellung des Sportplatzes an der neuen Schule
Ausrichtung des Kreisturnfestes im Rahmen des 40jährigen Vereinsjubiläums des TV „Frisch Auf"-Levern von 1913 eV; großer Festumzug
1954: Beginn des Ausbaus landwirtschaftlicher Wirtschaftswege durch Förderprogramme des Landes NRW
18. August: Dr. med. H. Bussmann 40 Jahre Arzt in Levern
Molkerei Richter 50 Jahre in Levern
1955: Viehverwertungsgenossenschaft Levern 50-jähriges Jubiläum
1959: 25.3. Heinz Redecker wird zum Amtsdirektor gewählt
1960: Gemeinde Levern erwirbt Markt- und Festplatzgelände von der Leverner Kirchengemeinde
Bau der Kläranlage Levern-Süd
1961: 28.4. Einweihung der neuen Turnhalle
Beginn umfangreichen Wegebaus kombiniert mit umfassenden Entwässerungsmaßnahmen (bis 1964)
Sieger im Landeswettbewerb „Unser Dorf soll schöner werden"

Verabschiedung von Amtsdirektor Kuhle — Einführung und Amtsübergabe an Heinz Redecker am 30. Juni 1959 (im Vordergrund Amtsbürgermeister Kreienbrock).
Gemeindearchiv Stemwede

Als schönstes Dorf in Westfalen und Lippe ging Levern im Landeswettbewerb »Unser Dorf soll schöner werden« hervor. Auf Bundesebene erhielt Levern die Silbermedaille. Hier Bürgermeister Langelahn beim Empfang durch Bundespräsident Lübke in Bonn.

1962: Gründung der Versehrtensportgemeinschaft Levern
1963: Bau der Kläranlage Levern-Nord
Silbermedaille beim Bundeswettbewerb „Unser Dorf soll schöner werden“
1964: Beginn der Planung und des Ausbaus der zentralen Sportanlage an der L770
1965: Beginn des Ausbau der zentralen Wasserversorgung im Bereich der Ausbaustrecke an der L766
1966: Gründung des Wasserbeschaffungsverbandes des Amt Levern
Bau der Ortsdurchfahrt, Verwendung des Basaltpflasters zum Ausbau der Friedhofswege und von Wegen im historischen Ortkern
Einführung des 9. Pflichtschuljahres
Ausbau der Park- und Grünanlagen im Gebiet der Leverner Bäder; Förderungsmaßnahmen zur Belebung des Fremdenverkehrs
1967: Bildung eines Festausschusses zur Planung der 1000-Jahr-Feier
1968: Volksschule Levern wird Hauptschule
1969: Festveranstaltungen zur 1000-Jahr-Feier
Levern richtet als erstes Dorf den Westfalentag aus; Eröffnung in der neuen Mehrzweckhalle, der größten des Kreises
Im September Abschluß der Veranstaltungsreihe zur 1000-Jahr-Feier mit großem Festumzug
1972: Vorbereitung der Verfassungsklage
Gründung des Heimatvereins Levern
1973: Verfassungsklage des Amtes Levern und aller amtsangehörigen Gemeinden

Gemeinde Niedermehnen

1953: Einrichtung einer Hauptlehrerstelle an der Niedermehner Schule
1954: Ratsbeschluss zum Schulneubau
1956: Abbruch der alten Schule, Einweihung der neuen Schule
1959: Der RSC Niedermehnen richtet die Bezirksmeisterschaft von Ostwestfalen im Radsport aus
1961: Erweiterung der Schule und Bau einer Turnhalle
1968: Die Schulreform beendet die Eigenständigkeit der Niedermehner Schule
1972: Ausbau der K71 von Levern nach Westrup
1973: Baubeginn der Be- und Entwässerungsanlagen

Gemeinde Twiehausen

1952-1960: Erster Twiehauser Markt bei Gastwirt Kokemoor
Nach stark besuchten Anfangsjahren wegen Mangel an Schaustellern 1960 eingestellt
1954: Eröffnung der Tankstelle Pieper
1955: Gründung des Omnibus-Unternehmens Friedhelm Sandmöller
Eröffnung der Volksbücherei Twiehausen
1956: Eröffnung der Kfz-Werkstatt und des Autohauses Werner Pieper
1960: Gründung der Firma „Twiehauser Küchenmöbel“ (Heinz Dubbert)
1961: Einweihung der neuen Schule
1965: Einweihung der Kapelle und des Glockenturmes
1968: Auflösung der Volksschule Twiehausen

Gemeinde Sundern

1953: Die sozialen Belange der finanzschwachen Gemeinde werden nach wie vor durch die Frauenhilfe der evangelischen Kirche und durch den 1949 gegründeten Reichsbund wahrgenommen, ebenso durch den 1952 gegründeten landwirtschaftlichen Ortsverein sowie durch die Feuerwehr

Gemeindezentrum Twiehausen. Friedhof, Johanneskapelle, Glockenturm und Schule mit Nebengebäuden. Gemeindearchiv Stemwede

1959: Feuerwehr erhält ein Tanklöschfahrzeug
1961: Einweihung der neuen Schule
1968: Schließung der Volksschule
1970: Beginn des Ausbaus der L 770 im Bereich Sundern und Installierung der öffentlichen Wasserversorgung

Neben dem baulichen und wirtschaftlichen Aufschwung blühte auch das gesellschaftliche Leben weiter auf. Es wurde in dieser Zeit eindeutig von den zahlreichen Vereinen geprägt.

Über die vielen großen und kleinen sportlichen und geselligen Aktivitäten dieser Vereine kann nur Lobendes gesagt werden. Zumal dabei bedacht werden muß, unter welchen knappen finanziellen und schwierigen verkehrstechnischen Bedingungen Punktespiele, Teilnahme an Meisterschaften und Sportfesten durchgeführt werden mußten.

Eine Verbesserung stellte sich erst ein, als das Land NRW Anfang der 60er Jahre dazu überging, die Vereinsübungsleiter geringfügig zu entschädigen. Wobei diese Beträge in den meisten Fällen an den Abrechnungsmodalitäten vorbei wiederum in die Vereinskassen zurückgeleitet wurden.

Der älteste Stemweder Sportverein ist der TuS Dielingen von 1899, gefolgt vom TV „Frisch auf" Levern von 1913 und dem TuS Oppendorf von 1920. Zu den Nachkriegsgründungen dieses Zeitraumes von 1953-1973/74 gehören der TuS Stemwede, der FC Oppenwehe, der Hollweder Sportclub, der TuS Levern, die Behinderten-Sportgemeinschaft Levern (hervorgegangen aus der Versehrten-Sportgemeinschaft Levern).

Der Reitsport wurde naturgemäß hauptsächlich von den Landwirten getragen und entsprechend großzügig gesponsert. Die vier Stemweder Reitervereine, RV Destel, RV Altes Amt Dielingen, RV Zucht-, Reit- und Fahrverein Niedermehnen, sowie der Reit- und Fahrverein Wehdem-Oppendorf boten nicht nur guten Reitsport, sondern demonstrierten bei ihren Veranstaltungen auch immer wieder das hohe Niveau ihrer Pferdezucht. Erwähnt werden muß in diesem Zusammenhang das unvergessliche Westfalenturnier, das der RV Destel 1969 im Rahmen der 1000-Jahr-Feier ausrichtete. Mit über 270 teilnehmenden Pferden und 1000 Nennungen bot der Verein eine imposante und gelungene Reitsportdemonstration.

Die beiden Radsportvereine, Radfahrverein „Germania Haldem" von 1905 und der RSC Westfalia Niedermehnen von 1919 sind mit jeweils einer Großveranstaltung in Erinnerung geblieben.

Der Radfahrverein „Germania Haldem" hatte zu seinem 50jährigen Vereinsjubiläum ein begeisterndes Programm erstellt, dessen Höhepunkt die artistische Darbietung des damaligen deutschen Meisters Grommes im Kunstradfahren war. Der RSC Westfalia Niedermehnen stellte 1969 mit der Ausrichtung der Bezirksmeisterschaft von Ostwestfalen sein organisatorisches Können auch im großen Rahmen unter Beweis.

Die zehn Schützenvereine im Stemweder Bereich trugen im besten konservativen Sinne durch ihre gutbesuchten Veranstaltungen zur Steigerung der Lebensfreude und zur Bewahrung heimatlicher Traditionen bei. Der älteste der vor dem Ersten Weltkrieg gegründeten sechs Schützenvereine ist der Schützenverein „Reiningen" von 1904. Seine Jubiläumsveranstaltung von 1954, an dem über 800 Schützen teilnahmen, zeigte wahren Volksfestcharakter. Weitere Jubiläumsveranstaltungen zum 50-jährigen Bestehen der Schützenvereine folgten 1956 in Oppendorf, 1957 in Haldem und Westrup, 1958 in Wehdem.

Eine Besonderheit bot das Wehdemer Schützenfest: Der gerade erst ernannte Landwirtschaftsminister von NRW, Gustav Niermann, wurde Schützenkönig – Wehdem stand Kopf – ein denkwürdiges Ereignis.

Der Schützenverein Drohne feierte 1962 sein Jubiläumsfest, die Schützenvereine Arrenkamp und Hollwede folgten 1971.

Nach dem Zweiten Weltkrieg wurde 1952 der Schützenverein Levern gegründet, der durch seine großartigen Blumenkorso-Veranstaltungen überregional bekanntgeworden ist.

Die drei Gesangvereine, Männergesangverein 1950 Haldem e.V., Gemischter Chor Dielingen von 1923 und die Singgemeinschaft „Frohsinn Levern" ,als Nachfolgerin des gemischten Chores Levern aus den 50er Jahren, waren die Garanten für gelungene musikalische Darbietungen bei größeren und kleineren Veranstaltungen.

Zur Interessenwahrnehmung der Landbevölkerung nach dem Zweiten Weltkrieg gründeten sich im heutigen Stemwede dreizehn landwirtschaftliche Ortsvereine. Ihr effektives Wirken in den einzelnen Gemeinden ist aus der Gesamtentwicklung der jetzigen Großgemeinde nicht wegzudenken. Ebenso darf nicht vergessen werden, dass die Ortsgruppierungen des Reichsbundes wahrhaft segensreiche Arbeit gerade in den ersten Jahrzehnten nach Kriegsende geleistet haben. Vielen vom Kriegsschicksal getroffenen Mitbürgern haben sie Beistand und aktive Mithilfe gewähren können.

Mitglieder des Vorstandes mit Regierungspräsident Dr. Galle
Beitritt zum Wiehengebirgsverband 1964
Aufnahme vor dem Vereinslokal »Wilhelmshöhe«

Personen von links :

Amtsheimatpfleger Wollgramm, Lehrer Karl-Heinz Jäger, Varl, Bezirksförster Wilhelm Thiel, Westrup, Stadtinspektor Heinz Drewes, Osnabrück, Lehrer Emil Koch, Drohne, Architekt Willi Hohlt, Drohne, Dr. Allemeier, Wehdem, Stadtdirektor Vosskühler, Osnabrück, Gastwirt Karl Oevermann, Reg.-Präsident Dr. Galle, Detmold, 1. Kassierer Hermann Hohlt, Wehdem

Der Heimatverein Stemwede wurde am 13. April 1957 im Gasthaus Wilhelmhöhe als 7. Verein des Kreises Lübbecke im Rahmen des Westfälischen Heimatbundes gegründet. Er war der erste Heimatverein im Norden des Kreises und umfasste das gesamte Amt Dielingen-Wehdem. Landrat Niermann und Amtsheimatpfleger i. R. Karl Hamer wirkten erfolgreich als Organisatoren des Aufgabenkreises ihres Vereins.

Den Beschluss des Heimatvereins Stemwede, dem Wiehengebirgsverband beizutreten, waren längere Verhandlungen vorangegangen. Um den Anschluss zu vollziehen, waren der Vorsitzende des Wiehengebirgsverbandes, Stadtdirektor Vosskühler, Osnabrück, der 2. Vorsitzende, Regierungspräsident Dr. Galle, sowie der Schriftführer, Kreisheimatpfleger Meyer, Lübbecke, nach Haldem gekommen.

Das Bild zeigt Mitglieder des Vorstandes mit Regierungspräsident Dr.Galle anläßlich des Beitritts zum Wiehengebirgsverband 1964 vor dem Vereinslokal Wilhelmshöhe.

Die Amtsvertretung des Amtes Levern hatte noch vor der kommunalen Neugliederung vorgeschlagen - auch im Hinblick auf die Selbständigkeitsbestrebungen und auch um den Fremdenverkehr zu beleben – einen Heimat- und Verkehrsverein zu gründen.

Die Belange eines solchen Vereins waren vorher von verschiedenen Vereinen und seitens der Amtsverwaltung im Teilbereich „Fremdenverkehrsförderung“ wahrgenommen worden. Die Gründungsversammlung erfolgte am 2. September 1971 im Gruppenraum der Leverner Turnhalle. Nach konstruktiven Vorberatungen wurde zu Beginn des Jahres 1972 die Satzung mit dem entsprechenden umfangreichen Aufgabenbereich auf der ersten Jahreshauptversammlung am 2. Februar 1972 angenommen. Schon im selben Jahr wurden eine Reihe dringlicher Aufgaben erledigt.

IV. Die Parteien und ihre Arbeit im Altkreis Lübbecke

1. Die Parteien auf Kreisebene

von Dr. Eckhard Struckmeier

Einleitung

Im vorliegenden Aufsatz wird versucht, einen ersten Beitrag zur Geschichte der politischen Parteien im Kreis Lübbecke in den Jahren 1953 bis 1973 auf der Ebene des Kreises zu leisten. Im ersten Teil des Artikels soll von grundsätzlichen Ausrichtungen, Merkmalen und Entwicklungstendenzen der Parteien („Strukturen") gehandelt werden. Außerdem werden kurz einige für das öffentliche Erscheinungsbild der einzelnen Parteien zentrale Persönlichkeiten vorgestellt („Führende Persönlichkeiten"). Im zweiten Teil soll der Haltung der Parteien zum wirtschaftlichen Strukturwandel im Kreis Lübbecke nachgegangen werden („Strukturwandel und Parteipolitik"). Abschließend wird das Wirken der Parteien in zentralen, mit dem Strukturwandel verbundenen Handlungsfeldern der Kreispolitik behandelt.

Als Quellen liegen dieser Arbeit neben Zeitungsartikeln und mündlichen Aussagen befragter Zeitzeugen vor allem die Sitzungsniederschriften des Kreistags Lübbecke zugrunde. Daten zur Entwicklung der Parteiapparate, ihrer Organisationen, Unterorganisationen und Mitgliederbestände sowie Informationen zur internen Arbeit in den Gremien der Parteien auf Kreisebene waren schwer oder gar nicht zu beschaffen. Die Auswertung der genannten, aufgrund ihrer jeweiligen Perspektiven nur begrenzt aussagekräftigen Quellen kann nur einen verengten und lückenhaften Einblick in die Geschichte der politischen Parteien im Altkreis Lübbecke gewähren. Aus Mangel an Informationen und auch aus Platzgründen kann auf viele Aspekte der Parteiengeschichte in diesem Beitrag nicht oder nur am Rande eingegangen werden. Zu nennen sind u. a. die Geschichte der Frauen und anderer Personengruppen in den Parteien, das Wechselverhältnis von Kommunal-, Kreis-, Landes- und Bundespolitik, Differenzen und Auseinandersetzungen hinter den Kulissen der öffentlichen Parteiarbeit, zeitgenössische Kritik von Bürgerinnen und Bürgern an dem Wirken der Parteien.

Nach der Einschätzung der befragten Zeitzeugen spielte Parteipolitik im Sinn des Versuchs einer zielgerichteten Realisierung parteipolitischer Grundsätze bei den in dieser Untersuchung im Vordergrund stehenden, das politische Leben im Kreis Lübbecke bestimmenden Parteien häufig nur eine untergeordnete Rolle. Die Politiker leisteten Tagesarbeit, indem sie versuchten, zur Lösung der anstehenden Probleme beizutragen. Im Hinblick auf die Bewältigung konkreter Aufgaben lassen sich unterschiedliche Positionen der einzelnen Parteien häufig schwer ausmachen. Von zentraler Bedeutung für das politische Geschehen waren die Auffassungen und das Handeln der in den parlamentarischen Gremien aktiven Persönlichkeiten, deren Rückbindung an die Parteien, denen sie angehörten, unterschiedlich stark ausgeprägt war.

Trotz der angeführten Einschränkungen im Hinblick auf die Bedeutung der Parteien im Rahmen der Kreispolitik ist Folgendes festzustellen. Die einzelnen Parteien hatten unterschiedliche Profile und setzten z. T. unterschiedliche Schwerpunkte. Ihre Aufwärtsentwicklung und Erfolge trotz der nach dem Krieg zunächst stark verbreiteten distanzierten Haltung weiter Teile der Bevölkerung gegenüber den Parteien war eine Voraussetzung und eine Folge der zunehmenden Akzeptanz und Verwurzelung der politischen Ordnung der parlamentarischen Demokratie in der hiesigen Region.

Strukturen und führende Persönlichkeiten

Die Ausgangssituation

Im Kreis Lübbecke, einer ehemaligen Hochburg der Nationalsozialisten (Stimmenanteil der Nationalsozialistischen Deutschen Arbeiterpartei [NSDAP] bei den Reichstagswahlen am 31. Juli 1932: 60,7 %), hatten sich nach dem Krieg in politischen Parteien, vor allem in den das politische Leben in den folgenden Jahrzehnten bestimmenden Parteien CDU, SPD und FDP, Männer und Frauen zusammengefunden, die einen Beitrag zur Demokratisierung der hiesigen Region leisteten. Anfang der fünfziger Jahre war die Gründungsphase der Parteien abgeschlossen. Die Sozialdemokratische Partei Deutschlands (SPD) hatte an ihre Vorkriegsorganisation anknüpfen und nach dem Krieg die Zahl ihrer Ortsvereine vor allem im Nordkreis weit über die Zahl der vor 1933 vorhandenen ausdehnen können. Ihr war es in den ersten Jahren nach 1945 auf Kreisebene und in vielen Amts- und Gemeindeparlamenten jedoch nicht gelungen, Mehrheiten gegenüber der CDU zu erringen. Die nach dem Krieg neu gegründete Christlich-Demokratische Union (CDU), die im Gegensatz zur SPD von der Kreisebene her organisiert wurde, hatte sich nach dem Krieg trotz einer geringen Mitgliederzahl zur politisch führenden Kraft im Kreis entwickelt. Sie verfügte über die Mehrheit im Kreistag und stellte seit 1946 mit Heinrich Berg den Landrat. Die Freie Demokratische Partei (FDP) hatte bis November 1951 in allen Ämtern des Kreises Ortsverbände gegründet. Im Jahr 1952 war sie mit einem Stimmenanteil von 22,8 % in den Kreistag eingezogen. Neben SPD, CDU und FDP war in den ersten Jahren nach dem Krieg keine andere Partei im Lübbecker Kreistag vertreten. Das änderte sich auch nicht in der Zeit von 1953 bis 1973.

Die im Kreistag zusammenarbeitenden Parteien CDU und FDP

CDU

Von den drei, das politische Geschehen im Kreis Lübbecke im Wesentlichen gestaltenden Parteien, SPD, CDU und FDP, war die CDU bis zum Jahr 1973 die dominierende Kraft, obwohl sie hinsichtlich der Stärke ihrer Kreistagsfraktion der SPD unterlegen war. Nachdem die FDP 1952 als dritte Partei in den Kreistag eingezogen war, verfügte die CDU nicht mehr über die absolute Mehrheit. Die meisten Entscheidungen wurden von der CDU mit Zustimmung der FDP, sehr häufig auch mit Zustimmung der SPD getroffen. In dem bis

Der Kreisvorstand der CDU zusammen mit dem Bezirksvorsitzenden MdL Albert Pürsten und dem MdB Martin Horstmeier. Das Original-Foto ist nicht mehr vorhanden.

1973 andauernden Zusammenwirken von CDU und FDP („Koalition“) im Lübbecker Kreistag blieb die CDU aufgrund der Stimmenverhältnisse stets die überlegene Partnerin. Mit Ausnahme der Jahre 1958 bis 1961 wurden die Landräte des Kreises Lübbecke durchgängig von der CDU gestellt und mit den Stimmen der CDU und FDP gewählt: Heinrich Berg: (1946–1952) 1952–1954, Gustav Niermann: 1954–1958, Heinrich Schumacher: 1961–1969, Hermann Struckmeier: 1969–1972.

Die am 19. Februar 1946 gegründete CDU des Kreises Lübbecke war zunächst berufsständisch-landwirtschaftlich dominiert. 1947 und auch noch 1952 stammte der größte Teil ihrer Mitglieder aus dem agrarisch geprägten Nordkreis. Nach der Niederlage der CDU bei der Landtagswahl des Vorjahres – am 18. Juni 1950 war nicht der Kandidat der CDU, Ernst Dedert (Engershausen), sondern der Kandidat der SPD, Fritz Schilling (Lübbecke), gewählt worden – wurde auf dem Parteitag der CDU am 10. Juni 1951 eine Verbreiterung der Plattform der CDU des Kreises Lübbecke gefordert: die CDU sollte nicht länger primär als eine Vertretung bäuerlicher Interessen angesehen werden, sondern in sich alle „bürgerlich-bäuerlich gesinnten Kräfte“ vereinigen.

Als Bündnis zwischen dem größeren Teil des politischen Katholizismus sowie protestantischen Liberalen und Konservativen hatte sich die CDU bundesweit bereis seit den unmittelbaren Nachkriegsjahren als eine schichten- und konfessionsübergreifende, verschiedene politische Standorte integrierende „Volkspartei“ verstanden. Anfang 1948 war in Lübbecke ein Sozialausschuss der CDU gegründet worden, in dem sich christliche Arbeitnehmer zusammengefunden hatten. Am 19. Februar 1970 wurde eine Mittelstandsvereinigung der CDU auf Kreisebene gegründet. Zu ihrem Vorsitzenden wurde der Prokurist und Verkaufsleiter der Firma Gerlach in Lübbecke, Eduard Nagel, gewählt. Bereits in den sechziger Jahren hatte die Arbeitnehmervereinigung der CDU, die CDA (Christ-

Horst Quarz weiterhin JU-Bezirksvorsitzender

Lübbecke. Im Rahmen des Bezirkstages der Jungen Union Ostwestfalen-Lippes wurde am vergangenen Sonnabend im Saal Hein-Wegener der bisherige Bezirksvorsitzende Horst Quarz (Espelkamp) mit 42:30 Stimmen in seinam Amt bestätigt. Gegen ihn kandidierte als scharfer Rivale Hubert Dobmeier (Wiedenbrück). Die Wahl des Bezirksvorsitzenden erfolgte nach einer langen und engagiert geführten Personaldebatte, bei der für die spätere Wiederwahl von Quarz nicht zuletzt die während seiner Amtszeit erfolgte Steigerung des Mitgliederbestandes um 120 Prozent ausschlaggebend gewesen sein dürfte. In den weiteren Bezirksvorstand wurden gewählt: Bernhard Krewet (Bad Lippspringe) und Roland Schmeding (Bünde) als gleichberechtigte stellvertretende Vorsitzende, Dieter Horstkotte (Minden) als Schriftführer, Elmar Brok (Schloß Holte-Stukenbrock) als Pressewart sowie Dirk Möllering (Lübbecke), Siegfried Huss (Bad Salzuflen), Helmut Potthast (Höxter) und Peter H. Meyer (Brackwede) als Beisitzer. Vor Erledigung der Regularien mit Rechenschaftsbericht und Entlastung des Vorstandes hatten Landrat Hermann Struckmeier (Schnathorst), der stellvertretende Fraktionsvorsitzende der CDU im Düsseldorfer Landtag, Albert Pürsten (Espelkamp), und der Kreisvorsitzende der Jungen Union, Gerd Müller (Pr. Oldendorf), dem Bezirkstag Grußworte entboten. Unser Bild zeigt den neuen Vorstand.

Zeitungsbericht vom 21. Februar 1972

Der Geschäftsführer der CDU im Kreis Lübbecke, Herbert Freitag.

lich-Demokratische Arbeitnehmerschaft) einige Mitglieder im Kreis Lübbecke. Im Jahr 1971 wurde sie unter dem Vorsitz von Wolfgang Jahn (Wehdem, geb. 1938) kreisweit organisiert. Nach der Einschätzung von Jahn hatte sie in dieser Zeit etwa 25 bis 30 Mitglieder. 1975 erfolgte ihre Vereinigung mit der CDA des Kreises Minden zur CDA des Kreises Minden-Lübbecke unter dem Vorsitz von Horst Bieber (Hille).

Die Jugendorganisation der CDU im Kreis Lübbecke (Junge Union, JU) wurde im Jahr 1952 von Albert Pürsten (Espelkamp) gegründet. Sein Nachfolger als Vorsitzender wurde Ernst Schneegans (1959-1965). Weitere Vorsitzende waren Horst Quarz (1965-1967) und dann bis 1971 Wilfried Hüsemann, gefolgt von Gerd Müller, der bis zur Fusion der beiden JU-Kreisverbände dieses Amt ausübte. Bei der Fusion der beiden JU-Kreisverbände führten vor allem Gerd Müller und Dirk Möllering aus Lübbecke für die heimische Junge Union die Fusionsverhandlungen. Zum

Kreiswahlbezirk 23
Hüllhorst

Hermann Struckmeier
51 Jahre
Schnathorst
Steuerbevollmächtigter
verheiratet, 3 Kinder

Kreiswahlbezirk 25
Lübbecke

Hans-D. Morgenstern
37 Jahre
Lübbecke
Kaufm. Angestellter
verheiratet, 1 Kind

Kreiswahlbezirk 26
Pr. Oldendorf

Wilfried Hüsemann
37 Jahre
Engershausen
Vertreter
ledig

Kreiswahlbezirk 27
Espelkamp

Dieter Stegkemper
41 Jahre
Gestringen
Tischlermeister
verheiratet, 5 Kinder

Kreiswahlbezirk 28
Espelkamp

Gerhard Wetzel
62 Jahre
Espelkamp
Buchhändler
verheiratet, 3 Kinder

Kreiswahlbezirk 24
Lübbecke

Cajus Caesar
47 Jahre
Nettelstedt
Forstamtmann
verheiratet, 1 Kind

Kreiswahlbezirk 29
Rahden

Günther Bock
46 Jahre
Rahden
Kaufmann u. Hotelbesitzer
verheiratet, 3 Kinder

Kreiswahlbezirk 30
Rahden

Helmut Kammeier
38 Jahre
Pr. Ströhen
Landwirt
verheiratet, 2 Kinder

Kreiswahlbezirk 31
Stemwede

Hans Niemann
35 Jahre
Wehdem
Friseurmeister
verheiratet, 3 Kinder

Kreiswahlbezirk 32
Stemwede

Friedrich Klanke
24 Jahre
Levern
Landwirt
ledig

CDU-Kandidaten für den Kreistag Minden-Lübbecke aus dem Altkreis Lübbecke auf einem Flugblatt der CDU vor der Kommunalwahl am 25. März 1973.

neuen Vorsitzenden des JU-Kreisverbandes wählten die Mitglieder dann Dieter Horstkotte aus Minden, zum Stellvertreter Dirk Möllering aus Lübbecke.

Die von einem SPD-Sprecher im Jahr 1952 im Lübbecker Kreistag geäußerte Feststellung, die CDU-Kreistagsfraktion sei eine „reine Vertretung der Landwirtschaft“ (Freie Presse, 26. Juli 1952) entsprach bereits zu diesem Zeitpunkt nicht der Wirklichkeit. Obwohl die CDU auch im Kreis Lübbecke von einer gesellschaftlich differenzierten Basis getragen wurde, blieb der landwirtschaftliche Hintergrund, allerdings mit abnehmender Tendenz, für die CDU im Kreis Lübbecke bis 1973 von großer Bedeutung. So gehörten im Jahr 1964 7 der 13 Kreistagsabgeordneten der CDU zur Berufsgruppe der Landwirte (Wilhelm Bollhorst, Wilhelm Borcherding, Ernst Dedert, Karl Kramer, Heinrich Nolte, Heinrich Schumacher, Heinrich Siebe). Ein achter CDU-Kreistagsabgeordneter, Cajus Caesar, war Revierförster. Die Selbständigen, Freiberufler, Angestellten und Beamten befanden sich in der Minderheit. Zur CDU-Kreistagsfraktion gehörten 1964 neben dem Geschäftsführer der CDU im Kreis Lübbecke, Herbert Freitag, der Bäckermeister Karl Grabenkamp, der Regierungsinspektor a. D. Paul Hollert und der Steuerbevollmächtigte Hermann Struckmeier.

Nach der Einschätzung von Hermann Struckmeier gewann die CDU ihre Mitgliederbasis in erster Linie durch den Einsatz der Parteifunktionäre vor Ort für konkrete Anliegen der Bevölkerung. Die sich dabei entfaltenden persönlichen Beziehungen waren von großer Bedeutung für die positive Entwicklung der Partei in den Gemeinden und auf Kreisebene. Die mühsame Aufbauarbeit vor Ort ist als eine wichtige Grundlage für die Wahlerfolge der CDU in den Jahren 1953 bis 1973 anzusehen. Bei den Kreistagswahlen der fünfziger und sechziger Jahre konnte die CDU ihren Stimmenanteil ausbauen (1956: 35,01 %, 1961: 36,13 %, 1964: 36,28 %, 1969: 40,71 %). Bei den Landtagswahlen gelang es der CDU, ihr Ergebnis von 1954 (41,6 %) zu verbessern und auf hohem Niveau zu halten (1958: 48,0 %, 1962: 47,5 %, 1966: 46,1 %). 1970 verfehlte die CDU mit 49,9 % nur knapp die absolute Mehrheit. In den Jahren 1954 bis 1975 wurde Gustav Niermann (Wehdem) direkt und 1958 bis 1970 Albert Pürsten (Espelkamp) aus der Reserveliste in den Landtag gewählt, dem er bis 1980 angehörte. Bei den Bundestagswahlen erreichte die CDU einen Stimmenanteil bei den Erststimmen zwischen gut 41 % und knapp 47 % (1953: 41,3 %, 1957: 45,3 %, 1961: 41 %, 1965: 44,7 %, 1969: 45 %, 1972: 46,7 %). Mit Ausnahme der Wahl des Jahres 1972, bei der auf die SPD 498 Stimmen (0,1 %) mehr als auf die CDU entfielen, erlangte die CDU bei allen Bundestagswahlen die meisten Erststimmen. Der auf die CDU entfallende Stimmenanteil bei den Zweitstimmen lag zwischen gut 39 % und knapp 45 % und mit Ausnahme des Jahres 1972 über dem Stimmenanteil der SPD (1953: 39,1 %, 1957: 44,1 %, 1961: 40,4 %, 1965: 43,8 %, 1969: 43,6 %, 1972: 45,9 %). Sowohl bei den Erststimmen als auch bei den Zweitstimmen lagen die Stimmenanteile der CDU im Kreis Lübbecke bei den Bundestagswahlen durchgängig einige Prozentpunkte über den Ergebnissen der CDU im Bundestags-Wahlkreis Minden-Lübbecke: Die CDU konnte im Kreis Lübbecke einen höheren Stimmenanteil erzielen als im Kreis Minden. Die folgenden Kandidaten der CDU wurden aufgrund der Zweitstimmen aus dem Bundestags-Wahlkreis 108/110 Minden-Lübbecke in den Bundestag gewählt: Heinrich Wehking (Friedewalde): 1953, 1957, 1961; Karl Bewerunge (Heedfeld): 1965; Martin Horstmeier (Stockhausen): 1965, 1969, 1972. Obwohl der Kreis Lübbecke in den Jahren 1953 bis 1973 angesichts der ebenfalls großen Wahlerfolge der SPD nicht uneingeschränkt als eine „Hochburg der CDU“ (so der CDU-Kreissekretär Lindner auf einer Wahlkampf-Veranstaltung der CDU im Jahr 1952, Freie Presse, 24. April 1952) zu bezeichnen ist, wird jedoch aus den angeführten Wahlergebnissen die breite Zustimmung deutlich, die der CDU auf den Ebenen der Kreis-, Landes- und Bundespolitik im Kreis Lübbecke zuteil wurde.

Am 27. September 1964
von 8—18 Uhr sind Kommunalwahlen.

Mit Ihrer Wahl entscheiden Sie über die Zusammensetzung Ihres Gemeinderates, Ihrer Stadtvertretung und Ihres Kreistages. Damit nehmen Sie Einfluß auf alles, was in den nächsten fünf Jahren dort geschieht.

Das ist mehr, als Sie denken, das sind
Verkehr, Straßen- und Wegebau,
Schulen, Sport und Kultur,
Eigenheime und Wohnungsbau,
Sozial- und Altershilfe,
Erholung und Gesundheitspflege,
Kanalisation und Beleuchtung,
Wasser- und Stromversorgung.

- Das alles muß in Ordnung sein.
- Das alles muß uns vorwärtsbringen.
- Dazu bedarf es tüchtiger und tatkräftiger Kommunalvertreter.
- Darum wählen Sie die Kandidaten der CDU, denn sie gehören einer Partei an, die sich bewährt hat.

Flugblatt der CDU vor der Kommunalwahl am 27. September 1964.

Unter den führenden Persönlichkeiten der CDU wird vor allem bei den Landräten Niermann und Schumacher der bäuerliche Hintergrund deutlich. Niermann (1919-1989), der als die bedeutendste Persönlichkeit der CDU des Kreises Lübbecke in den Jahren 1953 bis 1973 angesehen werden kann, entstammte einer schon vor dem Dreißigjährigen Krieg in Wehdem ansässigen Bauernfamilie. Nach dem Besuch der Landwirtschaftsschule, der Bauernhochschule, der Ablegung der Reifeprüfung in Hannover, Wehrdienst und Kriegsgefangenschaft übernahm er Ende 1947 den 150 Morgen umfassenden väterlichen Hof. Für seine besonderen Verdienste auf dem Gebiet der Rinder- und Schweinezucht wurde Niermann 1959 in das Kuratorium des Max-Planck-Instituts für Züchtungsforschung berufen. In seiner Zeit als Mitglied des Landtags (1954-1975) und als Minister für Ernährung, Landwirtschaft und Forsten des Landes Nordrhein-Westfalen (1958-1966) trug er zur Lösung agrarwirtschaftlicher Probleme bei: vor allem zur Einstellung der nordrhein-westfälischen Landwirtschaft auf den europäischen Agrarmarkt und der damit einhergehenden Rationalisierung der landwirtschaftlichen Betriebe.

Schumacher (1899-1982), ein Landwirt aus Oppendorf (Stemwede) war 1929 als Vertreter der Bauern- und Landvolkpartei in den Provinziallandtag gewählt worden, dem er bis zu dessen Auflösung im Jahr 1933 angehört hatte. Seit 1949 war er Mitglied der Landwirtschaftskammer und von 1956 bis 1971 Kreislandwirt des Kreises Lübbecke. Nachdem er in der Kreistagssitzung am 7. April 1961 zum Landrat gewählt und vereidigt worden war, versprach er, „keine berufsständischen Interessen, sondern die der ganzen Kreisbevölkerung zu vertreten“.

Auf Anraten Niermanns kandidierte der Schnathorster Steuerbevollmächtigte Hermann Struckmeier (geb.

Rückschau auf das Leben von Gustav Niermann

Viele wollten Abschied von ihm nehmen. Ministerpräsident Rau, Landtagspräsident Denzer, Justizminister Dr. Krumsiek und Bauernpräsident von Heeremann zählten zur etwa 1000-köpfigen Trauergemeinde, die am 9. Februar 1989 zur Beerdigung des Staatsministers a.D. Gustav Niermann in Wehdem zusammengefunden hatte. Zur Beisetzung eines Mannes, der sich um seine Heimat, um das Land Nordrhein-Westfalen und um den bäuerlichen Berufsstand verdient gemacht hatte.

Wandel der Märkte

Das „Diepholzer Kreisblatt" schrieb: „Der Tod setzte einem Leben ein Ende, das weitgehendst dem Dienst an der Gemeinschaft verschrieben war. Gustav Niermann war ein Mensch, der trotz seiner steilen Karriere im politischen Leben immer ein Mensch seiner Heimat geblieben war, der Bauernsohn aus Wehdem, wie ihn seine Freunde, aber auch politisch Andersdenkende gerne respektvoll bezeichneten."

Gustav Niermann wurde 1920 in Wehdem geboren. Nachdem jedoch seine drei Brüder aus dem Krieg nicht zurückgekehrten waren, übernahm er nach seiner Rückkehr aus der Gefangenschaft den 150 Morgen großen elterlichen Betrieb. Er legte die Prüfung als Landwirtschaftsmeister ab. Doch die Landwirtschaft allein füllte ihn nicht aus.

Engagiert beteiligte er sich am Wiederaufbau des Staates. Er trat der CDU bei und zog 1952 als Abgeordneter in den Kreistag des damaligen Kreises Lübbecke ein. Bereits zwei Jahre später, er war 34 Jahre alt, wurde Niermann zum Landrat gewählt. Besonders widmete er sich der Eingliederung der Flüchtlinge und Vertriebenen.

Im Juni 1954 wurde Gustav Niermann, der bereits der Landschaftsversammlung Westfalen-Lippe angehörte, in den nordrhein-westfälischen Landtag gewählt. Und was keiner in Wehdem und im Altkreis Lübbecke zuerst glauben wollte, trat im Juli 1958 ein, als ihn der damalige Ministerpräsident Dr. Franz Meyers als Minister für Ernährung, Landwirtschaft und Forsten in sein Kabinett berief.

Mit 38 Jahren war Gustav Niermann der jüngste Agrarminister aller Bundesländer. Nach Inkrafttreten des EWG-Vertrages und der sich daraus ergebenden Wandlung der Märkte trug Niermann entscheidend dazu bei, die deutsche Landwirtschaft auf die EG-Erfordernisse einzustellen.

Zahlreiche Ehrungen

Großen Einsatz zeigte er für die Entwässerungsmaßnahmen im heimischen Raum. Nach dem Ende der Regierungszeit von Dr. Meyers im Jahre 1966 verließ auch Gustav Niermann das Düsseldorfer Landwirtschaftsministerium, blieb jedoch als Abgeordneter im Agrarbereich und im Genossenschaftswesen tätig. So wurde er 1968 zum Präsidenten des Europäischen Bauernverbandes CEA gewählt,

Gustav Niermann

1975 schied Gustav Niermann aus dem Landtag aus und kehrte endgültig nach Wehdem zurück. 1980 wählten ihn die ehemaligen Abgeordneten des Landtages in Düsseldorf zum Vorsitzenden ihrer Vereinigung. Zudem war Niermann Aufsichtsratsvorsitzender der Deutschen Gesellschaft für Landesentwicklung Düsseldorf und der Gesellschaft für Landeskultur Bremen.

Als engagierter Verfechter bäuerlicher Selbsthilfe stellte sich Gustav Niermann in zahlreichen genossenschaftlichen Führungsgremien zur Mitarbeit zur Verfügung, so im Beirat der Westdeutschen Genossenschafts-Zentralbank, als Präsident des Westfälischen Genossenschaftsverbandes und auch als Aufsichtsratsvorsitzender der Volksbank Wehdem-Oppenwehe, der er bis zu seinem Tode war.

Sein Engagement im politischen, landwirtschaftlichen und genossenschaftlichen Bereich brachten Gustav Niermann zahlreiche Ehrungen und Auszeichnungen der unterschiedlichsten Einrichtungen und Institutionen ein. Nachfolgend die bedeutsamsten: 1959 goldene Plakette der Landwirtschaftskammer Rheinland, 1964 Verleihung des Belgischen Ordens „Landbouw" durch König Boudoin, 1966 goldene Kette der Heimatvertriebenen, 1967 Großes Bundesverdienstkreuz, 1971 Verleihung des Ordens „Kommandatore el Numero" durch den spanischen Ministerpräsidenten, 1972 goldene Plakette der CDA, 1979 goldene Plakette der Landwirtschaftskammer Westfalen und 1979 Verleihung der Andrea Hermes Medaille durch den Präsidenten des Deutschen Bauernverbandes.

Bäuerliche Selbsthilfe

Gustav Niermann starb am 4. Februar 1989 im Alter von 69 Jahren.

„Gustav Niermann wird als ein Wegbereiter der Europäische Gemeinschaft angesehen. Sein unermüdlicher Einsatz galt vor allem dem bäuerlichen Berufsstand. Er war ein engagiert Verfechter bäuerlicher Selbsthilfe, der national und international bleibende Akzente setzt.

Sein Wirken und Schaffen, vor allen Dingen bei den Menschen in seiner Heimat wird unvergessen bleiben", hieß es im Nachruf des „Diepholzer Kreisblattes".

1921) im Jahr 1961 für den Lübbecker Kreistag, dem er 1961 bis 1972 angehörte, in den Jahren 1965 bis 1969 als Fraktionsvorsitzender. 1969 wurde Struckmeier zum letzten Landrat des Kreises Lübbecke gewählt. In den Jahren 1973 bis 1984 amtierte er als Landrat des Kreises Minden-Lübbecke.

Heinrich Berg aus Kleinendorf (1893-1954), der erste von der CDU gestellte Landrat des Kreises Lübbecke (Amtszeit: 1946-1954) war gelernter Bäckermeister und verfügte über eine kaufmännische Ausbildung. Nach dem Bericht von Zeitgenossen erfreute er sich aufgrund seines Einsatzes für ihre Belange eines hohen Ansehens bei Flüchtlingen und Vertriebenen.

Überregionale Bedeutung erlangten neben Niermann zwei aus der CDU des Kreises Lübbecke hervorgegangene Persönlichkeiten. Der Espelkamper Lehrer Albert Pürsten (1923-1980), der als führender Initiator bei der Gründung der Jungen Union des Kreises Lübbecke im Jahr 1952 – er leitete sie bis 1959 – zum Aufbau der CDU im Kreis Lübbecke beitrug, gehörte 1958 bis 1980 dem Düsseldorfer Landtag und vom 10. Juni 1979 bis zum 10. Juni 1980 dem Europa-Parlament an. Der Stockhauser Landwirt Martin Horstmeier (geb. 1929) trug während seiner Tätigkeit als Mitglied des Deutschen Bundestages (1965-1983, November 1986-März 1987) zur Lösung agrarsozialer Probleme der Landwirtschaft auf Bundesebene bei.

Als CDU-Kreisvorsitzende im Altkreis Lübbecke sowie ab 1973 im Kreis Minden-Lübbecke amtierten die folgenden Personen: Wilhelm Niermann (19. Februar 1946), Friedrich Schamann (27. Februar 1947), Heinrich Glauert (Anfang 1949), Hermann Bückendorf (22. September 1949), Kurt Weimann (10. Juni 1951-1964), Gustav Niermann (1964-1973), Herbert Finkeldey (1973-1975), Wilhelm Krömer (1975-September 1999), Steffen Kampeter (ab Oktober 1999).

MdL Albert Pürsten (CDU)

FDP

Wie im Bund und in den Ländern kann die FDP auch im Kreis Lübbecke als eine „bürgerliche Partei mit Korrektivfunktion zur CDU/CSU unter besonderer Betonung der mittelständischen Interessen“ (Heino Kaack) bezeichnet werden. Noch vor der Gründung der Partei auf Bundesebene durch den Zusammenschluss der liberal-demokratischen Parteien der drei Westzonen und West-Berlins im Dezember 1948 war die FDP – wie eine Vielzahl anderer lokaler und regionaler liberaler Gruppierungen – in Lübbecke im Jahr 1945 mit erheblicher Unterstützung der heimischen Industrie gegründet worden. Neben industriellen Interessen waren in der FDP auch die Belange des Handels, der Selbständigen und Freiberufler von großem Gewicht. Vor allem seit den späten fünfziger Jahren versuchte die FDP bundesweit, ihre Konzentration auf das selbständige mittelständische Bürgertum zu überwinden und auch die neuen lohnabhängigen Mittelschichten stärker anzusprechen. Die Zusammensetzung der FDP-Fraktion im Lübbecker Kreistag zeugt davon, dass in der FDP des Kreises Lübbecke nicht ausschließlich mittelständische Interessen vertreten waren. Von den sechs Kreistagsabgeordneten der FDP im Jahr 1964 gehörte die Hälfte zur Gruppierung der Freiberufler und leitenden kaufmännischen Angestellten (Hans-Georg Buck: Einzelhandelskaufmann, Ortwin Grevel: Rechtsanwalt und Notar, Werner Haschke: Zahnarzt). Mitglieder der FDP-Kreistagsfraktion waren 1964 außerdem der Landwirt Friedrich Büttmeier, der Zimmermeister Heinrich Räker und der Polizeihauptmann a. D. Karl Treseler.

In der „Koalition“ von CDU und FDP im Kreis Lübbecke, in der sie für die CDU wie im Bund und in den Ländern als „Mehrheitsbeschafferin“ von großer Bedeutung war, hatte die FDP ein eigenes Gewicht. Sie brachte es zuweilen deutlich zum Ausdruck. Als nach dem Tod des Landrats Heinrich Berg (CDU) ein Nachfolger gewählt werden musste, stellte die FDP im ersten Wahlgang am 29. März 1954 Oskar Bohnenkemper (Haldem) als eigenen Kandidaten auf. Dadurch, dass Bohnenkemper 9 der 39 abgegebenen Stimmen erhielt – mit einer Ausnahme wurde er von allen FDP-Abgeordneten gewählt – konnte im ersten Wahlgang keiner der beiden anderen Kandidaten, Gustav Niermann (CDU) und Fritz Schilling (SPD), die nötige Mehrheit erlangen. Niermann wurde erst im zweiten Wahlgang, und das wurde dadurch besonders unterstrichen: mit den Stimmen der FDP zum Landrat gewählt. In den Jahren 1958 bis 1961 amtierte schließlich mit dem Druckereibesitzer Heinrich Kosynowski aus Rahden (1896-1963) ein Repräsentant der FDP als Landrat des Kreises Lübbecke. Er wurde als Gegenkandidat des CDU-Abgeordneten Kurt Weimann (Lübbecke) in geheimer Wahl mit Unterstützung der SPD gewählt, die nach einem ersten erfolglosen Wahlgang (Kandidat: Heinrich Hüffmeyer) beim zweiten Wahlgang auf die Nominierung eines eigenen Kandidaten verzichtet hatte. Auf Weimann entfielen 13, auf Kosynowski 23 Stimmen.

Das Abschneiden der FDP bei den Regional-, Landtags- und Bundestagswahlen im Untersuchungszeitraum war nicht nur, aber auch durch Erfolge gekennzeichnet. Großen Erfolg hatte die FDP bei den Kreistagswahlen der Jahre 1956 (18,26 %) und 1961 (18,24 %). Bei den Kreistagswahlen der Jahre 1964 und 1969 musste sie zunehmend Stimmenverluste in Kauf nehmen (1964: 16,99 %, 1969: 9,59 %). Bei den Landtagswahlen blieb die FDP bei den folgenden Wahlen hinter ihrem guten Ergebnis von 1954 (13,3 %) zurück (1958: 7,5 %, 1962: 9,8 %, 1966: 9,5 %, 1970: 8,7 %). Bei den Bundestagswahlen erzielte die FDP in den Jahren 1953 und 1961 ihre besten Ergebnisse (1953: 15,1 % [Erststimmen], 16,0 % [Zweitstimmen];

1961: 16,5 % [Erststimmen], 17,2 % [Zweitstimmen]). Im Jahr 1957 konnte sie nur 8,2 % der Erststimmen und 8,3 % der Zweitstimmen auf sich vereinigen. Bei den Bundestagswahlen der Jahre 1965 bis 1972 war der auf die FDP entfallende Stimmenanteil stark rückläufig (1965: 11,0 % [Erststimmen], 12,1 % [Zweitstimmen]; 1969: 6,2 % [Erststimmen], 6,5 % [Zweitstimmen]; 1972: 5,0 % [Erststimmen], 7,5 % [Zweitstimmen]). Während bei der Bundestagswahl von 1961 der große Erfolg der FDP im Kreis Lübbecke dem bundesweiten Wahlergebnis der FDP entsprach – wie im Kreis Lübbecke erzielte die FDP im Jahr 1961 auch bundesweit ihr bestes Ergebnis (Kreis Lübbecke: 16,5 %, bundesweit: 12,8 %) –, blieb im Jahr 1972 das Wahlergebnis der FDP im Kreis Lübbecke (5,0 % [Erststimmen], 7,5 % [Zweitstimmen]) deutlich hinter dem Ergebnis der FDP auf Bundesebene (8,4 %) und auch im Wahlkreis Minden-Lübbecke (7,5 % [Erststimmen], 9,1 % [Zweitstimmen]) zurück. Bei den Wahlen der Jahre 1957, 1961, 1965 und 1969 wurde aufgrund der Wahlergebnisse (Zweitstimmen) aus dem Wahlkreis Minden-Lübbecke Siegfried Zoglmann (Düsseldorf) aus der FDP-Reserveliste des Landes Nordrhein-Westfalen in den Bundestag gewählt. Zum Abschneiden der FDP im Kreis Lübbecke bei den Regional-, Landtags- und Bundestagswahlen im Untersuchungszeitraum ist zusammenfassend festzustellen, dass es ihr in der zweiten Hälfte der sechziger und in den frühen siebziger Jahren schwer fiel, an ihre früheren Erfolge anzuknüpfen.

Neben Landrat Kosynowski und dem langjährigen Kreisgeschäftsführer Hans Hoffmann (Levern/1893–1976) waren u. a. die folgenden Persönlichkeiten für die Geschichte der FDP im Kreis Lübbecke von Bedeutung. Der Inhaber der Lübbecker Zigarrenfabrik Schäfer & Hartjen, Karl Lamcke (1890-1958), der am 23. Mai 1952 zum Vorsitzenden des FDP-Kreisverbands gewählt wurde, trat in den fünfziger Jahren als Sprecher der FDP-Kreistagsfraktion in Erscheinung. In den Jahren 1952 bis 1958 amtierte er als stellvertretender Landrat. Der Lübbecker Rechtsanwalt und Notar Ortwin Grevel (1907-1997) gehörte von 1961 bis 1972 dem Lübbecker Kreistag an. Seit seinem Einzug in den Kreistag war er der Sprecher der FDP-Fraktion. In den Jahren 1961 bis 1972 amtierte er als stellvertretender Landrat. Im Jahr 1970 kandidierte

Ortwin Grevel, Mitglied des Lübbecker Kreistags, Sprecher der FDP-Fraktion und stellvertretender Landrat von 1961 bis 1972.

er für den Landtag. Eine wichtige Persönlichkeit der FDP in den frühen siebziger Jahren war der 1936 in Görlitz geborene Einzelhandelskaufmann Hans-Georg Buck, der ein Kaufhaus in Espelkamp leitete. Er gehörte zur „jungen Generation“, als er 1970 als der Nachfolger Karl Treselers (Blasheim) zum Vorsitzenden der FDP des Kreises Lübbecke gewählt wurde. Nachdem er seit 1953 bei den Jungdemokraten mitgearbeitet hatte, war er 1957 zu ihrem Bezirksvorsitzenden gewählt worden und hatte von 1958 bis 1969 dem Landesvorstand der Jungdemokraten angehört. Buck wurde 1964 zum ersten Mal in den Lübbecker Kreistag gewählt. 1969 zog er über einen Listenplatz erneut in den Kreistag ein.

Die neuen und alten Mitglieder des FDP-Kreisvorstandes mit dem Bundestagsabgeordneten Siegfried Zoglmann auf dem Parteitag des Jahres 1970 in Wehdem. »Neue Westfälische« vom 19. Januar 1970.

SPD

Angesichts der außenpolitischen Erfolge der CDU-Bundesregierung unter dem Kanzler Konrad Adenauer bei gleichzeitiger wirtschaftlicher Aufwärtsentwicklung und wachsendem Wohlstand der Bevölkerung konnte die SPD in den fünfziger Jahren bei den Bundestags- und Landtagswahlen im Kreis Lübbecke keine größeren Erfolge erzielen. Das änderte sich erst, nachdem sie in den Jahren 1958/59 einen Kurswechsel vollzogen hatte. Er schlug sich im Godesberger Grundsatzprogramm nieder. Orientiert an den Prinzipien einer staatlichen Planwirtschaft hatte die SPD in der ersten Hälfte der fünfziger Jahre die auf der Sozialen Marktwirtschaft des Wirtschaftsministers Ludwig Erhard aufbauende Wirtschafts- und Gesellschaftspolitik bekämpft und die Westintegration sowie die mit ihr verbundene deutsche Wiederbewaffnung als ein Hindernis auf dem Weg zur Wiedervereinigung Deutschlands abgelehnt. Im Godesberger Programm bekannte sie sich zur Sozialen Marktwirtschaft und akzeptierte die Westbindung der Bundesrepublik. Um ihre Basis in der Wählerschaft zu verbreitern, wandte sich die SPD von der Konzeption einer Arbeiterpartei ab und der einer breite Strömungen der Bevölkerung in sich vereinigenden Volkspartei zu. Die im Godesberger Programm gefundene neue politische Plattform begünstigte die Stimmengewinne der SPD bei den Bundestagswahlen 1961 (36,2 %) und 1965 (39,3 %). Der positive Trend der SPD verstärkte sich im Gefolge der Regierungsbeteiligung der SPD im Rahmen der Großen Koalition in den Jahren 1966 bis 1969 und der Regierungskoalition von SPD und FDP unter dem Kanzler Willy Brandt ab Oktober 1969. Nach den Bundestagswahlen im Jahr 1972 stellte die SPD schließlich aufgrund eines bundesweiten Stimmenanteils von 45,9 % die stärkste Fraktion.

Im Kreis Lübbecke konnte die SPD ihre Wahlergebnisse bei den Bundestagswahlen kontinuierlich verbessern (1953: 37,0 % [Erststimmen], 36,5 % [Zweitstimmen]; 1957: 37,3 % [Erststimmen], 36,8 % [Zweitstimmen]; 1961: 39,4 % [Erststimmen], 39,2 % [Zweitstimmen]; 1965: 41,2 % [Erststimmen], 40,7 % [Zweitstimmen]; 1969: 42,4 % [Erststimmen], 42,2 % [Zweitstimmen]; 1972: 47,6 % [Erststimmen], 45,9 % [Zweitstimmen]). Aufgrund des besseren Abschneidens der SPD im Kreis Minden blieben die Ergebnisse der SPD im Kreis Lübbecke bei allen Bundestagswahlen hinter den Ergebnissen der SPD im Bundestags-Wahlkreis Minden-Lübbecke zurück. Bei allen Bundestagswahlen wurde das Direktmandat im Wahlkreis Minden-Lübbecke jeweils von einem Bewerber der SPD gewonnen: Dr. Paul Bleiß (Minden): 1953-1965, Friedrich Schonhofen (Minden): 1965-1972. Bei den Bundestagswahlen des Jahres 1972 erzielte die SPD die absolute Mehrheit der Stimmen (52,8 % [Erststimmen], 51,2 % [Zweitstimmen]).

Bei der Landtagswahl des Jahres 1966 lag der Stimmenanteil der SPD nur knapp unter dem Stimmenanteil der CDU (SPD: 44,4 %, CDU: 46,1 %), während die SPD bei allen anderen Landtagswahlen deutlich hinter der CDU zurückblieb (1954: SPD: 38,4 %, CDU: 41,6 %; 1958: SPD: 40,9 %, CDU: 48,0 %; 1962: SPD: 41,7 %, CDU: 47,5 %; 1970: SPD: 42,7 %, CDU: 49,9 %). Ihre besten Ergebnisse erzielte die SPD bei den Kreistagswahlen. Bei allen Kreistagswahlen konnte sie die meisten Stimmen auf sich vereinigen. Im Verlauf der fünfziger und sechziger Jahre gelang es der SPD, tendenziell einen leichten Zuwachs ihrer Stimmenanteile zu erreichen (1956: 42,10 %, 1961: 41,85 %, 1964: 46,73 %, 1969: 44,72 %), durch den sich die Zahl der von der SPD belegten Sitze im Lübbecker Kreistag erhöhte (1956: 16, 1961: 17, 1964: 18, 1969: 18). Vor allem in der Kreispolitik schenkte ein großer Teil der Bevölkerung des Kreises Lübbecke ihr Vertrauen der SPD.

Aufgrund des Bedeutungsverlustes und schließlich des Verbots der KPD musste sich die SPD nicht länger, wie in den ersten Jahren nach dem Krieg, gegen die „Umarmungsversuche“ der KPD zur Wehr setzen. Linksradikale Parteien konnten sich im Kreis Lübbecke wohl auch deshalb nicht entfalten, weil es der SPD gelang, in ihrer Rolle als „Opposition“ auch linke Wählergruppen zu überzeugen. Immer wieder wurde betont, es sei das Ziel der SPD, im Kreis Lübbecke auch „für die Ärmsten der Armen“ eine „gerechte Ordnung“ zu schaffen. Gleichzeitig, besonders seit Beginn der sechziger Jahre, kämpfte die SPD darum, nicht einseitig als eine Arbeiterpartei angesehen zu werden. 1961 stellte der SPD-Abgeordnete Wilhelm Kern (Espelkamp-Mittwald) im Kreistag fest, die SPD sei in der Gegenwart „ebenso eine bürgerliche Partei wie die anderen (CDU und FDP)“ und habe „alle Vorstellungen vom Klassenkampf überwunden“ (Diepholzer Kreisblatt, 8./9. April 1961). Durch ihre konstruktive Arbeit im Kreistag und in den einzelnen Gemeindeparlamenten konnte die SPD ihre politische Handlungsfähigkeit unter Beweis stellen. Ihrer praktischen Politik „zum Wohle der arbeitenden Menschen“ (SPD-Unterbezirkssekretär Heinrich Hüffmeyer in einer Wahlversammlung in Tengern am 12. März 1961) mit dem erklärten Ziel, „den Standpunkt der Allgemeinheit“ zu vertreten (Hüffmeyer auf der Unterbezirkskonferenz der SPD im Jahr 1952, Freie Presse, 25. März 1952) gelang es, eine breite Wählerschaft zu gewinnen.

Obwohl sie sich gegenüber der „Koalition“ von CDU und FDP stets in einer unterlegenen Position befand, strebte die SPD nach dem größtmöglichen politischen Einfluss. Sie wollte sich nicht „an den Rand drängen lassen“, sondern so weit und so stark wie möglich an den Entscheidungsprozessen im Kreistag teilhaben. Im Dezember 1955 und im September 1960 reagierte Heinrich Hüffmeyer, der Sprecher der SPD-Kreistagsfraktion mit scharfen Protesten, als er den Eindruck hatte, CDU und FDP unternähmen den Versuch, durch eine Veränderung der Gesamtzahl der Ausschussmitglieder den Einfluss der SPD in Kreistags-Ausschüssen zu schmälern. Gegenüber Oberkreisdirektor Dr. Huchzermeyer sprach er öffentlich „das Befremden“ seiner Fraktion aus, weil er ihm eine Antwort auf eine in diesem Zusammenhang gestellte Frage schuldig geblieben sei (Kreistagssitzung am 2. Dezember 1955).

Angesichts der Stärke ihrer jeweiligen Kreistags-Fraktionen übte die SPD immer wieder öffentlich Kritik daran, dass sie aufgrund der „Koalition“ von CDU und FDP von der Besetzung der Position des Landrats und meist auch von der des stellvertretenden Landrats ausgeschlossen blieb. In den Jahren 1958 bis 1961 amtierte Hüffmeyer als stellvertretender Landrat; bei der Wahl des stellvertretenden Landrats am 22. November 1958 hatte die CDU auf die Aufstellung eines eigenen Kandidaten verzichtet. Als im Jahr 1961 mit den Stimmen der CDU und FDP Heinrich Schumacher (CDU) zum Landrat und Heinrich Kosynowski (FDP) zu seinem Stellvertreter gewählt worden war, brachte die SPD öffentlich ihr „Befremden“ darüber zum Ausdruck, dass man ihr, obwohl sie die stärkste Kreistags-Fraktion stellte (SPD: 17, CDU: 15, FDP: 7 Sitze), keines der zu vergebenen Ämter zugestanden hatte.

Personalentscheidungen waren in der Kreispolitik von großer Bedeutung. Vor allem in den fünfziger Jahren führten sie z. T. zu scharfen Auseinandersetzungen im Kreistag. Die SPD und die „Koalition“ aus CDU und FDP gerieten hart aneinander, als im Jahr 1952 der Nachfolger des Oberkreisdirektors Dr. Gustav Galle (Amtszeit: 1946-1952) gewählt werden musste. Die SPD konnte sich schließlich durchsetzen und mit einigen Stimmen der „Koalition“ die Wahl des von der CDU und der FDP favorisierten Kandidaten, des Oberstrichters a. D. Karl Meyer zu Kniendorf verhindern. In einer im Kreistag verlesenen öffentlichen Erklärung begründete die SPD-Fraktion ihre ablehnende Haltung gegenüber Meyer zu Kniendorf mit seiner – nach ihrer Auffassung – unzureichenden Erfahrung als Richter in Strafsachen und – nach der Auffassung der SPD – einseitigen Stellungnahmen Meyers zugunsten landwirtschaftlicher Interessen. Als Geschäftsführer des Landwirtschaftlichen Kreisvereins hatte er sich gemäß der verlesenen Erklärung zusammen mit anderen Vertretern der Landwirtschaft gegen eine Industialisierung des Kreises Lübbecke ausgesprochen, die für die SPD ein zentrales kommunalpolitisches Anliegen darstellte. Zum Oberkreisdirektor wurde der von der SPD gestützte Kandidat, der Kreissyndikus Dr. Ernst Huchzermeyer gewählt (Amtszeit: 1952-1967).

Bei einer zweiten kontroversen Personalentscheidung konnte die SPD sich nicht durchsetzen. Gegen ihren massiven öffentlichen Protest wurde im Jahr 1953 mit den Stimmen der CDU und FDP Gustav Klöpper zum

Direktor der Berufsschule des Kreises Lübbecke gewählt. Die SPD begründete ihre ablehnende Haltung gegenüber Klöpper vor allem damit, dass er in der Zeit des Nationalsozialismus in der Kreisleitung der NSDAP tätig gewesen sei.

Auch wenn das Zusammenwirken der Parteien im Kreistag stärker als in den Gemeindeparlamenten von parteipolitischen Auseinandersetzungen bestimmt wurde, arbeiteten die Abgeordneten der verschiedenen Fraktionen bei der Lösung der jeweils anstehenden praktischen Probleme in der Regel ohne parteipolitische Ressentiments zusammen. Entscheidungen wurden meist einmütig getroffen. In seiner Bilanz der Arbeit des Kreistags während der vorangehenden Jahre betonte Hüffmeyer (SPD) am 23. Dezember 1960: „Wir alle haben gelernt, dass miteinander viel leichteres Arbeiten ist als gegeneinander".

Kandidaten der SPD bei den Kreistagswahlen des Jahres 1964. Von links oben nach rechts unten: Heinrich Hüffmeyer; Erich Seidel; Heinrich Bökelmann; Heinrich Burkamp; Wilhelm Kern; Wilhelm Meier; Wilhelm Möhle und Wilhelm Althoff.

Der berufliche Hintergrund ihrer Kreistagsabgeordneten lässt die starke Position der Arbeiter- und Handwerkerschaft in der SPD des Kreises Lübbecke hervortreten. Noch im Jahr 1964 gehörte ein großer Teil der auf Kreisebene für die SPD tätigen Personen zur Berufsgruppe der Handwerker und Facharbeiter. Aber auch Zugehörige anderer Berufsgruppen waren für die SPD im Kreistag vertreten. Zu den 18 Mitgliedern der SPD-Fraktion im Lübbecker Kreistag gehörten acht Handwerker – überwiegend Meister – und Facharbeiter (Wilhelm Biermann, Karl Bökenkröger, Heinrich Burkamp, Fritz Kammann, Christian Kuhlmeier, Friedrich Schwarze, Friedrich Steding, Willy Westerholt), zwei Angestellte (Karl Ahlers, Wilhelm Althoff), zwei Landwirte (Wilhelm Hegerding, Wilhelm Rust), ein Stadtkämmerer (Wilhelm Kern), ein Obertriebwagenführer (Wilhelm Meier), ein Bauingenieur (Wilhelm Möhle) und zwei Geschäftsführer (Heinrich Hüffmeyer, Erich Seidel).

In den Jahren 1953 bis 1973 wurden die jeweiligen Positionen der SPD zu kommunalpolitischen Problemen vor allem von Heinrich Hüffmeyer (geb. 1909) entwickelt und formuliert, ihrem Unterbezirkssekretär und Sprecher der Kreistagsfraktion. Als gelernter Maler ohne höhere Schulbildung stand er den „kleinen Leuten" nahe und konnte durch seinen persönlichen Einsatz für ihre Belange viele Menschen für die SPD gewinnen. Als geschickter Politiker arbeitete er mit großem Erfolg am Aufbau seiner Partei auf der Ebene des Kreises und in den einzelnen Gemeinden. Auch heute noch betont Hüffmeyer, das eigentliche Ziel seines politischen Handelns sei immer gewesen, Menschen in Not beizustehen und „zum Wohl aller" in der Region beizutragen. Hüffmeyer wurde auch der „soziale Heinrich" genannt. Er ist als die wichtigste Persönlichkeit der SPD im Kreis Lübbecke in den Jahren 1953 bis 1973 zu bezeichnen.

Heinrich Hüffmeyer. Die bedeutendste Persönlichkeit der SPD im Altkreis Lübbecke in den Jahren 1953 bis 1973.

Der Werkmeister Fritz Schilling (1896-1977), eine zweite bedeutsame Persönlichkeit, war bereits 1925 im Alter von 29 Jahren in die SPD eingetreten und hatte in den Jahren 1930 bis 1933 der Lübbecker Stadtverordnetenversammlung angehört, bevor er 1946 zum Vorsitzenden des Ortsvereins Lübbecke, 1947 zum Kreisvorsitzenden der SPD und 1952 in den Kreistag gewählt wurde. Als Landtagsabgeordneter war er in den Jahren 1950 bis 1954 Mitglied des Ausschusses für Ernährung, Landwirtschaft und Forsten.

MdL Fritz Schilling (SPD)

Jürgen Meister, der letzte Vorsitzende des SPD-Unterbezirks Lübbecke, kandidierte 1970 und 1975 für den Landtag und gehörte 1973 bis 1994 dem Kreistag Minden-Lübbecke an.

Anlässlich der Verleihung des Bundesverdienstkreuzes 1. Klasse an Schilling im Jahr 1965 wurden seine Verdienste im Zusammenhang mit dem Berufsschulbau im Kreis Lübbecke hervorgehoben (Freie Presse, 7. Oktober 1965).
Zu den Persönlichkeiten, die vor allem in den sechziger und siebziger Jahren für die Entwicklung der SPD im Kreis Lübbecke von Bedeutung waren, gehörten u. a. Erich Seidel, der Kreisgeschäftsführer des Reichsbunds und Fachmann der SPD auf dem Gebiet der Renten- und Sozialgesetzgebung (Mitglied des Kreistags 1964-1972) und der Berufsschullehrer Jürgen Meister (geb. 1931), der ab 1964 zunächst als Mitglied des Gemeinderats in Oberbauerschaft und ab 1972 als der letzte Vorsitzende des Unterbezirks Lübbecke aktiv war. Er kandidierte 1970 und 1975 für den Landtag und gehörte von 1973 bis 1994 dem Kreistag Minden-Lübbecke an. Als eine Wegbereiterin der Frauen in die Mitwirkungsorgane der Kommunal- und Kreispolitik engagierte sich die Juristin Dr. Ruby Simon (geb. 1908) seit 1964 im Rat der Stadt Espelkamp und 1969 bis 1972 im Kreistag.

Dr. Ruby-Marie Simon: eine Wegbereiterin der Frauen in die Mitwirkungsorgane der Kommunal- und Kreispolitik.

Die nicht im Kreistag vertretenen Parteien

Die Kommunistische Partei Deutschlands (KPD), die wegen ihrer Anlehnung an die Politik der Sowjetunion als eine „Handlangerin eines fremden Staates" angesehen und schließlich am 17. August 1958 durch ein Urteil des Bundesverfassungsgerichts verboten wurde, fand im Kreis Lübbecke in den fünfziger Jahren bei den Wählerinnen und Wählern nur einen geringen Zuspruch (Landtagswahlen 1954: 0,8 %). Sie hatte auf das politische Leben keinen nennenswerten Einfluss. Auch die im April 1969 von Kreisen einer illegal weiterarbeitenden Anhängerschaft der KPD mit dem Ziel einer sozialistischen Umwälzung der Gesellschaftsordnung gegründete Deutsche Kommunistische Partei (DKP) blieb im Kreis Lübbecke eine unbedeutende Randerscheinung.

Der 1950 zunächst in Schleswig-Holstein und 1951 auf Bundesebene gegründete Bund der Heimatvertriebenen und Entrechteten (BHE), die eigenständige Vertretung der Heimatvertriebenen und anderer durch Kriegs- und Nachkriegsereignisse geschädigter Gruppen, konnte im Kreis Lübbecke nur geringe politische Erfolge erzielen (Kreistagswahlen: 1956: 4,11 %; 1961: 3,25 %; Landtagswahlen: 1954: 5,9 %; Bundestagswahlen: 1953: 3,2 % [Erststimmen], 3,3 % [Zweitstimmen], 1957: 3,7 % [Erststimmen], 4,0 % [Zweitstimmen]). Öffentliche Bedeutung erlangte der BHE als unliebsame Konkurrenz der etablierten Parteien. Die Existenz des BHE bewegte sie dazu, den Interessen der Vertriebenen größeres Gewicht zu verleihen. Neben Angriffen auf den BHE als „politischen Brunnenvergifter" betonten sie häufig ihren eigenen Einsatz für die potenziellen Wählerinnen und Wähler des BHE. In einem Artikel der Freien Presse (1. Oktober 1956) heißt es: „Die Solidarität gegenüber den Vertriebenen lobte ... in einer Delegiertenkonferenz der SPD ... der Landtagsabgeordnete und Vorsitzende des Landesflüchtlingsausschusses, Erich Deppermann. Er stellte heraus, dass die Vertriebenen und Flüchtlinge keine Fremdkörper, sondern gleichberechtigte Staatsbürger seien". Bereits 1952 hatte Hüffmeyer auf der Unterbezirkskonferenz der SPD im Kreis Lübbecke hervorgehoben, von der SPD seien „alle mit den Vertriebenen und den Evakuierten zusammenhängenden Fragen ... immer wieder aufgegriffen" worden. Es gebe kaum einen SPD-Ortsverein, in dem nicht „Vertriebene als maßgebliche Funktionäre" tätig seien. Hüffmeyer betonte: „In viele Vertretungen sind Vertriebene durch die SPD berufen worden" (Freie Presse, 25. März 1952).

Während die aus der welfischen Tradition hervorgegangene Deutsche Partei (DP), die außerhalb Norddeutschlands keine Bedeutung erlangen konnte, und die 1946 in Niedersachsen gegründete nationalistische Deutsche Reichspartei (DRP), die vor allem in Niedersachsen und Rheinland-Pfalz über Anhänger verfügte (Vorsitzender im Kreis Lübbecke seit Juli 1957: Bauer Knost aus Destel), keine Erfolge erzielen konnten – bei den Bundestagswahlen des Jahres 1961 erreichte die Gesamtdeutsche Partei (GDP), eine Verbindung von DP und BHE im Kreis Lübbecke 2,4 % der Erststimmen und 1,3 % der Zweitstimmen –, erregte Ende der sechziger Jahre eine zum Rechtsradikalismus tendierende Partei, in die sich die DRP aufgelöst hatte, im Kreis Lübbecke Aufsehen: die im November 1964 mit dem Ziel der Sammlung der „nationalen Kräfte" in der Bundesrepublik Deutschland gegründete Nationaldemokratische Partei Deutschland (NPD). In der zweiten Hälfte der sechziger Jahre konnte die NPD im Kreis Lübbecke zunächst ihre Wahlergebnisse verbessern. Während sie bei der Bundestagswahl des Jahres 1965 nur einen Stimmenanteil von 2,4 % (Erststimmen) und 2,6 % (Zweitstimmen) erreicht hatte, konnte sie bei der

Bundestagswahl am 28. September 1969 6,1 % (Erststimmen) und 7,2 % (Zweitstimmen) (bundesweit: 4,3 %) auf sich vereinigen.

Bei den Kreistagswahlen am 9. November 1969 scheiterte ihr Einzug in den Lübbecker Kreistag nur an wenigen Stimmen. Die NPD erzielte einen Stimmenanteil von 4,98 %. In ihrer Ausgabe vom 10. November 1969 berichtete die Neue Westfälische mit Erleichterung über den Ausgang der Kommunalwahl am 9. November 1969: „Die NPD, deren Einzug in den Kreistag von vielen Beobachtern befürchtet wurde, blieb mit einem Stimmenanteil von 4,9 Prozent gerade unter der 5-Prozent-Hürde und kommt mithin nicht in den Kreistag". Für die Kreistagswahl des Jahres 1969 hatte die NPD in allen Wahlbezirken des Kreises Direktkandidaten aufstellen können. Als Spitzenkandidaten auf der Reserveliste waren die Kaufleute Friedrich Horstmann (Nettelstedt) und Erwin Höke (Preußisch Oldendorf) sowie der Landwirt Wilhelm Knost (Destel), der jetzt für die NPD kandidierte, nominiert worden. Bei den Wahlen zur Besetzung des Kreistags am 9. November 1969 gaben 2 225 Wahlberechtigte ihre Stimmen der NPD.

NPD: F. Horstmann

L ü b b e c k e. Die Reserveliste der NPD für die Kreistagswahl am 9. November wird angeführt von dem Bezirksvorsitzenden von Ostwestfalen und Kreisvorsitzenden des Kreises Lübbecke seiner Partei, Kaufmann Fritz Horstmann, Nettelstedt.

Fritz Horstmann wurde in Nettelstedt geboren und ist 47 Jahre alt. Beruflich kommt er aus dem Handwerk und ist seit über 15 Jahren selbständiger Kaufmann in der Möbelbranche. Den Krieg machte er als aktiver Soldat bei der Kriegsmarine mit. 1946 kehrte er aus der Kriegsgefangenschaft zurück.

Von 1947 bis 1957 war er Leiter der Handballabteilung des TuS Nettelstedt.

In seiner Partei ist Fritz Horstmann Mitglied des Landesvorstands und Schatzmeister von Nordrhein-Westfalen.

Bei der Bundestagswahl war er Direktkandidat seiner Partei des Wahlkreises Nr. 108 Minden/Lübbecke.

»Neue Westfälische« vom 6. November 1969

Das Erstarken der NPD im Kreis Lübbecke in der zweiten Hälfte der sechziger Jahre ist im Zusammenhang mit der in den Jahren 1966 bis 1969 bestehenden Großen Koalition von CDU und SPD auf Bundesebene zu sehen. Sie führte auf der Linken zur Protestbewegung der Außerparlamentarischen Opposition (APO) und auf der Rechten auch auf der Ebene des Bundes und der Länder dazu, dass die NPD vorübergehend an Bedeutung gewinnen konnte. Die Kommunalwahl am 9. November 1969 fiel bundespolitisch bereits in die Zeit des Niedergangs der NPD, der in den Monaten nach dem Wechsel zur SPD/FDP-Koalition und der Regierung Willy Brandt am 21. Oktober 1969 einsetzte. Ob es der NPD bei einer Fortführung der Großen Koalition auf Bundesebene gelungen wäre, in den Lübbecker Kreistag einzuziehen, ist eine nicht zu beantwortende Frage. Bei den Landtagswahlen des Jahres 1970 erzielte die NPD im Kreis Lübbecke einen Stimmenanteil von 2,3 % und bei den Bundestagswahlen des Jahres 1972 nur noch 0,5 % der Erststimmen und 0,5 % der Zweitstimmen.

Strukturwandel und Parteipolitik

Der Strukturwandel als zugrundeliegender Faktor parteipolitischer Diskussionen und Entscheidungen

Durch ihre Entscheidungen in sachlichen und personellen Fragen nahmen die Parteien Einfluss auf die Entwicklung des Kreises. Als ein zentraler, vielen parteipolitischen Diskussionen und Entscheidungen der Parteien zugrundeliegender Faktor ist der massive Strukturwandel des Kreises Lübbecke in den fünfziger und sechziger Jahren zu nennen. Wichtige, im Kreistag getroffene Entscheidungen betrafen Problemfelder, die mit dem Strukturwandel und dem damit einhergehenden Modernisierungsprozess verbunden waren: die Verbesserung der Infrastruktur durch den Straßenbau, der Wohnungsbau, die Sozial- und die Schulpolitik. Auch die Aue-Regulierung stand durch die im Gefolge dieser Maßnahme erreichte Verbesserung der Rahmenbedingungen für die Landwirtschaft und die Infrastruktur in Zusammenhang mit dem Strukturwandel, der im Folgenden kurz in seinen Grundzügen dargestellt werden soll.

Der Strukturwandel des Kreises Lübbecke im Überblick

In den fünfziger und sechziger Jahren entwickelte sich der Kreis Lübbecke von einem stark von der Landwirtschaft geprägten zu einem weitgehend industrialisierten Kreis mit einem immer noch ländlichen Charakter. Während um 1950 noch 40 % der erwerbstätigen Bevölkerung in der Landwirtschaft arbeitete, war es um 1970 nur noch rund 20 %. Die Gründung der Vertriebenensiedlung Espelkamp und die sich hier entfaltende Industrie gaben für die Industrialisierung des Kreises die „Initialzündung“. In den fünfziger Jahren siedelten sich in Espelkamp Betriebe der damaligen Wachstumsindustrien an: vor allem die metallverarbeitende sowie die kunststoff- und kautschukverarbeitende Industrie. Aus vielen Gemeinden des Kreises fanden immer mehr Menschen in den Espelkamper Firmen Arbeit. Dadurch wurde die allgemeine Beschäftigungslage verbessert, und die zu Beginn der fünfziger Jahre noch hohe Arbeitslosigkeit konnte abgebaut werden. Für die seit Beginn der sechziger

Im Kreise Lübbecke 779 neue Arbeitsplätze im Jahre 1962

Industrie-Umsätze erhöhten sich um 11,6 v. H. / Gutes Exportgeschäft

Kreis Lübbecke. Für das Jahr 1962 liegen jetzt die endgültigen Ergebnisse des Statistischen Landesamtes über die industrielle Entwicklung des Kreises Lübbecke vor, die einen zusammenfassenden Ueberblick über die letzten Jahre ermöglichen.

Im Jahresdurchschnitt waren in 113 Betrieben (sechs mehr als im Vorjahr) mit mehr als zehn Beschäftigten 11 730 Angestellte und Arbeiter tätig, das sind 779 mehr als im Vorjahr, und zwar gab es bei den Angestellten 166 Neueinstellungen auf 1 831 und bei den Arbeitern 613 auf 9 899. Vor sieben Jahren (1956) waren in 86 Betrieben 9 892 Beschäftigte, seitdem eine Zunahme von 1 838 oder 18,6 Prozent. Dabei erhöhte sich die Zahl der Arbeiter um 14,9 Prozent, die der Angestellten um 42,6 Prozent.

Die Einwohnerzahl des Kreises stieg von Ende 1961 zu Ende 1962 um 1 641 Personen oder 1,9 Prozent. Die Zunahme seit 1956 beträgt 5 261 Personen oder 6,5 Prozent. Zum Vergleich: zur Volkszählung 1939 wurden im Kreis 58 771 Personen registriert. Von der Einwohnerzahl 1962 waren 40 916 männlich und 45 345 weiblich. Im arbeitsfähigen Alter von 14 bis 65 Jahren standen 60 000 Personen, davon 28 500 Männer und 31 500 Frauen. Außerordentlich hoch ist der Anteil von 45 Prozent (5 290) Frauen von den in der Industrie Beschäftigten, das sind 16,8 Prozent von den arbeitsfähigen oder jede sechste Frau, die in der Industrie tätig ist. Bei den Männern sind es 6 440 oder 22,5 Prozent, fast jeder vierte Mann steht in einem Industriebetrieb. Diese Aufschlüsselung zeigt, wie lebenswichtig jetzt die Industrie für die Bevölkerung und für die Kommunen geworden ist.

Drei fette Jahre

Die Umsätze zeigten in den letzten drei Jahren außerordentlich gute Ergebnisse. Im vergangenen Jahr erhöhten sich die Umsätze um 11,6 Prozent oder 37,984 Mio. DM auf 365,596 Mio. DM. Die beiden Jahre davor hatten Zuwachsquoten von 13 und 15,1 Prozent. In allen drei Jahren wurde der Landesdurchschnitt erheblich übertroffen. Vor sieben Jahren meldete die Industrie im Kreis einen Umsatz von 228,259 Mio. DM, seitdem sind die Umsätze um 60 Prozent gestiegen.

Sehr zufriedenstellend war das Exportgeschäft. Hier ergab sich eine Steigerung seit 1956 um 197 Prozent, und zwar von 7,937 Mio. DM mit einem Anteil von 3,2 Prozent vom Gesamtumsatz auf 23,532 Mio. DM mit einem Anteil von 6,4 Prozent. Im vergangenen Jahr betrug die Zuwachsquote 13,9 Prozent, davor waren es 31,2 und 22,1 Prozent, im Jahr 1960 wieder 20,1 Prozent und davor 5,8 und 11,8 Prozent.

Es wird weniger gearbeitet

Obwohl sich die Beschäftigungszahl seit 1956 um 18,6 Prozent erhöht hat, stieg die Zahl der Produktionsstunden nur um 546 000 oder 2,8 Prozent, von 19,470 Mio. auf 20,016 Mio. Das ergibt sich aus der verringerten Arbeitszeit der Arbeiter. Denn 1956 wurden noch von jedem Arbeiter im jährlichen Monatsdurchchsnitt 188 Stunden tatsächlich geleistet, es wurden 182, 173,5, dann wieder 177,5 und 179,5, im Jahr 1961 aber 171 und im letzten Jahr 169, so daß der einzelne eine verringerte Arbeitszeit von 10,1 Prozent hatte gegenüber 1956.

Die stark vergrößerte Beschäftigtenzahl seit 1956 ließ den Produktionsanteil eines jeden in der Industrie Beschäftigten nur um 16 Prozent ansteigen, von 2 250,- DM im jährlichen Monatsdurchschnitt auf auf 2 610,- DM im vergangenen Jahr, das sogar einen Rückgang von 11,5 Prozent brachte, denn 1961 lag der Produktionsanteil bei 2 950,- DM.

»Lübbecker Kreiszeitung« vom 14. August 1963

Die Aktiven im Bundestagswahlkampf 1961. Fahrt mit 30 Pkws durch den Süd- und Nordkreis Lübbecke. Leider ist das Originalfoto nicht mehr vorhanden, so dass diese Kopie verwandt werden musste.

Jahre den gesamten Kreis Lübbecke erfassende Industrialisierung standen Arbeitskräftereserven aus der zunehmend industrialisierten und rationalisierten Landwirtschaft und der im Kreis seit über 100 Jahren verbreiteten, jetzt zunehmend automatisierten und im Rückgang begriffenen Tabakindustrie zur Verfügung.

Als die größten Industriezweige im Kreis Lübbecke entwickelten sich neben der Möbelindustrie, Papierverarbeitung und Textilindustrie die Bekleidungs- und Elektroindustrie, gefolgt von der Eisen-, Blech- und Metallwarenindustrie, der Kunststoff- und Kautschukindustrie und dem Maschinenbau. Im Jahr 1970 überflügelte der Kreis Lübbecke den durchschnittlichen Industriebesatz (Industriebeschäftigte auf 1000 Einwohner) des Landes Nordrhein-Westfalen (Land: 157, Kreis Lübbecke: 167). Auch Handwerk und Handel hatten Teil am Aufschwung der Industrie. Die Zahl der Beschäftigten im Handwerk (Spitzenposition: Bau- und Ausbauhandwerk) erhöhte sich von 1949 bis 1968 von 5 713 auf 6 976. Die Zahl der Beschäftigten im Handel wuchs von 2 000 im Jahr 1950 um 100 % bis zum Jahr 1966.

Die Haltung der Parteien zum Strukturwandel

Dem Strukturwandel des Kreises, zu dem es aufgrund der wirtschaftlichen Rahmenbedingungen keine Alternative gab, standen im Einklang mit der Verwaltung grundsätzlich alle im Kreistag vertretenen Parteien positiv gegenüber. Getragen von Politik und Verwaltung betrieb der Kreis eine aktive Wirtschaftsförderungs- und Industrieansiedlungspolitik. In seiner Rede anlässlich der Verabschiedung des Landrats Schumacher (CDU) stellte Oberkreisdirektor Dr. Momburg im Jahr 1969 fest, das besondere Anliegen Schumachers sei die strukturelle Weiterentwicklung des Kreises gewesen (Neue Westfälische, 24. November 1969).

Die den Strukturwandel begleitenden und fördernden Beschlüsse des Kreistags wurden von den „Regierungsparteien“ CDU und FDP getragen und verantwortet, gemeinsam mit der SPD vorbereitet und mit den Stimmen der SPD verabschiedet. Der SPD ging die Förderung des Strukturwandels durch den Kreistag häufig nicht weit genug. SPD-Vertreter warfen den Mehrheitsparteien eine unzureichende Förderung der Industrialisierung vor. Im Kreistag und seinen Ausschüssen ergriffen sie Initiativen, die zu einer Förderung der Industialisierung über das von den „Regierungsparteien“ realisierte Maß beitragen sollten.

Straßenbau

Alle im Kreistag vertretenen Parteien verfolgten das Ziel, dem Kreis Lübbecke durch den Neubau und Ausbau von Fernverkehrsachsen (Bundesstraße 65, Bundesstraße 239, Landstraße Bohmte – Petershagen [L 770]) einen optimalen Straßenanschluss an seine Nachbarräume zu geben und das innere Verkehrsnetz des Kreises durch einen weiteren Ausbau der Kreisstraßen zu verbessern. In seiner unveröffentlichten Denkschrift „Der wirtschaftliche Strukturwandel im Kreis Lübbecke in den letzten 15 Jahren“ (1965) stellte die damalige Kreisoberverwaltungsrat Dr. Rolf Momburg mahnend fest: „Jede Mark, die in den Kreisstraßenbau investiert wird, kommt der Infrastruktur des Kreises zugute“.

Der Straßenbau stellte den größten Posten unter den Investitionen des Kreises dar. Im Jahr 1966 wurden für den Straßenbau 37,48 DM/E (DM je Einwohner) und für den Schulbau 4,11 DM/E aufgewendet. Da der Kreis Lübbecke über ein verhältnismäßig umfangreiches Straßennetz verfügte, mussten für den Stra-

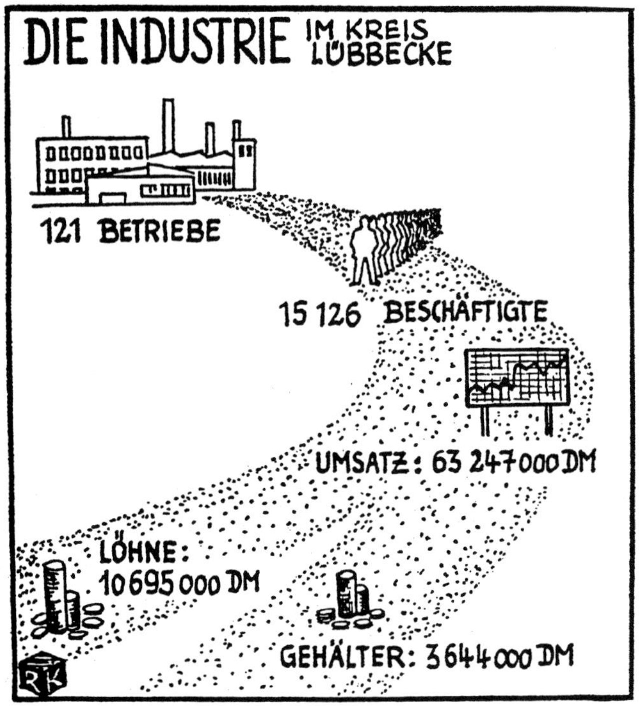

»Neue Westfälische« vom 29. Dezember 1970.

Über 15 000 Menschen werden von der Industrie beschäftigt

Die Bedeutung der Industrie im Kreise Lübbecke

Lübbecke. Die Bedeutung unserer Industrie innerhalb der gewerblichen Wirtschaft ist in den letzten zwanzig Jahren weiter gewachsen. Tausende von Einwohnern finden in ihren Betrieben Arbeit und Brot. Es scheint daher interessant, sich auch einmal zahlenmäßig ein Bild der heimischen Industrie zu schaffen. Wir können hierfür die laufende Berichterstattung des Statistischen Landesamtes heranziehen, die alle Betriebe mit zehn und mehr Beschäftigten mit Ausnahme der öffentlichen Versorgungsbetriebe und des Baugewerbes umfaßt.

Greifen wir für unsere Betrachtung den Monat Mai 1970 heraus. In diesem Monat wurden in dem Kreis Lübbecke insgesamt 121 Industriebetriebe gezählt, die zusammen 15 126 Menschen beschäftigten. Von diesen Beschäftigten waren 2885 Angestellte (einschließlich kaufmännischer und technischer Lehrlinge) sowie 12 241 Arbeiter und gewerbliche Lehrlinge. Obwohl der Prozentsatz der Angestellten an der Beschäftigtenzahl seit Jahren allgemein steigt, ist also die Zahl der Arbeiter noch bei weitem höher.

Einen kleinen Beweis für die Arbeitsleistungen, die allmonatlich in den Industriebetrieben des Kreises Lübbecke bewältigt werden, mag eine andere Zahl geben: Allein im Mai 1970 wurden 1 750 000 Arbeiterstunden gezählt. Wieviel persönlicher Fleiß hinter einer solchen Angabe steht, dürfte jedem tätigen Menschen vertraut sein. Den deutlichsten Niederschlag findet diese Zahl jedoch in der Umsatzbilanz. So konnten die heimischen Industriebetriebe im Mai Waren im Wert von 63 247 000 DM umsetzen.

Wie hoch waren nun die Löhne und Gehälter, die im gleichen Monat von der Industrie des Kreises an ihre Beschäftigten gezahlt wurden? Auch hier gibt der Industriebericht des Landesamtes Auskunft. So belief sich die Summe der Bruttolöhne auf insgesamt 10 695 000 DM, während an die Angestellten 3 644 000 DM an Gehälter ausgeschüttet wurden.

Dieser kurze Überblick mag noch einmal unterstreichen, daß Konjunkturpolitik – wie immer sie gehandhabt werden wird – nur dem einen Zweck dienen kann, unsere Industrie gesund zu erhalten.

ßenbau im Kreis Lübbecke höhere Beträge aufgewendet werden als in den meisten anderen Kreisen des Landes. In den Jahren 1954 bis 1967 verzehnfachten sich die Ausgaben. Die Aufwendungen für den Straßenbau und andere teure Investitionen konnten vom Kreis Lübbecke vor allem deshalb nur schwer finanziert werden, weil seine Steuereinnahmen aufgrund seiner verhältnismäßig niedrigen Bevölkerungsdichte und seiner agrarischen Struktur gering waren. Als einer der finanzschwächsten Kreise Nordrhein-Westfalens befand sich Lübbecke in starker Abhängigkeit von Zuwendungen des Landes.

Von Vertretern aller im Kreistag vertretenen Parteien wurden immer wieder höhere Schlüsselzuweisungen des Landes eingefordert. Der Landesregierung wurde die Verantwortung für finanzielle Engpässe und daraus resultierende Probleme beim Straßenbau zugewiesen. Im Kreistag wurde von den jeweiligen „Oppositionsparteien“ auch Kritik an den „regierenden“ Parteien geübt, wenn nach ihrer Auffassung nicht genügend Mittel für den Straßenbau bereitgestellt wurden. So bemängelte nach ihrem Eintritt in den Kreistag im Jahr 1953 die FDP-Fraktion, CDU und SPD hätten in den Nachkriegsjahren zu wenig Geld für den Straßenbau aufgewendet. In der Kreistagssitzung am 24. März 1953 äußerte Kurt von Borries (Holzhausen/FDP) die Auffassung, die gegenwärtig „katastrophalen Verhältnisse“ auf den Lübbecker Straßen hätten sich vermeiden lassen, wenn rechtzeitig ein Darlehn aufgenommen worden wäre. Niermann (CDU) betonte dagegen, die CDU habe Wert darauf gelegt, keine „Wechsel auf die Zukunft“ auszustellen und wies kritisch auf die Kreditfinanzierung des Straßenbaus in der Zeit hin, als von Borries selbst Landrat des Kreises Lübbecke gewesen war (1918 bis 1945). Hüffmeyer (SPD) stellte die Frage, ob sich der von der FDP erhobene Vorwurf einer unterlassenen Kreditfinanzierung vereinbaren lasse mit der von der FDP im Wahlkampf geforderten „preußischen Sparsamkeit“.

Nach einer Phase umfangreicher Investitionen forderte im Kreistag 1963 vor allem der FDP-Sprecher Grevel Sparsamkeit beim Kreisstraßenbau, um die Finanzen des Kreises in den nächsten Jahren nicht über Gebühr zu belasten. Hüffmeyer (SPD) verwies dagegen auf die im Vergleich mit dem Landesdurchschnitt hohe Zahl schwerer Unfälle im Kreis Lübbecke und bezeichnete die für den Straßenbau aufgewandten Mittel als „noch keineswegs ausreichend“. In der zweiten Hälfte der fünfziger und in den sechziger Jahren wurde noch stärker als von den Mehrheitsparteien von der SPD eine Verstärkung des Straßenbaus eingefordert.

Aufgrund der häufig damit verbundenen Verkleinerungen und Durchschneidungen landwirtschaftlicher Nutzflächen ergaben sich u. a. im Jahr 1960 beim Straßenbau Konflikte mit der Landwirtschaft. Die z. T. kritische Haltung der Landwirtschaft gegenüber dem Neubau von Straßen wurde im Kreistag von CDU-Sprechern zum Ausdruck gebracht. So forderte Heinrich Nolte (Drohne/CDU), der Vorsitzende des Landwirtschaftlichen Kreisverbandes, aufgrund für die Landwirtschaft nachteiliger Eingriffe in bestehende Fluren durch den Bau neuer Straßen in den nächsten Jahren auf die Errichtung neuer Straßen zu verzichten und sich auf die Renovierung der vorhandenen Verkehrsverbindungen zu beschränken. Hüffmeyer (SPD) dagegen wandte sich zwar gegen „vermeidbare Härten“ für vom Straßenbau betroffene Landwirte, setzte sich aufgrund der dadurch anzustrebenden Verbesserung der Industrie-Erschließung jedoch entschieden für eine Vorantreibung des Straßenbaus ein. Die SPD stellte das Anliegen der Stützung der Industrialisierung durch den Straßenbau über dieser Entwicklung entgegenstehende Interessen der Landwirtschaft.

Wohnungsbau

Neben dem Straßenbau gehörte der Ausbau der zentralen Orte, Lübbecke und Espelkamp, zu den wichtigsten Aufgaben bei der Verbesserung der Infrastruktur. Die damit einhergehende Vergrößerung des Einwohnerstandes setzte eine rege Bautätigkeit voraus. In Zusammenarbeit mit der Verwaltung trugen Politiker aller im Kreistag vertretenen Parteien z. T. unter großem persönlichen Einsatz dazu bei, dass im Kreis Lübbecke für die wachsende Bevölkerung Wohnraum

Eigentumswohnungen und Mietwohnungen der Aufbaugemeinschaft Espelkamp am Waldenburger Hof, Reichenbacher Hof und Habelschwerdter Hof.

geschaffen wurde. Sie setzten sich u. a. ein für die Gelände-Erschließung, die Erteilung von Baugenehmigungen und wenn nötig und möglich auch für Hilfen zur Finanzierung. Beschlüsse zur Aufnahme von Darlehn für den sozialen Wohnungsbau wurden einstimmig gefasst. In der „Statistischen Rundschau für den Kreis Lübbecke“ (1968) wird die Wohnsituation im Kreis als „im allgemeinen nicht ungünstig“ bezeichnet.

Der soziale Wohnungsbau hatte für die SPD besonderes Gewicht. Als der Oberkreisdirektor in der Kreistagssitzung am 27. September 1966 berichtete, die beantragte Wiederaufnahme Espelkamps in das Programm für Sondermittel des sozialen Wohnungsbaus sei von der Landesregierung abgelehnt worden, betonte Hüffmeyer (SPD), der Kreis Lübbecke sei aufgrund falscher Angaben des Statistischen Landesamts jahrelang bei der Vergabe von Wohnungsbau-Förderungsmitteln benachteiligt worden. In Espelkamp gebe es noch 1 000 Wohnungsuchende. Kreisvertreter Freitag (Lübbecke/CDU) stellte sich vor die von der CDU geführte Landesregierung und bezeichnete die von Hüffmeyer dargestellten Wohnungsnotstände als „dramatisiert“. Auf SPD-Veranstaltungen warf Hüffmeyer der CDU vor, sich bei der Landesregierung zu wenig für den Erhalt von Fördermitteln für den Wohnungsbau einzusetzen. In einem in der Freien Presse (9. Juli 1966) veröffentlichten Gespräch betonte Hüffmeyer, die Verantwortung für die von ihm konstatierte Benachteiligung des Kreises Lübbecke bei der Zuteilung von Wohnungsbaumitteln seit 1960 trage die von der CDU geführte Landesregierung.

In der dargestellten Auseinandersetzung verband sich eine aus dem für die SPD zentralen Anliegen der Förderung des sozialen Wohnungsbaus erwachsende Kritik an den Mehrheitsparteien des Lübbecker Kreistags mit Vorwürfen gegen die von der CDU geführte Landesregierung. Die Kritik der SPD muss nicht zuletzt als Teil des Landtagswahlkampfes des Jahres 1966 verstanden werden.

Sozialpolitik

Neben dem sozialen Wohnungsbau gehörte auch in anderen Feldern der Kreispolitik der Einsatz für Bevölkerungsgruppen mit niedrigem Einkommen in besonderer Weise zu den erklärten Zielen der SPD. Aus „grundsätzlichen Erwägungen“ heraus enthielt sich die SPD-Fraktion der Stimme, als in der Kreistagssitzung am 23. März 1956 beschlossen wurde, aufgrund der hohen finanziellen Belastung des Kreises durch Krankenhausbauten in Lübbecke und Rahden die Krankenhaus-Pflegesätze anzuheben. Hüffmeyer (SPD) betonte, eine solche Maßnahme führe durch eine damit verbundene Erhöhung der Beiträge der Pflichtversicherten an ihre Krankenkassen oder eine Herabsetzung der Kann-Leistungen der Krankenkassen zu von der SPD nicht zu verantwortenden „Notständen“ bei den sozial schwachen Pflichtversicherten. Als Alternative zur Erhöhung der Pflegesätze wurde von der SPD vorgeschlagen, bei der Landes- und der Bundesregierung Zuschüsse zur Sicherstellung der Versorgung der Kranken im Kreis Lübbecke zu beantragen. Die Ausführung der Krankenhaus-Erweiterungsbauten in Lübbecke und Rahden seit der Mitte der fünfziger Jahre, die eine „bis an die äußerste Grenze seiner Leistungsfähigkeit gehende Beanspruchung“ der Finanzkraft des Kreises darstellte (Kreiskämmerer Eichler auf der Kreistagssitzung am 8. Juni 1955) und eine „sparsamste Haushaltsführung“ erforderlich machte (Lübbecker Kreiszeitung, 3. Dezember 1955), wurde von allen Parteien gestützt. Sie war aus sachlichen Gründen erforderlich.

Bei der Festlegung der durch den Kreis zu bestimmenden Sätze der Sozialhilfe gab es keine parteipolitischen Auseinandersetzungen. Vorschläge des Landes und der Vergleich mit den anderen Landkreisen ließen wenig Spielraum für parteipolitische Differenzen. Den Vorschlägen der Landesregierung zur Erhöhung der Fürsorgerichtsätze folgten die im Kreistag vertretenen Parteien immer einhellig. Der Kreistag entschied sich immer für die Höchstsätze der möglichen Regelsätze für die Sozialhilfe. Die Belastung des Kreises Lübbecke durch die Sozialhilfe war im Vergleich zum Durchschnitt aller Landkreise vergleichsweise gering. Je Einwohner wurden 1966 im Kreis Lübbecke 19,63 DM aufgewendet, 10 % weniger als im Durchschnitt aller Landkreise.

Schulpolitik

Die Entwicklung des Schulwesens im Kreis Lübbecke in den sechziger und siebziger Jahren war durch einen starken Konzentrationsprozess gekennzeichnet. Die Zahl der Volksschulen reduzierte sich von 65 im Jahr 1952 auf 39 im Jahr 1970, während sich die Zahl der Realschulen und Gymnasien erhöhte (von drei auf vier und von eins auf zwei). Durch die Entwicklung hin zu größeren Schulsystemen gab es um 1970 kaum noch Klassen, in denen wie in den früheren Volksschulen mehrere Jahrgänge gemeinsam unterrichtet wurden. Durch Differenzierungs-Maßnahmen konnten die größeren Schulsysteme besser als die kleinen Dorfschulen den unterschiedlichen Interessen und Leistungsniveaus der Schülerinnen und Schüler gerecht werden.

Die Entwicklung hin zu größeren Schulsystemen wurde von allen im Kreistag vertretenen Parteien getragen. Besondere Bedeutung wurde der Schulpolitik von der SPD beigemessen. Die Errichtung größerer Schulsysteme sollte zur Chancengleichheit für alle Schülerinnen und Schüler beitragen. Die SPD warf der CDU und der FDP vor, den Konzentrationsprozess im Schulwesen nicht genügend voranzutreiben. Im Protokollbuch des SPD-Ortsvereins Oppenwehe-Oppendorf (2. Juli 1966) wird betont: „CDU und FDP baut ... Zwergschulen. Folgen: Unsere Kinder auf dem Lande bekommen nicht das Wissen und die Bildung wie in den Großstädten. ... Die SPD fordert Zentralschulen. ... jedes ... Kind soll ... die (gleiche) Möglichkeit der Bildung haben." Am 11. Mai 1970 berichtet die Neue Westfälische über eine Veranstaltung des SPD-Ortsvereins Lübbecke in der Gaststätte Hein mit dem Landtagskandidaten Jürgen Meister (SPD): „Zukunft: Gesamtschule. Der Landtagskandidat machte klar, dass ein einigermaßen realistisches Zukunftsbild nicht ohne die – vermutlich integrierte – Gesamtschule, nicht ohne Vorschulklassen, Schulkindergarten, Sekundarstufe mit höchster Übergangsmöglichkeit, Kollegstufe und, in der Gesamtheit, auch nicht ohne Ganztagsunterricht denkbar sei".

Angesichts der zunehmenden Industrialisierung des Kreises war die Qualifizierung der Heranwachsenden für Tätigkeiten in Industrie, Handwerk und Handel von besonderer Bedeutung. Der 1963 von den Mehrheitsparteien gemeinsam mit der SPD beschlossene, mit 8,2 Millionen DM veranschlagte Neubau der Kreisberufsschule in Lübbecke und Espelkamp stellte das bislang größte Bauprojekt des Kreises dar. Als es 1966 zu Problemen bei der Finanzierung des Berufsschulbaus kam, setzten sich CDU und SPD gemeinsam für eine zügige Vorantreibung des Projekts ein.

In seiner Stellungnahme zum Haushaltsplan des Kreises am 17. Dezember 1963 bezeichnete Hüffmeyer die Förderung der kaufmännisch-gewerblichen Kreisberufsschule als ein „Herzensanliegen der SPD". In den fünfziger Jahren war der CDU der Ausbau der Landwirtschaftlichen Berufsschule des Kreises Lübbecke ein wichtiges Anliegen. Er wurde auch von der SPD unterstützt. Im Dezember 1959 wurde vom Kreis-

Die Schule in Frotheim.

tag einstimmig beschlossen, die Landwirtschaftliche Berufsschule des Kreises Lübbecke als voll ausgebaute Schule anzuerkennen. In der Kreistagssitzung am 13. Dezember 1965 hob der Vorsitzende des landwirtschaftlichen Berufsschulausschusses, Landrat Schumacher, den vorbildlichen Charakter der Landwirtschaftlichen Berufsschule des Kreises Lübbecke hervor. Anlass seiner Ausführungen war ein Besuch der Landwirtschaftlichen Berufsschule des Kreises Lübbecke durch Vertreter des Landwirtschaftsministeriums des Landes Nordrhein-Westfalen, die sich von der Landwirtschaftlichen Berufsschule des Kreises Lübbecke Anregungen für eine Verbesserung des ländlichen Ausbildungswesens in Nordrhein-Westfalen erhofften.

Die Aue-Regulierung

Ein erhebliches Problem für die Landwirtschaft des Nordkreises und für den Kreis Lübbecke insgesamt stellten häufige Überschwemmungen durch über die Ufer tretende Flüsse und Bäche des Nordkreises dar. In den Jahren 1954 und 1956 wurden allein im Kreis Lübbecke monatelang 12 000 ha überflutet. Dadurch entstand ein Schaden von 4 bis 5 Millionen DM. Im Jahr 1954 trug Landrat Niermann (CDU) dem Landwirtschaftsminister von Nordrhein-Westfalen, Dr. Johannes Peters, die Hochwasserprobleme des Kreises Lübbecke vor, Er erreichte einen Zuschuss des Landes zu den durch Trocknung von Ernteerträgen entstandenen Kosten in der Höhe von 8 000 DM. Im Jahr 1956 wurde der Kreis Lübbecke aufgrund Hochwassers zum Katastrophengebiet erklärt. Landrat Niermann (CDU) trat daraufhin im Ernährungsausschuss des Landtags für ein Acht-Punkte-Programm als Soforthilfemaßnahme ein (u. a. Entschädigung der Gemeinden für den Steuerausfall durch den Finanzausgleich des Landes und Beihilfen zum Futtermittel- und Saatgutankauf).

In einem vor allem von den Ländern Nordrhein-Westfalen und Niedersachsen finanzierten Zwanzig-Millionen-Projekt wurde in den fünfziger und sechziger Jahren schließlich eine durchgreifende Regulierung der Großen Aue von deren Einmündung in die Weser bis in ihren Oberlauf und ihre Nebenbäche durchgeführt. Im Gefolge dieser Maßnahme konnte die Überschwemmungsgefahr gebannt und durch eine Verbesserung des Verhältnisses von Grünland zu Ackerland zugunsten des Ackerlandes die landwirtschaftliche Nutzung optimiert werden.

Die SPD bestritt, dass – wie häufig von CDU-Repräsentanten behauptet wurde – vor allem Niermann (CDU) wesentlich zur Aue-Regulierung beigetragen habe. Hüffmeyer wandte sich gegen eine Äußerung von Bundesernährungsminister Heinrich Lübke, der die Initiative in dieser Frage lediglich Niermann und dem Vorsitzenden des Landwirtschaftlichen Kreisverbandes, Heinrich Nolte (CDU), zubilligte und verwies vor allem auf Bemühungen des Mindener Bundestagsabgeordneten Dr. Paul Bleiß (SPD), der sich beim Bundesernährungs-Ministerium um die Schaffung eines Aue-Titels im Etat bemüht und dafür die einstimmige Zustimmung der SPD-Mitglieder im Bundesernährungsausschuss erreicht habe (Freie Presse, 25. März 1958). Hüffmeyer stellte fest, unter dem Eindruck der schweren Überschwemmungsschäden des Jahres 1956 habe er selbst durch die Vermittlung des SPD-Landtagsabgeordneten Emil Gross (Bielefeld) die Landesregierung für diese Maßnahme gewinnen können. Hüffmeyer betonte: „Das war, trotz Teilnahme an späteren Verhandlungen, sicher nur ein bescheidener Beitrag zu diesem großen Werk, aber er hat dazu beigetragen, den Stein ins Rollen zu bringen" (Freie Presse, 9. Juli 1966). Angesichts der dadurch verursachten ökologischen Schäden kann die Aue-Regulierung, das bisher umfangreichste wasserwirtschaftliche Projekt in Nordrhein-Westfalen, heute nicht mehr ausschließlich als erfolgreiche Maßnahme angesehen werden.

Blick auf Espelkamp im Jahr 1958.

2. Die Parteien in den Städten und Gemeinden

Espelkamp

von Karl-Heinz Hentschel

Die „Kolonisten" hatten zunächst andere Sorgen als sich politisch zu betätigen und in den neu- bzw. wiedergegründeten Parteien Verantwortung zu übernehmen. Sie wurden erst allmählich an diese Aufgaben herangeführt und zum Eintritt in die Parteien aufgefordert, weil verantwortungsbewusste Menschen eingesehen hatten bzw. davon überzeugt waren, dass die Interessen auch der Heimatvertriebenen nur in den großen Parteien beachtet und durchgesetzt werden könnten. Hier wird auf die Bemühungen der Baugemeinde und des Arbeitskreises von Pastor Plantiko verwiesen. Da sich auch vor Ort die Parteienvertreter und der Gemeinderat der Interessen der Vertriebenen annahmen, spielte die Vertriebenenpartei der Gesamtdeutsche Block/BHE, für den sich im März 1951 eine Kreisgruppe Lübbecke/Westf. gegründet hatte, bei den Heimatvertriebenen in Espelkamp anfangs keine Rolle.

Die drei großen Parteien hatten Ende der fünfziger, Anfang der sechziger Jahre in Espelkamp aktive Jugendgruppen, die sich im Ring politischer Jugendgruppen zusammengeschlossen hatten und auch viele gemeinsame Veranstaltungen durchführten. Aus ihnen sind später einige Mandatsträger hervorgegangen.

CDU

Im Februar 1946 wurde die CDU auf Kreisebene gegründet. Die Absicht der Kreisunion, in allen Gemeinden des Kreises Ortsunionen zu gründen, ließ sich in den ersten Jahren bis auf Lübbecke nicht verwirklichen. Personen traten der Kreispartei bzw. der Ortsunion Lübbecke bei. Viele Personen sympathisierten und kandidierten für die CDU, waren aber zu einem Parteibeitritt nicht bereit. So hat es etliche Mandatsträger im Berichtszeitraum gegeben, die der CDU nie angehört haben oder erst später beigetreten sind.

In dem Bericht von Hans-Heinrich Schulte von 1989 »Christdemokraten in den Gründerjahren von Espelkamp« wird mitgeteilt, dass die Gründung der Ortsunion Espelkamp-Mittwald am 7. August 1953 in einer Mitgliederversammlung im »Pommerschen Hof« erfolgt sei. Aus dem Protokoll geht u. a. hervor, dass die Versammlung einstimmig auf Vorschlag Otto Weber als vorläufigen 1. Vorsitzenden wählt, da Dr. Walther krankheitshalber die Geschäfte nicht führen kann. Otto Weber hat am 25. November 1953 für die Ortsunion Mittwald Folgendes in einer Aktennotiz festgehalten: *„Nach persönlicher Rücksprache mit dem Kreisgeschäftsführer Herrn Engeling aus Lübbecke und Herrn Vogt aus Minden sowie Herrn Tirre aus Alt-Espelkamp als Vertreter der dortigen Ortsunion sind wir dahin übereingekommen, dass Espelkamp-Mittwald eine eigene Ortsunion bildet, da das politische Schwergewicht sich nach dort verlagert hat. Es soll jedoch eine enge Verbindung zwischen den Ortsunionen gehalten werden, weil nur* ***eine*** *politische Gemeinde besteht und daher der* ***gemeinsame Gemeinderat*** *sowohl für Alt-Espelkamp als auch für Espelkamp-Mittwald zuständig ist.*

Auf Wunsch von Herrn Tirre hat der Kreisvorsitzende die Zuwahl eines Vertreters aus Espelkamp-Mittwald in den Kreisvorstand zugesagt. Wie schon auf der Amtsvertretung der CDU am 8. November 1953 von den Gemeinderäten Herzog und Fister angeregt wurde, sollen ***vor allen Gemeindesitzungen*** *die Gemeinderäte der CDU mit einer Vertretung der Ortsunion – etwa dem erweiterten Vorstand – zusammenkommen, um besser vorbereitet in die Gemeindesitzungen zu gehen. Alle grundsätzlichen Fragen müssen* ***vor*** *der Sitzung geklärt werden.*

Zu diesen Vorbesprechungen sollen daher auch die Mitglieder der Ortsunion Alt-Espelkamp geladen werden. Insbesondere ist Tirre zuzuziehen. Bei Parteiveranstaltungen in Espelkamp-Mittwald sollen auch jeweils die Mitglieder aus Alt-Espelkamp geladen werden.“

Danach müsste es eine CDU-Ortsunion Alt-Espelkamp gegeben haben. Der spätere CDU-Ratsherr und Hallenwart der Stadtsporthalle Fred Steinkamp hat dem Verfasser mitgeteilt, dass es eine Ortsunion Alt-Espelkamp seines Wissens nicht gab. Vielleicht hat es sich auch nur um einen losen Zusammenschluss der CDU-Ratsherren der Altgemeinde gehandelt oder es gab einen Ortssprecher der Kreisunion.

Der Verfasser hat in den Wahlunterlagen bei der Stadtverwaltung festgestellt, dass die Unterlagen der CDU für die Kommunalwahl am 9. November 1952 von Dr. Walther für die CDU-Ortsunion Espelkamp unterschrieben worden sind. Hat es wohl doch schon früher eine Ortsunion Espelkamp-Mittwald gegeben? Dies ist anzunehmen, weil in der oben genannten Mitgliederversammlung nur ein vorläufiger 1. Vorsitzender für den erkrankten Dr. Carl Walther und keine weiteren Vorstandsmitglieder gewählt wurden. Rektor Herzog erinnert sich im März 1987 daran, dass Dr. Walther kurze Zeit Vorsitzender der Ortsunion war. Der ehemalige Generalkonsul und der 1. Vorsitzende des Volksbildungswerkes Espelkamp ist am 9. November 1953 verstorben.

Im Rundschreiben der CDU-Ortsunion von Anfang 1954 bis Mitte 1955 wird Architekt Adolf Hetschold als 1. Vorsitzender genannt. Er wird Mitte 1955 von Alice Luise Tirpitz abgelöst. Sie verzichtet in der Mitgliederversammlung am 23. Mai 1957 auf eine Wiederwahl, weil sie aus Espelkamp verzieht. In der genannten Versammlung wird Rechtsanwalt Karl-Werner Lindberg zum Vorsitzenden gewählt. Er behält dieses Amt bis zum 1. Juli 1970. Lindberg wird von Rektor Herzog als „sehr guter und verlässlicher Vorsitzender“ bezeichnet. Die Familie Lindberg war eine der ersten Kolonisten, die in der Muna siedelten. Karl-Werner Lindberg hatte bereits vor dem Berichtszeitraum einige Zeit für die FDP im Gemeinderat mitgearbeitet und hat dann einige Jahre für Espelkamp in der Amtsvertretung des Amtes Rahden gewirkt. Außerdem hat er von 1949 bis 1964 im Bruderrat und später im Presbyterium den Aufbau der Martins-Kirchengemeinde mitgestaltet. Bis zur Kommunalen Neuordnung war Manfred Klapper Vorsitzender der CDU-Ortsunion. Dem Vorstand bzw. dem erweiterten Vorstand haben immer überwiegend Mandatsträger, ein Vertreter der Altgemeinde und Funktionsträger wie z. B. der Landtagsabgeordnete Albert Pürsten angehört.

SPD

Die Wiedergründung der SPD im Kreise Lübbecke erfolgte am 4. Dezember 1945 in Lübbecke. Bereits ein Jahr später gab es 20 Ortsvereine im Kreis. Die SPD-Mitglieder aus Espelkamp – vorwiegend aus der Altgemeinde – gehörten damals zum Ortsverein Rahden, dem der spätere Unterbezirkssekretär Heinrich Strieker vorstand. Am 20. Mai 1950 wurde der Ortsverein Kolonie gegründet. Vorsitzender wurde Alfred Siebert, der – eigentlich kein klassischer Sozialdemokrat –

von Heinrich Hüffmeyer zur Gründung des Ortsvereins überredet worden war. Auch die Familie Siebert hat in einer Baracke der Kolonie gewohnt und später in der Heinrich-Drake-Siedlung an der Koloniestraße ein Siedlungshaus errichtet. Der Tiefbauunternehmer Siebert gab den Vorsitz 1956 wegen Arbeitsüberlastung ab. Er wurde bei den Kommunalwahlen 1952, 1956 und 1961 jeweils in den Rat der Gemeinde bzw. Stadt, die Amtsvertretung Rahden und den Kreistag Lübbecke gewählt. Als Fraktionsvorsitzender im Rat hat er sich bis zu seinem Ausscheiden im September 1961 große Verdienste um den Aufbau und die Entwicklung Espelkamps erworben. Ihm wurde hierfür und auch für sein Engagement für Espelkamp in den überörtlichen Gremien in der Ratssitzung am 19. Dezember 1961 herzlich gedankt.

Vorsitzender des Ortsvereins ist bis 1962 der Arbeiter Günter Albrecht und bis 1966 der Buchhändler Gerhard Wetzel. Danach übernimmt Lehrer Friedrich Wiemann den Vorsitz bis 1969 und anschließend Lehrer Richard Schöttke bis Februar 1970. Für kurze Zeit, bis November 1970, steht Dr. Ruby Simon dem Ortsverein vor. Sie gehörte von 1966 bis 1973 dem Rat der Stadt an und hat sich als Nachfolgerin von Olga Serno im Vorsitz des Sozialausschusses besondere Verdienste im sozialen Bereich erworben. Auch war sie von 1964 bis 1973 Mitglied des Presbyteriums der Martins-Kirchengemeinde und hat als Journalistin versucht, die Belange der Stadt und der Kirchengemeinde den Mitbürgern näher zu bringen. Daneben gehörte sie auch von 1969 bis 1973 dem Kreistag an. Ihr Nachfolger wird bis 1973 Maurermeister Friedrich Steding. Fritz Steding kam im Frühjahr 1948 mit der „Dünner Gruppe“ nach Espelkamp. Er baute die Gewerkschaftsjugend auf und arbeitete bald eng im Jugendparlament mit Albert Pürsten besonders beim Ausbau des späteren Kreisjugendheimes an der Rahdener Straße zusammen. Bei den Kommunalwahlen wurde er ab 1952 immer in den Rat und 1966 und 1969 jeweils zum 2. stellvertretenden Bürgermeister gewählt. Der Amtsvertretung Rahden gehörte er von 1956 bis zur Ausamtung und dem Kreistag Lübbecke von 1964 bis zur Kommunalen Neuordnung an. 1968 wurde er in das Presbyterium der Martins-Kirchengemeinde gewählt. Er hat auch in diesem Gremium lange aktiv mitgearbeitet und oft seine langjährigen kommunalpolitischen Erfahrungen eingebracht. Seine große Zeit begann nach der Kommunalen Neuordnung mit seiner Wahl zum Bürgermeister. Der Verfasser hofft, dass in einem dritten Buch der Volkshochschule die Leistungen des Fritz Steding als Bürgermeister, die zur Verleihung des Ehrenbürgerrechts an ihn geführt haben und besonders seine Bemühungen um die Integration zwischen den Bewohnern der alten Stadt Espelkamp und den angeschlossenen Gemeinden sowie den Spätaussiedlern entsprechend gewürdigt werden.

FDP

Am 20. Februar 1946 wurde der Kreisverband der FDP gegründet. Der im Oktober 1949 gewählte Kreisvorstand hatte sich zum Ziel gesetzt, auch Ortsverbände in allen acht Ämtern des Kreises zu gründen. Bis November 1951 war dieses Ziel erreicht. Beim Kreisparteitag im Mai 1952 wird als Beisitzer Hans Wagner aus Espelkamp-Mittwald in den Kreisvorstand gewählt. Ob es im Berichtszeitraum einen eigenständigen Ortsverband gegeben hat, lässt sich nicht mehr ermitteln.

Die Unterlagen für die Kommunalwahlen am 9. November 1952 sind mit einem Stempel des Kreisverbandes versehen und von Siegfried Schmidt, Ortsvorsitzender der FDP unterschrieben worden.

Während die Wahlunterlagen für die Kommunalwahlen 1961, 1966 und 1969 vom Kreisverband eingereicht wurden, zeichnete für die Wahlen 1956 und 1964 ein Ortsverband Espelkamp-Mittwald verantwortlich.

Bei den Kommunalwahlen 1952 hatte die FDP noch 6 Mandate, zwei mehr als die CDU, gegenüber 8 Mandaten der SPD errungen. Bei den nächsten Wahlen ging die Stimmenzahl immer mehr zurück. 1969 erhielt die FDP nur noch 1 Sitz im Rat.

BHE

Wie bereits oben erwähnt, spielte die Vertriebenenpartei anfangs in Espelkamp keine Rolle, obwohl der Bund der Vertriebenen und die Landsmannschaften in Espelkamp sehr aktiv waren. Erst bei den Kommunalwahlen 1956 und nochmals 1961 stellten sich aktive Heimatvertriebene zur Wahl. Die Unterlagen wurden vom Kreisverband des BHE eingereicht. Es gelang, jeweils 2 Mandate zu erringen.

DRP

Bei den Kommunalwahlen 1956 trat erstmals die Deutsche Reichspartei an. Die Unterlagen wurden vom Kreisverband Lübbecke eingereicht. Sie gewann 5,80 % der Stimmen. Der Mandatsträger Paul Haensel war in Espelkamp ein bekannter Mann. Er hat auch im Rat gute Arbeit für Espelkamp geleistet und war als Fachmann gefragt.

1961 bleibt die Partei unter 5 %.

UWE

Die beiden für den BHE 1961 gewählten Mandatsträger Johann Zboron und Wilhelm Niedenführ gründeten für die Kommunalwahlen 1964 mit Gleichgesinnten die Unabhängige Wählergemeinschaft Espelkamp und wurden wieder in den Rat gewählt. Auch 1966 geschah dies.

Erstmals wegen des ständigen Anwachsens der Bevölkerung gehörten nach der Wahl 1952 mehr Vertreter aus dem Ortsteil Mittwald als aus der Altgemeinde dem Rat an. Es wurde daher erwartet, dass in Zukunft Mittwald den Bürgermeister stellen würde. In der ersten Abstimmung wurde aber sowohl für den FDP-Ratsherrn August Rose (Altgemeinde) als auch für den SPD-Ratsherrn Rudolf Riemer (Mittwald) je 9 Stimmen abgegeben. In der nächsten Sitzung erhielt Ratsherr Rose 9 und Ratsherr Riemer 8 Stimmen, da zuvor ein SPD-Ratsherr ausgeschlossen wurde, weil er bei der Gemeinde beschäftigt war. Die CDU und FDP hatten sich auf Rose verständigt. Stellvertretender Bürgermeister wird Ratsherr Riemer.

Mit Schreiben vom 14. November 1952 hatte die CDU-Kreisunion Lübbecke gegen die Wahl der leitenden Angestellten der Aufbaugemeinschaft Espelkamp, Wilhelm Kern (SPD) und Dr. Hermann Thuleweit (FDP) in den Gemeinderat Einspruch mit der Begründung eingelegt, dass die Aufbaugemeinschaft eine Fülle öffentlicher Aufgaben beim Aufbau Espelkamps wahrnimmt (siehe dazu Ausführungen unter III.). Der Rat erklärt die Wahl für gültig und weist damit den Einspruch zurück. Von der Kreisunion wird dagegen nichts weiter unternommen.

Am 14. Februar 1956 wurde von der Amtsvertretung Rahden ein neuer Amtsdirektor gewählt. Zur Wahl standen an: Stadtkämmerer und 1. Beigeordneter Wilhelm Kern und Gerichtsassessor Alfred Suderow. Suderow wurde mit 14 Stimmen gegen 10 Stimmen für Kern neuer Amtsdirektor. Wie wäre wohl die Entwicklung Espelkamps weitergegangen, wenn Wilhelm Kern Amtsdirektor geworden wäre?

Bei der Bürgermeisterwahl nach den Wahlen im Jahre 1956 erhielt keiner der vorgeschlagenen Kandidaten, Wilhelm Kern und Johannes Zboron, die erforderliche Mehrheit. In der Sitzung am 22. November 1956 wurde offensichtlich nach vorheriger Absprache Wilhelm Kern zum Bürgermeister gewählt. Zum stellvertretenden Bürgermeister wird der bisherige Bürgermeister August Rose aus der Altgemeinde gewählt. Die Wahl des Gemeindedirektors hatte folgendes Ergebnis: Amtsdirektor Suderow 9 Stimmen, Bürgermeister Kern 8 Stimmen. Ein Ratsherr enthielt sich der Stimme. Bürgermeister Kern wurde einstimmig stellvertretender Gemeindedirektor.

Bei der Wahl des Bürgermeisters nach der Kommunalwahl 1961, die Zahl der Ratsmitglieder hatte sich wegen der gestiegenen Bevölkerungszahl von 18 auf 25 erhöht, wurde Bürgermeister Kern mit 16 Stimmen wiedergewählt. Für den CDU-Ratsherrn Otto Kuhl wurden 8 Stimmen abgegeben. Entsprechend den Bestimmungen in der zwischenzeitlich geänderten Hauptsatzung wird August Rose aus der Altgemeinde wieder zum stellvertretenden Bürgermsieter gewählt.

In der Ratssitzung am 18. Dezember 1962 wurde für den ausgeschiedenen Ratsherrn Thie Gerhard Wetzel (SPD) in den Rat eingeführt. Er ging gleich richtig zur Sache und hat durch ständige An-, Rück- und Nachfragen der Verwaltung ganz schön zu schaffen gemacht. Er setzt sich besonders für den Erhalt des Waldcharakters der Stadt ein und wird vom Rat beauftragt, sich hierum zu bemühen.

In dieser Ratssitzung hatte auch Ratsherr Niedenführ darauf hingewiesen, dass erstmalig im Kreise Lübbecke Volksschüler über den zweiten Bildungsweg die Realschul- und die Berufsfachschulreife erreicht hätten, dass davon 37,5 % aus Espelkamp kämen und dass in den zur Zeit in Lübbecke an der Berufsschule laufenden Kursen bis zu 70 % der Schüler und Schülerinnen in Espelkamper Betrieben tätig seien. Es müsse dafür gesorgt werden, dass entsprechende Bildungsmöglichkeiten in Espelkamp geschaffen würden. Bei der weiteren Beratung darüber, teilte Bürgermeister Kern mit, dass sich der Kreis gegenwärtig mit dem Ausbau der Schule und seiner Einrichtungen beschäftige. Espelkamp habe bereits gefordert, dass die hier bestehenden Berufsschulklassen beibehalten und weiter ausgebaut werden. Der Rat vertrat nach eingehender Erörterung die Auffassung, dass möglichst bald im Stadtgebiet ausreichende Möglichkeiten zum Besuch der Berufsschule, Handelsschule und der Einrichtungen des zweiten Bildungsweges für die in Espelkamper Betrieben tätigen Jugendlichen geschaffen werden. Die Stadt könne nach ihrer Wirtschaftskraft und Struktur hierauf einen Anspruch erheben.
Als über die Errichtung und den Standort eines neuen Berufsschulgebäudes im Kreistag entschieden wurde, hat Bürgermeister Kern auf Kosten der Stadt den in Urlaub befindenden Ratsherrn und Kreistagsabgeordneten Paul Hollert einfliegen lassen, um den Neubau für den Standort Espelkamp zu sichern. Das neue Berufsschulgebäude wurde in Espelkamp errichtet und 1968 eingeweiht.

Im Februar 1964 schied aus Verärgerung über die Behandlung seiner Personalsache der langjährige Leiter der Verwaltungsstelle Espelkamp, Amtsoberinspektor Kurt Lübbert, aus dem Dienst des Amtes Rahden aus. Der Rat der Stadt Espelkamp hatte entschieden, personelle Entscheidungen bis zum Zeitpunkt der Ausamtung zu verschieben.

Nach der Kommunalwahl 1964 wird Wilhelm Kern mit 23 Stimmen bei 1 Enthaltung wieder zum Bürgermeister gewählt. Erster stellvertretender Bürgermeister wird wieder Ratsherr Rose und zum zweiten stellver-

tretenden Bürgermeister wird Ratsherr Gau (CDU) gewählt.
Weil Amtsdirektor Suderow die Wahl zum nebenamtlichen Stadtdirektor wegen seiner Auffassung zur Ausamtungsfrage ablehnt, wird im Rat beschlossen, die Aufsichtsbehörde zu drängen, endlich über den Antrag auf Einrichtung einer hauptamtlichen Stadtdirektorenstelle zu entscheiden. Die Stadtdirektorenwahl soll bis zu dieser Entscheidung zurückgestellt werden.
Nach Genehmigung der Stelle wird Wilhelm Kern am 11. Juni 1965 vom Rat mit 19 Stimmen bei 2 Gegenstimmen und 2 Enthaltungen zum hauptamtlichen Stadtdirektor Espelkamps gewählt.
Am 20. Juli 1965 hat der Ratsherr und 1. stellvertretende Bürgermeister August Rose sein Mandat niedergelegt. Er war sehr verärgert darüber, dass ein Teil der Altgemeinde Espelkamp Rahden zugeschlagen und nicht die gesamte Stadt ausgeamtet werden sollte. Er hat sich immer für den Erhalt der Altgemeinde in ihrer Gesamtheit eingesetzt, entweder mit dem Stadtteil Mittwald als amtsfreie Stadt oder ohne Mittwald innerhalb des Amtsverbandes Rahden. Er ist unterlegen, weil andere Kräfte eine andere Entscheidung bei höheren Stellen erwirkt haben. Es ist schade, dass seine politische Tätigkeit auf eine solche Weise geendet hat. Es bleibt festzuhalten, dass sich August Rose als Bürgermeister und als stellvertretender Bürgermeister sowie als Vorsitzender des Bezirksausschusses um Espelkamp, besonders aber um die Altgemeinde, verdient gemacht hat.

Gratulation zur Stadtdirektorenwahl. Von links: 2. stellv. Bürgermeister Gau; Fraktionsvorsitzender Hollert; 1. stellv. Bürgermeister Rose; Amtsdirektor Suderow; Ratsfrau Serno; Stadtdirektor Kern; Amtmann Eickhoff.

Noch vor der letzten Lesung des Gesetzes zur Änderung der Gemeindegrenze zwischen der Stadt Espelkamp und den Gemeinden Fabbenstedt, Frotheim, Rahden und Tonnenheide im Landtag haben sich die drei im Rat verbliebenen Vertreter der Altgemeinde, Wilhelm König, Heinrich Rüter und Heinrich Schomäker sowie Volksschul-Hauptlehrer Hahn, am 4. November 1965 in einer Denkschrift an den Innenminister Weyer mit der Bitte gewandt, dass der Landtag bei einer Ausamtung Espelkamps von einer Teilung der Altgemeinde absehen möge. Sie haben auch auf die Nachteile hingewiesen, die nach ihrer und dem größten Teil der Bewohner der Altgemeinde bestehenden Auffassung eintreten würden, wenn wie vorgesehen entschieden würde. Es ist nicht zu bestreiten, dass die Ausamtung und die damit verbundene Teilung der Altgemeinde Wunden geschlagen hat, die trotz großer Bemühungen vieler gutmütiger Menschen bis heute nicht völlig vernarbt sind.

In der Ratssitzung am 20. Juli 1965 wird Stadtdirektor Kern in sein Amt eingeführt und Amtmann Rudolf Eickhoff sowie Amtsoberinspektor Heinrich Schwanenhorst werden zu Vertretern des Stadtdirektors ernannt.

Bei der Bürgermeisterwahl am 14. September 1965 erhält der SPD-Kandidat Gerhard Wetzel mit nur 11 Stimmen nicht die erforderliche Mehrheit. Am 30. September 1965 wird Wetzel mit 13 Stimmen gewählt.

Durch die Ausamtung ist eine Neuwahl des Rates erforderlich. Bei der danach am 18. März 1966 erfolgten Neuwahl des Bürgermeisters wird Gerhard Wetzel mit 15 Stimmen wiedergewählt. Stellvertretender Bürgermeister wird mit 22 Stimmen der aus der Altgemeinde stammende FDP-Ratsherr Heinrich Rüter und 2. stellvertretender Bürgermeister mit 18 Stimmen Friedrich Steding.

Das plötzliche und unerwartete Ableben des Stadtdirektors Kern am 10. Juli 1967 in Hamburg hat viele Menschen nicht nur in Espelkamp traurig gemacht. Seine Beerdigung wurde von einem Ausschuss, dem Ratsherren und Verwaltungsmitarbeiter angehörten, generalstabsmäßig vorbereitet und durchgeführt. Um ihn posthum zu ehren, wurde am 9. November 1967 – seinem 62. Geburtstag – auf Beschluss des Rates der Rathausplatz in „Wilhelm-Kern-Platz“ umbenannt.
Wilhelm Kern wurde in Freystadt/Westpreußen geboren und hat ab 1933 nach der zweiten jurstischen Staatsprüfung bis 1934 als Rechtsanwalts- und Notarvertreter bzw. Gerichtsassessor an verschiedenen Stätten der Grenzmark Posen-Westpreußen gearbeitet, bevor er als Assessor ein Jahr in die Provinzialverwaltung ging. Von 1935 bis 1945 war er 1. Beigeordneter und Stadtkämmerer in Prenzlau/Uckermark und als solcher auch ständiger Vertreter des Bürgermeisters und Dezernent des Finanz-, Schul- und Wohlfahrtswesens. Er war auch Vorsitzender des Vorstandes der Sparkasse Prenzlaus, Aufsichtsratsvorsitzender der Prenzlauer Kleinwohnungsbau-GmbH und Aufsichtsratsmitglied der Kurmärkischen Kleinsiedlungs-GmbH in Berlin. Es war ein Glücksfall für Espelkamp, einen solch versierten Verwaltungsfachmann für den Aufbau des Gemeinwesens zur Verfügung zu haben.
Kern zog bereits 1945 mit seiner Familie in eine Barackenwohnung in der Kolonie ein und war zunächst als Bauhilfsarbeiter tätig. 1948 trat er als Mitarbeiter in das Planungsbüro des Evangelischen Hilfswerkes ein und war später bis zu seiner Wahl als hauptamtlicher Stadtdirektor Finanzsachbearbeiter und Prokurist der Aufbaugemeinschaft Espelkamp GmbH. Er gehörte vom 17. Oktober 1948 zunächst für die FDP bis 19. Juli 1965 dem Rat der Gemeinde bzw. der Stadt an, und zwar ab 22. November 1956 als Bürgermeister. Er war von 1956 bis 1965 Mitglied des Kreistages und gehör-

te von 1952 bis 1965, und zwar genau vom 28. November 1952 bis 1. Februar 1956 und vom 15. Mai 1961 bis 15. Juli 1965 etwa sieben Jahre der Amtsvertretung Rahden an.

In ihrer Todesanzeige hat die Stadt den Verstorbenen gebührend gewürdigt.

Am 10. Juli 1967 verstarb unerwartet unser Stadtdirektor

Wilhelm Kern

im Alter von 61 Jahren nach kurzer, schwerer Krankheit.

Seit 1945 hat er sich unermüdlich ohne Schonung seiner Person als Bürger, Ratsherr, Bürgermeister und Stadtdirektor für den Aufbau Espelkamps eingesetzt. Sein reiches Fachwissen, seine Aufgeschlossenheit für alle Gebiete kommunalen Lebens, seine Begabung, neue Ansatzpunkte und gangbare Wege klar zu erkennen, gepaart mit einer unermüdlichen Tatkraft und einem zähen Verhandlungsgeschick haben ihn für seine Lebensaufgabe in Espelkamp in besonderer Weise befähigt.

Sein Ohr war für die Nöte und Schwierigkeiten jedes einzelnen Mitbürgers offen.

Wilhelm Kern, ein edler Mensch, war selbstlos, zielstrebig, gerecht, klug, hochgebildet. Er hatte unsere uneingeschränkte Achtung und unser Vertrauen. Unsere Stadt verdankt ihm Entscheidendes.

Espelkamp, 12. Juli 1967

Für den Rat der Stadt	Für die Stadtverwaltung
Wetzel	**Eickhoff**
Bürgermeister	Stadtoberamtmann

Stadtdirektor Kern wird am Freitag, dem 14. Juli 1967, um 8 Uhr in der Eingangshalle des Rathauses aufgebahrt; die Trauerfeier der Stadt beginnt hier um 11 Uhr.

Wilhelm Kern

In der Todesanzeige wird auch sein Verhandlungsgeschick herausgestellt. Es wird Wilhelm Kerrn nachgesagt, dass er in den städtischen Gremien bei problematischen Punkten die Ratsvertreter habe diskutieren lassen. Nach geraumer Zeit habe er die Diskussionsbeiträge in seinem Sinne zusammengefasst, einen Beschlussvorschlag formuliert und darüber abstimmen lassen. Es soll ihm sehr oft gelungen sein, so seine Auffassung durchzubringen.

Wie bereits unter III. hingewiesen, kommt es nach der Wahl von Dr. Horst Eller gegen Rudolf Eickhoff zum Stadtdirektor zu politischen Veränderungen im Stadtrat.

Die Presse berichtet am 11. Januar 1968 in der Rubrik »Das aktuelle Gespräch« darüber, dass vier Stadtvertreter mit Schreiben vom 8. Januar 1968 ihren Austritt aus der SPD mit sofortiger Wirkung erklärt hätten, und zwar seien dies Bürgermeister Gerhard Wetzel, Josef Biefel, Paul Jänicke und Hermann Meier. Der Bürgermeister habe den Rat für den 17. Januar zu einer Sondersitzung einberufen, weil u. a. wegen der neuen Zahlenverhältnisse in den Fraktionen die Ausschüsse neu besetzt werden müssten. Bürgermeister Wetzel wird dazu ausführlich befragt. Er teilt mit, dass die Stadtdirektorenwahl zwar die Ursache, nicht aber der Anlass für den Parteiaustritt der Genannten gewesen sei. In der Fraktion hatten sich acht Vertreter für die Wahl eines Volljuristen eingesetzt, während die vier jetzt Ausgetretenen die Kandidatur des Oberamtmanns Eickhoff unterstützt hätten, weil dieser auf 27 Jahre Erfahrung beim Aufbau Espelkamps hätte verweisen können und deshalb einem fremden und jüngeren Kandidaten vorzuziehen gewesen sei. Es sei auch den Vieren mehr um die grundsätzliche Frage gegangen, ob sie sich dem Mehrheitswillen beugen müssten oder ihrer Gewissensentscheidung folgen sollten. Sie hätten sich auf den § 30 der Gemeindeordnung berufen, der den Abgeordneten zusichere, an Aufträge nicht gebunden zu sein. Man habe versucht, sie umzustimmen und bei einem Beharren auf dem Standpunkt mit Konsequenzen gedroht. Er habe schon vor der Wahl im Rat gesagt, dass er auf eine kontinuierliche Weiterarbeit hoffe, gleichgültig wie die Wahl ausgehe. Obwohl sich nach der Wahl eine gute Zusammenarbeit zwischen dem Stadtdirektor und ihm ergeben habe, habe der Unterbezirksvorstand beschlossen, eine Untersuchungs-Kommission zu beantragen. Die Untersuchungs-Kommission habe zunächst versucht, eine Aussöhnung herbeizuführen. Nach mehreren Gesprächen habe sich jedoch herausgestellt, dass weitere Vorwürfe gegen ihn vom Fraktionsvorsitzenden Wiemann vorgebracht wurden und die anderen acht weder eine Versöhnung noch eine weitere Zusammenarbeit für möglich hielten. Schließlich habe der Vorsitzende der Kommission die Aktion als gescheitert erklärt und angekündigt, dem Unterbezirk entsprechend zu berichten. Sie seien deshalb einem Parteiausschluss mit ihrem Austritt zuvorgekommen.

In der Ratssitzung am 17. Januar 1968 wird zu Beginn mitgeteilt, dass

1. die vier aus der SPD ausgetretenen Ratsherren bei der CDU-Fraktion hospitieren
2. der Ratsherr Zboron aus der UWE ausgeschieden sei und ebenfalls bei der CDU-Fraktion hospitieren würde
3. die FDP-Fraktion ab sofort mit der CDU eine Fraktionsgemeinschaft eingegangen sei

Der SPD-Fraktionsvorsitzende Wiemann wies darauf hin, dass die Listenverbindung SPD-Fraktion/UWE nach wie vor bestehe.

Danach werden die Ausschüsse entsprechend der jetzt gegebenen Konstellationen neu gewählt.

Bürgermeister Wetzel tritt schließlich der CDU bei und wird nach der nächsten Kommunalwahl wieder zum Bürgermeister gewählt. Die drei anderen früheren SPD-Ratsherren bemühen sich, vor der nächsten Wahl um die Gründung einer Wählergemeinschaft. Dies gelingt aber nicht.

Trotz dieser grundlegenden Veränderungen im politischen Bereich arbeiten die Fraktionen weiterhin gut und verantwortungsbewusst zum Wohle Espelkamps zusammen. Ausfluss dessen war sicher auch, dass alle Haushaltssatzungen bis zur Kommunalen Neuordnung immer einstimmig beschlossen wurden. Daran hatte sicherlich auch der Stadtdirektor seinen gebührenden Anteil.

Stadtoberamtmann Eickhoff war zum Amtsdirektor des Amtes Niedermarsberg gewählt worden und schied mit Ablauf des 31. Juli 1968 aus der Stadtverwaltung aus.

Im Februar 1969 legt Ratsherr Hollert sein Mandat aus gesundheitlichen Gründen nieder. Er wird am 12. Mai 1969 in einer öffentlichen Sondersitzung in feierlicher Form verabschiedet. Seit 1953 hat er sich im Rat und in den verschiedensten Ausschüssen sowie mehrere Jahre in der Amtsvertretung Rahden und im Kreistag Lübbecke, aber auch als Fraktionsvorsitzender der CDU unermüdlich und uneigennützig für das Wohl der Stadt und ihrer Bürger eingesetzt. Da er auch mehreren Vorständen Espelkamper Einrichtungen angehörte, war er hier ein geachteter und bekannter Mann.

Im August 1969 verabschiedet sich Ratsherr Zboron aus dem Rat. In seinem Keller sind bei einem guten Schoppen Wein mehrmals wichtige Entscheidungen zum Wohle Espelkamps vorbereitet worden, und zwar von Vertretern aller Fraktionen und anderer wichtiger Funktionsträger Espelkamps. Der verbliebene UWE-Ratsherr Niedenführ kandidiert bei den Kommunalwahlen am 9. November 1969 als Bürgermeisterkandidat für die SPD. Die Wahl bringt der CDU und SPD je 13 Sitze und 1 Sitz der FDP. Beide große Fraktionen bemühen sich für die Bürgermeisterwahl um den FDP-Mann. Da sich Ratsherr Rüter zur CDU schlägt, wird Bürgermeister Wetzel mit 14 Stimmen wiedergewählt bei 13 Stimmen für den Ratsherrn Niedenführ.
1. stellvertretender Bürgermeister wird mit 23 Stimmen Ratsherr Rüter und 2. stellvertretender Bürgermeister mit 21 Stimmen wieder Ratsherr Steding.

In der Sitzung am 17. März 1971 wird Ratsherr Goroncy eingeführt. Er war für den ausgeschiedenen Ratsherrn Weber nachgerückt. In dieser Sitzung wurde auch bekanntgegeben, dass Ratsherr Schöttke den Fraktionsvorsitz der SPD-Fraktion, den er im April 1969 vom wegen Wegzug ausgeschiedenen Ratsherrn Wiemann übernommen hatte, wegen Arbeitsüberlastung abgegeben und die Fraktion Ratsherrn Wriedt mit dem Vorsitz beauftragt habe. Dieser gibt den Fraktionsvorsitz aber bereits ein Vierteljahr später an Ratsherrn Nötzel weiter, der ihn weit über den Berichtszeitraum hinaus inne hat. Ratsherr Wriedt hatte dies sicher aus gesundheitlichen Gründen getan, weil er deswegen auch am 13. März 1972 aus dem Rat ausscheidet. Wriedt gehörte seit 1956 dem Rat an und war lange Jahre Vorsitzender des Bauausschusses. Hier konnte er seine Erfahrungen, die er als Mitarbeiter der Aufbaugemeinschaft erworben hat, wirksam für die Stadt einbringen.

Vor Eintritt in die Tagesordnung der Ratssitzung am 14. Juni 1972 wurde Karl Buck, der von 1956 bis 1969 dem Rat der Stadt für die FDP angehört hatte, die Espelkamp-Medaille u. a. für seine Verdienste um den Aufbau von zwei bedeutenden Vereinen und dem unermüdlichen Einsatz im Rat und in den Ausschüssen verliehen. Die Espelkamp-Medaille ist eine Auszeichnung für Personen, die sich um die Stadt besonders verdient gemacht haben. Buck war der erste Ratsherr, der diese Medaille verliehen bekam. In den folgenden Jahren haben neben anderen Personen auch weitere Ratsherren und -frauen diese Auszeichnung erhalten.

Am 16. November 1972 stirbt Ratsherr Heinrich Rüter. Als Ratsherr, stellvertretender Bürgermeister und Vorsitzender des Bezirksausschusses ab 1965 hat er sich besonders um die Belange der Altgemeinde gekümmert und durch seine guten Beziehungen zu den anderen Ratsmitgliedern dazu beigetragen, dass besonders nach der Ausamtung die Verbindungen zwischen den Menschen nicht abbrachen. Auch schon während des Krieges und kurz danach hatte er als Bürgermeister Verantwortung für seine Heimatgemeinde übernommen. Sein Rat war stets gefragt.

In der letzten Sitzung des Rates vor dem Inkrafttreten der Kommunalen Neuordnung hob Bürgermeister Wetzel hervor, dass ihm der Abschied nach fast 7-jähriger Tätigkeit als Bürgermeister nicht leicht falle.

Gerhard Wetzel hat das politische Leben und die Entwicklung der Stadt bis zur Kommunalen Neuordnung und auch danach noch entscheidend mitgestaltet und beeinflusst. Er war ein fleißiger Arbeiter und hat oft durch drastische Ausdrücke für Heiterkeit in den Sitzungen gesorgt.

Ratsherr Niedenführ, der endgültig aus der Ratsarbeit ausschied, hat immer kompetent, besonders bei Entscheidungen auf den Gebieten des Schulwesens und der Kultur mitgewirkt. Er hat als Vorsitzender bzw. Vorstandsmitglied mehrere Vereine entscheidend geprägt. In den Sitzungen hat er oft seine Beiträge durch Zitate aus der Weltliteratur gewürzt, die überhitzten Gemüter dadurch beruhigt und das Niveau der Gespräche so auf einem guten Stand gehalten.

Fabbenstedt

CDU

Eine Ortsunion hat es in Fabbenstedt im Berichtszeitraum nicht gegeben. Parteimitglieder traten in die Kreisunion ein und wurden von dieser auch betreut. Die Wahlunterlagen für die Kommunalwahlen wurden von ihr vorgelegt. Es waren sicher auch in Fabbenstedt nicht alle Bewerber und spätere Mandatsträger CDU-Mitglieder.

SPD

Zu den 20 Ortsvereinen, die sich nach Gründung des Kreisvereins im Jahre 1946 wieder gründeten, gehörte der Ortsverein Alswede, der alle Gemeinden des Amtes Alswede erfasste. Auch bei der SPD waren in den ersten Nachkriegsjahren nicht alle Mandatsträger auch Parteimitglieder.

FDP

Auch einen FDP-Ortsverband hat es in den Gemeinden des Amtsverbandes nicht gegeben. Die Kreispartei hat sich sicher, wie es aus Rahden berichtet wird, vor den Kommunalwahlen um geeignete Kandidaten bemüht.

FWF

Obwohl die Gemeinde einen rechtsgültigen Flächennutzungsplan hatte, zögerte der Gemeinderat lange Zeit, Siedlungsgelände auszuweisen. Deshalb gründete sich vor den Wahlen 1969 die Freie Wählergemeinschaft, weil diese Gruppe es nicht mehr hinnehmen wollte, dass junge Fabbenstedter in anderen Gemeinden Häuser bauten und so der Gemeinde verlorengingen. Die FWF gewann auf Anhieb die Mehrheit der Sitze im Rat und stellte den Bürgermeister und den stellvertretenden Bürgermeister.
Der neue Rat begann sogleich mit der Aufstellung eines Bebauungsplanes. Nach Erledigung aller Form-

vorschriften wird er jedoch, wahrscheinlich wegen der bevorstehenden Kommunalen Neuordnung, von der Regierung nicht mehr genehmigt.

In der Gemeindevertretung hat offensichtlich immer ein gutes Klima geherrscht, denn Fritz Unger ist immer einmütig zum Bürgermeister gewählt worden. Der am 9. November 1969 gewählte Gemeinderat hat in seiner Sitzung am 1. Dezember 1969 einstimmig beschlossen: „dem bisherigen Bürgermeister Fritz Unger, Fabbenstedt Nr. 23, geb. am 1. Juni 1893 wird gem. § 26 GO in Anerkennung seiner Verdienste als Bürgermeister der Gemeinde Fabbenstedt in der Zeit vom 20. September 1945 bis zum Ablauf der Wahlperiode am 18. November 1969 die Bezeichnung Ehrenbürgermeister der Gemeinde Fabbenstedt verliehen“.

Fiestel – Gestringen

CDU

Vor der Kommunalen Neuordnung gab es in den Ortschaften der Gemeinde Alswede keine Ortsunion. Die Kreispartei, insbesondere die Kreisgeschäftsführer, erledigten alle notwendigen Angelegenheiten auch in den Kommunen. Die CDU spielte, wie auch aus der Zusammensetzung der Räte unter V. ersichtlich ist, keine große Rolle.

SPD

In der Gemeinde Alswede bzw. den Bauerschaften war die SPD die dominierende Kraft. Über den SPD-Ortsverein Alswede wird in diesem Kapitel unter Lübbecke eingehend berichtet. Daher sieht der Verfasser von einer eigenen Darstellung ab.

FDP

Hier wird auf die Ausführungen unter Fabbenstedt verwiesen.

FWGA

Wie es zur Gründung der freien Wählergemeinschaft gekommen ist, geht ebenfalls aus dem Bericht unter Lübbecke über den SPD-Ortsverein Alswede hervor.

Schon bei der Bürgermeisterwahl 1952 machen sich die Meinungsverschiedenheiten zwischen den SPD-Vertretern der drei Bauerschaften und wie auch in den folgenden Jahren zwischen den Parteienvertretern der einzelnen Bauerschaften überhaupt bemerkbar. Telkemeyer und Witte erhalten im ersten Wahlgang je 5 Stimmen. Im zweiten Wahlgang in der nächsten Sitzung wird Telkemeyer mit 5 Stimmen, bei 3 Stimmen für Witte, 1 Enthaltung und 1 ungültige Stimme zum Bürgermeister gewählt. Jeweils werden auch Bauerschaftsvorsteher gewählt, wobei der Bürgermeister in seiner Bauerschaft diese Funktion wahrnimmt. Sie haben u. a. die Aufgabe, darüber zu wachen und sich dafür einzusetzen, dass die für die Bauerschaft gefassten Beschlüsse auch umgesetzt werden.

Die angesprochenen Meinungsverschiedenheiten sind sicher auch Ursache für die Ausgemeindungsanträge aus der Gemeinde Alswede und Bildung selbständiger Gemeinden, und zwar der Bauerschaft Fiestel von Anfang 1953 und der Bauerschaft Gestringen von April 1959.

Über den Standort und den Architekten für die Errichtung eines neuen Volksschulgebäudes in Fiestel kann im Rat keine Einigung erzielt werden. Nach mehreren Sitzungen, bei denen die Beschlussunfähigkeit festgestellt werden muss – bei einer Sitzung waren hochrangige Vertreter der Bezirksregierung und des Kreises anwesend – wird der Kreis vom Regierungspräsidenten mit dem Bau der Schule beauftragt.

Nach der Kommunalwahl 1956 wird Ratsherr Telkemeyer mit 7 Stimmen bei 3 Stimmen für Ratsherrn Steinkamp wieder zum Bürgermeister gewählt.

Auch gab es harte Auseinandersetzungen im Rat um das Enteignungsverfahren gegen den Landwirt Holle, der es abgelehnt hatte, einen Geländestreifen zur Anlegung eines Gemeindeweges zur neuen Siedlung in Gestringen zur Verfügung zu stellen und um die Errichtung einer Pausenhalle und eines Fahrradstandes für die Schule Gestringen. Einige Male werden Sitzungen für beschlussunfähig erklärt oder sie kommen erst gar nicht zustande.

Die neugegründete Wählergemeinschaft Alswede gewinnt bei der Kommunalwahl 1961 gleich 4 Sitze. Sie stellt auch mit Friedrich Tirre den Bürgermeister und Friedrich Haseloh den stellvertretenden Bürgermeister, der jeweils mit 7 Stimmen gegenüber 5 Stimmen für Friedrich Telkemeyer die Wahl gewinnen.

Ein Schwerpunkt, an dem sich die Gemüter entzünden, ist die Errichtung einer Zentralkläranlage in Fiestel für die Gesamte Gemeinde oder die Errichtung von drei Einzelanlagen in den Bauerschaften. In mehreren Sitzungen kommt es bei den Abstimmungen darüber zu einem Stimmenverhältnis von 6 : 6 oder es wird nach Verlassen von 6 Ratsmitgliedern in der Sitzung die Beschlussunfähigkeit festgestellt.

Die Wahlen zum Gemeinderat bringen im September 1964 der SPD wieder die Mehrheit der Sitze und mit dem neuen Ratsmitglied Erich Seidel aus Fiestel auch den Bürgermeisterposten. Seidel gewinnt die Wahl mit 8 Stimmen gegen den bisherigen Bürgermeister Tirre mit 5 Stimmen. Friedrich Telkemeyer wird mit 7 Stimmen zum stellvertretenden Bürgermeister gewählt.

Danach scheint relative Ruhe im Rat eingekehrt zu sein. Dies war auch notwendig, weil die Gemeinde noch wichtige Entscheidungen vor der Kommunalen Neuordnung zu treffen hatte, und zwar besonders auf dem Gebiet des Schulwesens, des Ausbaues des Mittellandkanals und im Hinblick auf die Kommunale Neuordnung selbst.

Zur Beruhigung der Lage hat sicher auch der neue Bürgermeister wesentlich beigetragen. Er erhält nach der Kommunalwahl 1969 bei seiner Wiederwahl 10 Stimmen und damit mindestens 2 Stimmen von Vertretern anderer Parteien.

Es darf hier nicht der Eindruck entstehen, dass sich die Ratsvertreter bis zur Wahl 1964 nur gestritten hätten. Sie haben viel zum Wohle ihrer Bürger und Einwohner gearbeitet und erreicht, was u. a. auch aus den Ausführungen unter VI. zu entnehmen ist.

Vehlage

CDU, SPD und FDP

Für die Parteien gilt, was vorher unter Fabbenstedt und Fiestel-Gestringen geschrieben wurde.

In der Gemeinde Vehlage war die CDU immer dominierend. Die SPD-Ratsherren haben zum Wohle der Bürger im Rat mit den CDU-Ratsherren eng zusammengearbeitet. Die FDP spielte keine Rolle.

Zu Bürgermeistern wurden jeweils einmütig und ab 1961 jeweils einstimmig 1952 Christian Bredebusch und 1956-1969 Heinrich Siebe Nr. 23 gewählt.

Frotheim

CDU und FDP

Für diese beiden Parteien gilt, was unter Vehlage zu lesen ist.

SPD

Auch bereits im Jahre 1946 war ein SPD-Ortsverein gegründet worden. Erster Vorsitzender war Friedrich Bünemann. Ihm folgten als Vorsitzende im Berichtszeitraum Friedrich von Behren, Rudolf Weitkamp und Wilhelm Rosemuck.

FWG

Zu den Kommunalwahlen 1961 trat auch eine Wählergemeinschaft an. Obwohl sie 370 Stimmen erhielt, konnte sie kein Mandat im Rat erringen.

Auffällig ist, dass die CDU bei den Wahlen 1952 und 1956 mehr Mandate als die SPD erringt. Vielleicht lässt sich dies dadurch erklären, dass der am 2. März 1946 eingesetzte Bürgermeister Wilhelm Meier auch nach der nächsten Wahl im Amt bleibt und der CDU angehört. Er wird auch nach der Wahl 1952 einstimmig wieder zum Bürgermeister gewählt. Die Bürgermeisterwahl nach der Kommunalwahl 1956 ist spannend. Der damals noch für die CDU angetretene Wilhelm Rosemuck stellt sich gegen den Altbürgermeister zur Wahl. Beide erhalten in zwei Wahlgängen je 5 Stimmen. Die danach durchgeführte namentliche Abstimmung endet mit dem gleichen Ergebnis. Anschließend wird durch Losentscheid Wilhelm Meier wieder Bürgermeister.

Die Wahlen von 1961 bringen für die SPD die $^2/_3$-Mehrheit. Der inzwischen zur SPD übergetretene Wilhelm Rosemuck wird zum Bürgermeister gewählt. Nach der Bürgermeisterwahl wird der alte Bürgermeister Meier für seinen mehr als 15-jährigen ehrenamtlichen Dienst für die Gemeinde Frotheim geehrt.

Die Kommunalwahlen von 1964 und 1969 fallen für die SPD noch günstiger aus. Bürgermeister Rosemuck wird beide Male mit 10 Stimmen wiedergewählt.

Isenstedt

CDU und FDP

Auch in Isenstedt hatte die CDU im Berichtszeitraum keine Ortsunion. Die FDP war wie in Frotheim auch in Isenstedt in den jeweils gewählten Räten nicht vertreten. Im übrigen siehe Ausführungen zur CDU wie unter Fabbenstedt.

SPD

Auch in Isenstedt gab es Ende 1946 einen Ortsverein, der von Hermann Schumacher bis 1958 geführt wurde. In diesem Jahre übernahm Heinrich Bollmeier den Vorsitz und behielt ihn bis nach der Kommunalen Neuordnung. Er sorgte dafür, dass alle SPD-Mandatsträger auch der Partei beitraten.

FWG

Auch in Isenstedt trat zu den Kommunalwahlen 1961 eine freie Wählergemeinschaft an und errang ein Mandat im Gemeinderat. Es handelt sich dabei um den früheren Ratsherrn Hußmann, der bisher für die SPD im Rat vertreten war.

Die SPD errang bei den Kommunalwahlen, bis auf die letzten am 9. November 1969, immer die Mehrheit der Sitze im Gemeinderat. Dabei verwundert es allerdings, dass auf Antrag des Gemeindevertreters Hußmann im Jahre 1959 zweimal mit Mehrheit dafür gestimmt wird, das in 1955 eingeführte Einheitsschulsystem wieder abzuschaffen und zwei getrennte Schulbezirke für die vorhandenen Schulen wieder einzuführen. Dieser Beschluss wird vom 1961 neugewählten Rat aber wieder mit deutlicher Mehrheit rückgängig gemacht.

Nach den Wahlen 1952 und 1956 wird Wilhelm Hegerding immer mit allen Stimmen zum Bürgermeister und Ratsherr Hußmann zum stellvertretenden Bürgermeister gewählt.

Die Bürgermeisterwahl 1961 ergibt im ersten Wahlgang eine Pattsituation von 5 : 5 zwischen Hegerding und Blase. Erst im zweiten Wahlgang wird Wilhelm Hegerding mit 10 Stimmen wieder zum Bürgermeister gewählt. Seine Wiederwahl 1964 erfolgt mit 6 Stimmen bei 7 Enthaltungen.

Bei der Kommunalwahl am 9. November 1969 verliert die SPD ihre Mehrheit und Karl Blase von der CDU wird mit 7 Stimmen letzter Bürgermeister von Isenstedt.

Albert Pürsten (1923-1980)

Am 10. Juni 1980 verstarb plötzlich an einer heimtückischen Viruserkrankung der Landtagsabgeordnete der CDU und das Mitglied des Europäischen Parlaments, Albert Pürsten. In Nachrufen führte der Vorsitzende der CDU Westfalen-Lippe Kurt Biedenkopf u. a. aus, dass der Tod seines langjährigen Freundes in die Reihen der nordrhein-westfälischen CDU eine große Lücke reiße und Ministerpräsident Johannes Rau unterstrich, dass er um einen Mann trauere, „der politisch mein Gegner, persönlich aber in vielen Jahren ein Freund war". Die Beisetzungsfeier erfolgte in der Martinskirche. Auch der Ministerpräsident hielt eine Rede und würdigte dabei die großen Verdienste des Verstorbenen um das Land Nordrhein-Westfalen. Die Stadt hat sich in einer Traueranzeige für sein über 30-jähriges Wirken in und für Espelkamp bedankt.

Albert Pürsten wurde am 20. Februar 1923 in Meuselwitz, Kreis Altenburg/Thüringen, geboren. Da er in Oberwiesenberg aufgewachsen war und in der Kreisstadt Annaberg die Schule besucht hatte, fühlte er sich als Erzgebirgler. Nach dem Abitur 1941 wurde er eingezogen und kam als Offizier der Luftwaffe in Kriegsgefangenschaft. Nach politischen Schikanen in der SBZ setzte er sich in den Westen ab und begann 1947 ein Studium an der Pädagogischen Hochschule Wuppertal, das er 1949 abschloss. Noch als Student beteiligte er sich an einem sozialen Projekt in Espelkamp. Die Flüchtlingsstadt Espelkamp wird ihm zur zweiten Heimat. Er ist ab 1950 Lehrer an der Volks- und Hauptschule und wird 1975 gemäß Landesrechtsstellungs-Gesetz in den Ruhestand versetzt. Er heiratet hier. Dem Ehepaar Pürsten werden vier Kinder geboren.

Er beteiligte sich am Aufbau Espelkamps besonders im Jugend- und Sportbereich. Er baute die evan-

Ministerpräsident Johannes Rau und Albert Pürsten.

gelische Jugend mit auf und wurde Vorsitzender des Jugendparlaments. Die Mitglieder des Jugendparlaments bauten die Muna-Halle 16 an der Rahdener Straße – das spätere Kreisjugendheim – zu Jugendräumen aus. In diesem Heim der Jugend organisiert das Jugendparlament im April 1951 eine Jugendschutzwoche, bei der Albert Pürsten, Fritz Steding und Ernst Schneegans Vorträge halten. Auch gelingt es dem Jugendparlament im Mai 1951 den ehemaligen Bundesinnenminister Dr. Dr. Heinemann zu einem Vortrag über „Die politische Verantwortung des Christen" im großen Saal des Ludwig-Steil-Hofes zu verpflichten. Im Jahre 1953 wird Albert Pürsten in die Gespräche der Gemeinde über die Organisation des Betriebes des Kreisjugend-Freizeitheimes wesentlich mit einbezogen.

Im vorbereitenden Ausschuss für die Gründung eines Sportvereins arbeitet Albert Pürsten aktiv mit. Da Sportstätten geschaffen werden müssen und die Gewährung von Zuschüssen für die Errichtung

Bundestagswahlkampf mit Bundeskanzler Erhard am 24. Juni 1966 in Espelkamp.

entsprechender Anlagen bei der Regierung nur von einem Verein beantragt werden kann, lädt er mit zwei weiteren Personen am 14. September 1950 zur Gründungsversammlung des Allgemeinen Turn- und Sportvereins Espelkamp-Mittwald für den 18. September 1950 ein.

Aus diesem ATSV wird im Januar 1957 die Fußballabteilung herausgelöst. Es entsteht der FC »Preußen« als selbständiger Verein. Diesem Verein hat Albert Pürsten jahrelang vorgestanden. Er hat ihn entscheidend geprägt und gestaltet. Albert Pürsten wird oft bei der Errichtung von Sportstätten in Espelkamp eingeschaltet und um Unterstützung gebeten, letztmalig 1979 bei der Umwandlung des Waldstadions in einen Rasenplatz.

Aber auch auf anderen Gebieten wird er gebeten, sich für Espelkamp einzusetzen. So sei 1971 der Landesrechnungshof der Auffassung gewesen, dass die Eingliederung der Vertriebenen in Espelkamp im Wesentlichen erreicht und der Aufbau Espelkamps im Wesentlichen abgeschlossen sei. Bei einer Sitzung des Rechnungsprüfungs-Ausschusses des Landes in Espelkamp hat Stadtdirektor Dr. Eller Gründe gegen die Auffassung des Landesrechnungshofes vorgebracht, und um das Erreichte nicht zu gefährden und den Bereich des dienstleistenden Gewerbes weiter ausbauen zu können, sich für den Verbleib des Treuhandkontos bei der Aufbaugemeinschaft eingesetzt. Dank u. a. Albert Pürstens Fürsprache sei es gelungen, das Treuhandkonto für Espelkamp zu erhalten. Bei der Kommunalen Neuordnung hat er sich für die Verwirklichung der im Gesetzentwurf vorgesehenen Lösung und gegen Bestrebungen, den Entwicklungsschwerpunkt Espelkamps zu schwächen, ausgesprochen.

In einem Beitrag wird Albert Pürsten als „politisches Naturtalent" bezeichnet. Im Handbuch des Landtages

Nordrhein-Westfalens vom 15. Oktober 1975 ist über den politischen Werdegang Folgendes aufgezeigt:
„Mitglied der CDU seit 1952, 1953 bis 1958 Kreissprecher der Jungen Union Lübbecke, 1957 bis 1962 Bezirkssprecher und 1958 bis 1962 zweiter Landesvorsitzender der Jungen Union Westfalen-Lippe, seit 1961 Mitglied des Landesvorstandes der CDU Westfalen-Lippe, seit 1971 stellvertretender Landesvorsitzender, Vorsitzender der CDU Ostwestfalen-Lippe, des Evangelischen Arbeitskreises der CDU Westfalen-Lippe, seit 1968 Mitglied des Präsidiums der CDU Nordrhein-Westfalen. Stellvertretender Vorsitzender des Bundesfachausschusses Sport der CDU. Abgeordneter des Landtages Nordrhein-Westfalen seit 21. Juli 1958."

Albert Pürsten gehörte fast 22 Jahre dem Landtag von Nordrhein-Westfalen an. Seine besonderen Interessen lagen auf den Gebieten Schule und Sport. Alles was in dieser Zeit auf diesen Gebieten beraten und beschlossen wurde, wurde von ihm wesentlich beeinflusst.

Von 1966 bis 1970 war er Vorsitzender des Sportausschusses, seit 1975 stellvertretender Vorsitzender. Dem Kulturausschuss gehörte er seit 1962 an. Von 1958 bis 1966 war er Mitglied des Jugendausschusses und des Ausschusses für Flüchtlinge und Vertriebene. Seit 1966 war er stellvertretender Vorsitzender der CDU-Fraktion und Mitglied des Ältestenrates.

Eine seiner großen Leistungen war die Organisation des Volksbegeherens gegen die „Kooperative Schule" 1978, die unter Ministerpräsident Heinz Kühn von der SPD/FDP-Koalition beschlossen worden war. 3,66 Millionen Bürger = 29,8 % (benötigt 20 %) stimmten gegen das Gesetz, das deswegen zurückgenommen werden musste.

Albert Pürsten war ein guter Redner. Wenn er ans Rednerpult trat, füllten sich die Ränge und Abgeordnetenbänke aller Parteien. Er sprach ohne Manuskript, hatte er sich lediglich Stichpunkte und Daten auf eine Zigarettenschachtel geschrieben.

Am 10. Juni 1979 wurde er in das erste direkt gewählte Europäische Parlament gewählt und kümmerte sich auch dort um die Jugend- und Sportpolitik. Für seine hervorragenden Dienste um die Landespolitik hat der Bundespräsident ihm den Stern zum Großen Bundesverdienstkreuz des Verdienstordens der Bundesrepublik Deutschland verliehen. Diese hohe Auszeichnung wurde ihm von Ministerpräsident Rau überreicht.

Albert Pürsten starb sieben Wochen nach seinem Freund und CDU-Landesvorsitzenden Heinrich Köppler. Die CDU in Nordrhein-Westfalen hat damit innerhalb kurzer Zeit zwei große Hoffnungsträger verloren.

Albert Pürsten im Landtag in Düsseldorf mit dem Fraktionsvorsitzenden Heinrich Köppler.

Hüllhorst

von Dr. Eckhard Struckmeier

Einleitung

Eine sich auf das ganze ehemalige Amt Hüllhorst beziehende Geschichte der Parteien in den Jahren 1953 bis 1973 ist bisher nicht verfasst worden. In den folgenden Ausführungen wird versucht, diese Lücke ansatzweise zu schließen. Es ist jedoch zu bemerken, dass die Darstellung aufgrund des dafür im Rahmen dieser Veröffentlichung zur Verfügung stehenden Platzes und des vorliegenden Quellenmaterials unvollständig und lückenhaft bleiben muss. Das von Parteien für diese Arbeit bereitgestellte Material ist stark fragmentarisch. Protokolle von Sitzungen einzelner Ortsvereine liegen nur von der SPD vor. Sie sind von unterschiedlicher Qualität und meist kurz gehalten. Während die vorliegenden Protokolle der Gemeinderatssitzungen für die allgemeine Ortsgeschichte aufschlussreich sind, ist ihre Bedeutung für die Geschichte der Parteien gering. Vor allem die mündlichen Berichte der befragten Zeitzeugen, aber auch die vorliegenden Zeitungsartikel sind perspektivisch gebunden und z. T. ungenau. Einen Blick auf den politischen Einfluss der Parteien in den einzelnen Gemeinden erlauben die vorliegenden Ergebnisse der Kommunalwahlen. Bei der Auseinandersetzung mit der Geschichte der Parteien auf der Ebene der Kommunalpolitik wird deutlich, dass ihre Entwicklung und ihr Einfluss stark von den in und aus ihnen handelnden Personen abhängig war. Sie können im Folgenden jedoch nur in der im Rahmen dieser Publikation gebotenen Kürze gewürdigt werden.

Im Ortskern von Hüllhorst vor der Begradigung und dem Ausbau der Hauptstraße.

Nach heißer Diskussionsphase setzte sich „Hüllhorst" durch

Hüllhorst (ma). Aus neun mach eins. Das war, auf eine einfache Formel gebracht, für den Hüllhorster Raum die Konsequenz der vor 20 Jahren, am 28. September 1972, vom Landtag des Landes Nordrhein-Westfalen beschlossenen Gesetzes zur Neugliederung der Gemeinden und Kreise des Raumes Bielefeld (auch Bielefeld-Gesetz genannt). Es setzte für Ostwestfalen-Lippe einen Schlußstrich unter die seit langem angekündigte Verwaltungs- und Gebietsreform.

Im Bereich des damaligen Kreises Lübbecke gab es ab 1. Januar 1973 anstelle von 50 Gemeinden nur noch vier Städte und zwei Großgemeinden. Eine dieser Großgemeinden ist die heutige Gemeinde Hüllhorst, die aus dem bis dahin bestehendem Amt Hüllhorst als Verwaltungseinheit hervorging.

Schon Jahre vorher steuerte im kommunalen Bereich das Denken und Handeln auch in den neun Gemeinden des Amtes Hüllhorst auf diese Gebietsreform, die ja vor ihrem Wirksamwerden politisches Gespräch war, hin. So wurde bereits seit Ende 1967 beispielsweise über den künftigen Namen der angekündigten Großgemeinde auf der „Sonnenseite des Wiehengebirges" in Gemeinderatssitzungen und Versammlungen der Parteien diskutiert und spekuliert. Da hieß es in einer Gemeinderatssitzung in Bröderhausen „außerhalb der Tagesordnung", die Großgemeinde Hüllhorst möge die Bezeichnung „Oberhausen" erhalten. Darin seien wesentliche Wortteile aus Oberbauerschaft und Bröderhausen enthalten. Mit der Zeit nahmen die Diskussionen und Beratungen über Namen der zu erwartenden Großgemeinde jedoch an Ernsthaftigkeit zu. Es gab eine Menge von Überlegungen. In die engere Wahl waren die Namen Hüllhorst und Reineberg gekommen. Auch Schnathorst wurde erwähnt, das eine Zeitlang dem Amt den Namen gab. Die Befürworter Reinebergs verwiesen darauf, daß das Amt Hüllhorst aus dem Amt Reineberg hervorgegangen sei. In der Namensgebung siegten am Ende die Befürworter des Namens Hüllhorst. In der damaligen heißen Diskussionsphase in Sachen Namensgebung hatte der örtliche Pressevertreter in der Zeitung einen Kompromißvorschlag unterbreitet, nämlich den Namen „Oberbützenhausen" angeregt. Darin waren weitgehend Wortteile der neun Gemeinden enthalten: Oberbauerschaft, Büttendorf, Huchzen, Bröderhausen und Holsen.

Im Jahr vor der kommunalen Neuordnung, Oktober 1972, wohnten im Amt Hüllhorst insgesamt 11 261 Bürger. Aufgeteilt in die damals selbständigen Gemeinden ergibt sich mit den Namen der Bürgermeister beziehungsweise Amtsdirketors folgendes Bild: Amtsbürgermeister: Heinrich Westerfeld, Tengern, Amtsdirektor: Kurt König. Gemeinde Ahlsen-Reineberg: 1 003 Einwohner (Bürgermeister Günter Knollmann), Bröderhausen: 456 (Karl Sieker), Büttendorf: 810 (Karl Klapmeier); Holsen: 1 077 (Gustav Lübbert), Huchzen: 96, kleinste Gemeinde des damaligen Kreises Lübbecke (Gustav Meyer); Hüllhorst: 1 796 (Karl Schwarze), Oberbauerschaft: 2 361 (Heinrich Thüner), Schnathorst: 2 077 (Hermann Bode), Tengern: 1 585 (Heinrich Westerfeld). Vergleichsweise hier die heutige Einwohnerzahl der Gemeinde Hüllhorst: 11 816.

Die damalige Amtsvertretung Hüllhorst hatte beschlossen, für die zukünftige Entwicklung der Großgemeinde ein Strukturgutachten und einen Flächennutzungsplan „schon jetzt erstellen zu lassen". Mit dieser Aufgabe wurde die Arbeitsgemeinschaft für Stadtplanung und Kommunalbau Berlin beauftragt. Vertreter der Arbeitsgemeinschaft besuchten zur Erfüllung ihres Auftrages alle neun Gemeindevertretungen, die ja bis zum 31. Dezember 1972 noch ihre Planungshoheit hatten, um diese zu hören.

„Die jetzige Gebiets- und Verwaltungsreform ist von weitreichender Bedeutung für lange Zeit, ob nun nützlich oder gut, wird die Zeit lehren", hieß es Ende Oktober 1972 in einer öffentlichen Verlautbarung des damaligen Hüllhorster Amtsbürgermeister Heinrich Westerfeld und des zuständigen Amtsdirektors Kurt König. Ein paar geschichtliche Fakten zum ehemaligen Amt: Bis 1831 gehörten die heimischen Dörfer zum Kreis Bünde. Sie wurden dann dem neugebildeten Kreis Lübbecke zugeschlagen. Der Kreis Lübbecke wurde 1844 in sieben Ämter eingeteilt. Die südlich des Wiehengebirges gelegenen Gemeinden bildeten das Amt Reineberg. Im Jahr 1864 entstand das Amtshaus in Hüllhorst. Es wurde 1900 um einen Anbau erweitert. 1954 erfolgte Abbruch des alten Hüllhorster Verwaltungsgebäudes, es entstand ein Neubau, dem nach der Gebietsreform auf der Südseite ein einstöckiger Verwaltungstrakt als Flachdachbauwerk angegliedert wurde, der 1975 bezogen wurde.

»Neue Westfälische« vom 17. August 1992.

Die Sozialdemokratische Partei Deutschlands (SPD)

Die besten Wahlergebnisse bei den Kommunalwahlen im ehemaligen Amt Hüllhorst konnte die SPD in der Gemeinde **Ahlsen-Reineberg** erzielen. Auf die SPD entfiel durchgängig die Mehrheit der Stimmen, seit 1961 die absolute Mehrheit (1956: 48,53 %, 1961: 58,12 %, 1964: 65,68 %, 1969: 58,17 %). Obwohl die SPD im Gemeinderat über die absolute Mehrheit verfügte, amtierte als Bürgermeister von Ahlsen-Reineberg bis 1964 Friedrich Knollmann (CDU). Wegen seiner großen Beliebtheit wurde er auch mit den Stimmen der SPD gewählt. Wie die Wahl anderer Bürgermeister (siehe unten) erfolgte auch die Wahl Knollmanns nicht aufgrund der Parteizugehörigkeit des Kandidaten, sondern aufgrund seiner Persönlichkeit. Nach dem mündlichen Bericht zweier ehemaliger Ratsmitglieder, Wilhelm Brackmann (Ratsmitglied 1964-1972) und Günter Knollmann (Ratsmitglied und Bürgermeister 1964-1972, Mitglied der Amtsvertretung 1964-1972, Mitglied des Lübbecker Kreistags 1969-1972) wurde in den Sitzungen des Rats der Gemeinde Ahlsen-Reineberg Parteipolitik weitgehend ausgeklammert. Die meisten Beschlüsse wurden einstimmig gefasst. Es gab keine Sitzungen der SPD-Fraktion. Wie auch in anderen Gemeinden gehörten einige von der SPD aufgestellte Ratsmitglieder nicht der Partei an. Günter Knollmann, der als von der SPD aufgestellter Kandidat 1964 die Nachfolge Friedrich Knollmanns als Bürgermeister antrat – er war mit 35 Jahren der jüngste Bürgermeister im Kreis Lübbecke –, wurde erst ein halbes Jahr, nachdem er zum Bürgermeister gewählt worden war, ein Mitglied der SPD. Von der SPD favorisierte Kandidaten für den Gemeinderat wurden vor den Kommunalwahlen angesprochen. Zur Aufstellung der Kandidaten fanden dann Treffen in Privatwohnungen statt, an denen meist auch der Unterbezirks-Sekretär Heinrich Hüffmeyer teilnahm.

Die SPD-Mitglieder der Gemeinde Ahlsen-Reineberg gehörten zusammen mit den SPD-Mitgliedern der Gemeinde Hüllhorst zum Ortsverein **Hüllhorst-Ahlsen.**

Wilhelm Brackmann, Ratsmitglied der Gemeinde Ahlsen-Reineberg von 1964 bis 1972.

Karl Bökenkröger †

Hüllhorst. Am 2. April verschied im Alter von 68 Jahren der langjährige frühere Hüllhorster Bürgermeister und verdiente Kommunalpolitiker Karl Bökenkröger, Hüllhorst Nr. 210.

Geboren auf der elterlichen Stätte, Hüllhorst Nr. 24 (heute Beek), war er in den Jugendjahren zunächst als Landwirt tätig. Danach erlernte er den Beruf des Tischlers. Von 1946 bis 1969 gehörte Karl Bökenkröger für die SPD der örtlichen Gemeindevertretung an. Er hatte vom 2. Oktober 1946 bis 28. April 1947, vom 27. November 1956 bis 30. März 1961 und vom 9. Oktober 1964 bis 17. November 1969 das Amt des Bürgermeisters inne, das er jedoch in der letzten Zeit aus gesundheitlichen Gründen nicht mehr ausüben konnte. Seit 1956 war er auch Amtsvertreter und seit November 1964 Mitglied des Haupt- und Finanzausschusses des Amtes. Karl Bökenkröger gehörte von 1946 bis 1969 der Kreisvertretung an und wurde als SPD-Kandidat dank seinem großen Vertrauen in der Einwohnerschaft im Wahlbezirk Hüllhorst-Ahlsen während dieser Zeit ständig direkt gewählt. Er war auf Kreisebene auch Mitglied mehrerer Fachausschüsse. Auch gehörte er viele Jahre dem Sparkassenrat der Kreissparkasse Lübbecke an.

Karl Bökenkröger war einer der führenden Männer der SPD im Amtsbezirk Hüllhorst, langjähriger SPD-Ortsvereinsvorsitzender und zuletzt Ehrenvorsitzender. Er fühlte sich mit der Heimat und ihren Menschen sehr verbunden und hat ihnen in seinen vielfältigen Funktionen stets mit großer Treue gedient.

Zeitungsbericht vom 4. April 1970.

Erst 1995 wurde ein eigenständiger Ortsverein Ahlsen-Reineberg gegründet (1. Vorsitzender: Klaus Peitzmeier). Wahrscheinlich wurde der Ortsverein

Hüllhorst/Ahlsen am 1. Juni 1946 gegründet. Laut Kassenbuch des Ortsvereins traten am 1. Juni 1946 acht Personen dem Ortsverein bei: Karl Bökenkröger, Karl Kottmeier, Wilhelm Bösch (Reineberg), Karl Franke, Karl Knefelkamp, Wilhelm Schlömann, Hans Gödicke und Anna Rohlfing. Schon am 1. April 1946 waren Heinrich Höcker (Ahlsen) und Hermann Henken der SPD beigetreten. Ebenfalls noch im Jahr 1946 traten dem Ortsverein die folgenden Personen bei: Karl Benthin (1. Juli 1946), Friedrich Budde (1. Juli 1946), Hermann Lübbert (Ahlsen, 1. September 1946), Gustav Struckmeier (1. September 1946) und Karl Büscher (Ahlsen, 1. Oktober 1946). Als Vorsitzende des Ortsvereins Hüllhorst/Ahlsen amtierten Karl Bökenkröger (1946-1966), Heinrich Niedringhaus (1966-1970) und Wilhelm Pöttger (1970-1989, ab 1992).

In den fünfziger und sechziger Jahren waren die Wahlergebnisse der SPD in **Hüllhorst** stabil. 1964 konnte sie die absolute Mehrheit erzielen (gewonnene Stimmenanteile: 1956: 47,28 %, 1961: 49,32 %, 1964: 53,75 %, 1969: 47,96 %). In den Jahren 1946 und 1947, 1956 bis 1961 und 1964 bis 1969 amtierte der Tischler Karl Bökenkröger als Bürgermeister der Gemeinde Hüllhorst. 1956 muss er auch von Gemeinderatsmitgliedern der CDU gewählt worden sein, da SPD und CDU jeweils über 4 Sitze im Kommunalparlament verfügten. Von 1956 bis 1969 gehörte Bökenkröger der Amtsvertretung des Amtes Hüllhorst und 1946 bis 1969 dem Lübbecker Kreistag an. Als der zweite von der SPD gestellte Bürgermeister der Gemeinde Hüllhorst ist der gelernte Maurer, Bauingenieur und Baurat Karl Schwarze zu nennen (Amtszeit: 1969-1972). Nach der Kommunalen Neuordnung amtierte er in den Jahren 1973 bis 1975 als Hüllhorster Ortsvorsteher und 1984 bis 1999 als Bürgermeister der Großgemeinde Hüllhorst.

Nach dem mündlichen Bericht von Wilhelm Brackmann und Günter Knollmann wurde in den Sitzungen des Ortsvereins Hüllhorst/Ahlsen, die wie heute nur von einem kleinen Teil der eingetragenen Mitglieder besucht wurden, viel über bundespolitische Themen diskutiert. Die Veranstaltungen fanden immer in der Gaststätte »Deutsches Haus« statt. Wie in den Zusammenkünften der anderen SPD-Ortsvereine war fast immer der Unterbezirks-Sekretär Heinrich Hüffmeyer zugegen, der die Sitzungen meist durch längere Referate einleitete. Verhandelt wurde wie auch in den Versammlungen der Gemeinderäte „in gemütlicher Runde“ in plattdeutscher Sprache.

In **Schnathorst** wurde am 24. Februar 1946 ein SPD-Ortsverein ins Leben gerufen. Beim Aufbau der SPD in Schnathorst leisteten vier Personen maßgebliche Arbeit, die schon vor 1933 Mitglieder der SPD waren oder ihr nahegestanden hatten: Fritz Kölling, Karl Maschmeier, Christian Kuhlmeier und Rudolf Büscher. Kuhlmeier hatte bereits seit 1924 und Kölling seit 1927 der SPD angehört. Maschmeier war seit 1930 Mitglied im „Reichsbanner Schwarz-Rot-Gold“, einem von Sozialdemokraten gegründeten Wehrverband zum Schutz der Weimarer Republik und Büscher seit 1930 Gewerkschaftsmitglied gewesen.

Kuhlmeier, der schon von 1924 bis 1933 Mitglied des Schnathorster Gemeinderats gewesen war, wurde im Jahr 1934 als Gegener des Nationalsozialismus verhaftet und einige Wochen festgehalten. Nach dem Krieg berief ihn die Militärregierung in den Gemeinderat, dem er bis 1969 angehörte. Bis 1969 war er außerdem Mitglied der Amtsvertretung und des Lübbecker Kreistags. Im Protokoll der Sitzung des Ortsvereins vom 5. Juli 1964 heißt es: *„(Der) älteste Parteifreund Christian Kuhlmeier wird zum Ehrenvorsitzenden mit vollem Stimmrecht“* ernannt.

Büscher amtierte 1946 bis 1971 als der Vorsitzende des SPD-Ortsvereins Schnathorst, war jedoch zu keiner Zeit Mitglied des Gemeinderats. Er vertrat die Auffassung, dass der Parteivorsitzende möglichst nicht gleichzeitig in der Gemeindevertretung tätig sein sollte. Bis 1964 war Büscher Mitglied der Amtsvertretung. Als Nachfolger Büschers im Amt des Ortsvereins-Vorsitzenden amtierte Horst Hülskämper (1971-1974). In den Jahren 1969 bis 1972 war der Berufsschullehrer Hans Schwitalski Mitglied des Lübbecker Kreistags und nach der Kommunalen Neuordnung 1984 bis 1989 Mitglied des Kreistags Minden-Lübbecke.

Besuch Willy Brandts in Schnathorst am 16. Juli 1961. Er wird von Christian Kuhlmeier begrüßt.
Das Originalfoto ist nicht mehr vorhanden. Daher diente eine Fotokopie als Vorlage für die Abbildung.

Unter den vielfältigen Aktivitäten des Ortsvereins war die Öffentlichkeitsarbeit von besonderer Bedeutung, vor allem in Phasen des Wahlkampfes. In seinem Schreiben vom 2. Oktober 1961 bedankte sich der Bundestagsabgeordnete Dr. Paul Bleiß (Minden) persönlich bei Büscher für seine „Einsatzbereitschaft" im Bundestagswahlkampf. Der Höhepunkt der Veranstaltungen während des Wahlkampfes im Jahr 1961 war der Besuch Willy Brandts in Schnathorst am 16. Juli 1961. Er wurde unter großer Anteilnahme der Bevölkerung herzlich empfangen.

Wie in anderen Ortsvereinen blieben auch im Ortsverein Schnathorst Spannungen und Konflikte nicht aus. In einer Versammlung im Jahr 1972 gab ein Genosse sein Mitgliedsbuch zurück und verließ verärgert die Versammlung, weil er nicht genügend Stimmen für seine Aufstellung als Kandidat für den Gemeinderat bekommen hatte. Im selben Jahr verweigerte ein anderes Mitglied, das sich in einer persönlichen Angelegenheit von seinen Parteifreunden im Gemeinderat „benachteiligt" fühlte, einige Monate lang die Zahlung seines Beitrags. Es drohte auch mit dem Austritt aus der Partei. Der Konflikt konnte gelöst werden. Im Protokollbuch wird vermerkt, der Genosse habe den ausstehenden Betrag nachgezahlt.

Die Arbeit der SPD in Schnathorst kann als erfolgreich bezeichnet werden. In Schnathorst erhielt die SPD bei den Kommunalwahlen durchgängig die höchsten

Stimmenanteile (1956: 41,62 %, 1961: 41,40 %, 1964: 44,30 %, 1969: 40,23 %) und gewann mit der Ausnahme des Jahres 1969, in der SPD und CDU jeweils fünf Sitze stellten, die meisten Sitze im Gemeinderat. Aufgrund von „Koalitionen“ der CDU mit der Freien Demokratischen Partei (FDP) und dem Bund der Heimatvertriebenen und Entrechteten (BHE) stellte die SPD bis zur Kommunalen Neuordnung nicht die Bürgermeister.

Nach Hartmut Maschmeier waren die Mitglieder der SPD aus **Bröderhausen** bis einschließlich 1965 Mitglieder im Ortsverein Schnathorst. Von 1966 bis 1969 bildeten die Bröderhausener Sozialdemokraten einen eigenen Ortsverein mit anfangs 14 Mitgliedern (Vorsitzender 1966-1969: Ernst Möhlmann). Nachdem die Mitgliederzahl auf 8 zurückgegangen war, schlossen sich die übrigen ab 1970 wieder dem Ortsverein Schnathorst an. Im April 1990 kamen die beiden Ortsvereine Schnathorst und Tengern überein, dass aufgrund der gewachsenen Bindungen (Schule, Kirche, Wahlbezirk usw.) die Bröderhausener Sozialdemokraten nunmehr zum Ortsverein Tengern/Bröderhausen gehören sollten. Seit dieser Zeit gehören zum Ortsverein Schnathorst nur SPD-Mitglieder, die auf dem Gebiet der ehemaligen politischen Gemeinde Schnathorst leben.

Die SPD, die in Bröderhausen bei der Kommunalwahl des Jahres 1956 einen Stimmenanteil von 46 % (CDU: 54 %) erzielte, verlor in den sechziger Jahren an Bedeutung (gewonnene Stimmenanteile: 1961: 31,58 %, 1964: 17,35 %, 1969: 24,18 %). Sie stellte nie den Bürgermeister.

Wie in Schnathorst konnte die SPD in **Tengern** im Vergleich mit den anderen Parteien bei den Kommunalwahlen der fünfziger und sechziger Jahre durchgängig die größten Stimmenanteile erzielen (1956: 42,03 %, 1961: 40,81 %, 1964: 44,20 %, 1969: 46,49 %) und war im Hinblick auf die von ihr gewonnenen Sitze im Gemeinderat die stärkste politische Kraft. Wie in Schnathorst stellte die SPD jedoch auch in Tengern aufgrund von „Koalitionen“ der CDU (in diesem Fall nur mit der FDP) nicht die Bürgermeister.

Der SPD-Ortsverein Tengern wurde 1924 durch fünf Maurer gegründet, die in Bielefeld arbeiteten und dort schon gewerkschaftlich organisiert waren: Heinrich Rösch, Gustav Rahe, Wilhelm Niermann, Heinrich Rahe und Heinrich Stremming. Bei der Neugründung des Ortsvereins im Jahr 1946 wurde – wie auch schon 1924 – Heinrich Rösch zum Vorsitzenden gewählt. Er amtierte bis 1955. In den Jahren 1952 bis 1956 gehörte Rösch dem Kreistag an. Seine Nachfolger als Vorsitzende des Ortsvereins Tengern waren Heinrich Niermann (1955-1958, 1966-1972), Gustav Rahe (1958-1962), Walter Velten (1962-1964), Fritz Kraska (1964-1966) und Gerhard Meier (1972-1978).
Ein feierlicher Höhepunkt für den Ortsverein war die Feier seines 40-jährigen Gründungsjubiläums, die in der Hauptversammlung des Jahres 1967 begangen wurde. Zu den Ehrengästen gehörte der Bundestagsabgeordnete Fritz Schonhofen (Minden). In Vertretung des erblindeten Begründers der Ortsgruppe, Heinrich Rösch, berichtete Gustav Rahe über die Geschichte des Vereins. Im Protokoll wird betont: *„(Dabei) wurde allen Anwesenden deutlich, wie schwer und opferreich die Aufbauarbeit der ersten Jahre war. Die Werbung für die Partei durch Flugblätter und Zeitungen führte die Genossen der ersten Jahre durch das halbe Amt Hüllhorst. Kein Weg, keine Mühe wurde gescheut, um Stimmen und Mitglieder für die SPD zu gewinnen.“*

In der stark von der CDU dominierten Gemeinde **Holsen** blieb die SPD in den fünfziger und sechziger Jahren eindeutig in der Minderheit. Bei den Kommunalwahlen konnte die SPD jedoch die von ihr erzielten Stimmenanteile kontinuierlich verbessern (1956: 25,10 %, 1961: 28,96 %, 1964: 37,29 %, 1969: 37,63 %). Der Ortsverein Holsen wurde am 1. September 1949 gegründet. Zu den Gründungsmitgliedern gehörten Fritz Kreft, Willi Riemer, Fritz Struck, Karl Struckmeier und Hermann Struck. Zum ersten Vorsitzenden wurde Karl Struckmeier gewählt. Seine Amtsnachfolger waren Fritz Kreft, Kurt Lütkemeier, Walter Schröder und Karl-Heinz Beinke. (Ihre genauen Amtszeiten sind nach Hans Hamel nicht mehr in Erfahrung zu bringen.) Seit 1972 amtiert Hans Hamel als Vorsitzender.

Nach der Auskunft von Gustav Thüner bestand in **Oberbauerschaft** schon vor dem Zweiten Weltkrieg ein SPD-Ortsverein, dem Wilhelm Oevermann, Wilhelm Eimertenbrink, Wilhelm Niedringhaus und Karl Sudek angehörten. Nach Hartmut Maschmeier wurde er 1925 gegründet. Gemäß Karl Oevermann wurde der Ortsverein wahrscheinlich nach dem Zweiten Weltkrieg im Jahr 1946 neu gegründet (Vorsitzender: 1925 - [1933-1945] - 1953: Wilhelm Oevermann [Information: Hartmut Maschmeier]). Im Jahr 1953 wurde Karl Bekemeier zum Vorsitzenden gewählt (Amtszeit: 1953-1958). In der Sitzungsniederschrift vom 12. März 1960 heißt es: *„In Anbetracht seiner besonderen Verdienste wurde der frühere Vorsitzende Karl Bekemeier zum Ehrenvorsitzenden gewählt“.* In den Jahren 1958 bis 1971 amtierte Wilhelm Niedringhaus als Vorsitzender und 1971 bis 1980 Gerhard Drees. Im Jahr 1980 wurden die Ortsvereine Büttendorf und Oberbauerschaft zum Ortsverein Hüllhorst-West

Von links: Gerhard Drees, Wilhelm Brackmann, Wilhelm Steinmeier, Günter Harke, Heinz Becker, Wilhelm Pöttger.

zusammengeschlossen (1. Vorsitzender: Gerhard Drees). Im Kreistagswahlbezirk Huchzen-Büttendorf-Oberbauerschaft wurde bei den Kreistagswahlen 1964 und 1969 der SPD-Unterbezirks-Sekretär und Sprecher der Kreistagsfraktion, Heinrich Hüffmeyer (Lübbecke), in den Kreistag gewählt. Der Berufsschullehrer Jürgen Meister, der 1964 bis 1972 dem Gemeinderat Oberbauerschaft angehörte, amtierte 1972 als der letzte Vorsitzende des Unterbezirks Lübbecke, kandidierte 1970 und 1975 für den Landtag und gehörte 1973 bis 1994 dem Kreistag Minden-Lübbecke an.

Bei den Kommunalwahlen im Jahr 1956 erzielte die SPD in Oberbauerschaft mit einem Stimmenanteil von 61,90 % die absolute Mehrheit und verfügte über 7 der insgesamt 10 Sitze im Gemeinderat. Bis 1961 stellte sie als Bürgermeister den Maurer Wilhelm Eimertenbrink. Aufgrund langwieriger, sich quer durch die Bevölkerung und die Parteien ziehender ortsinterner Auseinandersetzungen vor allem um die neue Schule (eingeweiht 1968) waren bei den Kommunalwahlen der sechziger Jahre die von der SPD gewonnenen Stimmenanteile (Wahlergebnisse: 1961: 41,02 %, 1964: 24,19 %, 1969: 29,21 %) wie auch die Anzahl der von ihr besetzten Sitze im Gemeinderat stark rückläufig. Die „Krise" des Ortsvereins, die erst in den siebziger Jahren überwunden werden konnte, hatte Parteiaustritte und einen Rückgang der Zahl der anwesenden Mitglieder bei Versammlungen des Ortsvereins zur Folge. Während die Sitzungen in den fünfziger Jahren fast immer sehr gut besucht wurden – in der Regel waren über 20 Mitglieder zugegen –, ging die Zahl der Anwesenden in der zweiten Hälfte der sechziger Jahre auf unter zehn zurück. Die Jahreshauptversammlung am 15. März 1968 musste wegen Beschlussunfähigkeit verschoben werden, weil nur sechs Mitglieder erschienen waren.

Die seit 1980 mit dem Ortsverein Oberbauerschaft im Ortsverein Hüllhorst-West verbundene Ortsverein **Büttendorf** wurde nach der Auskunft von Wilhelm Perl wahrscheinlich 1946 gegründet. Perl nennt als den ersten Vorsitzenden den Maurer Karl Brosend. Bis 1961 amtierte Brosend als Bürgermeister der Gemeinde Büttendorf und von 1956 bis April 1961 als Amtsbürgermeister des Amtes Hüllhorst. 1956 muss er mit Stimmen von CDU-Gemeinderatsmitgliedern zum Bürgermeister der Gemeinde Büttendorf gewählt worden sein, da SPD und CDU jeweils über vier Sitze im Kommunalparlament verfügten (gewonnene Stimmenanteile der SPD: 1956: 49,24 %, 1961: 42,05 %, 1964: 19.96 %, 1969: 23,58 %).

Wer Brosend wann als Vorsitzender des Ortsvereins Büttendorf folgte, lässt sich nicht mehr ermitteln. Als letzter Vorsitzender des Ortsvereins Büttendorf bis zur Vereinigung der Ortsvereine Büttendorf und Oberbauerschaft zum Ortsverein Hüllhorst-West amtierte Günther Remmel (1972-1980 [Auskunft: Hartmut Maschmeier]).

Nach der Auskunft von Hartmut Maschmeier wurde 1969, einige Jahre vor der Kommunalen Neuordnung, der **SPD-Amtsverband Hüllhorst** gegründet (Vorsitzender Jürgen Meister, ab 9. Juni 1972: Gerhard Drees).

Abschließend sollen zwei Organisationen Erwähnung finden, die sich kurz vor der Kommunalen Neuordnung im Amt Hüllhorst formierten: die Jungsozialisten und die Arbeitsgemeinschaft Sozialdemokratischer Frauen. Im Protokoll der Sitzung des Ortsvereins Tengern am 6. Februar 1970 heißt es: „Als notwendig sah der Redner (Heinrich Hüffmeyer) die Gründung eines Südbezirks der Jungsozialisten an." Nach Auskunft von Hartmut Maschmeier erfolgte auf Amtsebene die Gründung der **Juso-Gruppe Hüllhorst (Arbeitsgemeinschaft der Jungsozialisten in der SPD)** im Jahr

1971. Eine Gruppierung von Jungsozialisten im Amt Hüllhorst, über die jedoch keine Informationen mehr zu finden waren, hatte es schon Anfang der sechziger Jahre gegeben. Zum Führungsgremium der 1971 gegründeten Juso-Gruppe Hüllhorst gehörten Ulrich Blomenkamp, Eckhard Frenzel, Karl-Friedrich und Wilhelm Lange sowie Hartmut Maschmeier. Später leiteten Susanne Sellenriek, Eckhard Frenzel und Ernst-Wilhelm Rahe die Gruppe, die sich in den frühen neunziger Jahren mangels Nachwuchses auflöste. Nach Maschmeier gehörte zu den Schwerpunkten der Arbeit der Hüllhorster Juso-Gruppe die Auseinandersetzung mit praktischen kommunalpolitischen Problemen und den theoretischen Grundlagen des Sozialismus.

Bis zur Kommunalen Neuordnung war keine Frau in den Gemeinderäten vertreten. In den erhaltenen Sitzungsprotokollen der SPD-Ortsvereine treten Frauen, wenn überhaupt, als Ehepartner ihrer politisch aktiven Männer in Erscheinung. Im Protokoll der Jahreshauptversammlung des Ortsvereins Tengern am 24. Februar 1962 heißt es: „Auf Einladung waren erstmals auch die Frauen dabei. ... Das anschließende gemütliche Beisammensein, wobei auch das Tanzbein fleißig geschwungen wurde, war für alle ein frohes Erlebnis". Frauen, die selbst politisch aktiv wurden, gab es selten. Wilhelm Brackmann berichtet, in den Sitzungen des Ortsvereins Hüllhorst/Ahlsen habe sich in den fünfziger Jahren eine Anna Rohlfing lebendig an Diskussionen beteiligt.

Kurz vor der Kommunalen Neuordnung, im April 1972, wurde die **Arbeitsgemeinschaft Sozialdemokratischer Frauen (ASF)** des Amtes Hüllhorst gegründet. Als Vorsitzende der Arbeitsgemeinschaft amtierte bis 1979 Germania Krikken. Als ihre Nachfolgerin hatte Hannelore Drees den Vorsitz bis zur Auflösung der Vereinigung im Jahr 1981. Die Frauengruppe der SPD traf sich regelmäßig in verschiedenen Gaststätten zur Diskussion politischer Zusammenhänge, vor allem von Frauenfragen und beteiligte sich an Wahlkämpfen.

Die Christlich-Demokratische Union (CDU)

Bei der **CDU,** die stärker als die SPD von der Kreisebene aus organisiert war, vollzog sich im ehemaligen Amt Hüllhorst wie in den anderen Ämtern des Kreises Lübbecke die Gründung von Ortsvereinen viel später als bei der SPD. Dazu trug wahrscheinlich auch die Tatsache bei, dass die CDU zunächst über eine viel kleinere Mitgliederbasis verfügte als die SPD. Im Jahr 1967 wurde ein Amtsverband der CDU gegründet (1. Vorsitzender: Heinz Droste [Schnathorst], 1972: Friedhelm Kleine [Schnathorst]) (Auskunft: Erich Brackmann). Mit dem Ziel, die Interessen der CDU in der künftigen Großgemeinde zu vertreten, wurde 1971 eine Ortsunion für die Einwohnerinnen und Einwohner auf dem Gebiet der späteren Großgemeinde Hüllhorst ins Leben gerufen (Vorsitzender: Heinz Droste). Erst nach der Kommunalen Neuordnung, in den Jahren 1973, 1974 und 1975, erfolgte in der Großgemeinde Hüllhorst die Gründung von fünf Ortsunionen: Hüllhorst (1. Vorsitzender: Erich Brackmann 1975-1985), Schnathorst (Das Gründungsdatum und der erste Vorsitzende sind nicht mehr zu ermitteln.), Oberbauerschaft (1. Vorsitzender: Werner Schmidthorst 1975-1979), Holsen (gegründet 1973, 1. Vorsitzender: Wilhelm Rösener), Tengern (1. Vorsitzende: Dieter Eckardt, Dieter Schütte 1974-1984).

Während dies bei der SPD nur manchmal vorkam, gehörten die CDU-Kandidaten für die Gemeinderäte meist nicht der Partei an. Nach dem mündlichen Bericht des ehemaligen Landrats Hermann Struckmeier (CDU/siehe unten) und des langjährigen Mitglieds des Hüllhorster Gemeinderats Erich Brackmann (CDU/siehe unten) wurden von örtlichen Reprä-

SPD-Frauengruppe im Amt Hüllhorst gegründet

Politik soll nicht nur reine Männersache sein / Vorstand wurde gewählt

17. APR. 1972

Tengern/Hüllhorst. Zur Gründung einer Frauengruppe innerhalb des SPD-Amtsverbandes Hüllhorst kam es am Wochenende im Rahmen einer Versammlung in Brinkmanns Krug. Jürgen Meister hieß als Vorsitzender des Amtsverbandes Besucher aus den Gemeinden des Amtes Hüllhorst, Mitglieder der Frauengruppe Eidinghausen sowie Eva Meinerts (Gütersloh) als Referentin des Abends willkommen.

Meister teilte mit, daß Germania Krikken (Hüllhorst) in der Hauptsache die vorbereitenden Maßnahmen getroffen habe. Es sei erfreulich, daß so viele Frauen offenbar auch politisches Interesse zeigten. Es sei wünschenswert, daß Frauen auch in der Kommunalpolitik sich in weit stärkerem Maße als bisher engagierten.

„Wir als SPD-Mitglieder sind dafür da, sozial Schwache und wirtschaftlich Abhängige zu vertreten!" sagte Jürgen Meister. Und gerade auf diesem Gebiet falle der Frau politisch eine besondere Aufgabe zu.

Eva Meinerts, Mitglied des Parteirates der SPD in der Bundesrepublik, des Bezirksvorstandes sowie des Rates der Stadt Gütersloh, wandte sich in ihrem Referat der „Stellung der Frau in Politik und Partei" zu. Das hergebrachte gesellschaftliche Anliegen der Frau „Kinder, Küche, Kirche" müsse sich auf politischem Sektor in „Kultur, Kindergärten, Krankenhäuser" auswirken. Politik möge früher als reine Männersache angesehen worden sein. Sie sei es heute nicht mehr.

In ganz Ostwestfalen seien leider nur 41 Frauen der SPD Mitglieder von kommunalen Parlamenten. Wenn man sich für Freiheit und Menschenwürde einsetze, dann löse sich auf die Dauer ganz nebenbei auch die Frauenfrage von selbst mit.

Der Vorstand der neuen Frauengruppe des SPD-Amtsverbandes Hüllhorst erhielt die folgende Besetzung (alle Wahlen wurden mit Stimmzetteln durchgeführt): Germania Krikken, Hüllhorst (Vorsitzende), Bärbel Rautenberg, Ahlsen und Gisela Knollmann, Hüllhorst (gleichberechtigte Stellvertreter). Zu Beisitzerinnen wurden gewählt: Grete Rautenberg (Ahlsen) und Marianne Eichler (Schnathorst).

Der Vorstand der neuen Frauengruppe des SPD-Amtsverbandes Hüllhorst zusammen mit Eva Meinerts (Gütersloh), Mitglied des SPD-Parteirates.

Wählergemeinschaften räumt die CDU keine großen Chancen ein

Konstituierung einer Ortsunion für künftige Großgemeinde

Schnathorst/Hüllhorst. Zu Gündung einer Ortsunion der CDU für den Bereich des jetzigen Amtes Hüllhorst kam es in Schnathorst. In der CDU-Versammlung, die im Saal von Bökenbröger-Schwarze stattfand, diskutierten die Mitglieder und Gemeindevertreter der CDU der Gemeinden des Amtes diesen seit längerer Zeit schwebenden Plan. Die Absicht gewann, wie der Landrrat und zweite Vorsitzende des CDU-Kreisverbandes Hermann Struckmeier sagte, durch den Beschluß des letzten Kreisparteitages an Aktualität.

Aufgabe der Ortsunion wird es vor allem sein, die Interessen der CDU in der künftigen Großgemeinde zu vertreten. So lag es denn sehr nahe, sich bereits jetzt auch über Zusammensetzung und Fragen des künftigen Großgemeindeparlamentes zu unterhalten.

Dieses wichtige Gremium wird nach den Worten Hermann Struckmeiers im Amt Hüllhorst aus etwa 27 Vertretern bestehen, die wiederum etwa je zur Hälfte über die direkte Wahl sowie die Reserveliste in ihr Amt kommen. Es sei, hieß es allgemein in der Schnathorster CDU-Versammlung, erforderlich, die aktivsten und fähigsten Leute in das Parlament der Großgemeinde zu wählen. Wie Hermann Struckmeier erklärte, werden eventuellen Wählergemeinschaften wenig Chancen eingeräumt. Die CDU werde auf jeden Fall solche nicht fördern oder unterstützen.

Der Vorstand der neuen CDU-Ortsunion des Amtes Hüllhorst erhielt folgende Besetzung: Architekt Heinz Droste (Schnathorst) erster Vorsitzender, Bezirksleiter Heinrich Knollmann (Hüllhorst) erster Stellvertreter, Geschäftsführer Rüdiger Bethke (Holsen) zweiter Stellvertreter. Beisitzer wurden: Kaufmann Gerd Ney (Oberbauerschaft), Landwirt Heinrich Möhle (Büttendorf), Schmiedemeister, Bürgermeister und Amtsbürgermeister Heinrich Westerfeld (Tengern), Zimmermeister August Brune (Bröderhausen), Landwirt Karl Blase (Ahlsen).

Vorsitzender Heinz Droste sagte in dem Schlußwort, er werde sich mit Aktivität für die Interessen der CDU im Amt Hüllhorst einsetzen.

Zeitungsbericht von 1971

sentanten der CDU vor den Kommunalwahlen anerkannte und beliebte Persönlichkeiten zu Versammlungen eingeladen, in denen die Kandidaten für die Gemeinderäte bestimmt wurden. Zu diesen Veranstaltungen entsandte die Kreisorganisation ihren Geschäftsführer oder Vorsitzenden. Der Repräsentant der Kreisorganisation war jeweils für die ordnungsgemäße Durchführung der Zusammenkunft verantwortlich. In diesen Veranstaltungen hatten nach Brackmann auch Anwesende Stimmrecht, die nicht Mitglieder der CDU waren.

Bei den Kommunalwahlen der fünfziger und sechziger Jahre war die CDU besonders erfolgreich in den kleinen, bäuerlich geprägten Gemeinden Bröderhausen, Büttendorf und Holsen. Mit der Ausnahme der Kommunalwahl des Jahres 1969 gewann die CDU in **Bröderhausen** durchgängig die absolute Mehrheit der Stimmenanteile (1956: 54 %, 1961: 52,50 %, 1964: 53,04 %, 1969: 32,62 %). Bis 1969 stellte die CDU mit den Landwirten Karl Scheer (bis 1964) und Hermann Stühmeier (1964-1969) die Bürgermeister. 1961 muss Stühmeiers Wahl auch von der FDP unterstützt worden sein, da die CDU über drei, die SPD über zwei und die FDP über einen Sitz im Gemeinderat verfügte. Struckmeier berichtet, er habe Stühmeier als honorablen Bröderhausener für das Bürgermeisteramt geworben und in Vorschlag gebracht.

Der Vorstand der neuen Ortsunion der CDU für das Amt Hüllhorst. Auf dem Foto auch MdL Albert Pürsten sowie Landrat und zweiter CDU-Kreisverbandsvorsitzender Hermann Struckmeier.

Zeitungsbericht vom 11. Dezember 1971.

Mit Ausnahme der Kommunalwahl des Jahres 1961, bei der die SPD den größten Stimmenanteil gewinnen konnte (SPD: 42,05 %, CDU: 34,39 %, FDP: 23,56 %), erzielte die CDU bei den Kommunalwahlen in **Büttendorf** die absolute Mehrheit der Stimmenanteile (1956: 50,76 %, 1964: 71,59 %, 1969: 59,21 %). 1961 wurde Karl Klapmeier (CDU) mit Unterstützung aus der SPD-Ratsfraktion zum Bürgermeister gewählt (Sitzverteilung im Gemeinderat: SPD: 3, CDU: 2, FDP: 1 Sitz[e]). Nach Struckmeier verstand sich der Landwirt und Jäger Klapmeier nicht zuletzt aufgrund seiner humorvollen Art „mit allen gut“ und war im Dorf sehr beliebt. Auch Wilhelm Brackmann und Günter Knollmann erinnern sich an Klapmeiers „witzig-humorvolle Art“. Wohl zu Recht ist Struckmeier der Auffassung, dass die Wahlerfolge der CDU bei den Kommunalwahlen der Jahre 1964 und 1969 auf die Popularität Klapmeiers zurückzuführen sind.

Auch den Grund für die Wahlerfolge der CDU in **Holsen** sieht Struckmeier in dem hohen Ansehen des dortigen, von der CDU gestellten Bürgermeisters Gustav Lübbert. Lübbert amtierte durchgehend bis 1972. In Holsen blieb die CDU kontinuierlich die stärkste politische Kraft. Bei den Kommunalwahlen der sechziger Jahre gewann sie durchgängig die größten Stimmenanteile (1956: 37,87 %, 1961: 50,84 %, 1964: 62,71 %, 1969: 62,37 %) und verfügte über die größten Ratsfraktionen. 1956 und 1961 muss Lübbert mit Unterstützung der FDP (oder SPD) zum

Bürgermeister gewählt worden sein (Sitzverteilung im Gemeinderat: 1956: CDU: 3, SPD: 2, FDP: 1; 1961: CDU: 3, SPD: 2, FDP: 1 Sitz[e]).

In **Hüllhorst** erzielte die CDU 1956 die absolute Mehrheit der Stimmenanteile (52,72 %) und die Hälfte der Sitze im Gemeinderat (CDU und SPD: jeweils 4 Sitze). Bei den ersten beiden Kommunalwahlen der sechziger Jahre fielen die Ergebnisse der CDU jedoch schlechter aus (Stimmenanteile: 1961: 37,92 %, 1964: 38,42 %). Nach den Kommunalwahlen von 1961, 1964 und 1969 verfügte die SPD jeweils über die stärksten Fraktionen im Gemeinderat. 1969 konnte die CDU mit 46,36 % wieder einen hohen Stimmenanteil gewinnen und verfügte über 6 der 13 Sitze im Gemeinderat.

Eine wichtige Persönlichkeit der CDU in Hüllhorst war der Landwirt, Auktionator und Versicherungskaufmann Karl Kottkamp, der 1961 bis 1964 als Bürgermeister der Gemeinde Hüllhorst und als Amtsbürgermeister amtierte. Er muss auch mit Stimmen der FDP und der SPD zum Bürgermeister der Gemeinde Hüllhorst gewählt worden sein (Sitzverteilung im Gemeinderat: SPD: 6, CDU: 5, FDP: 1 Sitz[e]). Struckmeier berichtet, auf Kottkamps Anregung sei auch die Gewinnung des Möbelfabrikanten Wilhelm Stallmann als Kandidat für den Gemeinderat zurückzuführen (Mitglied des Gemeinderats 1969-1972). Bedeutung in der Kommunalpolitik der Gemeinde und im ehemaligen Amt Hüllhorst sowie nach der Kommunalen Neuordnung in der Großgemeinde Hüllhorst und in der Kreispolitik erlangte der Zimmerer Erich Brackmann (Mitglied des Hüllhorster Gemeinderats 10. 1966-1972, stellvertretender Bürgermeister 1969-1972, Mitglied der Amtsvertretung des Amtes Hüllhorst 1969-1972, Mitglied des Gemeinderats der Großgemeinde Hüllhorst seit 1973, Mitglied des Kreistags seit 1994).

Fabrikant Wilhelm Stallmann. Mitglied des Rats der Gemeinde Hüllhorst von 1969 bis 1972.

Erich Brackmann. Langjähriges Mitglied des Rats der Gemeinde Hüllhorst und des Kreistags des Kreises Minden-Lübbecke.

Bei den Kommunalwahlen der fünfziger und sechziger Jahre konnte die CDU in **Schnathorst** kontinuierlich die von ihr gewonnenen Stimmenanteile vergrößern (1956: 22,62 %, 1961: 24,57 %, 1964: 26,96 %, 1969: 33,70 %). Die von der CDU gewonnenen Stimmenanteile blieben aber immer hinter denen der SPD zurück (1956: 41,62 %, 1961: 41,40 %, 1964: 44,30 %,

1969: 40,23 %), die mit Ausnahme des Jahres 1969 durchgängig die größten Ratsfraktionen stellte (siehe oben).

Die Schnathorster CDU war eng verbunden mit der FDP. Nach dem Bericht von Struckmeier wurde vor der Kommunalwahl des Jahres 1952 von der CDU nahestehenden Kommunalpolitikern unter der Leitung des Bürgermeisters Wilhelm Huchzermeier (CDU) beschlossen, in Schnathorst durch die Aufstellung von Kandidaten für die FDP eine dritte politische Kraft zu etablieren, um eine konservative Mehrheit zu gewinnen. Nach den Kommunalwahlen des Jahres 1949 war zwischen CDU und SPD im Schnathorster Gemeinderat eine Pattsituation entstanden. 1952 wurde im Wohnzimmer Huchzermeiers im gegenseitigen Einvernehmen willkürlich entschieden, wer von den Anwesenden für die CDU und wer für die FDP kandidieren sollte. Struckmeier berichtet: *„Ein einziger von ihnen war zur damaligen Zeit schon eingetragenes Mitglied einer der beiden Parteien, nämlich Karl Niedermeier in der CDU. Die damals vorgenommenen Zuordnungen blieben über eine längere Zeitdauer bestehen, so dass für viele Jahre in Schnathorst Wilhelm Huchzermeier, Heinrich Knollmann, Karl Niedermeier, Willi Obermeier und Hermann Struckmeier für die CDU kandidierten, während es für die FDP Hermann Bode, Willi Scheer und Heinrich Hagemann waren. Durch diese Erweiterung der rechten Seite wurde erreicht, dass die CDU/FDP auch in den folgenden Jahren jeweils die Mehrheit gegenüber der SPD behauptete."*

1952 wurde der Landwirt Hermann Bode (FDP) zum Bürgermeister der Gemeinde Schnathorst gewählt. Aufgrund von persönlichen Differenzen mit Repräsentanten der CDU und FDP kandidierte Bode nach Auskunft Struckmeiers bei den Kommunalwahlen des Jahres 1956 nicht länger für die FDP, sondern für den Bund der Heimatvertriebenen und Entrechteten (BHE), der wohl aufgrund der Kandidatur des in der Gemeinde beliebten Bode bei den Kommunalwahlen des Jahres 1956 „aus dem Stand" einen Stimmenanteil von 26,94 % und 3 der 12 Sitze im Gemeinderat erzielte. Als vor der Kommunalwahl des Jahres 1961 die Differenzen Bodes mit Persönlichkeiten der Schnathorster CDU und FDP ausgeräumt waren, kandidierte er — wie auch bei den Kommunalwahlen der Jahre 1964 und 1969 — erneut erfolgreich für die FDP und blieb bis 1972 Bürgermeister der Gemeinde Schnathorst.

Vor allem zwei Persönlichkeiten der Schnathorster CDU erlangten vor und nach der Kommunalen Neuordnung Bedeutung im politischen Leben der Gemeinde und der Region: der Steuerbevollmächtigte Hermann Struckmeier und der selbständige Tischlermeister Friedhelm Kleine. Struckmeier gehörte 1952 bis 1956 und 1961 bis 1972 dem Schnathorster Gemeinderat und 1961 bis 1972 dem Lübbecker Kreistag an, in den Jahren 1965 bis 1969 als der Vorsitzende der CDU-Fraktion. 1969 bis 1972 amtierte er als der letzte Landrat des Kreises Lübbecke und nach der Kommunalen Neuordnung in den Jahren 1973 bis 1984 als Landrat des Kreises Minden-Lübbecke. Kleine gehörte 1969 bis 1972 dem Gemeinderat und der Amtsvertretung des Amtes Hüllhorst an. In dieser Zeit amtierte er als stellvertretender Bürgermeister und war Sprecher der CDU-Amtsvertretung. In den Jahren 1973 bis 1984 amtierte Kleine als Bürgermeister der Großgemeinde Hüllhorst.

Die Geschichte der CDU in **Oberbauerschaft** war eng verbunden mit dem politischen Werdegang des Landwirts Heinrich Thüner. 1952 bis 1969 war Thüner Mitglied des Gemeinderats als Repräsentant der CDU. Erst 1964 trat er in die Partei ein. Nachdem er eine Legislaturperiode als Bürgermeister amtiert hatte

Friedhelm Kleine. Von 1969 bis 1972 Mitglied des Rats der Gemeinde Schnathorst. Von 1973 bis 1984 Bürgermeister der Großgemeinde Hüllhorst.

(1961-1964), gewann die CDU die größten, als er bei der Kommunalwahl 1969 nicht mehr für die CDU kandidierte, die geringsten Stimmenanteile (gewonnene Stimmenanteile: 1956: 32,27 %, 1961: 33,10 %, 1964: 41,23 %, 1969: 12,73 %). Thüner muss 1961 mit Stimmen der FDP und SPD und 1964 mit Stimmen der SPD oder der Freien-Wähler-Gruppe Oberbauerschaft gewählt worden sein (Sitzverteilung im Gemeinderat: 1961: SPD: 6, CDU: 4, FDP: 2 Sitze; 1964: CDU: 6, Freie-Wähler-Gruppe Oberbauerschaft: 4, SPD: 3 Sitze). Aufgrund von Vorwürfen im Zusammenhang mit der Errichtung der neuen Schule in Oberbauerschaft (Auskunft: Heinrich Thüner) trat Thüner im November 1966 vom Bürgermeisteramt zurück. Sein Nachfolger wurde Fritz Althoff (CDU / Amtszeit: 11.1966-1969). Thüner, der weiter Mitglied der CDU blieb (Auskunft: Heinrich Thüner), kandidierte 1969 für die Neue Demokratische Wählergemeinschaft Oberbauerschaft, die bei den Wahlen mit einem gewonnenen Stimmenanteil von 40,76 % „aus dem Stand" ein hervorragendes Ergebnis erzielte. Thüner wurde mit Unterstützung aus den anderen Ratsfraktionen zum letzten Bürgermeister der Gemeinde Oberbauerschaft gewählt. Nach der Kommunalen Neuordnung war Thüner in den Jahren 1973 bis 1984 Mitglied der CDU-Fraktion des Gemeinderats der Großgemeinde.

In den SPD-„Domänen" **Ahlsen-Reineberg** und **Tengern** blieb die CDU durchgängig die zweitstärkste politische Kraft (gewonnene Stimmenanteile: Ahlsen-Reineberg: 1956: 35,74 %, 1961: 41,88 %, 1964: 34,32 %, 1969: 41,83 %; Tengern: 1956: 26,86 %, 1961: 40,33 %, 1964: 36,94 %, 1969: 42,32 %). In Ahlsen-Reineberg stellte sie jedoch mit dem selbständigen Tischlermeister Friedrich Knollmann bis 1964 und in Tengern mit dem Maurer Karl Scheer bis 1963 und dem Schmiedemeister Heinrich Westerfeld (1963-1972) bis zur Kommunalen Neuordnung die Bürgermeister. Scheer wurde mit Unterstützung der SPD (siehe oben) und Scheer und Westerfeld mit Unterstützung der FDP gewählt (Sitzverteilung im Gemeinderat Tengern: 1956: SPD: 4, CDU: 4, FDP: 4; 1961: SPD: 5, CDU: 5, FDP: 2; 1964: SPD: 6, CDU: 5, FDP: 2; 1969: SPD: 6, CDU: 6, FDP: 1 Sitz[e]). Westerfeld amtierte in den Jahren 1964 bis 1972 auch als Amtsbürgermeister. Nach der Auflösung der alten Gemeinderäte Ende 1972 wurde er für die Übergangszeit bis zu den Neuwahlen zur Besetzung des Rats der Großgemeinde im März 1973 mit der Wahrnehmung der Aufgaben des Rats beauftragt (Stellvertreter: Günter Knollmann).

Der Ortsverband Hüllhorst der **Jungen Union** wurde kurz nach der Kommunalen Neuordnung, im Jahr 1973 gegründet (1. Vorsitzender: Henner Diederichs). Er trat durch regelmäßige Veranstaltungen wie öffentliche Diskussionsrunden und politische Frühschoppen am Sonntagvormittag in Erscheinung. Auch die Gründung der **CDU-Frauenunion Hüllhorst** erfolgte erst nach der Kommunalen Neuordnung, im Jahr 1976 (1. Vorsitzende: Christel Wagner).

Junge Union in Hüllhorst aus der Taufe gehoben

Bereits 27 Mitglieder im neuen Ortsverband

Hüllhorst/Holsen (ma). Den längeren Planungen folgte nun die Gründung des Ortsverbandes der Jungen Union, zuständig für den Bereich der Großgemeinde Hüllhorst. Die Gründungsversammlung fand im Saal der Gaststätte „Zum Wiehen" in Holsen statt. Die Aufgaben und Ziele der JU wurden in Referat und Diskussion umrissen. Harte Kritik wurde in dieser Zusammenkunft an dem vom SPD-Gemeindeverband Hüllhorst letzthin herausgegebenen Schulentwicklungsplan für die Großgemeinde Hüllhorst geübt.

Cajus Caesar (Büttendorf), der in erster Linie Initiator des jetzt gegründeten JU-Ortsverbandes ist, hieß zu Beginn der Versammlung die zahlreich erschienenen Vertreter der jüngeren Generation, darunter mehrere Damen, willkommen und teilte mit, daß bereits 27 ihren Beitritt zur JU erklärt hätten.

Die Junge Union, so führte der stellvertretende Kreisvorsitzende Dirk Möllering aus, sei das Sprachrohr der jungen Generation innerhalb der Union und zugleich für die junge Generation ein Angebot zum politischen Engagement sowie zur politischen Mitgestaltung. Die Verbindung zwischen der JU und der CDU/CSU werde gewährleistet durch die Übereinstimmung in den politischen Grundwerten. Der Referent bezeichnete die JU als Initiator demokratischer Reformpolitik, deren Pflicht es sei, den sachpolitischen und personellen Reformprozeß innerhalb der Union voranzutreiben.

Die nunmehr vollzogene Gründung der JU in der Großgemeinde Hüllhorst bezeichnete Möllering als eine demokratische Alternative „zu den in diesem Gebiet tätigen Jusos".

Zu dem kürzlich veröffentlichten Schulentwicklungsplan des SPD-Gemeindeverbandes Hüllhorst führte Dirk Möllering kritisch aus, es handele sich dabei nicht um ein eigenes Programm der SPD in der Großgemeinde Hüllhorst. Die Arbeit sei vielmehr aus dem Bildungsgesamtplan der Bund-Länderkommission übernommen worden. Sie sei auch nicht speziell auf die Bedürfnisse und Notwendigkeiten der Großgemeinde Hüllhorst abgestimmt.

Dem in der Gründungsversammlung unter Leitung von Dirk Möllering gewählten Vorstand des Ortsverbandes der Jungen Union Hüllhorst gehören an: Hennah Diederichs, Schnathorst (erster Vorsitzender); Hermann Holzmeier, Büttendorf (erster stellvertretender Vorsitzender); Günter Obermeier, Oberbauerschaft (zweiter stellvertretender Vorsitzender); Gajus Caesar, Büttendorf (Referent für Öffentlichkeitsarbeit); Frau Caesar, Büttendorf (Kassenwartin); Frau Caesar, unterstützt von Fräulein Huchzermeier, ebenfalls Büttendorf (Schriftführerin); Heike Wischmann, Holsen, und Andreas Huchzermeier, Büttendorf (Referent für Schülerarbeit). Beisitzer des Vorstandes wurden: Friedhelm Birkenhäger (Hüllhorst), Wolfgang Grätz (Hüllhorst), Karl Meyer (Holsen), Inge Meyer (Reineberg), Karl-Wilhelm Meyer (Büttendorf), Wilfried Steinigans (Bröderhausen).

Friedhelm Kleine begrüßte als Vorsitzender der CDU-Ortsunion Hüllhorst die Gründung der Jungen Union und wünschte ihr in ihrer Arbeit guten Erfolg.

Zeitungsbericht vom 23. Februar 1973

Die Freie Demokratische Partei (FDP)

Nach der Auskunft von Henner Diederichs gab es vor der Kommunalen Neuordnung im Amt Hüllhorst weder auf der Ebene der einzelnen Kommunen noch der des Amtes eine eigenständige Organisation der FDP. Im Jahr 1973 wurde der erste Ortsverein der Großgemeinde Hüllhorst gegründet. Als einer der Vorsitzenden amtierte der Diplom-Ingenieur Heinrich Lücking (Oberbauerschaft). Im Jahr 1988 erfolgte eine Neugründung des Ortsvereins, der seitdem von dem Speditionskaufmann Henner Diederichs (Schnathorst) geleitet wird. Bis heute gibt es in der Großgemeinde Hüllhorst keine eigenständige Organisation der Jungdemokraten und keine örtliche Frauenorganisation der FDP.

Bei Kommunalwahlen stellte die FDP noch häufiger als die CDU Kandidaten auf, die nicht Mitglieder der Partei waren. Nach Struckmeier war das grundsätzliche Kriterium bei der Auswahl der Kandidaten, dass sie „nicht links" standen. Die FDP war eng verbunden mit der CDU. Wie oben deutlich wurde, erfüllte die FDP vor allem in Schnathorst und Tengern, aber auch in anderen Gemeinden des Amtes Hüllhorst durchgängig oder zeitweise die Funktion einer „Mehrheitsbeschafferin" für die CDU, bzw. eines eng verbundenen Blocks von CDU und FDP. In Schnathorst stellte sie im Zusammenwirken mit der CDU 1952 bis 1956 und 1961 bis 1972 den Bürgermeister Hermann Bode (siehe oben). 1956 bis 1961 war der Fleischermeister Fritz Homann (Schnathorst) Mitglied der FDP-Fraktion des Lübbecker Kreistags.

In Tengern war die FDP wie in Schnathorst durchgängig im Gemeinderat vertreten. Die Zahl der von

Der Vorstand der am 23. Februar 1973 gegründeten Jungen Union der Großgemeinde Hüllhorst zusammen mit dem stellvertretenden JU-Vorsitzenden Dirk Möllering (Lübbecke).

ihr gestellten Sitze im Gemeinderat nahm jedoch ab (1956: 4, 1961: 2, 1964: 2, 1969: 1 Sitz[e]). In Bröderhausen, Hüllhorst, Oberbauerschaft und Büttendorf war die FDP nur zeitweise (Bröderhausen: 1961: 1, 1964: 2; Hüllhorst: 1961: 1, 1964: 1; Oberbauerschaft: 1961: 2; Büttendorf: 1961: 1 Sitz[e]) und in Ahlsen-Reineberg und Huchzen zu keiner Zeit in den Gemeinderäten vertreten.

Andere Parteien und Wählergemeinschaften

Außer SPD, CDU und FDP trat in der Kommunalpolitik im Amt Hüllhorst als einzige andere Partei der Bund der Heimatvertriebenen und Entrechteten (BHE) in Erscheinung. Der BHE als Vertretung der Heimatvertriebenen und anderer durch Kriegs- und Nachkriegsereignisse geschädigter Gruppen verfügte im Amt Hüllhorst über kein ausreichendes Wählerpotenzial für kommunalpolitische Erfolge. Nur aufgrund des in Schnathorst beliebten Kandidaten Hermann Bode, dessen eigentliche „politische Heimat" die Schnathorster „Koalition" aus CDU und FDP war, konnte der BHE bei der Kommunalwahl des Jahres 1956 drei Sitze im Gemeinderat gewinnen und mit Bode bis 1961 den Bürgermeister stellen (siehe oben). Die Kommunistische Partei Deutschlands (KPD), die im Jahr 1946 in Büttendorf und Oberbauerschaft je einen Sitz gewonnen hatte, konnte in den fünfziger und sechziger Jahren auf dem Gebiet des Amtes Hüllhorst keine Erfolge mehr erzielen.

Eine größere Rolle spielten dagegen in einigen Gemeinden vor allem zur Vertretung lokaler Interessen aufgestellte Wählergemeinschaften. In der kleinen Gemeinde **Huchzen** erlangte die Wählergruppe Huchzen stets 100 % der Stimmen und stellte alle Ratsmitglieder. Allerdings war die Wahlbeteiligung rückläufig, d. h. die auf die Wählergruppe entfallende Stimmenzahl nahm ab (1961: 124, 1964: 114, 1969: 64 abgegebene Stimmen. 1956 wurde nicht gewählt, da nur ein Wahlvorschlag mit sechs Bewerbern vorlag. Alle Vorgeschlagenen bildeten Kraft Gesetzes den Gemeinderat.). Als von der Wählergruppe Huchzen gestellte Bürgermeister der Gemeinde Huchzen amtierten der Schneider Heinrich Kleffmann (1956-1964) und der Straßenwärter Gustav Meier (1964-1972). Im Zusammenhang mit der sich quer durch die Bevölkerung und die Parteien ziehenden Auseinandersetzung um die Beschaffenheit und den Standort der neuen Schule und anderer partei- und ortsinterner Auseinandersetzungen (siehe oben) erzielten Wählergemeinschaften größere Erfolge in Oberbauerschaft. Die Freie-Wähler-Gruppe Oberbauerschaft gewann bei der Kommunalwahl des Jahres 1964 vier von 13 und die Neue Demokratische Wählergemeinschaft Oberbauerschaft 1969 sechs von 13 Sitzen im Gemeinderat. Die Neue Demokratische Wählergemeinschaft Oberbauerschaft, deren Erfolg wohl im Wesentlichen auf die Kandidatur Heinrich Thüners zurückzuführen ist, stellte 1969 mit Heinrich Thüner den Bürgermeister (siehe oben). Bei der Kommunalwahl des Jahres 1969 erlangte die Freie Wählergemeinschaft Bröderhausen, die gegründet wurde, um die örtlichen Belange Bröderhausens zu vertreten (Auskunft: Friedrich Schulz), 3 von 7 Sitzen im Gemeinderat (gewonnener Stimmenanteil: 43,20 %). Als Bürgermeister stellte sie den Elektriker Karl Sieker. Bei der Kommunalwahl des Jahres 1961 erlangte in Schnathorst die Unabhängige Wähler-Gemeinschaft Schnathorst einen von 12 Sitzen (gewonnener Stimmenanteil: 10,80 %) im Schnathorster und 1969 die Freie Wählergemeinschaft Büttendorf einen von 6 Sitzen im Büttendorfer Gemeinderat (gewonnener Stimmenanteil: 17,21 %).

Das „Kräfteverhältnis" der Parteien auf Amtsebene

Bei den Kommunalwahlen des Jahres 1956 erzielte die SPD die absolute Mehrheit (Stimmenanteil: 56,69 %), gewann 11 von 18 Sitzen im Amtstag und stellte bis 1961 mit Karl Brosend den Amtsbürgermeister. Nach der Kommunalwahl des Jahres 1961 verfügte die SPD mit 12 von 29 Sitzen zwar weiter über die stärkste Fraktion im Amtstag, hatte aber die absolute Mehrheit verloren. Mit Unterstützung der FDP, die 5 Sitze gewonnen hatte, konnte die CDU als zweitstärkste Fraktion mit Karl Kottkamp den Amtsbürgermeister stellen. Aufgrund guter Wahlergebnisse für die CDU – 1964 verfügte sie mit 11 von 26 Sitzen über die stärkste Fraktion im Amtstag – und der fehlenden Bereitschaft der FDP sowie der Wählergemeinschaften, mit der SPD zu „koalieren", stellte die CDU bis zur Kommunalen Neuordnung mit Heinrich Westerfeld den Amtsbürgermeister (Amtszeit: 1964-1972). Seit 1961 dominierten im Amtstag die Parteien und Gruppierungen, die „nicht links" standen.

Lübbecke

von Reinhold Wöstehoff
und Dr. Heinz-Ulrich Kammeier

CDU

Die CDU wird von ihrer Organisation her als Kreispartei bezeichnet. Unterhalb des Kreisverbandes wurde in Lübbecke kurze Zeit nach dem Krieg eine Ortsunion gegründet. Schon 1948 wurde in der Presse von monatlichen Parteiversammlungen berichtet. Als Vorsitzender bis in die fünfziger Jahre hinein wird der Fabrikant Eduard Gerlach genannt. Bis zum Ende der sechziger Jahre waren über die weitere Entwicklung der Ortsunion keine Unterlagen zu erhalten. In der Presse waren keine Berichte über Versammlungen mit entsprechenden Wahlen zu finden. Nach den Erinnerungen von damaligen Ratsmitgliedern war der Ansprechpartner in Fragen der Partei Herbert Freitag (1915–1976), der langjährige hauptamtliche Geschäftsführer der Partei

Ein Schnappschuß von der CDU-Kundgebung in Lübbecke. Von links nach rechts: zweiter Kreisvorsitzender Studienrat i. R. Grothues, Professor Dr. Friedensburg, erster Kreisvorsitzender Weimann.

Im Vorfeld der Landtagswahl 1954 veranstaltete die CDU in Lübbecke eine Kundgebung mit Dr. Ferdinand Friedensburg aus Berlin. Er war Präsident des deutschen Institutes für Wirtschaftsforschung und Professor der Technischen Universität. Die »Lübbecker Kreiszeitung« berichtete am 16. Juni 1954.

Herbert Freitag

und eine herausragende Persönlichkeit der CDU im Kreis Lübbecke. Der gebürtige Mecklenburger gehörte nach landwirtschaftlicher Ausbildung, Wehrdienst, Kriegsteilnahme und schwerer Verwundung 1945 zu den Mitbegründern der CDU in seinem

Heimatort Dassow. Im gleichen Jahr übernahm er den elterlichen landwirtschaftlichen Betrieb. 1946 wurde er in den Stadtrat, den Kreistag und den mecklenburgischen Landtag gewählt. Noch im gleichen Jahr endete seine politische Laufbahn vorläufig, als er nach einer Landtagssitzung in Schwerin verhaftet wurde. Er hatte gegen die Einführung der „Einheitsliste der Nationalen Front des demokratischen Deutschlands" protestiert. Die Umgestaltung der politischen Verhältnisse zwang ihn 1952 zur Flucht in den Westen. 1954 übernahm er das Amt des Kreisgeschäftsführers der CDU im Kreis Lübbecke, das er bis zur Zusammenlegung der Kreise Minden und Lübbecke bekleidete. Von 1961 bis 1972 gehörte er dem Kreistag an. 1973 bis 1976 war er Kreisgeschäftsführer der CDU im Kreis Minden-Lübbecke. Herbert Freitag verstarb während des Bundestagswahlkampfes 1976, als er Plakate von Lübbecke nach Schnathorst gebracht und in einer Scheune abgestellt hatte.

Bestätigt wird die Stellung der Kreispartei auch durch die Materialien für die Wahlkämpfe 1961 und 1964. Die Übersicht über die Kandidaten in Lübbecke mit der Zuordnung der Fotos zu den Wahlbezirken und verbunden damit die Vorstellung der wichtigsten Forderungen des örtlichen Wahlprogramms wurde herausgegeben vom Kreisverband. Über Herbert Freitag wurden die Kandidaten auch mit den entsprechenden Informationen versorgt. Dazu gehörten die Straßen im eigenen Wahlbezirk, die Zahl der dort wohnenden Wahlberechtigten und die Auflistung der Bewerber der anderen Parteien. Nach der Wahl 1961 wurden die neuen Ratsmitglieder der CDU in Lübbecke vom Kreisvorsitzenden Weimann mit dem Briefkopf der Kreisunion eingeladen, über die Wahl des Bürgermeisters, den Fraktionsvorsitz und die Besetzung der Ausschüsse im Lübbecker Rat zu beraten. Dies lässt den Schluss zu, dass der Kreisvorsitzende Weimann auch die Aufgaben des Vorsitzenden der Ortsunion übernommen hatte.

Zum Ende des Jahrzehntes wurde die Ortsunion unter ihrem neuen Vorsitzenden wieder aktiv. 1969 bildeten die folgenden Personen den Vorstand der Ortsunion Lübbecke: 1. Vorsitzender Wilhelm Schröder, stellvertretende Vorsitzende Norbert Middel und Günter Pieper, Beisitzer Willy Kessel, Heinz Marquardt und Friedrich Ruschmeier.

Die personelle Erneuerung der CDU begann 1961 nach dem Rückzug der aktiven Persönlichkeiten der Nachkriegszeit und zog sich über zwei Wahlperioden hin, in denen jüngere Parteimitglieder Verantwortung übernahmen. Der Erfolg der Erneuerung zeigte sich 1969 als zusammen mit der FWG Gerhard Schmidt zum Bürgermeister gewählt wurde.

In einer Versammlung der Ortsunion wurde im September 1973 über die Zeit nach der Kommunalreform diskutiert. Die Ortsunionen Lübbecke, Nettelstedt und Blasheim wurden zu Mitte, Ost und West und es wurde auf der neuen kommunalen Ebene der Stadtverband Lübbecke gegründet.

Wahlbezirk 1 (Realschule)
Wilhelm Schofeld, Heuweg 151, 60 Jahre alt, Landwirt, Ortslandwirt und Vorsitzender des Landwirtschaftlichen Ortsvereins.

Wahlbezirk 2 (Realschule)
Norbert Middel, Uhlandstraße 19, 54 Jahre alt, Bezirks-Schornsteinfegermeister.

Wahlbezirk 3 (Realschule)
Theo Wappelhorst, Sudermannstraße 4, 56 Jahre alt, Heilpraktiker.

Wahlbezirk 4 (kath. Volksschule)
Fritz Baumann, Niedernstraße 11, 55 Jahre alt, Klempnermeister.

Wahlbezirk 5 (Stadtschule am Markt)
Heinz Marquardt, Osterstraße 52, 40 Jahre alt, Kaufmann.

Wahlbezirk 6 (Stadtschule am Markt)
Reinhold Kühn, Niedernstr. 24, 49 Jahre alt, Malermeister, seit 1945 in Lübbecke ansässig.

Wahlbezirk 7 (Landwirtschaftssch. Kaiserstr.)
Wilhelm Meißner, Osnabrücker Straße, 66 Jahre alt, Ostvertriebener, Lebensmittelgroßhändler

Wahlbezirk 8 (Landwirtschaftssch. Kaiserstr.)
Wilhelm Schröder, Osnabrücker Straße 23/25, 38 Jahre alt, lom-Ingenieur und Baumeister

Wahlbez. 9 (Stadtschule a. Markt)
Martin Klöpper, Lange Straße 14, 64 Jahre alt, Bäckermeister, Obermeister der Bäcker-Innung, seit 1956 Stadtvertreter u. Mitglied des Haupt- u. Finanzausschusses

Wahlbez. 10 (Wiehenwegschule)
Otto Steinhauer, Schubertstr. 15, 67 Jahre alt, Sparkassenobersekretär i. R., Kreisvors. des Deutschen Siedlerbundes.

Wahlbez. 11 (Wiehenwegschule)
Walter Möller, Gasstraße 18, 51 Jahre alt, Malermeister.

Wahlbez. 12 (Wiehenwegschule)
Wilhelm Brinkmeier, Feldmark 44 58 Jahre alt, Landwirt.

Vor der Kommunalwahl 1961 wurden die Bürgerinnen und Bürger in Lübbecke mit einer vierseitigen Postwurfsendung über die Kandidaten der CDU informiert.

Auf der SPD-Unterbezirkskonferenz traf der Kreisvorsitzende Fritz Schilling den Bundestagsabgeordneten des Kreises, Dr. Paul Bleiß. Ausschnitt aus »Freie Presse« vom 8. April 1957.

SPD

Als Landtagsabgeordneter und Unterbezirksvorsitzender war Fritz Schilling ein wichtiger Funktionsträger der Partei im Kreisgebiet. Seit dem Neubeginn der politischen Arbeit nach dem Krieg war er Vorsitzender des Ortsvereins Lübbecke. Zum weiteren Vorstand gehörten 1954 Heinz Kohlstädt (2. Vors.), Fritz Jahns (Schriftführer), Willi Westerholt (Hauptkassierer) und Anna Haddewig als Beisitzerin.

Im Februar 1959 erklärte Fritz Schilling, dass er aus gesundheitlichen Gründen sein Amt zur Verfügung stelle. Der Ortsverein wählte Josef Hockel als neuen 1. Vorsitzenden. Auch im weiteren Vorstand gab es neue Namen: Heinrich Bokämper (2. Vors.), Josef Hübner (Schriftführer) und Hermann Fischer (Jugendvertreter). Hockel war durch seine Wahl als geschäftsführender Vorsitzender des DGB-Kreisausschusses 1955 aus Moers nach Lübbecke gekommen. Von 1961 bis 1964 war Hockel auch Mitglied des Rates der Stadt. Er wurde zwar 1963 noch in seiner Funktion für den DGB wiedergewählt, verließ aber kurze Zeit später den Kreis Lübbecke. Durch seine Person wird deutlich, dass es in der SPD Funktionsträger gegeben hat, die auch gewerkschaftlich aktiv waren, z. T. als hauptamtliche Geschäftsführer auf Kreisebene.

Nach dem Fortzug von Josef Hockel übernahm Erwin Klute 1963 den Vorsitz des Ortsvereins für eine Übergangszeit. Als er 1964 Bürgermeister wurde, sollte die Arbeit auf mehrere Schultern verteilt werden. 1965 wurde Walter Schumann zum Ortsvereinsvorsitzenden gewählt und übernahm das Amt bis über die Zeit der Kommunalreform hinaus.

Rückblickend sieht Walter Schumann die Wahlperiode von 1964 bis 1969 als eine wichtige Zeit im politischen Wirken der SPD in Lübbecke an. Einige ältere Ratsmitglieder der Nachkriegszeit hatten sich von der aktiven politischen Arbeit zurückgezogen und mit einer relativ jungen Fraktion, ausgestattet mit der absoluten Mehrheit, sind nach langen Diskussionen wichtige Entscheidungen getroffen und entscheidende Entwicklungen für die Stadt Lübbecke auf den Weg gebracht worden.

Wählt

Sozialdemokraten

Diese Männer und Frauen

bitten um Ihr Vertrauen

Vor der Kommunalwahl 1961 wurden die Bürgerinnen und Bürger in Lübbecke mit einer Postwurfsendung über die Kandidaten der SPD informiert (oben und rechte Seite).

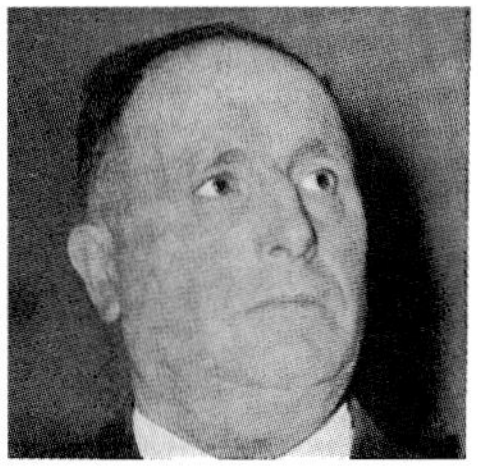

Oevermann, Otto
Landwirt

Wahlbezirk 1
(Realschule)

Kemmener, Karl
Gewerkschafts-
sekretär

Wahlbezirk 2
(Realschule)

Fischer, Hermann
Angestellter

Wahlbezirk 3
(Realschule)

Thoß, Helmut
Geschäftsführer

Wahlbezirk 4
(Kath. Volksschule)

Haddewig, Anna
Hausfrau

Wahlbezirk 5
(Stadtschule
Am Markt)

Westerholt, Willy
Elektromonteur

Wahlbezirk 6
(Stadtschule
Am Markt)

Klute, Erwin
Schneidermeister

Wahlbezirk 7
(Landw.-Schule
Kaiserstraße)

Hockel, Josef
Angestellter

Wahlbezirk 8
(Landw.-Schule
Kaiserstraße)

Heidenreich, Kurt
Mittelschullehrer

Wahlbezirk 9
(Stadtschule
Am Markt)

Bokämper, Heinr.
Maurerpolier

Wahlbezirk 10
(Wiehenwegschule)

Hopmeier, Friedr.
Rentner

Wahlbezirk 11
(Wiehenwegschule)

Pollheide, Wilh.
Schriftsetzer

Wahlbezirk 12
(Wiehenwegschule)

FDP

Über die Gründung des Ortsverbandes Lübbecke waren keine Unterlagen zu finden. Bei der ersten Wahl, an der sich die Partei in Lübbecke beteiligte, hatte sie auch ihren größten Erfolg. Sie errang 1952 unter der Führung des Ortsvorsitzenden, dem Fabrikanten Wilhelm Dierks, mit 29 % der Stimmen ein Mandat mehr als die CDU. Es gelang ihr damit, Wahlziele umzusetzen, wie sie im Vorfeld auf Parteiversammlungen vertreten wurden. Die FDP wollte die Nichtwähler, insbesondere aus den bürgerlichen Kreisen wieder an die Wahlurnen führen. Die Partei präsentierte sich national-liberal, aber auch konservativ und war damit bei der Schwäche der CDU zu Beginn der fünfziger Jahre bei den Wahlen erfolgreich.

Unser Bild zeigt von links: Karl Vogel, Theo Helmke, Heinrich Klöpping und Dr. Krengel.

Das Foto in der »Lübbecker Kreiszeitung« vom 17. Juni 1964 zeigt die vom Kreis und vom Bezirksvorstand geehrten Ratsmitglieder der FDP, die 1964 bei der Kommunalwahl nicht wieder kandidierten.

Einen weiteren Erfolg hatte die Lübbecker FDP als es ihr von 1961 bis 1964 gelang, mit 5 von 24 Ratsmandaten den Bürgermeister zu stellen. 1964 kandidierte Heinrich Klöpping nicht wieder, ebenso wie Karl Vogel, der älteste Stadtvertreter der FDP. Er war schon Mitglied des Stadtrats seit 1928 und vertrat die FDP seit 1952 im Rat. 1964 war inzwischen Theodor Helmke Vorsitzender des Lübbecker Ortsverbandes geworden. Er und Ortwin Grevel waren als die beiden wichtigsten Personen der Lübbecker FDP der sechziger Jahre auch auf Kreisebene für die Partei aktiv, Helmke auch in der Parteiorganisation auf Landesebene.

In den sechziger Jahren fand eine Veranstaltungsreihe der FDP besondere Aufmerksamkeit in der Öffentlichkeit. Insbesondere im Vorfeld von Wahlen veranstaltete der Kreisverband als Wahlkundgebung die Reihe „Journalisten fragen - FDP-Politiker antworten“. So waren an der Veranstaltung im Juni 1966 im Central-Theater Jounalisten bekannter Zeitungen beteiligt, wie der Westdeutschen Allgemeinen Zeitung (WAZ), der Westdeutschen Rundschau und von UPI Bonn. Die Journalisten befragten bekannte Politiker wie den Vizekanzler Erich Mende, den Innenminister von NRW Willi Weyer, Siegfried Zoglmann und Walter Möller. In der Presse wurde festgestellt (LK vom 4. Juli 1966), dass die Sitzplätze nicht ausreichten und man die Türen nach draußen öffnen musste, als der FDP-Landtagskandidat Theodor Helmke die Veranstaltung mit seiner Begrüßung eröffnete.

Das Bild in der »Neuen Westfälischen« vom 3. März 1973 (Stadtarchiv Lübbecke) zeigt die nach der Kommunalreform ausgeschiedenen Ratsmitglieder der FDP, die vom FDP-Stadtverband mit der Thomas-Dehler-Gedächtnis-Gedächtnismünze geehrt wurden. Von links: Werner Schübeler (Lübbecke); Heinz Holsing (Blasheim); Fritz Kröger (Nettelstedt) und Dr. Karl-Wilhelm Leue (Lübbecke).

Vor der Rückfahrt nach Bonn: Erich Mende trinkt noch schnell ein Glas Barre-Bräu mit dem FDP-Landtagskandidaten Theodor Helmke.

Liebe Lübbecker!

Am kommenden Sonntag werden wieder die Stadt- und Kreisvertreter gewählt. Es liegt in Ihrer Hand, wie diese beiden Parlamente besetzt werden.

Die **FDP** in Lübbecke hat erneut Kandidaten für diese Wahl aufgestellt, die Gewähr dafür geben, daß jeder sich genau so intensiv für die Belange der Stadt und ihrer Bürger einsetzt, wie die bisherigen FDP-Stadt- und Kreisvertreter es taten.

Wenn altbewährte FDP-Männer jetzt ausscheiden, unter diesen auch unser Bürgermeister Heinrich Klöpping, so können wir rückschauend feststellen, daß gerade er in seiner Amtszeit große Erfolge hatte und viele gute neue Wege beschritt. Von seinen besonderen Verdiensten sei nur erwähnt

die Betreuung der älteren Bürger unserer Stadt.

Auch das Ziel der FDP, eine vernünftige Finanzpolitik zu betreiben, ist erreicht worden:

Die Finanzlage unserer Stadt ist gesund!

Und jetzt? —

Unseren Weg weitergehen und mit der Jugend die Zukunft gestalten! Sehen Sie sich jeden einzelnen unserer Kandidaten an. Junge Mitbürger werden in die Verantwortung geführt. Die Erfahrung der Älteren, verbunden mit dem Vorwärtsdrang der Jugend, soll die Arbeit unseres neuen Parlamentes bestimmen.

Wir rufen darum wieder alle Bürger auf:

Geht zur Wahl,

wählt die Kandidaten der Freien Demokraten!

Freie Demokratische Partei
Lübbecke

Auf der Rückseite finden Sie die Kandidaten Ihres Vertrauens.

1.	**Ortwin Grevel,**	Rechtsanwalt	57 Jahre alt
2.	**Theodor Helmke,**	Spediteur	48 „ „
3.	**Werner Schübeler,**	Einzelhandels-Kaufmann	43 „ „
4.	**Dr. K. W. Leue,**	Apotheker	37 „ „
5.	**Werner Siebe,**	Einzelhandels-Kaufmann	43 „ „
6.	**Eyke von Borries,**	Kaufmann	50 „ „
7.	**Karl Bleidießel,**	Schuhmachermeister	51 „ „
8.	**Manfred Flöther,**	Postamtmann	44 „ „
9.	**Josef Schneider,**	Landwirt	39 „ „
10.	**Fr. Seigerschmidt,**	Kaufmann	56 „ „
11.	**Wilh. Jockheck,**	Kraftfahrzeugmeister	40 „ „
12.	**Wilhelm Zumpe,**	Kaufm. Angestellter	27 „ „

Helmke, Grevel und von Borries kandidieren auch für den Kreistag.

Die FDP informierte die Bürgerinnen und Bürger in Lübbecke 1964 vor der Kommunalwahl mit einer Postwurfsendung ohne Bilder ihrer Kandidaten.

FWG

Die Freie Wählergemeinschaft als neue Kraft in der Kommunalpolitik in Lübbecke wurde erst drei Monate vor der Wahl am 22. August 1969 gegründet. Sie hatte sich zum Ziel gesetzt die „Interessen aller Bürger der Stadt und die Interessen der Stadt Lübbecke" zu vertreten. Man wollte politisch und konfessionell neutral sein. Zum 1. Vorsitzenden wurde Dr. Karl Deerberg gewählt.

Die FWG kritisierte in der Wahlkampfzeit insbesondere die SPD-Mehrheitsfraktion. Deerberg als führende Person der neuen Gruppierung bemängelte die Haushaltslage, die die SPD in der vergangenen Legislaturperiode zu verantworten hatte. Er beschrieb die Lage mit „Gebt uns unsere Millionen zurück". Die SPD reagierte mit persönlichen Angriffen. Wilhelm Pollheide bat vor der Wahl zu einem Pressegespräch und bekräftigte, dass er nicht als SPD-Mitglied, sondern als Bürgermeister für alle Bürger der Stadt spreche.

„Für die Bürger der Stadt Lübbecke dürfte es interessant sein, auch die Beweggründe des Spitzenkandidaten der Freie Wählergemeinschaft für seinen Wahlkampf zu erfahren. Herr Dr. Deerberg hat mit der Stadt seit 1966 Grundstücksverhandlungen geführt. Seine Forderungen waren im Interesse aller Bürger nicht zu erfüllen, weil er sich dadurch ungerechtfertigte Vorteile verschafft hätte. Die Verhandlungen sind abgebrochen worden. Aus Verärgerung darüber, dass es ihm nicht möglich war, sich auf Kosten der Allgemeinheit ungerechtfertigt zu bereichern, hat er dann die freie Wählergemeinschaft gegründet." (Zitat aus dem Artikel der NW vom 4. November 1969)

Die Vorwürfe wurden von Dr. Deerberg zurückgewiesen. Er antwortete in Leserbriefen und in einer ausführlichen Schrift, die an alle Haushaltungen verteilt wurde. Er forderte die Rücknahme der Pläne zur Marktplatzgestaltung und begründete dies mit der Gefährdung der Geschäftswelt in den anliegenden Straßen. Nach seiner Ansicht sollte der Busbahnhof auf dem Marktplatz verbleiben. Konsequenterweise lehnte damit die FWG auch den Weiterbau der Nordtangente ab und sprach sich für die Erhaltung eines Grüngürtels in der Stadt aus.

In der Legislaturperiode kam es bis 1973 immer wieder zu Auseinandersetzungen zwischen der FWG und den anderen Parteien innerhalb des Rates über verschiedene politischen Themen, über die die Presse ausführlich berichten konnte. Mit den neuen Mehrheitsverhältnissen durch die Eingemeindung der Ortsteile ab 1973 verlor die FWG an Bedeutung und war ab 1978 nicht mehr im Rat vertreten.

Gehlenbeck / Eilhausen

In der Entwicklung der Parteienstruktur zeigen sich in Gehlenbeck einige Besonderheiten. 1948 hatte die KPD bei den Gemeinderatswahl einen so hohen Anteil erreicht (18 %) wie in keiner anderen Gemeinde des Kreises. Die SPD hatte dennoch die absolute Mehrheit gewonnen, obwohl die CDU noch zwei Jahre vorher bei den ersten Wahlen mit 55 % der Stimmen erfolgreich gewesen war. Die Tendenz setzte sich in den fünfziger Jahren fort. Das „bürgerliche Lager" wurde noch durch das Auftreten der FDP geschwächt, denn die verbliebenen 40 % mussten sich beide Parteien teilen. Der Tiefpunkt wurde dann 1956 erreicht, als nur noch je 16% der Bevölkerung ihnen ihre Stimme gaben und jede Partei nur einen Gemeindevertreter stellte.

Es ist nicht mehr nachzuvollziehen, wie es zu der Entscheidung kam, aber bei der Wahl 1961 traten

Liebe Gehlenbecker Mitbürger!

Jn wenigen Tagen werden Sie nun wieder darüber zu entscheiden haben, in wessen Händen während der nächsten Jahre das Schicksal unserer Gemeinde liegen wird.

Sicher, in den Gemeindeparlamenten werden keine großen, hochpolitischen Entscheidungen getroffen, keine weltweiten Probleme erörtert. Aber es geht hier um die kleinen und trotzdem so wichtigen Dinge unseres Alltags, unseres Zusammenlebens, unseres täglichen Wohlbefindens. Und am Ende sind für uns alle diese oft so unscheinbar wirkenden Dinge ebenso wichtig, wie die Dinge der großen Politik. Es ist daher nicht belanglos, in wessen Hände die Verantwortung für das Wohlergehen eines Gemeinwesens liegt.

Gestatten Sie bitte uns, den Vertretern der S P D, zu der bevorstehenden Wahl ein kurzes Wort:

Lange Jahre hindurch haben wir nun schon durch Jhr Vertrauen, durch das Vertrauen der Mehrheit der Gehlenbecker Bürger in unserm Gemeindeparlament eine ausgesprochene SPD-Mehrheit. Wir glauben, daß wir uns in der Vergangenheit dieses Vertrauens würdig erwiesen haben. Das aber gibt uns den Mut, Sie auch für die bevorstehende Wahl wiederum um Jhr Vertrauen zu bitten, Sie zu bitten:

W ä h l e n S i e d i e K a n d i d a t e n d e r S P D !

Unsere Vertreter, dessen dürfen Sie gewiß sein, werden auch in der kommenden Legislaturperiode ihre ganze Kraft für das Wohl unserer Gemeinde, und zwar der ganzen Gemeinde, einsetzen!

Geben Sie also unsern Kandidaten Jhr Vertrauen und Jhre Stimme!

Vielleicht aber haben Sie noch Fragen, vielleicht möchten Sie über irgendein mit der Gemeindepolitik zusammenhängendes Problem gerne eine Auskunft haben?

Jn diesem Falle sind Sie sehr herzlich eingeladen zu einer Veranstaltung, die wir an Stelle einer der üblichen Wahlversammlungen durchführen wollen und die jeden um die Belange unserer Gemeinde bemühten Mitbürger interessieren wird. Diese Veranstaltung findet statt am:

18.4.64 20^{00} bei Blase

Keine Hochglanzbroschüren, sondern mit der Schreibmaschine geschrieben und dann vervielfältigt: Der Wahlaufruf der SPD zur Kommunalwahl 1964.

beide Parteien nicht mehr an. Ihre Vertreter fanden sich wieder in der neu gegründeten Freien Wählergemeinschaft (FWG), die bis 1973 der kleinere Partner in der Gemeindevertretung war.

Erst zum Ende der sechziger Jahre machten sich die beiden Parteien wieder auf der örtlichen Ebene bemerkbar. Über Cajus Caesar aus Nettelstedt wurde Werner Bösch 1970 als erstes CDU-Mitglied in Gehlenbeck geworben. Er selbst versuchte, weitere Personen für die Arbeit zu interessieren. In der Ortsunion Ost waren 1973 immerhin etwa 100 Personen organisiert, ein gewaltiger Aufschwung.

Die SPD war organisiert in einem gemeinsamen Ortsverein Gehlenbeck-Eilhausen. Zu den alten SPD-Mitgliedern (schon vor 1933) gehörte der erste Ortsvereinsvorsitzende Fritz Kammann. Er zog 1952 nach Lübbecke und arbeitete im dortigen Ortsverein mit. Seine Nachfolger in Gehlenbeck waren Heinrich Finke, Heinrich Kleine und Fritz Seeger. Bei den Ortsvereinsversammlungen war sehr häufig der Vorsitzende des Unterbezirks, Heinrich Hüffmeyer, anwesend. Er hat immer wieder zu landes- und bundespolitischen Fragen Stellung genommen, wie es in den Zeitungsnotizen formuliert wurde. Besonders gefordert waren die Mitglieder der Ortsvereine im Wahlkampf. Es wurden Versammlungen abgehalten, Flugblätter verteilt und Plakate aufgehängt, nicht selten bei Nacht und Nebel. Die Werbeblätter der einzelnen Kandidaten wurden vielfach mit der Schreibmaschine geschrieben, vervielfältigt und dann verteilt.

Nettelstedt

Nachfolger von Heinrich Oevermann, dem ersten Ortsvereinsvorsitzenden der SPD nach dem Krieg, wurde Heinrich Hucke. Er übergab des Amt an Paul Röding, der in dieser Funktion bis weit in die siebziger Jahre hinein tätig war.

Da die CDU nur auf Kreisebene organisiert war, bildeten die für die Partei kandidierenden Personen eine Art „interne Gruppe". Die Vertreter waren überwiegend keine Mitglieder der CDU, versuchten aber deren Politik in den Gemeinden zu vertreten. Man war sich in der Gemeinde nicht selten darüber einig, dass die Interessen der Gemeinde vorrangig vor Parteikonzepten zu vertreten waren. 1964 zog der Förster Cajus Caesar aus beruflichen Gründen nach Nettelstedt. Er war schon früher in die CDU eingetreten und gründete 1966 den Vorläufer der Ortsunion Ost.

Die Erfolge der FDP waren sicher stark verbunden mit der Person Erwin Huckes. Er hatte als Unternehmer um sich herum eine entsprechende Gruppe versammelt, die die Interessen der Gewerbetreibenden vertreten sollte. Erkenntnisse über die Organisation konnten nicht gesammelt werden.

Gemeinde Blasheim

Verglichen mit der Stadt Preußisch Oldendorf und den dem Amt zugehörigen Gemeinden fällt auf, dass der Rat dieser Gemeinde, die aus dem Kirchdorf Blasheim sowie den Bauerschaften Obermehnen und Stockhausen bestand, der größte im Amt war (15, später sogar 19 Mitglieder). Bezogen auf die Einwohnerzahl waren Orte wie Offelten oder Engershausen bedeutend kleiner als die Gemeinde Blasheim, obwohl sie über eigene Gemeinderäte verfügten. Die finanziellen Aufwendungen waren entsprechend hoch, obwohl pro Ratsmitglied allgemein 10,– DM an Aufwandsentschädigung (Stand: 1956) gezahlt wurden. Die Sitzungen des Gemeinderates und der Ausschüsse kosteten den Steuerzahler 1956 1720,– DM (8 Ratssitzungen, 7 Sitzungen des Finanzausschusses, 3 Sitzungen des Wohlfahrtsausschusses), während zum Beispiel in Getmold nur 600,– DM anfielen (10 Ratsmitglieder; 6 Ratssitzungen; 8 Sitzungen des Wohlfahrtsausschusses). – Der Gemeinde Blasheim kam also allein auf Grund der verhältnismäßig hohen Einwohnerzahl eine große Bedeutung im Amt Preußisch Oldendorf zu.

Die Jahre ab 1953 waren in der Gemeinde Blasheim zunächst von politischen Auseinandersetzungen zwischen der SPD einerseits sowie der CDU und FDP andererseits gekennzeichnet. In erster Linie ging es um die Gestaltung des finanziellen Rahmens der Gemeinde, der wegen des Schulneubaus in Blasheim begrenzt war. Die SPD wollte die preiswertesten Handwerker bei der Ausschreibung berücksichtigen, während CDU und FDP die anfallenden Arbeiten an Blasheimer, Stockhauser und Obermehner Betriebe vergeben wollte, um das Handwerk innerhalb der Gemeinde zu fördern. Zu einem Eklat kam es im März 1953, als die Vertreter der CDU und FDP den Raum verließen, nachdem sie der SPD in einer Abstimmung über die Herabsetzung der Aufwandsentschädigung des Bürgermeisters unterlegen waren. Auch der 1952 von Karl Treseler abgelöste SPD-Bürgermeister Stüssel stand in den fünfziger Jahren des öfteren im Mittelpunkt öffentlicher Kritik, ob zu Recht oder zu Unrecht, kann hier nicht beurteilt werden.

Bei den Wahlen 1961 wurden als Direktkandidaten 2 Vertreter der SPD und 7 von der Wählergemeinschaft Blasheim (WGM B) und über die Reserveliste 6 von der SPD und 3 von der WGM B gewählt. Die Idee, CDU und FDP als Freie Wählergemeinschaft zusammen antreten zu lassen, stammte nach Aussage des ehemaligen Bauerschaftsvorstehers von Obermehnen, Ernst-Ludwig Klausmeyer, von Karl Treseler. Er hatte wohl erkannt, dass sich die Mehrheit der SPD in der Gemeinde nur durch eine Listenverbindung der CDU und FDP brechen ließ, zumal die FDP in Blasheim zu Lasten der CDU recht stark war. Noch 1969 bei den Kreistagswahlen gewann die FDP in Blasheim 18 % der Stimmen, deutlich mehr als in anderen Orten des Kreises Lübbecke. Das Kreistagswahlergebnis vom 19. März 1961 (CDU und FDP traten hier getrennt an) mag als Beleg für diese These dienen:

Wahlbezirke	I	II	III	Gesamtzahl
Kampe (SPD)	440	230	132	802 (41,3 %)
Niebuhr (CDU)	202	82	59	343 (17,7 %)
Treseler (FDP)	425	146	181	752 (38,8 %)

Bei den Berufen der Ratsmitglieder fällt auf, dass die SPD auch nach dem Godesberger Programm von 1959 noch eine nahezu reine Arbeiterpartei war, während die meisten Mitglieder der WGM B aus der Landwirtschaft kamen. Dies wird aus der folgenden Übersicht deutlich:

Während sich die Ratsfraktion der WGM Blasheim aus 6 Landwirten, einem Kaufmann, einem Angestellten, einem Malermeister und einem Beamten a. D. zusammensetzte, bestand die SPD-Fraktion aus zwei Maurern und je einem Angestellten, Zigarrensortierer, Arbeiter, Tischler, Kraftfahrer und Verteilungsstellenleiter.

Vor allem bei den Ausschüssen gab es Veränderungen. Im „Haupt-, Finanz- und Rechnungsprüfungsausschuss“ saßen 9 Mitglieder, im Bauausschuss 11, im Wohlfahrtsausschuss 12 (11 Ratsmitglieder und die Gemeindeschwester Pauline Stellbrink), im Werksausschuss 9, in der Wegebaukommission 10 und in der „Wasserschaukommission“ (es muss wohl „Wasserschutzkommission“ heißen) 7 Mitglieder (letztere gehörten dem Rat nicht an).

Während der Legislaturperiode schieden Otte und Albersmeyer 1961 in Folge Fortzugs aus und wurden durch Heinrich Hohnstedt und Emil Grabemann ersetzt. Hohnstedt verzog 1963 ebenfalls; sein Nachfolger im Rat wurde Heinrich Sudeck aus Obermehnen. Zum Nachfolger Ottes als Bürgermeister-Stellvertreter wählte der Rat Wilhelm Althoff.

Die Wahlen von 1964 brachten fast keine Veränderungen in der politischen Zusammensetzung des Blasheimer Gemeinderates (auf 19 Mitglieder aufgestockt): 11 Sitze für die WGM B und 8 Sitze für die SPD. Brümmelhorst, Grabemann und Kleine-Döpke gehörten dem Rat nicht mehr an; sie wurden durch Gerhard Gröne, Karl Kleffmann und Heinz Knickmeier (SPD) sowie Wilhelm Henke (WGM B) ersetzt. Karl Treseler wurde mit 16 Stimmen bei 2 Enthaltungen als Bürgermeister, Wilhelm Althoff mit 17 Stimmen als Stellvertreter wiedergewählt; ähnlich deutliche Ergebnisse erzielten die Bauerschaftsvorsteher Klausmeier (Obermehnen) und Krieger (Stockhausen). Dies belegt, dass zwischen den beiden Parteien bzw. politischen Gruppierungen zu dieser Zeit ein einvernehmliches an Sachfragen orientiertes Verhältnis bestand.

Karl Treseler ist wieder Bürgermeister von Blasheim

Stellvertreter wieder Wilhelm Althoff

Blasheim. Der Gemeinderat trat zu seiner ersten Sitzung zusammen. Nachdem Bürgermeister Treseler die 5 neugewählten Ratsmitglieder verpflichtet und vereidigt hatte, übernahm das älteste Ratsmitglied Ernst Wiegmann den Vorsitz.

■ Zunächst erfolgte die Wahl des Bürgermeisters und seines Stellvertreters. Mit 16 Stimmen bei 2 Stimmenthaltungen wurde der bisherige Bürgermeister Karl Treseler wiedergewählt. Die Wiederwahl seines Stellvertreters Wilhelm Althoff erfolgte mit 17 Stimmen bei einer Stimmenthaltung. Der bisherige Bauerschaftsvorsteher von Obermehnen, Ernst-Ludwig Klausmeier wurde, mit 16 Stimmen bei 2 Stimmenthaltungen und der Bauerschaftsvorsteher von Stockhausen, Heinrich Krieger, mit 13 Stimmen bei 5 Stimmenthaltungen wiedergewählt.

■ Einstimmig wählte man den bisherigen ehrenamtlichen Gemeindedirektor, Amtsdirektor Hüsemann, wieder. Ebenfalls einstimmig wurden die bisherigen Stellvertreter Verwaltungs-Amtmann Wellpott und Bürgermeister Treseler wiedergewählt.

■ In den Haupt- und Finanzausschuß wurden gewählt: Bürgermeister Treseler, die Bauerschaftsvorsteher Klausmeier und Krieger sowie die Ratsmitglieder W. Althoff, Gerhard Gröne, Heinz Holsing, Karl Horstmeier, Heinr. Meyer, Helmut Schubert.

■ In die Amtsvertretung wurden gewählt von der Wählergemeinschaft: Karl Treseler, E. L. Klausmeier, Heinrich Krieger, Ernst Schadde, von der SPD-Fraktion: Wilhelm Althoff und Heinz Knickmeier.

■ Dem Wasserwerksausschuß gehören folgende Ratsmitglieder an: Karl Treseler, Wilhelm Althoff, Ernst-Ludwig Klausmeier, Heinrich Krieger, Gerhard Gröne, Heinz Holsing, Karl Horstmeier, Karl Kleffmann, Heinr. Meyer, Helmut Schubert, Ernst Wiegmann.

1967 kam es zu einem Konflikt wegen der Weitergabe von Besprechungsergebnissen aus einer nichtöffentlichen Sitzung des Marktausschusses. Zwei Bürger konfrontierten das Ratsmitglied Ernst Schadde mit Äußerungen, die er während einer solchen Sitzung am 5. August von sich gegeben habe. Diese Informationen konnten nur von einem anderen Mitglied des Ausschusses stammen. Am 23. August 1967 erstattete der Gemeinderat Anzeige gegen Unbekannt; die Ermittlungen des Polizeimeisters Braune führten jedoch zu keinem Ergebnis.

Ab Mitte der sechziger Jahre bestimmten nicht mehr nur Einzelpersönlichkeiten und Parteien das politische Geschehen, sondern auch die Bürger selbst. Als Beispiel mag der Streit um die Ev. Volksschule Stockhausen dienen. Nach den Sommerferien 1964 hatte sich die unterrichtliche Situation in Folge der Erkrankung der Lehrerin Rosemarie Mentzschel dramatisch verschlechtert, weil der Hauptlehrer Friedrich Knefel alle acht Klassen allein unterrichten musste. Zwischen den Sommer- und Herbstferien konnten das 1.-4. Schuljahr und das 5.-8. Schuljahr im Wechsel nur jeden zweiten Tag unterrichtet werden; vom Ende der Herbstferien bis Anfang November hatte es nur einen Tag Unterricht für die ersten vier Klassen gegeben. Auch waren keine Herbstzeugnisse ausgestellt worden. Als nach dem Versetzungsgesuch der Lehrerin Mentzschel (auf die näheren Umstände kann hier nicht eingegangen werden) statt eines neuen Lehrers die Kinder des 1. bis 4. Schuljahres in Blasheim unterrichtet wurden, bildete sich eine Elterninitiative, um gegen die Missstände zu protestieren. Es gelang tatsächlich, wieder eine zweite Lehrkraft für Stockhausen zu bekommen (Fr. Koring, dann H. Meierhenrich, dann H. Rieke) und auch die endgültige Schließung der Schule zunächst zu verhindern. Weil der Nordrhein-Westfälische Landtag aber inzwischen das Elementarschulwesen neu geordnet hatte (Bildung von Grund- und Hauptschulen), zog die Elterninitiative ihre Klage gegen das Schulamt des Kreises Lübbecke am 9. Juni 1967 zurück. Die 25 beteiligten Eltern mussten sich die angefallenen Kosten in Höhe von je 20,28 DM teilen.

Ein weiterer Aspekt der zunehmenden Bürgerbeteiligung in der Gemeinde Blasheim war die Auseinandersetzung um bzw. der Widerstand gegen den Bau neuer Straßen. Gegen die geplante Landesstraße 545, die die Bundesstraßen 65 und 239 diagonal verbinden sollte, legte eine „Interessengemeinschaft der vom Bau der L 545 betroffenen Grundstückseigentümer" am 1. März 1968 Einspruch ein und fügte eine Unterschriftenliste bei. Es kann nicht festgestellt werden, welchen Stellenwert der Initiative beigemessen werden kann. Fest steht jedoch, dass die Straße nicht gebaut wurde. Unterstützung fanden die Gegner der Straße auch durch Politiker auf lokaler Ebene. 1969 schrieb Bürgermeister Treseler in der Festschrift zum 1000jährigen Bestehen Blasheims: „Zur Zeit machen die neuesten Straßenplanungen der Gemeinde erhebliche Sorgen. So sehr alle die Notwendigkeit für den Bau neuer Straßen einsehen, so schmerzlich werden aber auch die Eingriffe in das Eigentum und die Landschaft empfunden. Wenn durch den Bau der neuen Landstraße (sic!) 545 (Stockhausen – Neue Mühle) die Gemeinde in zwei Teile geteilt wird und mehrere Dutzend Ackerflächen teils diagonal zerschnitten werden, so bedeutet die Abtretung von ca. 15 Hektar landwirtschaftlicher Nutzfläche ein echtes Opfer für den Fortschritt."

Das Ende der FWG B kam mit der Kommunalreform 1973. Zwar gab es auch in der neuen Stadt Lübbecke eine Freie Wählergemeinschaft, aber die meisten Ratsmitglieder des letzten Blasheimer Gemeinderates arbeiteten in ihren angestammten Parteien weiter bzw.

fanden dort eine neue politische Heimat. Dr. Friedrich Kammeier zum Beispiel war über die beiden Bürgerinitiativen in die Kommunalpolitik gelangt und schloss sich 1972 der CDU an. Er und andere hatten auch erkannt, dass der Freien Wählergemeinschaft der „Überbau" auf Kreis-, Landes- und Bundesebene fehlte und dass man zur Durchsetzung von Interessen auf Parteipolitiker wie den Bundestagsabgeordneten Martin Horstmeier (CDU) angewiesen war.

Für drei Jahrzehnte bestimmte Karl Treseler (1902-1990) die Geschicke der Gemeinde Blasheim und später der Stadt Lübbecke maßgeblich. 1923 bis 1945 war er im Polizeidienst tätig. Nach seiner Rückkehr aus der Kriegsgefangenschaft baute er zusammen mit seiner Frau Luise einen Großhandel mit landwirtschaftlichen Erzeugnissen auf. Seine kommunalpolitische Laufbahn begann 1952, als er als FDP-Kandidat in den Blasheimer Gemeinderat gewählt wurde. Diesem gehörte er bis zur Gebietsreform 1973 an; von 1952 bis 1973 war er zugleich auch Bürgermeister von Blasheim. 1956 bis 1973 Mitglied der Amtsvertretung Pr. Oldendorf, gehörte er von 1961 bis 1972 auch dem Kreistag an. Während der Gebietsreform war er 1972/73 staatlicher Beauftragter für die Großgemeinde Lübbecke bis zur Konstituierung des neuen Stadtrates im März 1973. Von 1973 bis 1982 war er Mitglied des Lübbecker Stadtrates. In dieser Zeit koalierte die FDP mit der SPD unter Bürgermeister Friedrich Warmann; Karl Treseler bekleidete von 1973 bis 1977 das Amt des stellvertretenden Bürgermeisters der Stadt Lübbecke. Für seine Verdienste als Kommunalpolitiker erhielt er 1973 das Bundesverdienstkreuz am Bande.

Karl Treseler

Alswede

Abgesehen von den Jahren 1961 bis 1964 war die SPD im Berichtszeitraum die mit Abstand führende politische Kraft im heutigen Lübbecker Stadtteil Alswede.

Nach dem Verbot der demokratischen Parteien im Jahre 1933 wurde der SPD-Ortsverein am 20. Januar 1946 neu gegründet. Im Berichtszeitraum war die SPD die beherrschende politische Kraft auch in der Gemeinde Alswede, die aus den Bauerschaften Alswede, Fiestel und Gestringen bestand. Der SPD-Ortsverein umfasste alle Orte des Amtes Alswede, also zu den drei genannten noch Fabbenstedt, Hedem, Lashorst und Vehlage.

Der Erfolg der Sozialdemokraten gerade in Alswede mit einem recht hohen Anteil an Landwirten und Flüchtlingen, die traditionell nicht zu den SPD-

Wählern zählten, beruhte nach Einschätzung des Ortsvereins vor allem darauf, dass es der Partei Anfang der fünfziger Jahre gelungen war, einen Landwirt als Kandidaten zu gewinnen, nämlich Friedrich Telkemeyer, Gestringen 67. Dieser war zudem nicht von Anfang an SPD-Mitglied und war für seine soziale Gesinnung bekannt. Der SPD gelang es, Wählerstimmen auch außerhalb der Arbeiterschaft zu gewinnen, die zum überdurchschnittlichen Erfolg der Sozialdemokraten beitrugen. Wenn man so will, hatte man das „Godesberger Programm" von 1959 in Alswede bereits vorher verwirklicht...

Vorsitzender des SPD-Ortsvereins war bis zu seinem Tode 1955 Wilhelm Vullriede, der dieses Amt bereits vor 1933 inne gehabt hatte. Ihm folgte Friedrich Döding, er wurde 1962 von Dieter Möller abgelöst (Vorsitzender bis 1974).

1959 kam es innerhalb des Ortsvereins zu ernsten Meinungsverschiedenheiten zwischen den Gestringer SPD-Mitgliedern und denen der anderen Bauerschaften. Am 26. Juni 1959 fand auf Einladung von Friedrich Döding eine Beratung der Parteimitglieder mit Ausnahme der Gestringer statt. Man wollte prüfen, ob es mit den Parteistatuten vereinbar sei, innerhalb des Amtes einen zweiten Ortsverein zu gründen. Einhellig wurde die Meinung vertreten, sich von den Gestringern zu trennen. Die Hintergründe können nur teilweise rekonstruiert werden. Aus dem Sitzungsprotokoll geht hervor, dass sich besonders die älteren Parteigenossen von den Gestringer SPD-Mitgliedern „zurückgesetzt" fühlten. Zu vermuten sind ferner persönliche Animositäten zwischen einzelnen einflussreichen Parteimitgliedern. Ein weiterer Grund ist in der Tatsache zu sehen, dass Gestringen im Vergleich zu den anderen Orten des Amtes Alswede sehr einwohnerstark war und über überdurchschnittlich viele SPD-Mitglieder verfügte. Man beschloss schließlich die Entsendung einer Delegation zur SPD-Bezirksleitung nach Bielefeld, um sich dort beraten zu lassen.

Da die Parteistatuten die Gründung eines weiteren Ortsvereins nicht vorsahen, fand man einen Kompromiss. Das Amt Alswede wurde in zwei „Distrikte" aufgeteilt: zum einen Gestringen, zum anderen die restlichen sechs Bauerschaften. Lediglich bei der Aufstellung der Kandidaten für die Kommunalwahlen musste man sich einigen; ansonsten gingen die beiden Gruppen getrennte Wege.

Dieser Kompromiss bewährte sich nicht, denn der nächste Konflikt ergab sich aus der Aufstellung der Kandidaten für die Kommunalwahlen 1961. Dem mitgliederstarken SPD-„Distrikt" Gestringen, aber auch wohl SPD-Mitgliedern aus den übrigen Bauerschaften, gelang es, die erneute Aufstellung der bisherigen Gemeinderatsmitglieder Friedrich Haseloh (Alswede) und Wilhelm Tirre (Fiestel) als Kandidaten zu verhindern und an deren Stelle Heinrich Berner (für Fiestel) sowie Wilhelm Kreienkamp und Günter Thiel (für Alswede) durchzusetzen. Die nicht Berücksichtigten gründeten am 19. Februar 1961 als Konsequenz die „Freie Wählervereinigung Alswede". An einem einzigen Tag mussten das Gründungsprotokoll geschrieben und die Satzung ausgearbeitet werden, denn Tags darauf endete die Anmeldefrist für die Kommunalwahl!

Die Gründer der Wählergemeinschaft sahen sich zudem mit einem Problem konfrontiert, das sie binnen Stunden lösen mussten. Für den Wahlvorschlag mussten Unterschriften von ortsansässigen Wahlberechtigten beigebracht werden, deren Beschaffung Probleme bereitete. Dies kann jedenfalls den Einsprüchen entnommen werden, die nach der Wahl von sechs Personen aus Gestringen eingelegt wurden. Eine Frau zum Beispiel erklärte am 6. März 1961 schriftlich:

Alswede, den 19. Februar 1961

Protokoll der Gründungsversammlung
" Freie Wählervereinigung Gemeide Alswede"
==

Anwesend: Mitglieder

Am Sonntag, den 19. Februar 1961 abends 19.ooUhr fand in den Geschäftsräumen des Herrn Friedrich Haseloh in Alswede Nr. 38 eine öffentliche Versammlung statt.
In dieser Versammlung wurde eine Vereinigung unter dem Namen " Freie Wählervereinigung Gemeinde Alswede" gegründet. Zu Beginn der Versammlung erklärten alle Personen dieser "Freien Wählervereinigung Gemeide Alswede" beizutreten.
Eine Mitgliederliste wurde ausgelegt, in der sich die Anwesenden eintrugen.
Es wurde dann der Vorstand gewählt. Das anwesende Mitglied Wilhelm Tirre wurde mit der Durchführung der Vorstandswahl beauftragt. Auf Zuruf wurden folgende anwesende Mitglieder in den Vorstand gewählt:
Zum I. Vorsitzenden:
Wilhelm Tirre, Fiestel Nr. 65
Zum stellvertretenden Vorsitzenden:
Friedrich Haseloh, Alswede Nr. 38
Zum Schriftführer:
Heinrich Kielhorn, Alswede Nr. 39o
Zum Kassenleiter:
Friedrich Kruke, Alswede Nr. 199
Alsdann wurde die Vereinssatzung aufgestellt, angenommen und unterzeichnet.
Es wurde weiter beschlossen, für die nächsten Kommunalwahlen- bzw. Gemeidewahlen Wahlvorschläge aufzustellen und einzureichen.
Um 2o.3o Uhr wurde die Versammlung geschlossen.

Der Schriftführer: Der I. Vorsitzende:

Protokoll der Gründung der FWG Alswede.

Ich bin 70 Jahre alt. Ich habe dem Händler Tirre und dem Landwirt Holle (...) auf Wunsch eine Unterschrift abgegeben, die angeblich ohne Bedeutung sein sollte. Gegen die Abgabe der Unterschrift hatte ich zunächst Bedenken, da mir von Herrn Tirre jedoch erklärt wurde, keine Zeit zu haben, und das ich 100 Thaler bekomme, falls meine Unterschrift irgendwelche Bedeutung haben sollte, habe ich unterschrieben.
Nachdem ich nachträglich von meinem Schwiegersohn B. aufgeklärt bin, erkläre ich meine Unterschrift ausdrücklich für nichtig, da ich mich getäuscht fühle.

Der Einspruch gegen das Wahlergebnis wurde zurückgewiesen. Ob es hier zu Unregelmäßigkeiten gekommen war, kann an dieser Stelle nicht beurteilt werden.

Der Wahlkampf wurde sowohl 1961 als auch 1964 sehr emotional und nicht ohne Polemik geführt. So war in einem Flugblatt nach der Gründung der Freien Wählergemeinschaft zu lesen:

(...) Wir, die Ortsgruppe der SPD Alswede, haben durch unseren Vorstand beschlossen, die Bewerber Haseloh und Tirre für den Wahlvorschlag nicht zu berücksichtigen, weil diese beiden Kandidaten in den Ratssitzungen der Jahre 1958/1959 vorsätzlich und eigennützig sich eines groben Vertrauensbruches schuldig gemacht haben.
Schon im Jahre 1958/59 haben diese beiden Vertreter in geheimen Sitzungen mit den CDU- und FDP-Vertretern im Hause des CDU-Ratsmitgliedes Grabenkamp, Gestringen, die Abstimmung für die auf der Tagesordnung stehenden Punkte der Gemeinderatssitzung festgelegt. (...) In gemeinsamer Abstimmung wurde durch diese beiden Vertreter der Haushaltsplan blockiert und die rechtzeitige Abgabe verzögert. (...)

Die Freie Wählervereinigung antwortete mit folgendem Flugblatt:

Was die konkrete Gemeindepolitik anbelangte, verwies die SPD unter anderem auf folgende Punkte:

- Fertigstellung der Kanalisation in Fiestel und Planung der Kanalisation mit Kläranlage in Alswede
- Bau von Pausenhallen in Alswede und Gestringen
- Modernisierung der Heizungsanlagen in den drei Schulen der Gemeinde
- Förderung des Straßenbaus
- Ankauf von Tauschgrundstücken
- Kauf eines modernen Müllfahrzeuges (als erste ländliche Gemeinde des Kreises).

Der Wähler quittierte die Streitigkeiten innerhalb der SPD mit einem Wahlerfolg der Freien Wählergemeinschaft, die zusammen mit CDU und FDP regierte und mit Wilhelm Tirre den Bürgermeister stellte.

Sitzverteilung im Gemeinderat:

	1956	1961	1964	1969
SPD	8	5	7	8
CDU	3	2	2	3
FDP	1	1	1	1
FWG	–	4	3	1

Einer der Hauptpunkte jener Tage war der Bau der Kläranlage in Alswede, den alle im Rat vertretenen Gruppen wollten. Über die Durchführung kam es jedoch zu Streitigkeiten. So verließen zum Beispiel am 9. Juni 1963 die Abgeordneten Telkemeyer, Steinkamp, Treseler, Berner (SPD) sowie Westrup (FDP) und Wehrmann (FWG) eine Ratssitzung, um eine Abstimmung über die Kläranlage zu verhindern. Diese Aktion, durch die der Rat beschlussunfähig geworden war, scheint vorher abgesprochen worden zu sein, ein Zeichen dafür, dass Parteigrenzen angesichts von Sachproblemen auf kommunaler Ebene durchaus von geringer Bedeutung sein konnten.

Zwischen 1961 und 1964 forcierte die neue Koalition die Abwasserbeseitigung und verwies im Wahlkampf 1964 darauf, dass hierfür zehn Mal mehr Geld aufgewendet worden sei als in den Jahren 1948 bis 1961. Auch der Bau von Bürgersteigen in Gestringen und die Ausweitung der Gewerbeflächen fielen in diese Zeit, wobei allerdings eine Verschuldung der Gemeinde (200 000,– DM, davon bis 1964 150 000,– DM getilgt) in Kauf genommen wurde.

Die SPD Gestringen hingegen stellte fest, dass der Straßenbau vernachlässigt worden sei, dass ein

Zentralkläranlage Alswede wird insgesamt 450 000 Mark kosten

Planunterlagen jetzt zur behördlichen Genehmigung

Fiestel. Dem Rat der Gemeinde Alswede wurde der durch Diplomingenieur Preuss, Osterode, aufgestellte Entwurf einer Zentralkläranlage für die drei Bauerschaften der Gemeinde und die Molkerei vorgelegt. Einstimmig wurde beschlossen, die Planunterlagen zur Prüfung und zur landesbehördlichen Genehmigung einzureichen. Ingenieur Wehmer wurde beauftragt, einen Beihilfenantrag für die Baumaßnahmen 1962/63 anzufertigen.

In der geplanten Zentralkläranlage wird das Abwasser in einem Nachklärbecken weiterbehandelt und kann dann dem Vorfluter zugeleitet werden. Der Schlamm wird einem Schlammsammelbehälter zugeführt und kann hier so gelagert werden, daß er zur Verwendung in der Landwirtschaft abgefahren werden kann.

In ihrer Höchstbelastung ist die Anlage für 5540 Einwohnergleichwerte ausgelegt. Bei einer vollen Belastung der Anlage entstehen etwa 10 000 Mark Stromkosten bei einem angenommenen Strompreis von 0,12 Mark/kWh. Unterhaltung und Arbeitslohn wurden vom Planarbeiter auf 7000 Mark veranschlagt. Vorerst werden diese Kosten aber nicht erreicht, da die Anlage nur etwa zur Hälfte belastet wird.

- **Die Baukosten der Anlage betragen 321 000 Mark. Hinzu kommen die Kosten für Straßenbau, Einzäunung, Stromzuführung, Ingenieurgebühren und Unvorhergesehenes, so daß die Gesamtkosten auf 450 000 Mark veranschlagt wurden.**

Lübbecker Kreiszeitung vom 15. Oktober 1964.

nachträglicher Einbau einer Regenwasserleitung den Bewohnern der Siedlung nicht zugemutet werden könne, weil inzwischen Gärten und Wege befestigt worden seien und dass die Bahnbrücke im Siedlungsgebiet nun endlich gebaut werden müsse.

Wie sehr die Gemeinde Alswede politisch gespalten war und wie unterschiedlich die Akzeptanz der SPD selbst noch 1964 war, als sie wieder den Bürgermeister stellen konnte, soll durch die folgende Tabelle der Einzelergebnisse in den Bauerschaften verdeutlicht werden:

	CDU	SPD	FDP	FWG
Alswede	131	369	85	480
Fiestel	137	228	83	468
Gestringen	414	1 259	214	92
Summe	682	1 856	382	1 040
in %	17,2	46,9	9,6	26,3

Die drei bisherigen Koalitionspartner dominierten in Alswede und Fiestel sehr deutlich, während sie in Gestringen der SPD weit unterlegen waren. Dies gilt vor allem für die FWG. Die Wahl wurde im einwohnerstarken Gestringen entschieden! Es sei hier bemerkt, dass die SPD nicht die absolute Mehrheit der Stimmen gewinnen konnte, wohl aber die absolute Mehrheit der Ratssitze, weil die drei anderen politischen Parteien getrennt zu den Wahlen antraten. Die Arbeit der SPD unter Bürgermeister Seidel wurde 1969 honoriert, denn sie baute ihre Position 1969 mit einem Zugewinn von fast 15 % aus. Auch die CDU konnte zulegen, wenn auch nur leicht, während die FDP stagnierte und die FWG etwa 16 % verlor. – Leider fehlen die Einzelergebnisse für die drei Bauerschaften für 1961 und 1969, so dass hier keine Analyse der Wählerwanderungen vorgenommen werden kann.

Inzwischen waren in Erwartung der bevorstehenden Kommunalreform von 1973 die SPD-Ortsvereine Alswede, Vehlage-Fiestel und Hedem-Lashorst entstanden, so dass dem Streit mit den Gestringer Genossen die Spitze genommen wurde.

Die entscheidende Sitzung aller SPD-Ortsvereine im noch bestehenden Amt Alswede fand am 20. Dezember 1972 statt. Hier wählte man die Kandidaten für die Sitze in den neu entstehenden Städten Espelkamp, Lübbecke und Preußisch Oldendorf, in denen das Amt aufgehen sollte.

In einem Vortrag zum 50jährigen Jubiläum des SPD-Ortsvereins stellte Heinrich Kielhorn fest:
Das politische Leben des Dorfes Alswede und jetzigen Stadtteils von Lübbecke wird von Sozialdemokraten bestimmt. Der SPD-Ortsverein tritt nicht mit großen Veranstaltungen in Erscheinung, arbeitet aber trotzdem verantwortlich mit bei wichtigen Entscheidungen, die unserem Dorf von Nutzen sind. (...) Es darf nicht vergessen werden, dass Günter Thiel bei vielen Dingen der Motor war. Wir vom Ortsverein haben ihn immer kräftig unterstützt. (...) Hier vor Ort wurde immer ordentliche sozialdemokratische Arbeit geleistet und bei weiterer guter Zusammenarbeit ist mir um die SPD in Alswede nicht bange.

Der Bundestagsabgeordnete Martin Horstmeier (CDU)

Der bisher einzige Politiker aus dem Altkreis Lübbecke auf Bundesebene wurde am 1. April 1929 in Stockhausen Nr. 18 geboren.

Im Wahlkreis Minden-Lübbecke kamen bei den Parteien auf Grund der deutlich höheren Einwohnerzahl in aller Regel Bundestagskandidaten zum Zuge, die aus dem Altkreis Minden stammten. Wie kam es nun, dass 1965 Martin Horstmeier für die CDU nominiert wurde? Die Delegierten aus den Kreisverbänden Minden und Lübbecke hatten im Vorfeld der Bundestagswahl den bisherigen Abgeordneten Heinrich Wehking wieder als Direktkandidaten nominiert...

In einem Gespräch berichtete Martin Horstmeier über die Vorgeschichte. Seit 1959 war er Landesvorsitzender der Westfälisch-Lippischen Landjugend und des Ringes der evangelischen und katholischen Landjugend in Westfalen-Lippe (bis 1967). Als solcher hatte er eine Spendensammlung für die von der Zwangskollektivierung in der DDR betroffenen Landwirte initiiert, die in den Westen geflüchtet waren. Der Vorsitzende des Westfälisch-Lippischen Bauernverbandes, Antonius Freiherr von Oer, zeigte sich von dieser Idee begeistert, zumal die Sammlung sehr erfolgreich war. Um die Verteilung des Geldes kam es zum Streit, als von Oer Anstalten machte, eigenmächtig vorzugehen. Horstmeier gab die auf einem Konto der Landjugend befindlichen Gelder nicht frei. Man schloss einen Kompromiss, indem man einen gemeinsamen Ausschuss aus Bauernverband und Landjugend bildete, der die Verteilung des Geldes vornahm. Zu einem zweiten Konflikt mit von Oer kam es, als Martin Horstmeier sich für eine Altersbegrenzung für Funktionsträger im seiner Meinung nach überalterten Bauernverband einsetzte. Seiner Meinung nach sollten sie ihre Position mit Vollendung des 65. Lebensjahres aufgeben. Die Art und Weise, wie er sein Anliegen vorbrachte, bezeichnet er rückblickend als unangemessen; er drückte von Oer sein Bedauern hierüber aus. Auch diese Auseinandersetzung wurde durch einen Kompromiss gelöst: Funktionsträger, die das 65. Lebensjahr erreicht hatten, traten erst mit Ablauf ihrer regulären Amtszeit zurück.

1964 trat von Oer an Horstmeier heran, um ihn für eine Bundestagskandidatur zu gewinnen. Er bot ihm einen sicheren Listenplatz in seiner Partei, der FDP, an. Martin Horstmeier zögerte zunächst und entschied sich dann doch zur Kandidatur, als ihm bedeutet wurde, dass diese Chance wohl einmalig sei. Für die FDP wollte er jedoch nicht kandidieren, weil er, wenn auch noch nicht CDU-Mitglied, im Landesvorstand der Westfälisch-Lippischen Jungen Union war. Dies akzeptierte von Oer, dem es in erster Linie nicht um seine Partei, sondern um den Bauernverband ging.
Der Schritt des Bauernverbandspräsidenten erscheint angesichts der vorausgegangenen Auseinandersetzungen zunächst überraschend, so dass an dieser Stelle auf die Gründe eingegangen werden muss. Zum einen schieden 1965 drei Abgeordnete des Deutschen Bundestages aus dem Parlament aus, die Landwirte waren, so dass es sinnvoll erschien, zumindest einen weiteren Landwirt als Kandidaten zu nominieren. Des weiteren waren die vier großen Parteien Mitte der sechziger Jahre um eine Verjüngung bemüht, was ihre Repräsentanten anging. Auf der höchsten Parteiebene traten mit Brandt, Barzel, Scheel und Strauß Fünfzigjährige an die Stelle der wesentlich älteren Adenauer, Erhard und Ollenhauer. Diese Tendenz gab es scheinbar auch auf unterer Ebene. Zum Zeitpunkt seiner Nominierung war Martin Horstmeier 35 Jahre alt. Schließlich mag von Oer bewogen haben, dass Horstmeier über Qualitäten verfügte, die in der Politik unerlässlich sind: Engagement, Konfliktfähigkeit, Kompromissbereitschaft, die Fähigkeit, eigene Fehler zu erkennen und nicht zuletzt Unterstützung durch außerhalb der Parteipolitik stehende Interessengruppen wie in diesem Fall die Landjugend.
Wie bereits erwähnt war zunächst der bisherige Abgeordnete Wehking als Direktkandidat der CDU für Minden-Lübbecke nominiert worden. Den Ausschlag gegen Wehking gab die Aufstellung der nordrhein-westfälischen Landesliste der CDU, weil Minden-Lübbecke damals wie heute ein sicherer SPD-Wahlkreis war und der SPD-Kandidat Friedrich Schonhofen sicher sein konnte, das Direktmandat zu gewinnen. Für die Landesliste wurde Martin Horstmeier vorgeschlagen, Heinrich Wehking jedoch nicht. Er zog nach dieser Niederlage die Konsequenz und trat von seiner Kandidatur zurück. Direktkandidat im Wahlkreis Minden-Lübbecke war Martin Horstmeier jedoch erst ab 1969; 1965 vertrat Karl Bewerunge (geb. 20.1.1913, gest. 26.8.1996) die CDU im heimischen Raum. Der CDU war es gelungen, eine durchaus prominente Persönlichkeit als Direktkandidaten zu gewinnen. Bewerunge gehörte dem Deutschen Bundestag von 1961 bis 1976 an und war von 1964 bis 1978 Präsident der Landwirtschaftskammer Westfalen-Lippe. In den siebziger Jahren war er Vorsitzender des CDU-Landesverbandes Westfalen-Lippe und galt sowohl im Land als auch im Bund durchaus als „ministrabel“. Seit 1969 vertrat er dann den Wahlkreis 103 (Bielefeld-Land, Gütersloh, Halle/Westf.).

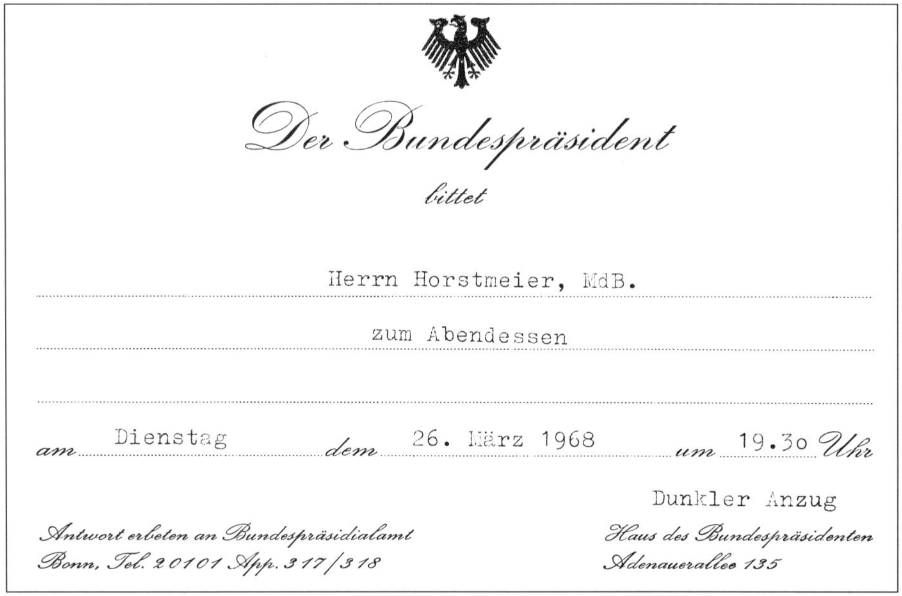

Der Bundespräsident

bittet

Herrn Horstmeier, MdB.

zum Abendessen

am Dienstag dem 26. März 1968 um 19.3o Uhr

Dunkler Anzug

Antwort erbeten an Bundespräsidialamt
Bonn, Tel. 20101 App. 317/318

Haus des Bundespräsidenten
Adenauerallee 135

Einladung des Bundespräsidenten.

Martin Horstmeier (rechts) mit Bundeskanzler Kiesinger.

Martin Horstmeier gehörte dem Bundestag von 1965 bis 1983 und dann noch einmal als Nachrücker von 1986 bis 1987 an. Er war Mitglied des Jugend-, des Agrar- und des Sozialausschusses und zeitweise Fraktionssprecher für Agrar- und Sozialfragen. Als Schriftführer des Sitzungspräsidiums verbinden ihn besonders angenehme Erinnerungen mit dem Präsidenten des Bundestages, Richard Stücklen, den er als humorvollen Menschen kennen lernte. Horstmeier, der auch Bundesvorsitzender der Landjugend (1969-73) und Vorsitzender der Europäischen Landjugend (1970-72) war, engagierte sich im Bundestag besonders für Agrar- und Sozialfragen. Ende der sechziger Jahre ging es ihm um die Bekämpfung des sogenannten Mansholtplans, nach dem größere landwirtschaftliche Flächen stillgelegt werden sollten. Ihm war durchaus klar, dass der Strukturwandel in der Landwirtschaft nicht aufzuhalten war und dass nur große Betriebe wirtschaftlich rentabel arbeiten konnten. „Die Entwicklung verlief sehr rasant, so dass sie den einzelnen Landwirt hart traf. Wir wollten, dass sogenannte Auffangstellen geschaffen und Maßnahmen zur Abschwächung der sozialen Härten bereit gestellt würden. Außerdem forderten wir den Ausbau von Arbeitsplätzen im ländlichen Raum. Wir haben den gesamten ländlichen Bereich im Auge gehabt und wollten verhindern, dass mit dem Absterben der Höfe auch der ländliche Raum stirbt", so MdB Horstmeier in einem Interview.

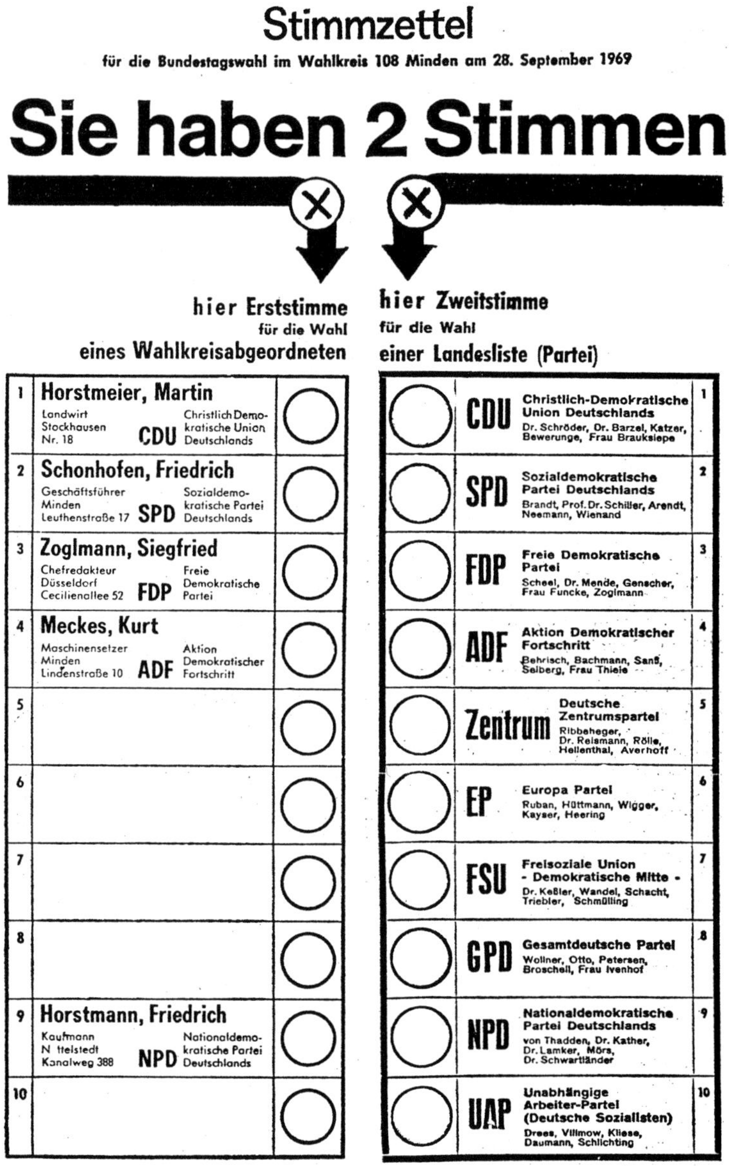

Stimmzettel

für die Bundestagswahl im Wahlkreis 108 Minden am 28. September 1969

Sie haben 2 Stimmen

hier Erststimme
für die Wahl
eines Wahlkreisabgeordneten

1	**Horstmeier, Martin** Landwirt, Stockhausen Nr. 18 — **CDU** Christlich Demokratische Union Deutschlands	◯
2	**Schonhofen, Friedrich** Geschäftsführer, Minden, Leuthenstraße 17 — **SPD** Sozialdemokratische Partei Deutschlands	◯
3	**Zoglmann, Siegfried** Chefredakteur, Düsseldorf, Cecilienallee 52 — **FDP** Freie Demokratische Partei	◯
4	**Meckes, Kurt** Maschinensetzer, Minden, Lindenstraße 10 — **ADF** Aktion Demokratischer Fortschritt	◯
5		◯
6		◯
7		◯
8		◯
9	**Horstmann, Friedrich** Kaufmann, N ttelstedt, Kanalweg 388 — **NPD** Nationaldemokratische Partei Deutschlands	◯
10		◯

hier Zweitstimme
für die Wahl
einer Landesliste (Partei)

◯	**CDU** Christlich-Demokratische Union Deutschlands Dr. Schröder, Dr. Barzel, Katzer, Bewerunge, Frau Brauksiepe	1
◯	**SPD** Sozialdemokratische Partei Deutschlands Brandt, Prof. Dr. Schiller, Arendt, Neemann, Wienand	2
◯	**FDP** Freie Demokratische Partei Scheel, Dr. Mende, Genscher, Frau Funcke, Zoglmann	3
◯	**ADF** Aktion Demokratischer Fortschritt Behrisch, Bachmann, Sanß, Selberg, Frau Thiele	4
◯	**Zentrum** Deutsche Zentrumspartei Ribbeheger, Dr. Reismann, Rölle, Hellenthal, Averhoff	5
◯	**EP** Europa Partei Ruban, Hüttmann, Wigger, Kayser, Heering	6
◯	**FSU** Freisoziale Union - Demokratische Mitte - Dr. Keßler, Wandel, Schacht, Triebler, Schmülling	7
◯	**GPD** Gesamtdeutsche Partei Wollner, Otto, Petersen, Broschell, Frau Ivenhof	8
◯	**NPD** Nationaldemokratische Partei Deutschlands von Thadden, Dr. Kather, Dr. Lamker, Mörs, Dr. Schwartländer	9
◯	**UAP** Unabhängige Arbeiter-Partei (Deutsche Sozialisten) Drees, Villmow, Kliese, Daumann, Schlichting	10

◀ *Stimmzettel zur Bundestagswahl 1969.*

Bei der Nominierung der Bundestagskandidaten der CDU im Wahlkreis 108 (Minden-Lübbecke) 1972 trat der stellvertretende JU-Landesvorsitzende Horst Quarz gegen Horstmeier an, verlor aber mit 23 : 37 Stimmen der gemeinsamen Vertreterversammlung der CDU-Kreisverbände Minden und Lübbecke. Die Delegiertenversammlung verabschiedete einstimmig eine Resolution, mit der die Landespartei aufgefordert wurde, Horst Quarz auf einem sicheren Platz der Landesliste zu postieren, damit auch dieser in den Bundestag einziehen könne.

Große Verdienste erwarb sich Horstmeier durch seinen Einsatz für die Alterssicherung der Landwirte und für die Belange behinderter Mitbürger. Auf die Verkehrspolitik bezogen verfolgte er das Ziel, die B 65 zwischen Nettelstedt und Harlinghausen zu begradigen anstatt sie weiter nördlich verlaufend neu zu bauen. In dieser Frage arbeitete er mit seinem SPD-Kollegen Lothar Ibrügger eng zusammen. Wie die in der Öffentlichkeit oft nicht wahrgenommene „normale" Arbeit eines Abgeordneten aussieht, soll durch einen Zeitungsartikel auf der folgenden Seite verdeutlicht werden.

Für seine Verdienste wurde Martin Horstmeier mit dem Bundesverdienstkreuz ausgezeichnet.

Eine Anfrage von MdB Horstmeier im Bundestag und die Antwort des Verkehrsministeriums zum Kanalbrückenbau

Bund lehnt Verbreiterung der Brücken für Wirtschaftswege und Gemeindeverbindungsstraßen ab

Lübbecke. In der Fragestunde des Bundestages stellte der heimische Abgeordnete Martin Horstmeier (CDU), Stockhausen, zwei Fragen zum Thema Kanalbrücken und stieß damit in einer Sache nach, in der kürzlich auch der Kreistag in Bonn beim Verkehrsministerium aktiv geworden war. Horstmeiers erste Frage an die Bundesregierung: Ob sie das Vorhaben der Bundeswasserstraßenverwaltung gutheiße, bei der Kanalverbreiterung die Brücken in der alten Fahrbahnbreite von 3,50 Metern wiederherzustellen.

Die Antwort des Verkehrsministers lautete: „Es trifft nicht zu, daß die Wasser- und Schiffahrtsverwaltung die den Mittellandkanal kreuzenden Straßenbrücken beim Kanalausbau grundsätzlich in der alten Breite neu errichtet."

Vielmehr würden, so fährt das Verkehrsministerium fort, die Brücken mit größerer Breite überall da gebaut, wo der Straßenbaulastträger des kreuzenden Verkehrsweges es für notwendig halte und zur Übernahme seines Kostenanteils bereit sei. Die geringste Nutzbreite der Feldwegbrücken betrage 4,50 m, davon 3,30 m Fahrbahnbreite, was auch den einschlägigen technischen Richtlinien entspreche.

Horstmeier stellte danach die weitere Frage, ob nicht die Verlängerung der Spannweite von 46 auf 70 Meter bei zugleich zunehmendem Verkehr die Verkehrsbehinderungen und -gefährdungen vermehre.

Die Antwort des Verkehrsministers: Nur bei einspurigen Brücken sei die Verlängerung der Spannweite von Bedeutung für den Straßenverkehr. Einspurige Brücken aber gebe es nur bei Wirtschaftswegen oder Gemeindeverbindungswegen mit sehr geringem Verkehr. Beim Neubau solcher Brücken würden im Zuge der Kanalverbreiterung zusätzlich Ausweichstellen auf den Rampen angelegt.

Im Hinblick auf den schwachen landwirtschaflichen Verkehr und den geringen Brükkenabstand am Mittellandkanal (durchschnittlich nur 1 km) seien Behinderungen oder Gefährdungen im Verkehr auch künftig nicht zu erwarten.

Falls in Einzelfällen – etwa wegen neuer Wohnsiedlungen – einspurige Brücken den Anforderungen des Verkehrs nicht mehr gerecht würden, sei es Sache des jeweiligen Straßenbaulastträgers, den Bau einer 2spurigen Brücke zu verlangen und sich an den Kosten zu beteiligen.

*

Unser Kurzkommentar: Das war eine verdienstvolle Anfrage des CDU-Abgeordneten Martin Horstmeier, klar und eindeutig. Freilich, die Antwort des Verkehrsministeriums läßt an Eindeutigkeit ebenfalls nichts zu wünschen übrig. Sie verweist konsequent die Straßen von rein örtlicher Bedeutung in die Zuständigkeit örtlicher Baulastträger. Und es ist einzusehen, daß der Bund mit den Bundesstraßen wichtigere Verkehrsprobleme zu lösen hat.

Hier wie bei so vielen kommunalen Problemen – etwa bei Unterhaltung der Realschulen – zeigt sich einmal mehr die Dringlichkeit der Kommunalreform. Natürlich fällt es einer kleinen Gemeinde schwer, Brückenbaukostenanteile zu übernehmen. Werden die Lasten aber umgelegt auf vier oder fünf Gemeinden bisherigen Zuschnitts, die dem Kanal heute nicht anliegen, wird die Last schon erträglicher.

Fest steht jedenfalls, daß der Bund solche Nüsse den Gemeinden zu knacken überläßt. Es ist die Frage, ob unter diesen Umständen manche Gemeinde immer noch eine Verbreiterung für unbedingt nötig hält oder ob sie nicht plötzlich meint, gar so dringlich sei diese nun wieder auch nicht.

Der Bund weist ja auch auf den bemerkenswerten Umstand hin, daß es sehr viele Kanalbrücken gibt. Für den Verkehr dürften nur wenige wirklich bedeutsam sein. Und die könnte man ja in gemeinsamer Anstrengung verbreitern. k. e. b.

Preußisch Oldendorf

von Hans Eickemeyer

Im Amt Preußisch Oldendorf waren die Parteien teilweise schon vor dem Zweiten Weltkrieg organisiert. Es bestanden bereits Ortsgruppen der SPD in Preußisch Oldendorf und Holzhausen, die ihre Arbeit nach dem Krieg wieder aufnahmen. Offizieller Wiedergründungstag der SPD-Ortsgruppe Preußisch Oldendorf war der 1. Januar 1946. In Holzhausen wurde der SPD-Ortsverein im März 1946 gegründet. In Börninghausen wurde die Gründung eines SPD-Ortsvereins ab Oktober 1945 vorbereitet. Zur eigentlichen Gründung kam es im Februar 1946.

Die CDU hatte in Wilhelm Niermann aus Schröttinghausen eine Persönlichkeit. Er war es, der sich sehr stark für die Gründung der CDU auf Kreisebene einsetzte. Wilhelm Niermann wurde auch am 19. Februar 1946 als 1. Vorsitzender der Kreis-CDU gewählt. Aufgrund der Persönlichkeit Wilhelm Niermanns hätte es nahegelegen, dass es auch im Amt Preußisch Oldendorf zur Gründung von Ortsgruppen der CDU kommen würde. Das war aber nicht der Fall. Es kam auf Amtsebene lediglich zu einem lockeren Zusammenschluss unter Führung von Wilhelm Niermann. Dieses wurde insbesondere vor Wahlen sichtbar.

Die FDP gründete Anfang 1946 eine Amtsgruppe. An führender Stelle stand der Dentist Albert Kunzemann, der 1948 auch Kreisvorsitzender wurde.

Bei den Kommunalwahlen spielten die Parteien zunächst nicht die entscheidende Rolle, insbesondere in den kleinen Gemeinden. Hier waren es in erster Linie die Bürgermeister als anerkannte Persönlichkeiten. Diese anerkannten Persönlichkeiten gab es in Offelten mit Heinrich Heuer, in Engershausen mit Karl Finke und in Schröttinghausen mit Wilhelm Koring. Alle drei

Wilhelm Niermann aus Schröttinghausen. Mitbegründer und erster Kreisvorsitzender der CDU.

gehörten der CDU an. Während es in Offelten und Schröttinghausen immer satte CDU-Mehrheiten gab, war dies in Engershausen nicht immer so. Auch bei gleicher Anzahl der Mandate für CDU und SPD wurde nicht darüber gestritten, wer den Bürgermeister stellen würde. Es war klar, dass es Karl Finke wurde. Von 1948 bis zur Kommunalen Neugliederung (1. Januar 1973) übten sie das Amt des Bürgermeisters in ihren Gemeinden aus.

Die SPD-Ortsvereine Preußisch Oldendorf, Holzhausen und Börninghausen haben auch in den Jahren 1953 bis 1973 bestanden und bestehen auch heute noch. Der Ortsverein Holzhausen war und ist der mitgliederstärkste Verein. Mit Heinrich Burkamp hatte der Verein von 1952 bis 1974 einen engagierten Vorsitzenden. Heinrich Burkamp war ein anerkannter Kommunalpolitiker, der sowohl dem Rat der Gemeinde Holzhausen als auch dem Kreistag des Kreises Lübbecke angehörte. Aufgrund seines Bekanntheitsgrades wurde er 1959 zum Bürgermeister der Gemeinde Holzhausen gewählt. Er hat dieses Amt insgesamt zehn Jahre innegehabt. Der SPD-Ortsverein Holzhausen hat an der positiven Entwicklung von Holzhausen und Heddinghausen entscheidend mitgewirkt.

Heinrich Burkamp aus Holzhausen. Von 1959 bis 1969 Bürgermeister der Gemeinde Holzhausen. Von 1961 bis 1972 Mitglied der Amtsvertretung und langjähriges Mitglied des Kreistages des Altkreises Lübbecke.

Der SPD-Ortsverein Preußisch Oldendorf bestand aus den Gemeinden Preußisch Oldendorf, Offelten, Engershausen, Harlinghausen, Schröttinghausen und Getmold. Mit Ausnahme von 1956 stellte die SPD in Preußisch Oldendorf im Berichtszeitraum immer den Bürgermeister. Das gute Abschneiden der SPD bei den Kommunalwahlen in Preußisch Oldendorf war ein Verdienst des SPD-Ortsvereins. Die Vorsitzenden waren engagierte Kommunalpolitiker. Hier sind besonders Karl Ahlers (1962 bis 1970), Wilhelm Strukmeier (1970 bis 1972) und Rolf Köster (1972 bis 1978) zu nennen. Karl Ahlers war von 1961 bis 1969 auch Bürgermeister der Stadt Preußisch Oldendorf. Der SPD-Ortsverein Preußisch Oldendorf hat durch gezielte Initiativen zur Weiterentwicklung von Preußisch Oldendorf beigetragen.

Der SPD-Ortsverein Börninghausen war mitgliedermäßig der kleinste der drei Ortsvereine. Der Ortsverein hat sich immer darum bemüht, die Gemeinde Börninghausen weiterzuentwickeln. Das war nicht immer ganz einfach, weil es teilweise zwischen Börninghausen und Eininghausen unterschiedliche Auffassungen gab. Diese unterschiedlichen Auffassungen traten insbesondere bei den Schulproblemen zutage. Langjähriger Vorsitzender in den Jahren 1953 bis 1973 war Gottlieb Brockmann, der auch von 1956 bis 1964 und von 1970 bis Ende 1972 Bürgermeister war. Im Jahre 1970 übernahm Heinrich Bolle den Vorsitz.

Einen Höhepunkt in der Geschichte des Ortsvereins gab es im Jahre 1961. Willy Brandt besuchte seinerzeit im Bundestagswahlkampf den Kreis Lübbecke. Er machte auch kurz in Börninghausen halt und wurde von den Vorstandsmitgliedern des SPD-Ortsvereins Karl-Heinz Bollmann und Waldemar Kirchhoff begrüßt, die Willy Brandt ein Erinnerungsgeschenk überreichten.

Willy Brandt im Jahre 1961 auf Wahlkampftournee im Altkreis Lübbecke. Zwischenstopp in Börninghausen und Begrüßung durch die Vorstandsmitglieder des SPD-Ortsvereins Börninghausen Karl-Heinz Bollmann (vorne links) und Waldemar Kirchhoff (vorne rechts).

In Hedem-Lashorst wurde im Jahre 1972 der SPD-Ortsverein Hedem-Lashorst gegründet. Vorsitzender wurde der langjährig erfahrene Kommunalpolitiker Friedrich Kreienkamp.

Die FDP spielte in den 50er und 60er Jahren bei den Kommunalwahlen eine nicht unbedeutende Rolle. Auffallend war, dass FDP-Ratsmitglieder bei anstehenden Kommunalwahlen einen Parteiwechsel vornahmen. Dieser erfolgte immer zur CDU. Ende der 60er Jahre verlor die FDP an Bedeutung. Das hing auch damit zusammen, dass die Wechselkandidaten sich endgültig für die CDU entschieden hatten. Die FDP blieb aber oft das „Zünglein an der Waage". Sie war noch für „Mehrheitsbeschaffungen" interessant.

Zu den Kommunalwahlen traten im Berichtszeitraum 1953 bis 1973 die traditionellen Parteien SPD, CDU und FDP an. Eine Ausnahme bildete im Jahre 1961 die Gemeinde Getmold. Hier trat der Gesamtdeutsche Block (BHE) an und errang einen Sitz.

Im Jahre 1961 kam eine ganz neue Gruppe hinzu, und zwar die Wählergemeinschaft Holzhausen-Heddinghausen. Initiator der Wählergemeinschaft war Heinrich Kipp. Er war des öfteren in Holzhausen angesprochen worden, doch einer Partei beizutreten und für diese zu kandidieren. Heinrich Kipp wollte sich jedoch nicht parteilich binden, sondern unabhängig sein. Bereits zur Kommunalwahl am 28. Oktober 1956 waren Wähler aus Holzhausen-Heddinghausen nicht abgeneigt, sich als freie und unabhängige Kandidaten zur Wahl der Gemeindevertretung aufstellen zu lassen und einen Wahlvorschlag einzureichen. Davon wurde aber abgesehen und auf die Gründung eines Vereins verzichtet, da nach dem Kommunalwahlgesetz NRW für parteifreie Bewerber deren über die Reserveliste erzielten Stimmen nicht berücksichtigt wurden. In der Folgezeit wurde das Kommunalwahlgesetz so geändert, dass parteifremde Bewerber bei der Sitzzuteilung im Gemeinderat den Bewerbern aus Parteilisten gleichgestellt wurden.

Danach entschlossen sich unabhängige Bewerber aus Holzhausen, bei der Kommunalwahl am 19. März 1961 anzutreten. Um die Voraussetzungen für eine Kandidatur zu schaffen, wurde in einer Versammlung am 15. Februar 1961 im Gasthof Hüllhorst in Holzhausen die Freie Wählergemeinschaft Holzhausen-Heddinghausen (FWG) als Verein gegründet und eine Satzung erlassen. Die Kurzfassung der Satzung sagte aus, dass die FWG als Verein ohne Parteibindung frei und unabhängig an der Kommunalwahl teilnimmt und damit Einfluss nimmt auf die politische Willensbildung der Bürger. Sie will die Interessen der Bürger vertreten und der Allgemeinheit dienen.

In der konstituierenden Sitzung am 15. Februar 1961 wurde folgender Vorstand gewählt:

Vorsitzender:	Heinrich Kipp, Grenzstraße 30
Stellvertreter:	Heinrich Husemeyer, Berliner Straße 19
Geschäftsführer:	Horst Röscher, Heddinghauser Straße 13
Stellvertreter:	Gustav Titkemeyer, Am alten Markt 3
1. Beisitzer:	Karl Horstmann, Heddinghauser Straße 9
Stellvertreter:	Wilhelm Pollert, Am alten Markt 18
2. Beisitzer:	Karl Klusmeier, Im Holz 15
Stellvertreter:	Ernst Nobbe, Grenzstraße 36

Später schloss man sich mit Harlinghausen zur Wählergemeinschaft Großgemeinde Preußisch Oldendorf zusammen. Das Ziel der Wählergemeinschaft war es, eine absolute Mehrheit der SPD in Holzhausen zu verhindern. Dank seines außergewöhnlich großen Engagements gelang es Heinrich Kipp, für die Kommunalwahl 1961 in Holzhausen eine schlagkräftige Mannschaft auf die Beine zu stellen. Es gelang der FWG auf Anhieb, vier Mandate zu erringen. Das reichte aber noch nicht aus, um die absolute Mehrheit der

Heinrich Kipp aus Holzhausen. Initiator und Mitbegründer der Freien Wählergemeinschaft Holzhausen-Heddinghausen (FWG). Bürgermeister der Gemeinde Holzhausen von 1969 bis 1972 und seit 1961 Mitglied des Rates der Gemeinde Holzhausen.

SPD zu brechen. Dies gelang dann bei der Kommunalwahl 1969. Hier erreichte die Wählergemeinschaft fünf Sitze. Zusammen mit den Stimmen der CDU wurde Heinrich Kipp zum Bürgermeister der Gemeinde Holzhausen gewählt. In Harlinghausen trat die Unabhängige Wählergemeinschaft Harlinghausen 1969 bei der Kommunalwahl an. Sie konnte einen Sitz im Gemeinderat erringen.

Das Beispiel Holzhausen färbte auch auf Börninghausen ab. Auch hier wollte man die absolute Mehrheit der SPD brechen. Man trat zur Kommunalwahl 1964 als Unabhängige Wählergemeinschaft Börninghausen-Eininghausen an. Die Ratsmitglieder

der FDP kandidierten ebenfalls für die Wählergemeinschaft. Der Wählergemeinschaft gelang es auf Anhieb, mit der CDU (ein Ratsmitglied) die absolute Mehrheit der SPD zu durchbrechen. Sie stellte mit Wilhelm Haspelmann den Bürgermeister. Bei der Wahl 1969 trat die Wählergemeinschaft abermals an. Den Bürgermeister stellte jedoch wieder die SPD.

Bei der CDU gab es weder Ortsvereine noch einen Zusammenschluss auf Amtsebene. Bei den Kommunalwahlen spielte sie insbesondere in den großen Gemeinden Preußisch Oldendorf, Holzhausen und Börninghausen eine untergeordnete Rolle. Hier war die SPD vorherrschend. Das hing sicherlich auch damit zusammen, dass es in den drei genannten Gemeinden Ortsvereine gab, die jeweils eine stattliche Zahl von Mitgliedern hatten. Die für die CDU bei Kommunalwahlen angetretenen Personen gehörten in der Regel der Partei, die auf Kreisebene organisiert war, nicht an. In Preußisch Oldendorf fanden vor der Kommunalwahl 1969 interne Zusammenkünfte von den dem Stadtrat angehörenden CDU- und FDP-Mitgliedern statt. Von der CDU waren dies die Ratsmitglieder Ernst Hartmann und Heinrich Jockheck und von der FDP die Ratsmitglieder Hans Middeke und Wilhelm Düsterberg. Ziel der Gespräche sollte es sein, für die Kommunalwahl 1969 nur eine Liste der CDU aufzustellen, wozu es dann auch kam. Hans Middeke und Wilhelm Düsterberg kandidierten für die CDU, und die FDP trat zur Wahl nicht mehr an. Man einigte sich auch darauf, nach der Wahl 1969 geschlossen der CDU beizutreten und einen Ortsverband zu gründen. Da die Kommunale Neugliederung kurz bevorstand, kam man zu dem Ergebnis, den Ortsverein auf die zukünftige Großgemeinde auszudehnen. Zu den weiteren Gesprächen zog man einen altbewährten Kommunalpolitiker hinzu. Dies war der Landwirt Ernst Dedert aus Engershausen, der über eine längere Zeit Mitglied des Kreistages und wesentlicher bäuerlicher Repräsentant der CDU war. Man kam dann überein, eine Zusammenkunft zu einem Meinungsaustausch einzuberufen, zu der die im Kirchspiel Preußisch Oldendorf (Gemeinden Preußisch Oldendorf, Offelten, Engershausen, Harlinghausen, Schröttinghausen und Getmold) in den Gemeinderäten vertretenen CDU-Ratsmitglieder geladen werden sollten. Der Ausspracheabend zwecks Gründung eines Ortsverbandes der CDU fand am 21. April 1970 um 20.00 Uhr im Hotel Kappelmann in Preußisch Oldendorf statt. Der Abend wurde von Ernst Dedert, Hans Middeke und Ernst Hartmann vorbereitet. Hans Middeke konnte 18 Personen begrüßen, und zwar aus Preußisch Oldendorf Wilhelm Düsterberg, Joachim Gnegel, Ernst Hartmann, Willi Koch, Heinrich Jockheck, Gerd Müller, Friedrich Nieragden und Heinrich Rullmann, aus Engershausen Ernst Dedert, Karl Finke, H. Hüsemann und W. Hüsemann, aus Harlinghausen Willi Hübner; aus Schröttinghausen Heinrich Ahlemeier und Wilhelm Tegtmeier, aus Offelten Karl-Heinz Becker und aus Getmold Walter Große-Dunker. Zunächst sprach Ernst Dedert über Sinn und Zweck eines Zusammenschlusses innerhalb der CDU.

Im Anschluss daran erfolgte eine lebhafte Diskussion, in der wiederholt harte Worte gegen den Parteivorstand des Kreises erhoben wurden. Es kam immer wieder zum Ausdruck, dass sich die CDU nicht um ihre kleinste Zelle, die Gemeinde, kümmere und es aus diesem Grunde auch noch nicht zu einem größeren Mitgliederbestand gekommen sei. Um diesem Übel abzuhelfen, wurde beschlossen, baldmöglichst eine Gründungsversammlung anzuberaumen. Zu dieser Versammlung sollten auch Personen aus Holzhausen, Börninghausen und evtl. auch Hedem und Lashorst geladen werden. Die Einladung sollte von Ernst Dedert, Ernst Hartmann und Hans Middeke vorgenommen werden. Als Versammlungstag wurde der 2. Juni 1970 festgelegt. Versammlungsort sollte die Gaststätte Heidsiek in Offelten sein. Mit Einladung vom 22. Mai 1970 wurde zur Gründung eines CDU-Ortsverbandes eingeladen. Ernst Dedert eröffnete um 20.30 Uhr die Versammlung. Er konnte 30 Personen begrüßen. In seiner Rede ging Dedert auf die Notwendigkeit eines Zusammenschlusses aller Mitglieder und Freunde der CDU ein, um in einer Großgemeinde einen Block gegen die SPD bilden zu können. Alle Anwesenden schlossen sich der Meinung von Ernst Dedert an. Es wurde dann vorgeschlagen, einen CDU-Ortsverband zu gründen. Dedert wurde als Versammlungsleiter gewählt. Er schlug Joachim Gnegel zum Vorsitzenden vor, der dann auch gewählt wurde. Als stellvertretende Vorsitzende wurden Heinrich Ahlemeier aus Schröttinghausen und Wilhelm Koch aus Holzhausen gewählt. Zum Schriftführer wurde Heinrich Jockheck aus Preußisch Oldendorf gewählt. Von einer Vergrößerung des Vorstandes durch Beisitzer wurde vorerst Abstand genommen. Joachim Gnegel bedankte sich im Namen der Gewählten für das Vertrauen und bat um aktive Unterstützung des Vorstandes durch alle Mitglieder.

Von den 30 bei der Gründungsversammlung anwesenden Personen waren bereits 13 Mitglied der CDU. 12 Personen traten noch am gleichen Abend der CDU bei. 5 Personen konnten sich noch nicht zu einer Mitgliedschaft entscheiden. Sie wollten zunächst die Entscheidung über die Gebietsreform abwarten. Hierbei handelte es sich um Personen aus Hedem, weil zu diesem Zeitpunkt noch nicht feststand, ob Hedem zur Großgemeinde Preußisch Oldendorf kommen würde.

Während es bei der SPD zunächst die Ortsvereine gab und der Stadtverband erst später gegründet wurde,

Joachim Gnegel aus Preuß. Oldendorf. Mitbegründer des CDU-Stadtverbandes Preuß. Oldendorf und Vorsitzender vom 2. Juni 1970 bis 30. Oktober 1985. Heute Ehrenvorsitzender.

ging die CDU den umgekehrten Weg. Hier wurde zunächst der Ortsverband auf Amtsebene gegründet und später (Mitte bis Ende der 70er Jahre) die Ortsunionen Holzhausen und Hedem-Lashorst.

Nachdem Ende der 60er Jahre FDP-Ratsmitglieder zur CDU wechselten und dort auch blieben, verlor, wie bereits an anderer Stelle erwähnt, die FDP immer mehr an Bedeutung. Eine Organisation auf Amtsebene oder Ortsverbände scheint es zumindest während des Berichtszeitraumes nicht gegeben zu haben. Seit 1984 ist die FDP bei Kommunalwahlen in der Stadt Preußisch Oldendorf nicht mehr angetreten. Zeitzeugen, die über die FDP Auskunft geben könnten, sind nicht mehr vorhanden.

Rahden

von Roland Mettenbrink

Die Nachfrage über diese Zeit bei den Parteien im Amtsbezirk Rahden ergab kaum Material. Akten lagen nicht vor, geschweige denn Protokolle über Sitzungen. Dieses wirft ein Licht auf die Struktur der Parteien. Sie waren nicht straff organisiert, sondern stellten sich als Interessengemeinschaften dar, die die Kandidatur von angesehenen Personen ermöglichten. Dieses trifft zumindest auf die CDU und FDP zu. Etwas anders sah es bei der SPD aus. Sie wies die klarste Struktur auf, jedoch wegen der Erfahrungen aus der Hitlerdikdatur, in der SPD-Parteimitglieder verfolgt wurden (auch in Rahden, Heinrich Sassenberg, Varl!), verzichtete man bewußt auf einen Aktenbestand. Für alle Parteien trifft zu, daß im Zuge der kommunalen Neuordnung sich der Grad ihrer Organisation erhöhte. Im ländlich geprägten Amt Rahden dominierte die CDU. Sie konnte in den umliegenden Ortschaften Stimmenanteile bis zu 70 % auf sich vereinen. In Sielhorst gar standen 1956, 1960 und 1964 ausschließlich CDU-Kandidaten zur Wahl.

Die SPD errang nur in Rahden selbst Mehrheiten. Durch Losentscheid wurde hier 1956 Wilhelm Meier Bürgermeister. Nach drei Wahlgängen hatte keiner der beiden Kandidaten, weder der bis zu diesem Zeitpunkt amtierende Bürgermeister Franke, CDU, noch Meier, SPD, die absolute Mehrheit erreicht. Der dritte Wahlgang endete mit einem Patt (neun zu neun). Das Los fiel auf Wilhelm Meier, der in den folgenden Jahren bis zur kommunalen Neuordnung Bürgermeister in Rahden blieb mit Stimmenanteilen bis zu 60 % (1966: 59,61 %). Die SPD erfuhr insbesondere durch die Eisenbahner Unterstützung. Seit 1969 bestand sogar am Rahdener Bahnhof eine SPD-

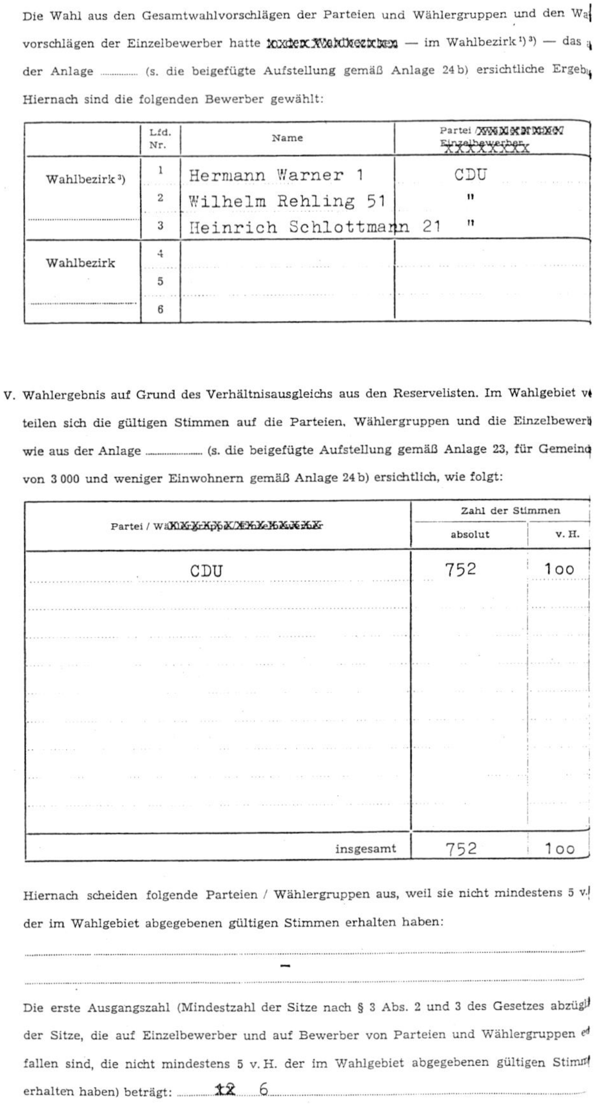

Die Wahl aus den Gesamtwahlvorschlägen der Parteien und Wählergruppen und den Wa[hl]vorschlägen der Einzelbewerber hatte ~~in den Wahlbezirken~~ — im Wahlbezirk [1)] [3)] — das ... der Anlage ...... (s. die beigefügte Aufstellung gemäß Anlage 24 b) ersichtliche Ergeb[nis]. Hiernach sind die folgenden Bewerber gewählt:

	Lfd. Nr.	Name	Partei / ~~Wählergruppe~~ ~~Einzelbewerber~~
Wahlbezirk [3)]	1	Hermann Warner 1	CDU
	2	Wilhelm Rehling 51	"
	3	Heinrich Schlottmann 21	"
Wahlbezirk	4		
	5		
	6		

V. Wahlergebnis auf Grund des Verhältnisausgleichs aus den Reservelisten. Im Wahlgebiet v[er]teilen sich die gültigen Stimmen auf die Parteien, Wählergruppen und die Einzelbewerb[er] wie aus der Anlage ...... (s. die beigefügte Aufstellung gemäß Anlage 23, für Gemeind[en] von 3 000 und weniger Einwohnern gemäß Anlage 24 b) ersichtlich, wie folgt:

Partei / ~~Wählergruppe / Einzelbewerber~~	Zahl der Stimmen absolut	Zahl der Stimmen v. H.
CDU	752	100
insgesamt	752	100

Hiernach scheiden folgende Parteien / Wählergruppen aus, weil sie nicht mindestens 5 v. [H.] der im Wahlgebiet abgegebenen gültigen Stimmen erhalten haben:

–

Die erste Ausgangszahl (Mindestzahl der Sitze nach § 3 Abs. 2 und 3 des Gesetzes abzügl[ich] der Sitze, die auf Einzelbewerber und auf Bewerber von Parteien und Wählergruppen e[nt]fallen sind, die nicht mindestens 5 v. H. der im Wahlgebiet abgegebenen gültigen Stim[men] erhalten haben) beträgt: ~~12~~ 6

Rahden, Wahlbezirk Sielhorst (1961).

Betriebsgruppe mit ca. 80 Mitgliedern. Die FDP hatte in manchen Gemeinden des Amtsbezirkes Stimmergebnisse von über 20%. Zu einem deutlichen Stimmenverlust kam es, als die FDP 1966 auf Landesebene mit der SPD koalierte. Vorwiegend Geschäftsleute aber auch Landwirte unterstützten die FDP im Amtsbezirk.

a) Die CDU

Der frühere stellvertretende CDU-Stadtverbandsvorsitzende Helmut Bollhorst, Pr. Ströhen, berichtet über die Struktur seiner Partei in dieser Zeit:

„In den Ortschaften gab es, jedenfalls bei der CDU, keine Organisation. Die Gemeindevertreter wurden zwar von Parteien nominiert, waren aber sehr oft nicht Mitglied der Parteien. Wenn man solche Menschen darauf ansprach, waren sie sogar stolz darauf und betonten ihre Unabhängigkeit. Die Zusammenarbeit in der Gemeindevertretung war kollegial und selten parteipolitisch bestimmt. Natürlich gab es vor Wahlen auch Parteiversammlungen, aber nur mit sehr geringer Beteiligung."

Eine klarere Struktur auf örtlicher Ebene bildete sich in Zusammenhang mit der kommunalen Neuordnung heraus. Am 22. Januar 1971 beschloß der CDU-Kreisverband Lübbecke anläßlich seines Kreisparteitages im „Letzten Heller" in Kleinendorf, organisatorisch den Kreisverband durch die Bildung neuer und größerer Ortsunionen zu ordnen. Im März 1971 kam es zur Gründung der Ortsunion Rahden (auch Amtsverband genannt). Zum Vorsitzenden wurde Reinhold Spönemann, Rahden, gewählt. Die Ortsunion Rahden war der Grundstein für die Bildung der Ortsvereine in den Ortschaften des Amtes. Die Ortsunion Rahden ging 1973 in den CDU-Stadtverband über. Vorsitzender blieb Reinhold Spönemann.

Herausragende Veranstaltung, über die noch heute viele Parteimitglieder sprechen, war im Juni 1970 die Kundgebung mit Franz Josef Strauß im Hotel Bohne, Rahden.

Der CSU-Vorsitzende Franz Josef Strauß mit dem CDU-Kreisvorsitzenden Gustav Niermann bei der Ankunft bei Bohne in Rahden.

b) Die SPD

Vier Ortsvereine bestanden im Amtsbezirk: In Varl-Vahrheide (schon 1919 gegründet), in Wehe (1963 gegründet), in Pr. Ströhen und in Rahden selbst. Die Orstvereine schlossen sich im Jahr 1969 zu einem Amtsverband zusammen. Um den Vorsitz bewarben sich Heinrich Hartmeier, Rahden, und Wilhelm Meier, Rahden, der die Mehrheit errang. Aus dem SPD-Amtsverband wurde der SPD-Stadtverband. Vorsitzender blieb Wilhelm Meier.

c) Die FDP

Schon in den 50er Jahren gab es FDP-Großveranstaltungen in Rahden: 1954 mit Dr. Erich Mende und 1955 den Kreisparteitag mit dem Landesvorsitzenden Siegfried Zoglmann.

Eine FDP-Ortsgruppe bestand in Rahden, die nach der kommunalen Neuordnung in den FDP-Stadtverband überging. Heinrich Kosynowski, Heinrich Räker, Günter Ortgies und Hans Herbert Hoenselaars waren die führenden Persönlichkeiten.

Wie es zur Nominierung von FDP-Kandidaten kam, erzählt Günter Ortgies, Rahden:

„Der Kreisvorsitzende kam einige Wochen vor Wahlen zu uns nach Rahden. Er fragte nach möglichen Kandidaten. Dann sind wir mit ihm zu u.E. geeigneten Personen gefahren und haben so lange mit ihnen gesprochen, bis sie schließlich zur Kandidatur bereit waren."

d) Die anderen Parteien

Neben CDU, SPD und FDP spielten im Amtsbezirk Rahden (Espelkamp ausgenommen) andere Parteien keine Rolle. Sie wiesen im Berichtszeitraum keine organisierte Struktur auf, und es gelang ihnen nicht, Sitze in den Gemeinderäten zu bekommen. Eine freie Wählergemeinschaft gab es nicht. Ende der 60er Jahre war bundesweit ein Aufschwung der NPD zu verzeichnen. Sie errang im Amtsbezirk Rahden allerdings keine Mandate.

Ihr Stimmenanteil 1969 von 6,14% auf Amtsebene führte selbst in der Amtsvertretung nicht zu Sitzen, weil die Mitglieder aus den Reihen der Gemeindevertretungen entsandt wurden.

Die Persönlichkeiten der Parteien im Amtsbezirk Rahden

Die Persönlichkeiten der Kommunalpolitik in den 50er und 60er Jahren im Amtsbezirk Rahden waren geprägt von Kriegs- und Vorkriegszeit. Einige hatten schon den Ersten Weltkrieg erlebt. Nicht wenige bekleideten vor dem Zweiten Weltkrieg öffentliche Ämter. Wurde kurz nach Kriegsende sehr auf die politische Vergangenheit geachtet (unter der britischen Militärregierung), so veränderten sich diesbezüglich die Verhältnisse Anfang der 50er Jahre. Politisch Aktive vor dem Krieg (auch ehemalige NSDAP-Mitglieder) kamen in die Ämter, was letztlich ein Ausdruck dafür ist, daß im Amtsbezirk Rahden Personen wichtiger waren als Parteien. Es zeigt allerdings auch, daß in den 50er Jahren noch keine wirklich kritische Auseinandersetzung mit der Zeit 1933 - 1945 stattfand.

Die Amtsbürgermeister

a) Wilhelm Braun

Wilhelm Braun

Wilhelm Braun wurde am 13. Januar 1896 als Sohn des Hotelbesitzers Hermann Braun in Rahden geboren. Den väterlichen Betrieb führte er später weiter. Als Gymnasiast zog er in den Ersten Weltkrieg. Sein Abitur legte er als Leutnant im Jahre 1916 ab. Wilhelm Braun wurde schon vor Ende Dezember 1931 Mitglied der NSDAP. Im Zweiten Weltkrieg war er wiederum Soldat und geriet noch 1945 als Hauptmann in britische Kriegsgefangenschaft. Erst eineinhalb Jahre später konnte er nach Rahden zurückkehren. Er beteiligte sich besonders am Vereinsleben. Vom 28. November 1952 bis zum Frühjahr 1961 versah er für die CDU das Amt des Amtsbürgermeisters in Rahden. Er starb am 20. April 1965 im Alter von 69 Jahren.

Wilhelm Rehling

b) Wilhelm Rehling

Der Landwirt Wilhelm Rehling wurde am 4. Juni 1890 in Sielhorst auf der Hofstätte Nr. 51 geboren. Ab 1929 bis Mai 1945 war er Gemeindevorsteher bzw. Bürgermeister von Sielhorst. Bereits seit 1924 hatte er die Stellvertretung. Einige Jahre war er auch auf Kreisebene politisch tätig. In den Kreistag kam er 1929 über die Liste der Bauern- und Landvolkpartei. Später unterstützte er die nationalsozialistische Ausrichtung des Staates. In seiner Amtszeit, am 9. Dezember 1933, wurde Adolf Hitler Ehrenbürger von Sielhorst (1996 aberkannt). Schon vor dem Krieg politisch aktiv, genoss Wilhelm Rehling auch danach großes Ansehen. Ihm wird eine Redebegabung attestiert. Er war von 1952 bis 1969 für die CDU Bürgermeister von Sielhorst, anschließend Ehrenbürgermeister. Von 1961 bis 1969 übte er das Amt des Amtsbürgermeisters aus. Er setzte sich insbesondere für die Flurbereinigung ein, er hatte eine hohe Anzahl von Ehrenämtern inne, u. a. war er Direktor der Rahdener Sozietät und Vorsitzender des Wasserverbandes Große Aue. In Sielhorst ist eine Straße nach ihm benannt. Er starb am 15. September 1970 im Alter von 80 Jahren.

c) Günther Bock

Günther Bock wurde am 22. Mai 1926 in Gütersloh geboren. Er erreichte die Mittlere Reife und absolvierte eine kaufmännische Ausbildung. Im Zweiten Weltkrieg war er Marinesoldat. Er wurde Schwiegersohn von Wilhelm Braun und übernahm seinen Hotelbetrieb. Von 1964 bis zum Inkrafttreten der kommunalen Neugliederung 1973 war er für die CDU Mitglied im Rat der ehemahligen Gemeinde Rahden. In der Folgezeit bis 1975 gehörte er dem Rahdener Stadtrat an. Von 1969 bis Ende 1972 hatte er das Amt des Amtsbürgermeisters inne. Von 1973 bis 1989 war er Kreistagsmitglied. Sein besonderes Engagement galt als

Vorsitzender des Krankenhausausschusses dem Krankenhaus seiner Heimatstadt. Günther Bock starb am 27. Dezember 1998 im Alter von 72 Jahren.

Günther Bock

Der erste Stadtbürgermeister Reinhold Spönemann

Reinhold Spönemann wurde am 25. September 1920 in Osnabrück geboren. Seine Eltern stammten aus Hille. 1929 wurde sein Vater zur Dienststelle „Bahnhof Rahden" versetzt. 1939 bestand er das Abitur in Lübbecke an der Aufbauschule. Arbeitsdienst und Einberufung zur Wehrmacht schlossen sich an. Als Soldat im Rang eines Leutnants wurde er schwer verwundet. Nach seiner Entlassung aus dem Lazarett 1945 absolvierte er die Lehrerausbildung in Oldenburg. Seine erste Anstellung fand er im oldenburgischen Tweelbäke. Von 1957 an unterrichtete er bis zu seiner Pensionierung an der Freiherr-vom-Stein-Realschule in Rahden. Von 1964 bis 1972 gehörte er als Mitglied der CDU-Fraktion dem Rat der Gemeinde Rahden an und von 1966 bis 1972 der Amtsvertretung.

1973 wurde er erster Bürgermeister der neu gegründeten Stadt Rahden, zugleich war er Vorsitzender des CDU-Stadtverbandes, vorher der Ortsunion. Besonders am Herzen lag ihm die Heimatgeschichte. Von 1961 an war er Amtsheimatpfleger, später Stadtheimatpfleger, zudem leitete er viele Jahre den Museumshof. Für die Kirchengemeinde engagierte er sich als Presbyter. Reinhold Spönemann starb am 26. Februar 1995 im Alter von 74 Jahren.

Reinhold Spönemann

Der Rahdener Bürgermeister Wilhelm Meier

Am 26. Februar 1915 wurde Wilhelm Meier in Espelkamp Altgemeinde geboren. Er war zunächst als Zigarrenarbeiter beschäftigt. Nach dem Arbeitsdienst folgte der Wehrdienst. Schwer verwundet geriet er 1944 in amerikanische Kriegsgefangenschaft, aus der er 1948 entlassen wurde. Sein beruflicher Werdegang führte ihn zur Bundesbahn. 1956 ließ er sich von der SPD für die Gemeindewahl aufstellen. Durch Losentscheid wurde er Bürgermeister und blieb in diesem Amt bis zur kommunalen Neugliederung 1973. Danach war er Fraktionsvorsitzender der SPD im Rahdener Stadtrat. Von 1964 bis 1973 gehörte er auch dem Lübbecker Kreistag an. Er war Amtsverbandsvorsitzender der SPD, danach Stadtverbandsvorsitzender. Am 8. Juni 1992 starb er im Alter von 77 Jahren.

Wilhelm Meier

Die weiteren Gemeindebürgermeister:

Links: Friedrich Franke, Bürgermeister der Gemeinde Rahden vom 19. Oktober 1946 bis 19. November 1956.
Rechts: Wilhelm Bremer, Bürgermeister der Gemeinde Kleinendorf vom 20. Februar 1956 bis 5. Dezember 1972.

Links: Adolf Sprado, Kommissarischer Bürgermeister der Gemeinde Kleinendorf vom 5. Dezember 1972 bis 31. Dezember 1972; rechts: Heinrich Kopmann, Bürgermeister der Gemeinde Sielhorst vom 18. November 1969 bis 31. Dezember 1972.

Links: Friedrich Bollhorst, Bürgermeister der Gemeinde Pr. Ströhen vom 13. November 1945 bis 21. November 1969.
Rechts: Helmut Kammeier, Bürgermeister der Gemeinde Pr. Ströhen vom 21. November 1969 bis 31. Dezember 1972.

Links: Wilhelm Schmidt, Bürgermeister der Gemeinde Tonnenheide vom 18. Februar 1946 bis 21. November 1969.
Rechts: Wilhelm Möhring, Bürgermeister der Gemeinde Tonnenheide vom 21. November 1969 bis 31. Dezember 1972.

Links: Wilhelm Borcherding, Bürgermeister der Gemeinde Wehe vom 27. September 1946 bis 31. Dezember 1972; rechts: Fritz Rüter, Bürgermeister der Gemeinde Varl vom 2. November 1948 bis 31. Dezember 1972.

Die Landräte aus Rahden

a) Heinrich Berg

Heinrich Berg wurde am 27. Juni 1893 in Kleinendorf geboren. Er legte zunächst als Bäckermeister seine Prüfung ab und erhielt von seinem Vater, der das von ihm betriebene Warengeschäft gründete, eine kaufmännische Ausbildung. Er übernahm schließlich das elterliche Geschäft. Im Ersten Weltkrieg war er Soldat. Eine Gasvergiftung machte ihm in der Folgezeit zu schaffen. Es wird ihm bescheinigt, daß er sich nach dem Zweiten Weltkrieg für den demokratischen Wiederaufbau Deutschlands einsetzte. Anfang 1946 wurde er von der Militärregierung in den ersten Kreistag berufen und am 2. Februar 1946 zum Landrat gewählt. Hohe Wertschätzung genoß er insbesondere

Heinrich Berg

Heinrich Kosynowski

bei den Flüchtlingen und Vertriebenen. Er war Mitglied des Kreisparteivorstandes der CDU. Er starb am 7. März 1954 im Alter von 60 Jahren.

b) Heinrich Kosynowski

Heinrich Kosynowski wurde am 7. November 1896 in Rahden geboren. Er entstammte einer alten Buchdruckerfamilie. Im Ersten Weltkrieg war er Soldat. Nach seiner Rückkehr war er in Rahden im väterlichen Betrieb tätig, den er 1929 übernahm und ständig ausbaute. Er gab das Rahdener Wochenblatt heraus, das die nationalsozialistische Bewegung wohlwollend unterstützte. Seit 1946 betreute er die Rahdener Geschäftsstelle der Lübbecker Kreiszeitung. Er nahm lebhaften Anteil am Vereinsleben in Rahden. Seine besondere Liebe galt der Jägerei. Seine kommunalpolitische Karriere begann schon 1932 mit der Wahl in den Rahdener Gemeinderat, dessen Mitglied er bis Ende des Zweiten Weltkrieges war. Dem Kreistag gehörte er ab 1952 als Mitglied der FDP an, deren Vorsitz er im Kreisgebiet jahrelang führte. Heinrich Kosynowski war Mitglied der Landschaftsversammlung des Landschaftsverbandes Westfalen-Lippe und auch als Landessozialrichter tätig. 1958 wurde er zum Landrat in der Nachfolge von Minister Gustav Niermann gewählt (unterstützt von der SPD). Dieses Amt führte er bis zum Ende der Legislaturperiode 1960 aus. Vorher und nachher war er stellvertretender Landrat. Am 2. Juni 1963 starb er im Alter von 67 Jahren.

Die Verwaltungsgebäude in Rahden Anfang der 70er Jahre.

Stemwede

von Ernst-August Schmidt und Wilhelm Westerkamp

Zum besseren Verständnis des Wirkens der Parteien im Stemweder Bereich tragen die umfassenden Informationen von Heinz Redeker bei. Er war sowohl Gemeindedirektor des Amtes Levern als auch erster Gemeindedirektor der neu geschaffenen Großgemeinde Stemwede. Als sach- und fachkundiger Zeitzeuge hat er in den beiden Büchern »Neue Wege – alte Ziele« (die Geschichte der Volkspartei CDU Altkreis Lübbecke) und in »Demokratischer Neubeginn im Altkreis Lübbecke« die historischen Fakten mit aufschlußreichem Hintergrundwissen lesenswert verknüpft.

Die ländliche Bevölkerung der heutigen Gemeinde Stemwede war seit jeher konservativ-liberal ausgerichtet. Das lag sowohl am althergebrachten Einfluß der Kirche als auch am Fehlen von Industriearbeiterschaft und linksintellektuellen Bürgerlichen.

Es galt bei vielen Bürgern als anstößig mit der SPD zu sympathisieren oder sie gar zu wählen. Diese Einstellung war auch noch nach dem Zusammenbruch des Dritten Reiches 1945 häufig anzutreffen. Die SPD konnte im Gegensatz zur neu gegründeten CDU auf ihre Parteistruktur aus der Weimarer Zeit zurückgreifen. Dennoch verzeichnete sie bei den Kommunalwahlen keinen nennenswerten Stimmenzuwachs, obwohl bereits seit 1946 in Oppenwehe, Dielingen, Levern und Destel Ortsvereine existierten. Der Stimmenanteil der Sozialdemokraten von 1953 bis 1973 blieb bei den Kommunalwahlen relativ unbedeutend, auch wenn einige SPD-Kandidaten direkt gewählt wurden. Diese Ausnahmeergebnisse lagen in der jeweiligen Person und ihrem Wirkungskreis begründet, nicht in deren Parteizugehörigkeit.

So wirkte in Twiehausen Heinrich Bökelmann als angesehene und einsatzfreudige Persönlichkeit von 1948 bis zu seinem Tod 1970 als Bürgermeister. Die SPD blieb dort noch bis zum Ende der Legislaturperiode stärkste Fraktion.

Heinrich Bökelmann, Twiehausen Nr. 84; Bürgermeister in Twiehausen von 1948 bis 1970, Amtsbürgermeister des Amtes Levern von 1961 bis 1963. Gemeindearchiv Stemwede

Nach den Kommunalwahlen 1956 wurde in Destel der SPD-Ratsherr Ludwig Lange mit den Stimmen der Mehrheitsfraktion FDP zum Bürgermeister gewählt. Dieses Kuriosum erklärte sich aus persönlichen Differenzen zwischen FDP- und CDU-Ratsvertretern. Obwohl es in Levern schon Anfang der 50er Jahre eine bemerkenswert hohe Zahl eingetragener CDU-Mitglieder gab, bildete die mitgliederschwächere FDP in drei Wahlperioden von 1956 bis 1969 die Mehrheitsfraktion ... ein Erfolg einflußreicher Leverner Bürger, die für die FDP kandidiert hatten. Daß diese FDP-Ratsmitglieder im neu gegründeten Schützenverein Führungspositionen besetzten, trug über drei Ratsperioden zur Festigung ihres Einflusses bei. Eine gravierende Verschiebung trat erst bei den Wahlen

1969 ein, als der SPD-Kandidat Ernst-August Schmidt seinen Wahlkreis direkt gewann. Die SPD verfügte demzufolge über 4 Ratsmitglieder, die FPD schrumpfte von 6 auf 2. Die erst am 30. September 1969 von 13 Leverner Bürgern gegründete freie Wählergruppe „Aktion Bürgersinn“ errang bei diesen Kommunalwahlen 2 Sitze im Leverner Gemeinderat und 1 Sitz in der Amtsvertretung. Nach Beendigung der Legislaturperiode 1972 endete auch das Bestehen der „Aktion Bürgersinn“, deren bekanntester Repräsentant Wilhelm Wichering sich daraufhin der CDU anschloss.

In Oppenwehe stellte die FDP über drei Perioden mit dem angesehenen Friedrich Büttemeier den Bürgermeister.

Im benachbarten Oppendorf wurde neben Drohne die SPD-Unterlegenheit am deutlichsten. Erst bei den Kommunalwahlen 1969 gelang es einen SPD-Kandidaten in den Rat zu bringen. Die CDU verfügte kontinuierlich über eine deutliche absolute Mehrheit.

Die überaus starke Stellung der CDU und teilweise der liberal-konservativen FDP lag mit darin begründet, dass nicht nur die landwirtschaftlichen Ortsvereine sondern auch die meisten anderen Vereine von CDU- oder FDP-Mitgliedern geführt wurden. Aus dem Rahmen fallend und dennoch folgerichtig war also die Direktwahl des SPD-Kandidaten Ernst-August Schmidt in Levern, dessen Schul- und Vereinsarbeit durch Wählerstimmen honoriert wurde.

Der Umgang der Ratsmitglieder untereinander, das bekunden Presseberichte und Zeitzeugen, war sachlich, was angesichts der eindeutigen Mehrheitsverhältnisse nicht verwundert. Bei Abstimmungen stand meistens die Sache im Vordergrund, nur selten wurde parteipolitisch polemisiert. Die politische Atmosphäre im Kreistag dagegen war recht oft von parteipolitischen Differenzen geprägt.

Die jungen Stemweder wurden Ende der sechziger Jahre aktiv. 1969 gründeten sie im Amt Dielingen-Wehdem die Junge Union. Vorsitzender war Hans Niemann, der sich erfolgreich für den Bau der Hauptschule in Wehdem einsetzte.

Im Amt Levern wurde 1970 die Junge Union aus der Taufe gehoben. Ihr erster Arbeitsschwerpunkt war das engagierte Eintreten für die Selbständigkeit des Amtes Levern. Zu den besonders aktiven Männern dieser Zeit zählten neben dem ersten Vorsitzenden Gerd-Wilhelm Sassenberg die Vorstandsmitglieder Egon Kleybrink, Horst Stegemöller und Friedrich Klanke, der auch auf Kreisebene in verschiedenen Gremien tätig wurde.

Der JU-Gemeindeverband Stemwede wurde bereits vor Beginn der kommunalen Neuordnung 1972 gegründet. Erster Vorsitzender war Karl-Friedrich Meier aus Haldem.

Bei den Sozialdemokraten wehte durch die lebhafte, politische Arbeit der Jungsozialisten ein kräftiger „68-er“-Wind ... nicht immer zur Freude der Mehrheit der älteren Parteimitglieder. Die Gründung der Stemweder Jungsozialisten erfolgte 1969. Erster Vorsitzender war der rührige und kompetente Friedrich Schepsmeier aus Oppendorf, der auch auf Kreis-, Landes- und Bundesebene schnell erfolgreich wurde.

Im Amtsbereich Levern gab es in den beiden bestehenden SPD-Ortsvereinen keine Gruppierung der Jungsozialisten, auch nicht, als sich diese 1971 zum Ortsverein „Altes Amt Levern“ zusammenschlossen.

Der einflußreichste Politiker des Kreises Lübbecke in dieser Zeit war zweifellos der Landwirtschaftsmeister und spätere Landwirtschaftsminister von NRW Gustav Niermann aus Wehdem.

Der Journalist Friedel Schütte verfaßte anläßlich des 60. Geburtstages von Gustav Niermann folgende guten Einblick gewährende Zusammenschau seines politischen Wirkens:

Diese Kandidaten der Jungen Union aus dem Altkreis Lübbecke sorgten zur Kommunalwahl 1973 in der CDU für frischen Wind. (Von links:) Dirk Möllering, Gerd Pastors (Lübbecke), Reinhard Wehebrink (Rahden), Friedrich Klanke (Stemwede), Hermann Schmidt (Rahden), Jürgen Possin und Manfred Salomon (Espelkamp).

„Eigentlich wollte der Landwirtssohn Gustav Niermann nach seinem Abitur Arzt werden. Nachdem jedoch drei ältere Brüder nicht aus dem Krieg zurückkehrten, übernahm er als Landwirtschaftsmeister den 150 Morgen großen elterlichen Betrieb. Daneben widmete sich Niermann engagiert dem Wiederaufbau des Staates.

Bereits 1952 wurde Gustav Niermann als CDU-Mitglied in den Kreistag Lübbecke gewählt. Ein Jahr darauf trat er in die Landschaftsversammlung Westfalen-Lippe ein. Erste Krönung seiner politischen Laufbahn war die Wahl zum Landrat des Kreises Lübbecke (1954-1958). Für seine Initiative bei der Wiedereingliederung von Flüchtlingen und Vertriebenen ist G. Niermann später mit der Goldenen Plakette der Heimatvertriebenen ausgezeichnet worden.

Im Juni 1954 wurde Gustav Niermann in den Landtag von NRW gewählt. Kurz danach gehörte er bereits dem

CDU-Fraktionsvorstand und dem Landtagspräsidium an. Im Juli 1958 berief der damalige Ministerpräsident Franz Meyers den erst 38-jährigen Lübbecker Landrat als Minister für Ernährung, Landwirtschaft und Forsten in sein erstes Kabinett. G. Niermann war damals der jüngste Agrarminister aller Bundesländer.

Der Landrat des Kreises Lübbecke, Gustav Niermann aus Wehdem, wurde bei der Landtagswahl am 27. Juni 1954 als Landtagsabgeordneter des Kreises Lübbecke direkt gewählt. Staatsminister Gustav Niermann war von 1964 bis 1973 Vorsitzender der Kreisunion.
Gemeindearchiv Stemwede

Die umwälzenden Ereignisse im agrarwirtschaftlichen Bereich: Abwanderung aus der Landwirtschaft, notwendige Vergrößerung der selbständigen Betriebseinheiten, Inkrafttreten des EWG-Vertrages Anfang 1958 und die Wandlung der Märkte stellten den jungen Landwirtschaftsminister von NRW vor schwere Aufgaben, deren Lösung er sich beherzt und sachverständig annahm. Sein erklärtes Ziel: Die deutsche und darin die westfälische Landwirtschaft auf EG-Erfordernisse vorzubereiten.

Daneben setzte sich Landwirtschaftsminister Niermann während seiner achtjährigen Amtszeit in Düsseldorf höchst erfolgreich für eine unbürokratische Flurbereinigung (Modellfall Kreis Altena) und großangelegte Entwässerungsmaßnahmen (Beispiel: Flußregulierung der Großen Aue an der Landesgrenze NRW/Niedersachsen) ein. Aus dieser Zeit stammt das neue Landeswassergesetz. Auch für eine zukunftsorientierte Forstwirtschaft in unserem waldarmen Land wurden durch Gustav Niermann entscheidend die Weichen gestellt.

Als Ende 1966 die Regierung Meyers auseinanderbrach, endete für Gustav Niermann die „Ministerzeit" in Düsseldorf, jedoch nicht sein Engagement für die deutsche Landwirtschaft und das ihm von Jugend an vertraute wie richtungsweisende Genossenschaftswesen. So wurde er neben dem Amt als Abgeordneter des NRW-Landtages 1968 (bis 1972) zum Präsidenten der europäischen Bauernverbände (CEA) in Brüssel gewählt und war anschließend von 1972 bis 1976 dessen Vizepräsident. Europas Landwirtschaftsorganisation dankte Gustav Niermann seinen unermüdlichen Einsatz für die Sache des Berufsstandes mit der Wahl zum Ehrenmitglied der CEA.

Daneben ist Staatsminister a. D. Gustav Niermann Aufsichtsratsvorsitzender der Deutschen Gesellschaft für Landentwicklung (DGL) Düsseldorf und der Gesellschaft für Landeskulturen (GfL) Bremen. Der Deutschen Bauernsiedlung diente er lange Jahre als Vorsitzender des Aufsichtsrates. Als engagierter Verfechter bäuerlicher Selbsthilfe stellt G. Niermann seine reichen Erfahrungen in zahlreichen genossenschaftlichen Führungsgremien, so als Mitglied des Verbandsausschusses beim Westfälischen Genossenschaftsverband e. V. Münster und im Beirat der

Westdeutschen Genossenschaft Zentralbank eG Münster-Düsseldorf zur Verfügung, wo noch weitere wichtige Aufgaben auf ihn warteten.

„Zu Haus“ in Stemwede-Wehdem schließlich praktizierte der standfeste wie liebenswerte, zielbewusste wie traditionsverbundene Ostwestfale genossenschaftliches Miteinander vor Ort als Vorsitzender des Aufsichtsrates der Volksbank Wehdem-Oppenwehe eG.

Hobbys? Natürlich die (CDU) Politik, Jagd, Geselligkeit und eigentlich der erlernte Beruf: die Arbeit des Bauern auf eigener freier Scholle.„

Lässt man die fünfziger und sechziger Jahre des heutigen Stemwede in Gesprächen mit älteren Bürgern Revue passieren, so werden mit Sicherheit bekannte Persönlichkeiten benannt, die durch ihr Wirken in der Politik ihr Umfeld nachhaltig mitgestaltet haben. Es ist dankenswert und erstaunlich zugleich, wie ansehnlich gerade in diesem ländlichen Bereich die Zahl derer war, die über das normale Maß ihrer Pflichterfüllung hinaus für ihre Gemeinde, für ihr Amt, ihren Kreis und damit für ihre Mitmenschen tätig geworden waren. Diesem Engagement verdanken die heutigen Stemweder eine gut strukturierte, lebenswerte Gemeinde, die nicht mehr als das bescheiden entwickelte „Platte Land“ bezeichnet werden kann.

Zwei Namen, die aus der Entwicklung Stemwedes nicht wegzudenken sind: Der letzte Amtsbürgermeister des Amtes Dielingen-Wehdem, Heinz Becker, und der letzte Amtsdirektor des Amtes Levern, Heinz Redecker.

Heinz Becker wurde 1964 in den Haldemer Rat gewählt und fungierte dort ab 1969 als stellvertretender Bürgermeister. Das Amt des Amtsbürgermeisters wurde ihm im selben Jahr übertragen. In dieser Funktion war er von Anbeginn in den

Amtsbürgermeister Heinz Becker (oben) und Amtsdirektor Heinz Redecker.

schwierigen Aufbau der werdenden Großgemeinde Stemwede eingebunden. Als Kenner der kritischen Situation des Zusammenschlusses der beiden Ämter war er von der zukunftsweisenden Richtigkeit dieser Reform fest überzeugt. Vom 1. Januar 1973 war er zunächst als Beauftragter des Stemweder Rates tätig. Nachdem die Verfassungsklage der Gemeinden des Leverner Amtes abschlägig entschieden worden war, wurde er erster Bürgermeister der Großgemeinde Stemwede. Unermüdlich und ausgleichend erwarb er sich schnell die Achtung und Anerkennung auch der Ratsmitglieder des Leverner Raumes. Als stellvertretender Kreisvorsitzender der CDU im neuen Kreis Minden-Lübbecke war seine führende Mitarbeit gefragt.

Amtsrentmeister Heinz Redecker wurde am 25. März 1959 von der Amtsvertretung zum Nachfolger des Amtsdirektors Kuhlo gewählt. Er besaß fundierte Kenntnisse in seinem Amtsbereich und hatte sich als leitender Organisator der 1000-Jahr-Feier bereits verdiente Anerkennung erworben. Obwohl die Gemeinden seines Amtes Levern auf dem Rechtsweg ihre Selbständigkeit hatten erhalten wollen, wählte ihn der Stemweder Rat zum ersten Gemeindedirektor ... eine schwierige, Fingerspitzengefühl und Stehvermögen erfordernde Aufgabe. Trotz der räumlichen Trennung der beiden Verwaltungen in Levern und Dielingen, die zunächst bestehen blieb, und den sich daraus ergebenden zusätzlichen Erschwernissen, gelang es Heinz Redecker in kurzer Zeit, die beiden Amtsverwaltungen zu einer neuen Verwaltungseinheit zusammenzuführen.

Einer der zahlreichen alten westfälischen Bauernhöfe in Stemwede. Hier Hof Aping aus dem Jahr 1811 in Westrup – nach der Renovierung und Erweiterung Ende der 50er Jahre.

V. Die Stabilisierung der demokratischen Verhältnisse im Spiegel der Wahlen — Bund - Land - Gemeinde —

Tabellen der Wahlergebnisse Bund – Land – Kreis (kreisweite Darstellung)

von Friedrich-Wilhelm Meier

1. Bundestagswahlen

Wahlsystem

Nach dem Wahlgesetz für die Wahl zum Zweiten Deutschen Bundestag am 6. September 1953 sollte der Bundestag aus mindestens 484 Abgeordneten bestehen. Dazu kamen 22 Abgeordnete aus Berlin.

Von den 484 Abgeordneten entfielen auf das Land Nordrhein-Westfalen 138 Abgeordnete. Davon sollten

66 Abgeordnete in Wahlkreisen direkt und
72 Abgeordnete aus den Landeslisten des Landes Nordrhein-Westfalen (Reservelisten) gewählt werden.

Das Land Nordrhein-Westfalen wurde demgemäß in 66 Wahlkreise eingeteilt.

Jeder Wähler hat bis heute — nur für die Bundestagswahl — 2 Stimmen; eine Erststimme für die Wahl des Bewerbers im Wahlkreis (gewählt ist der Bewerber, der die meisten Stimmen erhalten hat [einfache Mehrheit]), eine Zweitstimme für die Wahl aus den Landeslisten nach den Grundsätzen der Verhältniswahl (d'Hondt'sches Höchstzahlenverfahren). Im Ergebnis handelt es sich auch bei der Bundestagswahl um eine Verhältniswahl mit vorgeschalteter Mehrheitswahl oder um eine personalisierte Verhältniswahl.

Dieses Wahlsystem hat in seinen Grundzügen für den gesamten Untersuchungszeitraum gegolten. Geändert hat sich die Gesamtzahl der Abgeordneten und die Aufteilung auf die Bundesländer.

Die Wahlergebnisse für den Kreis Lübbecke sind aus den Gesamtergebnissen des Wahlkreises Minden-Lübbecke ermittelt und sind nur nachrichtlich angegeben.

Bundestagswahlen im Wahlkreis 110 Minden-Lübbecke (1953 – 1961)
108 Minden-Lübbecke (1965 – 1972)

Tabelle auf der nächsten Seite.

Erststimmen

Wahl am	CDU	v. H.	SPD	v. H.	FDP	v. H.	BHE	v. H.	Sonstige	v. H.
6. 9. 1953	55 528	37,3	60 274	40,4	21 169	14,2	6 522	4,4	5 535	3,7
(Kreis Lübbecke	18 582	41,3	16 649	37,0	6 780	15,1	1 446	3,2	1 542	3,4)
							GB/BHE			
15. 9. 1957	64 908	41,0	65 996	41,7	15 150	9,6	5 837	3,7	6 240	4,0
(Kreis Lübbecke*	20 772	45,3	17 121	37,3	3 762	8,2	1 711	3,7	2 547	5,5)
							GB (DP-BHE)			
17. 9. 1961	61 151	36,6	73 412	44,0	26 691	16,0	2 312	1,4	3 285	2,0
(Kreis Lübbecke	20 558	41,0	19 762	39,4	8 259	16,5	651	1,3	911	1,8)
							NPD			
19. 9. 1965	66 559	39,8	76 887	45,9	18 509	11,1	3 743	2,2	1 640	1,0
(Kreis Lübbecke	22 526	44,7	20 794	41,2	5 525	11,0	1 202	2,4	393	0,7)
							NPD			
28. 9. 1969	66 335	39,5	81 051	48,3	12 167	7,3	7 455	4,4	876	0,5
(Kreis Lübbecke	22 951	45,0	21 612	42,4	3 150	6,2	3 091	6,1	180	0,3)
							NPD			
19.11. 1972	74 180	38,8	101 146	52,8	14 434	7,5	916	0,5	729	0,4
(Kreis Lübbecke	27 347	46,7	27 845	47,6	2 901	5,0	307	0,5	150	0,2)

* ohne Briefwähler

Das Direktmandat im Wahlkreis 108/110 Minden-Lübbecke ist von 1949 (Wahl zum Ersten Deutschen Bundestag) bis heute ununterbrochen von einem Bewerber der Sozialdemokratischen Partei Deutschlands (SPD) gewonnen worden:

1949–1965 Dr. Paul Bleiß, Minden
1965–1976 Friedrich Schonhofen, Minden
1976–heute Lothar Ibrügger, Minden

Im Kreis Lübbecke war allerdings im Untersuchungszeitraum von 1953 bis 1969 bei den Erststimmen die Christlich-Demokratische Union Deutschlands stärkste Partei. Lediglich bei der Bundestagswahl am 19. November 1972 hat die SPD 498 Stimmen = 0,1 v. H. mehr Stimmen errungen.

Bundestagswahlen im Wahlkreis 110 Minden-Lübbecke (1953 – 1961)
108 Minden-Lübbecke (1965 – 1972)

Zweitstimmen

Wahl am	CDU	v. H.	SPD	v. H.	FDP	v. H.	BHE	v. H.	Sonstige	v. H.
6. 9. 1953	53 715	36,3	59 281	40,0	22 193	15,0	6 677	4,5	6 370	4,2
(Kreis Lübbecke	17 541	39,1	16 356	36,5	7 569	16,9	1 499	3,3	1 863	4,2)
							GB/BHE			
15. 9. 1957	63 313	40,4	64 592	41,2	15 355	9,8	6 176	4,0	7 314	4,6
(Kreis Lübbecke*	20 017	44,1	16 711	36,8	3 789	8,3	1 841	4,0	3 099	6,8)
							GB (DP-BHE)			
17. 9. 1961	60 362	36,2	72 808	43,7	27 833	16,7	2 245	1,3	3 385	2,1
(Kreis Lübbecke	20 176	40,4	19 619	39,2	8 621	17,2	662	1,3	920	1,9)
							NPD			
19. 9. 1965	67 454	39,6	76 615	45,0	20 477	12,0	4 006	2,4	1 829	1,0
(Kreis Lübbecke	22 433	43,8	20 830	40,7	6 196	12,1	1 322	2,6	442	0,8)
							NPD			
28. 9. 1969	67 386	39,4	80 423	47,1	13 047	7,6	8 910	5,2	1 116	0,7
(Kreis Lübbecke	22 465	43,6	21 755	42,2	3 378	6,5	3 710	7,2	255	0,5)
							NPD			
19.11. 1972	75 122	38,9	98 893	51,2	17 536	9,1	912	0,5	649	0,3
(Kreis Lübbecke	27 096	45,9	27 097	45,9	4 432	7,5	324	0,5	147	0,2)

* ohne Briefwähler

Aus den Reservelisten des Landes Nordrhein-Westfalen sind aufgrund der Wahlergebnisse (Zweitstimmen) aus dem Wahlkreis 108/110 Minden-Lübbecke in den Bundestag gewählt worden:

6. 9. 1953	Heinrich Wehking, Friedewalde	(CDU)
15. 9. 1957	Heinrich Wehking, Friedewalde	(CDU)
17. 9. 1961	Heinrich Wehking, Friedewalde	(CDU)
	Siegfried Zoglmann, Düsseldorf	(FDP)
	(Direktkandidat im Wahlkreis 110)	
19. 9. 1965	Karl Bewerunge, Heedfeld	(CDU)
	(Direktkandidat im Wahlkreis 108)	
	Martin Horstmeier, Stockhausen	(CDU)
	Siegfried Zoglmann, Düsseldorf	(FDP)
	(Direktkandidat im Wahlkreis 108)	
28. 9. 1969	Martin Horstmeier, Stockhausen	(CDU)
	Siegfried Zoglmann, Düsseldorf	(FDP)
	(Direktkandidat im Wahlkreis 108)	
19.11. 1972	Martin Horstmeier, Stockhausen	(CDU)

Dr. Paul Bleiß

Friedrich Schonhofen

Lothar Ibrügger

Martin Horstmeier

Heinrich Wehking und Bundes-kanzler Konrad Adenauer

2. Landtagswahlen in den Jahren 1953 – 1972

Über den gesamten Zeitraum bestand der Landtag des Landes Nordrhein-Westfalen aus 200 Abgeordneten. Von diesen 200 Abgeordneten wurden 150 Abgeordnete in den Wahlkreisen gewählt und 50 Abgeordnete aus den Reservelisten den Parteien nach dem Wahlergebnis zugeteilt.

Der Kreis Lübbecke bildete von 1954 bis 1962 den Wahlkreis 144 und von 1966 bis 1970 den Wahlkreis 146.
In diesem Wahlkreis wurden über die gesamte Zeit (tatsächlich von 1954 bis 1975)
Gustav Niermann, Wehdem (CDU), direkt und von 1958 bis 1980 Albert Pürsten, Espelkamp (CDU), aus der Reserveliste gewählt.

Stimmenanteil der Parteien im Wahlkreis 144/146

	CDU	SPD	FDP	KPD	BHE	DP	DRP	DFU	NPD	gewählte Bewerber/Partei aus Kreis Lübbecke
27. 6.1954	16 142 (41,6)	14 867 (38,4)	5 142 (13,3)	314 (0,8)	2 287 (5,9)					Gustav Niermann (CDU)
6. 7.1958	20 173 (48,0)	17 164 (40,9)	3 164 (7,5)			774(1,9)	710(1,7)			Gustav Niermann (CDU)
										Albert Pürsten (RL/CDU)
8. 7.1962	20 458 (47,5)	17 942 (41,7)	4 207 (9,8)					454 (1,0)		Gustav Niermann (CDU)
										Albert Pürsten (RL/CDU)
10. 7.1966	21 335 (46,1)	20 538 (44,4)	4 393 (9,5)							Gustav Niermann (CDU)
				DKP						Albert Pürsten (RL/CDU)
14. 6.1970	23 786 (49,9)	20 354 (42,7)	2 202 (4,6)	218 (0,5)					1092(2,3)	Gustav Niermann (CDU)
										Albert Pürsten (RL/CDU)

RL = Landesreserveliste

3. Kreis Lübbecke – Kreistagswahlen

Wahlsystem

Wahl am 28. Oktober 1956

Im Kreis Lübbecke waren die Kreistagsvertreter sowohl in Wahlbezirken (direkt) und auch aus den Reservelisten (nach den Grundsätzen der Verhältniswahl) zu wählen.
Die Zahl der in Wahlbezirken zu wählenden Vertreter betrug für Landkreise mit einer Bevölkerungszahl von über 75.000, aber nicht über 100.000, 24 Vertreter.
Aus den Reservelisten waren mindestens halbsoviel Vertreter wie in den Wahlbezirken zu wählen (also 12 Vertreter).
Jeder Wähler hatte nur eine Stimme. Mit dieser Stimme wählte er den Bewerber im Wahlkreis und gleichzeitig die Partei oder Wählergruppe, für die der Bewerber auftrat.
Festzuhalten bleibt, dass 2/3 der Bewerber direkt mit einfacher Mehrheit und im Normalfall 1/3 der

Bewerber nach den Grundsätzen der Verhältniswahl zu wählen waren. Diese Grundsätze haben im Prinzip auch für die nachfolgenden Wahlen gegolten, jedoch mit der Maßgabe, dass die Zahl der Vertreter insgesamt und das Verhältnis der Wahlkreise zu den Reservelisten geringfügig geändert wurde:

1964
37 Vertreter insgesamt, davon
24 Vertreter in Wahlkreisen und mindestens
13 Vertreter aus Reservelisten.

1969
39 Vertreter insgesamt, davon
26 Vertreter in Wahlkreisen und mindestens
13 Vertreter aus den Reservelisten.

Besonderheit 1961:
Es bestand das Wahlsystem wie 1956. Aber es fand eine Erhöhung der Gesamtsitze statt, weil eine Partei mehr Sitze bei der Wahl in Wahlkreisen errungen hatte, als der Partei im Verhältnis der errungenen Stimmen zur Gesamtstimmenzahl zugestanden hätte. Um das auszugleichen, mußte die Sitzzahl von 36 um 3 Sitze erhöht werden.

Zusammensetzung der Vertretung des Kreises Lübbecke nach den Kommunalwahlen 1953 - 1972

Stimmenanteil der Parteien und Wählergruppen

Partei/	Wahl 28. 10. 1956		Wahl 19. 3. 1961		Wahl 27. 9. 1964		Wahl 9. 11. 1969	
Wähler-Gr.	Stimmen	%	Stimmen	%	Stimmen	%	Stimmen	%
SPD	17 737	42,10	19 260	41,85	21 452	46,73	19 971	44,72
CDU	14 748	35,01	16 630	36,13	16 651	36,28	18 179	40,71
FDP	7 691	18,26	8 395	18,24	7 798	16,99	4 284	9,59
BHE	1 732	4,11	1 495	3,25				
DRP	219	0,52	245	0,53				
NPD							2 225	4,98

Sitzverteilung im Kreistag – Parteien und Wählergruppen

Partei/	Wahl 28. 10. 1956	Wahl 19. 3. 1961	Wahl 27. 9. 1964	Wahl 9. 11. 1969
Wähler-Gr.	Sitze	Sitze	Sitze	Sitze
SPD	16 (1 RL)	17	18 (1 RL)	18 (3 RL)
CDU	13 (4 RL)	15 (8 RL)	13 (6 RL)	17 (6 RL)
FDP	7 (RL)	7 (RL)	6 (RL)	4 (RL)

RL = Reserveliste

Kreistagsmitglieder

SPD

Ahlers, Karl; Preuß. Oldendorf	(56 - 69)
Bökenkröger, Karl; Hüllhorst	(56 - 69)
Burkamp, Heinrich; Heddinghausen	(56 - 72)
Donzelmann, Heinrich; Rahden	(56 - 64)
Finke, Heinrich; Gehlenbeck	(56 - 61)
Haddewig, Anna; Lübbecke	(56 - 61)
Hegerding, Wilhelm; Isenstedt	(56 - 69)
Heitmeier, Wilhelm; Nettelstedt	(56 - 61)
Hüffmeyer, Heinrich; Lübbecke	(56 - 72)
Kammann, Fritz; Lübbecke	(56 - 72)
Kampe, Wilhelm; Obermehnen	(56 - 64)
Kern, Wilhelm; Espelk.-Mittwald	(56 - 6.65)
Kuhlmeier, Christian; Schnathorst	(56 - 69)
Rust, Wilhelm; Fabbenstedt	(56 - 69)
Schilling, Fritz; Lübbecke	(56 - 64)
Siebert, Alfred; Espelk.-Mittwald	(56 - 9.61)
Hockel, Josef; Lübbecke	(61 - 64)
Möhle, Wilhelm; Gehlenbeck	(61 - 72)
Schwarze, Friedrich; Nettelstedt	(61 - 72)
Wetzel, Gerhard; Espelk.-Mittwald	(61 - 69)
Steding, Friedrich; Espelk.-Mittwald	(10.61-72)
Althoff, Wilhelm; Blasheim	(64 - 12.70)
Biermann, Wilhelm; Lübbecke	(64 - 72)
Meier, Wilhelm; Rahden	(64 - 72)
Seidel, Erich; Fiestel	(64 - 72)
Westerholt, Willy; Lübbecke	(64 - 69)
Wiemann, Friedrich; Espelk.-Mittwald	(7.65 - 69)
Bökelmann, Heinrich; Twiehausen	(69 - 2.71)
Dreier, Friedrich; Haldem	(69 - 72)
Knollmann, Günter; Ahlsen	(69 - 72)
Niedenführ, Wilhelm; Espelkamp	(69 - 72)
Rosemuck; Wilhelm; Frotheim	(69 - 72)
Schwitalski, Hans; Schnathorst	(69 - 72)
Simon, Dr. Ruby; Espelkamp	(69 - 72)
Stohlmann, Friedrich; Preuß. Oldendorf	(69 - 72)
Ahlers, Karl; Lübbecke	(1.71 - 72)
Knost, Heinrich; Wehe	(2.71 - 72)

CDU

Bollhorst, Wilhelm; Pr. Ströhen	(56 - 69)
Borcherding, Wilhelm; Wehe	(56 - 72)
Bramkamp, Ernst; Frotheim	(56 - 64)
Brandt, Heinrich; Dielingen	(56 - 61)
Bunke, Dr. Karl; Lübbecke	(56 - 61)
Dedert, Ernst; Engershausen	(56 - 72)
Dreyer, Wilhelm; Kleinendorf	(56 - 61)
Hollert, Paul; Espelk.-Mittwald	(56 - 69)
Kramer, Karl; Levern	(56 - 69)
Lübbert, Ernst; Oberbauerschaft	(56 - 61)
Niermann, Gustav; Wehdem	(56 - 61)
Weimann, Kurt; Lübbecke	(56 - 64)
Spreen, Heinrich; Oppenwehe	(56 - 61)
Freitag, Herbert; Lübbecke	(61 - 72)
Grabenkamp, Karl; Kleinendorf	(61 - 72)
Horstmann, Lucia; Espelk.-Mittwald	(61 - 64)
Köhme, Fritz; Lübbecke	(61 - 69)
Raabe, Wilhelm; Arenkamp	(61 - 64)
Schumacher, Heinrich; Oppendorf	(61 - 69)
Siebe, Heinrich; Vehlage	(61 - 72)
Struckmeier, Hermann; Schnathorst	(61 - 72)
Caesar, Cajus; Nettelstedt	(64 - 72)
Nolte, Heinrich; Drohne	(64 - 69)
Göker, Friedrich; Levern	(69 - 72)
Hüsemann, Wilfried; Engershausen	(69 - 72)
Niemann, Hans; Wehdem	(69 - 72)
Quarz, Horst; Espelkamp	(69 - 72)
Schröder, Friedrich; Dielingen	(69 - 72)
Schröder, Wilhelm; Lübbecke	(69 - 72)
Schumacher, Erich; Oppendorf	(69 - 72)
Spreen, August; Sielhorst	(69 - 72)
Wetzel, Gerhard; Espelkamp	(69 - 72)
v. Wolffersdorff, Walter; Lübbecke	(69 - 72)

FDP

Bohnenkemper, Oskar; Haldem	(56 - 61)
v. Borries, Kurt; Holzhausen	(56 - 61)
Homann, Fritz; Schnathorst	(56 - 61)
Haschke, Werner; Levern	(56 - 69)
Kosynowski, Heinrich; Rahden	(56 - 64)
Lamcke, Carl; Lübbecke	(56 - 61)
Schmidt, Siegfried; Espelk.-Mittwald	(56 - 61)
Grevel, Ortwin; Lübbecke	(61 - 72)
Hilker, Wilhelm; Gestringen	(61 - 64)
Lang, Otto; Espelk.-Mittwald	(61 - 64)
Treseler, Karl; Blasheim	(61 - 72)
Wehebrink, August; Gehlenbeck	(61 - 64)
Buck, Hans-Georg; Espelk.-Mittwald	(64 - 72)
Büttemeier, Friedrich; Oppenwehe	(64 - 72)
Räker, Heinrich; Rahden	(64 - 69)

Landräte:

Niermann, Gustav (CDU)	(53 - 7.58)
Kosynowski, Heinrich (FDP)	(8.58 - 61)
Schumacher, Heinrich (CDU)	(61 - 69)
Struckmeier, Hermann (CDU)	(69 - 84)

Oberkreisdirektoren:

Dr. Ernst Huchzermeyer	1952 - 1967
Dr. Rolf Momburg	1967 - 1972
und von	1974 - 1993

Oberkreisdirektor im Kreis Minden-Lübbecke

Oberkreisdirektor Dr. Ernst Huchzermeyer, Landrat Heinrich Schumacher, Regierungspräsident Dr. Galle (von rechts).

Kreistagsmitglied Heinrich Hüffmeyer, Landrat Gustav Niermann, Landrat Heinrich Kosynowski, Oberkreisdirektor Dr. Ernst Huchzermeyer (von links).

Regierungspräsident Walter Stich, Landrat Hermann Struckmeier, Oberkreisdirektor Dr. Rolf Momburg (von rechts).

Espelkamp

von Karl-Heinz Hentschel

Zusammenstellung der Kommunalwahl-Ergebnisse, einschließlich Änderungen während der Legislaturperiode

Wahltag	Wahlberechtigte	Wähler	%	ungültig	gültig	SPD %	CDU %	FDP %	BHE %	DRP %	FWG %	UWE %
9. 11.						838	473	643	–	–	–	–
1952	2 474	2 011	81,29	57	1 954	42,89	24,21	32,91				
28. 10.						1 627	1 022	543	416	222	–	–
1956	4 789	3 898	79,90	68	3 830	42,48	26,68	14,18	10,86	5,80		
19. 3.						2 134	1 714	609	488	239	–	–
1961	6 692	5 294	79,11	110	5 184	41,47	33,06	11,75	9,41	4,60		
27. 9.						2 690	1 644	642	–	–	218	505
1964	7 539	5 817	77,16	118	5 699	47,20	28,84	11,27			3,38	8,86
6. 3.*						2 483	1 745	575	–	–	–	450
1966	7 609	5 318	68,89	65	5 253	47,27	33,22	10,95				8,57
9. 11.						2 578	2 643	298	–	–	–	–
1969	7 853	5 616	71,51	97	5 519	46,71	47,89	5,40				

* Durch das Gesetz zur Änderung der Gemeindegrenze zwischen der Stadt Espelkamp und den Gemeinden Fabbenstedt, Frotheim, Rahden und Tonnenheide, Kreis Lübbecke, wurden die am 27. September 1964 gewählten Räte der Stadt Espelkamp und der Gemeinde Rahden aufgelöst.

Ratsmitglieder

SPD

Olga Serno	1952-1966
Wilhelm Kern	1952-1965
Rudolf Riemer	1952-1956
Friedrich Steding	1952-1973
Erich Klapper	1952-1956
Alfred Siebert	1952-9.61
Friedrich Dunker	1952-1956
Fritz Haagen	1952-1953
Friedrich Stegmaier	1953-1966
Günter Albrecht	1956-4.64
Fritz Wriedt	1956-3.72
Heinrich Schomäker	1956-1966
Erich Haese	1961-1966
Paul Jänicke*	1961-1969
Hermann Thie	1961-1962
Diethard Wiencke	10.61-1973
Gerhard Wetzel	1962-1967
Josef Biefel*	4.64-9.64 und 7.65-1969
Willi Siebeneicher	1964-10.68
Friedrich Wiemann	1964-4.69
Hermann Meier*	1964-1969
Richard Schöttke	1966-1973
Siegfried Nötzel	1966-1973
Dr. Ruby Simon	1966-1973
Werner Steinkamp	10.68-1973
Otto Brettschneider	7.69-11.69
Klaus Weber	1969-2.71
Otto Gebhardt	1969-1973
Margarete Steinkamp	1969-1973
Wilhelm Niedenführ	1969-1973
Gerhard Weinrich	1969-1973
Erika Hausen	1969-1973
Heinz Goroncy	3.71-1973
Friedrich Wilde	3.72-1973

** parteilos von 1968 bis 1969*

CDU

Walter Kolbus	1952-1961
Helmuth Stoppel	1952-1953
Thomas Fister	1952-1954
Kurt Herzog	1952-1956
und	1964-1966
Paul Hollert	1953-2.69
Wilhelm Tirre	1954-1956
Wilhelm Windhorst	1956-1961
Alice-Luise Tirpitz	1956-1957
Ludwig Link	1956-1962
Gerald Gau	1957-1969
Wilhelm Möller	1961-1964
Otto Kuhl	1961-1964
Lucia Horstmann	1961-1963
Heinrich Wehebrink	1961-1964
Ernst Schneegans	1961-1969
Karl Nolte	1962-4.72
Wilhelm König	1963-1973
Manfred Klapper	1964-1969
Karl Missalla	1966-1973
Karlheinz Igel	1966-9.67
Erwin Quarder	1966-1969
Fred Steinkamp	10.67-6.71
Willi Hußmann	3.69-11.69
Werner Piesnack	1969-1973
Friedrich Drese	1969-1973
Gerhar Wetzel	1968-1973
Peter Aumann	1969-1973
Horst Quarz	1969-4.72
Gerhard Pürsten	1969-1973
Marianne Brümmer	1969-1973
Christoph Heimann	1969-1973
Theodor Knöbel	1969-1973
Gerhard Munde	6.71-1973
Martin Bartnik	4.72-1973
Manfred Salomon	4.72-1973

FDP

Wilhelm Hilker	1952-1955
August Rose	1952-7.65
Hermann Klasing	1952-1956
Willi Schramm	1952-1956
Dr. Hermann Thuleweit	1952-3.56
Paul Thie	1952-1954
Erwin Porath	1954-1956
Wilhelm Heimsath	1955-1956
Wilhelm Möller	3.56-10.56
Karl Buck	1956-1969
Siegfried Schmidt	1961-10.61
Willi Kucharzeck	10.61-1964
und	7.65-1966
Heinrich Rüter	1964-11.72
Hans-Georg Buck	11.72-1973

DRP

Paul Haensel	1956-1961

BHE

Johann Zboron	1956-1964
Marie Kopp	1956-1961
Wilhelm Niedenführ	1961-1964

UWE

Johann Zboron	1964-8.69
Wilhelm Niedenführ	1964-1969
Gerd Paeßler	9.69-11.69

1952 Bürgermeister August Rose
Stellvertreter Rudolf Riemer

1956 Bürgermeister Wilhelm Kern
Stellvertreter August Rose

1961 Bürgermeister Wilhelm Kern
Stellvertreter August Rose

1964 Bürgermeister Wilhelm Kern
1. Stellvertreter August Rose
2. Stellvertreter Gerald Gau

30. 9. 1965 Bürgermeister Gerhard Wetzel
Stellvertreter Gerald Gau

1966 Bürgermeister Gerhard Wetzel
1. Stellvertreter Heinrich Rüter
2. Stellvertreter Friedrich Steding

1969 Bürgermeister Gerhard Wetzel
1. Stellvertreter Heinrich Rüter
2. Stellvertreter Friedrich Steding

In die **Amtsvertretung** Rahden werden am 9. November 1952 direkt gewählt:
Alfred Siebert, SPD, mit 618 Stimmen und
Hermann Klasing, FDP, mit 322 Stimmen

In die **Amtsvertretung** Rahden werden am 28. Oktober 1956 direkt gewählt:
August Rose, FDP, mit 291 Stimmen
Erich Haese, SPD, mit 454 Stimmen
Paul Jänicke, SPD, mit 375 Stimmen
Alfred Siebert, SPD, mit 410 Stimmen
Friedrich Steding, SPD, mit 209 Stimmen

In die **Amtsvertretung** Rahden werden am 28. April 1961 vom Rat gewählt:

von der SPD:	Bürgermeister Kern, Haese, Jänicke, Schomäker, Siebert, Steding, Stegmaier
von der CDU:	Gau, Kuhl, Möller, Schneegans, Wehebrink
von der FDP:	Schmidt
vom BHE:	Zboron

In die **Amtsvertretung** Rahden werden am 6. November 1964 vom Rat gewählt:

von der SPD:	Bürgermeister Kern (ab September 1965 Wriedt), Haese, Schomäker, Steding, Stegmaier, Wetzel, Wiemann
von der CDU:	Gau, Herzog, Klapper, König, Schneegans
von der FDP:	Buck, Rüter
von der UWE:	Zboron

In den **Kreistag** Lübbecke wurden direkt gewählt:

am 9.11.1952:	Alfred Siebert, SPD, mit 556 Stimmen Wilhelm Hilker, FDP, mit 330 Stimmen
am 28.10.1956:	Wilhelm Kern, SPD, mit 884 Stimmen Alfred Siebert, SPD, mit 783 Stimmen
am 19.3.1961:	Wilhelm Kern, SPD, mit 770 Stimmen Alfred Siebert, SPD, mit 675 Stimmen Gerhard Wetzel, SPD, mit 765 Stimmen
am 27.9.1964:	Wilhelm Kern, SPD, mit 895 Stimmen Friedrich Steding, SPD, mit 945 Stimmen Gerhard Wetzel, SPD, mit 1131 Stimmen
am 9.11.1969:	Friedrich Steding, SPD, mit 727 Stimmen Wilhelm Niedenführ, SPD, mit 967 Stimmen Horst Quarz, CDU, mit 996 Stimmen

Kommunalwahlen

Gemeinde Fabbenstedt

9. November 1952

SPD Friedrich Finke Nr. 75
SPD Gottlieb Hellweg Nr. 120
SPD Wilhelm Rust Nr. 110
CDU Fritz Sandkröger Nr. 39
CDU Wilhelm Schnelle Nr. 82
CDU Wilhelm Spreen Nr. 146
CDU Fritz Unger Nr. 23

28. Oktober 1956

CDU Fritz Greve Nr. 101
SPD Heinz Müller Nr. 53
FDP Karl Ortgies Nr. 2
CDU Heinrich Otto Nr. 126
SPD Heinrich Riechmann Nr. 84
SPD Wilhelm Rust Nr. 110
CDU Fritz Sandkröger Nr. 39
CDU Wilhelm Schnelle Nr. 82
CDU Wilhelm Spreen Nr. 146
CDU Fritz Unger Nr. 23

19. März 1961

CDU Fritz Greve Nr. 101
SPD Heinz Müller Nr. 53
FDP Karl Ortgies Nr. 2
SPD Heinrich Riechmann Nr. 84
CDU Wilhelm Schnelle Nr. 82
CDU Fritz Unger Nr. 23

27. September 1964

FDP Heinrich Blotevogel Nr. 16
CDU Fritz Greve Nr. 101
SPD Heinz Müller Nr. 53
FDP Karl Ortgies Nr. 2 (bis 9. 12. 1966)
SPD Heinrich Riechmann Nr. 84
CDU Wilhelm Schnelle Nr. 82
CDU Fritz Unger Nr. 23
FDP Friedrich Vullriede (ab 8. 2. 1967)

9. November 1969

FWF* Heinrich Blotevogel Nr. 16
FWF Wilhelm Brune Nr. 48
FWF Gottleb Hellweg Nr. 120
CDU Heinrich Heemann Nr. 24
FWF Wilfried Meier Nr. 136
SPD Heinz Müller Nr. 53
CDU Heinrich Oestermann Nr. 37

** FWF = Freie Wählergemeinschaft Fabbenstedt*

1952 Bürgermeister Fritz Unger
Stellvertreter Wilhelm Schnelle
1956 Bürgermeister Fritz Unger
1. Stellvertreter Wilhelm Schnelle
2. Stellvertreter Heinz Müller
1961 Bürgermeister Fritz Unger
Stellvertreter Wilhelm Schnelle
1964 Bürgermeister Fritz Unger
Stellvertreter Karl Ortgies
1969 Bürgermeister Wilhelm Brune
Stellvertreter Heinrich Blotevogel

In die **Amtsvertretung** Alswede werden am 9. November 1952 direkt gewählt:
von der CDU: Langkabel, Unger
von der SPD: Finke, Rust

In die **Amtsvertretung** Alswede werden am 28. Oktober 1956 direkt gewählt:
von der CDU: Otto, Unger
von der SPD: Finke, Rust

In die **Amtsvertretung** Alswede werden am 24. März 1961 vom Rat gewählt:
von der CDU: Bürgermeister Unger, Schnelle
von der SPD: Müller

Bürgermeister Fritz Unger Dezember 1945 bis 1969

Wilhelm Brune, letzter Bürgermeister von Fabbenstedt

In die **Amtsvertretung** Alswede werden am 6. Oktober 1964 vom Rat gewählt:
von der CDU: Bürgermeister Unger
von der SPD: Müller
von der FDP: Blotevogel

In die **Amtsvertretung** Alswede werden am 18. November 1969 vom Rat gewählt:
von der FWF: Bürgermeister Brune
von der CDU: Oestermann

Kommunalwahlen

Gemeinde Alswede

(Bauerschaften Alswede, Fiestel und Gestringen)

9. November 1952

SPD Friedrich Barlach, Alswede 260
SPD Wilhelm Brandmeier, Gestringen 272
CDU Gottlieb Grabenkamp, Gestringen 22
SPD Friedrich Haseloh, Alswede 38
CDU Wilhelm Hüffmeier, Alswede 111
SPD Friedrich Telkemeyer, Gestringen 67
SPD Wilhelm Tirre, Fiestel 65
CDU August Wellpott, Gestringen 120 (bis Januar 1955)
FDP Wilhelm Westrup, Fiestel 232
SPD Heinrich Witte, Gestringen 30
CDU Heinrich Hüffmann, Fiestel 18 (ab Januar 1955)

28. Oktober 1956

SPD Friedrich Barlach, Alswede 260
CDU Gottlieb Grabenkamp, Gestringen 22
CDU Heinrich Hageböke, Fiestel 17
SPD Friedrich Haseloh, Alswede 38
SPD Karl Steinkamp, Gestringen 279
SPD Friedrich Telkemeyer, Gestringen 67
SPD Wilhelm Tirre, Fiestel 65
SPD Gustav Treseler, Gestringen 250
FDP Wilhelm Westrup, Fiestel 232

19. März 1961

SPD	Heinrich Berner, Fiestel 332
CDU	Gottlieb Grabenkamp, Gestringen 22
FWGA*	Fritz Haseloh, Alswede 38
FWGA	Fritz Kielhorn, Alswede 390 (bis 3. Dezember 1961)
CDU	Heinrich Pelster, Alswede 54
SPD	Karl Steinkamp, Gestringen 279
SPD	Friedrich Telkemeyer, Gestringen 67
SPD	Günter Thiel, Alswede 381
FWGA	Wilhelm Tirre, Fiestel 65
SPD	Gustav Treseler, Gestringen 250
FDP	Wilhelm Westrup, Fiestel 232
FWGA	Heinrich Wehrmann, Fiestel 238
FWGA	Ernst Tappe, Alswede 68 (ab 12. Dezember 1961)

27. September 1964

FDP	Wilhelm Flömer, Gestringen 4
CDU	Gottlieb Grabenkamp, Gestringen 22
FWGA	Friedrich Haseloh, Alswede 38
SPD	Heinrich Kielhorn, Alswede 390
CDU	Heinrich Pelster, Alswede 54
SPD	Kurt Schäffer, Gestringen 570
SPD	Erich Seidel, Fiestel 390
SPD	Karl Steinkamp, Gestringen 279
FWGA	Ernst Tappe, Alswede 68
SPD	Friedrich Telkemeyer, Gestringen 67
SPD	Günter Thiel, Alswede 381
FWGA	Wilhelm Tirre, Fiestel 65
SPD	Gustav Treseler, Gestringen 250

9. November 1969

FDP	Wilhelm Flömer, Gestringen 4
CDU	Gottlieb Grabenkamp, Gestringen 22
SPD	Heinrich Kielhorn, Alswede 390
SPD	Heinrich Möllering, Gestringen 556
CDU	Heinrich Pelster, Alswede 54
SPD	Kurt Schäffer, Gestringen 570
SPD	Erich Seidel, Fiestel 390
CDU	Dietrich Stegkemper, Gestringen 196
SPD	Friedrich Telkemeyer, Gestringen 67
SPD	Wilhelm Theler, Gestringen 523
SPD	Günter Thiel, Alswede 381
FWGA	Wilhelm Tirre, Fiestel 455
SPD	Gustav Treseler, Gestringen 260

** FWGA = Freie Wählervereinigung Gemeinde Alswede*

1952	Bürgermeister Friedrich Telkemeyer Stellvertreter Wilhelm Tirre
1956	Bürgermeister Friedrich Telkemeyer Stellvertreter Wilhelm Tirre
1961	Bürgermeister Wilhelm Tirre Stellvertreter Fritz Haseloh
1964	Bürgermeister Erich Seidel Stellvertreter Friedrich Telkemeyer
1969	Bürgermeister Erich Seidel Stellvertreter Friedrich Telkemeyer

Bürgermeister Wilhelm Tirre 1961 - 1964

Bauerschaftsvorsteher:

1952	für Fiestel:	Tirre
	für Gestringen:	Telkemeyer
1956	für Fiestel:	Tirre
	für Gestringen:	Telkemeyer
1961	für Fiestel:	Tirre
	für Gestringen:	Telkemeyer
1964	für Fiestel:	Seidel
	für Gestringen:	Telkemeyer
1969	für Fiestel:	Seidel
	für Gestringen:	Telkemeyer

In die **Amtsvertretung** Alswede werden am 9. November 1952 direkt gewählt:

von der SPD: Telkemeyer, Witte
von der CDU: Duffe, Grabenkamp, Hüffmann

In die **Amtsvertretung** Alswede werden am 28. Oktober 1956 direkt gewählt:

von der SPD: Seidel, Telkemeyer, Tirre, Wippermann
von der CDU: Grabenkamp
von der FDP: Westrup

In die **Amtsvertretung** Alswede werden am 30. März 1961 vom Rat gewählt:

von der SPD: Berner Steinkamp, Telkemeyer, Treseler
von der CDU: Grabenkamp
von der FDP: Westrup
von der FWGA: Haseloh, Kielhorn, Bürgermeister Tirre

In die **Amtsvertretung** Alswede werden am 29. Oktober 1964 vom Rat gewählt:

von der SPD: Kielhorn, Bürgermeister Seidel, Thiel, Telkemeyer, Treseler
von der CDU: Grabenkamp
von der FDP: Flömer
von der FWGA: Haseloh, Tappe, Tirre

In die **Amtsvertretung** Alswede werden am 20. November 1969 vom Rat gewählt:

von der SPD: Kielhorn, Schäffer, Bürgermeister Seidel, Telkemeyer, Theler, Thiel, Treseler
von der CDU: Grabenkamp, Stegkemper
von der FDP: Flömer
von der FWGA: Tirre

Kommunalwahlen

Gemeinde Vehlage

9. November 1952

CDU Heinrich Blome Nr. 24
CDU Christian Bredebusch Nr. 15
SPD Heinrich Dümke Nr. 101
CDU Christian Hartmeier Nr. 65
CDU August Hegemeister Nr. 56
SPD Wilhelm Katenbring Nr. 3
SPD Heinrich Kokemohr b. Nr. 34
SPD Wilhelm Lusmöller b. Nr. 62
CDU Friedrich Möller Nr. 61
FDP Heinrich Püffke Nr. 80

28. Oktober 1956

CDU Heinrich Blome Nr. 24
CDU Christian Bredebusch Nr. 15
SPD Friedrich Hohlt Nr. 70
SPD Heinrich Kokemohr b. Nr. 34
SPD Wilhelm Lecon b. Nr. 4
SPD Wilhelm Lusmöller b. Nr. 62
CDU Friedrich Möller Nr. 61
CDU Erich Möllmann Nr. 81
CDU Karl Schlüter Nr. 82
CDU Heinrich Siebe Nr. 23

19. März 1961

CDU Heinrich Ahrens Nr. 4
CDU Christian Bredebusch Nr. 15
SPD Heinrich Kokemohr Nr. 125 bisher b. Nr. 34
SPD Hans Kühn Nr. 36
CDU Friedrich Möller Nr. 61
CDU Heinrich Siebe Nr. 23

27. September 1964

CDU Heinrich Ahrens Nr. 4
CDU Christian Bredebusch Nr. 15
CDU Karl Hüffmann Nr. 16
SPD Heinrich Kokemohr Nr. 125
CDU Friedrich Möller Nr. 61
CDU Heinrich Siebe Nr. 23
CDU Wihelm Tehler Nr. 72

9. November 1969

CDU Heinrich Ahrens Nr. 4
SPD Helmut Bredebusch Nr. 129
CDU Gerhard Büttemeier Nr. 13
CDU Erwin Katenbrink Nr. 50
CDU Walter Klostermann Nr. 8
CDU Heinrich Siebe Nr. 23
CDU Wilhelm Tehler Nr. 72

1952 Bürgermeister Christian Bredebusch
Stellvertreter Wilhelm Katenbring

1956 Bürgermeister Heinrich Siebe
Stellvertreter Heinrich Blome

1961 Bürgermeister Heinrich Siebe
Stellvertreter Christian Bredebusch

1964 Bürgermeister Heinrich Siebe
Stellvertreter Christian Bredebusch

1969 Bürgermeister Heinrich Siebe
Stellvertreter Heinrich Ahrens

In die **Amtsvertretung** Alswede werden am 9. November 1952 direkt gewählt:
von der CDU: Siebe Nr. 22, Vahrenkamp, Vullriede
von der SPD: Weiher

In die **Amtsvertretung** Alswede werden am 28. Oktober 1956 direkt gewählt:
von der CDU: Siebe Nr. 22, Siebe Nr. 23

In die **Amtsvertretung** Alswede werden am 28. März 1961 vom Rat gewählt:
von der CDU: Bürgermeister Siebe, Ahrens
von der SPD: Kokemohr

In die **Amtsvertretung** Alswede werden am 9. Oktober 1964 vom Rat gewählt:
von der CDU: Bürgermeister Siebe, Ahrens

In die **Amtsvertretung** Alswede werden am 18. November 1969 vom Rat gewählt:
von der CDU: Bürgermeister Siebe, Ahrens

Kommunalwahlen

Gemeinde Frotheim

9. November 1952

SPD Friedrich von Behren Nr. 73
SPD Friedrich Berner Nr. 238
SPD Fritz Blase Nr. 319
CDU Heinrich Brunschütte Nr. 7
SPD Friedrich Bünnemann Nr. 262
CDU Friedrich Hülsmeier Nr. 89
CDU Gerhard Kaspar b. Nr. 31
CDU Heinrich Kleinemeier Nr. 252 (bis Oktober 1953)
CDU Wilhelm Meier Nr. 44
CDU Wilhelm Bramkamp Nr. 106 (ab Oktober 1953)

28. Oktober 1956

SPD	Friedrich von Behren Nr. 73
SPD	Friedrich Berner Nr. 328
CDU	Heinrich Brunschütte Nr. 7
SPD	Friedrich Bünemann Nr. 262
FDP	Wilhelm Feldmann Nr. 88
SPD	Wilhelm Hußmann Nr. 195
CDU	Wilhelm Meier Nr. 44
CDU	Wilhelm Rosemuck Nr. 269
CDU	Heinrich Steinmann Nr. 6
CDU	Karl Stockmann Nr. 47

19. März 1961

SPD	Friedrich von Behren Nr. 73
SPD	Friedrich Berner Nr. 238
SPD	Wilhelm Blotevogel Nr. 268
CDU	Wilhelm Bramkamp Nr. 106
SPD	Heinrich Brammeier Nr. 253
CDU	Heinrich Brunschütte Nr. 7
SPD	Friedrich Bünemann Nr. 262
SPD	Heinrich Döding Nr. 349
SPD	Friedrich Hußmann Nr. 87 (bis Dezember 1961)
SPD	Wilhelm Rosemuck Nr. 269
CDU	Friedrich Steinmann Nr. 75
CDU	Karl Stockmann Nr. 47
SPD	Hermann Brandt Nr. 264 (ab Januar 1962)

27. September 1964

SPD	Friedrich von Behren Nr. 73
SPD	Friedrich Berner Nr. 238
SPD	Wilhelm Blotevogel Nr. 268
SPD	Heinrich Bammeier Nr. 253
SPD	Hermann Brandt Nr. 264
SPD	Heinrich Döding Nr. 349
SPD	Heinrich Fegel Nr. 107
SPD	Friedrich Kolwes Nr. 299
CDU	Wilhelm Knost Nr. 104
CDU	Heinrich Meier Nr. 1
SPD	Heinrich Rollmann Nr. 215
SPD	Wilhelm Rosemuck Nr. 269
CDU	Karl Stockmann Nr. 47

9. November 1969

SPD	Friedrich Berner Nr. 238 (bis 25. Mai 1972)
SPD	Wilhelm Blotevogel Nr. 268
SPD	Heinrich Brammeier Nr. 253
SPD	Hermann Brandt Nr. 264
SPD	Heinrich Döding Nr. 349
SPD	Heinrich Fegel Nr. 107
CDU	Wilhelm Knost Nr. 104
SPD	Kurt Manske Nr. 412
CDU	Heinrich Meier Nr. 1 (bis 27. April 1970)
SPD	Heinrich Rollmann Nr. 215
SPD	Wilhelm Rosemuck Nr. 269
SPD	Johannes Schlütter Nr. 477 (bis Dezember 1970)
CDU	Karl Stockmann Nr. 47
CDU	Friedrich Sander Nr. 30 (ab Mai 1970)
SPD	Karl Burmester Nr. 348 (ab Dezember 1970)

1952	Bürgermeister Wilhelm Meier Stellvertreter Friedrich von Behren
1956	Bürgermeister Wilhelm Meier Stellvertreter Friedrich von Behren
1961	Bürgermeister Wilhelm Rosemuck Stellvertreter Friedrich von Behren
1964	Bürgermeister Wilhelm Rosemuck Stellvertreter Friedrich von Behren

1969 Bürgermeister Wilhelm Rosemuck
Stellverter Friedrich Berner
ab 2. Juni 1972 Stellvertreter
Heinrich Fegel

Bürgermeister Wilhelm Meier März 1946 - 1961

In die **Amtsvertretung** Gehlenbeck werden am 9. November 1952 direkt gewählt:
von der CDU: Hülsmeier, Meier, Starke
von der SPD: von Behren, Berner, Hußmann

In die **Amtsvertretung** Gehlenbeck werden am 28. Oktober 1956 direkt gewählt:
von der SPD: von Behren, Berner, Hußmann
von der CDU: Meier, Stockmann

In die **Amtsvertretung** Gehlenbeck werden am 28. März 1961 vom Rat gewählt:
von der SPD: Bürgermeister Rosemuck, Hußmann
von der CDU: Brunschütte, Steinmann

In die **Amtsvertretung** Gehlenbeck werden am 6. Oktober 1964 vom Rat gewählt:
von der SPD: Bürgermeister Rosemuck, Berner, Brammeier
von der CDU: Stockmann

In die **Amtsvertretung** Gehlenbeck werden am 25. November 1969 vom Rat gewählt:
von der SPD: Bürgermeister Rosemuck, Berner, Döding, Fegel
von der CDU: Stockmann

Kommunalwahlen

Gemeinde Isenstedt

9. November 1952

SPD Wilhelm Hegerding Nr. 153
SPD Friedrich Hußmann Nr. 157
CDU Heinrich Klenke Nr. 2
SPD Heinrich Kütemann Nr. 70
CDU Karl Nedderhoff Nr. 33
SPD Willi Pollheide Nr. 44
CDU Wilhelm Röscher Nr. 12
SPD Karl Vogt Nr. 233
SPD Friedrich Wilking Nr. 73

28. Oktober 1956

SPD Wilhelm Hegerding Nr. 153
SPD Friedrich Hußmann Nr. 157
CDU Heinrich Klenke Nr. 2
SPD Heinrich Kütemann Nr. 70
CDU Karl Nedderhoff Nr. 33
SPD Willi Pollheide Nr. 44
CDU Wilhelm Viermann Nr. 328
SPD Karl Vogt Nr. 233 (bis Februar 1959)
SPD Friedrich Wilking Nr. 73
SPD Ernst Halwe Nr. 288 (ab Februar 1959)

19. März 1961

CDU Karl Blase Nr. 50
SPD Heinrich Blotevogel Nr. 339

CDU Kurt Görges Nr. 84
SPD Wilhelm Hegerding Nr. 153
SPD Wilhelm Hoffmeyer jun. Nr. 255
FWG* Friedrich Hußmann Nr. 157
(bis 7. März 1963)
SPD Wilhelm Kleinemyer Nr. 172
CDU Heinrich Klenke Nr. 2
CDU Heinrich Pollheide Nr. 106
CDU Wilhelm Viermann Nr. 328
SPD Karl Vogt Nr. 233
SPD Friedrich Wilking Nr. 73
FWG Karl Nedderhoff Nr. 33
(ab 7. Mai 1963)

** FWG = Freie Wählergemeinschaft*

27. September 1964

CDU Heinrich Bekemeier Nr. 34
CDU Karl Blase Nr. 50
SPD Heinrich Bollmeier Nr. 135
SPD Heinrich Blotevogel Nr. 339
SPD Wilhelm Hegerding Nr. 135
SPD Wilhelm Kleinemeyer Nr. 172
CDU Heinrich Klenke Nr. 2
CDU Heinrich Pollheide Nr. 106
SPD Wilhelm Pott Nr. 280
SPD Heinrich Schewe Nr. 235
CDU Wilhelm Schiermeier Nr. 203
SPD Wilhelm Schumacher Nr. 287
CDU Wilhelm Viermann Nr. 328

9. November 1969

CDU Heinrich Bekemeyer Nr. 34
CDU Karl Blase Nr. 50
SPD Heinrich Bollmeier Nr. 135
SPD Wilhelm Kleinemeyer Nr. 172
CDU Heinrich Klenke Nr. 2
SPD Wilhelm Lückemeier Nr. 282
CDU Heinrich Pollheide Nr. 106
SPD Wilhelm Pott Nr. 280
SPD Heinrich Schewe Nr. 235
CDU Wilhelm Schiermeier Nr. 203
(bis 31. Dezember 1970)
CDU Karl Schlottmann Nr. 20
SPD Wilhelm Schumacher Nr. 287
CDU Wilhelm Viermann Nr. 328

Bürgermeister Wilhelm Hegerding, gewählt in Isenstedt am 24. September 1946.

Karl Blase, letzter Bürgermeister von Isenstedt

1952 Bürgermeister Wilhelm Hegerding
Stellvertreter Friedrich Hußmann

1956 Bürgermeister Wilhelm Hegerding
Stellvertreter Friedrich Hußmann

1961 Bürgermeister Wilhelm Hegerding
Stellvertreter Wilhelm Viermann

1964 Bürgermeister Wilhelm Hegerding
Stellvertreter Wilhelm Viermann

1969 Bürgermeister Karl Blase
Stellvertreter Heinrich Bollmeier

In die **Amtsvertretung** Gehlenbeck werden am 9. November 1952 direkt gewählt:
von der SPD: Halwe, Hegerding, Hußmann
von der CDU: Schlottmann

In die **Amtsvertretung** Gehlenbeck werden am 28. Oktober 1956 direkt gewählt:
von der SPD: Hegerding, Hußmann
von der CDU: Blase

In die **Amtsvertretung** Gehlenbeck werden am 6. April 1961 vom Rat gewählt:
von der SPD: Bürgermeister Hegerding, Pollheide
von der CDU: Görges, Viermann

In die **Amtsvertretung** Gehlenbeck werden am 6. Oktober 1964 vom Rat gewählt:
von der SPD: Bürgermeister Hegerding, Blotevogel
von der CDU: Blase Viermann

In die **Amtsvertretung** Gehlenbeck werden am 24. Oktober 1969 vom Rat gewählt:
von der CDU: Viermann, Bekemeyer, Pollheide
von der SPD: Bollmeier, Kleinemeyer, Schewe

Bundesverdienstkreuzträger aus Espelkamp, darunter folgende ehemalige Bürgermeister: 3. v. l.: Gerhard Wetzel, letzter Bürgermeister der „alten“ Stadt Espelkamp; 5. v. l.: Erich Seidel, letzter Bürgermeister der Gemeinde Alswede; 6. v. l.: Wilhelm Rosemuck, letzter Bürgermeister von Frotheim; 1. v. r.: Friedrich Telkemeyer, Bürgermeister der Gemeinde Alswede (Sept. 1946 – 1961); 2. v. r.: Heinrich Siebe, letzter Bürgermeister von Vehlage.

Hüllhorst

von Friedrich-Wilhelm Meier

Wahlsysteme

Wahl am 28. Oktober 1956

In allen Gemeinden des Amtsbezirkes wurden mindestens sechs Vertreter in direkter Wahl im Wahlbezirk = Gemeindegebiet gewählt.

Zu diesem Zweck konnte jede Partei oder Gruppierung bis zu sechs Vertreter für die Wahl in den Wahlbezirken benennen. Alle vorgeschlagenen Bewerber wurden in den Stimmzettel aufgenommen. Der Wähler konnte bis zu sechs Bewerber aus den verschiedenen Wahlvorschlägen ankreuzen. Aus dieser Tatsache erklärt sich auch die hohe Stimmenzahl gegenüber der Einwohnerzahl je Gemeinde.

Gewählt waren im Wahlbezirk die sechs Bewerber mit der höchsten Stimmenzahl (einfache Mehrheit).

Entsprachen die errungenen Sitze der Parteien in der Direktwahl dem Verhältnis der Stimmen der Parteien zur Gesamtzahl der abgegebenen gültigen Stimmen, war der Gemeinderat richtig mit sechs Vertretern (alle aus der Direktwahl) gewählt. Dieser Fall lag nur in der Gemeinde Holsen vor.

Es hätte aber auch (im Extremfall) sein können, dass alle Bewerber von einer politischen Partei gewählt worden und die anderen Parteien mit hohen Stimmenanteilen ohne Mandat geblieben wären. Um das zu verhindern, erfolgte ein Verhältnisausgleich aus den Reservelisten. An diesem Verhältnisausgleich nahmen alle Parteien und Gruppierungen teil, die mindestens 5 % der im Wahlgebiet abgegebenen gültigen Stimmen erhalten hatten.

Die Wahlvorschläge für die Reserveliste mußten von den Parteien getrennt von den Wahlvorschlägen für die Wahl in den Wahlbezirken eingereicht werden.

Die Sitzzuteilung aus der Reserveliste konnte jedoch nur erfolgen, wenn die Gesamtzahl der Sitze erhöht wurde, da die politischen Parteien die errungenen Mandate aus der Direktwahl behielten.

Es wurde also zunächst festgestellt, welche Partei das beste Verhältnis von errungenen Sitzen zum Stimmenanteil erzielt hatte.

Beispiel: errungene Sitze aus der Direktwahl: 5
Anteil an der Gesamtstimmenzahl : 57,59 %

$$\frac{5 \times 100}{57,59} = 8.68 \text{ aufgerundet 9 Sitze insgesamt als Ausgangszahl}$$

Aus der Reserveliste wurden also drei zusätzliche Sitze an die Parteien nach dem d'Hondt'schen Höchstzahlenverfahren (Berechnungsverfahren für die Verhältniswahl) vergeben.

Das d'Hondt'sche Höchstzahlenverfahren ist ein besonderes System des Verhältnisausgleichs. Es wird nach seinem Erfinder, dem belgischen Juristen Viktor d'Hondt, bezeichnet. Es beruht auf dem Grundsatz, dass keine Partei oder Wählergruppe einen Sitz mit weniger Stimmen erhalten soll als eine andere Partei oder Wählergruppe, die bei Zuteilung dieses Sitzes eine größere Durchschnittsstimmenzahl für jeden Sitz aufweisen würde.

Im konkreten Fall bestand die Vertretung aus neun Abgeordneten (sechs Direktvertretern und drei Vertretern aus der Reserveliste).

Im Ergebnis war das eine reine Verhältniswahl. Bei diesem Wahlsystem handelt es sich demnach um ein zweistufiges Mischsystem, bestehend aus Mehrheitswahl in Wahlbezirken und ausgleichender Verhältniswahl nach Reservelisten im ganzen Wahlgebiet = Gemeinde. Im Hinblick auf die volle Anrechnung der in den Wahlbezirken errungenen Sitze bei der Berechnung der aus den Reservelisten zuzuteilenden weiteren Sitze und den damit erzielten vollständigen Verhältnisausgleich spricht man von einer personalisierten Verhältniswahl.

Wahl am 19. März 1961

Nach dem Kommunalwahlgesetz vom 24. Dezember 1960 war die Zahl der Vertreter, die in den Wahlbezirken zu wählen waren, für kreisangehörige Gemeinden mit einer Bevölkerungszahl
von 1000 und weniger mit 3 Vertretern
über 1000, aber nicht über 3000, mit 6 Vertretern (in zwei Wahlbezirken)
festgesetzt.

Aus den Reservelisten waren mindestens ebensoviel Vertreter wie in den Wahlbezirken (mindestens drei oder sechs Vertreter) zu wählen.

Der Wähler konnte auf dem Stimmzettel bis zu drei Namen ankreuzen. Daraus erklärt sich der deutliche Unterschied zwischen den Stimmenzahlen der Wahlen von 1956 und 1961.

Auch 1961 waren in den Gemeinden drei bzw. sechs Vertreter direkt zu wählen.

Aus den Reservelisten musste mindestens die gleiche Anzahl von Vertretern im Wege des Verhältnisausgleichs nach dem d'Hondt'schen Höchstzahlenverfahren gewählt werden.

Wahl am 27. September 1964

Die Gemeindewahl im Jahre 1964 unterschied sich nur in einem Punkt wesentlich von der Gemeindewahl 1961: Aus den Reservelisten mußte mindestens ein Vertreter mehr als in den Wahlbezirken gewählt werden.

Beispiel: Gemeinde Ahlsen-Reineberg

	1961	1964
Vertreter in Wahlbezirken	3	3
Vertreter aus Reservelisten	3	4
	6	7

Damit ist erstmals bei Kommunalwahlen eingeführt worden, dass die Gesamtvertreterzahl eine ungerade ist. Außerdem wird das Prinzip der Verhältniswahl noch mehr betont.

Ferner ist die Wahlperiode auf fünf Jahre (bisher vier Jahre) verlängert worden.

Wahl am 9. November 1969

Für die Kommunalwahl am 9. November 1969 gab es folgende wesentliche Änderungen gegenüber dem bisherigen Wahlrecht:

1. Die Altersgrenze für die Wahlberechtigung wurde von 21 auf 18 Jahre und die Altersgrenze für die Wählbarkeit von 25 auf 23 Jahre herabgesetzt.
2. Die Zahl der zu wählenden Vertreter wurde wesentlich heraufgesetzt und betrug für Gemeinden mit einer Bevölkerungszahl
über 1000, aber nicht über 3 000,
13 Vertreter, davon 6 in Wahlbezirken
(bisher 7 Vertreter, davon 3 in Wahlbezirken).

Gemeinde Ahlsen - Reineberg

Zusammensetzung der Vertretung der Gemeinde nach den Gemeindewahlen 1953 - 1972

Stimmenanteil Parteien und Wählergruppen

Partei/ Wähler-Gr.	Wahl 28. 10. 1956 Stimmen	%	Wahl 19. 3. 1961 Stimmen	%	Wahl 27. 9. 1964 Stimmen	%	Wahl 9. 11. 1969 Stimmen	%
SPD	1070	48,53	755	58,12	806	65,68	847	58,17
CDU	788	35,74	544	41,88	421	34,32	609	41,83
Einzelbewerber	347	15,73						

Sitzverteilung im Gemeinderat – Parteien und Wählergruppen

Partei Wähler-Gr.	Wahl 28. 10. 1956 Sitze	Wahl 19. 3. 1961 Sitze	Wahl 27. 9. 1964 Sitze	Wahl 9. 11. 1969 Sitze
SPD	5	4 (2 RL)	5 (2 RL)	8 (4 RL)
CDU	4 (3 RL)	2 (1 RL)	2 (2 RL)	5 (3 RL)

RL = Reserveliste

Friedrich Knollmann

Ratsmitglieder

SPD

Kottmeier, Werner	(56–72)
Kröger, Karl	(56–72)
Lübbert, Hermann	(56–7.69)
Lütkemeier, Karl	(56–61)
Schnepel, Gerhard	(56–64)
Brackmann, Wilhelm	(64–72)
Knollmann, Günter	(64–72)
Beckschewe, Wilhelm	(69–9.71)
Kröger, Heinrich	(69–72)
Rautenberg, Paul	(69–72)
Schütte, Heinrich	(7.69–72)
Wiele, Friedrich	(9.71–72)

CDU

Ahlemeier, August	(56–64)
Grote, Karl	(56–64)
Knollmann, Friedrich	(56–64)
Steinmeier, Fritz	(56–61)
Kassebaum, Fritz	(64–72)
Niemeyer, Wilhelm	(64–72)
Blase, Karl	(69–72)
Henke, Günter	(69–72)
Hülsmeier, Willi	(69–72)

Bürgermeister

Knollmann, Friedrich	(56–64)
Knollmann, Günter	(64–72)

Günter Knollmann

Gemeinde Bröderhausen

Zusammensetzung der Vertretung der Gemeinde nach den Gemeindewahlen 1953 – 1972

Stimmenanteil Parteien und Wählergruppen

Partei/ Wähler-Gr.	Wahl 28. 10. 1956 Stimmen	%	Wahl 19. 3. 1961 Stimmen	%	Wahl 27. 9. 1964 Stimmen	%	Wahl 9. 11. 1969 Stimmen	%
CDU	575	54	389	52,50	437	53,04	228	32,62
SPD	490	46	234	31,58	143	17,35	169	24,18
FDP	–	–	118	15,92	68	8,25	–	–
Wähler-Gem.Bröderh.	–	–	–	–	176	21,36	–	–
FWG	–	–	–	–	–	–	302	43,20

Sitzverteilung im Gemeinderat – Parteien und Wählergruppen

Partei/ Wähler-Gr.	Wahl 28. 10. 1956 Sitze	Wahl 19. 3. 1961 Sitze	Wahl 27. 9. 1964 Sitze	Wahl 9. 11. 1969 Sitze
CDU	4	3	4 (1 RL)	2 (RL)
SPD	3 (1 RL)	2 (RL)	1 (RL)	2 (RL)
FDP	–	1 (RL)	2 (RL)	–
FWG	–	–	–	3

RL = Reserveliste

Ratsmitglieder

CDU

Möhlmann, Ernst (56–61) und (69–72)
Scheer, Karl (56–3.67)
Schulz, Friedrich (56–64)
Sorhage, Friedrich (56–61)
Kröger, Karl (61–10.67)
Droste, Hermann (10.67–69)
Lübbing, Heinz (64–69)
Stühmeier, Hermann (64–69)
Sorhage, Wilhelm (3.67–69)
Blöbaum, Wilhelm (69–72)
Brune, August (69–72)

SPD

Gießmann, Fritz (56–64)
Sielermann, Heinrich (56–61)
Steinbrink, Fritz (56–61)
Büscher, Willi (61–69)
Schreyer, Karl (69–72)

Wählergemeinschaft

Schulz, Friedrich (64–72)
Sieker, Karl (64–72)
Lübbing, Heinz (69–72)

FDP

Broszeit, Fritz (61–64)

Bürgermeister

Scheer, Karl (56–64)
Stühmeier, Hermann (64–69)
Sieker, Karl (69–72)

Karl Scheer

Hermann Stühmeier

Karl Sieker

Büttendorf

Zusammensetzung der Vertretung der Gemeinde nach den Gemeindewahlen 1953 – 1972

Stimmenanteil Parteien und Wählergruppen

Partei/ Wähler-Gr.	Wahl 28. 10. 1956 Stimmen	%	Wahl 19. 3. 1961 Stimmen	%	Wahl 27. 9. 1964 Stimmen	%	Wahl 9. 11. 1969 Stimmen	%
CDU	1096	50,76	435	34,39	983	71,59	688	59,21
SPD	1063	49,24	532	42,05	274	19,96	274	23,58
FDP	–	–	298	23,56	116	8,45	–	–
FWG	–	–	–	–	–	–	200	17,21

Sitzverteilung im Gemeinderat – Parteien und Wählergruppen

Partei/ Wähler-Gr.	Wahl 28. 10. 1956 Sitze	Wahl 19. 3. 1961 Sitze	Wahl 27. 9. 1964 Sitze	Wahl 9. 11. 1969 Sitze
CDU	4	2 (1 RL)	6 (3 RL)	5 (2 RL)
SPD	4 (2 RL)	3 (1 RL)	1 (RL)	1 (RL)
FDP	–	1 (RL)	–	–
FWG	–	–	–	1 (RL)

RL = Reserveliste

Ratsmitglieder

CDU

Becker, Martin	(56–11.56)
und	(64-69)
Biermann, Hermann	(56-2.64)
Eimertenbrink, Heinrich	(56-61)
Klapmeier, Karl	(56–72)
Möhle, Heinrich	(56–61)
und	(2.64–72)
Biermann, Helmut	(64–69)
Hellweg, Karl	(64–69)
Oberste-Meier, Walter	(64–69)
Becker, Herbert	(69–72)
Hongsermeier, Wilhelm	(69–72)
Nierste, Werner	(69–72)

SPD

Bösch, Karl	(56–61)
Bollmann, Christian	(56–61)
Brosend, Karl	(56–3.63)
Becker, Wilhelm	(6.63–64)
Perl, Wilhelm	(56–69)
Eimertenbrink, Heinrich	(61–64)
Ostermeier, Karl	(69–9.70)
Lücking, Heinrich	(9.70–72)

FDP

Horst, Fritz	(61–64)

FWG

Bohlmann, Paul	(69–72)

Bürgermeister

Brosend, Karl	(56–61)
Klapmeier, Karl	(61–72)

Karl Brosend

Gustav Lübbert

Karl Klapmeier

Gemeinde Holsen

Zusammensetzung der Vertretung der Gemeinde nach den Gemeindewahlen 1953–1972

Stimmenanteil Parteien und Wählergruppen

Partei/ Wähler-Gr.	Wahl 28. 10. 1956 Stimmen	%	Wahl 19. 3. 1961 Stimmen	%	Wahl 27. 9. 1964 Stimmen	%	Wahl 9. 11. 1969 Stimmen	%
CDU	997	37,87	813	50,84	950	62,71	872	62,37
SPD	918	34,87	463	28,96	565	37,29	526	37,63
FDP	661	25,10	212	13,26	–	–	–	–
Einzelbewerber	57	2,16	–	–	–	–	–	–
Wählergemeinschaft Kümmerdingsen	–	–	111	6,94	–	–	–	–

Sitzverteilung im Gemeinderat – Parteien und Wählergruppen

Partei/ Wähler-Gr.	Wahl 28. 10. 1956 Sitze	Wahl 19. 3. 1961 Sitze	Wahl 27. 9. 1964 Sitze	Wahl 9. 11. 1969 Sitze
CDU	3	3	8 (3 RL)	8 (2 RL)
SPD	2	2 (RL)	5 (4 RL)	5 (RL)
FDP	1	1 (RL)	–	–

RL = Reserveliste

Ratsmitglieder

CDU

Hoffmeister, Heinrich	(56–69)
Kottmeier, Friedrich	(56–72)
Lübbert, Gustav	(56–72)
Becker, Hermann	(64–72)
Bösch, Werner	(64–72)
Freese, Werner	(64–72)
Niedringhaus, Karl	(64–72)
Oberbrinkhoff, Karl	(64–69)
Bethke, Rüdiger	(69–72)
Heemeier, Friedrich	(69–72)

SPD

Kreft, Fritz	(56–64)
Lütkemeyer, Karl	(56–72)
Niederstuke, Wilhelm	(64–69)
Schröder, Walter	(64–72)
Struck, Karl	(64–69)
Buchholz, Herbert	(69–72)
Lütkemeier, Kurt	(69–72)
Schwettmann, Heinrich	(69–72)

FDP

Becker, Hermann	(56–64)

Bürgermeister

Lübbert, Gustav	(56–72)

Gemeinde Huchzen

Zusammensetzung der Vertretung der Gemeinde nach den Gemeindewahlen 1953–1972

Stimmenanteil Parteien und Wählergruppen

Partei/ Wähler-Gr.	Wahl 28.10.1956 Stimmen	%	Wahl 19.3.1961 Stimmen	%	Wahl 27.9.1964 Stimmen	%	Wahl 9.11.1969 Stimmen	%
Wählergruppe Huchzen *			124	100	114	100	64	100

* = Es wurde nicht gewählt, da nur ein Wahlvorschlag mit sechs Bewerbern vorlag. Alle Vorgeschlagenen bildeten den Gemeinderat kraft Gesetzes.

Sitzverteilung im Gemeinderat – Parteien und Wählergruppen

Partei/ Wähler-Gr.	Wahl 28.10.1956 Sitze	Wahl 19.3.1961 Sitze	Wahl 27.9.1964 Sitze	Wahl 9.11.1969 Sitze
Wählergruppe Huchzen	6	6 (3 RL)	7 (4 RL)	7 (4 RL)

RL = Reserveliste

Ratsmitglieder

Wählergruppe Huchzen

Druhmann, Karl (56–72)
Huchzermeier, Friedrich (56–7.61)
Huchzermeier, Heinrich (56–64)
Huchzermeier, Wilhelm (7.61–6.69)
Kleffmann, Heinrich (56–64)
Meier, Gustav (56–72)
Möller, Karl (56–69)
Druhmann, Heinrich (64–72)
Dr. Frieling-Huchzermeier, H. (64–72)
Lenz, Konrad (64–72)
Druhmann, Martin (6.69–72)
Kleffmann, Heinz (69–72)

Bürgermeister

Kleffmann, Heinrich (56–64)
Meier, Gustav (64–72)

Heinrich Kleffmann

Gustav Meier

Gemeinde Hüllhorst

Zusammensetzung der Vertretung der Gemeinde nach den Gemeindewahlen 1953–1972

Stimmenanteil Parteien und Wählergruppen

Partei/ Wähler-Gr.	Wahl 28.10.1956 Stimmen	%	Wahl 19.3.1961 Stimmen	%	Wahl 27.9.1964 Stimmen	%	Wahl 9.11.1969 Stimmen	%
CDU	1907	52,72	948	37,92	917	38,42	1102	46,36
SPD	1710	47,28	1233	49,32	1283	53,75	1140	47,96
FDP	–	–	319	12,76	187	7,83	135	5,68

Sitzverteilung im Gemeinderat – Parteien und Wählergruppen

Partei/ Wähler-Gr.	Wahl 28.10.1956 Sitze	Wahl 19.3.1961 Sitze	Wahl 27.9.1964 Sitze	Wahl 9.11.1969 Sitze
CDU	4	5 (4 RL)	5 (4 RL)	6 (2 RL)
SPD	4 (2 RL)	6 (1 RL)	7 (2 RL)	7 (5 RL)
FDP	–	1 (RL)	1 (RL)	–

RL = Reserveliste

Ratsmitglieder

CDU

Buchholz, Gustav (56–10.66)
Grätz, Hermann (56–64)
Kottkamp, Karl (56–64)
Maschmeier, Erich (56–69)
Althoff, Günter (64–11.65)
Kuhlmeier, Friedrich (64–3.71)
Laag, Julius (64–69)
Brackmann, Erich (10.66–72)
Bökenkröger, Erich (69–72)
Kuhlmeier, Karl (69–72)
Schnepel, Karl (11.65–72)
Stallmann, Wilhelm (69–72)
Stallmann, Hartwig (3.71–72)

SPD

Bökenkröger, Karl (56–69)
Budde, Friedrich (56–12.58)
Koring, Karl (56–69)
Niedringhaus, Heinrich (12.58–72)
Oermann, Karl (56–61)
Blöbaum, Wilhelm (61–69)
Buchholz, Wilhelm (61–69)
Hartmann, Karl (64–72)
Schwarze, Karl (64–72)
Bökelheide, Wilhelm (69–72)
Pöttger, Wilhelm (69–72)
Schröder, Erich (69–72)
Selig, Otto (69–72)

FDP

Meyer, Wilhelm (61–64)
Niedermeyer, Willi (64–69)

Bürgermeister

Bökenkröger, Karl (56–61) und (64–69)
Kottkamp, Karl (61–64)
Schwarze, Karl (69–72)

Karl Bökenkröger

Karl Kottkamp

Karl Schwarze

Gemeinde Oberbauerschaft

Zusammensetzung der Vertretung der Gemeinde nach den Gemeindewahlen 1953–1972

Stimmenanteil Parteien und Wählergruppen

Partei/	Wahl 28.10.1956		Wahl 19.3.1961		Wahl 27.9.1964		Wahl 9.11.1969	
Wähler-Gr.	Stimmen	%	Stimmen	%	Stimmen	%	Stimmen	%
SPD	3146	61,98	1436	41,02	953	24,19	1042	29,21
CDU	1638	32,27	1159	33,10	1624	41,23	454	12,73
BHE	292	5,75	–	–	–	–	–	–
FDP	–	–	670	19,14	–	–	–	–
Wählergruppe	–	–	236	6,74	–	–	–	–
Freie Wähler-Gemeinschaft Oberbauerschaft			–	–	1182	30,01	617	17,30
Wählergruppe Niedringhausen			–	–	180	4,57	–	–
Neue Unabhängige Demokratische Wählergemeinschaft Oberbauerschaft (NUDW)							1454	40,76

Sitzverteilung im Gemeinderat – Parteien und Wählergruppen

Partei/	Wahl 28.10.1956	Wahl 19.3.1961	Wahl 27.9.1964	Wahl 9.11.1969
Wähler-Gr.	Sitze	Sitze	Sitze	Sitze
SPD	7 (1 RL)	6 (2 RL)	3 (RL)	4 (3 RL)
CDU	3 (RL)	4 (2 RL)	6 (3 RL)	1 (RL)
BHE	–	–	–	–
FDP	–	2 (RL)	–	–
Wähler-Gruppe	–	–	–	–
Freie Wählergemeinschaft Oberbauerschaft			4 (1 RL)	2
Wählergruppe Niedringhausen			–	–
Neue Unabhängige Demokratische Wählergemeinschaft Oberbauerschaft (NUDW)				6 (3 RL)

RL = Reserveliste

Ratsmitglieder

SPD

Eimertenbrink, Wilhelm	(56–61)
Holzmeier, Friedrich	(56–2.63)
Niedringhaus, Wilhelm	(2.59–61)
Struckmeyer, Friedrich	(56–61)
Titkemeyer, Wilhelm	(56–61)
Vogel, Gerhard	(56–61)
Vogt, Karl	(56–2.59)
Wix, Friedrich	(56–61)
Bokämper, Wilhelm	(61–64)
Buchbinder, Heinrich	(61–64)
Obermeier, Friedrich	(61–64)
Rullkötter, Wilhelm	(61–64)
Uthoff, Heinrich	(61–64)
Obermeier, Karl	(2.63–69)
Meister, Jürgen	(64–72)
Thüner, Karl	(64–72)
Althoff, Fritz	(69–72)
Füller, Günter	(69–72)

CDU

Borgmeier, August	(56–61)
Schläger, Karl	(56–61)
Thüner, Heinrich	(56–69)
Althoff, Fritz	(61–69)
Meyer, Heinrich	(61–69)
Niedringhaus, Heinrich	(61–4.61)
Niedermeier, Heinrich	(4.61–69)
Bartelheimer, Erich	(64–69)
Johanningmeier, Karl-H.	(64–69)
Meyer zum Büschenfelde, Fritz-August	(64–72)

FDP

Althoff, Wilhelm	(61–64)
Uppenbrock, Gerhard	(61–64)

Freie Wählergemeinschaft Oberbauerschaft

Althoff, Wilhelm	(64–72)
Bokämper, Friedrich	(64–69)
Meyer zu Allendorf, Werner	(64–69)
Thüner, Gustav	(69–72)

Neue Unabhängige Demokratische Wählergemeinschaft Oberbauerschaft

Bartelheimer, Erich	(69–72)
Johanningmeier, Karl-H.	(69–72)
Klütz, Alfred	(69–4.70)
Lücking, Heinrich	(69–72)
Templin, Richard	(4.70–72)
Thüner, Heinrich	(69–72)
Woythe, Waldemar	(69–72)

Bürgermeister

Eimertenbrink, Wilhelm	(56–61)
Thüner, Heinrich	(61–11.66) und (69–72)
Althoff, Fritz	(11.66.–69)

Wilhelm Eimertenbrink

Heinrich Thüner

Fritz Althoff

Gemeinde Schnathorst

Zusammensetzung der Vertretung der Gemeinde nach den Gemeindewahlen 1953–1972

Stimmenanteil Parteien und Wählergruppen

Partei/	Wahl 28.10.1956		Wahl 19.3.1961		Wahl 27.9.1964		Wahl 9.11.1969	
Wähler-Gr.	Stimmen	%	Stimmen	%	Stimmen	%	Stimmen	%
SPD	2005	41,62	1136	41,40	1244	44,30	1071	40,23
CDU	1090	22,62	674	24,57	757	26,96	897	33,70
BHE	1298	26,94	–	–	–	–	–	–
FDP	425	8.82	637	23,23	807	28,74	694	26,07
UWG	–	–	296	10,80	–	–	–	–

Sitzverteilung im Gemeinderat – Parteien und Wählergruppen

Partei/	Wahl 28.10.1956	Wahl 19.3.1961	Wahl 27.9.1964	Wahl 9.11.1969
Wähler-Gr.	Sitze	Sitze	Sitze	Sitze
SPD	5	5	6 (1 RL)	5 (1 RL)
CDU	3 (RL)	3 (RL)	3 (RL)	5 (4 RL)
BHE	3 (2 RL)	–	–	–
FDP	1 (RL)	3 (2 RL)	4 (3 RL)	3 (2 RL)
UWG	–	1 (RL)	–	–

RL = Reserveliste

Ratsmitglieder

SPD

Hagemann, Karl	(56–72)
Klipker, Karl	(56–64)
Kuhlmeier, Christian	(56–69)
Maschmeier, Karl	(56–64)
Steinhauer, Karl	(56–61)
Rinne, Heinrich	(61–72)
Büscher, Günter	(64–69)
Heidkamp, August	(64–72)
Krusberski, Heinz	(64–72)
Rinne, Wilhelm	(69–72)

CDU

Bölling, Wilhelm	(56–61)
Knollmann, Heinrich	(56–72)
Obermeier, Wilhelm	(56–72)
Struckmeier, Hermann	(61–72)
Kleine, Friedhelm	(69–72)
Wierach, Wilhelm	(69–72)

FDP

Scheer, Wilhelm	(56–72)
Bode, Hermann	(61–72)
Hagemann, Heinrich	(61–72)
Wittbecker, Erwin	(64–69)

BHE

Bode, Hermann	(56–61)
Gödeker, Wilhelm	(56–61)
Hagemann, Heinrich	(56–61)

UWG

Kanter, Richard	(61–64)

Bürgermeister

Bode, Hermann	(56–72)

Hermann Bode

Karl Scheer

Heinrich Westerfeld

Gemeinde Tengern

Zusammensetzung der Vertretung der Gemeinde nach den Gemeindewahlen 1953–1972

Stimmenanteil Parteien und Wählergruppen

Partei/ Wähler-Gr.	Wahl 28. 10. 1956 Stimmen	%	Wahl 19. 3. 1961 Stimmen	%	Wahl 27. 9. 1964 Stimmen	%	Wahl 9. 11. 1969 Stimmen	%
SPD	1781	42,03	952	40,81	900	44,20	960	46,49
CDU	1318	31,11	941	40,33	752	36,94	874	42,32
FDP	1138	26,86	440	18,86	384	18,86	231	11,19

Sitzverteilung im Gemeinderat – Parteien und Wählergruppen

Partei/ Wähler-Gr.	Wahl 28. 10. 1956 Sitze	Wahl 19. 3. 1961 Sitze	Wahl 27. 9. 1964 Sitze	Wahl 9. 11. 1969 Sitze
SPD	6	5 (2 RL)	6 (2 RL)	6 (2 RL)
CDU	4 (RL)	5 (2 RL)	5 (3 RL)	6 (4 RL)
FDP	4 (RL)	2 (RL)	2 (RL)	1 (RL)

RL = Reserveliste

Ratsmitglieder

SPD

Bollmann, Wilhelm	(56–72)
Brune, Wilhelm	(56–69)
Horstmann, Heinrich	(56–61)
Niermann, Heinrich	(56–72)
Niermann, Wilhelm	(56–69)
Rahe, Gustav	(56–72)
Bollmann, Hans	(64–72)
Ahlsdorf, Ulrich	(69–72)
Bringewatt, Wilhelm	(69–72)

FDP

Bollmann, August	(56–72)
Detering, Heinrich	(56–61)
Niedermeier, Heinrich	(56–61)
Upheber, Fritz	(56–69)

CDU

Finkmann, Heinrich	(56–72)
Horst, Friedrich	(56–72)
Kleine, Karl	(56–61)
Scheer, Karl	(56–10.64)
Horst, Karl	(61–72)
Westerfeld, Heinrich	(61–72)
Blöbaum, Wilhelm	(10.64–72)
Blöbaum, Heinz	(69–72)

Bürgermeister

Scheer, Karl	(56–63)
Westerfeld, Heinrich	(63–72)

Amtsvertretung des Amtes Hüllhorst

Wahlsysteme

Wahl am 28. Oktober 1956

Die Mitglieder der Amtsvertretung wurden von den Wahlberechtigten des Amtes Hüllhorst am 28. Oktober 1956 gewählt, und zwar neun Vertreter direkt in Wahlbezirken und mindestens neun Vertreter nach den Grundsätzen der Verhälniswahl aus den Reservelisten.

Wahlen ab 1961

Ab 1961 wurde die Amtsvertretung innerhalb von sechs Wochen nach den allgemeinen Gemeindewahlen von den Vertretungen der amtsangehörigen Gemeinden gewählt (keine Urwahl, sondern eine „mittelbare" Wahl).

Die Zahl der von den Gemeindevertretungen aus ihrer Mitte zu wählenden Amtsvertreter betrug 24 Vertreter, und zwar für

Ahlsen-Reineberg	2 Vertreter
Bröderhausen	1 Vertreter
Büttendorf	2 Vertreter
Holsen	2 Vertreter
Huchzen	1 Vertreter
Hüllhorst	4 Vertreter
Oberbauerschaft	5 Vertreter
Schnathorst	4 Vertreter
Tengern	3 Vertreter

(Mindestens ein Vertreter pro Gemeinde, die weiteren Vertreter waren abhängig von der Größe der Gemeinde [Bevölkerungszahl]).

Bezogen auf diese Wahl im Jahre 1961 verteilten sich die 24 Direktmandate auf die Parteien und Wählergruppen wie folgt:

SPD	11 Direktmandate
CDU	11 Direktmandate
FDP	1 Direktmandat
Wählergr. Huchzen	1 Direktmandat

Für eine Hinzuwahl aus den Reservelisten bildeten die Ergebnisse der Gemeindewahlen die Grundlage. Nach der Berechnung des Verhältnisausgleichs sind aus der Reservelisten

1961 4 Vertreter der FDP und
1 Vertreter der SPD (gesamt 29 Vertreter)

1964 2 Vertreter der FDP (gesamt 26 Vertreter)

1969 5 Vertreter der SPD und
1 Vertreter der FDP (gesamt 30 Vertreter)

gewählt worden.

Beispiel: Hinzuwahl aus der Reserveliste im Jahre 1961

Wahlergebnisse aufgrund der Gemeindewahl am 19. März 1961

	SPD	CDU	FDP	Wähler-Gr.
Ahlsen-Reineberg	755	544		
Bröderhausen	234	389	118	
Büttendorf	532	435	298	
Holsen	463	813	212	111
Huchzen				124
Hüllhorst	1233	948	319	
Oberbauerschaft	1436	1159	670	236
Schnathorst	1136	674	637	296
Tengern	952	941	440	
	6741	5903	2694	767
dividiert : 3 = (3 Stimmen pro Stimmzettel)	2247	1968	898	256=5369
	41,85%	36,65%	16,73%	4,76%*

*unter 5 % = keine Teilnahme am Verhältnisausgleich

Berechnung der höchsten Teilungszahlen für den Verhältnisausgleich

Teiler 1,2,3 usw.	Stimmen der Parteien, die am Verhältnisausgleich teilnehmen SPD	CDU	FDP
1	2247 (1)	1968 (2)	898 (5)
2	1123,5 (3)	984 (4)	449 (10) R
3	749 (6)	656 (7)	299,33(16) R
4	561,75(8)	492 (9)	224,5 (22) R
5	449,4 (11)	393,6 (12)	179,6 (27) R
6	374,5 (13)	328 (14)	
7	321 (15)	281,14(17)	
8	280,86(18)	246 (20)	
9	249,67(19)	218,67(24)	
10	224,70(21)	196,8 (25)	
11	204,27(23)	178,9 (28)	
12	187,25(26) R		
13	172,84		

Das günstigste Ergebnis (Verhältnis der Stimmen zu den Gesamtstimmen und Direktmandaten) hatte die CDU erreicht. Für den 11. Sitz reichte eine Höchstzahl von 178,9. Davor sind jedoch noch die Höchstzahlen 187,25 bei der SPD und 449 – 179,6 = 4 bei der FDP. Auf diese Höchstzahlen erfolgt eine Sitzzuteilung aus der Reserveliste (R), sodass

die SPD insgesamt 12 (davon 1 RL-) Sitze
die CDU unverändert 11 Sitze und
die FDP insgesamt 5 (davon 4 RL-) Sitze erhält.

An dieser Stelle ist einmal rechnerisch abschließend das Verhältniswahlrecht nach d'Hondt dargestellt.

Zusammensetzung der Amtsvertretung des Amtes Hüllhorst nach den Kommunalwahlen 1953–1972:

Stimmenanteil Parteien und Wählergruppen

Partei/ Wähler-Gr.	Wahl 28. Oktober 1956 Stimmen	%
SPD	2802	56,69
CDU	2026	41,00
FDP	114	2,31

Sitzverteilung im Amtstag – Parteien und Wählergruppen

Partei/ Wähler-Gr.	Wahl 1956 Sitze	Wahl 1961 Sitze	Wahl 1964 Sitze	Wahl 1969 Sitze
SPD	11 (4 RL)	12 (1 RL)	10	11 (5 RL)
CDU	7 (5 RL)	11	11	11
FDP	–	5 (4 RL)	2 (RL)	2 (RL)
Wähler-Gruppe Huchzen		1	1	1
Wähler-Gemeinschaft Oberbauerschaft			2	2
NUDW Oberbauerschaft		–	–	2
FWG Bröderhausen		–	–	1
		29	26	30

Amtsvertreter

SPD

Bökenkröger, Karl (56–3.69)
Böker, Heinrich (56–61)
Brosend, Karl (56–6.63)
Büscher, Rudolf (56–61)
Eimertenbrink, Wilhelm (56–61)
Kreft, Friedrich (56–64)
Kuhlmeier, Christian (56–69)
Niedringhaus, Wilhelm (56–61)
Niermann, Heinrich (56–72)
Obermeier, Friedrich (56–64)
Rösch, Heinrich (56–3.58)
Bollmann, Christian (3.58–61)
Brune, Wilhelm (61–69)
Hagemann, Karl (61–64)
Holzmeyer, Friedrich (61–2.63)
Koring, Karl (61–69)
Kottmeier, Werner (61–72)
Uthoff, Heinrich (61–64)
Niedringhaus, Heinrich (6.63–64)
Rinne, Heinrich (2.63–72)
Knollmann, Günter (64–72)
Lütkemeier, Karl (64–69)
Meister, Jürgen (64–69)
Bollmann, Hans (69–72)
Bökelheide, Wilhelm (69–72)
Krusberski, Heinz (69–72)
Pöttger, Wilhelm (69–72)
Schröder, Walter (69–72)
Schwarze, Karl (3.69–72)
Thüner, Karl (69–72)

CDU

Ahlemeier, August (56–61)
Grätz, Hermann (56–61)
Heidenreich, Heinrich (56–61)
Holzmeier, Friedrich (56–61)
Knollmann, Friedrich (56–64)
Knollmann, Heinrich (56–72)
Schulz, Friedrich (56–64)
Buchholz, Gustav (61–10.66)
Horst, Friedrich (61–64)
Klapmeier, Karl (61–72)
Kottkamp, Karl (61–64)
Kottmeier, Friedrich (61–64)
Obermeier, Wilhelm (61–64) und (69–72)
Scheer, Karl (61–10.63)
Thüner, Heinrich (61–69)
Althoff, Fritz (10.63–69)
Kuhlmeier, Friedrich (64–3.71)
Lübbert, Gustav (64–72)
Lübbing, Heinz (64–69)
Möhle, Heinrich (64–72)
Struckmeier, Hermann (64–69)
Westerfeld, Heinrich (64–72)
Laag, Julius (10.66–69)
Blase, Karl (69–72)
Brackmann, Erich (69–72)
Kleine, Friedhelm (69–72)
Meyer z. Büschenfelde, Fritz-August (69–72)
Stallmann, Wilhelm (3.71–72)

FDP

Althoff, Wilhelm (61–64)
Becker, Hermann (61–64)
Bollmann, August (61–72)
Horst, Friedrich (61–64)
Scheer, Wilhelm (61–72)

Wähler-Gr. Huchzen

Huchzermeier, Heinr. (61–64)
Dr. Frieling-Huchzermeier, Horst (64–72)

WG Oberbauerschaft

Althoff, Wilhelm (64–72)
Thüner, Gustav (64–72)

FWG Bröderhausen

Schulz, Friedrich	(69–72)

NUDW Oberbauerschaft

Thüner, Heinrich	(69–72)
Lücking, Heinrich	(69–72)

Amtsbürgermeister

Brosend, Karl	(56–4.61)
Kottkamp, Karl	(61–64)
Westerfeld, Heinrich	(64–72)

Amtsdirektor

Dr. Erich Heuvemann	(28–58)
Kurt König	(58–76)

Amtsdirektor Dr. Erich Heuvemann und Amtsoberinspektor Karl Kohrs (von links).

Amtsdirektor Kurt König und Bürgermeister Friedrich Knollmann (Ahlsen-Reineberg) von rechts.

Blick auf Lübbecke von Süden aus.

Lübbecke

von Reinhold Wöstehoff
und Dr. Heinz-Ulrich Kammeier

Ausgangspunkt für die kommunalpolitischen Verhältnisse in der Stadt Lübbecke waren die Wahlen vom 9. November 1952. Die SPD konnte mit 39,7 % und 8 Sitzen die Mehrheit der Stimmen gewinnen, ihr gegenüber standen aber die FDP (28,6 % / 5 Sitze), die CDU (24,0 % / 4 Sitze) und der BHE (6,1 % 1 Sitz). Zwei Kandidaten der CDU erklärten sich im Verlauf der Bürgermeisterwahlen zu „Unabhängigen“ und so wurde der Gewerkschaftssekretär Heinrich Hülsmeier von der SPD zum Bürgermeister gewählt. Der Stellvertreter des ersten Bürgermeisters Franz Welschof (CDU) wurde sein Nachfolger.

28. Oktober 1956

CDU (1390 / 25,2 %)	4 Sitze (2 Direktmandate)
SPD (2621 / 47,5 %)	9 Sitze (7 Direktmandate)
FDP (1222 / 22,1 %)	4 Sitze
BHE (282 / 5,1 %)	1 Sitz

SPD
Otto Oevermann
Karl Kemmener (seit 1952)
Anna Haddewig (seit 1952)
Fritz Jahns (seit 1952)
Erwin Klute (seit 1946)
Fritz Hopmeier (seit 1946)
Wilhelm Pollheide (seit 1946)
Hermann Fischer
Heinrich Bokämper

BHE
Emil Staschik (seit 1952)

CDU
Martin Klöpper
Arno Wessels
Hans Bongartz
Wilhelm Blase

FDP
Karl Vogel
Wilhelm Dierks
Heinrich Klöpping
Theodor Helmke

Bürgermeister Klute

Mit der Stimme des BHE wurde der Schneidermeister Erwin Klute (SPD) zum Bürgermeister gewählt.

Bei den Wahlen der Stellvertreter kam es zu Auseinandersetzungen. FDP und CDU hatten erwartet, dass Carl Vogel (FDP) nominiert worden wäre. Die SPD stellte aber als eigenen Kandidaten den Gewerkschaftssekretär Karl Kemmener auf, der jedoch nicht die absolute Mehrheit erreichte. Nach einer Unterbrechung der Sitzung bot die SPD der CDU nach den demokratischen Spielregeln an, einen Kandidaten für das Amt zu benennen. Diese verzichtete auf das Angebot. Nach einer weiteren Unterbrechung kandidierte Anna Haddewig für die SPD und wurde als stellvertretende Bürgermeisterin gewählt.

Die CDU und die FDP kritisierten in einem Brief an die Presse das Wahlverhalten der Lübbecker Geschäftswelt, weil sie sich bei der Wahl enthalten hätte. „Das entsprach sicherlich nicht der Absicht der Nichtwähler. Wenn diese anscheinend uninteressierten Kreise über den Ausgang der Bürgermeisterwahl erstaunt sind, so mögen sie sich an die eigene Brust schlagen. Für die nächsten Jahre jedenfalls beherrscht die SPD das Lübbecker Rathaus.“ (Zitat aus der Lübbecker Kreiszeitung vom 13. November 1956)

SPD
Karl Kemmener
Helmut Thoss
Anna Haddewig
Willy Westerholt
Erwin Klute
Heinrich Bokämper
Friedrich Hopmeier
Wilhelm Pollheide
Josef Hockel
Hermann Fischer
Otto Oevermann

CDU
Wilhelm Schofeld
Theo Wappelhorst
Wilhelm Schröder
Martin Klöpper
Otto Steinhauer
Heinz Marquardt
Norbert Middel
Reinhold Kühn

FDP
Theodor Helmke
Karl Vogel
Heinrich Klöpping
Wilhelm Dierks
Werner Schübeler

19. März 1961

Die nächste Kommunalwahl war vorgesehen für den 23. Oktober 1960. Der Landtag in NRW änderte in der Legislaturperiode 1958 - 1962 das Kommunalwahlgesetz. In Lübbecke mussten z. B. wegen der neuen Regelung die Wahlbezirke von 9 auf 12 erhöht werden. Im Sommer 1960 wurde deutlich, dass der Wahltermin nicht zu halten war, weil die Vereinbarkeit des neuen nordrhein-westfälischen Kommunalgesetzes mit dem Grundgesetz noch geprüft werden musste. So wurde die Wahl auf den neuen Termin des folgenden Jahres verschoben.

CDU	(1950 / 31,6 %)	8 Sitze (4 Direktmandate)
SPD	(2702 / 43,8 %)	11 Sitze (8 Direktmandate)
FDP	(1338 / 21,7 %)	5 Sitze
GB/BHE	(173 / 2,8 %)	–

Bürgermeister Klöpping (r.), Besuch des Ministerpräsidenten Franz Meyers zusammen mit dem Landtagsabgeordneten Niermann.

Die SPD konnte keine absolute Mehrheit erringen und somit wurde mit den Stimmen der CDU und der FDP der Bahnhofswirt Heinrich Klöpping zum Bürgermeister gewählt. Sein Stellvertreter wurde Martin Klöpper.

1962: Wappelhorst, Bokämper verstorben. Sie wurden durch Wilhelm Meißner (CDU) und Kurt Heidenreich (SPD) ersetzt.

Am Ende des Jahres 1961 schied der langjährige Stadtdirektor Dr. jur. Günter Becker aus dem Verwaltungsdienst aus. Er war schon 1938 hauptamtlicher Bürgermeister in Lübbecke und wurde nach dem Krieg 1947 zum Stadtdirektor gewählt. In das Amt wurde mit den Stimmen der CDU und der FDP der Assessor Heinz Lichtenberg aus Osnabrück gewählt, der dort Leiter des Ausgleichsamtes war. Nach seiner Wahl erklärten Sprecher aller Fraktionen des Rates den guten Willen zur Zusammenarbeit (Chronik der Stadt Lübbecke). Seine Amtszeit endete mit der Kommunalreform 1973.

27. September 1964

CDU (1851 / 30,5 %)	7 Sitze (2 Direktmandate)
SPD (3052 / 50,2 %)	13 Sitze (10 Direktmandate)
FDP (1170 / 19,3 %)	5 Sitze

SPD
Otto Oevermann
Karl Kemmener
Hermann Fischer
Erwin Berner
Anna Haddewig
Willy Westerholt
Walter Schumann
Heinz Aspelmeier
Erwin Klute
Wilhelm Pollheide
Kurt Heidenreich
Wilma Hülsmeier
Heinrich Kleffmann

CDU
Wilhelm Meißner
Martin Klöpper
Norbert Middel
Wilhelm Schofeld
Wilhelm Schröder
Heinz Marquardt
Gerhard Schmidt

FDP
Ortwin Grevel
Theodor Helmke
Werner Schübeler
Dr. Karl-Wilhelm Leue
Werner Siebe

Bürgermeister Pollheide

Mit der SPD-Mehrheit wurde wieder Erwin Klute zum Bürgermeister gewählt. Sein Stellvertreter wurde Wilhelm Pollheide, ebenfalls von der SPD.

Anfang Januar 1968 erklärte Erwin Klute aus gesundheitlichen Gründen seinen Rücktritt als Bürgermeister.

Sein Ratsmandat wollte er vorläufig noch wahrnehmen. Am 25. Januar wurde Wilhelm Pollheide mit 13 Stimmen zum Bürgermeister gewählt. Sein Gegenkandidat Wilhelm Schröder erhielt 12 Stimmen. Sein Stellvertreter wurde Ortwin Grevel (FDP).

9. November 1969

CDU (1879 / 30,6 %)	9 Sitze (4 Direktmandate)
SPD (2475 / 40,2 %)	11 Sitze (9 Direktmandate)
FWG (1132 / 18,9 %)	5 Sitze (1 Direktmandat)
FDP (533 / 8,7 %)	2 Sitze

SPD
Günter Steinmeyer
Heinrich Kleffmann
Wilhelm Knickmeier
Wilhelm Pollheide
Friedrich Warmann
Erwin Berner
Heinz Aspelmeier
Hermann Fischer
Walter Schumann
Wilhelm Möhle
Wilma Hülsmeier

CDU
Heinz Marquardt
Karl-Wilhelm Deerberg
Friedrich Ruschmeier
Wilhelm Schröder
Gerhard Schmidt
Norbert Middel
Wilhelm Telkemeyer
Walter von Wolffersdorf
Willy Kessel

FWG
Rolf Erythropel
Dr. Karl Deerberg
Ernst-August Schmidt
Rudolf Cornelius
Alfred Fuchs
ab 1971: Heinrich Büttemeyer

FDP
Ortwin Grevel
Theodor Helmke

Bürgermeister Schmidt

Bei der Bürgermeisterwahl am 22. November 1969 kam es zu einer besonderen Lage. Der SPD-Kandidat Pollheide und der CDU-Vorschlag Schmidt bekamen beide 11 Stimmen. Die FWG hatte keinen eigenen Bewerber benannt und enthielt sich der Stimme.

So musste am folgenden Sonntag die Wahl wiederholt werden. Jetzt bekam Gerhard Schmidt (CDU) 16 Stimmen und wurde zum Bürgermeister gewählt. Im zweiten Wahlgang haben damit auch die FWG-Vertreter für ihn gestimmt. Für die Wahl zum Stellvertreter kandidierte nur Ernst-August Schmidt (FWG) und wurde mit 14 Stimmen gewählt.

Gehlenbeck

	28.10.1956 gesamt	%	19.3.1961 gesamt	%	27.9.1964 gesamt	%	9.11.1969 gesamt	%
SPD	4 545	67,7	2 267	64,6	2 489	68,2	2 128	62,3
CDU	1 085	16,2	–	–	–	–	–	–
FDP	1 088	16,2	–	–	–	–	–	–
FWG	–	–	1 242	35,4	1 162	31,8	1 285	37,7

Ratsmitglieder

SPD

Heinrich Finke	(46–60)
Wilhelm Möhle	(48–64)
Friedrich Soldato	(48–64)
Heinrich Kleine	(52–60/ 61–69/70–73)
Wilhelm Möhle	(52–73)
Heinrich Knobbe	(56–73)
Wilhelm Tempelmeier	(56–70)
Friedrich Heuer	(60–73)
Heinrich Lömker	(61–73)
Friedrich Seger	(64–73)
Wilhelm Kuhlmann	(64–69/ 72–73)
Helmut Lintelmann	(64–69)
Ernst Grote	(69–73)
Wilhelm Dullweber	(69–72)

CDU

Wilhelm Fründ	(46–61)

FDP

Ernst Bruning	(56–61)

FWG*

Wilhelm Möhlmann	(52–56/ 61–64)
Wilhelm Fründ	(61–73)
Ernst Bruning	(61–73)
Fritz Horstmeier	(61–64)
Wilhelm Bartmann	(64–69)
Wilhelm Brüggemann	(64–73)
Wilhelm Grote	(69–73)
Ernst Meyring	(69–73)

* Die Ratsmitglieder vertraten die FWG. Es konnte im Einzelnen nicht festgestellt werden, ob sie weiterhin in ihren früheren Parteien verblieben, parteilos waren oder welchen Parteien sie sich später zugewendet haben.

Bürgermeister Möhle

Bürgermeister Tempelmeier

Der Bürgermeister Wilhelm Möhle Nr. 272 wurde wiedergewählt, sein Stellvertreter wurde Heinrich Finke. Neuer Bürgermeister wurde 1961 Wilhelm Tempelmeier, sein Stellvertreter wurde Wilhelm Möhle Nr. 422. Der Bürgermeister und sein Stellvertreter wurden 1964 und 1969 wiedergewählt.

Im Sommer 1970 verstarb Wilhelm Tempelmeier. Als Nachfolger wählte der Gemeinderat seinen bisherigen Stellvertreter, den Bauingenieur Wilhelm Möhle. Sein Stellvertreter wurde Friedrich Seger. Im März 1972 wurde Ernst Bruning als weiterer Stellvertreter gewählt.

Eilhausen

1956 wurden als Bürgermeister Friedrich Selle und als sein Stellvertreter Ernst Grote sen. wiedergewählt.

Friedrich Selle übernahm auch 1961 wieder das Amt. Sein Stellvertreter wurde Heinrich Schütte. Im September 1961 verstarb Friedrich Selle. Heinrich Schütte wurde als neuer Bürgermeister gewählt. Sein Stellvertreter wurde Willi Bollmeier. Heinrich Schütte und Willi Bollmeier wurden 1964 wiedergewählt. Heinrich Schütte wurde auch 1969 wieder Bürgermeister. Sein Stellvertreter wurde Heinrich Coors.

Eilhausen

	28. 10. 1956		19. 3. 1961		27. 9. 1964		9. 11. 1969	
	gesamt	%	gesamt	%	gesamt	%	gesamt	%
SPD	1 219	67,2	715	71,1	612	64,8	563	58,1
CDU	594	32,8	291	28,9	333	35,2	225	23,2
FDP	–	–	–	–	–	–	–	–
FWG	–	–	–	–	–	–	181	18,7

Ratsmitglieder

SPD

Friedrich Selle (49–61)
Karl Bökenkröger (56–64)
Ernst Grote (52–61)
Friedrich Hiby (56–61)
Heinrich Schütte (46–73)
Willi Bollmeier (61–69)
Wilhelm Bösch jun. (61–69)
Ernst Bökenkröger (64–73)
Friedrich Kammann (64–73)
Wilhelm Liekweg (69–73)
Alfred Borgmann (69–73)

CDU

Ernst Gerdom (48–61)
Ernst Brunschütte (56–61)
Heinrich Schophörster (56–61)
Heinrich Coors (61–73)
Bruno Bönning (61–69)

FWG

Gerhard Selle (69–73)

Nettelstedt

	28.10.1956 gesamt	%	19.3.1961 gesamt	%	27.9.1964 gesamt	%	9.11.1969 gesamt	%
SPD	3 552	54,4	1 908	55,5	1 709	54,7	1 621	50,9
CDU	1 283	19,6	785	22,8	688	22,0	1 026	32,2
FDP	1 701	26,0	748	21,7	729	23,3	538	16,9

Ratsmitglieder

SPD

Christian Hormann (46–69)
Heinrich Grothe (46–58)
Friedrich Schwarze (48–71)
Heinrich Tiemann (48–64/66–69)
Heinrich Hucke (52–61)
Wilhelm Schütte (56–69)
Paul Röding (58–69)
Friedrich Wellpott (61–64)
Wilhelm Hagemeier (61–66)
Helmut Öwermann, Vorm. (64–73)
Heinrich Kottkamp (69–73)
Friedrich Spilker (69–73)
Günter Oevermann (69–73)
Helmut Öwermann, Burg. (69–73)
Friedrich Heitmeier (71–73)

CDU

Heinrich Schwarze (46–73)
Karl Husemeyer (52–69)
Friedrich Mielke (61–73)
Heinrich Nedderhoff (69–73)
Heinrich Coors (69–73)

FDP

Erwin Hucke (56–65)
Heinrich Kottkamp (56–64)
Hans Zachariat (56–58)
Theodor Tiemann (58–69)
Heinrich Schnepel (64–73)
Friedrich Kröger (65–73)

Friedrich Schwarze als Bürgermeister und Christian Hormann als sein Stellvertreter wurden 1956 wiedergewählt.

Friedrich Schwarze blieb 1961 Bürgermeister, sein Stellvertreter wurde Heinrich Schwarze. Beide, Bürgermeister und Stellvertreter, wurden 1964 wiedergewählt. 1969 blieb der Bürgermeister im Amt, sein Stellvertreter wurde Helmut Öwermann (Vormbr.). Im Sommer 1971 verstarb Friedrich Schwarze. Sein Nachfolger wurde Helmut Öwermann.

Friedrich Schwarze machte sich um Nettelstedt verdient

Nettelstedt. Der Bürgermeister der Gemeinde Nettelstedt, Friedrich Schwarze, hat mit Wirkung vom 1. Juni seine kommunalpolitischen Mandate in Gemeinde und Amt niedergelegt. Er trennte sich dabei auch von den Ehrenämtern als Gemeindebürgermeister und stellvertretender Amtsbürgermeister. 23 Jahre lang stand Friedrich Schwarze an der Spitze des Nettelstedter Gemeinderates. Er rechnet es sich zur Ehre an, daß er in dieser langen Zeit nicht eine einzige Ratssitzung versäumte.

Friedrich Schwarze gehörte in Nettelstedt zu den Männern der ersten Stunde nach dem letzten Krieg. Er wurde in das erste Nachkriegsparlament berufen und später von der Bevölkerung wiedergewählt.

In einem Artikel der »Neuen Westfälischen« vom 5. Juni 1971 wurden die Verdienste des langjährigen Bürgermeisters Schwarze (1948-1971) gewürdigt.

Amt Gehlenbeck

Nach dem geltenden Kommunalwahlrecht wurde 1956 die Amtsvertretung Gehlenbeck von der Bevölkerung gewählt. Wie bei den vorangegangenen Wahlen konnte die SPD ihre absolute Mehrheit halten. Die insgesamt 18 Amtsvertreter verteilten sich auf die Gemeinden Gehlenbeck (5), Eilhausen (2), Nettelstedt (3), Isenstedt (3), Frotheim (5).

Die Direktmandate in den fünf Wahlkreisen wurden von der SPD gewonnen. Die übrigen 13 Vertreter wurden über die Reservelisten bestimmt. Durch das Wahlergebnis kam es zu der Sitzverteilung

SPD	2 953	60,4 %	11 Sitze
CDU	1 266	25,9 %	5 Sitze
FDP	674	13,8 %	2 Sitze

Die Amtsvertreter waren fast ausschließlich die Bürgermeister der Gemeinden und weitere Mitglieder aus den Gemeinderäten. Als Amtsbürgermeister wurde Wilhelm Hegerding aus Isenstedt wiedergewählt, sein Stellvertreter wurde Wilhelm Meier aus Frotheim, die beide ihre Ämter schon seit 1948 innehatten.

Nach der Reform des Kommunalwahlrechtes kam es in den folgenden Legislaturperioden zu der „Direktwahl der Amtsvertreter durch die Gemeindevertretungen“. Dies besagte, dass die verhältnismäßige Verteilung der Sitze in der Amtsvertretung für die einzelnen Parteien und Wählergruppen bestimmt wurde aus dem bei der Gemeindewahl erzielten Stimmergebnis. Durch einen entsprechenden Schlüssel (Höchstzahlverfahren) wurde die Zahl der Sitze von Gemeinde und Partei errechnet. Die Gemeindevertretungen wählten diesem Schlüssel entsprechend ihre Amtsvertreter.

Amtsdirektor Schulze

	19.3.1961 gesamt	%	Sitze	27.9.1964 gesamt	%	Sitze	9.11.1969 gesamt	%	Sitze
SPD	8035	55,5	14	9549	52,4	12	7929	59,0	15
CDU	2993	20,7	5	3387	18,6	4	3530	26,2	6
FDP	1151	8,0	2	729	4,0	1	538	4,0	1
FWG	2240	15,5	3	1162	6,9	1	1466	10,9	2

Wilhelm Hegerding blieb Amtsbürgermeister bis 1964. Er verzichtete aus Altersgründen auf eine Wiederwahl. Als neuer Bürgermeister wurde der Bauingenieur Wilhelm Möhle aus Gehlenbeck gewählt, sein Stellvertreter wurde Friedrich Schwarze aus Nettelstedt, der schon 1961 in dieses Amt gewählt worden war.

1969 gab es bei der Wahl des Amtsbürgermeisters Probleme. Im ersten Wahlgang bekamen Wilhelm Möhle aus Gehlenbeck 7 Stimmen, Wilhelm Viermann aus Isenstedt und Wilhelm Rosemuck aus Frotheim je 8 Stimmen. So musste eine Woche später der zweite Wahlgang entscheiden. Diesmal ergab sich eine eindeutige Mehrheit von 20 Stimmen für Wilhelm Rosemuck, den Gemeindebürgermeister von Frotheim.

Die Leitung der Verwaltung bestimmte über lange Jahre der Amtsdirektor Karl Schulze. Er wurde schon von der Militärregierung 1946 eingesetzt, dann von der ersten Amtsvertretung bestätigt und wiedergewählt bis 1969. In seiner Funktion wurde er über die Jahre hin auch in allen Gemeinden des Amtes als ehrenamtlicher Gemeindedirektor gewählt. Er war damit auch zuständig für die Verwaltungsaufgaben in den Gemeinden. Durch seinen Eintritt in den Ruhestand war das Amt im Frühjahr 1970 neu zu besetzen. Gewählt wurde der bisherige Amtsoberamtmann Karl-Heinz Tiemeyer, der schon seit 1940 bei der Amtsverwaltung Gehlenbeck beschäftigt war. Er wurde nach der Kommunalreform 1973 der erste Stadtdirektor der neuen Stadt Lübbecke.

Die Nachfolger des ersten Amtsbürgermeisters Wilhelm Hegerding aus Isenstedt (1946–1964) waren Wilhelm Möhle aus Gehlenbeck und Wilhelm Rosemuck aus Frotheim.

Blasheim

	28. 10. 1956		19. 3. 1961		27. 9. 1964		9. 11. 1969	
	gesamt	%	gesamt	%	gesamt	%	gesamt	%
SPD	834	45,9	825	42,9	880	44,2	856	45,8
CDU	685	37,7	–	–	–	–	–	–
FDP	298	16,4	–	–	–	–	–	–
FWG	–	–	1096	57,1	1110	55,8	1014	54,2

Ratsmitglieder

SPD

Ludwig Henke	(46–56)
Wilhelm Kampe	(48–64)
Karl Otte	(48–64)
Wilhelm Althoff	(52–73)
Fritz Knickmeyer	(52–69)
Emil Grabemann	(56–61)
Karl Kleine	(56–61)
Ernst Wiegmann	(56–73)
Gustav Brümmelhorst	(61–64)
Walter Kleine-Döpke	(61–64/ 69–73)
Helmut Schubert	(61–73)
Heinz Knickmeyer	(64–73)
Heinrich Meyer	(64–73)
Karl Kleffmann	(64–73)
Gerhard Gröne	(64–73)
Gerhard Rettberg	(69–73)

CDU

Karl Horstmeier	(46–61)
Wilhelm Pelster	(48–61)
Ernst-L. Klausmeyer	(52–61)
Wilhelm Sudeck	(56–61)

FDP

Ernst Schadde	(52–61)
Heinz Holsing	(52–61)
Friedrich Horstmann	(52–61)
Karl Treseler	(52–61)
Karl-E. Knickmeyer	(52–61)

FWG *

Karl Horstmeier	(61–69)
Ernst-L. Klausmeyer	(61–73)
Ernst Schadde	(61–69)
Heinz Holsing	(61–73)
Friedrich Horstmann	(61–69)
Karl Treseler	(61–73)
Hermann Horstmeier	(61–69)
Heinrich Krieger	(61–73)
Friedrich Albersmeier	(61–69)
Ernst Meyring	(61–73)
Heinrich Sudeck	(64–69)
Wilhelm Henke	(64–73)
Klaus-J. Grummert	(69–73)
Dr. Friedrich Kammeier	(69–73)

* Die Ratsvertreter der FWG gehörten entweder der CDU oder FDP an oder waren nicht gebunden.

(Vergl. Abschnitt IV, Blasheim)

Bürgermeister:
Karl Treseler (seit 1952)

Bauerschaftsvorsteher:

Obermehnen:
Ernst-Ludwig Klausmeyer (seit 1952)

Stockhausen:
Karl Horstmeier (seit 1946)
Fritz Knickmeyer (1956-1960)
Heinrich Krieger (bis 1973)

Der Blasheimer Gemeinderat im Frühjahr 1969.
Von links: 1. Reihe: Ernst Meyring, Heinz Holsing, Wilhelm Henke, Fritz Knickmeier, Karl Kleffmann, Heinz Knickmeier.
2. Reihe: Fritz Horstmann, Bauerschaftsvorsteher Ernst-Ludwig Klausmeyer, Bauerschaftsvorsteher Heinrich Krieger, Bürgermeister-Stellvertreter Willi Althoff, Gerhard Gröne, Helmut Schubert, Ernst Schadde, Heinrich Sudeck.
3. Reihe: Ernst Wiegmann, Karl Horstmeier, Amtsdirektor August Hüsemann, Bürgermeister Karl Treseler, Amtsangestellter Oskar Wlecke, Hermann Horstmeier, Heinrich Meyer.

Alswede

	28.10.1956 gesamt	%	19.3.1961 gesamt	%	27.9.1964 gesamt	%	9.11.1969 gesamt	%
SPD	3771	58,3	1567	40,5	1856	46,9	2378	61,2
CDU	1162	20,1	607	15,7	682	17,2	758	19,5
FDP	851	14,7	557	14,4	382	9,6	367	9,5
FWG	–	–	1139	29,4	1040	26,3	378	9,7

Die Zahlen beziehen sich auf die Gemeinde Alswede mit den Bauerschaften Alswede, Gestringen und Fiestel.

Die Aufstellung der Ratsmitglieder ist unter dem Abschnitt über Espelkamp zu finden.

Zur Entstehungsgeschichte der FWG siehe Abschnitt IV, Alswede.

Die St.-Andreas-Kirche in Alswede Anfang der 50er Jahre.

Preußisch Oldendorf

von Hans Eickemeyer

Preußisch Oldendorf

	28.10.1956 gesamt	%	19.3.1961 gesamt	%	27.9.1964 gesamt	%	9.11.1969 gesamt	%
SPD	3 669	49,23	1 981	49,95	1 998	56,94	1 834	53,24
FDP	1 628	21,84	818	20,63	575	16,39	–	–
CDU	2 156	28,93	1 167	29,42	936	26,61	1 611	46,76

Ratsmitglieder

SPD

Karl Ahlers	(56–69)
Wilhelm Brinkmeier	(56–73)
Fritz Lange	(56–61)
Wilhelm Quade	(56–61)
Willi Rust	(56–73)
Horst Schwarz	(56–61)
Friedrich Richard	(61–69)
Wilhelm Struckmeier	(61–73)
Heinrich Vortmeyer	(61–62)
Friedrich Stohlmann	(62–73)
Rolf Köster	(64–73)
Wolfgang Janwlecke	(64–69)
Friedrich Wederz	(69–73)
Rolf Hoßfeld	(69–73)

CDU

Paul Heinecke	(56–66)
Hans Middeke	(56–61) und (69–73)
Ludwig Thase	(56–64)
Wilhelm Koch	(61–64)
Wilhelm Goeke	(61–64)
Werner Huge	(64–69)
Ernst Hartmann	(64–73)
Wilhelm Düsterberg	(69–73)
Heinrich Jockheck	(66–73)
Friedrich Nieragden	(69–73)
Wilhelm Stramann	(69–73)

FDP

Herbert Naß	(56–61)
Werner Kirschning	(56–61)
Albert Kunzemann	(56–61)
Hans Middeke	(61–69)
Wilhelm Düsterberg	(61–69)

1956 Bürgermeister Albert Kunzemann, Stellvertreter Fritz Lange
1961 Bürgermeister Karl Ahlers, Stellvertreter Hans Middeke
1964 Bürgermeister Karl Ahlers, Stellvertreter Hans Middeke
1969 Bürgermeister Friedrich Stohlmann, Stellvertreter Hans Middeke

Offelten

	28.10.1956 gesamt	%	19.3.1961 gesamt	%	27.9.1964 gesamt	%	9.11.1969 gesamt	%
CDU	967	73,76	482	67,41	460	62,84	478	68,19
SPD	344	26,24	233	32,59	272	37,16	223	31,81

Heinrich Heuer aus Offelten. Von 1946 bis 1948 und 1952 bis 1972 Bürgermeister in Offelten. Von 1961 bis 1964 Amtsbürgermeister und von 1956 bis 1961 und 1964 bis 1969 stellvertretender Amtsbürgermeister.

Ratsmitglieder

CDU

Heinrich Heuer	(56–73)
Friedrich Schnucke	(56–73)
Heinrich Diekmeyer	(56–73)
Friedrich Meyer Nr. 17	(56–61)
Heinrich Blesse	(56–61)
und	(64–73)
Erwin Weingärtner	(56–69)
Ernst-Günter Steinmann	(69–73)

SPD

Gustav Sokolis	(56–61)
Friedrich Meier Nr. 43	(56–64)
Friedrich Füller	(61–69)
Werner Jockheck	(64–69)
Hans Klünder	(69–73)

1956 Bürgermeister Heinrich Heuer, Stellvertreter Heinrich Diekmeyer
1961 Bürgermeister Heinrich Heuer, Stellvertreter Heinrich Diekmeyer
1964 Bürgermeister Heinrich Heuer, Stellvertreter Heinrich Diekmeyer
1969 Bürgermeister Heinrich Heuer, Stellvertreter Heinrich Diekmeyer

Engershausen

	28.10.1956 gesamt	%	19.3.1961 gesamt	%	27.9.1964 gesamt	%	9.11.1969 gesamt	%
CDU	553	48,64	251	44,98	247	42,81	267	51,54
SPD	584	51,36	224	40,14	289	50,09	238	45,95
FDP	–	–	83	14,88	41	7,10	13	2,51

Ratsmitglieder

CDU

Karl Finke	(56–73)
Otto Hüsemann	(56–61)
Heinrich Unland	(56–69)
Wilhelm Niemeyer	(61–73)
Karl Krone	(69–73)
Karl-Heinrich Hüsemann	(69–73)

SPD

Wilhelm Müller	(56–71)
Fritz Huge	(56–69)
Wilhelm Fricke	(56–61)
Karl Kleine-Beek	(64–73)
Wilhelm Schweinefuß	(64–73)
Wilhelm Helmich	(71–73)

FDP

Luise Reinkenobbe	(61–64)

Karl Finke aus Engershausen. Von 1948 bis 1972 Bürgermeister der Gemeinde Engershausen.

1956 Bürgermeister Karl Finke, Stellvertreter Fritz Huge
1961 Bürgermeister Karl Finke, Stellvertreter Fritz Huge
1964 Bürgermeister Karl Finke, Stellvertreter Wilhelm Müller
1969 Bürgermeister Karl Finke, Stellvertreter Wilhelm Müller

Harlinghausen

	28.10.1956 gesamt	%	19.3.1961 gesamt	%	27.9.1964 gesamt	%	9.11.1969 gesamt	%
SPD	900	54,58	370	47,01	350	40,14	447	57,61
FDP	749	45,42	–	–	240	27,52	–	–
CDU	–	–	417	52,99	282	32,34	225	28,99
UWG *	–	–	–	–	–	–	104	13,40

* Unabhängige Wählergemeinschaft Harlinghausen

Ratsmitglieder

SPD

Karl Spreen (56–61)
Hermann Freek (56–61)
Kurt Kolbe (56–73)
Ernst Obernagel (56–61)
Wilhelm Vehlber (56–69)
Willi Richard (61–64)
Heinrich Clamor (64–73)
Wilhelm Kemper (69–73)
Herbert Siekmann (69–73)

FDP

Friedrich Fahrmeyer (56–61) und (64–67)
Karl Hahler (56–61)
Ernst Große-Nobis (56–61) und (64–69)
Willi Hübner (56–61)
Ernst Obernagel (68–69)

CDU

Friedrich Fahrmeyer (61–64)
Ernst Große-Nobis (61–69)
Willi Hübner (61–73)
Ernst Krone (64–73)

UWG

Karl Hahler (69–73)

1956 Bürgermeister Friedrich Fahrmeyer, Stellvertreter Karl Spreen
1961 Bürgermeister Friedrich Fahrmeyer, Stellvertreter Kurt Kolbe
1964 Bürgermeister Friedrich Fahrmeyer, Stellvertreter Kurt Kolbe
1968 Bürgermeister Kurt Kolbe, Stellvertreter Willi Hübner

Schröttinghausen

	28. 10. 1956 gesamt	%	19. 3. 1961 gesamt	%	27. 9. 1964 gesamt	%	9. 11. 1969 gesamt	%
CDU	853	75,82	308	50,91	232	46,12	341	62,91
SPD	272	24,18	96	15,87	69	13,72	88	16,24
FDP	–	–	201	33,22	202	40,16	113	20,85

Ratsmitglieder

CDU

Wilhelm Koring	(56–73)
Heinrich Koch	(56–61)
Heinrich Blase	(56–64)
Heinrich Hüsemann	(56–73)
Heinrich Niemeyer	(56–61)
Gottlieb Reddehase	(56–61)
Heinrich Ahlemeier	(69–73)
Wilhelm Tegtmeier	(69–73)
Günter Rodeck	(69–73)

SPD

Wilhelm Kahlenberg	(56–69)
Wilhelm Kors	(56–61)
Walter Nordsiek	(69–73)

FDP

Wilhelm Hellmich	(61–69)
Martin Pollert	(61–64)
Friedrich Hermjohannes	(64–69)
Wilhelm Nunnenkamp	(64–73)

Wilhelm Koring aus Schröttinghausen. Von 1946 bis 1972 Bürgermeister der Gemeinde Schröttinghausen.

1956 Bürgermeister Wilhelm Koring, Stellvertreter Heinrich Hüsemann
1961 Bürgermeister Wilhelm Koring, Stellvertreter Wilhelm Hellmich
1964 Bürgermeister Wilhelm Koring, Stellvertreter Wilhelm Nunnenkamp
1969 Bürgermeister Wilhelm Koring, Stellvertreter Heinrich Ahlemeier

Getmold

	28.10.1956 gesamt	%	19.3.1961 gesamt	%	27.9.1964 gesamt	%	9.11.1969 gesamt	%
CDU	522	31,26	183	20,04	193	25,60	166	25,66
FDP	755	45,21	416	45,56	342	45,36	151	23,34
SPD	393	23,53	197	21,58	219	29,04	330	51,00
BHE *	–	–	117	12,82	–	–	–	–

* Gesamtdeutscher Block

Ratsmitglieder

CDU

Heinrich Lohmeyer (56–61)
Wilhelm Lammersiek (56–64)
Wilhelm Unger (56–61)
Walter Große-Dunker (64–73)
Wilhelm Holzgräfe (64–73)

SPD

Erwin Wulf (56–61)
Herbert Quest (56–73)
Heinrich Rohrbach (56–61)
Friedrich Heitkamp (64–73)
Fritz Offermann (69–73)
Artur Wulf (69–73)

FDP

Heinrich Nobis (56–69)
Christian Lange (56–73)
Friedrich Marpe (56–61)
Heinrich Schmidt (56–69)
Friedrich Meyer (56–61)

BHE

Friedrich Marpe (61–64)

1956 Bürgermeister Heinrich Nobis, Stellvertreter Christian Lange
1961 Bürgermeister Heinrich Nobis, Stellvertreter Christian Lange
1964 Bürgermeister Herbert Quest, Stellvertreter Walter Große-Dunker
1969 Bürgermeister Herbert Quest, Stellvertreter Walter Große-Dunker

Holzhausen

	28.10.1956 gesamt	%	19.3.1961 gesamt	%	27.9.1964 gesamt	%	9.11.1969 gesamt	%
SPD	3 647	63,32	1 885	49,35	1 992	53,88	1 851	46,64
FDP	1 854	32,19	–	–	–	–	–	–
BHE	259	4,49	–	–	–	–	–	–
Wählergemeinschaft	–	–	1 219	31,91	1 110	30,01	1 421	35,80
CDU	–	–	716	18,74	596	16,11	697	17,56

Ratsmitglieder

SPD

Wilhelm Busche	(56–59)
Heinrich Burkamp	(56–73)
Karl Priesmeyer	(56–61)
Heinrich Kemper	(56–73)
Heinrich Rüter	(56–68)
Hermann Seelmeyer	(56–61)
Wilhelm Rahe	(61–69)
Franz Schwarz	(61–69)
Karl-Heinz Stegelmeyer	(61–73)
Willi Albrecht	(64–73)
Josef Motzko	(59–61)
und	(69–73)
Wilhelm Wischmeier	(68–73)
Heinrich Aschemeier	(59–61)

CDU

Karl Voß	(61–64)
Wilhelm Diekmeyer	(61–73)
Wilhelm Blotevogel	(64–73)

FDP

Heinrich Jungemeier	(56–61)
Karl Voß	(56–61)
Heinrich Röscher	(56–61)

Wählergemeinschaft Holzhausen-Heddinghausen

Gustav Titkemeyer	(61–64)
und	(69–71)
Heinrich Kipp	(61–73)
Wilhelm Pollert	(61–62)
Heinrich Oestreich	(61–69)
Heinrich Husemeyer	(62–69)
Richard Meier	(64–73)
Ernst Pollert	(69–73)
Ernst Nobbe	(69–73)
Ferdinand Moog	(71–73)

1956 Bürgermeister Wilhelm Busche, Stellvertreter Heinrich Rüter
Bauerschaftsvorsteher für Holzhausen Karl Priesmeyer

ab 1. August 1959 Bürgermeister Heinrich Burkamp

1961 Bürgermeister Heinrich Burkamp, Stellvertreter Wilhelm Pollert
Bauerschaftsvorsteher für Holzhausen Gustav Titkemeyer

1964 Bürgermeister Heinrich Burkamp, Stellvertreter Heinrich Rüter
Bauerschaftsvorsteher für Holzhausen Heinrich Kemper

1969 Bürgermeister Heinrich Kipp, Stellvertreter Wilhelm Blotevogel
Bauerschaftsvorsteher für Holzhausen Gustav Titkemeyer

Börninghausen

	28.10.1956 gesamt	%	19.3.1961 gesamt	%	27.9.1964 gesamt	%	9.11.1969 gesamt	%
SPD	2985	50,87	1503	53,24	1283	41,28	1429	52,13
FDP	1433	24,42	749	26.53	415	13,35	–	–
CDU	1450	24,71	571	20,23	214	6,89	–	–
UWG Bö.-Ei.	–	–	–	–	1196	38,48	1312	47,87

Ratsmitglieder

SPD

Wilhelm Frecksmeyer	(56–61)
Gottlieb Brockmann	(56–73)
Hermann Rabe	(56–61)
Fritz Brinkmeier	(56–61)
und	(64–69)
Karl Plätzer	(56–73)
Heinrich Brinkmeyer	(56–64)
Heinrich Grönemeier	(61–73)
Heinrich Weber	(61–64)
Helmut Henke	(61–73)
Karl-Heinz Bollmann	(61–64)
und	(70–73)
Waldemar Kirchhoff	(64–73)
Heinz Brinkmeier	(69–70)
Reinhold Weber	(69–73)

FDP

Wilhelm Haspelmann	(56–64)
Willi Winterkamp	(56–61)
Ernst Schnittker	(61–64)
Heinrich Schmidt	(61–64)

CDU

Wilhelm Stukemeier	(56–61)
Wilhelm Stapel	(56–61)
Ernst Bringewatt	(61–69)
Wilhelm Bartelheimer	(61–64)

UWG Bö.-Ei.

Wilhelm Mühlenweg	(64–73)
Heinrich Brinkmeyer	(64–68)
Kurt Meier	(64–73)
Wilhelm Haspelmann	(64–73)
Gustav Stöwe	(64–69)
Wilhelm Meier, Bö. 2	(69–73)
Wilhelm Meier, Bö. 154	(68–73)
Wilhelm Winterkamp	(69–73)

1956 Bürgermeister Gottlieb Brockmann, Stellvertreter Wilhelm Frecksmeyer
Bauerschaftsvorsteher für Eininghausen Heinrich Brinkmeyer

1961 Bürgermeister Gottlieb Brockmann, Stellvertreter Ernst Schnittker
Bauerschaftsvorsteher für Eininghausen Heinrich Brinkmeyer

1964 Bürgermeister Wilhelm Haspelmann, Stellvertreter Willi Winterkamp
Bauerschaftsvorsteher für Eininghausen Heinrich Brinkmeyer

1969 Bürgermeister Heinz Brinkmeier, Stellvertreter Reinhold Weber

ab 21. Juli 1970 Bürgermeister Gottlieb Brockmann
Bauerschaftsvorsteher Wilhelm Haspelmann

Von den Gemeinden Lashorst und Hedem, die durch die Gebietsreform im Jahre 1973 der Stadt Preußisch Oldendorf zugeschlagen wurden, lagen keine Wahlunterlagen vor. Die Namen der Ratsmitglieder konnten den Protokollbüchern entnommen werden.

Lashorst

Wahl 28. Oktober 1956

Bühler Nr. 57
Blase Nr. 36
Cors Nr. 49
Kreienkamp Nr. 63
Maschmeier Nr. 14
Meier Nr. 31
Meier Nr. 45
Püffke Nr. 8
Schmidt Nr. 34
Steinkamp Nr. 56
Niermann Nr. 6
Vulriede Nr. 53
Bürgermeister Schmidt
Stellvertreter Püffke

Wahl 19. März 1961

Heinrich Püffke Nr. 8
Friedrich Kreienkamp Nr. 63
Wilhelm Blase Nr. 36
Wilhelm Meier Nr. 45
Heinrich Maschmeier Nr. 14
Paul Dannappel Nr. 10

Bürgermeister Heinrich Püffke
Stellvertreter
Heinrich Maschmeier

Wahl 27. September 1964

Wilhelm Blase Nr. 36
Paul Dannappel Nr. 10
Friedrich Kreienkamp Nr. 63
Heinrich Maschmeier Nr. 14
Wilhelm Meier Nr. 45
Wilhelm Pieper bei Nr. 1
Heinrich Püffke Nr. 8

Bürgermeister Heinrich Püffke
Stellvertreter
Heinrich Maschmeier

Wahl 9. November 1969

Paul Dannappel Nr. 10	(FDP)
Friedrich Kreienkamp Nr. 63	(SPD)
Wilhelm Meier Nr. 45	(SPD)
Heinrich Püffke Nr. 8	(FDP)
Karl-Heinz Schmidt Nr. 35	(FDP)
Heinrich Steven Nr. 37	(CDU)

Bürgermeister Heinrich Püffke
Stellvertreter Heinrich Steven

Hedem

Wahl 28. Oktober 1956

Bokämper Nr. 29
Hucke Nr. 7
Kühn Nr. 33
Mielke Nr. 30
Koch Nr. 62
Pieper Nr. 14
Telkemeier Nr. 17

Bürgermeister Telkemeier
Stellvertreter Hucke

Wahl 19. März 1961

Karl Hucke Nr. 7
Heinrich Telkemeier Nr. 17
Wilhelm Pieper Nr. 14
Martin Mielke Nr. 30
Herbert Hartmann Nr. 21
Wilhelm Koch Nr. 62

Bürgermeister
Heinrich Telkemeier
Stellvertreter Karl Hucke

Wahl 27. September 1964

Wilhelm Bering Nr. 37
Wilhelm Bokämper Nr. 29
Herbert Hartmann Nr. 21
Karl Hucke Nr. 7
Wilhelm Kemner Nr. 8
Wilhelm Koch Nr. 62
Heinrich Telkemeier Nr. 17

Bürgermeister Karl Hucke
Stellvertreter Heinr. Telkemeier

Wahl 9. November 1969

Wilhelm Bering Nr. 37	(FDP)
Herbert Hartmann Nr. 21	(SPD)
Kurt Hübner Nr. 18	(CDU)
Karl Hucke Nr. 7	(SPD)
Wilhelm Koch Nr. 62	(SPD)
Herbert Möller Nr. 1	(SPD)
Karl Niemann Nr. 60	(CDU)

Bürgermeister Karl Hucke
Stellvertreter Wilhelm Bering

Gegen die Kommunalwahlen am 28. Oktober 1956 hatte der Gesamtdeutsche Block/BHE vorsorglich Einspruch erhoben. Er ging davon aus, dass der Verfassungsgerichtshof in Karlsruhe am 14. November 1956 die 5%-Klausel bei Kommunalwahlen für verfassungswidrig erklären würde und dann Neuwahlen erfolgen müssten. Der Einspruch bezog sich auf das Wahlergebnis in Holzhausen. Der Rat der Gemeinde Holzhausen wies den Einspruch zurück.

Bei der Bürgermeisterwahl in Hedem im Jahre 1961 ging es recht spannend zu. Sowohl im ersten als auch im zweiten Wahlgang gab es zwischen den Bewerbern Telkemeier und Hucke eine Pattsituation. Durch Losentscheid wurde Heinrich Telkemeier Bürgermeister.

Vertretungen des Amtes Preußisch Oldendorf in den Jahren 1952 bis 1973

Wahl am 9. November 1952

Schulz
Schweinefuß
Nobis
Brinkmeyer
König
Hilling
Balsmann
Brockmann
Niermann
Bringewatt
Schalow
Kemper
Reinköster
Haake
Meyer
Althoff
Kampe
Kunzemann
Busche
Franke
Voß
Grewe
Albrecht
Klostermann

Amtsbürgermeister: Kunzemann
Stellvertreter: Hilling

Wahl am 28. Oktober 1956

Karl Ahlers
Wilhelm Althoff
Ernst Bringewatt
Heinrich Brinkmeyer
Willi Brinkmeier
Gottlieb Brockmann
Wilhelm Busche
Friedrich Franke
Heinrich Heuer
Wilhelm Kampe
Heinrich Kemper
Ernst-Ludwig Klausmeyer
Heinrich König
Wilhelm Koring
Albert Kunzemann
Fritz Marten
Josef Motzko
Heinrich Nobis
Karl Otte
Heinrich Schmidt
Wilhelm Schweinefuß
Karl Spreen
Karl Treseler
Karl Voß

Amtsbürgermeister: Wilhelm Althoff
Stellvertreter: Heinrich Heuer

Wahl am 19. März 1961

Karl Ahlers
Wilhelm Althoff
Ernst Bringewatt
Wilhelm Brinkmeier
Heinrich Brinkmeyer
Gottlieb Brockmann
Heinrich Burkamp
Wilhelm Diekmeyer
Karl Finke
Heinrich Grönemeyer
Paul Heinecke
Wilhelm Hellmich
Heinrich Heuer
Hermann Horstmeier
Wilhelm Kahlenberg
Wilhelm Kampe
Heinrich Kemper
Heinrich Kipp
Ernst-Ludwig Klausmeyer
Walter Kleine-Döpke
Heinrich Krieger
Hans Middeke
Karl Otte
Wilhelm Pollert
Heinrich Schmidt
Ernst Schadde
Karl-Heinz Stegelmeier
Wilhelm Struckmeier
Ludwig Thase
Karl Treseler
Karl Voß

Amtsbürgermeister: Heinrich Heuer
Stellvertreter: Wilhelm Althoff

Wahl am 27. September 1964

Karl Ahlers
Friedrich Stohlmann
Rolf Köster
Hans Middeke
Heinrich Heuer
Paul Heinecke
Heinrich Jockheck
Fritz Huge
Willi Hübner
Wilhelm Vehlber
Wilhelm Hellmich
Walter Große-Dunker
Herbert Quest
Heinrich Nobis
Heinrich Burkamp
Heinrich Kemper
Karl-Heinz Stegelmeier
Heinrich Kipp
Wilhelm Diekmeyer
Gottlieb Brockmann
Heinrich Grönemeyer
Wilhelm Haspelmann
Heinrich Brinkmeyer
Karl Treseler
Ernst-Ludwig Klausmeyer
Heinrich Krieger
Ernst Schadde
Wilhelm Althoff
Heinz Knickmeier
Ernst Wiegmann
Hermann Horstmeier

Amtsbürgermeister: Wilhelm Althoff
Stellvertreter: Heinrich Heuer

Wahl am 9. November 1969

Heinrich Ahlemeier
Wilhelm Althoff
Heinz Brinkmeier
Heinrich Burkamp
Wilhelm Diekmeyer
Heinrich Grönemeyer
Wilhelm Haspelmann
Heinrich Heuer
Willi Hübner
Heinrich Jockheck
Heinrich Kipp
Ernst-Ludwig Klausmeyer
Karl Kleine-Beek
Hans Klünder
Heinz Knickmeyer
Kurt Kolbe
Rolf Köster
Heinrich Krieger
Kurt Meier
Hans Middeke
Walter Nordsiek
Herbert Quest
Klaus-Jürgen Rothhan
Karl-Heinz Stegelmeier
Friedrich Stohlmann
Gustav Titkemeyer
Karl Treseler
Ernst Wiegmann

Amtsbürgermeister: Wilhelm Althoff
Stellvertreter: Friedrich Stohlmann

Die Mitglieder der Amtsvertretung im Jahre 1972. Von links nach rechts: Obere Reihe: Hans Klünder, Offelten; Walter Nordsiek, Schröttinghausen; Rolf Köster, Pr. Oldendorf; Heinrich Grönemeier, Börninghausen; Heinrich Kipp, Holzhausen-Heddinghausen; Wilhelm Diekmeyer, Holzhausen; Kurt Kolbe, Harlinghausen; Heinz Knickmeier, Blasheim-Obermehnen: Kurt Meier, Börninghausen-Eininghausen. Mittlere Reihe: Ernst-Ludwig Klausmeyer, Blasheim-Obermehnen; Heinrich Krieger, Blasheim-Stockhausen; Helmut Henke, Börninghausen-Eininghausen; Karl-Heinz Stegelmeier, Holzhausen-Heddinghausen; Klaus-Jürgen Rothhan, Blasheim-Obermehnen; Herbert Quest, Getmold; Willi Hübner, Harlinghausen; Wilhelm Haspelmann, Börninghausen; Heinrich Ahlemeier, Schröttinghausen; Heinrich Jockheck, Pr. Oldendorf; Karl Kleine-Beek, Engershausen. Untere Reihe: Heinrich Heuer, Offelten; Ernst Wiegmann, Blasheim-Obermehnen; Karl Treseler, Blasheim; Heinrich Burkamp. Holzhausen-Heddinghausen; Amtsbürgermeister Wilhelm Althoff, Blasheim; Amtsdirektor Manfred Beermann, Pr. Oldendorf; Hans Middeke, Pr. Oldendorf; stellvertretender Amtsbürgermeister Friedrich Stohlmann, Pr. Oldendorf; Ernst Pollert, Holzhausen-Heddinghausen.

Rahden

von Helmut Kammeier

Die **Wahlergebnisse im Amt Rahden**
von 1956 bis 1973

WB = gewählter Bewerber im Wahlbezirk
RL = gewählter Bewerber über die Reserveliste
1 = Bürgermeister
2 = stellvertretender Bürgermeister
3 = zweiter stellvertretender Bürgermeister

Gemeinde Rahden

28. Oktober 1956

CDU

Franke, Friedrich	WB
Zur Heide, Heinrich	WB
Sander, Heinrich	RL

SPD

Cording, August	WB
Tirre, Wilhelm	WB
Fleddermann, August	WB
1 Meier, Wilhelm	RL
2 Donzelmann, Heinrich	WB
Bohne, Fritz	RL
Schwettmann, Hermann	RL
Strümpler, Wilhelm	RL
Weghorst, Heinrich	RL

FDP

Hildebrand, Gustav	WB
Zierenberg, Ernst	WB
Brunsiek, Karl Heinz	WB
Stomber, Werner	RL
Stegelmeier, Heinrich	RL
Von der Ahe, Heinrich	RL

19. März 1961

CDU

Franke, Friedrich	RL
Quernheim, Kurt	RL
Sander, Heinrich	RL
Langhorst, Karl	RL
Meinking, Wilhelm	RL

SPD

1 Meier, Wilhelm	WB
Bock, Wilhelm	WB
Grohne, Otto	WB
Cording, August	WB
Kirchhoff, Hermann	WB
Gebhard, August	WB
Donzelmann, Heinrich	WB
Hülshorst, Hermann	RL
Becker, Heinrich	RL

FDP

2 Ortgies, Günter	WB
Holzmeier, Leonhard	WB
Stomber, Werner	RL
Räker, Heinrich	RL

27. September 1964

CDU

Spönemann, Reinhold	WB
Bock, Günter	RL
Sander, Heinrich	RL
Langhorst, Karl	RL
Zur Heide, Karl August	RL
Quernheim, Kurt	RL

SPD

Bretthauer, Heinrich	WB
Becker, Heinrich	WB
Bock, Wilhelm	WB
Grohne, Otto	WB
Cording, August	WB
Kirchhoff, Hermann	WB
Gebhardt, August	WB
Donzelmann, Heinrich	WB
1 Meier, Wilhelm	RL
Hülshorst, Hermann	RL

FDP

2 Ortgies, Günter	RL
Holzmeier, Leonhard	RL
Räker, Heinrich	RL

6. März 1966

Sonderwahl Ausamtung von Espelkamp

CDU

Bock, Günter	WB
Sander, Heinrich	RL

Spönemann, Reinhold	RL
Detering, Wilhelm	RL
Langhorst, Karl	RL

SPD

2 Schröder, Helmut	WB
Grohne, Otto	WB
Starke, Wilhelm	WB
Möller, August	WB
Becker, Heinrich	WB
1 Meier, Wilhelm	WB
Gebhard, August	WB
Donzelmann, Heinrich	WB
Bretthauer, Heinrich	RL
Windhorst, Heinz	RL
Hülshorst, Hermann	RL
Bock, Wilhelm	RL

FDP

Räker, Heinrich	RL
Ortgies, Günter	RL

9. November 1969

CDU

Bock, Günter	WB
2 Spönemann, Reinhold	RL
Wehebrink, Heinrich	RL
Manthey, Friedrich	RL
Berg, Wilhelm	RL
Rehling, Hermann	RL
Hoppe, Paul	WB
Meinking, Wilhelm	WB

SPD

1 Meier, Wilhelm	WB
Donzelmann, Heinrich	WB
Schröder, Helmut	WB
Bretthauer, Heinrich	RL
Windhorst, Heinz	RL
Starke, Wilhelm	WB
Hartmeier, Heinrich	RL
Lange, Horst	WB
Lepel, Oskar	WB
Möller, August	WB

FDP

Ortgies, Günter	RL

Gemeinde Kleinendorf

28. Oktober 1956

CDU

Ahrens, August 12	WB
1 Bremer, Wilhelm 85	WB
2 Stuke, August 73	WB

SPD

Berg, Wilhelm 207	RL
Klingsiek, Heinrich 235	RL
Gehlker, August 291	RL
Kröger, Hermann 147	RL

FDP

Grabenkamp, Karl 143	WB
Rehling, Wilhelm 181	WB
Schlottmann, August 52	WB

19. März 1961

CDU

1 Bremer, Wilhelm 85	WB
Rehling, Wilhelm 181	WB
Schlottmann, August 52	WB
Ahrens, August 12	WB
Grabenkamp, Karl 143	WB
2 Stuke, August 73	WB

SPD

Berg, Wilhelm 207	RL
Klingsiek, Heinrich 235	RL
Gelker, August 291	RL

FDP

Berg, Walter 131	RL
Schulze, Fritz 314	RL
Bock, Hans-Hermann I	RL

27. September 1964

CDU

1 Bremer, Wilhelm 85	WB
Schlottmann, Hermann 52	WB
2 Stuke, August 73	WB
Grabenkamp, Karl 143	WB
Rehling, Wilhelm 181	WB
Tempelmeier, August 1	WB
Fehrmann, Wilhelm 61	RL

SPD

Klingsiek, Heinrich 235	RL
Krämer, Heinz 124	RL
Wegehöft, Wilhelm 329	RL
Berg, Wilhelm 207	RL

FDP

Bode, Reinhold 410	RL
Sprado, Adolf 168	RL

9. November 1969

CDU

1 Bremer, Wilhelm	WB
Stuke, August	WB
Rehling, Wilhelm	RL
Grabenkamp, Karl	WB
Tempelmeier, August	RL

SPD

Klingsiek, Heinrich	RL
Fricke, Helmut	RL
Krämer, Heinz	WB
Tieker, Helmut	WB
Kröger, Willi	WB

FDP

Bode, Reinhold	RL
2 Sprado, Adolf	RL
Hohl, Rudolf	RL

Bürgermeister Bremer verstorben; kommissarisch wurde die Aufgabe vom stellvertretenden Bürgermeister Adolf Sprado übernommen.

Gemeinde Varl

28. Oktober 1956

CDU

Döpke, August 139	WB
1 Rüter, Fritz 50	WB
Wehebrink, Heinrich 18	WB
Stevener, Heinrich 182	RL

SPD

Weghorst, Heinrich 194	RL
Wippermann, August 160	RL
Drees, Wilhelm 235	RL
Meier, Wilhelm 234	RL

FDP

Balkmann, Wilhelm 30	WB
2 Wiegmann, Wilhelm 8	WB
Bremer, August 6	WB

19. März 1961

CDU

Balkmann, Wilhelm 30	WB
Döpke, August 139	WB
Sander, Wilhelm 34	WB
1 Rüter, Friedrich 50	WB
Bremer, August 6	RL
2 Wiegmann, Wilhelm 8	RL
Stevener, Heinrich 182	RL

SPD

Drees, Wilhelm 235	WB
3 Meier, Wilhelm 234	WB
Wippermann, August 160	RL
Nolte, August 298	RL
Meier, Wilhelm 261	RL

27. September 1964

CDU

Döpke, Heinrich 139	WB
Kokemohr, Wilhelm 45	WB
1 Rüter, Fritz 50	WB
2 Sander, Wilhelm 189	WB
Timm, Herbert 113	WB
Sander, Wilhelm 34	RL

SPD

Wippermann, August 160	RL
Hagemeister, Fritz 158	RL
Meyer, Wilhelm 261	RL
Wolf, Wilhelm 191	RL

FDP

Bommelmann, Heinrich 31	WB
Bremer, Heinrich 2	RL
Steinkamp, Heinrich 9	RL

9. November 1969

CDU

1 Rüter, Fritz	WB
2 Sander, Wilhelm	RL
Döpke, Heinrich	WB
Kokemoor, Wilhelm	WB
Krohne, Heinz	WB
Timm, Herbert	WB
Warner, Helmut	RL
Wehbrink, Wilhelm	RL

SPD

Sudmann, Werner	WB
Wippermann, August	RL
Schwengel, Ernst	RL
Dunau, Wilhelm	RL

FDP

Griepenstroh, Heinrich	RL

Gemeinde Sielhorst

28. Oktober 1956

CDU

2 Warner, Hermann 1
Schlottmann, Heinrich 21

1 Rehling, Wilhelm 51
Reinking, Wilhelm 91
Rehling, August 115
Spreen, August 145

19. März 1961

CDU

2 Warner, Hermann 1	WB
1 Rehling, Wilhelm 51	WB
Schlottmann, Heinrich 21	WB
Rehling, August 115	RL
Reinking, Wilhelm 91	RL
Spreen, August 145	RL

27. September 1964

CDU

1 Rehling, Wilhelm 51	WB
Spreen, August 145	WB
Rosenbohm, Hermann 121	WB
Rehling, August 115	RL
Donzelmann, Wilhelm 47	RL
Kopmann, Heinrich 20	RL
2 Warner, Hermann 1	RL

9. November 1969

CDU

1 Kopmann, Heinrich	WB
2 Spreen, August	WB
Hodde, Wilhelm	WB
Baumbach, Adolf	RL
Bollhorst, August	RL
Spreen, August	RL

FDP

Warner, Hermann	RL

Gemeinde Preußisch Ströhen

28. Oktober 1956

CDU

1 Bollhorst, Fritz 32	WB
Bollhorst, Wilhelm 9	WB
Langhorst, Wilhelm 66	WB
2 Rose, Heinrich 84	WB
Schlottmann, August 159	WB
Schubert, Friedrich 58	WB

SPD

Witte, Friedrich 241	RL
Bollhorst, Christian 168	RL
Rose, Wilhelm 251	RL

19. März 1961

CDU

1 Bollhorst, Friedrich 32	WB
2 Rose, Heinrich 84	WB
Schubert, Friedrich 58	WB
Bollhorst, Wilhelm 9	WB
Langhorst, Heinrich 184	WB
Langhorst, Wilhelm 66	WB
Große-Wortmann, Heinrich 270	RL

SPD

Witte, Friedrich 241	RL
Hoffmann, Wilhelm 168	RL

FDP

Hartmann, Wilhelm	RL
Langhorst, Fritz 64	RL
Windhorst, August 293	RL

27. September 1964

CDU

1 Bollhorst, Friedrich 32	WB
2 Rose, Heinrich 84	WB
Große-Wortmann, Heinrich 270	WB
Langhorst, Wilhelm 66	WB
Hartlage, August 161	WB
Schubert, Friedrich 58	RL
Langhorst, Heinrich 184	RL
Kröger, Heinrich 324	RL

SPD

Hoffmann, Wilhelm 168	RL
Borcherding, Ewald 206	RL

FDP

Hartmann, Wilhelm 151	WB
Langhorst, Fritz 64	RL
Windhorst, August 293	RL

9. November 1969

CDU

2 Schubert, Friedrich 58	WB
Große-Wortmann, Heinrich 270	WB
Rose, Heinrich 84	WB
Hartlage, August 161	WB
1 Kammeier, Helmut 167	WB
Basselmann, Günter 289	WB
Langhorst, Wilhelm 64	RL
Langhorst, Wilhelm 66	RL

SPD

Bollhorst, Friedhelm 332	RL

Borcherding, Ewald 206	RL
Dreyer, Karl 389	RL

FDP

Cording, Gerhard 326	RL
Reimers, Wilhelm 258	RL

Gemeinde Wehe

28. Oktober 1956

CDU

Bohnhorst, Heinrich 129	WB
1 Borcherding, Wilhelm 21	WB
Diekmann, Fritz 174	WB
Haake, Hermann 232	WB
Meier, Wilhelm 152	WB
Wehebrink, Wilhelm 78	WB

SPD

2 Kamann, Hermann 128	RL
Bohnhorst, Wilhelm 236	RL

FDP

Langhorst, Hermann 101	RL
Langhorst, Heinrich 46	RL
Klöpper, Heinrich 8	RL

19. März 1961

CDU

Diekmann, Friedrich 174	WB
Döpke, Heinrich 17	WB
Wehebrink, Wilhelm 78	WB
2 Bohnhorst, Heinrich 129	WB
1 Borcherding, Wilhelm 21	WB
Haake, Hermann 232	WB
Bach, Eugen I	RL

SPD

Schwarze, Karl 139	RL
Gebhardt, August 58	RL

FDP

Langhorst, Hermann 101	RL
Langhorst, Heinrich 46	RL
Klöpper, Heinrich 8	RL

27. September 1964

CDU

1 Borcherding, Wilhelm 21	WB
Bohnhorst, Heinrich 129	WB
Kottenbrink, Friedrich 79	WB
Haake, Hermann 232	WB
Döpke, Heinrich 17	RL
Aebker, Heinrich 11	RL
Bach, Eugen I	RL

SPD

Knost, Heinrich 279	WB
2 Meyer, Hermann 22	WB
Kamann, Hermann 128	RL
Hollwede, August 67	RL

FDP

Langhorst, Hermann 101	RL
Döpke, Wilhelm 108	RL

9. November 1969

CDU

1 Borcherding, Wilhelm	WB
Kottenbrink, Friedrich	WB
Strack, Wilhelm	WB
Haake, Heinrich	WB
Buschmann, Heinrich	RL
Bohnhorst, Heinrich	WB
Haake, Hermann	RL
Windmöller, Dieter	RL

SPD

2 Knost, Heinrich	WB
Bohnhorst, Wilhelm	RL
Meyer, Hermann	RL
Hollwede, August	RL
Tiemann, Willi	RL

Gemeinde Tonnenheide

28. Oktober 1956

CDU

Kröger, Hermann 111	WB
Rehling, Wilhelm 36	WB
Rohlfing, Wilhelm 142	WB
1 Schmidt, Wilhelm 157	WB

SPD

Korte, Wilhelm 256	WB
2 Lappe, Wilhelm 99	WB
Schmidt, Hermann 113	RL
Schlottmann, Wilhelm 274	RL

FDP

Möller, Wilhelm 241	RL

19. März 1961

CDU

Estermann, Fritz 169	WB
Kröger, Hermann 111	WB
1 Schmidt, Wilhelm 157	WB

Rehling, Wilhelm 36	RL
Jäger, Wilhelm 55	RL
Möller, Wilhelm 241	WB
2 Rohlfing, Wilhelm 142	WB

SPD

Lappe, Wilhelm 99	WB
Schlottmann, Wilhelm 274	RL
Ahlemeier, Wilhelm 178	RL
Schmidt, Hermann 113	RL
Möller, August 283	RL

27. September 1964

CDU

1 Schmidt, Wilhelm 157	WB
Estermann, Friedrich 169	WB
Kröger, Hermann 111	WB
Möhring, Wilhelm 71	WB
2 Rohlfing, Wilhelm 142	WB
Rehling, Wilhelm 36	RL
Jäger, Wilhelm 55	RL
Hesemann, August 141	RL

SPD

Lappe, Wilhelm 99	WB
Schmidt, Hermann 113	RL
Schlottmann, Wilhelm 274	RL
Hartmann, Heinrich 358	RL
Ahlemeier, Wilhelm 178	RL

9. November 1969

CDU

1 Möhring, Wilhelm 71	WB
2 Rohlfing, Wilhelm 142	WB
Rüter, August 25	WB
Estermann, Friedrich 169	WB
Wösterhoff, Wilhelm 45	WB
Hesemann, August 141	RL
Hollendiek, Heinrich 15	RL
Kröger, Hermann 111	WB

SPD

Ahlemeier, Wilhelm 178	RL
Lappe, Wilhelm 99	RL
Hausberg, Otto 323	RL
Schlottmann, Wilhelm 274	RL
Krüger, Walter 350	RL

Amtsübergabe in Tonnenheide 1969.
Von links nach rechts: Wilhelm Schmidt, Alfred Suderow, Wilhelm Möhring.

Wahlen zur Vertretung des Amtes Rahden

29. Oktober 1956

Direkt gewählte Bewerber

1 Braun, Wilhelm, Rahden, Gerichtsstraße 1	CDU
Dreyer, Wilhelm, Kleinendorf 49	CDU
Rüter, Friedrich, Varl 50	CDU
Steinkamp, Wilhelm, Sielhorst 7	CDU
Bollhorst, Fritz, Pr. Ströhen 32	CDU
Aukamp, Friedrich, Pr. Ströhen 8	CDU
Döpke, Heinrich, Wehe 17	CDU
Schmidt, Wilhelm, Tonnenheide 157	CDU
Tirre, Wilhelm, Rahden, Lange Reihe 4	SPD
Haese, Erich, Espelkamp-Mittwald, Greifswalder Straße 8	SPD
Steding, Friedrich, Espelkamp-Mittwald, Neidenburger Weg 8	SPD
Jänicke, Paul, Espelkamp-Mittwald, Breslauer Straße 2	SPD
Siebert, Alfred, Espelkamp-Mittwald, Koloniestraße 6	SPD
Brunsiek, Karl-Heinz, Rahden, Osnabrücker Straße 4	FDP
Rose, August, Espelkamp 318	FDP

Aus den Reservelisten gewählte Bewerber

Lindberg, Karl-Werner, Espelkamp-Mittwald, Kolberger Straße 3	CDU
Bremer, Wilhelm, Kleinendorf 85	CDU
Tirre, Wilhelm, Espelkamp 246	CDU
Sander, Wilhelm, Varl 34	CDU
Detering, Friedrich, Rahden, Lange Straße 21	CDU
Witte, Friedrich, Pr. Ströhen 241	SPD
Drees, Wilhelm, Varl 235	SPD
2 Biefel, Josef, Espelkamp-Mittwald, Breslauer Straße	SPD
Blase, Wilhelm, Tonnenheide 263	SPD
Schwarze, Karl, Wehe 139	SPD
Schomäker, Heinrich, Espelkamp 65	SPD
Bohne, Fritz, Rahden, Lange Reihe 23	SPD
Schmidt, Siegfried, Espelkamp-Mittwald, Fritz-Reuter-Straße 52	FDP
Heselmeier, Walter, Kleinendorf 33	FDP
Bremer, Heinrich Varl 2	FDP

19. März 1961

Bollhorst, Friedrich, Pr. Ströhen 32	CDU
Bollhorst, Wilhelm, Pr. Ströhen 9	CDU
Borcherding, Wilhelm, Wehe 21	CDU
Gau, Espelkamp-Mittwald	CDU
Franke, Friedrich, Rahden, Gartenstraße 7	CDU
Kuhl, Espelkamp-Mittwald	CDU
Möller, Wilhelm, Espelkamp	CDU
Rehling, Wilhelm, Tonnenheide 36	CDU
1 Rehling, Wilhelm, Sielhorst 51	CDU
Rüter, Fritz, Varl 50	CDU
Stuke, August, Kleinendorf 73	CDU
Schneegans, Ernst, Espelkamp-Mittwald	CDU
Wehebrink, Heinrich, Espelkamp 2	CDU
Schmidt, Wilhelm, Tonnenheide 157	CDU
Bock, Wilhelm, Rahden, Drohneweg 2	SPD
Drees, Wilhelm, Varl 235	SPD
Haese, Erich, Espelkamp-Mittwald	SPD
Jänicke, Paul, Espelkamp-Mittwald	SPD
Kern, Wilhelm, Espelkamp-Mittwald	SPD
Meier, Wilhelm, Rahden, Lerchenweg 18	SPD
Siebert, Alfred, Espelkamp-Mittwald	SPD
2 Steding, Friedrich, Espelkamp-Mittwald	SPD
Stegemaier, Friedrich, Espelkamp-Mittwald	SPD
Schomäker, Heinrich, Espelkamp 65	SPD
Schmidt, Espelkamp-Mittwald	SPD
Berg, Wilhelm, Kleinendorf 207	FDP
Hartmann, Willi, Pr. Ströhen 151	FDP
Langhorst, Hermann, Wehe 101	FDP

Stomber, Werner, Rahden, Weher Straße 54	FDP
Zboron, Espelkamp-Mittwald	BHE

Wahlperiode 1964–1965 / Direktwahl

Meier, Wilhelm, Rahden, Lerchenweg 18	SPD
Grohne, Otto, Rahden, Feldstraße 34	SPD
Klingsiek, Heinrich, Kleinendorf 235	SPD
Wippermann, August, Varl 160	SPD
Meyer, Hermann, Wehe 22	SPD
Schmidt, Hermann, Tonnenheide 113	SPD
Kern, Wilhelm, Espelkamp-Mittwald, Lessingstraße 8	SPD
Wetzel, Gerhard, Espelkamp-Mittwald, Rahdener Straße 9	SPD
Steding, Friedrich, Espelkamp-Mittwald, Neidenburger Weg 8	SPD
Stegmaier, Friedrich, Espelkamp-Mittwald, Drosselsteg 2	SPD
Wiemann, Friedrich, Espelkamp-Mittwald, Brandenburger Ring 36	SPD
Haese, Erich, Espelkamp-Mittwald, Greifswalder Straße 8	SPD
Schomäker, Heinrich, Espelkamp 65	SPD
Stuke, August, Kleinendorf 73	CDU
Rüter, Fritz, Varl 50	CDU
1 Rehling, Wilhelm, Sielhorst 51	CDU
Bollhorst, Friedrich, Pr. Ströhen 32	CDU
Borcherding, Wilhelm, Wehe 21	CDU
Rehling, Wilhelm, Tonnenheide 36	CDU
Herzog, Kurt, Espelkamp-Mittwald Ludwig-Richter-Weg 10	CDU
König, Wilhelm, Espelkamp 288	CDU
Schneegans, Ernst, Espelkamp-Mittwald, Elbinger Weg 16	CDU
Klapper, Manfred, Espelkamp-Mittwald, Breslauer Straße 57	CDU
Gau, Gerald, Espelkamp-Mittwald, Isenstedter Straße 8	CDU
Ortgies, Günter, Rahden, Gerichtsstraße 9	FDP
Holzmeier, Leonhard, Rahden, Eisenbahnstr. 3	FDP
Hartmann, Willi, Pr. Ströhen 151	FDP
Rüter, Heinrich, Espelkamp 260	FDP
2 Buck, Karl, Espelkamp-Mittwald, Breslauer Straße 14	FDP
Zboron, Johann, Espelkamp-Mittwald, Märkische Straße	UWG

Reserveliste gewählt:

Bremer, Wilhelm, Kleinendorf 85	CDU
Bock, Günter, Rahden, Gerichtsstraße 1	CDU
Donzelmann, Heinrich, Rahden, Steller Straße 9	SPD

13. April 1966 – Sonderwahl

CDU

Bock, Günter, Rahden
Bollhorst, Pr. Ströhen
Borcherding, Wehe
Bremer, Kleinendorf
Große-Wortmann, Pr. Ströhen 270
Kottenbrink, Wehe
1 Rehling, Sielhorst
Rehling, Tonnenheide
Rüter, Varl
Schmidt, Wilhelm, Tonnenheide
Spönemann, Rahden
Stuke, Kleinendorf

SPD

Bock, Wilhelm, Rahden
Donzelmann, Rahden
Grohne, Rahden
Klingsiek, Kleinendorf 235
Meier, Rahden
Meyer, Wehe
Schmidt, Hermann, Tonnenheide
Windhorst, Rahden
Borcherding, Ewald, Pr. Ströhen

FDP

Bode, Kleinendorf
Hartmann, Pr. Ströhen
2 Ortgies, Rahden
Steinkamp, Varl

9. November 1969

1 Bock, Günter, Rahden	CDU
Rehling, Hermann, Rahden	CDU
Spönemann, Reinhold, Rahden	CDU
Stuke, August, Kleinendorf	CDU
Rüter, Fritz, Varl	CDU
Döpke, Heinrich, Varl	CDU
Spreen, August, Sielhorst	CDU
Kammeier, Helmut, Pr. Ströhen	CDU
Große-Wortmann, Heinrich Pr. Ströhen	CDU
Borcherding, Wilhelm, Wehe	CDU
Kottenbrink, Friedrich, Wehe	CDU
Möhring, Wilhelm, Tonnenheide	CDU
Estermann, Friedrich, Tonnenheide	CDU
2 Bode, Reinhold, Kleinendorf	FDP
Cording, Gerhard, Pr. Ströhen	FDP
Meier, Wilhelm, Rahden	SPD
Windhorst, Heinz, Heinz	SPD
Schröder, Helmut, Rahden	SPD
Hartmeier, Heinrich, Rahden	SPD
Klingsiek, Heinrich, Kleinendorf	SPD
Kröger, Willi, Kleinendorf	SPD
Wippermann, August, Varl	SPD
Borcherding, Ewald, Pr. Ströhen	SPD
Knost, Heinrich, Wehe	SPD
Krüger, Walter, Tonnenheide	SPD

Wahlergebnisse zur Wahl der Vertretung der Stadt Rahden — 25. März 1973

CDU

Wehebrink, Reinhard, Rahden, Am Espelkämper Feld
1 Spönemann, Reinhold, Rahden, Eibenweg 8
Bock, Günter, Rahden, Weher Straße 16
Bode, Reinhold, Kleinendorf, Mühlenstraße 4
Schwettmann, Wilhelm, Kleinendorf, Lange Straße 32
Kammeier, Helmut, Pr. Ströhen 167
Basselmann, Günter, Pr. Ströhen 289
Spreen, August, Sielhorst 43
Möhring, Wilhelm, Tonnenheide 71
Meier, Wilhelm, Varl 111
Wiegmann, Heinrich, Wehe 9
Höpker, Ernst, Wehe 38

Aus der Reserveliste gewählt

König, Horst, Varl 43
Schmidt, Hermann, Tonnenheide 73
Manthey, Friedrich, Rahden, Am Eichholz 7
Lappe, Heinz, Pr. Ströhen 279

SPD

Donzelmann, Heinrich, Rahden, Am Eichholz 8
Sudmann, Werner, Varl 157

Aus der Reserveliste gewählt

Meier, Wilhelm, Rahden, Lerchenweg 18
Knost, Heinrich, Wehe 279
Kröger, Wilhelm, Kleinendorf, Bremer Straße 20
Dreyer, Karl, Pr. Ströhen 389
Uphoff, Helmut, Varl 102
Bolte, Johann, Rahden, Sudriede 15
Schramm, Peter, Sielhorst 103

FDP

Aus der Reserveliste gewählt

2 Hohl, Rudolf, Kleinendorf, Am Freibad 33
Cording, Gerhard, Pr. Ströhen 326

Wahlen zur Amtsvertretung Rahden

	28. 10. 1956		19. 3. 1961		27. 9. 1964		9. 11. 1969	
	gesamt	%	gesamt	%	gesamt	%	gesamt	%
SPD	3 811	37,87	4 674	30,87	2 507	37,61	3 612	39,89
FDP	1 843	18,32	2 311	15,26	1 216	18,25	464	7,09
CDU	4 056	40,31	8 157	53,87	2 942	44,14	3 071	46,88
DRP	352	3,5						
NPD							402	6,14
	10 062	100	15 142	100	6 665	100	6 549	100

17. November 1956
Amtsbürgermeister Wilhelm Braun CDU
Stellvertreter Josef Biefel SPD

24. Mai 1961
Amtsbürgermeister Wilhelm Rehling CDU
Stellvertreter Fr. Steding (Wahl am 7. 7. 1961) SPD

19. November 1964
Amtsbürgermeister Wilhelm Rehling CDU
Stellvertreter Karl Buck FDP

13. April 1966
Amtsbürgermeister Wilhelm Rehling CDU
Stellvertreter Günter Ortgies FDP

17. Dezember 1969
Amtsbürgermeister Günter Bock CDU
Stellvertreter Reinhold Bode FDP

5. April 1973
Bürgermeister Reinhold Spönemann CDU
Stellvertreter Rodolf Hohl FDP

Die Gemeindebürgermeister nach der letzten Sitzung der Amtsvertretung 1972. Von links nach rechts: Alfred Suderow, Wilhelm Möhring, Helmut Kammeier, Adolf Sprado, Günther Bock, Wilhelm Meier, Wilhelm Borcherding, Heinrich Kopmann und Fritz Rüter. Amtsbürgermeister Günther Bock stiftete dem neuen Rat der Stadt Rahden eine Tischglocke.

Wahlen zu den Gemeindevertretungen

	28.10.56	%	19.03.61	%	27.09.64	%	06.03.66	%	09.11.69	%	25.03.73	%
Rahden												
Gült.Stimmen	1652	100	1951	100	2067		2 213		2186	100	2432	
SPD	755	45,7	1006	51,56	1082	52,35	1317	59,51	1125	51,46	1099	45,19
CDU	306	18,52	517	26,5	645	31,2	592	26,75	889	40,67	1117	45,93
FDP	573	34,69	428	21,94	340	16,45	304	13,74	172	7,87	216	8,88
Kleinendorf												
Gült. Stimmen	5237	100	2883	100	2889	100			2749	100	1152	
SPD	1992	38,04	835	28,96	939	32,5			1131	41,14	409	35,5
CDU	1665	31,79	1420	49,26	1486	51,44			1033	37,58	610	52,95
FDP	1580	30,17	628	21,78	464	16,06			585	21,28	133	11,55
Pr. Ströhen												
Gült.Stimmen	4510	100	2565	100	2119	100			2044	100	1029	
SPD	1481	32,84	459	17,89	394	18,59			453	22,16	157	15,26
CDU	3029	67,16	1484	57,86	1154	54,46			1183	57,88	822	79,88
FDP			622	24,25	571	26,95			408	19,96	50	4,86
Sielhorst												
Gült.Stimmen			752	100	505	100			1127	100	455	
SPD									125	11,09	66	14,51
CDU			752	100	505	100			851	57,51	363	79,78
FDP									151	13,4	26	5,71
Tonnenheide												
Gült. Stimmen	4460	100	2212	100	2135	100			1902	100	687	
SPD	1760	39,46	906	40,96	859	40,23			750	39,43	149	21,69
CDU	1940	43,5	1306	59,04	1276	59,77			1152	60,57	522	75,98
FDP	760	17,04									16	2,33
Varl												
Gült. Stimmen	4273	100	2550	100	2277	100			2103	100	876	
SPD	1705	39,9	1010	39,61	682	29,95			732	34,81	300	34,25
CDU	1448	33,89	1540	60,39	999	43,87			1206	57,35	520	59,36
FDP	1120	26,21			596	26,18			165	7,84	56	6,39
Wehe												
Gült.Stimmen	3821	99,97	2227	100	1963	100			1758	100	770	
SPD	804	21,04	458	20,57	613	31,23			595	33,85	277	35,97
CDU	2079	54,41	1138	51,1	956	48,7			1068	60,65	465	60,39
FDP	938	24,55	631	28,33	394	20,07			95	5,4	28	3,64

(gerastert) Wahl wegen Gebietsabtretung an Espelkamp

Stemwede

von Wilhelm Westerkamp

Im Folgenden finden Sie die Ergebnisse der Kommunalwahlen 1956–1969 in den Gemeinden der damaligen Ämter Dielingen-Wehdem und Levern aufgeführt.

Der Vollständigkeit halber und um alle Namen und Funktionsträger aufzulisten, sind die Ergebnisse in tabellarischer Form dargestellt.
Die früheren 13 Einzelgemeinden sind in alphabetischer Reihenfolge geordnet.

Arrenkamp

	28.10.1956		19.3.1961		27.9.1964		9.11.1969	
	gesamt	%	gesamt	%	gesamt	%	gesamt	%
CDU	–		425	66,7	296	59,8	307	68,4
FDP	–		–		–		–	
SPD	246	20,6	212	33,3	199	40,2	142	31,6
Unabh.	948	79,4	–		–		–	

Gewählte Ratsmitglieder:

Unabhängige

Feuße, Wilhelm	(56–61)
Hohlt, Wilhelm	(56–61)
Klanke, Wilhelm	(56–61)
Gräber, Wilhelm	(56–61)
Schäfer, Ludwig	(56–61)
Raabe, Wilhelm	(56–61)

CDU

Geldmeier, Heinrich	(61–64)
Lilie, Gustav	(61–64)
Raabe, Wilhelm	(61–64)
Spreen, Wilhelm	(61–64)
Eickhoff, Wilhelm	(64–69)
Geldmeier, Heinrich	(64–69)
Schäfer, Ludwig	(64–69)
Lilie, Gustav	(64–69)
Eickhoff, Wilhelm	(69–73)
Gräber, Heinz	(69–73)
Lilie, Gustav	(69–73)
Ramsauer, Gerd	(69–73)
Düsing, Wilfried	(69–73)

SPD

Dresing, Wilhelm	(61–64)
Kemper, Wilhelm	(61–64)
Dresing, Wilhelm	(64–69)
Kemper, Wilhelm	(64–69)
Sommer, Herbert	(64–69)
Kemper, Wilhelm	(69–73)
Geldmeier, Heinrich	(69–73)

1956 Bürgermeister Wilhelm Raabe
1961 Bürgermeister Wilhelm Raabe
1964 Bürgermeister Wilhelm Eickhoff
1969 Bürgermeister Wilhelm Eickhoff

Wilhelm Raabe, Bürgermeister der Gemeinde Arrenkamp 1946–1964; Mitglied der Amtsvertretung Dielingen-Wehdem.

Dielingen

	28. 10. 1956 gesamt	%	19. 3. 1961 gesamt	%	27. 9. 1964 gesamt	%	9. 11. 1969 gesamt	%
CDU	1 700	49,4	887	42,0	779	43,5	950	47,8
FDP	875	25,4	461	21,0	437	24,5	441	22,2
SPD	869	25,2	570	27,0	573	32,0	596	30,0
Unabh.	–	–	193	9,2	–		–	

Gewählte Ratsmitglieder:

CDU

Angelbeck, Heinrich (56–61)
Detert, Heinrich (56–61)
Hoolt, Wilhelm (56–61)
Meyer-Reiningen, Karl (56–61)
Rosenbaum, Heinrich (56–61)
Wehrmann, Wilhelm (56–61)

Detert, Heinrich (61–64)
Rosenbaum, Heinrich (61–64)
Wehrmann, Wilhelm (61–64)
Angelbeck, Heinrich (61–64)
Meyer-Reiningen, Karl (61–64)
Hoolt, Wilhelm (61–64)

Hoolt, Wilhelm (64–69)
Meyer-Reiningen, Karl (64–69)
Angelbeck, Heinrich (64–69)
Schwarze, Helmut (64–69)
Rosenbaum, Heinrich (64–69)
Wehrmann, Wilhelm (64–69)

Hoolt, Wilhelm (69–73)
Meyer-Reiningen, Karl (69–73)
Wehrmann, Wilhelm (69–73)
Angelbeck, Heinrich (69–73)
Schwarze, Helmut (69–73)
Rosenbaum, Heinrich (69–73)

FDP

Rennegarbe, Wilhelm (56–61)
Kleine, Heinrich (56–61)
Gülker, Woldi (56–61)

Rennegarbe, Wilhelm (61–64)
Schröder, Friedrich (61–64)
Ohlendieck, Willi (61–64)

Rennegarbe, Wilhelm (64–69)
Behrens, Heinrich (64–69)
Ohlendieck, Willi (64–69)

Rennegarbe, Wilhelm (69–73)
Prenzler, Helmut (69–73)
Ohlendieck, Wilhelm (69–73)

SPD

Föbker, Gustav (56–61)
Böhm, Fritz (56–71)
Gemsa, Friedrich (56–61)

Böhm, Fritz (61–64)
Gemsa, Friedrich (61–64)
Föbker, Gustav (61–64)

Föbker, Gustav (64–69)
Böhm, Fritz (64–69)
Hoyer, Horst (64–69)
Kopp, Friedrich (64–69)

Böhm, Fritz (69–73)
Kopp, Friedrich (69–73)
Kindler, Adalbert (69–73)
Ulbrich, Alois (69–73)

1956 Bürgermeister Karl Meyer-Reiningen
1961 Bürgermeister Karl Meyer-Reiningen
1964 Bürgermeister Karl Meyer-Reiningen
1969 Bürgermeister Karl Meyer-Reiningen

Drohne

	28. 10. 1956 gesamt	%	19. 3. 1961 gesamt	%	27. 9. 1964 gesamt	%	9. 11. 1969 gesamt	%
CDU	1 313	80,2	569	57,6	443	49,1	390	54,5
FDP	–		291	29,4	347	38,4	236	33,0
SPD	325	19,8	128	13,0	113	12,5	89	12,5

Gewählte Ratsmitglieder:

CDU

Grube, Heinrich (56–61)
Buck, Friedrich (56–61)
Pohlmeyer, Heinrich (56–61)
Pöppelmeier, Heinrich (56–61)
Reddehase, Friedrich (56–61)
Grönemeyer, Gustav

Grube, Heinrich (61–64)
Pohlmeier, Heinrich (61–64)
Pöppelmeier, Heinrich (61–64)
Grönemeyer, Gustav (61–64)

Grube, Heinrich (64–69)
Pöppelmeier, Heinrich (64–69)
Schulte, Wilhelm (64–69)

Grube, Heinrich (69–73)
Schulte, Wilhelm (69–73)
Lange, Walter (69–73)
Wiese, Karl (69–73)

SPD

Israel, Wilhelm (56–61)
Wehrmann, Gustav (64–69)
Ahler, Helmut (69–73)

FDP

Reddehase, Friedrich (61–64)
Hohlt, Willi (61–64)

Hohlt, Willi (64–69)
Eilermann, Helmut (64–69)
Koch, Erwin (64–69)

Ellermann, Helmut (69–73)
Hohlt, Willi (69–73)

1956 Bürgermeister Heinrich Grube
1961 Bürgermeister Heinrich Grube
1964 Bürgermeister Heinrich Grube
1969 Bürgermeister Heinrich Grube

Heinrich Grube, Drohne, Bürgermeister der Gemeinde Drohne von 1945 bis 1972; Mitglied der Amtsvertretung Dielingen Wehdem.

Haldem

	28. 10. 1956 gesamt	%	19. 3. 1961 gesamt	%	27. 9. 1964 gesamt	%	9. 11. 1969 gesamt	%
CDU	2 400	58,6	1 032	50,0	1 155	64,6	1 435	70,8
FDP	1 179	28,8	615	29,8	–		–	
SPD	515	12,6	416	20,2	634	35,4	591	29,2

Gewählte Ratsmitglieder:

CDU

Benker, August (56–61)
Kettler, Heinrich (56–61)
Fortmann, Heinrich (56–61)
Quebe, Friedrich (56–61)
Quebe, Willy (56–61)
Höger, Wilhelm (56–61)

Benker, August (61–64)
Lohmeier, Hermann (61–64)
Portmann, Heinrich (61–64)
Höger, Wilhelm (61–64)
Kettler, Heinrich (61–64)
Quebe, Friedrich (61–64)

Becker, Heinz (64–69)
Klencke, Wilhelm (64–69)
Beneker, Heinrich (64–69)
Fortmann, Heinrich (64–69)
Höger, Wilhelm (64–69)
Raabe, Fritz (64–69)
Lohmeier, Hermann (64–69)
Wendt, Karl (64–69)
Quebe, Friedrich (64–69)

Becker, Heinz (69–73)
Frieten, Hans (69–73)
Klencke, Wilhelm (69–73)
Dinklage, Hellenbert (69–73)
Hassebrock, Heinrich (69–73)
Lahmann, Willi (69–73)
Spreen, Heinrich (69–73)
Wendt, Karl (69–73)
Raabe, Wilhelm (69–73)

FDP

Klencke, Wilhelm (56–61)
Strackenbrock, Gustav (56–61)
Becker, Fritz (56–61)

Klencke, Wilhelm (61–64)
Becker, Fritz (61–64)
Wendt, Karl (61–64)
Beneker, Heinrich (61–64)

1956 Bürgermeister August Benker
1961 Bürgermeister August Benker
1964 Bürgermeister Wilhelm Klencke
1969 Bürgermeister Wilhelm Klencke

SPD

Kirchner, Joseph (56–61)

Bollhorst, Fritz (61–64)
Wichmann, Heinrich (61–64)

Bollhorst, Fritz (64–69)
Wichmann, Heinrich (64–69)
Dreier, Friedrich (64–69)
Lübke, Willi (64–69)

Dreier, Friedrich (69–73)
Strunck, Ernst (69–73)
Lübke, Willi (69–73)
Bollhorst, Fritz (69–73)

Oppendorf

	28. 10. 1956		19. 3. 1961		27. 9. 1964		9. 11. 1969	
	gesamt	%	gesamt	%	gesamt	%	gesamt	%
CDU	2 114	87,8	1 029	75,8	959	78,9	983	65,9
FDP	–		329	24,2	186	15,3	343	23,0
SPD	293	12,2	–		70	5,8	165	11,1

Gewählte Ratsmitglieder:

CDU

Buck, Heinrich (56–61)
Gräbe, Wilhelm (56–61)
Heggemeier, Christian (56–61)
Priesmeier, Friedrich (56–61)
Sander, Wilhelm (56–61)
Witte, Friedrich (56–61)

Gräbe, Wilhelm (61–64)
Priesmeier, Friedrich (61–64)
Winkelmann, Heinrich (61–64)
Buck, Heinrich (61–64)
Kokemoor, Ludwig (61–64)

Gräbe, Wilhelm	(64–69)
Kasten, Ludwig	(64–69)
Kokemoor, Ludwig	(64–69)
Winkelmann, Heinrich	(64–69)
Steinkamp, Werner	(64–69)
Bohne, Wilhelm	(64–69)
Krüger, Willi	(69–73)
Schumacher, Erich	(69–73)
Winkelmann, Heinrich	(69–73)
Buck, Karl-Heinz	(69–73)
Hüsemann, Helmut	(69–73)
Schwettmann, Werner	(69–73)
Kükelhan, Erich	(69–73)
Priesmeier, Willi	(69–73)
Tiemann, Günter	(69–73)

FDP

Bollhorst, Wilhelm	(61–64)
Bollhorst, Wilhelm	(64–69)
Bierenriede, Wilhelm	(69–73)
Engel, Bernhard	(69–73)
Engel, Fritz	(69–73)

SPD

Buck, Wilhelm	(69–73)

1956 Bürgermeister Wilhelm Gräbe
1961 Bürgermeister Wilhelm Gräbe
1964 Bürgermeister Wilhelm Gräbe
1969 Bürgermeister Erich Schumacher

Wilhelm Gräbe, Bürgermeister der Gemeinde Oppendorf von 1950 bis 1969; Mitglied der Amtsvertretung Dielingen-Wehdem.

Oppenwehe

	28.10.1956 gesamt	%	19.3.1961 gesamt	%	27.9.1964 gesamt	%	9.11.1969 gesamt	%
CDU	2 519	56,4	1 242	45,3	1 288	46,7	1 377	47,4
FDP	1 587	35,5	1 277	46,6	1 277	44,5	1 056	36,4
SPD	363	8,1	222	8,1	243	8,8	469	16,2

Gewählte Ratsmitglieder:

CDU

Fangmeier, Wilhelm	(56–61)
Heggemeier, Heinrich	(56–61)
Lammert, Wilhelm	(56–61)
Meier, Wilhelm	(56–61)
Steinkamp, Heinrich	(56–61)
Wüppenhorst, Wilhelm	(56–61)
Heitmann, Wilhelm	(61–64)
Tielbürger, Fritz	(61–64)
Steinkamp, Heinrich	(61–64)
Heggemeier, Heinrich	(61–64)
Wüppenhorst, Wilhelm	(61–64)
Heitmann, Wilhelm	(64–69)
Tielbürger, Fritz	(64–69)
Sämann, Werner	(64–69)
Steinkamp, Heinrich	(64–69)
Lohmeier, Hermann	(64–69)
Buck, Gustav	(64–69)
Heitmann, Wilhelm	(69–73)
Tielbürger, Friedrich	(69–73)
Lohmeier, Hermann	(69–73)
Sämann, Werner	(69–73)
Steinkamp, Friedrich	(69–73)
Buck, Gustav	(69–73)

FDP

Büttemeier, Friedrich	(56–61)
Windhorst, Wilhelm	(56–61)
Kröger, Wilhelm	(56–61)
Krohne, Heinrich	(56–61)

Büttemeier, Friedrich (61–64)
Bohne, Friedrich (61–64)
Windhorst, Willi (61–64)
Wietelmann, Wilhelm (61–64)
Kröger, Wilhelm (61–64)
Biljes, Christian (61–64)

Büttemeier, Friedrich (64–69)
Bohne, Fritz (64–69)
Windhorst, Willi (64–69)
Wietelmann, Wilhelm (64–69)
Kröger, Wilhelm (64–69)
Meier, Christian (64–69)

Büttemeier, Friedrich (69–73)
Windhorst, Wilhelm (69–73)
Bohne, Fritz (69–73)
Meier, Christian (69–73)
Buckentin, Alfred (69–73)

1956 Bürgermeister Wilhelm Lammert
1961 Bürgermeister Friedrich Büttemeier
1964 Bürgermeister Friedrich Büttemeier
1969 Bürgermeister Friedrich Büttemeier

SPD

Manske, Heinz (56–61)
Niemann, Hans (61–64)
Langhorst, Fritz (64–69)
Niemann, Hans (69–73)
Vogt, Herbert (69–73)

Wehdem

	28. 10. 1956 gesamt	%	19. 3. 1961 gesamt	%	27. 9. 1964 gesamt	%	9. 11. 1969 gesamt	%
CDU	1 870	54,0	1 090	55,3	953	61,1	1 066	56,6
FDP	917	26,5	529	26,9	409	26,2	457	24,3
SPD	673	19,5	529	17,8	198	12,7	359	19,1

Gewählte Ratsmitglieder:

CDU

Högemeier, Fritz (56–61)
Kokemoor, Heinrich (56–61)
Kokemoor, Ludwig (56–61)
Möller, Willi (56–61)
Tiesing, Fritz (56–61)
Wehrmann, Karl (56–61)

Hegerfeld, Friedrich (61–64)
Schnier, Friedrich (61–64)
Wellmann, Wilhelm (61–64)
Högemeier, Friedrich (61–64)
Kohlwes, Heinrich (61–64)
Wiese, Heinrich (61–64)
Wehrmann, Karl (61–64)

Hegerfeld, Friedrich (64–69)
Schnier, Friedrich (64–69)
Wellmann, Wilhelm (64–69)
Högemeier, Friedrich (64–69)
Kohlwes, Heinrich (64–69)
Wiese, Heinrich (64–69)
Wehrmann, Karl (64–69)
Möller, Wilhelm (64–69)

Buck, Karl-Heinz (69–73)
Hegerfeld, Friedrich (69–73)
Steinhauer, Helmut (69–73)
Niermann, Günter (69–73)
Piper, Heinrich (69–73)
Wiese, Heinrich (69–73)
Niemann, Hans (69–73)
Schlechte, Wilhelm (69–73)

FDP

Schnier, Friedrich (56–61)
Niemeier, Wilhelm (56–61)
Martlage, Christian (56–61)

Niemeier, Wilhelm (61–64)
Schmidt, Hermann (61–64)
Brune, Heinrich (61–64)

Kokemoor, Heinrich (64–69)
Grube, Wilhelm (64–69)
Schmidt, Hermann (64–69)

Grube, Wilhelm (69–73)
Kalkhake, Erwin (69–73)
Haller, Wilhelm (69–73)

SPD

Wischnewski, Wilhelm (56–61)
Siekermann, Wilhelm (56–61)

Leupold, Helmut (61–64)
Möller, Fritz (61–64)

Leupold, Helmut (64–69)
Möller, Fritz (64–69)

Möller, Fritz (69–73)
Tellke, Kurt (69–73)

1956 Bürgermeister Heinrich Kokemoor
1961 Bürgermeister Friedrich Schnier
1964 Bürgermeister Friedrich Schnier
1969 Bürgermeister Friedrich Hegerfeld

Westrup

	28. 10. 1956 gesamt	%	19. 3. 1961 gesamt	%	27. 9. 1964 gesamt	%	9. 11. 1969 gesamt	%
CDU	2012	86,8	973	85,4	770	80,5	788	85,4
FDP	—		—		—		—	
SPD	307	13,2	167	14,6	187	19,5	135	14,6

Gewählte Ratsmitglieder:

CDU

Rübeck, Karl (56–61)
Holle, Karl (56–61)
Piper, Christoph (56–61)
Aping, Hermann (56–61)
Wise, Wilhelm (56–61)
Holle, Fritz (56–61)

Frickenhelm, Wilhelm (61–64)
Holle, Karl (61–64)
Rübeck, Karl (61–64)
Aping, Hermann (61–64)
Wise, Wilhelm (61–64)

Frickenhelm, Wilhelm (64–69)
Holle, Karl (64–69)
Piper, Christoph (64–69)
Holle, Friedrich (64–69)
Wise, Wilhelm (64–69)
Aping, Hermann (64–69)

Bohne, Willi (69–73)
Frickenhelm. Wilhelm (69–73)
Holle, Karl (69–73)
Holle, Friedrich (69–73)
Grube, Wilhelm (69–73)
Aping, Hermann (69–73)

SPD

Martlage, Fritz (61–64)

Syska, Herbert (64–69)

Syska, Herbert (69–73)

1956 Bürgermeister Karl Rübeck
1961 Bürgermeister Karl Rübeck
1964 Bürgermeister Karl Holle
1969 Bürgermeister Karl Holle

Destel

	28.10.1956 gesamt	%	19.3.1961 gesamt	%	27.9.1964 gesamt	%	9.11.1969 gesamt	%
CDU	938	34,1	419	32,4	575	50,2	661	71,6
FDP	1 081	39,2	501	38,7	358	31,2	–	
SPD	736	26,7	375	28,9	213	18,6	262	28,4

Gewählte Ratsmitglieder:

CDU

Kleybrink, Ludwig (56–61)
Lösche, Heinrich (56–61)
Holle gnt. Kleybrink, Christian (56–61)
Tegtmeier, Christian (56–61)
Koch, Wilhelm (56–61)

Kleybrink, Ludwig (61–64)
Hehmann, Wilhelm (61–64)

Kleybrink, Ludwig (64–69)
Bökelmann, August (64–69)
Hehmann, Wilhelm (64–69)
Nrinkmeier, Fritz (64–69)

Bökelmann, August (69–73)
Brinkmeier, Fritz (69–29.9.71)
Hägemeister, Fritz (30.9.71–73)
Hehmann, Wilhelm (69–73)
Kleybrink, Günter (69–73)
Speckmeier, Wilhelm (69–73)

FDP

Wilke, Friedrich (56–61)
Tegtmeier, August (56–61)
Pollert, Friedrich (56–61)
Hübsche, Friedrich (56–61)
Bökelmann, August (56–61)
Hahler, Friedrich (56–61)

Bökelmann, August (61–64)
Hahler, Friedrich (61–64)

Hahler, Friedrich (64–69)
Lange, Friedrich (64–69)

SPD

Lange, Ludwig (56–61)
Lange, Friedrich (56–61)
Wittkötter, Heinrich (56–61)
Brinkhoff, Rudolf (56–61)

Lange, Ludwig (61–64)
Brinkhoff, Rudolf (61–64)

Lange, Ludwig (64–69)

Lange, Ludwig (69–31.3.70)
Piel, Arthur (1.4.70–73)
Schmidt, Helmut (69–73)

1956 Bürgermeister Ludwig Lange
1961 Bürgermeister Ludwig Kleybrink
1964 Bürgermeister Ludwig Kleybrink
1969 Bürgermeister August Bökelmann

Levern

	28.10.1956 gesamt	%	19.3.1961 gesamt	%	27.9.1964 gesamt	%	9.11.1969 gesamt	%
CDU	1 608	36,0	787	33,4	706	34,2	775	38,1
FDP	1 981	44,4	1 051	44,7	855	41,4	371	18,2
SPD	873	19,6	515	21,9	505	24,4	586	28,8
Aktion Bürgersinn	–		–		–		304	14,9

Gewählte Ratsmitglieder:

CDU

Katenbrink, Heinrich (56–61)
Loheide, Friedrich (56–61)
Balshüsemann, Ernst (56–61)
Rahe, Friedrich (56–61)

Göker, Friedrich (61–64)
Katenbrink, Heinrich (61–64)
Knipstein, Christian (61–64)
Balshüsemann, Ernst (61–64)

Göker, Friedrich (64–69)
Balshüsemann, Ernst (64–69)
Rahe, Friedrich (64–69)
Knipstein, Christian (64–69)

Göker, Friedrich (69–73)
Terberger, Gerhard (69–73)
Giesen, Paul (69–73)
Röttcher, Friedrich (69–73)
Jochmann, Karl-Heinz (69–73)

Aktion Bürgersinn (Freie Wählergemeinschaft)

Wichering, Wilhelm (69–73)
Kleine-Kleffmann, Heinrich (69–73)

FDP

Langelahn, Ludwig (56–61)
Klanke, Friedrich (56–61)
Niemeyer, Wilhelm (56–61)
Thoms-Meyer, Wilhelm (56–61)
Weitkamp, Friedrich (56–61)

Langelahn, Ludwig (61–64)
Klanke, Friedrich (61–64)
Niemeyer, Wilhelm (61–64)
Thomas-Meyer, Wilhelm (61–64)
Warner, Friedrich (61–64)
Weitkamp, Friedrich (61–64)

Langelahn, Ludwig (64–69)
Niemeyer, Wilhelm (64–69)
Warner, Friedrich (64–69)
Thomas-Meyer, Wilhelm (64–69)
Klanke, Friedrich (64–69)
Weitkamp, Friedrich (64–69)

Thoms-Meyer, Wilhelm (69–73)
Warner, Friedrich (69–73)

SPD

Horstmann, Wilhelm (56–61)
Möllmann, Hermann (56–61)

Horstmann, Wilhelm (61–64)
Hüsemann, Wilhelm (61–64)

Hüsemann, Wilhelm (64–69)
Stärke, Erwin (64–69)
Pollert, Heinz (64–69)

Schmidt, Ernst-August (69–73)
Hüsemann, Wilhelm (69–73)
Stärke, Erwin (69–73)
Raabe, Heinz (69–73)

Niedermehnen

	28. 10. 1956 gesamt	%	19. 3. 1961 gesamt	%	27. 9. 1964 gesamt	%	9. 11. 1969 gesamt	%
CDU	1 674	68,2	495	37,7	447	38,9	351	33,1
FDP	–		430	32,7	471	40,9	433	40,9
SPD	782	31,8	388	29,6	232	20,2	275	26,0

Gewählte Ratsmitglieder:

CDU

Hegerfeld, Wilhelm (56–61)
Hüffmeyer, Fritz (56–61)
Kettler, Karl (56–61)
Kramer, Christian (56–61)
Siebe, Christian (56–61)

Hegerfeld, Erwin (61–64)

Siebe, Christian (64–69)
Hegerfeld, Erwin (64–69)
Hegerfeld, Walter (64–69)

Hegerfeld, Erwin (69–73)
Hegerfeld, Walter (69–73)

FDP

Rohlfing, Heinrich (56–61)

Lahrmann, Friedrich (61–64)
Ohlendieck, Ewald (61–64)

Lahrmann, Friedrich (64–69)
Ohlendieck, Ewald (64–69)
Rohlfing, Heinrich (64–69)

Lahrmann, Friedrich (69–73)
Heggemeier, Wilhelm (79–73)
Bohnenkamp, Wilhelm (69–73)

SPD

Hüsemann, Christian (56–61)
Schiermeier, Wilhelm (56–61)
Holtkamp, Wilhelm (56–22.6.58)
Schlüter, Fritz (23.6.58–61)

Hüsemann, Christian (61–64)
Schiermeier, Wilhelm (61–64)

Schiermeier, Wilhelm (64–69)

Meier gnt. Reckmann, Wilhelm (69–73)

Siebe, Gottlieb (69–73)

1956 Bürgermeister Heinrich Rohlfing
1961 Bürgermeister Friedrich Lahrmann
1964 Bürgermeister Friedrich Lahrmann
1969 Bürgermeister Friedrich Lahrmann

Sundern

	28. 10. 1956 gesamt	%	19. 3. 1961 gesamt	%	27. 9. 1964 gesamt	%	9. 11. 1969 gesamt	%
CDU	1 075	76,7	471	64,5	442	76,2	417	78,2
FDP	–		101	13,8	99	17,1	–	
SPD	327	23,3	158	21,7	39	6,7	116	21,8

Gewählte Ratsmitglieder:

CDU

Kreienbrock, Wilhelm (56–61)
Koch, Friedrich (56–61)
Kruke, Wilhelm (56–61)
Pollert, Christian (56–61)
Stegemöller, Karl (56–61)

Melcher, Heinrich (61–64)
Rodeck, Christian (61–64)
Stegemöller, Karl (61–64)
Rümke, Wilhelm (61–64)

Melcher, Heinrich (64–69)
Stegemöller, Karl (64–69)
Rümke, Wilhelm (64–69)
Rodeck, Christian (64–69)
Kruke, Wilhelm (64–69)
Redeker, Fritz (64–69)

Melcher, Heinrich (69–73)
Rümke, Wilhelm (69–73)
Niedermowe, Wolfgang (69–73)
Kreienbrock, Karl (69–73)
Redeker, Friedrich (69–73)
Uhrmacher, Otto (69–73)

FDP

Rodeck, Heinrich (56–61)
Rodeck, Heinrich (61–64)
Greger, Kurt (64–69)

SPD

Klanke, Wilhelm (56–61)
Kröger, Gottlieb (56–61)
Klanke, Wilhelm (61–64)
Hüsemann, Wilhelm (69–73)

1956 Bürgermeister Wilhelm Kreienbrock
1961 Bürgermeister Heinrich Melcher
1964 Bürgermeister Heinrich Melcher
1969 Bürgermeister Heinrich Melcher

Twiehausen

	28. 10. 1956		19. 3. 1961		27. 9. 1964		9. 11. 1969	
	gesamt	%	gesamt	%	gesamt	%	gesamt	%
CDU	1 071	37,3	530	38,8	482	36,9	506	44,3
SPD	1 802	62,7	837	61,2	826	63,1	635	55,7

Gewählte Ratsmitglieder:

CDU

Fricke, Heinrich (56–61)
Kokemoor, Heinrich (56–61)
Hagedorn, Walter (56–61)
Niestrath, Arnold (56–61)

Hagedorn, Walter (61–64)
Fricke, Heinrich (61–64)

Hagedorn, Walter (64–69)
Kokemoor, Hermann (64–69)

Hagedorn, Walter (69–73)
Kokemoor, Hermann (69–73)
Rabe, Otto (69–73)

SPD

Bökelmann, Heinrich (56–61)
Sandmöller, Wilhelm (56–61)
Schäfer, Gustav (56–61)
Wehmeier, Friedrich (56–61)
Jockheck, Friedrich (56–61)
Drees, Friedrich (56–61)

Bökelmann, Heinrich (61–64)
Wehmeier, Friedrich (61–64)
Jockheck, Friedrich (61–64)

Bökelmann, Heinrich (64–69)
Sandmöller, Wilhelm (64–69)
Wehmeier, Friedrich (64–69)
Jockheck, Friedrich (64–69)
Drees, Friedrich (64–69)

Bökelmann, Heinrich	(69–31.3.70)	1956	Bürgermeister Heinrich Bökelmann
Hafer, Hermann	(1.3.70–73)	1961	Bürgermeister Heinrich Bökelmann
Wehmeier, Friedrich	(69–73)	1964	Bürgermeister Heinrich Bökelmann
Sandmöller, Wilhelm	(69–73)	1969	Bürgermeister Heinrich Bökelmann (bis 31. März 1970)
Sporleder, Heinrich	(69–73)	ab 1. April 1970	Bürgermsieter Walter Hagedorn

Bürgermeistertreffen kurz vor Ende der alten Kommunalordnung. Von links: Heinz Gräber, Bürgermeister von Arrenkamp; Friedrich Büttemeier, Bürgermeister von Oppenwehe; Heinz Becker, Haldem, Amtsbürgermeister; Wilhelm Gräbe, ehemaliger Bürgermeister von Oppendorf; August Benker, ehemaliger Bürgermeister von Haldem; Karl Meyer-Reiningen, Bürgermeister in Dielingen; Fritz Högemeier, Wehdem, ehem,aliger Amtsbürgermeister; Wilhelm Raabe, ehemaliger Bürgermeister von Arrenkamp; Heinz Redecker, Levern, Amtsdirektor; Friedrich Hegerfeld, Bürgermeister von Wehdem; Heinrich Kokemoor, ehemaliger Bürgermeister von Wehdem; Heinrich Grube, Bürgermeister von Drohne; Wilhelm Kleuke, Bürgermeister von Haldem.

Von den im Zuge der Kommunalwahlen 1956–1969 gewählten Amtsvertretungen wurden folgende Amtsbürgermeister und deren Stellvertreter gewählt:

Amt Dielingen-Wehdem

28. 10. 1956	Amtsbürgermeister Fritz Högemeier, Wehdem Nr. 39	(CDU)
	Stellvertreter Wilhelm Gräber, Arrenkamp Nr. 7	(CDU)
19. 3. 1961	Amtsbürgermeister Fritz Högemeier, Wehdem Nr. 39	(CDU)
	Stellvertreter Karl Meyer-Reiningen, Dielingen Nr. 20	(CDU)
27. 9. 1964	Amtsbürgermeister Fritz Högemeier, Wehdem Nr. 39	(CDU)
	Stellvertreter Karl Meyer-Reiningen, Dielingen Nr. 20	(CDU)
9. 11. 1969	Amtsbürgermeister Heinz Becker, Haldem Nr. 24	(CDU)
	Stellvertreter Friedrich Büttemeier, Oppenwehe Nr. 91	(FDP)

Amt Levern

28. 10. 1956	Amtsbürgermeister Wilhelm Kreienbrock, Sundern Nr. 24	(CDU)
	Stellvertreter Heinrich Bökelmann, Twiehausen Nr. 84	(SPD)
19. 3. 1961	Amtsbürgermeister Heinrich Bökelmann, Twiehausen Nr. 84	(SPD)
	Stellvertreter Ludwig Kleybrink, Destel Nr. 15	(CDU)
	Neuwahl ab 2. Mai 1963	
	Amtsbürgermeister Ludwig Kleybrink, Destel Nr. 15	(CDU)
	Stellvertreter Heinrich Bökelmann, Twiehausen Nr. 84	(SPD)
27. 9. 1964	Amtsbürgermeister Friedrich Göker, Levern Nr. 42	(CDU)
	Stellvertreter Friedrich Lahrmann, Niedermehnen Nr. 6	(FDP)
9. 11. 1969	Amtsbürgermeister Friedrich Lahrmann, Niedermehnen Nr. 6	(FDP)
	Stellvertreter Heinrich Bökelmann, Twiehausen Nr. 84	(SPD)
	Nach Ausscheiden von Heinrich Bökelmann ab 28. April 1970 stellvertretender Amtsbürgermeister Wilhelm Hüsemann, Levern Nr. 153	(SPD)

Verabschiedung der Bürgermeister aus Anlass der kommunalen Neuordnung am 28. Dezember 1972 im kleinen Saal der Festhalle Levern.
Von links: Friedrich Göker, Bürgermeister in Levern von 1969 bis 1972, Amtsbürgermeister des Amtes Levern von 1964 bis 1969; Heinrich Melcher, Bürgermeister in Sundern von 1961 bis 1972; Friedrich Lahrmann, Bürgermeister in Niedermehnen von 1961 bis 1972, Amtsbürgermeister von 1969 bis 1972; Heinz Redecker, Amtsdirektor des Amtes Levern seit 1959; Walter Hagedorn, Bürgermeister in Twiehausen von 1970 bis 1972; August Bökelmann, Bürgermeister der Gemeinde Destel von 1967 bis 1972.

VI. Schwerpunkte kommunaler Arbeit in diesen Jahren

Espelkamp – Allgemeines

von Karl-Heinz Hentschel

Die Ämter hatten nach der Amtsordnung nur beschränkt eigene Aufgaben wahrzunehmen. Oft beauftragten die amtsangehörigen Gemeinden die Ämter, gemeinsame Aufgaben für die Gemeinden zu erledigen. Die Amtsverwaltungen galten als „Schreibstuben“ der Gemeinden und führten die Beschlüsse der Gemeindevertretungen aus. Da die Amtsdirektoren fast immer in den Gemeinden der Ämter Alswede und Gehlenbeck die Niederschriften der Ratssitzungen geschrieben haben, ist aus ihnen ihre „Handschrift“ zu entnehmen. Nicht immer jedoch ist ihre Meinung zum Tragen gekommen.

Im Folgenden möchte ich einige Aufgaben aufzeigen, die von allen Gemeinden zu erledigen waren und noch zu erledigen sind.

Eine der wichtigsten, wenn nicht die wichtigste Aufgabe der Gemeinden überhaupt, ist die jährliche Aufstellung, Beratung und Verabschiedung der Haushaltssatzung mit Anlagen und evtl. von Nachtragshaushalts-Satzungen. In der Anlage Haushaltsplan werden die zur Verfügung stehenden Mittel aufgezeigt und die notwendigen Aufgaben für die Einnahmen benötigt werden dargestellt. Im außerordentlichen Haushalt wird die Finanzierung investiver Maßnahmen aufgezeigt. Im Haushaltsplan spiegeln sich die Beschlüsse des Rates wider. Treten im Laufe des Jahres wesentliche Änderungen im Hinblick auf die veranschlagten Einnahmen oder Ausgaben ein oder sollen neue investive Maßnahmen rechtzeitig in Angriff genommen werden, müssen Nachtragshaushalts-Satzungen beschlossen werden.

Die Gemeinden verabschieden ihr „Ortsgesetz“ die Hauptsatzung nach der Gemeindeordnung und ändern diese aufgrund von Gesetzesänderungen oder einschlägigen Gerichtsbeschlüssen. Der Rat gibt sich für seine Arbeit eine Geschäftsordnung.

Außerdem wird Ortsrecht durch den Erlass von Satzungen nach der Gemeindeordnung oder anderen Abgabegesetzen geschaffen. Der Rat beschließt über die Aufnahme von Darlehen zur Finanzierung außerordentlicher Maßnahmen und achtet auch darauf, dass sich die Verschuldung in Grenzen hält.

Nach den Kommunalwahlen wählen die Räte die Bürgermeister und die nebenamtlichen Gemeindedirektoren. Zu nebenamtlichen Gemeindedirektoren werden in den amtsangehörigen Gemeinden immer die Amtsdirektoren gewählt, bis auf die Gemeinde Alswede, in der bis zur Kommunalwahl 1961 immer der Bürgermeister auch zum Gemeindedirektor gewählt wird.

Außerdem finden im zweijährigen Turnus die Wahlen der Schöffen und Geschworenen statt. Die Schiedsmänner und Stellvertreter werden vom Rat bestimmt.

Viel Zeit nehmen in den Ratssitzungen der Straßenbau, der Wirtschaftswegebau und der Wegebau in Anspruch. Wegebaupläne werden in jedem Jahr erstellt und abgearbeitet. Die Wege werden überwiegend durch Ableistung von Hand- und Spanndiensten (Bollwerksdiensten) erneuert oder ausgebessert. Die Heranziehung zu Bollwerksdiensten spielt bis Anfang der sechziger Jahre in den landwirtschaftlich geprägten Gemeinden eine große Rolle.

Da die in der Landwirtschaft Beschäftigten immer mehr abnehmen und die in der gewerblichen Wirtschaft Beschäftigten stark zunehmen, wird in den Gemeinden beschlossen, von der Heranziehung von Bollwerksdiensten in Zukunft abzusehen.

Ende 1959 beschließen alle Gemeinden, dass der Kreis weiterhin das Krankenhaustransport- und Rettungsdienstwesen überörtlich durchführen soll.

Alle Gemeinden des Amtes Gehlenbeck wollen sich an den Bau- und Unterhaltungskosten eines unter der Trägerschaft des Amtes zu errichtenden Amtsfreibades anteilmäßig beteiligen. Alle Gemeindevertretungen des Amtes beschließen, ihren Kostenanteil an der Errichtung einer Friedhofskapelle auf dem kirchlichen Friedhof in Alswede zu übernehmen.

Noch kurz vor der Kommunalen Neuordnung ermächtigen die amtsangehörigen Gemeinden die Ämter Alswede und Gehlenbeck dem Zweckverband „Müllbeseitigung im Kreise Lübbecke" beizutreten und beschließen selbst ihren Beitritt zum Unterhaltungsverband „Große Aue". Die Stadt tritt ebenfalls den genannten Verbänden bei.

Mitte der sechziger Jahre wird die Flurbereinigung in den Gemeinden Espelkamp, Alswede, Fabbenstedt und Vehlage eingeleitet. Das Flurbereinigungsverfahren gibt den Gemeinden die Möglichkeit, öffentliche Bedarfsflächen (besonders Straßentrassen, Bau- und Gewerbegebiete) auszuweisen.

Für Espelkamp sind hier besonders zu nennen, die Trasse der Nordtangente (jetzige General-Bishop-Straße), das Sportplatzgelände gegenüber der Schule in der Altgemeinde, das Erweiterungsgelände für den Friedhof und das Gelände, auf dem die Kläranlage jetzt steht. Auch ist es durch die Flurbereinigung möglich, für den Ausbau der Vorfluter Flächen auszutauschen. Die Gemeinden nehmen diese Möglichkeiten gerne wahr und sprechen oft auch mit den Teilnehmergemeinschaften über die von der Flurbereinigungsbehörde vorgelegten Wege- und Gewässerpläne.

Ev. Volksschule in der Altgemeinde Espelkamp 1952.

Espelkamp

von Karl-Heinz Hentschel

Da die Straßen im Munagebiet nur mit Nummern benannt waren, beschließt der Rat am 4. Januar 1950 die Einführung von Straßennamen, wobei die Namen ostdeutscher Städte bevorzugt werden sollen. Eine Munastraße erhält den Namen „Neißer Straße“, so protokolliert und auf Straßenschildern vermerkt. Nach vielen Jahren wird die Verwaltung von einem Bürger schriftlich darauf hingewiesen, dass er nicht im Fluss „Neiße“ sondern in der schlesischen Stadt „Neisse“ geboren sei.

Im Oktober 1952 wird das Gebäude der Ev. Volksschule in der Altgemeinde eingeweiht und in Benutzung genommen. Diese Schule erhielt erst 1967 nach jahrelangen Bemühungen eine Turnhalle. Die Schüler aus dem Ortsteil Mittwald werden ab Juni 1952 in der neu errichteten 8-klassigen Ostlandschule zusammengefasst. Diese Schule erhielt im Dezember 1959 eine Turnhalle, einen Werkraum und eine Küche mit Nebenräumen und wurde 1966 um sechs Klassenräume und einen naturwissenschaftlichen Unterrichtsraum erweitert. Für die Schüler der Kolonie und späteren Heinrich-Drake-Siedlung wird 1957, nachdem sie zum Teil in einem Raum der Baracke 12 unterrichtet wurden, die 4-klassige Ernst-Moritz-Arndt-Schule gebaut. Hier hat sich der spätere Rektor Smolenski um die Ausbildung der Kinder große Verdienste erworben. Diese Schule ist 1973 nach dem starken Einsetzen der Bebauung westlich der Bundesbahnstrecke um sechs Klassenräume und eine Lehrschwimmhalle erweitert worden.

Schon im Dezember 1952 beantragte die Schulpflegschaft der Ostlandschule wegen der ständig steigenden Schülerzahlen, eine zweite Volksschule in Espelkamp-Mittwald zu bauen. Das ganze Jahr 1953 über beschäftigen sich der Haupt- und Finanzausschuss und der Rat in ihren Sitzungen mit der Errichtung der zweiten Volksschule mit Turnhalle, teilen den Bereich Mittwald in zwei Schulbezirke und beantragen ständig die Zuweisung weiterer Schulstellen bei der Regierung; am 28. März 1955 die 15. Im Oktober 1954 wird die zweite Volksschule – die Waldschule – in Betrieb genommen. Die Turnhalle als Mehrzweckhalle kann erst ab März 1955 benutzt werden. Wegen ständig steigender Schülerzahlen war auch hier eine Erweiterung der Schule notwendig. Der Erweiterungsbau steht mit sechs Klassenräumen und zwei Sonderräumen ab September 1963 zur Verfügung.

Nachrichtlich wird noch mitgeteilt, dass auch der Ludwig-Steil-Hof und die Ev. Kirche von Westfalen Schulen in Espelkamp unterhalten. Die in der zweiten Jahreshälfte 1948 nach Espelkamp gekommenen „Bromberger Kinder“ waren die ersten Schüler der später vom Ludwig-Steil-Hof gegründeten Förderschule für spätausgesiedelte Kinder und Jugendliche, die zur größten Förderschule der Bundesrepublik wurde und noch heute besteht.

Aus ihr wurde Ostern 1960 die Birger-Forell-Realschule errichtet, die am 1. Januar 1967 in die Trägerschaft der Ev. Kirche von Westfalen übernommen wurde.

Um geflohenen Oberschülern, meistens Glieder der „Jungen Gemeinde“ aus der DDR zu helfen und in Verantwortung der hier lebenden Kinder der Ostvertriebenen gegenüber, fasst Ende November 1952 die Kirchenleitung der Ev. Kirche von Westfalen unter Präses Wilm endgültig den Beschluss, die Trägerschaft für die Evangelische Aufbauschule in Espelkamp zu übernehmen. Nach Aufnahme des Schulbetriebes im April 1953 wird die Schule in den näch-

Die Ev. Aufbauschule in Espelkamp – später Söderblom-Gymnasium.

sten Jahren zu einem grundständigen Gymnasium ausgebaut. Das Söderblom-Gymnasium ist am Ende des Berichtszeitraumes die größte Schule im Kreise Lübbecke.

In der Ratssitzung am 9. Dezember 1952 wird die Verwaltung gebeten, sich um eine Grundstück für den neu zu errichtenden Friedhof zu bemühen. Nach Gesprächen mit der Martins-Kirchengemeinde beschließt der Rat, den Friedhof selbst zu errichten und ein Grundstück hierfür zu kaufen. Der Friedhof wird am 24. April 1954 mit der ersten Beisetzung eröffnet. Im Juni 1955 beschließt der Rat den Erlass einer Friedhofsordnung und einer Gebührenordnung für den Friedhof.

Der Rat wünscht, dass in Zukunft Vertreter der Aufbaugemeinschaft an den Sitzungen des Rates und des Haupt- und Finanzausschusses teilnehmen.

Der Rat beschließt am 5. Oktober 1953, ein Darlehn von 40 000,– DM für die Errichtung einer Kindertagesstätte an der Kantstraße durch die Martins-Kirchengemeinde aufzunehmen und an die künftige Trägerin weiterzuleiten. Der auch mit erheblicher finanzieller Hilfe aus Schweden errichtete Kindergarten wird im Juni 1955 im Beisein von Pastor Birger Forell und Bischof Culberg von Präses D. Wilm eingeweiht; er erhält den Namen „Schweden-Kindergarten“.

Schlüsselübergabe Schweden-Kindergarten; von links: Frau Forell, Präses Wilm, Pastor Plantiko, Pastor Birger Forell, Arch. Hetschold.

Am 28. Dezember 1953 wird eine Marktordnung für den gut beschickten und besuchten Wochenmarkt am Garagenhof erlassen.

Die Gemeinde ist grundsätzlich zur Übernahme des Sportplatzgeländes und der Badeanstalt (früher Feuerlöschteich) mit aufstehenden Gebäuden bereit und beauftragt die Verwaltung, darüber positiv mit der Aufbaugemeinschaft zu verhandeln. Am 16. Dezember 1955 wird die Übernahme des genannten Geländes und der bestehenden Verpflichtungen beschlossen sowie dem Abschluss des Grundstücksvertrages am 1. März 1957 zugestimmt.

Am 29. Juli 1955 wird die Ausweisung eines Baugebietes „Am Waldbach" in der Altgemeinde – der spätere Bebauungsplan Nr. 1 – beschlossen.

Die Gemeinde mietet im Frühjahr 1956 für die Amtsaußenstelle neue Büroräume im Nordflügel des Martinshauses von der Martins-Kirchengemeinde an. Die Amtsaußenstelle zieht danach aus dem Schwedenhaus, nahe dem Verwaltungsgebäude der Aufbaugemeinschaft gelegen, aus.

Waldfreibad und Sportplatz im Jahre 1955.

Bisher hat die Aufbaugemeinschaft die Aufschließung (Straßenbau und Versorgungsleitungen) in ihren Baubereichen mit öffentlichen Mitteln selbst vorgenommen. Jetzt setzt sich bei den öffentlichen Stellen immer mehr die Meinung durch, dass dafür die Gemeinde zuständig sei und für die Restfinanzierung zu sorgen habe. In der Ratssitzung am 3. April 1956 wird dieses Problem auch mit Vertretern der Aufbaugemeinschaft eingehend erörtert. Vor weiteren Aufschließungsmaßnahmen sind umgehende Absprachen erforderlich. Später schließt die Stadt mit der Aufbaugemeinschaft Betreuungsverträge wegen zu errichtender Aufschließungsmaßnahmen ab.

Für die Vorbereitung und Aufstellung der Durchführungspläne wird im Sommer 1956 von der Gemeinde ein Techniker eingestellt.

Am 22. Juli 1958 wird beschlossen, der von der Landesstraßenbauverwaltung vorgesehenen Trassenführung der Umgehungsstraße (der späteren B 239) westlich der Bundesbahnstrecke zuzustimmen.

Schon seit Anfang 1954 beraten die städtischen Gremien über den Durchführungsplan Nr. 2 „Breslauer Straße". Sie sprechen über Teilpläne, die Straßenführung, beschließen über Fluchtlinien, gehen auf Änderungswünsche der Regierung, des Gewerbes und der Bauinteressierten ein und ändern dadurch wiederholt den Entwurf, erörtern nach erforderlicher Offenlegung die eingegangenen Einwendungen und der Rat beschließt am 28. November 1958 den Durchführungsplan Nr. 2. Diese Bemühungen um eine optimale Gestaltung sind auch erforderlich, weil die Breslauer Straße als Aushängeschild Espelkamps angesehen wird.

Im Februar 1959 wird die Aufstellung des Durchführungsplanes Nr. 3 „Kleinsiedlungsgebiet Nordost" beschlossen. In den folgenden Jahren werden die Verfahren zur Aufstellung weiterer Durchführungs- bzw. später Bebauungspläne in Gang gesetzt.

Am 29. September 1961 beschließt der Rat, einen Flächennutzungsplan im Sinne des § 2 Bundesbaugesetz vom 23. Juni 1960 aufzustellen. Dieser Flächennutzungsplan tritt nach Erledigung aller Formalien am 20. Dezember 1962 in Kraft. Auf der Grundlage dieses Planes sind bis 1973 36 Bebauungspläne beschlossen worden. Der Ordnung halber muss noch erwähnt werden, dass der von Landesrat a. D. Niemeyer aufgestellte Entwurf und vom Rat am 16. Dezember 1955 beschlossene Leitplan nach Genehmigung des oben genannten Flächennutzungsplanes am 3. April 1963 aufgehoben wurde.

Das nach einem Entwurf des Architekten Schwarz erstellte neue Ehrenmal für die Altgemeinde wird am Volkstrauertag 1960 eingeweiht.

Die geplante Errichtung eines Lehrschwimmbeckens an der Ostlandschule wird zugunsten eines Hallenbad-Baues im Dezember 1959 aufgegeben. Architekt Wagner wird mit der Planung und Bauleitung beauftragt. Am Tage der Einweihung, am 6. April 1963, ist die Stadt stolz darauf, dass sie das erste Hallenbad im Kreisgebiet gebaut hat und dass die Kosten unter 1 Mio. DM geblieben sind.

Nach längerer Vorbereitung und Besichtigungsfahrt wird am 18. Juli 1961 die Einführung der staubfreien Müllabfuhr zum 1. September 1961 durch die Firma Tönsmeier, Hausberge, beschlossen sowie eine Ortssatzung und Gebührenordnung erlassen.

Durch eine Neuordnung des Feuerlöschwesens im Amt Rahden ist die Stadt ab Frühjahr 1962 für den Feuerschutz in der ganzen Stadt verantwortlich.

Der Rat erlässt am 28. Mai 1962 eine Ortssatzung über die Erhebung von Erschließungsbeiträgen und ergänzt diese in seinen nächsten Sitzungen.

Nachdem der Rat am 1. April 1960 die Errichtung eines Gemeindefriedhofes in der Altgemeinde beschlossen hatte, wurden die weiteren notwendigen Arbeiten im Bezirksausschuss beraten und beschlossen. Vor Fertigstellung wurde im Rat am 14. Oktober 1963 eine Friedhofs- und Gebührenordnung für den Friedhof in der Altgemeinde erlassen.

Am 28. Juli 1964 stimmte der Rat einstimmig dem Abschluss eines Vertrages zwischen der Aufbaugemeinschaft und der Stadt über die künftige Durchführung von Aufschließungsmaßnahmen zu. In den Folgejahren führt die Aufbaugemeinschaft die Aufschließungsmaßnahmen auf Kosten und Rechnung der Stadt durch.

Die Straßenreinigungssatzung wird am 30. April 1965 beschlossen.

Im November 1965 werden,

a. eine Betriebssatzung für das Wasserwerk
b. eine Satzung über den Anschluss an die öffentliche Wasserversorgungsanlage — Wasserleitung — und über die Abgabe von Wasser — öffentliche Wasseranlage —
c. eine Satzung über die Erhebung von Gebühren für die Benutzung der öffentlichen Wasserversorgung (Gebührenordnung des Wasserwerkes) erlassen und ein Werkleiter für das Wasserwerk bestellt

Da der Ludwig-Steil-Hof die Auflösung seiner Heim-Sonderschule zum 1. April 1966 beantragt hat, ergab sich die von der Stadt seit langem angestrebte Möglichkeit, eine eigene Sonderschule für Lernbehinderte zu errichten. Da alle öffentlichen Stellen mitziehen, wird vom Rat die Errichtung einer selbständigen Sonderschule zum 1. April 1966 beschlossen. Die Martinsschule wird zunächst in angemieteten Räumen im Nordflügel des Martinshauses untergebracht. Danach erhält sie Räume in zwei ehemaligen Munahallen.

Ab 1. Dezember 1966 nimmt Espelkamp am Schulversuch — Hauptschule der weiterführenden Bildung — teil. Die Jahrgänge 5 - 9 werden in der Folgezeit organisatorisch an der Ostlandschule zusammengefasst und einzelne Jahrgänge in andere Schulen ausgelagert. Erst mit Beginn des Schuljahres 1971/72 können die Hauptschuljahrgänge geschlossen im neuen Hauptschulgebäude an der Isenstedter Straße untergebracht werden. Die Errichtung eines dreizügigen Hauptschulgebäudes mit Rundturnhalle, Feiergestaltungsraum und Außensportflächen war bereits am 24. Oktober 1967 vom Rat einstimmig beschlossen worden. Um die Neuordnung des Hauptschulwesens in Espelkamp haben sich die Rektoren Niedenführ, Herzog und Matthes verdient gemacht.

Die Neuordnung des Schulwesens ab 1. August 1968 wird in Espelkamp derart vollzogen, dass die vier städtischen Volksschulen zu Grundschulen erklärt werden und in der Ostlandschule auch die Hauptschule „Ostlandschule" untergebracht wird.

Der Rat wird im November 1967 über den weiteren Ausbau der L 770 im Westen von Levern bis zur Landesgrenze und über Bauarbeiten an der Weserbrücke in Petershagen und die Anschlüsse an die beiderseitig der Weser verlaufenden Bundesstraßen 61 und 482 informiert. Zur B 239 wird ausgeführt, wieweit die Planungen und Ausbauarbeiten im Raume Kleinendorf vorangekommen sind und dass von der Stadt Lübbecke der Ausbau einer Ersatztrasse vom Kreuzungspunkt Berliner Straße/B 65 bis nördlich des Mittellandkanals geplant wird. Bei der geplanten Bundes-Autobahn Bremen - Gießen werde wegen der noch offenstehenden endgültigen Trassenfestlegung mit dem Beginn der Bauarbeiten nicht vor 1982 gerechnet.

Am 21. Februar 1968 stimmt der Rat der Errichtung und dem Betrieb einer Müllablagerungsstätte in Isenstedt und dem Abschluss von entsprechenden Verträgen zu.

Da sich das Feuerwehrgerätehaus am Garagenhof nicht erweitern lässt, werden Neubauten für die Feuerwehr und den städtischen Bauhof beschlossen. Am 8. September 1968 wird das neue Feuerwehrgerätehaus mit Wohnungen für Angehörige der Feuerwehr, an der verlängerten Rahdener Straße gelegen, eingeweiht und der Bauhof zieht mit seinem Fuhrpark in das daneben liegende neue Gebäude ein.

Im November 1968 werden dem Rat die im Interesse der weiteren Entwicklung der Stadt notwendigen Verkehrserschließungen anhand eines Planes erläutert. Der Rat beauftragt die Verwaltung, bei den zuständigen Dienststellen zu beantragen,

a. eine Trasse für die Herstellung einer zwischenörtlichen Verbindung zur Gemeinde Rahden auszuweisen
b. eine zwischenörtliche Verbindung – Südachse – von Espelkamp über Vehlage nach Preuß. Oldendorf
c. zwischenörtliche Verbindungen von Espelkamp nach Lübbecke und Gehlenbeck
d. die Beuthener Straße nach Osten bis zum Anschluss an die K 3410 auszubauen
e. eine zügige Straßenverbindung in den Nordkreis mit Anschlüssen zu den Gemeinden Oppenwehe, Oppendorf und Wehdem herzustellen
f. die Brückenbauwerke der B 239 im Bereich der Stadt in die Planung und Finanzierung des Landes aufzunehmen

Immer wieder wird die Anbindung des westlichen Siedlungsgebietes nach Ausbau der B 239 neu westlich der Bahnstrecke durch die drei geplanten Brückenbauwerke betont. Es geht hier um die Brückenbauwerke zur Überführung der L 1453 und der K 3434 (heute Alsweder Landstraße), der Koloniestraße und der Nordtangente (der heutigen General-Bishop-Straße).

Zur Errichtung eines Kindergartens mit Krippe und Krabbelstube in der Gabelhorst gewährt die Stadt der Martins-Kirchengemeinde einen Zuschuss von 270 000,– DM.

Ab 1. September 1970 richtet die Deutsche Bundespost einen Stadtverkehr mit finanzieller Unterstützung der Stadt ein.

Der Rat erteilt im Oktober 1966 Dipl.-Ing. Jansen den Auftrag, einen neuen Entwurf für die Errichtung einer zentralen Kläranlage zu erstellen, weil der 1961 erstellte Entwurf zu gering dimensioniert ist. Nachdem dem Entwurf zugestimmt und die landesbehördliche Genehmigung eingeholt ist, beginnen am 30. April 1969 die Bauarbeiten. Die zentrale Kläranlage, die auf mechanisch-biologischer Grundlage arbeitet und auf 30 000 Einwohnergleichwerte ausgelegt ist, wird im Dezember 1970 in Betrieb gesetzt.

Nachdem bereits in den Jahren 1967 und 1969 Gebietsteile der Altgemeinde an die allgemeine Wasserversorgung angeschlossen wurden, stimmte der Rat im März 1971 dem Anschluss des Siedlungsgebietes „Küthe“ der Gemeinde Tonnenheide an die Wasserversorgung der Stadt Espelkamp zu.

Aufgrund einer Schulbaubereisung durch die Regierung im Februar 1971 und im Hinblick auf die Kommunale Neuordnung will die Stadt in nächster Zeit folgende Schulneubauten bzw. Erweiterungen bestehender Schulen in Angriff nehmen:

a. Ausbau der Ernst-Moritz-Arndt-Schule zu einer zweizügigen Grundschule
b. Ausbau der Ostlandschule zu einer dreizügigen Grundschule

c. Neubau einer zweizügigen Grundschule östlich der Waldschule
d. Ausbau der Waldschule zu einer dreizügigen Hauptschule
e. Neubau einer zweizügigen Sonderschule in Espelkamp für den Nordkreis Lübbecke

Im März 1971 hat die Stadt mit den Ämtern Dielingen/Wehdem, Rahden, Levern und Alswede den Sonderschulverband Espelkamp gegründet und die Trägerschaft der Martinsschule ab 1. August 1971 auf den Verband übertragen. Die Mehrzahl der Klassen dieser Schule beziehen nach den Sommerferien 1971 die von der Hauptschule freigemachten Klassen der Ostlandschule bis der Martinsschule 1974 ein eigenes Schulgebäude mit Turnhalle an der Koloniestraße zur Verfügung steht.

Sehr wichtig, nicht nur für die Espelkamper Erholungssuchenden, ist die im Sommer 1971 erfolgte Gründung des Zweckverbandes „Erholungszentrum Aue-See" und die damit später verbundene Errichtung von Naturschutz- und Erholungsseen im Tal der Großen Aue. Die Zweckverbandsmitglieder Kreis Lübbecke und Stadt Espelkamp stimmten der Gründung zu und beschließen eine entsprechende Satzung.

Wichtig für die Ausweisung weiterer Gewerbeflächen ist der Beschluss zur Aufstellung des Bebauungsplanes Nr. 28 „Gewerbegebiet Nord".

Stadtdirektor Dr. Eller unterrichtet eingehend in der Sitzung am 20. März 1972 den Rat über das neue Kindergartengesetz und geht hierbei besonders auf die Förderung der Bau- und Unterhaltungskosten ein. Der Kreis wird gebeten, für die Großgemeinde Espelkamp fünf weitere Kindergärten in den Kindergarten-Bedarfsplan aufzunehmen.

Um den Schülern aus Espelkamp und dem gesamten Nordkreis einen weiteren Ausbildungsgang anzubieten und die zentralörtliche Bedeutung Espelkamps hierdurch weiter zu stärken, beschließt der Rat einstimmig gemäß § 8 Abs. 1 in Verbindung mit § 10 Abs. 5 Schulverwaltungsgesetz die Einrichtung einer Klasse 10 als Schulversuch an der Hauptschule Espelkamp mit Beginn des Schuljahres 1972/73.

Die Stadt erklärt sich bereit, sich an den nicht gedeckten Kosten der Jugendmusikschule im Kreise Lübbecke e. V. zu beteiligen, wenn der Kreis die Hälfte und die andere Hälfte von den Städten und Ämtern des Kreises übernommen werden.

Im Herbst 1972 wird das Neue Theater an der Trakehner Straße, der Feiergestaltungsraum der Hauptschule, fertiggestellt und am 11. November mit der Aufführung der Operette »Der Vogelhändler« eingeweiht. Seitdem finden dort die vom Volksbildungswerk e. V. organisierten Theater- und Konzertveranstaltungen statt. Namhafte Bühnen, Tournee-Theater und bekannte Künstlerinnen und Künstler sind in Espelkamp mit und in Stücken der Weltliteratur aufgetreten. Dies geschah von 1955 bis Oktober 1972 in der Turnhalle der Waldschule, die zusätzlich mit einer kleinen Bühne und Umkleideräumen sowie einer Empore versehen worden war.

In den beiden letzten Sitzungen des Jahres 1972 werden noch Entschließungen zum weiteren Ausbau der L 770 und B 239 gefasst. In ihnen wird besonders darauf hingewiesen, dass gute Verkehrsanbindungen wichtige Voraussetzungen für die strukturelle Verbesserung unseres Raumes und eine weitere industrielle Entwicklung seien.

Fabbenstedt

Im März 1952 wehrt sich die Gemeindevertretung in einer Eingabe an die Amtsverwaltung gegen die Auflösung der eigenen Feuerwehr. Diese Eingabe hat offensichtlich Erfolg, denn für Fabbenstedt wird ein Feuerwehrfahrzeug TS 8 beschafft.

Am 15. September 1964 wird einstimmig die Satzung über die Erhebung von Erschließungsbeiträgen in der Gemeinde Fabbenstedt erlassen.

Die Müllbeseitigung wird von der Gemeindevertretung so geregelt, dass ab Frühjahr 1965 die Bürger zunächst einmal die Woche Müll auf das Gelände der Firma Büchert und ab August 1970 am ersten Sonnabend jeden Monats zum Platz bei Finke Nr. 10 bringen können. Von diesen Plätzen wird der Müll mit Fahrzeugen von Hellmich zur Müllkippe nach Isenstedt gebracht. Die Gemeinde übernimmt die Kosten für die Fahrten zur Müllkippe und die Kippgebühren.

Mit der Trassenführung der Verbindungsstraße von Espelkamp nach Vehlage auf Fabbenstedter Gebiet ist die Gemeindevertretung einverstanden.

Im Jahre 1965 erfolgt der Umbau der Umkleide-, Dusch- und Toilettenräume auf dem Schul- und Sportgelände.

Nachdem Kreisbaurat a. D. Gerlach bereits im November 1961 gebeten worden war, den Entwurf eines Flächennutzungsplanes aufzustellen, wird am 15. Mai 1963 der Beschluss über die Aufstellung und Offenlegung gefasst. Nach Erledigung der Formalien wird der Flächennutzungsplan im April 1967 bekannt gemacht und tritt in Kraft.

In der Sitzung am 11. Januar 1966 wird festgestellt, dass eine zentrale Wasserversorgung in der Gemeinde nicht notwendig sei. Dies wird im März 1969 nochmals bestätigt. Am 1. März 1971 wird jedoch dem Ing. Wiese der Planungsauftrag für die Wasserversorgung der Gemeinde erteilt. Über die Planung wird beraten und die Aufträge für den ersten Bauabschnitt werden im September 1971 erteilt. Nach einem Gespräch über die Ausbauvorstellungen werden bereits im April 1972 die Aufträge für den zweiten Bauabschnitt vergeben und die Vertreter der Gemeinde im Wasserbeschaffungsverband Gehlenbeck benannt.

Kornspeicher vom Hof Drallmeier.

Ein neues Feuerwehrgerätehaus wird in den Jahren 1967/68 erstellt, nachdem ein Grundstück hierfür in der Nähe des Schulhofes gefunden ist.

Die Dorfglocke erhält ein neues Gerüst und wird in der Nähe des Schulhofes aufgestellt. Bei Beerdigungen läutet sie zu festgesetzten Zeiten.

Noch vor der Kommunalen Neuordnung werden Straßennamen festgesetzt. Für die Flur 24, Flurstück 132/1, stellt die Gemeinde am 4. Mai 1970 einen Bebauungsplan Nr. 2 auf. Nachdem dieser nach den üblichen Regularien im April 1972 vom Regierungspräsidenten nicht genehmigt wird, beschließt der Rat noch kurz vor der Kommunalen Neuordnung gegen den Regierungspräsidenten zu klagen, wenn dem Widerspruch nicht abgeholfen wird.

Fiestel – Gestringen

Die Gemeinde Alswede hatte bereits am 31. März 1952 einen Wirtschaftsplan nach dem Aufbaugesetz beschlossen, der vom Regierungspräsidenten genehmigt wurde. Obwohl die Gemeindevertretung am 20. Juni 1961 die Aufstellung eines neuen Flächennutzungsplanes beschlossen und Kreisbaurat a. D. Gerlach mit der Erstellung eines Entwurfs beauftragt hatte, hat es zum Zeitpunkt der Kommunalen Neuordnung in Alswede keinen rechtskräftigen Flächennutzungsplan gegeben.

Da über den Standort und den Architekten für die Errichtung einer neuen Schule in Fiestel in mehreren Sitzungen im Gemeinderat keine Einigung erzielt werden kann, beauftragt die Regierung in Detmold den Kreis Lübbecke gem. § 109 Abs. 2 der Gemeindeordnung mit der Errichtung der Schule.

In den Bauerschaften Fiestel und Gestringen wird Gelände für die Besiedlung und Bebauung ausgewiesen. Die Siedlungsträger sollen sich um die Förderung der Aufschließungsmaßnahmen bemühen.

In der Sache Straßenbeleuchtung wird beschlossen, dass in Fiestel vier und in Gestringen fünf Straßenleuchten aufgestellt werden sollen. Die Nike bestätigt dies und gibt die genauen Stellen dafür an. In den folgenden Jahren wird die Straßenbeleuchtung je nach Bedarf in den Bauerschaften erweitert und auch modernisiert.

Für die Siedlungs- und Baugebiete in Fiestel und Gestringen werden vom Kreis Teilbebauungspläne aufgestellt. Im Oktober 1960 werden in Fiestel und Gestringen weitere Industrie- und Baugebiete ausgewiesen.

Für die Siedlungen einschließlich Molkerei in Fiestel und Gestringen sollen Kanalisationsentwürfe aufgestellt werden. Jeder Siedler soll 400,– bis 600,– DM zahlen. Den Rest übernimmt die Gemeinde. Die Vergabe des Auftrages für die Projektierung erfolgt. Ing. Tegeler soll die Planungsunterlagen Gestringen weiter bearbeiten und auch die Planung für Fiestel erstellen. Die Planungen ziehen sich längere Zeit hin. Schließlich werden die Aufträge erteilt und die Siedler werden mit 500,– DM herangezogen. Ebenso wird an Ing. Redeker ein Gesamt-Entwässerungsplan in Auftrag gegeben.

In Fiestel soll die Kanalisation auf das neue Industriegebiet und das neue Siedlungsgelände ausgedehnt werden. In der Sitzung am 11. August 1961 wird der Rat eingehend von Fachleuten über die Funktionen von Kläranlagen und über eine zentrale Kläranlage in Fiestel bzw. drei kleinere Anlagen in den Bauerschaften unterrichtet. Die Kanalisation in den Bauerschaften einschließlich der zentralen Kläranlage in Fiestel wird mit 2,5 Mio. DM veranschlagt. Nach fünf unent-

schiedenen Abstimmungen wird am 12. Juni 1962 schließlich mit 6 Ja, 5 Nein und 1 Enthaltung beschlossen, eine zentrale Kläranlage mit der Molkerei in Fiestel als Belebt-Schlammanlage zu errichten. Die Molkerei beteiligt sich mit 30,5 % an den Kosten der Kläranlage. Pumpstationen sind in Alswede und Gestringen erforderlich. Die Vergabe der Arbeiten für die Kläranlage, Hauptsammler, Leitungen und Pumpstationen erfolgt schrittweise.

Am 30. Januar 1959 beschließt die Gemeindevertretung sich dem Wasserbeschaffungsverband Gehlenbeck anzuschließen. Der Auftrag für die Planung des Wasserversorgungsnetzes wird erteilt. Der Rat beschließt am 4. Juli 1961, die volle Wasserversorgung in zwei Bauabschnitten auszubauen. Dies geschieht entsprechend.

Auch die Errichtung einer Pausenhalle, eines Fahrradstandes und einer Aschengrube für die Schule Gestringen erregt die Gemüter der Gemeindevertreter in der folgenden Zeit und stellt einige Male die Beschlussunfähigkeit des Rates her. Dies ist sicherlich ein wesentlicher Grund dafür, dass die Bauerschaft Gestringen beantragt, aus der Gemeinde Alswede ausgemeindet zu werden.

Erst in der Sitzung am 6. August 1959 wird dem Bau der Pausenhalle pp. zugestimmt. Nach zusätzlicher Errichtung eines weiteren Klassenraumes stehen der Schule nach Abschluss der Arbeiten die erstellten Einrichtungen und drei Klassenräume zur Verfügung.

Im Mai 1960 beschließt der Rat: die Müllabfuhr wird durch die Gemeinde durchgeführt. Dafür werden ein Müllwagen und eine entsprechende Anzahl von Mülleimern angekauft. Der Bauer Gardemann, Gestringen, wird beauftragt, den angefallenen Müll auf ein angekauftes Grundstück ins Isenstedter Moor zu bringen. Vom 1. August 1961 an ist dies nicht mehr möglich. Andere Grundstücke zur Müllablagerung werden gesucht und gefunden, bis der Müll auch aus der Gemeinde Alswede in der Tongrube Görges in Isenstedt untergebracht werden kann. In der Sitzung am 11. Mai 1967 wird die Müllabfuhr mit Wirkung vom 1. Juli 1967 an die Firma Tönsmeier, Hausberge, übertragen.

Nach längerer Beratung wird im September 1963 entschieden, auf dem Gemeindegrundstück bei Benkhausen eine Zentralschule zu errichten. Bei der Beratung hierfür wird angeregt, die Grundstufe (1.-4. Schuljahr) in den örtlichen Schulen zu belassen und in der zu bauenden Zentralschule alle Oberstufen der Schulen des Amtes zusammenzufassen. Ein Raumprogramm wird erstellt. In der Sitzung am 21. Oktober 1965 wird mitgeteilt, dass die anderen Gemeinden mit der Zusammenfassung der Oberstufen in der Zentralschule einverstanden seien. Da nach der Neuordnung des Schulwesens ab 1. August 1968 in keiner der amtsangehörigen Gemeinden selbständige Grund- und Hauptschulen errichtet werden können, wird die Trägerschaft der Grund- und Hauptschule auf das Amt Alswede übertragen. Die Hauptschule wird nach dem erstellten Raumprogramm gebaut, im Sommer 1970 fertig gestellt und mit Beginn des Schuljahres 1970/71 von den Hauptschülern des Amtes Alswede bezogen. An dieser Schule wird 1972 die erste Turnhalle im Amt mit einer Fläche von 18 x 33 m eingeweiht. Die Grundschüler des Amtes werden in den Schulen Gestringen, Hedem und Vehlage jahrgangsweise aufgeteilt beschult.

Auch für die Kanalgemeinde Alswede war der Ausbau des Mittellandkanals bei den Beratungen der Gemeindevertretung von März 1966 bis zur Kommunalen Neuordnung ein zentrales Thema. Zur Planfeststellung wurden mehrere Wünsche angemeldet. Es ging besonders um den Erhalt aller und die Verbreiterung einiger Brücken. Die Brücke 110 (Fiestel – Alswede)

Schloss Benkhausen

enthielt die Wasserversorgungs- und Abwasserleitung. Die Gemeinde erklärte sich bereit, die Mehrkosten für die Aussparungen zur Aufnahme dieser Versorgungsleitungen zu übernehmen. Bei der Erweiterung dieser Brücke ergab sich das Problem, was geschieht mit den Leitungen. Die Gemeinde verlangte den Bau einer Ersatzbrücke. Schließlich einigte man sich darauf, dass während des Neubaues der Brücke die Leitungen auf der Kanalsohle verankert wurden. Wegen des Ausbaues der Brücke 111 (Benkhauser Brücke) auf eine Breite von 7,60 m kam es zu einem Rechtsstreit.

Weil die Schule Fiestel nach der Neuordnung des Grundschulwesens nicht mehr gebraucht wird, wird in ihr in der zweiten Jahreshälfte 1970 ein Kindergarten errichtet. Die Kirchengemeinde Alswede übernimmt ab 1. Februar 1971 den Kindergarten in ihre Trägerschaft und zahlt einen symbolischen Mietpreis an die Gemeinde. Auch die anderen amtsangehörigen Gemeinden begrüßen die Errichtung des Kindergartens.

Auch in Gestringen soll ein Kindergarten errichtet werden. Ein geeignetes Grundstück wird noch vor der Kommunalen Neuordnung vom Bauern Telkemeyer erworben. Die Stadt Espelkamp baut später den Kindergarten und behält auch die Trägerschaft.

Die Bauerschaft Gestringen wünscht sich seit langem einen eigenen Friedhof. In der Sitzung am 31. August 1971 wird beschlossen, im Rahmen der Flurbereinigung ein Friedhofsgrundtück auszuweisen. Alle eingeleiteten Maßnahmen scheiterten jedoch. Der Wunsch ist bis heute nicht in Erfüllung gegangen.

Vehlage

Es ist grundsätzlich zu erwähnen, dass die Gemeinde Vehlage für ihre Heuerlinge Baugelände „Im Strange“ ausgewiesen und dies als Belastung in Abteilung II im Grundbuch hat eintragen lassen.

Weiter ist erwähnenswert, dass oft Schulbesichtigungen stattfanden und die dabei festgestellten Mängel möglichst bald behoben wurden.

Im Juni 1955 werden neue Baugebietsflächen „Im Strange“, „Brandheide“ und „Hahnenkamp“ ausgewiesen. Die Gemeindeflächen besonders im Gebiet „Im Strange“ sollen an Vehlager Heuerlinge zwecks Bebauung als Nebenerwerbssiedlung verkauft werden mit der Maßgabe, das Gelände zwei Jahre vom Vertragsabschluss an gerechnet zu bebauen. In der Folgezeit werden Grundstücke von ca. 2 500 m^2 für 1 000,– DM und 1 000,– DM Wegebauzuschuss entsprechend verkauft.

In einem Bericht des Staatshochbauamtes Minden über eine Besichtigung der alten Schule wird die Gemeindevertretung in ihrer Absicht bestärkt, an zentraler Stelle eine neue Schule mit Sportplatz und Lehrerwohnhaus zu bauen. Der Neubau der Schule zieht sich aber bis in die Jahre 1958/59 hin, weil die Gemeinde die alte Schule zur Finanzierung ihres Eigenanteils nicht früher verkaufen kann. Die neue zweiklassige Volksschule wird im Januar 1960 eingeweiht und steht bis 1976 für schulische Zwecke zur Verfügung.

Im März 1964 beschließt der Rat, dass sich die Gemeinde an den Wasserbeschaffungsverband Gehlenbeck anschließt. Dem Anschluss des Teilgebietes „Im Strange“ stimmt der Wasserbeschaffungsverband zu.

In der gleichen Ratssitzung wird auch festgestellt, dass es in der Gemeinde keine echten Heuerlinge mehr gibt und auch wegen der veränderten Struktur in der Landwirtschaft in Zukunft nicht mehr geben wird. Deshalb können die Restflächen des Heuerlingteiles „Im Strange“ an sonstige Bauwillige in der Gemeinde abgegeben und die Belastung in Abt. II des Grundbuches kann gelöscht werden.

Am 9. Oktober 1964 wird eine Satzung über die Erhebung von Erschließungsbeiträgen in der Gemeinde Vehlage erlassen.

Da bereits zwei Siedlungsgebiete an die Wasserversorgung des Beschaffungsverbandes Gehlenbeck angeschlossen sind, soll jetzt auch die gesamte Gemeinde angeschlossen werden (Beschluss vom 17. Januar 1966). Diese Angelegenheit zieht sich jedoch über Jahre hin. Im Jahre 1971 wird die Verwaltung beauftragt zu prüfen, ob ein Zuschuss gewährt werden kann und am 22. Februar 1972 wird Ing. Wiese gebeten zu ermitteln, ob die Wassermenge und der Wasserdruck für die Wasserversorgung der gesamten Gemeinde Vehlage von Gehlenbeck ausreichen.

Die Gemeindevertretung ist im Herbst 1967 der Meinung, dass eine Müllabfuhr für die Gemeinde nicht erforderlich ist.

In der letzten Sitzung des Gemeinderates wird über den Ausbau der Straßenbeleuchtung beraten, und es werden die Standorte der Leuchten festgelegt.

Auesee

Frotheim

Die Gemeindevertretung führt in jedem Jahr Schulrevisionen durch und versucht die festgestellten Mängel möglichst bald zu beseitigen. Die Gemeinde unterhält zu Beginn des Berichtszeitraumes drei Volksschulen, und zwar die Schulen Frotheim-Dorf, Frotheim-Stelleriege und Frotheim-Diekerort. Im Mai 1952 wird in einem Gutachten des Staatshochbauamtes festgestellt, dass es nicht zweckmäßig sei, an der Schule Frotheim-Dorf noch größere Aufwendungen oder gar eine Erweiterung vorzunehmen. Deshalb wird beschlossen, für diese Schule einen Neubau mit der Möglichkeit einer späteren Erweiterung zu errichten, um so zu einer Zentralschule zu kommen. Die vierklassige Schule mit Nebenräumen wird in den Jahren 1954-1955 gebaut und in 1956 um einen Werkraum und eine Hausmeisterwohnung erweitert. In 1963/64 wird eine Turnhalle angebaut. Erst nachdem ein Doppelpavillon mit zwei Klassenräumen aufgestellt ist, werden am 1. August 1968 alle Frotheimer Volksschüler an dieser Schule zusammengefasst.

Eine Schulbuslinie wird eingerichtet und Schulweg-Sicherungsmaßnahmen werden in Form einer zweiseitigen Gehweganlage entlang der L 766 durch den Ortsmittelpunkt Frotheims erstellt.
Nach Einweihung dieser Schule im Mai 1956 wurde immer wieder durch schulorganisatorische Beschlüsse zunächst vergeblich versucht, die beiden anderen Schulen aufzulösen.

Da das Amt Gehlenbeck sich nicht in der Lage sieht, die Hauptschul-Jahrgänge ihres Bereichs vernünftig jahrgangsweise zusammenzufassen und die Gemeinde Frotheim sich gegen Provisorien wehrt, bleibt die Schule als Volksschule alter Art bis zur Kommunalen Neuordnung in Frotheim bestehen.

Die Gemeinde strebt eine Ortskernbildung an und versucht durch Bereitstellung von Bauplätzen aus gemeindeeigenem Besitz diese zu gestalten. Sie bemüht sich deshalb auch um Grundstückskäufe und die Aufbringung der Gelder hierfür. Hierzu wird auch ein Teilbebauungsplan für den Ortsteil „Loh“ aufgestellt.

Anstelle des alten Sportplatzes „Im Loh“ wird ein neuer Sportplatz am Arenskamp errichtet. Ende 1960 genehmigt die Gemeinde dem VfL Frotheim, eine Beleuchtungsanlage auf dem Sportplatz zu erstellen und 1967 die Errichtung eines Umkleide- und Geräteraumes. Im Sommer 1970 wünscht der Verein die Verbreiterung des Sportplatzes. Da darüber mit dem angrenzenden Grundstückseigentümer keine Einigung erzielt wird, wird Mitte 1972 die Errichtung eines neuen Sportplatzes mit Umkleidegebäude und Jugendraum auf dem Grundstück Knost geplant. Mit den Ausbauarbeiten wird im Spätsommer begonnen.

Wegen des Anschlusses an die öffentliche Wasserversorgung werden im August 1956 die erforderlichen Satzungen beschlossen.

Ab März 1957 bemüht sich die Gemeinde um die Gestaltung und Errichtung des Ehrenmals. Den Standort des Ehrenmals sollen die Spender bestimmen. Sie entscheiden sich für die Südseite des Gemeindefriedhofes.

Ehrenmal

Die Gemeinde wird in der Angelegenheit Erweiterung des Gemeindefriedhofes nach ersten Bemühungen im Frühjahr 1952 wieder aktiv; sie leitet Ende 1958 gegen einen Grundbesitzer ein Enteignungsverfahren ein, weil seine Forderungen für das benötigte Erweiterungsgrundstück zu hoch sind. Der Eigentümer des benötigten Friedhofsgrundstückes hat inzwischen ein neues Angebot gemacht. Trotz Verfügung des Regierungspräsidenten wird auch dieses Angebot abgelehnt. Schließlich wird ein Grundstücksaustausch vorgenommen und die Friedhofserweiterung kann erfolgen.

Auch ab Ende 1958 bemüht sich die Gemeinde um die Errichtung eines neuen Gerätehauses für die Feuerwehr. Ein neues Gerätehaus wird in der Nähe der neuen Schule gebaut und im Sommer 1960 eingeweiht.

Der Gemeinderat beschließt, ab 1. April 1961 eine gemeindliche Müllabfuhr einzuführen und schließt mit der Firma Tönsmeier, Hausberge, einen entsprechenden Vertrag ab. Vom 1. Januar 1967 ab wird eine Sperrgutabfuhr jeweils im April und Oktober eingeführt. Die Kosten hierfür sollen aus den Müllabfuhrgebühren gedeckt werden.

Der Ortsteil Diekerort wird für die Bebauung erschlossen und Grundstücke werden in diesem Bereich verkauft.

Die Gemeindevertretung spricht sich im Frühjahr 1964 für die Aufstellung eines Entwurfs für die Gesamtkanalisation des Gemeindegebietes aus. In dem erstellten Gutachten wird vorgeschlagen, eine gemeinsame Kläranlage mit Isenstedt zu errichten. Hierzu kommt es jedoch nicht. Deshalb werden kleinere Kläranlagen für Siedlungsgebiete gebaut. Die darin gereinigten Abwässer werden in Vorfluter abgeleitet.

Die seit Jahren schwelende Frage der Unterhaltung der Vorfluter zur Kleinen Aue soll jetzt dadurch gelöst werden, dass sich die Gemeinde Frotheim, die Stadt Espelkamp und die Firma Naue die Unterhaltungskosten teilen.

Auf Vorschlag der Amtsverwaltung spricht sich der Gemeinderat für die Einführung von Straßennamen auch wegen der zunehmenden Bebauung und fortschreitenden Industrialisierung aus. In der Folgezeit werden Straßennamen festgelegt und Straßenschilder angebracht.

Da nicht mehr in jedem Hause die Verstorbenen bis zur Beerdigung aufgebahrt werden können, wird die Erweiterung der Friedhofskapelle durch den Anbau eines Leichenkellers erforderlich. Im Frühjahr 1966 werden Vorentwürfe dem Rat vorgestellt. Für die Leichenkammer wird im Herbst 1967 ein separates Gebäude erstellt, an das später eine neue Friedhofskapelle angebaut werden kann. Die alte Friedhofskapelle (Alte Klus) soll erhalten bleiben. Da der Landeskonservator die Errichtung einer neuen Friedhofskapelle als Anbau an die Leichenhalle nicht genehmigen würde, entschließt sich der Rat, die neue Friedhofskapelle östlich des Friedhofs und nördlich der geplanten Parkplätze zu errichten. Das Gebäude ist Anfang 1972 fertiggestellt.

Alte Klus

Im Sommer 1970 wird beschlossen, Straßenleuchten an den Ortsdurchfahrten der L 766 und L 771 aufzustellen. Ein Angebot der Nike, für 80 000,– DM den Neubau der Straßenbeleuchtung vorzunehmen, wird angenommen und die Straßenbeleuchtung wird in der Folgezeit ausgebaut.

Das Baubedürfnis für die Errichtung eines Kindergartens wird im September 1971 anerkannt. Der Kindergarten soll auf dem südlichen Teil des jetzigen Sportplatzgeländes am Arenskamp erstellt werden. Dem Entwurf wird zugestimmt. Der Kindergarten mit Grundstück wird 550 000,– DM kosten. Die ev.-luth. Kirchengemeinde Isenstedt-Frotheim soll die Trägerschaft übernehmen.

Über die Übernahme des Friedhofes durch die Kirchengemeinde Isenstedt-Frotheim soll der künftige Rat der Stadt Espelkamp entscheiden.

Isenstedt

Ab Mitte 1952 wird in Isenstedt ein Mehrfamilienhaus besonders für die Unterbringung von sozial schwachen Familien und Flüchtlingen A gebaut, um einen dringenden Wohnungsnotstand zu beseitigen. Nach Normalisierung der Wohnungslage stehen ausreichend andere Wohnungen für die Personenkreise zur Verfügung. Ende 1970 wird beschlossen, das Sechsfamilienhaus zu veräußern.

In Isenstedt werden die Schulkinder im Jahre 1953 in der 1860 errichteten Alten Schule in drei Klassenräumen und in der 1912 eröffneten zweiklassigen Waldschule unterrichtet. 1955 wird das Einheitsschulsystem eingeführt, das heisst beide Schulen werden unter eine Schulleitung gestellt. In dem für die Zeit von Oktober 1956 bis März 1961 gewählten Rat gibt es Bestrebungen, das Einheitsschulsystem wieder abzuschaffen. Der im März 1961 gewählte Rat steht aber mit deutlicher Mehrheit zum Einheitsschulsystem und beschließt schon im April den Bau einer Zentralschule. Ein Jahr später wird besonders wegen der großen Entfernung zwischen den beiden alten Schulen auf die unhaltbaren schulischen Verhältnisse hingewiesen und die Errichtung eines achtklassigen Schulgebäudes mit Nebenräumen, Hausmeisterhaus, Turnhalle, Lehrschwimmbecken und Lehrerwohnhaus auf einem von Kaiser gekauften Grundstück beschlossen.

Die Schule wird am 29. Oktober 1965 eingeweiht und die anderen Gebäude werden kurz danach in Benutzung genommen. Eine Schulbuslinie wird eingerichtet. Die alten Schulgebäude sollen für die Industrieansiedlung verwendet werden; sie werden veräußert. Aus den gleichen Gründen, die bereits unter Frotheim genannt wurden, bleibt es nach Einführung der Hauptschule ab 1. August 1968 auch in Isenstedt bis zur Kommunalen Neuordnung bei der Volksschule alter Art.

Auch wird in der Sitzung der Gemeindevertretung Ende 1952 bereits über die Errichtung eines Mahnmals für die Gefallenen und Vermissten des Zweiten Weltkrieges gesprochen. In einer weiteren Sitzung wird entschieden, dass das Ehrenmal auf dem kirchlichen Friedhof erstellt werden soll. Im September 1962 wird noch beschlossen, die Namen der Gefallenen der beiden Weltkriege auf das neue Ehrenmal zu übernehmen und die beiden alten Denkmäler zu beseitigen.

Die Isenstedter Kirche

Auch kümmert sich die Gemeinde schon frühzeitig um den Erwerb von Baugelände, um durch den Verkauf an Bauwillige die Einwohner in der Gemeinde zu halten.

Ebenso bemüht sich die Gemeinde um die Sicherheit ihrer Bürger durch die Anlage einer Straßenbeleuchtung in wichtigen Ortsteilen und bestimmt die Stellen, an denen Straßenleuchten aufgestellt werden. Ab Herbst 1970 werden in die Erweiterung der Straßenbeleuchtung kräftig Mittel investiert.

Die Gemeinde übernimmt Mitte 1954 die Rückzahlungsverpflichtung für ein zinsloses Darlehen, das der Isenstedter Sportclub (ISC) für die Vergrößerung und den Ausbau des Pachtsportplatzes Kaiser vom Westdeutschen Fußballtoto aufgenommen hat.

Auch bereits im Oktober 1954 bemüht sich die Gemeinde um die Beschaffung eines Müllablagerplatzes.

Die Gemeinde hält es auch für erforderlich, das Feuerwehrgerätehaus instand zu setzen bzw. zu vergrößern. Im Juli 1955 wird jedoch festgestellt, dass ein Neubau notwendig ist. Von Kaiser wird ein Bauplatz erworben. Mit der Errichtung des Gebäudes wird im Februar 1957 begonnen. Die Bauarbeiten werden Ende des Jahres abgeschlossen. Bei der Gestaltung und Einrichtung des Gebäudes werden die Vorschläge der Löschgruppe Isenstedt berücksichtigt.

Schon frühzeitig, und zwar im April 1955, beschließt der Gemeinderat, dem Wasserbeschaffungs-Verband Gehlenbeck beizutreten, um die Einwohner möglichst bald mit gutem Frischwasser versorgen zu können. Bereits im August 1956 werden eine Ortssatzung über den Anschluss an die Wasserversorgung und eine Gebührenordnung erlassen.

Bereits in den Jahren 1956 und 1959 fordert der Regierungspräsident die Aufstellung eines Wirtschafts- bzw. Leitplanes, damit eine geordnete Bebauung erfolgen kann. Kreisbaurat a. D. Gerlach fertigt für die Gemeinde einen Flächennutzungsplan Anfang der sechziger Jahre an. Nach mehreren Beratungen und Erledigung der vorgeschriebenen Formalien wird der Flächennutzungsplan nach Genehmigung durch den Regierungspräsidenten von der Gemeinde am 9. Januar 1968 bekannt gemacht.

Ein Teilbebauungsplan am Heuerlingsteil bei Kaiser soll aufgestellt werden. Der Bebauungsplan für das Baugebiet Kaiser wird als Ortssatzung erlassen. Danach werden ab Juli 1956 Bauplätze in diesem Bereich verkauft.

Im Dezember 1962 wird beschlossen, für das Baugebiet „Neues Feld“ einen Bebauungsplan aufzustellen. Ein weiterer Bebauungsplan soll für das Grundstück „Blase“ aufgestellt werden. Am 12. Juli 1965 wird die Aufstellung des Bebauungsplanes „Fleggestraße“ und im März 1966 werden die Entwürfe weiterer Bebauungspläne beschlossen. Das Baugebiet „Östliche Flegge“ wird als Siedlungsgebiet ausgewiesen.

Die Gemeinde bemüht sich um die Einführung einer gemeindlichen Müllabfuhr. Nach Abschluss eines Vertrages mit der Firma Tönsmeier, Hausberge, wird ab 1. Juni 1961 die staubfreie Müllabfuhr in Isenstedt eingeführt.

Im Mai 1963 wird beschlossen, einen Entwurf für die Gesamtkanalisation erstellen zu lassen. In dem in der Ratssitzung am 23. Januar 1964 vorgelegten Gutachten über eine zentrale Ortsentwässerung wird vorgeschlagen, mit der Gemeinde Frotheim zusammen im Bereich der Kleinen Aue ein Klärwerk zu errichten. Dazu kommt es jedoch nicht.

Der Ausbau der Kanalisation wird vorangetrieben. Im September 1971 wird eine Satzung über den Anschluss an die öffentliche Abwasseranlage sowie eine

Gebührenordnung erlassen. Der erste Bauabschnitt wird vor der Kommunalen Neuordnung fertiggestellt.

Im Sommer 1965 wird die Einführung von Straßennamen beschlossen und im September 1966 über die Art und Gestaltung der Straßenschilder debattiert.

In der Sitzung am 13. September 1967 erhalten die Gemeindevertreter über Einzelheiten der Planfeststellung für den Ausbau und die Verbreiterung des Mittellandkanals Kenntnis. Dabei wendet sich die Gemeinde u. a. gegen den geplanten Neubau der Brücke 115 (Heuweg) mit einer Breite von insgesamt 6,10 m. Dies stelle eine Verkehrsgefährdung deshalb dar, weil die Gemeinde-Verbindungsstraße Isenstedt – Lübbecke bereits mit 5,50 m ausgebaut ist. Es wird daher gefordert, die Brücke auf Kosten der Bundes-Wasserstraßenverwaltung mit einer Breite von 7,60 m auszubauen.

Die Ev. Kirchengemeinde Isenstedt-Frotheim erwägt die Errichtung einer Friedhofskapelle auf dem kirchlichen Friedhof. Nach eingehenden Beratungen mit dem Presbyterium beschließt der Rat im Februar 1969 die Trägerschaft für den Bau zu übernehmen und die Friedhofskapelle nach Fertigstellung der Kirchengemeinde zu vollem Eigentum zu übertragen.

Als vordringliche Infrastruktur-Maßnahme wird ab November 1970 die Planung für die Errichtung eines Kindergartens betrieben. Die Kirchengemeinde will die Trägerschaft übernehmen und kauft in der Nähe der Schule hierfür ein Grundstück von der Gemeinde. Ein paritätisch besetzter Kindergartenausschuss kümmert sich um die Errichtung des Gebäudes.

Weil beim ISC mehr Mannschaften am Spielbetrieb teilnehmen, ist die Errichtung eines weiteren Sportplatzes erforderlich. Ein Gelände nördlich des Schulgebäudes wird hierfür erworben. Die Vorbereitungen für die Errichtung des Sportplatzes werden noch vor der Kommunalen Neuordnung von der Gemeinde getroffen.

Abendstimmung am Mittellandkanal

Birkenweg in der Ortschaft Schmalge

Hüllhorst

von Friedrich-Wilhelm Meier und Gerd Milkereit

Die Gemeinden des Amtes Hüllhorst waren Träger der Selbstverwaltung und damit allzuständig. Die Gemeinden setzten deshalb die Schwerpunkte in der kommunalen Arbeit und das Amt erst dann, wenn die Gemeinden dies wollten und erst nach grundsätzlicher Beschlussfassung.

Zentrale Fragen waren in allen Gemeinden die Verbesserung der Infrastruktur, d. h. insbesondere die Schaffung von Einrichtungen der Daseinsvorsorge und die Beplanung des Gemeindegebietes.

Zu den Verbesserungen der Infrastruktur zählten: Aufbau einer Wasserversorgung, die Abwasserbeseitigung und die Schaffung der schulischen Einrichtungen.

Wasserversorgung

Es gab mehrere Gründe, die Wasserversorgung aller Gemeinden des Amtes vordringlich zu regeln:

1. Die Wasserqualität der Hausbrunnenanlagen war auch aus hygienischen Gründen unzureichend
2. die rege Bautätigkeit verlangte nach Versorgungsanlagen durch die Gemeinde
3. größere verwertbare Grundwasservorkommen waren im gesamten Amtsgebiet nicht zu erschließen

Schon im Jahre 1942 war gutachtlich nachgewiesen, dass im Amtsgebiet keine verwertbaren Grundwasservorkommen auf Dauer zu erschließen waren. Diese Feststellungen trafen auch auf die Ämter Löhne und Rehme sowie die Stadt Bad Oeynhausen zu. Trinkwasservorkommen gab es nur nördlich des Mittellandkanals im Gebiet des Amtes Hartum im Urstromtal der Weser.

Deshalb gründeten am 1. Juli 1960 die Gemeinden Ahlsen-Reineberg, Bröderhausen, Holsen, Hüllhorst, Schnathorst und Tengern den Wasserbeschaffungsverband „Wiehengebirge West". Durch Nachtragssatzung vom 2. Februar 1966 traten auch die Gemeinden Büttendorf und Oberbauerschaft diesem Verband bei.

Vorstand des Wasserbeschaffungsverbandes tagte

Im Jahre 1967 soll das ganze Amt Hüllhorst mit Wasser versorgt sein

Die einzelnen Bauabschnitte des großen Programms wurden erläutert

Hüllhorst. Amtsdirektor König konnte in der Sitzung des Ausschusses und Vorstandes des Wasserbeschaffungsverbandes Wiehengebirge-West auch den Planer Ingenieur Wiese sowie Regierungsamtmann Hoffmann als Vertreter der Aufsichtsbehörde willkommen heißen. Es folgte ein Bericht des Amtsdirektors über den Stand des Ausbaues.

Im dritten Bauabschnitt wurden die Restarbeiten, die Hauptleitung von Reineberg zum Hochbehälter und das Verlegen des Steuerungskabels vom Dorf Ahlsen zum Hochbehälter, ausgeführt.

Im vierten Abschnitt sind folgende Leitungen mit den anfallenden Hausanschlüssen gelegt worden:

von der Hüllhorster Lage nach Nied[illegible]hausen; südliche Ausbaugrenze ist das Siedlungsgelände Weitkämper/Schule Niedringhausen. Ausgebaut wurde alles, was nördlich dieser Grenze liegt, bis herauf zum Hochbehälter Horsts Höhe. Dazu kam das Haus Weimann, das zum Stadtbezirk Lübbecke gehört.

Oberhalb Bad Lusmühle anfangend die erste Leitung nach Büttendorf, und zwar den mittleren und nördlichen Hössen einschließlich Baugelände Brinker, Nr. 19.

Vom Hüllhorster Vorwerk nach Büttendorf-Benkhöfen. Hier wurden bis auf ein Haus alle Häuser angeschlossen, auch die weitab liegenden Einwohner Knefelkamp (Nr. 29), Becker (Nr. 37), Heidenreich (Nr. 75), Wiegmann (Nr. 100). Bei Brakmann (Nr. 41) wurde die Herforder Kreisgrenze erreicht.

Gegenwärtig wird die Hauptleitung Niedringhausen über den Winkelplatz zum Industrie- und Schulgelände gelegt. Da die beiden Industriebetriebe Anfang 1966 mit der Produktion beginnen wollen, wird mit drei Baggern gearbeitet, um rechtzeitig fertig zu werden. Wenn nicht unerwartet strenger Frost eingesetzt hätte, der eine Arbeitsunterbrechung erforderlich machte, wären die Betriebe schon jetzt angeschlossen. Für das neue Schulgebäude und das kirchliche Gemeindehaus in Beendorf braucht die Leitung nur um einige hundert Meter verlängert zu werden, um auch diese versorgen zu können.

Der Hochbehälter auf der Horsts Höhe ist über den Rohbau hinaus fertig. Inbetriebnahme kann im späten Frühjahr erwartet werden. Erst dann können die hochgelegenen Häuser, etwa nördlich Heidenreich (Nr. 119), die ihren Hausanschluß schon haben, mit Wasser versorgt werden.

Druckerhöhungsstation Ahlsen. Der Erwerb eines geeigneten Grundstücks hat noch einige Schwierigkeiten bereitet. Daher konnte der Bau nicht mehr in diesem Jahre in Angriff genommen werden. Nachdem nun ein Grundstück erworben worden ist, ist es Aufgabe der Bauleitung, so schnell wie möglich auf die Fertigstellung hinzuarbeiten, denn ohne die Druckerhöhungsstation ist der Hochbehälter Horsts Höhe nichts wert.

Was im vierten Bauabschnitt noch auszubauen ist, wurde sodann erläutert. Wenn Beendorf in Kürze erreicht ist, wird der zur Hochzone gehörende Bergstrang Reineberg—Ahlsen—Holsen in Angriff genommen. Der Ausbau der Hochzone wurde bewußt zurückgestellt, weil sie mit Wasser erst versorgt werden kann, wenn der Hochbehälter Horsts Höhe und die Druckerhöhungsstation Ahlsen in Betrieb genommen werden können.

Es wurde mitgeteilt, daß der Hochbehälter Holsen nunmehr fertiggestellt ist und in dieser Woche gefüllt werden kann.

Insgesamt wurden bisher 1335 Hausanschlüsse fertiggestellt, die sich wie folgt auf die Gemeinden verteilen: Ahlsen-Reineberg 130, Bröderhausen 54, Büttendorf 61, Holsen 130, Hüllhorst 320, Oberbauerschaft 98, Schnathorst 270, Tengern 272.

Im fünften und letzten Bauabschnitt soll eine Zusammenfassung des Schlußausbaues erfolgen. Der Ausbau wird im Jahre 1967 zum Abschluß kommen.

Noch im selben Jahr -1960- gründeten die Wasserbeschaffungsverbände „Wiehengebirge Süd" in Werste, „Wiehengebirge West" in Hüllhorst, die Stadt Bad Oeynhausen und das Amt Löhne als ordentliche Mitglieder den Wasserbeschaffungsverband „Am Wiehen" , dessen einzige Aufgabe es war und auch heute noch ist, für die ordentlichen Mitglieder Trink- und Brauchwasser zu beschaffen und, soweit nötig, das Grundwasser zu bewirtschaften.

Dieser Verband förderte also das Trink-und Brauchwasser und transportierte das Wasser über das Wiehengebirge in die Verbandsgemeinden. Die Wasserverteilung und damit die Schaffung des örtlichen

Versorgungsnetzes war Aufgabe des Wasserverbandes auf Amtsebene (Wasserbeschaffungsverband „Wiehengebirge West"). Bis 1967/1968 waren die Gemeinden des Amtes Hüllhorst versorgt, wie der Pressebericht vom 23. Dezember 1965 auf der Vorseite deutlich macht.

Das war eine enorme finanzielle Leistung der Gemeinden und Grundeigentümer, die Baubeiträge zahlen mußten.

Abwasserbeseitigung

Wegen der zunehmenden Bebauung auch aufgrund des Wohnwertes der Gemeinden des Amtes Hüllhorst am Südhang des Wiehengebirges und der wasserwirtschaftlichen Forderungen an die Abwasserbeseitigung wurden von den Gemeinden parallel zu den Planungen für eine zentrale Wasserversorgung bereits Anfang der 60er Jahre auch Überlegungen und Planungen für eine gemeindliche Abwasserbeseitigung angestellt.

Bis zu dieser Zeit gab es fast ausschließlich Hauskleinkläranlagen mit unterschiedlichem Wirkungsgrad je nach Pflege der einzelnen Anlage. Vereinzelt gab es auch kleinere Siedlungskläranlagen oder gemeinsame Ableitungen bis zur Vorflut.

Gefordert wurden jedoch aus wirtschaftlichen Gründen und aus Gründen des Umweltschutzes und der Umweltentlastung großräumige Lösungen.

Deshalb fanden bereits 1962 Besprechungen zwischen Planern und den Vertretern der Gemeinden Hüllhorst, Oberbauerschaft, Schnathorst und Tengern statt.

Ende 1962 haben die Gemeinderäte beschlossen, die Aufgabe der Abwasserbeseitigung auf das Amt Hüllhorst zu übertragen. Die Gemeinden Ahlsen-

Niederschrift
über die Sitzung des Entwässerungsausschusses der Amtsvertretung am 13.4.1965

Zu dieser Sitzung war ordnungsgemäß geladen. Es fehlten der Amtsvertreter Struckmeier, Schnathorst, der sich entschuldigt hatte, und der Amtsvertreter Koring, der z.Zt. krank ist.

Nach Eröffnung der Sitzung bat Amtsdirektor König die Vertreter, aus ihrer Mitte heraus einen Ausschußvorsitzenden zu wählen. Einstimmig wurde der Amtsvertreter Kuhlmeier, Hüllhorst, gewählt. Herr Kuhlmeier ging dann zur Tagesordnung über und erteilte dem Amtsdirektor zu Punkt 1 – Bericht über den Stand der Planung – das Wort. Der Amtsdirektor führte hierzu folgendes aus:

Am 25.2.1963 hat die Regierung in Detmold dem Amt Hüllhorst einen Planungskostenzuschuß bewilligt mit der Auflage, daß die Planung bis zum 31.12.63 abgeschlossen sein müßte. Die Planungsarbeiten sind aber mehrmals unterbrochen worden, und zwar aus folgenden Gründen:

1. Klärung der Standortfrage der Kläranlage Tengern.
2. Prüfung der Frage, ob für den Ortsteil Niedringhausen eine eigene Kläranlage oder aber der Anschluß nach Tengern erfolgen solle (diese Frage wurde von der Regierung gestellt).
3. Verschiedene Umplanungen durch Ausweisung neuer Baugebiete.
4. Zur Zeit Planungsarbeiten restlos eingestellt durch Umplanung Oberbauerschaft.

Inzwischen ist der Amtsverwaltung eine Verfügung des Herrn Regierungspräsidenten vom 8.2.1965 zugestellt worden, in der gesagt wird, daß die restlichen Planungszuschüsse nur dann ausgezahlt werden, wenn die Planung bis spätestens 31.12.1965 vorgelegt wird. Der Amtsdirektor führte weiter aus, daß durch die Verzögerung dieser Planungsarbeiten sich auch die Einreichung des Beihilfeantrages und der Baubeginn verzögert haben, daß weiter durch diese Verzögerung die Beihilfengrundsätze wesentlich ungünstiger geworden sind und daß die Lohn- und Preissteigerungen stark ins Gewicht fallen. Zur Zeit werden fast in allen Gemeinden Teilkanalisationen gebaut und ganz erhebliche Amts- und Gemeindemittel investiert, vor allen Dingen durch den Bau von sehr teueren vollbiologischen Kläranlagen für Siedlungsgebiete.

Der Amtsdirektor kam dann auf die Entwicklung in der Gemeinde Oberbauerschaft zu sprechen und führte u.a. aus, daß im April v.Js. eine erste Besichtigung in Oberbauerschaft durch Vertreter des Wasserwirtschaftsamtes erfolgt sei. Am 17.12.64 hat auf Antrag des Bürgermeisters Thüner eine Verhandlung beim Wasserwirtschaftsamt Minden stattgefunden, in der die Frage geklärt werden sollte, ob die Entwässerung des Ortsteiles Niedringhausen entlang der Bundesstraße nach dem Süden die bessere Lösung sei als die jetzt geplante, nämlich Anschluß nach Tengern. Das

Wasserwirtschaftsamt hat der Gemeinde wärmstens empfohlen, an der jetzigen Planung festzuhalten. Dieser Bescheid ist den Ausschußmitgliedern wörtlich verlesen worden. Der Rat der Gemeinde Oberbauerschaft ist ebenfalls hiervon unterrichtet worden. Jedem Ratsmitglied ist eine Abschrift dieser Verfügung zugestellt worden. In der Sitzung am 29.1.1965 hat sich der

Rat der Gemeinde erneut mit dem Problem befaßt; eine Einigung konnte nicht erzielt werden. Es wurde ein Beschluß gefaßt, nochmals mit den Fachbehörden Fühlung zu nehmen. Am 17.3.1965 hat dann eine Besprechung im Amtsgebäude Hüllhorst mit dem Bezirksplaner Dr. Michaelis sowie Vertretern des Wasserwirtschaftsamtes Minden und Lübbecke und Vertretern der Gemeinde stattgefunden. Das über diese Besprechung geführte Protokoll wurde ebenfalls den Ausschußmitgliedern vorgelesen. Als wesentliches Besprechungsergebnis kann festgehalten werden, daß Herr Dr. Michaelis die ganz eindeutige Empfehlung gegeben hat, daß der bauliche Schwerpunkt der Gemeinde Oberbauerschaft im Ortsteil Beendorf zu bilden ist und auf die Ausweisung neuer Baugebiete im Ortsteil Niedringhausen zu verzichten ist. In Niedringhausen sollen lediglich die vorhandenen Baugebiete abgerundet werden.

Zur Frage der Entwässerung haben die Herren Hoffmann, Brink und Struck sich dahingehend ausgesprochen, daß es bei der bisherigen Planung aus rein wirtschaftlichen und aus technischen Gründen verbleiben muß. Über dieses Besprechungsergebnis am 17.3. ist der Rat der Gemeinde am 26.3.65 unterrichtet worden. Auch in dieser Sitzung konnte sich die Gemeinde zu einer Beschlußfassung nicht durchringen. Sie hat lediglich beschlossen, eine erneute Besprechung in Detmold zu führen, um die Frage endgültig zu klären. Der Ordnung halber muß hinzugefügt werden, daß in dieser bewußten Sitzung am 26.3.65 auch über die Aufstellung des Flächennutzungsplanes beraten und Beschluß gefaßt worden ist. Entsprechend der Empfehlung der Bezirksplanungsstelle Detmold hat der Gemeinderat im Ortsteil Horst's-Höhe die Fläche Niedermeier 14 und eine weitere Fläche westlich der Bundesstraße aus der Bebauung herausgenommen. Die in Detmold anberaumte Besprechung soll unter dem Gesichtspunkt geführt werden, ob es noch jetzt, nachdem der Rat größere Baugebiete aus dem Ortsteil Niedringhausen herausgenommen hat, zweckmäßig und wirtschaftlich ist, die Entwässerung nach Tengern zu führen oder nach Süden, parallel zur Bundesstraße, zu entwässern. Hierzu kann aber gesagt werden, daß sich Herr Dr. Michaelis gegen die Ausweisung eines neuen Baugebietes als 3. Ortskern in der Gemeinde Oberbauerschaft ganz entschieden ausgesprochen hat.

Es wurde noch ein Brief des Planers Struck, der an die Gemeinden Hüllhorst, Schnathorst, Tengern und Oberbauerschaft gerichtet war, verlesen.

Abschließend bat der Amtsdirektor, mit allem Nachdruck die Sache voranzutreiben. Es muß unter allen Umständen versucht werden, daß das Amt Hüllhorst ins Geschäft kommt und daß die Landesmittel zum Bau der Kläranlage endlich bewilligt werden

Im Anschluß an diese Ausführungen wurde eine recht lebhafte und zum Teil leidenschaftliche Debatte geführt. Alle Einzelheiten können im Protokoll nicht festgehalten werden. Nachdem das Für und Wider der jetzigen Planung und die von der Gemeinde Oberbauerschaft beabsichtigte Umplanung besprochen worden ist, faßte der Ausschuß fast einmütig die Empfehlung, der Amtsvertretung vorzuschlagen, daß die Planung in der bisherigen Form weitergeführt werden soll. Für den Ortsteil Niedringhausen-Süd soll eine eigene Kläranlage, die zweckmäßig unterhalb der an der Bundesstraße stehenden Häuser errichtet werden müßte, errichtet werden. Bürgermeister Thüner bat bei dieser Empfehlung alle Ausschußmitglieder, nochmals zu überlegen, ob dies das Amt verantworten könne.

Reineberg und Holsen fassten 1965 bzw. 1966 gleichlautende Beschlüsse.

Über den Fortgang der Planung gibt nebenstehende Niederschrift Auskunft.

Die Genehmigung zum Generalentwässerungsplan wurde 1969 erteilt.

Die mechanisch-biologische Kläranlage wurde in den Jahren 1972-1974 im Ortsteil Tengern errichtet und danach konsequent das Rohrnetz (Verbindungssammler und Straßenkanäle) ausgebaut.

Der Bau der Kläranlage und der Ausbau des Kanalnetzes war eine enorme Investition, an der auch der Grundstückseigentümer mit Anschlußbeiträgen ganz erheblich beteiligt wurde.

Trotzdem: Gewinner war die Umwelt, die Natur und damit wir selbst !

Bauleitplanung

In den Jahren unmittelbar nach dem Zweiten Weltkrieg waren auch die Gemeinden des Amtes Hüllhorst mit der Eingliederung der Evakuierten, Flüchtlinge und Vertriebenen befaßt. Die Eingliederung bezog sich zunächst auf die Wohnraumversorgung in bestehenden Wohngebäuden, die Schulversorgung und die Eingliederung in den Arbeitsmarkt innerhalb der Gemeinde oder als Pendler in die Arbeitsmärkte der Nachbargemeinden. Dabei kam den hier Wohnenden die günstige Lage und damit verkehrliche Anbindung zu den Nachbargemeinden zugute.

Später in den 50er und 60er Jahren wollten auch Einheimische aber auch Vertriebene und Flüchtlinge siedeln. Dafür wurde Bauland benötigt. Bauland war aber rar. Trotzdem gibt es in allen Gemeinden Dank der tatkräftigen Mitarbeit der Bürgermeister und Gemeinderäte gute Beispiele für Siedlungsgebiete:

Oberbauerschaft: Langenkamp, Niedringhausen; Büttendorf: Kleine Siedlung; Ahlsen-Reineberg: Hermannstraße und Konradstraße; Holsen: Siedlung Kottmeier; Hüllhorst; Tengern: Tengerholz; Schnathorst - Kreuzstraße, Ostlandweg, Grell, Wulfsiek; Bröderhausen - Siedlung Kuhlmeier.

Für kleinere Siedlungsgebiete mussten Bebauungspläne aufgestellt werden. Diese Pläne wurden jedoch verfahrensrechtlich selten als Satzung beschlossen. Vielfach wurden während des Planaufstellungsverfahrens bereits Baugenehmigungen erteilt und dann die Pläne planungsrechtlich nicht weiter bearbeitet. Die Bebauungsplanentwürfe waren deshalb rechtlich nur Grundstücksaufteilungspläne.

Diese Praxis stieß zunehmend auf Kritik der Baugenehmigungsbehörden mit der Folge, dass für die Entwicklung jeder Gemeinde die Bauleitplanung begonnen und zügig vorangebracht werden musste.

Zur Bauleitplanung gehören: Flächennutzungsplan und Bebauungspläne. Der Flächennutzungsplan muß die Ziele der Landesplanung berücksichtigen. Der Flächennutzungsplan weist für die Gemeinde u. a. Wohnbau-, Gewerbe-, landwirtschaftliche Flächen und Wald aus.

Wohn- und Gewerbeflächen werden nicht unbegrenzt, sondern unter Berücksichtigung eines gewissen Entwicklungsspielraumes nur im notwendigen Umfang ausgewiesen.

Aus dem Flächennutzungsplan sind die konkreten Bebauungspläne zu entwickeln. Erkennbar war, dass auf die Gemeinden anspruchsvolle Planungsaufgaben zukamen.

Die Umsetzung in den engen Gemeindegrenzen war nicht einfach, weil zu unterschiedliche Interessen auch der Grundstückseigentümer zu berücksichtigen waren.

Beispielhaft soll hier einmal die Vorgehensweise der Gemeinde Oberbauerschaft kurz dargestellt werden:

1964/1965 Aufstellung eines Flächennutzungsplan-Entwurfes durch den Planer Dr. Slawinski, Minden. Der Plan ist nicht weiter verfolgt worden.

1969: Aufstellung eines neuen Flächennutzungsplan-Entwurfes durch den Planer Kunze, Lübbecke.

Auch dieser Plan hat keine Rechtskraft erlangt, auch mit Rücksicht auf die bevorstehende kommunale Neuordnung, die einen völlig anderen Zuschnitt für die Gemeinden vorsah und planungsrechtlich neue Anforderungen an die Gemeinden stellte.

Ähnlich sind auch andere Gemeinden des Amtes Hüllhorst vorgegangen. Alle Gemeinden des Amtes Hüllhorst haben letztlich im Hinblick auf die kommunale Neuordnung nach schweren Geburtswehen etwas Richtiges beschlossen:

Die Erarbeitung eines Strukturgutachtens für den Amtsbezirk, das als Grundlage für die Aufstellung eines Flächennutzungsplanes dienen sollte.

Hermann Struckmeier im Schnathorster Rat:

Gebiet für Ansiedlung von Ferienhäuser ausweisen

Die Vorarbeiten für Strukturgutachten wurden im Gemeinderat diskutiert

Scnathorst (ma). Als erste der Gemeinden des Amtes Hüllhorst wurde Schnathorst mit den Vorarbeiten für ein Strukturgutachten konfrontiert. Das geschah in der vorgestrigen Gemeinderatssitzung. Diplom-Ingenieur Trüstedt von der Arbeitsgruppe für Stadtplanung und Kommunalbau Berlin versuchte, die Planvorstellungen des Gemeinderates für das jetzige Gemeindegebiet, ab 1. Januar 1973 aufgehend in der Großgemeinde Hüllhorst, kennenzulernen.

Sitzungen mit gleicher Tagesordnung finden in den nächsten Tagen auch für die weiteren Gemeinden des Amtes Hüllhorst statt. Die Amtsvertretung hatte vor einiger Zeit beschlossen, bereits in diesem Jahre ein Strukturgutachten und die Vorarbeiten für die Aufstellung eines Flächennutzungsplanes für die spätere Großgemeinde. Da bis 31. Dezember die Planungshoheit noch bei den einzelnen Gemeinden liegt, ist es Wunsch und Wille der Amtsvertretung, die Gemeinden bei den Vorarbeiten zu beteiligen. Der Gemeinderat Schnathorst machte eine Reihe von Vorschlägen, die von dem anwesenden Planer vorgemerkt wurden. Diplom-Ingenieur Trüstedt sagte, es solle die bevorstehende Entwicklung (bis maximal 20 Jahre) ermittelt werden und im Flächennutzungsplan der Großgemeinde ihren Niederschlag finden. Von den Wünschen und Vorstellungen des Gemeinderates wolle man soviel wie möglich berücksichtigen. Der Planungsstoff werde dem Rat der künftigen Großgemeinde vorgelegt, der endgültig zu entscheiden habe. Die Drucklegung der ersten Planungsstufe könne vielleicht schon in vier Wochen erfolgen.

Hermann Struckmeier setzte sich in einem Vorschlag besonders dafür ein, die Wiehengebirgslage und die gegebene Struktur Schnathorsts für eine Förderung des Fremdenverkehrs zu nutzen und auch Gebietsausweisungen für die Ansiedlung von Ferienhäusern wie auch Einzelobjekten vorzushen. Der Vorschlag wurde von den übrigen Ratsmitgliedern und dem Planer als sehr sinnvoll angesehen.

Auch kam die Sprache aufs Industriegebiet. Der Planer führte dazu aus, wegen des weitgehend ebenen Geländes sei dafür am besten das Gelände zwischen den Möbelfabriken Upheber (Tengern) und Schnake (Schnathorst) geeignet. In der weiteren Diskussion stimmte man jedoch weitgehend darin überein, daß der Ansiedlung von Gewerbebetrieben gegenüber Industriebetrieben der Vorzug zu geben sei. Dies vertrage sich auch weit besser mit dem Ziel in Schnathorst den Fremdenverkehr einzuführen.

Auch die Ausweisung von Wohnbaugebieten wurde vorgesehen. Dafür soll das Gelände zwischen der Siedlung „Greil" in Richtung Feeshof verplant werden. Friedhelm Kleine wies darauf hin, wenn späterhin ein Bauwerk mit dem Charakter eines Gemeinschaftshauses (Mehrzweckhalle) in der Großgemeinde erforderlich sei, dann solle es in Schnathorst gebaut werden, möglicherweise bei Erweiterung des jetzt bereits im Bau befindlichen Jugendraumes.

Im Verlauf der Diskussion wurde bekannt, daß der Betrieb auf dem Segelflugplatz am Schnathorster Berg mit Wirkung vom 1. Januar 1973 eingestellt wird.

Auszug aus der »Lübbecker Kreiszeitung« vom 4. Oktober 1972.

Schulwesen

Den Schulbau betreffend mussten in diesen Jahren wichtige Entscheidungen durch die Gemeinderäte gefällt werden.

Zum Ende der 50er Jahre planten fast alle Gemeinden eine Erweiterung oder sogar einen Neubau ihres Schulgebäudes. In Schnathorst z. B. begann man schon 1951 mit dem ersten Bauabschnitt der Schulerweiterung und konnte nach Vollendung des zweiten Bauabschnittes im Jahre 1955 die wesentlich vergrößerte Schule einweihen.

Auch im Bau der Sportstätten hatte man frühzeitig die Initiative ergriffen. Ein wesentlicher Motor war hierbei der tatkräftige Schulleiter Horst Gronert. Ihm war es in erster Linie zu verdanken, dass nicht nur ein Lehrschwimmbecken mit einer Wassertiefe von 1,70 m und einer Länge von 12,50 m, sondern auch eine Turnhalle in einer Größe von 32 m x 17 m schon im Jahre 1960 gebaut wurden. In dieser Größe wollte allerdings die Regierung den Bau der Turnhalle nicht genehmigen. Das Problem wurde auf „einfache" Art gelöst, wie der frühere Landrat Hermann Struckmeier als Zeitzeuge bestätigen kann: Horst Gronert brachte bei Nacht und Nebel im Beisein des Bauunternehmers das Schnurgerüst wieder auf das „richtige" Maß. Schnathorst besaß dann die größte Turnhalle im Gebiet der Kreise Minden und Lübbecke zur damaligen Zeit. Handballvereine wie TuS Nettelstedt, Sachsenroß Hille und sogar Grün-Weiß Dankersen trainierten ab und zu hier, wie sich der langjährige Hausmeister Martin Halstenberg erinnert.

Turnhalle in Schnathorst.

Besondere Schwierigkeiten in der Schulbaufrage waren in Oberbauerschaft zu überwinden. Beinahe 12 Jahre dauerte es, bis die Meinungsverschiedenheiten und Streitigkeiten über dieses Thema bereinigt waren. Im Dezember 1957 erkannte eine Regierungsabordnung bei einem Ortstermin in Oberbauerschaft das Baubedürfnis an für je einen Schulbau in den beiden Ortsteilen Beendorf und Niedringhausen. Die fertigen Planungen wurden jedoch nicht durchgeführt, da inzwischen von vielen der Wunsch nach einer zentralen Schule für ganz Oberbauerschaft vertreten wurde. Die gegensätzlichen Auffassungen konnten selbst drei Beamte des Kultusministeriums aus Düsseldorf und zwei Beamte der Bezirksregierung aus Detmold, die extra nach Oberbauerschaft kamen, nicht ausgleichen. Nach vielem Hin und Her, nach Prozessen vor dem Verwaltungs- und Oberverwaltungsgericht einigte sich der Gemeinderat endlich. Mit Mehrheit entschied man sich für eine zentrale Schule, nachdem der Kultusminister die Zusammenlegung der beiden Schulen Beendorf und Niedringhausen verfügt hatte.

In 78 Sitzungen, so berichtete der damalige Amtsdirektor König anlässlich der Schuleinweihung am 13. Dezember 1968, hat sich der Rat mit der Schulfrage befasst.

So hatte das strittige Thema nach fast 12-jähriger Diskussion endlich ein einvernehmliches Ende gefunden. Allerdings hatte die schulische Entwicklung

Geschichte des Schulbaues in Oberbauerschaft von der großen Schulpolitik stets überrollt

Einweihung der neuen Schule steht bevor / Einrichtungen werden schon genutzt

Oberbauerschaft. Die Einweihung der neuen Oberbauerschafter Schule einschließlich Turnhalle und Lehrschwimmbekken steht kurz bevor. Der Baukomplex wird bereits den Aufgaben entsprechend genutzt. Erst vor kurzem konnten die Arbeiten am Lehrschwimmbecken abgeschlossen werden.

Zwischen dem Zeitpunkt der ersten Bauanträge und dem Termin der Schuleinweihung liegt eine Frist von etwa zwölf Jahren. Die lange Zeit war weitgehend ausgefüllt von Meinungsverschiedenheiten und vielfach vom Streit im örtlichen kommunalen, ja manchmal auch dörflichen Leben der Gemeinde Oberbauerschaft. Am 23. Februar 1957 wurden die ersten Bauanträge von den Schulpflegschaften in Beendorf und Niedringhausen zur Errichtung je einer neuen Schule eingereicht.

Im Dezember 1957 kam eine Regierungsabordnung nach Oberbauerschaft, überprüfte die Verhältnisse und erkannte das Baubedürfnis für je einen Schulneubau in Beendorf und Niedringhausen an. Die Bauplanungen wurden aufgestellt und genehmigt, wie die notwendigen Mittel bereitgestellt wurden. Die Planungen wurden jedoch nicht durchgeführt. Es waren inzwischen Wünsche zur Schaffung nur einer zentralen Schule für Oberbauerschaft aufgekommen.

Es gab einen großen Streit, da die einen die Zentralschule, die anderen je eine Schule in Beendorf und Niedringhausen wünschten. Auch der Besuch des Kultusministers konnte keine Angleichung der gegensätzlichen Auffassungen in Oberbauerschaft bringen. Ein Prozeß vor dem Verwaltungsgericht wurde angestrengt. Es ging weiter zum Oberverwaltungsgericht. Daneben liefen die Planungen für eine Zentralschule, zu der sich der Gemeinderat nach langem Hin und Her mit Mehrheit durchgerungen hatte, weiter. Der Kultusminister verfügte inzwischen die Zusammenlegung beider Schulen (Beendorf und Niedringhausen).

Ein Wettbewerb für die Zentralschule wurde gestartet. Gewinner war der Architekt und Diplomingenieur Rodenberg (Minden). Inzwischen kam die Schulreform, die die Schaffung von Hauptschulen neben den Grundschulen mit sich brachte. Auf diese Weise entfiel auch für die neue Schule in Oberbauerschaft bereits während ihrer Bauzeit der ursprüngliche Zweck, nämlich als Zentralschule für alle Oberbauerschafter Schüler zu dienen.

Die Gemeinde Oberbauerschaft gehört nach einer Verfügung des Landkreises inzwischen mit zum Schulverband für das westliche Amt Hüllhorst. Die Oberbauerschafter Schule dient einmal als Grundschule und zum andern anteilig zur Unterrichtung der Hauptschüler der verbandsangehörigen Gemeinden. Sitz der Hauptschule ist nach der bestehenden Satzung Hüllhorst. Der Erlaß des Ministers über die endgültige Regelung des Hauptschulwesens im Amt Hüllhorst steht immer noch aus.

Nach den bestehenden Plänen werden sich die gesamten Kosten für den Oberbauerschafter Schulbaukomplex einschließlich Sportzentrum auf etwa 3 Millionen DM belaufen. Der Baukomplex setzt sich unter anderem zusammen aus 7 Klassenräumen, 4 Nebenräumen in Klassengröße, der großen Aula mit Bühne, zahlreichen sonstigen schulischen Räumlichkeiten, einer Turnhalle 12 mal 24 m, einem Lehrschwimmbecken 12,50 mal 8 m mit Dusch-, Wasch- und Umkleideräumen, 4 Lehrerwohnungen und dem Hausmeisterhaus. Was die sportlichen Einrichtungen anlangt, so sind sie inzwischen auf größtes Interesse auch des örtlichen SV und der Sportjugend des Dorfes gestoßen. Auch muß man den Eindruck haben, daß der dörfliche Friede inzwischen weitgehend wieder eingekehrt ist.

inzwischen eine andere Richtung genommen: Durch die Schulreform vom Sommer 1968 waren die ehemaligen Volksschulen aufgelöst worden.

Zur Schule Oberbauerschaft gehörte nun nur noch die Grundschule mit den Jahrgängen 1 - 4, während die Jahrgänge 5 - 9 in der Hauptschule Hüllhorst unterrichtet wurden. Da in Hüllhorst jedoch nicht genügend Klassenräume zur Verfügung standen, konnten einige freie Räume der neugebauten Schule durch die Hauptschule nun genutzt werden.

Die Schulreform im Jahre 1968 brachte für viele Gemeinden eine einschneidende Änderung:
Bis zu diesem Zeitpunkt hatte fast jede Gemeinde „ihre“ selbstständige Volksschule, in der alle Schüler, die nicht ein Gymnasium oder eine Realschule besuchten, an ihrem Heimatort unterrichtet wurden. Die „Neuordnung des Schulwesens“ sah nun aus pädagogischen Gründen

eine Umgestaltung der Volksschuloberstufe vor. Die Jahrgänge 5-9 aus mehreren Volksschulen wurden zu einem einzigen Schulsystem zusammengefasst. In größeren Schuleinheiten sollten die neuen Lehrpläne mit differenziertem Unterricht umgesetzt werden: die „Hauptschule der weiterführenden Bildung“ wurde eingeführt.

Es ist verständlich, dass viele Gemeinden darüber nicht erfreut waren und sich erst einmal dagegen wehrten. Die Gemeinde Bröderhausen beispielsweise sollte nach Plänen des Schulamtes und der Bezirksregierung ihre einklassige Volksschule – nachdem sie 57 Jahre bestanden hatte – vollkommen auflösen und ihre Schüler in die Nachbargemeinden schicken.

Dorfschule gibts nicht mehr

Im Jahre 1968 wurde der Unterricht in Bröderhausen eingestellt / 3. Folge

Fast 58 Jahre Unterricht: *Die ehemalige Schule in Bröderhausen gibt es seit 1968 nicht mehr. Das Gebäude dient seit einigen Jahren als Dorfgemeinschaftshaus.* FOTO: MASCHMEIER

Der Gemeinderat Bröderhausen wurde auf seiner Sitzung am 9. April 1968 durch den damaligen Amtsdirektor König darüber informiert, dass nach der Konzeption der Bezirksregierung an der Schule Bröderhausen ein „geordneter Schulbetrieb" nicht mehr gegeben sei. Im Protokoll dieser Sitzung ist die Reaktion dazu nachzulesen:

„Nach eingehender Diskussion und Aussprache beschloss der Rat der Gemeinde folgendes:

Der Rat der Gemeinde ist nicht gewillt, die einklassige Volksschule Bröderhausen aufzulösen. Dieser Beschluss wurde einstimmig gefasst...".

Am 30. Juli war es dann aber doch so weit: Durch Verfügung des Schulamtes in Minden wurde die Schule Bröderhausen „im Interesse aller Kinder" aufgelöst. Dass sich Bröderhausen dagegen stemmte, ist verständlich, denn gerade eine aktive Schule ist ein belebendes Moment für eine Gemeinde.

In Oberbauerschaft z. B. sind die Schüler seit langer Zeit in die Arbeit der Freilichtbühne „Kahle Wart" und in Tengern in die Ausgestaltung der Feier zum 1. Mai eingebunden. Das Kinderfest in Schnathorst, ein großer Blumenkorso, der in den Jahren von 1956 bis 1972 stattfand, wäre ohne das große Engagement des Schulleiters Herrn Gronert und der gesamten Schulgemeinde nicht denkbar gewesen.

Im Zusammenhang mit der Schulreform von 1968 traten für die Gemeinden wichtige Fragen auf, insbesondere:

Sollen im Amtsbereich Hüllhorst eine oder zwei Hauptschulen errichtet werden und an welchem Standort?

Wo sollen Schulen als Grundschulen bestehen bleiben?

Der »Wallücker Willem« im Kinderfest-Umzug in Schnathorst.

Jede Gemeinde stritt erbittert für eine eigene Schule. Eine Lösung im östlichen Amtsbereich wurde im Juli 1968 erreicht durch Bildung des Schulverbandes Schnathorst - Holsen - Huchzen - Tengern, dem im Oktober desselben Jahres auch Bröderhausen beitrat. Dort legte man fest, dass Schnathorst Standort einer Hauptschule wird mit den Klassen 5-9 und seine Grundschüler abgibt in die beiden Grundschulen Tengern und Holsen, während Bröderhausen ganz geschlossen wird.

Bürgermeister Hermann Bode aus Schnathorst wurde zum Vorsitzenden dieses Schulverbandes und

Bürgermeister Heinrich Westerfeld aus Tengern zu seinem Stellvertreter gewählt.

Im August 1968 wurde auch der Schulverband Ahlsen-Reineberg - Büttendorf - Hüllhorst - Oberbauerschaft gegründet mit der Entscheidung, dass in Hüllhorst eine Hauptschule, in Ahlsen-Reineberg, in Büttendorf und in Oberbauerschaft je eine Grundschule errichtet wird. Zum Vorsitzenden wurde Bürgermeister Günter Knollmann aus Ahlsen gewählt, zu seinem Stellvertreter Bürgermeister Fritz Althoff aus Oberbauerschaft.

Am 1. September begann dann der Unterricht in den zwei Hauptschulen und den fünf Grundschulen.

In den beiden Hauptschulen trat von Anfang an ein Mangel an Fachräumen auf. Die Hauptschule Hüllhorst musste aus diesem Grunde ihre fünften und sechsten Klassen in die vorerst nicht genutzten Klassenräume der Grundschule Oberbauerschaft auslagern. Die Hauptschule Schnathorst war sogar gezwungen, für einzelne Stunden in den Konfirmandensaal der Kirche, in die Schulküche in Holsen und in den Schulungsraum der Feuerwehr im Gerätehaus auszuweichen. In Schnathorst wurden dann im Sommer 1969 zwei Pavillonklassen aufgestellt, die zusammen mit den — allerdings von der Regierung nicht genehmigten — Kellerräumen die größte Raumnot linderten.

Inzwischen benötigte die Grundschule Oberbauerschaft selbst einige der zur Verfügung gestellten Schulräume, sodass für die Hauptschule Hüllhorst geplant wurde, ebenfalls vier Pavillonklassen auf angepachtetem Gelände zu errichten. Auch Schnathorst meldete den Bedarf von zwei weiteren Pavillonklassen an.

Viele Schulverbandsmitglieder standen diesen Erweiterungsplänen ablehnend gegenüber, da nach dem Wibera-Gutachten (Wirtschaftsberatungsgesellschaft in Düsseldorf) und der Festlegung der Landesplanungsstelle in Detmold die 9 Gemeinden des Amtes Hüllhorst im Rahmen der Gebietsneuordnung eine Großgemeinde bilden sollten. Und für diese Gemeinde waren eine Hauptschule im Zentrum Hüllhorst und zwei Grundschulen in Oberbauerschaft und in Schnathorst vorgesehen. Wenn man also in absehbarer Zeit sowieso eine neue Hauptschule bauen müsste, warum sollte man dann noch Geld für Behelfslösungen ausgeben!

Endlich war der Durchbruch geschafft, als in einer gemeinsamen Sitzung der beiden Schulverbände Ost und West im Januar 1972 nach einer überaus hitzigen Debatte der am Ende doch einstimmige Beschluss gefasst wurde:
„Die Schulverbände Schnathorst und Hüllhorst übertragen die Planung, Vorbereitung einschließlich Geländekauf für den zukünftigen Hauptschulneubau der Amtsvertretung Hüllhorst“.

Nun konnte die Planung zügig fortschreiten. Im August 1972 wurde ein Architekten-Wettbewerb ausgeschrieben für eine dreizügige Hauptschule mit der Ausbaumöglichkeit zum sechszügigen Schulzentrum der Sekundarstufe I. Die Entwürfe und Modelle der beteiligten vier Architekturbüros prüfte und bewertete am 7. Dezember 1972 ein Fachgremium, dem u. a. Regierungs-Baudirektoren der Staatshochbauämter Detmold und Bielefeld angehörten.

Der 1. Preis wurde Diplomingenieur Schlattmeier aus Herford zuerkannt, der somit auch den Auftrag erhielt, die neue Hauptschule zu bauen. Schwierigkeiten bei der Beschaffung der erforderlichen Finanzmittel verzögerten allerdings den Beginn des Baues eine Zeit lang, aber im Sommer 1979 konnte dann die neue Hauptschule zur Freude aller endlich bezogen werden.

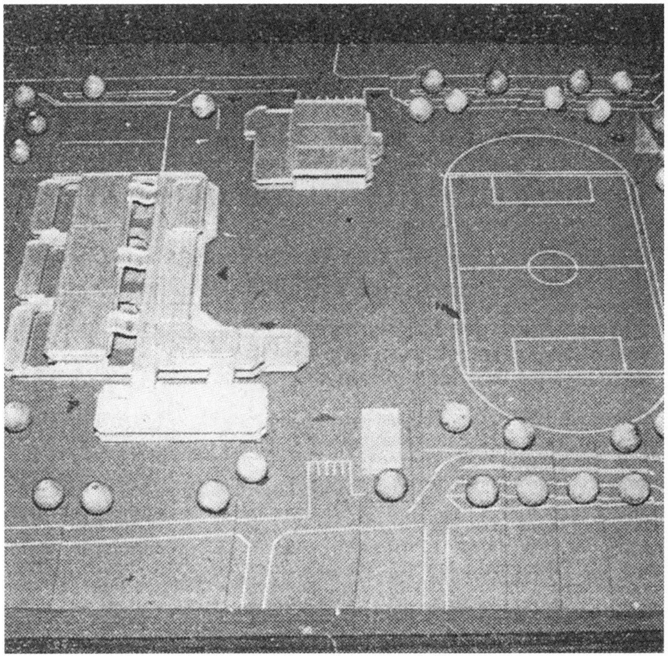

Dieses Modell gehört zu dem mit dem ersten Preis ausgezeichneten Entwurf des Diplomingenieurs Schlattmeier aus Herford.

Planung des Zentrums für Schule und Sport

Preisgericht hat sich entschieden / Millionenobjekt

Hüllhorst/Ahlsen-Reineberg. Der Plan zur Schaffung eines Schul- und Sportzentrums in Hüllhorst hat bei vielen Einwohnern des Amtes großes Interesse gefunden. Vier Entwürfe mit den dazugehörigen Modellen wurden eingerichtet. Das Preisgericht hat inzwischen darüber befunden. Allen Interessenten war in den letzten Tagen in der Schule Ahlsen-Reineberg die Möglichkeit geboten, sich die Pläne und die dazugehörigen Modelle anzusehen. Davon wurde rege Gebrauch gemacht.

Mitte der fünfziger Jahre gab es in Lübbecke noch die umfangreichen Gebäude der »Kammgarnspinnerei Lübbecke Nachf. – Wetzel & Co.«. Am unteren Bildrand die schmalspurigen Eisenbahnanlagen der Mindener Kreisbahnen, die erst 1957 nach Umbau der Strecke auf Normalspur überflüssig wurden.

Lübbecke

von Reinhold Wöstehoff
und Dr. Heinz-Ulrich Kammeier

Kommunalpolitische Entscheidungen sind sehr vielfältiger Art und können an dieser Stelle nicht in aller Ausführlichkeit dokumentiert werden. Die folgenden Ausführungen beschränken sich daher auf die stadtplanerischen Entscheidungen und die Entwicklung der Schullandschaft.

Die Veränderung des Stadtbildes

Die Flüchtlingsströme als Folge des verlorenen Weltkrieges und die durch den Strukturwandel zur Industrialisierung beginnende Landflucht führten zu einem Wachstum der Bevölkerung. Dies zwang die Stadtväter dazu, immer wieder neue Baugebiete zu planen und für die Wohnbebauung freizugeben. Dieser Wohnungsbau veränderte das Bild der Stadt Lübbecke insbesondere an den Randgebieten der Innenstadt. Große Veränderungen ergaben sich auch aus den planerischen Maßnahmen in der Folge der Straßenbauprojekte. Die mitten durch die Stadt über die Lange Straße verlaufende Bundesstraße war dem zunehmenden Straßenverkehr nicht mehr gewachsen. Ausgangspunkt vieler Überlegungen war daher die Verbannung der Autos aus der Innenstadt. Dazu war es notwendig, eine neue bisher nicht vorhandene Nord-Süd-Verbindung anzulegen. Zu Beginn der fünfziger Jahre begannen die Planungen. In den Jahren 1953 bis 1955 versuchte man, die entsprechenden Gebiete aufzukaufen und auszugleichen, die Bauarbeiten begannen 1957 und verzögerten sich immer wieder. Es kam 1960 zu Einsprüchen von Anliegern, denen Enteignungsverfahren angedroht wurden. Die Straße wurde als kommunale Straße geplant und finanziert und erst später als Bundesstraße deklariert.

Die »Lübbecker Kreiszeitung« berichtete am 1. August 1958 über die Fortschritte am Bau der neuen Umgehungsstraße.

Erst 1961 konnte die neue Straße im Innenstadtbereich in Betrieb genommen werden. Die gesamte neue Straßenführung vom Kanal bis auf Horst's Höhe über das Wiehengebirge wurde erst in den siebziger Jahren fertiggestellt.

Auch die Ost-West-Straßenführung veränderte insbesondere im Westen das Bild der Stadt. War 1958 noch eine neue große Umgehung von Eickhorst bis hinter Preußisch Oldendorf im Gespräch, so wurde in Lübbecke vorläufig eine Trasse der Bundesstraße über die Bohlen-, Bahnhof- und Kaiserstraße bis hin zur Osnabrücker Straße geplant. Die veränderten Pläne zu Beginn der sechziger Jahre ergaben eine neue Trasse für die verlängerte Bohlenstraße am Bahnhof entlang bis hin zur Osnabrücker Straße. 1966 konnte man mit dem Bau beginnen. Die Verbindung wurde Ende der sechziger Jahre fertiggestellt.

Voraussetzung war die Verlegung der bisher an der Bohlenstraße verlaufenden Kleinbahntrasse der Strecke Minden – Lübbecke. Die gesamte Strecke wurde gegen Ende der fünfziger Jahre von der Schmal- auf Normalspur umgestellt. Im Lübbecker Gebiet wurde die Trasse weiter nach Norden verlegt um in Höhe des Jockweges parallel zur Bundesbahnstrecke geführt zu werden. 1957 konnte diese neue Streckenführung in Betrieb genommen werden. Später wurde die Bahn stillgelegt und der Bahnhof der Kleinbahn abgerissen.

Das Bild zeigt den Marktplatz in den fünfziger Jahren.

Eine dritte große Planungsmaßnahme betraf den Bereich um den Marktplatz herum. In Verbindung damit stehen alle Maßnahmen zur Sanierung des Lübbecker Stadtkerns. In einem Pressegespräch wurde die Planung von Bürgermeister Klute im August 1966 vorgestellt. Zu dem Zeitpunkt waren die Neubauten der Firma Möbel-Hellmich schon im Rohbau und der Marktplatz begann, sein Gesicht zu verändern.
Zu den wichtigsten Maßnahmen gehörte der Bau der sogenannten Nordtangente. Sie sollte die Innenstadt vom Verkehr entlasten. Nach der Diskussion verschie-

Der Marktplatz verändert sich. »Lübbecker Kreiszeitung« vom 8. September 1966.

dener Pläne einigten sich die Stadt, die Regierung und der Landeskonservator auf einen Plan des Mindener Planungsbüros Hempel und Ibrügger. Dieser sah eine neue Verbindung vor von der Berliner Straße über den Niedernwall zur Bahnhofstraße. In diesen Zusammenhang passte auch der 1964 erfolgte Abbruch der St.-Paulus-Innung, der zu der Anlage des heutigen Parkplatzes auf dem Gänsemarkt führte.

Im Rahmen dieser Maßnahmen sollte der Busbahnhof vom Marktplatz an den Niedernwall verlegt werden. In dem Plan war ebenfalls vorgesehen, die Parkplätze auf dem Marktplatz aufzugeben. Im Rahmen verschiedener Förderungsmaßnahmen hielten die Verantwortlichen es für notwendig, für den Marktplatz gesondert einen Planungsauftrag zu vergeben. Der Münsteraner Professor Deilmann schlug in seinen Plänen vor, den Platz „wieder den Menschen und nicht den Kraftwagen zuzuführen, gewissermaßen menschliche Maßstäbe zu geben". (Zitat aus dem Artikel in der »Lübbecker Kreiszeitung« vom 20. August 1966). In diesem Plan war auch vorgesehen, die Marktschule abzureißen (1973), um die Kirche voll zur Geltung zu bringen. Nach vielen Diskussionen, auch heftig geführten Auseinandersetzungen, entwickelte sich der Marktplatz in den siebziger Jahren, so wie man ihn heute vorfindet.

Bis zum Jahre 1975 kam es dann auch zum Umbau der Langen Straße zur Fußgängerzone. Es wurden die Parkhäuser Ost und West errichtet, um das Parkplatzproblem in Lübbecke endgültig zu lösen.

Schulen in Lübbecke

Die Geschichte der Schulbaumaßnahmen in der Stadt Lübbecke ist aus heutiger Sicht eine Abfolge von Neu- und Anbauten. Rückblickend hat man den Eindruck, jede Baumaßnahme sei von der Entwicklung der Schülerzahlen schon wieder überholt worden, wenn sie denn endgültig ihrer Bestimmung übergeben war.

Das Bild aus der Chronik »50 Jahre Wittekind-Gymnasium« zeigt den Altbau mit Anbau am Ende der fünfziger Jahre.

Zu den ersten Baumaßnahmen gehörten nach die Krieg der Neubau einer zweiten Volksschule am Wiehenweg, Der Schulbetrieb konnte mit dem Schuljahr 1952 aufgenommen werden und entlastete die Bürgerschule am Markt. Schon 1958 musste die Schule durch einen Anbau erweitert werden, um alle Schüler aufnehmen zu können.

Vollständige Gymnasien gab es bis in die Nachkriegszeit hinein nur in den Nachbarorten des Kreises. Die einzige Schule des Altkreises, die zum Abitur führte, war die Wittekindschule in Lübbecke. Sie wurde seit 1926 als sechsjährige Aufbauschule geführt. 1949 begannen zähe Verhandlung mit der Regierung, die 1953 zur Einrichtung eines grundständigen Gymnasiums führten. Durch die Zunahme der Bevölkerung in der Nachkriegszeit, war auch die Nachfrage nach höherer Schulbildung angestiegen. Der Kreis und die Stadt wurden zu Schuljahresbeginn immer wieder mit ähnlichen Klagen aus der Bevölkerung konfrontiert. Die Plätze der einzügigen Schule reichten nicht für alle Schüler aus, obwohl sie die Aufnahmeprüfung bestanden hatten. Für die erste Sexta, die 1952 aufgenommen wurde, waren 83 Schüler angemeldet, 68 bestanden die Prüfung, aber nur 50 konnten aufgenommen werden. Die Schule in den Räumen der 1904 errichteten Höheren Stadtschule am Geistwall musste erweitert werden und 1955 konnte ein Anbau die dringendsten Probleme lösen.

Schon kurze Zeit später musste wieder über eine Erweiterung des Schulraumes nachgedacht werden. Am bisherigen Standort gab es durch die neue Umgehungsstraße keine Möglichkeiten. Weiter oberhalb auf dem Gelände einer alten Ziegelei konnte ein Grundstück erworben werden und man begann 1959 mit dem Neubau der Schule. Angegliedert wurde eine Turnhalle mit einem Lehrschwimmbecken. Die Notwendigkeit der Maßnahme erkennt man an der Überschrift in der Westfalenzeitung zu einem Bericht über eine Elternversammlung: „Katastrophale Raumnot am Gymnasium". Im Herbst 1962 wurde der Klassentrakt fertiggestellt und im Herbst 1964 konnte die Turnhalle in Betrieb genommen werden.

Der Neubau brachte keine endgültige Lösung der Probleme. 1968 wurde ein großer Anbau an das Gebäude genehmigt, der aber erst zum Schuljahr 1976/77 bezogen werden konnte. Der Altbau von 1904 wurde im Winter 1980 abgerissen.

Das Schulgebäude die Jahn-Mittelschule, seit April 1951 Jahn-Realschule der Stadt Lübbecke, war 1931 als Volksschule errichtet worden. Das Gebäude musste den Anforderungen einer Realschule angepasst werden und erhielt einen Anbau mit entsprechenden Fachräumen, der Anfang 1954 seiner Bestimmung übergeben wurde.

Zu Beginn der sechziger Jahre begann die Diskussion um die Erweiterung der Jahn-Realschule. Über eine Versammlung schrieb die »Freie Presse« am 13. Juli 1964: „Elternschaft ist entrüstet über die Zustände in Lübbeckes Realschule". In einer Resolution wurde die Stadt aufgefordert, Abhilfe zu schaffen. Über die dann folgenden Pläne berichtete die Lübbecker Kreiszeitung am 11. August 1965: „Im Rahmen dieses großen Bauprogramms wurde der Stadt außerdem eine Auflage gemacht, einen großen, für insgesamt 450 Kinder berechneten Strahlenschutzraum zu bauen." In dieser Auflage zeigte sich in Lübbecke die

Das Gebäude der Jahn-Realschule Lübbecke auf einer Postkarte aus den dreißiger Jahren.

nun in gesetzliche Vorgaben gefasste Angst vor der atomaren Bedrohung. Im Sommer 1969 konnte der Neubau bezogen werden. Doch schon kurze Zeit später war stellte man fest, dass der Ausbau nicht reichte und es wurde ein Pavillon angebaut, der 1974 bezogen wurden. Doch am 22. Februar 1975 war in der Zeitung zu lesen: „Lübbecker Realschule platzt schon wieder aus allen Nähten."

Im Sommer 1954 standen Beschlüsse an zum Umoder Neubau der 1896 erbauten und 1947 wieder eröffneten katholischen Volksschule am Niederwall. Die Maßnahmen erschienen notwendig im Zusammenhang mit der Aufnahme von Kindern in das Kinderheim St. Maria in der St.-Paulus-Innung. Im Neubau konnte 1956 der Schulbetrieb aufgenommen werden. 1962 feierte die Schule ihr 120-jähriges Bestehen. Sie musste aber auf zwei Lehrerstellen verkleinert werden, da das Kinderheim nach Soest verlegt wurde. 1963 zogen in das Gebäude die ersten beiden Klassen der Pestolozzi-Schule ein. Nach der Neugliederung des Schulsystems wurden 1973 in dem Gebäude vier Klassen der neuen Grundschule eingerichtet.

Ebenso begannen Mitte der sechziger Jahre die Diskussionen über die Notwendigkeit eines Neubaus der im Jahre 1887 gebauten Stadtschule am Markt. Im Zusammenhang damit wurde im Dezember 1964 mitgeteilt, dass im Flächennutzungsplan an der Straße Im Kleinen Feld eine Vorbehaltsfläche ausgewiesen worden sei, die für einen Schulneubau in Frage kommen könnte. Durch die Einführung der Grund- und Hauptschulen veränderte sich die Schullandschaft. Ab 1968 planten Lübbecke und Blasheim einen Schulverband zur Errichtung einer gemeinsamen Hauptschule. Vorläufig sollte das Gebäude am Wiehenweg genutzt werden. Auf längere Sicht war der Bau einer neuen Hauptschule an der Roten Mühle geplant. In der Stadtschule sollten die Klassen 1 - 4 unterrichtet werden. Im Juli 1965 wurde dann ein Schulneubau als Ersatz für die Stadtschule beschlossen. Das neue Gebäude an der Vom-Stein-Straße konnte 1973 in Betrieb genommen werden. 1974 wurde das Gebäude der alten Stadtschule am Markt abgerissen.

Einen langen Weg nahm auch die Planung eines Schulverbandes für eine sogenannten „Hilfsschule". Die Stadt Lübbecke wollte diese nicht allein einrichten. Die Anfragen an die umliegenden Gemeinden brachten 1962 nicht den erwünschten Erfolg. So gründeten nur Lübbecke und Blasheim 1963 die Pestalozzi-Schule und zogen mit zwei Klassen in das Gebäude der katholischen Volksschule ein. 1966 sollte der Kreis die Schule übernehmen. Die Kreisvertretung stimmte dem Vorschlag nicht zu und der Verband musste weitere Interessenten aus dem Oldendorfer und Hüllhorster Bereich suchen. 1969 wurde ein Neubau der Schule am Eckerngarten beschlossen. Über eine kurze Ausweichzeit in die Stadtschule konnte das Gebäude zum Schuljahr 1974 bezogen werden.

Eine Kombination verschiedener Baumaßnahmen hat das Stadtbild am Schnittpunkt der beiden Bundesstraßen entscheidend verändert, auf die an dieser Stelle nicht näher eingegangen werden kann. Der Kreis baute das neue Berufsschulzentrum an der Rahdener Straße, zu dem 1967 der Grundstein gelegt wurde. Die Stadt ergänzte das neue Schul- und Sportzentrum um das Hallenbad, die Stadtsporthalle und die Stadthalle, die als Kulturhalle geplant wurde. Diese Arbeiten begannen 1971 und wurde 1975 beendet. Noch später wurde dann die gesamte Anlage durch den Bau der Kreissporthalle abgeschlossen.

Gehlenbeck, Eilhausen, Nettelstedt

Die folgenden Aussagen beruhen weitgehend auf Berichten der kommunalen Presse. Eine besonders reichhaltige Fundgrube war das Archiv der Lübbecker Kreiszeitung.

Die Bezugsjahre in den drei Berggemeinden des Amtes sind gekennzeichnet von der Ausweitung der Bautätigkeit und den damit verbundenen infrastrukturellen Aufgaben.

In einer ersten Stufe war es wichtig, die verschiedensten Baumaßnahmen der letzen Jahre zu erfassen. Das Kartenmaterial für Planungszwecke sollte so vervollständigt werden. Im Gemeinderat Eilhausen beschloss man z. B. 1953 im Etat der nächsten Jahre jeweils 200,– DM bereitzustellen für die Einmessung der in den letzten Jahren und Jahrzehnten errichteten Gebäude und Nebengebäude. In den folgenden Jahren waren Bebauungs- und Flächennutzungspläne zu erstellen, die zu einer geregelten Bautätigkeit führten und in den Gemeinden Siedlungsbereiche entstehen ließen.

Zu den wichtigsten Infrastrukturmaßnahmen gehörte in allen Gemeinden der Wegebau. Die voranschreitende Maschinisierung der Landwirtschaft und die Erschließung neuer Baugebiete machten die Befestigung vorhandener und den Ausbau neuer Gemeindewege notwendig. Die Kosten dafür nahmen einen großen Teil der Gemeindemittel in Anspruch. In Nettelstedt waren es 1961 25 %, in Gehlenbeck 31 % und in Eilhausen 1964 20 %. Ein großer finanzieller Vorteil des Amtes war die vorhandene amtseigene Teerkolonne mit eigener Walze und Teermaschine. Mit dieser 5 - 10 Personen starken Arbeitsgruppe war man nicht auf teure Unternehmer angewiesen. Die Kommunen waren stolz darauf, dass die überwiegende Zahl der Gemeindestraßen ohne teure Anliegerbeiträge befestigt werden konnte.

In einem weiteren Schritt musste dafür gesorgt werden, dass alle Einwohner mit Trinkwasser versorgt werden konnten. Der Gemeinderat in Gehlenbeck stimmte z. B. 1953 zu, zusammen mit Eilhausen einen Wasserbeschaffungsverband zu gründen. Dabei sollte ein Wasserwerk sich selbst tragen, eine Bezuschussung aus Steuermitteln wurde abgelehnt. Auf einen Wasserbezug von Lübbecke wollte man verzichten, da das Lübbecker Wasser den Gehlenbeckern zu teuer war. Nettelstedt hatte zu der Zeit schon ein gemeindliches Wasserwerk und mit einem Preis von 0,30 DM pro m^3 lag man nach damaliger Meinung immer noch erheblich unter dem Preis benachbarter Wasserwerke. Die eigene Versorgung konnte den Bedarf später kaum noch decken. Außerdem drohten hohe Kosten für die Renovierung des Rohrnetzes und die Aufbereitung des Wassers. So beschloss man 1962 nach ausführlicher Beratung, sich dem Wasserverband Gehlenbeck und damit einem Verbund von sechs Gemeinden anzuschließen.

Nach der Wasserversorgung sah man in den Gemeinden die Hauptaufgabe in den fünfziger und sechziger Jahren in der Planung und Umsetzung der Abwasserbeseitigung. In Nettelstedt beschloss der Gemeinderat bereits im Sommer 1954 ein wasserwirtschaftliches Ingenieurbüro einen Planungsentwurf für die Ableitung der Abwässer der Gemeinde erstellen zu lassen. Nach einer langen Planungs- und Beratungsphase konnte aber erst 1963 mit dem Bau begonnen werden. Diese lange Zeit ist damit zu erklären, dass ursprünglich die Gemeinden selbständig planten, es dann aber doch zu einer gemeinsamen Lösung kam. Es wurde ein Abwasserverband zum Bau und zur gemeinsamen Unterhaltung eines Klärwerks gegründet. In Gehlenbeck wurde der Bau einer Regen- und Schmutzwasserkanalisation im Sommer 1964 beschlossen. 1969 konnte festgestellt werden, dass die

Kanalisierung der drei Berggemeinden das größte Bauprojekt in der Geschichte des Amtes Gehlenbeck darstellte, man rechnete mit Gesamtkosten vom ca. 8 Mill. DM. Die Abwasserleitungen waren zum Teil fertiggestellt und man konnte mit dem Bau der Kläranlage beginnen. Die Pläne konnten vor der Kommunalreform nicht mehr umgesetzt werden. Sie wurden in den siebziger Jahren und mit dem Anschluss an die Lübbecker Kläranlage abgeschlossen.

Verstärkter Siedlungsbau führte zu erhöhtem Müllaufkommen. In Nettelstedt wurde schon 1953 eine gemeindliche Müllabfuhr mit einem Anschlusszwang diskutiert. 1961 konnte man in allen Gemeinden feststellen, dass die „staubfreie Müllabfuhr" mit Mülltonnen eingeführt war.

Die 1959 eingeweihte Gehlenbecker Schule wurde von Willi Blase gezeichnet.

Wenn gebaut wird, kommen auch junge Familien mit Kindern in die Gemeinden. Dies erfordert eine Anpassung der örtlichen Schulen. So konnte in Gehlenbeck 1959 der Schulneubau eingeweiht werden, erbaut vom Gesamtschulverband der Gemeinden Gehlenbeck und Eilhausen. Zum gesamten Vorhaben gehörten auch eine Turnhalle, ein Lehrschwimmbecken und ein Lehrerwohnhaus. Trotz der Zuschüsse verschiedener Stellen brachte der Schulneubau die Gemeinden an den Rand der Verschuldungsgrenze. Die Kosten beanspruchten 1959 nahezu ein Drittel des gesamten Haushaltes.

In Nettelstedt zog sich der Bau der Turnhalle über lange Zeit durch die Beratungen in der Gemeinde. Sie wurde neben der Schule gebaut und kostete etwa 220 000,– DM. Für die Benutzung sollten die Vereine ursprünglich monatlich 10,– DM an die Gemeindekasse zahlen, nach der Einweihung war die Nutzung für Schule und Vereine dann aber doch kostenfrei. Die Einwohner konnten die Duschanlage ebenfalls nutzen und sollten dafür 0,40 DM über den Schulwart an die Gemeindekasse zahlen. Durch die Schulerweiterung zu Beginn der sechziger Jahre ging ein Teil des Sportplatzes an der Schule verloren. 1965 begannen die Planungen für einen Sportplatzneubau mit 400-m-Bahn an der Husener Straße. Die Pläne waren mit der Bezirksregierung abzustimmen und es hat mancher Verhandlungen bedurft, um die notwendigen Zuschüsse zu bekommen. Der Sportplatz konnte, allerdings ohne die Laufbahn, angelegt werden und wurde ergänzt durch ein Umkleidegebäude und einen Schießstand. Am Ende der sechziger Jahre zeichnete sich die Verlegung des Handballs vom Feld in die Halle ab. Als Hochburg des Handballs im Altkreis begannen in Nettelstedt die Überlegungen zum Bau einer Dreifachturnhalle in der Nähe des Sportplatzes. Kurz vor dem Ende der selbständigen Gemeinde stand die Halle 1972 dem Sportverein zur Verfügung.

Im Sport- und Freizeitbereich stand zum Ende der sechziger Jahre eine weitere große Baumaßnahme an. 1966 begannen die Arbeiten zum Bau des Amtsfreibades mit einem 50-m-Becken. Der Bau der gesamten Anlage war nicht unumstritten. Gegner der Pläne

„Ein ganzes Dorf packt an." Ohne die Eigenleistungen hätten die Gemeindefinanzen für den Bau der Umkleidegebäude am neuen Sportplatz in Nettelstedt nicht ausgereicht.

Das Kindergartengebäude (heute mit Anbau) in Eilhausen zusammen mit dem Feuerwehrgerätehaus im Ortsbild des Jahres 2000.

warfen den Gehlenbecker Kommunalvertretungen vor, die Freibadpläne nur umzusetzen, um sich zur abzeichnenden Kommunalreform bessere Ausgangsbedingungen für die Selbständigkeit eines Amtes zu schaffen. Das Freibad konnte seit 1971 von der Bevölkerung benutzt werden.

In ländlichen Gemeinden wurde die Betreuung von Kindern in der Vorschulzeit in den sechziger Jahren zum Thema. In Gehlenbeck gab es einen kirchlichen Kindergarten. In Eilhausen gab es ein altes Kindergartengebäude, das nach dem Auszug der landwirtschaftlichen Mädchenklasse der Kreisberufsschule wieder seinem ursprünglichen Zweck zugeführt werden sollte. 1965 war man mit den entsprechenden Baumaßnahmen fertig und der Kindergarten konnte in Betrieb genommen werden.

Bei den Berichten über das Leben in den drei Gemeinden findet man durchaus Notizen, die aus heutiger Sicht eher kurios anmuten. So beschloss die Gemeindevertretung Eilhausen 1953 eine Satzung für die Umlegung der Selbstkosten der Gemeinde für die gesetzlich vorgeschriebene Kartoffelkäferbekämpfung, damit die Kostenanteile auf alle Kartoffelanbauer gerecht verteilt wurden. Die Amtsvertretung Gehlenbeck beschloss 1953 eine amtseingesessene, geeignete Person zu suchen, die zum Desinfektor ausgebildet werden sollte, da der bisheriger Desinfektor sein Amt niedergelegt hatte.

Über das Ende der Selbständigkeit der drei Berggemeinden mit der Kommunalreform 1973 gab es in Vorfeld lange Diskussionen und harte Auseinandersetzungen. Dabei waren Gegner und Befürworter nicht

Die Aufnahmen aus dem Stadtarchiv Lübbecke zeigen Eindrücke von der Einweihung des Gehlenbecker Freibades am 1. Mai 1971.

eindeutig bestimmten Parteien zuzuordnen. Viele Kommunalpolitiker der Zeit wollten die selbständige kommunale Einheit des Amtes erhalten. In den Leserbriefen aus dieser Zeit wird genau diesen mangelnde Weitsicht und ein Verharren in alten und zu kleinen Strukturen vorgeworfen. Die Nettelstedter Vertreter hatten noch andere Vorstellungen. Nachdem abzusehen war, dass die Amtsgrenzen nicht zu erhalten waren, wollten sie eine Art Wiehengebirgsgemeinde mit Eickhorst und Oberlübbe gründen. Diese Pläne wurden erst mit der Niederlage im Rahmen einer Klage vor dem Oberverwaltungsgericht in Münster zu den Akten gelegt.

Blasheim

Beschlüsse aus der Zeit der frühen fünfziger Jahre hatten dazu geführt, dass Blasheim in einigen Bereichen anderen Gemeinden in der Entwicklung voraus war. 1953 waren der Bau der zentralen Wasserversorgung und der Neubau der Blasheimer bzw. der Umbau der Stockhauser Schule abgeschlossen.

Auch war der Grundstein für die Straßenbeleuchtung in allen drei Ortsteilen gelegt. 1956 erfolgte ein Anbau an die Blasheimer Maschschule. — Gerade der Neubau in Blasheim führte zu emotionalen Auseinandersetzungen im Gemeinderat. Bürgermeister Treseler schreibt in der Festschrift „1000 Jahre Gemeinde Blasheim“ von einem „äußerst angespannten Klima“.

1959 erhielt die Blasheimer Schule eine Turnhalle und ein Lehrschwimmbecken, so dass während des ganzen Jahres Sportunterricht erteilt werden konnte. Das Lehrschwimmbecken wurde auch von Lübbecker Schulen genutzt. Noch vor der kommunalen Neugliederung stellte der Gemeinderat die Weichen für den Bau weiterer Sportstätten.

Die auf Grund der Schulbauten prekäre Finanzlage konnte auf Grund des allgemein steigenden Wohlstandes in den nächsten Jahren überwunden werden, so dass der Gemeinderat einen neuen Schwerpunkt setzte. Ab 1956 wurde der Wegebau forciert; Gemeindestraßen erhielten eine Teerdecke und landwirtschaftliche Wirtschaftswege versah man mit Schotter. Bei den Wegebauten zeigte sich der gesellschaftliche Wandel auch in Blasheim. Es bestanden noch die Hand- und Spanndienste, was bedeutete, dass die Einwohner persönlich und/oder durch die Gestellung von Pferden/Traktoren/Wagen zu Gemeindearbeiten verpflichtet werden konnten. Der Mangel an landwirtschaftlichen Arbeitskräften (Abwanderung von landwirtschaftlichen Hilfskräften in die Industrie) und die Tatsache, dass sich die zunehmende Zahl von Arbeitern in den Fabriken nicht wie bisher frei nehmen konnten, um ihren Diensten in der Gemeinde nachzukommen, führten zur Abschaffung dieser Dienste durch den Gemeinderat. Die finanzielle Lage erlaubte es der Gemeinde, mehrere Gemeindearbeiter einzustellen sowie zwei Traktoren mit Anhängern, eine Teermaschine und einen Bagger anzuschaffen. 1969 betrug die Gesamtlänge der Gemeindestraßen und -wege 120 Kilometer, von denen zwischen 1951 und 1969 61 Kilometer geteert wurden.

An Hand eines Beispiels (Protokoll der Gemeinderatssitzung vom 14. Oktober 1963) soll das Vorgehen der Gemeinde erläutert werden:

Die Kolonne der Gemeinde ist z. Zt. damit beschäftigt, den Weg vom Pflegehaus - Thomas auszubauen. Nach eingehender Beratung wurde beschlossen, dass die Amtskolonne den überörtlichen Generalweg von der Kreisstraße Blasheim - Alswede bis zum Obermehner Mühlenbach mit einer Bitumenkiesdecke versehen soll. Hieran anschließend soll der Buschweg von Duffe bis

Generalweg mit einer Asphaltdecke versehen werden. Der überörtliche Horstweg befindet sich (bis) auf das Teilstück von Wiedebusch bis Fricke in einem so schlechten Zustande, dass er noch in diesem Jahr zumindestens einen Teilausbau erhalten muß. Es wurde einstimmig beschlossen, dieses Teilstück mit einer ausreichenden Knollschlagdecke zu versehen und mit Grobsplitt abzudecken. Die Kreuzung Horstweg – Generalweg soll wegen ihres schlechten Unterbaues ausgekoffert und neu hergestellt werden.

Die Gemeinde führte nach der Einstellung von Gemeindearbeitern die Müllabfuhr in eigener Regie durch (alle vier Wochen!); als Deponie diente ein Abhang bei Backhaus in Obermehnen. Diese wurde Anfang der siebziger Jahre geschlossen. Die kurzzeitige Einrichtung einer unbeaufsichtigten (!) Bauschuttdeponie mitten im Obermehner Berg scheiterte nach kurzer Zeit, nachdem dort Tierkadaver „entsorgt“ worden waren.

Im Berichtszeitraum entstanden mehrere Siedlungen in der Gemeinde: ab Mitte der fünfziger Jahre in der Wettlage, dann in Obermehnen („Knollenhof“), in der Obermehner Masch, in Eickel (zwischen Borchard und Füller) und im Ostteil von Stockhausen. Insgesamt entstanden bis 1973 etwa 130 Ein- und Zweifamilienhäuser.

Hingegen gelang es trotz Anstrengungen seitens der Gemeinde (Antrag auf Zuschüsse vom Land 1960) bis 1973 nicht, die Abwasserbeseitigung zentral zu regeln. Erst in den achtziger Jahren wurden nahezu alle Häuser an die Kanalisation angeschlossen. Lediglich Teilstücke konnten realisiert werden, wie beispielsweise der Bau des Abwasserkanals in der Sonnenbrinkstraße 1961/62 für ca. 13000 DM. Dieser war besonders wichtig, um Schlachtabfälle aus der Schlachterei Reinköster entsorgen zu können.

Die günstige Entwicklung der finanziellen Lage trotz des Fehlens größerer Industriebetriebe verdeutlichen die Zahlen des Gemeindehaushalts: standen 1950 232850 DM zur Verfügung, waren es 1969 1028500 DM, also eine Vervierfachung.

Turnhallenbau rückt näher

Blasheimer Markt mit großem Feuerwerk

Blasheim (33). In der neuen Schule fand am Dienstag eine Sitzung des Gemeinderates statt. Verwaltungsamtmann Hüsemann gab den anwesenden Ratsmitgliedern zunächst zur Kenntnis, daß der vom Rat der Gemeinde im Frühjahr gefaßte Beschluß über den Bau einer Turnhalle in Blasheim nun auch von seiten der Bezirksregierung in Detmold ernsthaft ins Auge gefaßt würde. Hüsemann erklärte, daß ihm nach Rücksprache mit dem Sachbearbeiter die notwendige finanzielle Unterstützung zugesagt worden sei. Um dieses Bauvorhaben nun durchführen zu können, verlange die Bezirksregierung in Detmold vom Rat der Gemeinde die Sicherstellung der Restfinanzierung.

Die Ratsmitglieder faßten den Beschluß, daß die Gemeinde als Trägerin des Bauvorhabens für die Bereitstellung der Restfinanzierung Sorge tragen will und beauftragte Verwaltungsamtmann Hüsemann, über die Amtsverwaltung die notwendigen Schritte hierfür einzuleiten.

Die weitere Tagesordnung beschäftigte sich in der Hauptsache mit dem am 4. und 5. September stattfindenden Blasheimer Markt. Durch die Umlegung des Marktplatzes waren verschiedene organisatorische Fragen zu klären. Da an diesen Markttagen außer dem Vieh- und Krammarkt eine Ausstellung von landwirtschaftlichen Geräten und Maschinen aufgebaut wird und außerdem die Parkplätze festgelegt werden mußten, wurden diese Fragen auf der Sitzung eingehend besprochen. Am zweiten Markttag findet erstmalig, nach Einbruch der Dunkelheit, ein großes bengalisches Feuerwerk statt. Für die Regelung der Standgeldkassierungen auf dem Vieh-, Geräte- und Hauptmarkt wurden aus den Reihen der Ratsmitglieder die einzelnen Platzkommissionen bestimmt. Im weiteren Verlauf der Sitzung wurden sämtliche mit dem Blasheimer Markt zusammenhängenden Fragen eingehend durchgesprochen, damit ein reibungsloser Ablauf gewährt ist.

Lübbecker Kreiszeitung vom 29. August 1957.

Alswede

Zur Arbeit der Gemeindevertretung der Orte Alswede, Gestringen und Fiestel sei auf die Ausführungen im Abschnitt über Espelkamp und im Abschnitt IV (Stadt Lübbecke/Alswede) verwiesen.

Lübbecke, Osnabrücker Straße, mit Raststätte Hein und Tankstelle (1960).

Preußisch Oldendorf

von Hans Eickemeyer

Die Schwerpunkte in der kommunalen Arbeit setzten in erster Linie die Gemeinden. Auch wenn durch die Amtsverfassung die Aufgaben der Ämter beschränkt waren, wurden durch die Amtsvertretung Beschlüsse von weitreichender Bedeutung gefasst.
Im November 1957 beschloss die Amtsvertretung die Bildung eines Feuerlöschverbandes für das Amt Preußisch Oldendorf. Die Feuerwehr war bis dahin Angelegenheit der Gemeinden. Alle Gemeinden stimmten durch Beschluss der Bildung dieses Feuerlöschverbandes zu. Die gesamten Feuerwehrunterhaltungskosten einschließlich der Beschaffung von Feuerwehrfahrzeugen und Ausrüstungsgegenständen mit Ausnahme der Gebäudeunterhaltung wurden vom Amt übernommen. Anfang der 60er Jahre wurden alle Wehren mit neuen Feuerwehrfahrzeugen ausgestattet, und zwar Preußisch Oldendorf, Harlinghausen, Schröttinghausen, Getmold, Holzhausen und Börninghausen. 1962 fasste die Amtsvertretung den Beschluss, in Harlinghausen ein Feuerlöschzentrum zu bauen, und zwar für die Feuerwehren Preußisch Oldendorf und Harlinghausen. Es war abzusehen, dass beide Wehren in absehbarer Zeit neue Gerätehäuser benötigen würden. Mit einem Zentrum für beide Wehren sollten auch Kosten gespart werden. Das Zentrum wurde auch gebaut und die Harlinghauser Wehr zog dort ein. Mit dem Widerstand der Preußisch Oldendorfer Wehr hatte man nicht gerechnet. Sie verweigerte den Umzug nach Harlinghausen. Die hierbei vorgebrachten Gründe waren nicht immer nachvollziehbar. Für sie wurde später in Preußisch Oldendorf ein neues Gerätehaus errichtet. In die vorgesehenen Räumlichkeiten im Löschzentrum zog später der städtische Bauhof ein. Das Objekt fand somit noch eine sinnvolle Nutzung.

Feuerlöschzentrum in Harlinghausen. Benutzung durch Freiwillige Feuerwehr Harlinghausen und städtischer Bauhof.

Ab Februar 1963 wurde auf Amtsebene eine Straßenbaukolonne aufgebaut, die sowohl den Neubau von Straßen als auch die Straßenunterhaltung im Amt durchführte. Die Kolonne wuchs bis zum Jahre 1965 auf zwölf Arbeiter an. In diesen Jahren wurden auch größere Geräte, wie Straßenwalze, Teermaschine, Straßenfertiger und Fahrzeuge angeschafft. In die Zeit des Bestehens der Straßenbaukolonne fiel auch der landwirtschaftliche Wirtschaftswegebau in allen Gemeinden des Amtes. Die Wirtschaftswege wurden fast ausschließlich von der Kolonne ausgebaut. Außerhalb des Amtes ist sie nicht in Erscheinung getreten. An Ausschreibungen beteiligte man sich nicht.

Auf dem Gebiet des Schulwesens trat im Jahre 1968 eine gravierende Änderung ein. Die bis dahin bestehenden Schulverbände wurden aufgelöst. Das Schulwesen ging ab 1. August 1968 auf die Ämter über. Über das Schulwesen wird an anderer Stelle dieses Themenbereiches noch ausführlich berichtet.

Einen breiten Raum in der kommunalen Arbeit nahm die Finanzwirtschaft und im Zusammenhang damit die Aufstellung von Haushalts- und Nachtragshaushaltsplänen ein. Hierbei legten die Gemeinden in der Regel großen Wert auf eine überschaubare Verschuldung. Dies gelang nicht immer. Die Gemeinde Börninghausen, die im Verhältnis zu den anderen Gemeinden nur geringe Gewerbesteuereinnahmen zu verzeichnen hatte, hatte immer mit der Verschuldung zu kämpfen. Auch die Stadt Preußisch Oldendorf hatte ihre Schwierigkeiten. So wurde dem Amt im Jahre 1970 die Übernahme der Trägerschaft für die Realschule angetragen, weil die Stadt nicht mehr in der Lage war, die hohen Belastungen zu tragen. Ein Musterbeispiel war die Gemeinde Offelten, die bis zur Gebietsneuordnung schuldenfrei war. Die Gemeinde Engershausen stand hier kaum nach. Sie verzeichnete im Jahre 1972 die erste Darlehnsaufnahme.

Obwohl nicht größte Gemeinde, war Preußisch Oldendorf der Mittelpunkt des Amtes. Preußisch Oldendorf war der Sitz der Verwaltung und auch die Realschule befand sich am Ort. Preußisch Oldendorf war auch Einkaufsstadt. Zum Einzugsgebiet gehörten auch Gemeinden aus dem benachbarten Niedersachsen und aus dem Raum Levern. Aus diesen Bereichen besuchten auch viele Schüler die Realschule.

Die Infrastruktur war ein besonderer Schwerpunkt in der kommunalen Arbeit. Sie beschäftigte insbesondere die Gemeinderäte der größeren Gemeinden, wie Preußisch Oldendorf, Holzhausen und Börninghausen. In Preußisch Oldendorf wurde das Freibad grundlegend saniert. Die gesamte Technik und das Becken wurden erneuert und neue Umkleidekabinen gebaut. Durch rege Bautätigkeit reichte die vorhandene Kanalisation nicht mehr aus. Es mussten größere Leitungen

Waldschwimmbad in der Preußisch Oldendorfer Schweiz.

verlegt werden, und man kam nicht umhin, ein eigenes Klärwerk zu bauen. Mit dem Bau des Klärwerkes, das auf 6 000 Einwohner ausgelegt war, begann man im Jahre 1959. Die Grundstücksverhandlungen hatten sich über mehrere Jahre hingezogen. Der Standort für die Kläranlage sollte östlich des Gutes von Spiegel sein. Nach zähen und langwierigen Verhandlungen erklärte sich der Grundstückseigentümer bereit, das Grundstück an die Stadt Preußisch Oldendorf zu veräußern. Auch der Gemeinderat Engershausen (das Grundstück lag in der Gemeinde Engershausen) meldete Vorbehalte an. Diese konnten aber nach Gesprächen mit dem Stadtrat von Preußisch Oldendorf ausgeräumt werden. Die Stadtvertretung war immer darum bemüht, die Attraktivität Preußisch Oldendorfs zu steigern. Aus diesem Grunde wurden ab Mitte der 60er Jahre umfangreiche Maßnahmen zur Verschönerung des Ortsbildes durchgeführt. Heute würde man derartige Maßnahmen als Stadtsanierung bezeichnen.

Eine wichtige Rolle spielte insbesondere in den kleinen Gemeinden der Wirtschaftswegebau. Die Wege wurden mit Teerdecken versehen und befinden sich auch heute noch in der Regel in einem guten Zustand. Hierfür leisteten die Gemeinden einen hohen finanziellen Aufwand. Die Wege sind teilweise in ein Radwegenetz eingebunden. Auch der allgemeine Wegebau beschäftigte die Gemeinderäte. Insbesondere in den zersiedelten Gemeinden forderte der Wegebau hohe Aufwendungen. Darlehensaufnahmen waren oft nicht zu vermeiden.

Anfang bis Mitte der 50er Jahre wurde der Ruf nach Bauplätzen in allen Gemeinden immer lauter. Eine Ausnahme bildeten Schröttinghausen und Lashorst. Die Gemeinden erhörten den Ruf und wiesen immer wieder neue Baugebiete aus, für die Bebauungspläne aufgestellt wurden. Den Gemeinden Offelten, Engershausen und Harlinghausen kam hierbei zugute, dass sie unmittelbar an Preußisch Oldendorf grenzten. Die Baugebiete in diesen Gemeinden wurden vornehmlich unmittelbar an den Ortsgrenzen zu Preußisch Oldendorf ausgewiesen. Diese Gemeinden nutzten ihren Standortvorteil aus. Die Erschließung war nicht immer einfach. Es fehlten oftmals eine zentrale Wasserversorgung und eine zentrale Abwasserbeseitigung.

In diesen Jahren begannen die Gemeinden auch mit der Bauleitplanung. Mit der Ausweisung von Baugebieten wurden Bebauungspläne aufgestellt. Diese Pläne enthielten Vorgaben, die bei der Verwirklichung von Bauvorhaben zu berücksichtigen waren.

Im Zusammenhang mit der Ausweisung von Baugebieten waren die Gemeinden und hier insbesondere Preußisch Oldendorf, Getmold, Holzhausen und Börninghausen bemüht, auch Gewerbeflächen auszuweisen, um durch die Ansiedlung von Gewerbebetrieben die Einnahmesituation (Gewerbesteuer) zu verbessern. Dies war oft mit großen Problemen verbunden. Die Gemeinden stellten Anfang bis Mitte der 60er Jahre zunächst Flächennutzungspläne auf. Im Zuge des Genehmigungsverfahrens gab es immer wieder unterschiedliche Auffassungen mit der Aufsichtsbehörde. Viele Beratungen in den Gemeinderäten und Gesprächen mit der Aufsichtsbehörde waren erforderlich, bevor die Flächennutzungspläne genehmigt wurden. Von der Aufstellung bis zur Genehmigung waren drei Jahre keine Seltenheit.

Die Gemeinde Getmold erwarb Gelände am Mittellandkanal und veräußerte dies wieder. Sie setzte hierbei auf den Standortvorteil des Wasserweges Mittellandkanal und auf den bereits vorhandenen Hafen mit Kaimauer. Das Interesse hielt sich jedoch in Grenzen. Es siedelten Betriebe der Holzindustrie an. In Preußisch Oldendorf war es schwierig, Industriegelände auszuweisen, weil die Bebauung durch die Ausweisung von Baugebieten Anfang der 50er Jahre schon an den Ortsrand ragte. Weitsicht bewies der Rat der Gemeinde Holzhausen, der Industriegelände in ausreichender Entfernung von der Wohnbebauung auswies. Der Gemeinderat war auch sehr darum bemüht, einen immissionsträchtigen Gewerbebetrieb (Lackfabrik), der sich im Ort befand, auszusiedeln. In Holzhausen spielte bei diesen Überlegungen der Fremdenverkehr schon eine Rolle. Auch die Gemeinde Börninghausen war bemüht, Gewerbeflächen auszuweisen. Dies war schon allein auf Grund der topografischen Lage Börninghausens nicht einfach. 1965 konnte eine Baufläche für einen Gewerbebetrieb ausgewiesen werden. Die Ansiedlung wurde von der Gemeinde finanziell unterstützt. Das war es denn auch schon. Im März 1967 genehmigte der Regierungspräsident den Flächennutzungsplan, der in vielen Sitzungen des Gemeinderates vorberaten war. Der Rat beschwerte sich beim Kreis Lübbecke, dass dieser beim Flächennutzungsplan zu strenge Maßstäbe anlege. Der Kreis wurde gebeten, bei der Bauleitplanung Strukturbelange der Gemeinde Börninghausen zu berücksichtigen. Dem Gemeinderat ging es hierbei insbesondere um die Ausweisung von Gewerbeflächen. Aber alle Bemühungen waren umsonst. Der Kreis Lübbecke gab der Gemeinde Börninghausen unmissverständlich zu verstehen, dass in Börninghausen keine Gewerbeflächen mehr ausgewiesen würden. Börninghausen würde sich geradezu für den Fremdenverkehr anbieten.

Zentrale Themen in den Gemeinden waren die Wasserversorgung und die Abwasserbeseitigung. Diese Probleme wurden mit der Ausweisung von Baugebieten immer größer. Die Gemeinderäte waren sich darüber im Klaren, dass die Wasserversorgung und Abwasserbeseitigung hohe finanzielle Aufwendungen erforderten. Auch die Bürger trugen durch die Zahlung von Anschlussbeiträgen zur Mitfinanzierung bei. Hierfür erließen die Gemeinderäte Beitrags- und Gebührensatzungen. In Lashorst wurde sogar eine Einwohnerbefragung durchgeführt, wobei sich die Mehrheit für eine zentrale Wasserversorgung aussprach. Die Gemeinden wurden quasi zum Handeln gezwungen, weil es mit den Hauswasserversorgungsanlagen immer mehr Probleme gab. In Hedem wurden Anlagen teilweise vom Gesundheitsamt wegen Seuchengefahr beanstandet und es drohte eine Schließung. In Börninghausen gab es mehrere Wassergenossenschaften. Auch hier entstanden durch die steigende Zahl der Anschlussnehmer und dem steigenden Wasserverbrauch teilweise Probleme, die Versorgung sicherzustellen. Von der Planung bis zur Bauausführung vergingen in der Regel rund drei Jahre. Die Planungen mussten geändert werden, weil es die Aufsichtsbehörde so wollte oder es traten andere Probleme auf. Für die Gemeinde Holzhausen, die im März 1953 beschlossen hatte, eine zentrale Wasserversorgung zu bauen, lag im April 1956 immer noch nicht die Genehmigung vor. Das nahm der Rat zum Anlass, gegenüber der Aufsichtsbehörde sein Befremden auszudrücken. Die Genehmigung wurde dann aber erteilt und im September 1956 konnte mit dem Bau der Wasserversorgung begonnen werden. In den Jahren 1965 bis 1970 wurden die Gemeinden Schröttinghausen und Getmold an die zentrale Wasserversorgung angeschlosen.

In Lashorst und Hedem war darüber zu entscheiden, ob das Wasser von Preußisch Oldendorf oder vom Wasserbeschaffungsverband Herford-West, der im Bereich Hedem Wasser förderte, bezogen werden sollte. Die Gemeinderäte führten intensive Gespräche mit Vertretern des Amtes und dem Bürgermeister von Preußisch Oldendorf sowie mit dem Wasserbeschaffungsverband Herford-West. Letztlich entschieden sich beide Gemeinden für die Wasserlieferung durch das Wasserwerk Preußisch Oldendorf. 1972 wurde sowohl in Lashorst als auch in Hedem mit dem Bau der Wasserleitung begonnen. Der Gemeinderat Börninghausen nahm im März 1970 die Beratungen für den Bau einer zentralen Wasserversorgungsanlage auf. Der Rat führte zunächst Gespräche mit den einzelnen Wassergenossenschaften und fasste im Januar 1972 den Beschluss, eine zentrale Wasserversorgung zu bauen. Ende 1972 wurden die Arbeiten mit dem Bau des Bohrbrunnens in Angriff genommen. Über die Finanzierung musste und machte sich der Rat wegen der bevorstehenden Neugliederung ab 1. Januar 1973 keine Gedanken. Auf Grund eines Beschlusses wurde die künftige Großgemeinde gebeten, die Maßnahme als besonders dringlich zu behandeln und die Finanzierung sicherzustellen.

Die Abwasserbeseitigung bereitete den Gemeinderäten Holzhausen und Börninghausen und hier insbesondere Börninghausen wegen der Hanglage Kopfzerbrechen. In Holzhausen schaffte man es, mit dem Bau der Kanalisation 1972 zu beginnen. Der Gemeinderat Börninghausen fasste im Juli 1966 den Beschluss, den Planungsauftrag für die Kanalisation zu vergeben. Man war sich darüber im Klaren, dass der finanzielle Aufwand wegen der Lage Börninghausens sehr hoch sein würde und somit auch von den Grundstückseigentümern ein hoher Anschlussbeitrag gefordert werden musste. Bis zum Jahre 1973 wurde mit dem Bau der Kanalisation noch nicht begonnen.

Die Gemeinden Blasheim, Holzhausen und Börninghausen stellten zum gleichen Zeitpunkt Überlegungen an, das Problem der Abwasserbeseitigung zu lösen. Damit nicht jede Gemeinde ein eigenes Klärwerk bauen musste, schlossen sie sich zum „Abwasserverband Kläranlage Blasheim, Holzhausen, Börninghausen“ zusammen. Später wurde ein gemeinsames Klärwerk in Stockhausen gebaut, wohin die Abwässer der drei Gemeinden geleitet wurden. Trotz der langen Leitungswege nach Stockhausen, insbesondere von Börninghausen und Holzhausen, war diese Gemeinschafts-Kläranlage kostengünstiger als je eine eigene Kläranlage für die drei Gemeinden.

Der Sport gewann ab Mitte der 50er Jahre immer mehr an Bedeutung. Die vorhandenen Sportstätten reichten für die Durchführung eines geordneten Sportbetriebes nicht mehr aus. Die Gemeinderäte von Preußisch Oldendorf, Holzhausen und Börninghausen fassten Beschlüsse, neue Sportplätze zu bauen. In Preußisch Oldendorf konnte 1959 ein neuer Sportplatz eingeweiht werden. In Börninghausen war dies erst 1964 der Fall. Hier wurde zum Leidwesen der Fußballer ein Rotgrandplatz gebaut. Der Gemeinderat und auch der Sportverein hatten um einen Rasenplatz gekämpft. Bei dem Bau war die Gemeinde auf einen Landeszuschuss angewiesen. Die Bezirksregierung gewährte einen Zuschuss jedoch nur für einen Rotgrandplatz, was bei allen Beteiligten auf Unverständnis stieß, weil es keinen Rasenplatz gab und auch heute noch nicht gibt. In Holzhausen wurde 1972 mit dem Bau eines zweiten Sportplatzes begonnen. Im Zusammenhang mit den Schulneubauten wurden auch Turnhallen errichtet mit Ausnahme von Börninghausen. Hier fasste die Amtsvertretung 1970 den Beschluss, an der Grundschule Börninghausen eine Turnhalle zu errichten, die 1974 in Betrieb genommen wurde.

In den Kanalgemeinden Schröttinghausen, Getmold, Hedem und Lashorst war die Verbreiterung des Mittellandkanals ein zentrales Thema. Im Zusammenhang mit der Verbreiterung mussten auch die bestehenden Brücken erweitert bzw. verbreitert oder ganz neu gebaut werden. An den entstehenden Kosten sollten sich auch die Gemeinden mit erheblichen Beträgen beteiligen. Die Schifffahrtsverwaltung beabsichtigte auch, Brücken ganz zu entfernen. Hier kam es zu heftigen Auseinandersetzungen. Die Gemeinden kämpften um den Erhalt der bestehenden Brücken, insbesondere auch im Interesse der Landwirtschaft. Die Gemeinden Schröttinghausen, Getmold und Hedem konnten hierbei gemessen an Lashorst zügig eine Einigung mit der Schifffahrtsverwaltung herbeiführen. Die Gemeinde Lashorst führte zähe und langwierige Verhandlungen. Hier ging es um die Anlegung einer Anlegestelle, um Brückenverbreiterung und Brückenbau, um eine Kostenbeteiligung, um den Verkauf von Grundstücken und um ein Planfeststellungsverfahren. Gegen den Brückenbau und das Planfeststellungsverfahren wurden Einsprüche erhoben. Das Flurbereinigungsverfahren wurde in den Kanalgemeinden in größerem Umfange durchgeführt. Das Verfahren beschäftigte die Gemeinderäte in vielen Sitzungen.

Der Fremdenverkehr im Amt Preußisch Oldendorf beschränkte sich zunächst auf die Gemeinde Holz-

Teilansicht des Kurhauses Holsing in Holzhausen, bekannt als Moorheilbad.

hausen mit den Bädern Holsing und Bringewatt mit eigenen Heilquellen und Heilanzeigen, die überörtliche Bedeutung hatten. Mitte der 60er Jahre kamen noch eine Reihe von Privatpensionen hinzu. Die Zunahme des Fremdenverkehrs bewog den Rat der Gemeinde Holzhausen, im Jahre 1968 zu beschließen, vorbereitende Maßnahmen zu einem Antrag auf staatliche Anerkennung als Luftkurort zu treffen. Die Gemeinde Börninghausen war vom Kreis Lübbecke auf Grund ihrer guten topografischen Lage für den Fremdenverkehr auserkoren. Der Rat der Gemeinde unternahm auch einige Anstrengungen. Es gab Pläne für den Bau eines Feriendorfes und eines Erholungsheimes. Die Planungen wurden aber nicht weiter verfolgt. Der Rat hatte auch beschlossen, einen Antrag auf staatliche Anerkennung als Luftkurort zu stellen, was auch geschah. Der Gemeinde Börninghausen wurde empfohlen, den Antrag zurückzunehmen, weil zum damaligen Zeitpunkt keine Aussicht auf Erfolg bestand. Der Rat ließ sich überzeugen und nahm den Antrag zurück. Auch der Rat der Stadt Preußisch Oldendorf stellte im Jahre 1970 Überlegungen zur Förderung des Fremdenverkehrs an. Um die Voraussetzungen für eine staatliche Anerkennung als Luftkurort zu schaffen, beschloss er, eine Minigolfanlage, ein Wassertretbecken, einen Wanderparkplatz und ein Haus des Gastes zu bauen. Nach Fertigstellung dieser Anlagen wurde im November 1972 der Antrag auf staatliche Anerkennung als Luftkurort gestellt.

Für die Gewerbeansiedlung hatte die Amtsvertretung in Zusammenarbeit mit dem Rat der Gemeinde Getmold das Hafengebiet am Kanal in Getmold für besonders günstig gehalten, zumal bereits eine Hafenanlage vorhanden war. Man erhoffte sich durch die Wasserstraße und die Nähe zur B 65 die Ansiedlung von Betrieben. Es war sogar angedacht, einen Gleisanschluss von Preußisch Oldendorf nach Getmold zu verlegen mit Anschluss an die Bundesbahn in Holzhausen bzw. Bohmte. Auf der Strecke Preußisch Oldendorf – Holzhausen und Preußisch Oldendorf – Bohmte verkehrte die Wittlager Kreisbahn mit Personen- und Güterverkehr. Es war erforderlich, die bestehende Hafenanlage auszubauen. Hierfür übernahm das Amt die Trägerschaft. Nachdem auch der Rat der Gemeinde Getmold den Ausbau des Hafens beschlossen hatte, wurde im Jahre 1972 das mehrere Millionen DM teure Projekt in Angriff genommen. Ohne tatkräftige Unterstützung des Landes Nordrhein-Westfalen hätte dies nicht geschehen können. Nach Fertigstellung im Jahre 1974 war es der größte Hafen zwischen Minden und Osnabrück mit einer Kaimauerlänge von mehreren 100 Metern, an der zur gleichen Zeit zehn Europaschiffe anlegen können. Konform mit dem Ausbau des Hafens begann auch der Erwerb von Industriegelände im Hafenbereich. Ziel war es, dass sich auch größere Firmen am Kanal ansiedeln sollten, um neue Arbeitsplätze zu schaffen. Dies gelang nur bedingt. Verschiedene größere Firmen, die zunächst Interesse bekundet hatten, entschieden sich dann doch für andere Standorte, weil die Bedingungen und Verkehrsanbindungen günstiger waren.

Hafen in Getmold mit einer Kaimauerlänge von 817 m, an der zehn Europaschiffe ihre Ladung löschen können.

Dass die Gemeinden teilweise mit ihren Investitionen vor der Gebietsneuordnung am 1. Januar 1973 großzügig waren, soll an einem Beispiel der Gemeinde Börninghausen aufgezeigt werden. Der Rat stellte für die Erweiterung der Straßenbeleuchtung einen Beleuchtungsplan auf. Im September 1970 wurde mit dem Energieversorger RWE ein Vertrag mit einer Auftragssumme von rund 330 000,– DM abgeschlossen. Im September 1971 fasste der Gemeinderat den Beschluss, das gesamte Eggetal (Börninghausen und Eininghausen) nach dem Beleuchtungsplan auszuleuchten. Der Plan wurde dann mehrmals auf Grund von Eingaben von Einwohnern erweitert. Zum Schluss kam eine Beleuchtung heraus, die es nirgendwo in vergleichbaren Gemeinden gab. Finanziell war Börninghausen nicht in der Lage, sich eine solche übertriebene Beleuchtung zu leisten. Das ging nur durch eine Darlehnsaufnahme. Aber die Verbindlichkeiten gingen ja 1973 auf die Großgemeinde über.

Eine der letzten wichtigen Aufgaben für die Gemeinderäte war die kommunale Neugliederung zum 1. Januar 1973. Die Räte befassten sich mehr oder weniger intensiv mit diesem Thema. Es stand von vorn herein fest, dass das Amt Preußisch Oldendorf in seinen Grenzen nicht bestehen bleiben würde. Die größte Gemeinde, nämlich Blasheim mit 3 748 Einwohnern, sollte der Stadt Lübbecke zugeschlagen werden. Wegen der unmittelbaren Nähe zu Lübbecke machte dies auch Sinn. Für Preußisch Oldendorf bedeutete es jedoch einen schmerzlichen Verlust, der aber ohne Einspruch hingenommen wurde. Probleme gab es in Schröttinghausen und Getmold. Hier sollte der Mittellandkanal die Grenze bilden. Die Gemeindeteile nördlich des Kanals sollten an die Gemeinde Stemwede fallen. Hiergegen wehrten sich die Gemeinderäte mit Vehemenz. Sie stimmten dem Nuegliederungsvorschlag unter der Voraussetzung zu, dass beide Gemeinden nicht getrennt, sondern als geschlossene Einheiten der Großgemeinde Preußisch Oldendorf zugeschlagen würden. Die übrigen Gemeinden des Amtes erklärten sich mit Schröttinghausen und Getmold solidarisch und beschlossen, dem Neugliederungsvorschlag ebenfalls nur dann zuzustimmen, wenn, wie vorstehend erwähnt, verfahren würde. Die Einwendungen hatten Erfolg und fanden im Gesetz zur Neugliederung der Gemeinden und Kreise des Neugliederungsraumes Bielefeld (Bielefeld-Gesetz) Berücksichtigung. Es gab noch kurze Überlegungen, die Gemeinden Holzhausen und Börninghausen zu einer Großgemeinde zusammen zu fassen, die aber schnell wieder verworfen wurden. Der Gemeinderat Holzhausen ergänzte seinen Beschluss noch dahingehend, dass Teile von Blasheim, die an Holzhausen grenzten, nach Preußisch Oldendorf eingegliedert werden sollten. Auch dies wurde im Bielefeld-Gesetz berücksichtigt.

Schwieriger gestaltete sich der Vorschlag, die Gemeinden Lashorst und Hedem nach Preußisch Oldendorf einzugliedern. Diese Gemeinden gehörten zum Amt Alswede, das aufgelöst werden sollte. Beide Gemeinderäte stimmten dem Vorschlag nicht zu und beschlossen, das Amt Alswede nicht aufzulösen. Der Vorschlag (Lashorst und Hedem nach Preußisch Oldendorf) wurde auch in den Entwurf des Bielefeld-Gesetzes aufgenommen. Die Gemeinderäte blieben aber bei ihrem Beschluss, das Amt Alswede nicht aufzulösen. Der Gemeinderat Hedem machte jedoch schon eine Einschränkung der Gestalt, dass, wenn eine Großgemeinde Alswede nicht möglich sein sollte, keine Einwendungen gegen eine Eingliederung in die Großgemeinde Preußisch Oldendorf beständen. Die Gemeinde Lashorst blieb weiterhin konsequent bei ihrem Beschluss. Erschwerend kam bei Lashorst noch hinzu, dass die Gemeinde quasi dreigeteilt werden sollte. Der größte Teil sollte zu Preußisch Oldendorf kommen und kleinere Flecken zu Stemwede bzw. Espelkamp. An die Gemeinde Stemwede sollten nach dem Bielefeld-Gesetz fünf bebaute Grundstücke fallen. Der Rat beschloss, hiergegen Verfassungsbeschwerde einzulegen. Ansonsten wurde der Eingliederung nach Preußisch Oldendorf zugestimmt. Das Bielefeld-Gesetz trat in Kraft und die besagten fünf Grundstücke kamen zur Gemeinde Stemwede. Der Gemeinderat erhob gegen das Bielefeld-Gesetz Verfassungsbeschwerde und beauftragte einen namhaften Verfassungsrechtler mit der Wahrnehmung der Interessen der Gemeinde. Die Verfassungsbeschwerde hatte letztlich keinen Erfolg.

Das Schulwesen war einer der Hauptschwerpunkte in der kommunalen Arbeit. Im Jahre 1953 gab es folgende Schulen:

Volksschulen in Preußisch Oldendorf (für Preußisch Oldendorf, Offelten, Engershausen und Harlinghausen), in Schröttinghausen, in Getmold, in Holzhausen, in Heddinghausen, in Börninghausen, in Eininghausen;

Städtische Realschule in Preußisch Oldendorf.

Für die Volksschulen mit Ausnahme von Holzhausen waren nicht die Gemeinderäte zuständig. Es wurden schon vor 1953 Gesamtschulverbände gebildet. Die Aufgaben nahmen die Schulverbandsversammlungen wahr. Für die Volksschule Preußisch Oldendorf bildeten die Gemeinden Preußisch Oldendorf, Offelten, Engershausen und Harlinghausen den Gesamtschulverband Preußisch Oldendorf und für die Grundschulen in Getmold und Schröttinghausen die vorstehenden Gemeinden den Gesamtschulverband Getmold-Schröttinghausen.

Die Volksschule in Eininghausen wurde auch von Schülern aus der Gemeinde Büscherheide besucht. Büscherheide gehörte zum Kreis Wittlage, war aber auf Grund der topografischen Lage ganz auf Börninghausen ausgerichtet. Für die Volksschulen in Börninghausen und Eininghausen wurde der Gesamtschulverband Börninghausen-Eininghausen-Büscherheide gebildet.

Die städtische Realschule hatte schon immer einen guten Ruf. Sie deckte nicht nur den Bedarf des Amtes Preußisch Oldendorf ab. Das Einzugsgebiet ging im Westen bis Bad Essen und sogar Bohmte und im Norden bis nach Levern und darüber hinaus. Für den Besuch der Realschule musste Schulgeld bezahlt werden. Der Sportunterricht wurde in der Hindenburghalle, einer Halle, die als Reithalle gebaut war und unmittelbar neben der Schule lag und auf dem Sportplatz, ebenfalls an der Schule gelegen, erteilt. Die Klassenstärken lagen in den 50er und 60er Jahren bei rund 40 Schülern. In jedem Schuljahr wurden zwei Klassen gebildet. Es kam die Zeit, dass die vorhandenen Räumlichkeiten nicht mehr ausreichten. Im Jahre 1961 begannen die Beratungen im Rat der Stadt Preußisch Oldendorf für die Erweiterung der Realschule. Nach zweijähriger Beratungs- und Planungszeit konnte 1964 mit dem Erweiterungsbau einschließlich des Baues einer Hausmeisterwohnung begonnen werden. Es wurden neben Klassenräumen dem damaligen Standard entsprechende Fachräume für Physik, Chemie mit Vorbereitungsräumen sowie Biologie und ein Verwaltungstrakt mit Lehrerzimmer errichtet. Im Stadtrat war man sich darüber im Klaren, dass dringend eine Turnhalle benötigt wurde. Mit dem Bau der Halle wurde 1966 begonnen. Sowohl der Neubau als auch die Turnhalle, aber in erster Linie der Neubau, bereiteten dem Rat mehr Probleme als ihm lieb waren. Tagtäglich traten neue Baumängel auf. Heute würde man so etwas „Pfusch am Bau" nennen. Der Gipfel war die vorübergehende Schließung des Physikraumes wegen Baufälligkeit. Von der Decke waren mehrere Quadratmeter Putz abgefallen. Gott sei Dank befanden sich zu diesem Zeitpunkt keine Schüler im Raum. Die bauausführenden Firmen konnten zum größten Teil nicht mehr zum Schadenersatz herangezogen werden, weil die Gewährleistung abgelaufen war. Es begann ein Rechtsstreit mit dem Architekten, der sich über mehrere Jahre hinzog. Er endete mit einem Vergleich vor dem Oberlandesgericht in Hamm. Für die Stadt Preußisch Oldendorf in keiner Weise befriedigend, konnte sie hiermit doch gerade ihre Anwaltskosten begleichen. Die Mängelbeseitigung, die sich über Jahre hinzog, hat der Stadt viel Geld gekostet.

Für das Schuljahr 1967/68 lagen für die Realschule 98 Anmeldungen vor. Das hätte die Bildung von drei Klassen bedeutet. Der Stadtrat lehnte dies mit der zu hohen finanziellen Belastung für die Stadt ab.

Städtische Realschule in Preuß. Oldendorf. Vorne der Altbau. Dahinter der Erweiterungsbau mit Turnhalle (links). Hinter dem Erweiterungsbau die Hindenburghalle.

Die Volksschule Preußisch Oldendorf war in zwei Gebäuden untergebracht, die durch die B 65 getrennt waren. 1953 wurde der Antrag gestellt, eine katholische Volksschule zu errichten. Es waren 48 Schüler aus Preußisch Oldendorf, Offelten, Engershausen und Harlinghausen vorhanden. Somit waren die Voraussetzungen erfüllt. Die Schulverbandsversammlung fasste den Beschluss, ein Anmeldeverfahren für eine katholische Volksschule durchzuführen. Zur Überraschung aller erfolgte dann keine Anmeldung für diese Schule, so dass auch kein Grund für eine Errichtung mehr bestand.

Mit dem Neubau einer Volksschule hatte man es sehr eilig. Nachdem die Stadt Preußisch Oldendorf ein Grundstück erworben hatte, beschloss die Schulverbandsversammlung im Juni 1955, so schnell wie möglich eine neue Volksschule zu bauen. Man ging sehr euphorisch an die Sache heran und beschloss weiter, noch im Jahre 1955 mit dem Bau zu beginnen, wenn Zuschüsse gewährt würden. Der Regierungspräsident stellte dann im November 1955 einen Zuschuss von 300 000,– DM in Aussicht. Die Planung sollte eine spätere Erweiterung um eine Turnhalle und einen Sportplatz vorsehen. Ein Architektenwettbewerb sollte öffentlich ausgeschrieben werden. Im März 1956 wurde dieser Beschluss dahingehend geändert, dass fünf Architekten aus dem heimischen Raum Vorentwürfe einreichen sollten. Am 19. Mai 1956 wurden die Vorentwürfe von einem Preisrichterkollegium, bestehend aus Mitgliedern des Gesamtschulverbandes und weiteren namentlich festgelegten Fachleuten, begutachtet. Der Entwurf des Architekten Bünemann aus Lübbecke fand die Zustimmung der Preisrichter. Nachdem alle noch offenen Fragen mit dem Architekten geklärt waren, erhielt dieser den Auftrag für die weitere Planung und Bauausführung. Im Juli 1956 wurden die ersten Auftragsvergaben für den Neubau der Volksschule einschließlich Hausmeisterwohnung vorgenommen. Die Arbeiten wurden dann schnell in Angriff genommen und nahmen einen zügigen Verlauf. Im Januar 1957 beschloss dann die Schulverbandsversammlung, eine Turnhalle und einen Sportplatz zu bauen. Die Firmen, die am Bau der Volksschule beteiligt waren, sollten auch die Arbeiten an der Turnhalle zu den gleichen Bedingungen ausführen. Im Juli 1957 wurde dann noch beschlossen, im Zusammenhang mit der Turnhalle ein Lehrschwimmbecken zu errichten. Schließlich fasste man im November 1957 noch den Beschluss, ein Lehrerwohnhaus mit zwei Wohnungen zu bauen. Im Jahre 1958 konnten die Volksschule, die Turnhalle und das Lehrschwimmbecken in Betrieb genommen werden. 1959 wurde das Lehrerwohnhaus bezogen und der Sportplatz eingeweiht. Die Stadt Preußisch Oldendorf und der Gesamtschulverband hatten sehr hohe Investitionen für diese Einrichtungen geleistet, die den Schülern optimale Bedingungen boten. Die beiden alten Schulgebäude wurden an Interessenten aus Preußisch Oldendorf veräußert. Nachdem das Schulwesen ab 1. August 1968 auf das Amt Preußisch Oldendorf übergegangen war, beschloss die Schulverbandsversammlung, die gesamte Einrichtung einschließlich Inventar dem Amt Preußisch Oldendorf zunächst kostenlos zu überlassen. Die letzte Amtshandlung des Gesamtschulverbandes war ein Beschluss vom 18. Dezember 1968, der besagte, das bewegliche und unbewegliche Vermögen durch Vertrag ab 1. Januar 1969 auf das Amt zu übertragen und den Schulverband zum 31. Dezember 1968 aufzulösen.

Die Volksschulen in Schröttinghausen und Getmold befanden sich in heute denkmalgeschützten Gebäuden. Die Schule in Schröttinghausen war einklas-

Volksschule in Preuß. Oldendorf mit Turnhalle und Sportplatz (Bildmitte rechts).

sig und die in Getmold zweiklassig. Durch die Zunahme der Schüler war in beiden Schulen die Erteilung eines ordnungsgemäßen Unterrichtes nicht mehr möglich. Die Gemeinderäte von Schröttinghausen und Getmold setzten sich zusammen und beschlossen, an der Grenze zwischen beiden Gemeinden eine dreiklassige Volksschule zu bauen. Im April 1955 lag ein Entwurf des Architekten Matthias aus Preußisch Oldendorf vor, der nach Änderungen und Ergänzungen am 31. Mai 1955 von der Schulverbandsversammlung beschlossen wurde. Dann ging alles sehr schnell. Die Zuschussbewilligung der Bezirksregierung wurde ausgesprochen und im Oktober 1955 wurde mit den Bauarbeiten begonnen. Nach zirka einjähriger Bauzeit konnte die Schule dann in Betrieb genommen werden. Die bisherigen Volksschulen Schröttinghausen und Getmold wurden durch Beschluss der Schulverbandsversammlung vom 24. September 1956 aufgelöst und das Lehrerwohnhaus in Schröttinghausen 1957 veräußert. Da zu einer neuen Schule auch ein Lehrerwohnhaus gehörte, wurde am 22. Januar 1959 beschlossen, auch ein solches neben der neuen Schule zu bauen. Aber so schnell wie bei der Schule ging dies nicht, weil die Finanzierung nicht sichergestellt werden konnte. Es bedurfte erst den Verkauf des Lehrerwohnhauses in Getmold und eines Wiesengrundstückes, um das Haus bauen zu können. Mit den Bauarbeiten wurde im April 1963 begonnen. Im Februar 1963 beantragte der Schulleiter, die Schule um drei Klassenräume sowie einen Übungsraum für Leibeserziehung zu erweitern. Die Dringlichkeit dieser Maßnahme wurde von der Schulaufsicht nicht anerkannt. So beschloss dann die Schulverbandsversammlung im November 1964, die Schulerweiterung vorerst nicht weiter zu verfolgen, zumal die Neuordnung des Schulwesens beabsichtigt war. Die Turn- und Gymnastikhalle sollte aber weiter verfolgt werden. Aber auch hiervon wurde später Abstand genommen. Nachdem die Schülerzahlen immer mehr zunahmen und die Raumkapazitäten nicht mehr ausreichten, beschloss die Schulverbandsversammlung, die Schüler der Jahrgänge 7 bis 9 ab dem 1. Dezember 1966 der Volksschule Preußisch Oldendorf zuzuführen und für den Zubringerdienst einen Bus einzusetzen.

Die Schulverbandsversammlung übertrug die Trägerschaft für das gesamte Schulwesen (Grund- und Hauptschulen) ab dem 1. August 1968 auf das Amt Preußisch Oldendorf. Ein Antrag des Gesamtschulverbandes auf Gründung einer eigenen Grundschule wurde vom Schulamt des Kreises Lübbecke abgelehnt. Das Schulamt machte den Vorschlag, die Schule aufzulösen und sie der Grundschule Preußisch Oldendorf anzugliedern. Dem stimmte der Schulverband nicht zu. Auch die Schulverbandsversammlung fasste im Januar 1969 den Beschluss, das bewegliche und unbewegliche Vermögen durch Vertrag ab 1. Januar 1969 auf das Amt zu übertragen und den Schulverband zum 31. Dezember 1968 aufzulösen. Dem Vorschlag des Schulamtes wurde dann doch gefolgt. Schröttinghausen und Getmold kamen zum Schulbezirk der Grundschule Preußisch Oldendorf. Das vorhandene Schulgebäude wurde zunächst eine Zweigstelle der Grundschule Preußisch Oldendorf.

In Holzhausen und Heddinghausen gab es auch jeweils eine Volksschule. Auch hier zeichneten sich 1953 bereits Raumprobleme ab. Die Volksschule Holzhausen musste bereits den Konfirmandensaal der evangelischen Kirchengemeinde für Unterrichtszwecke in Anspruch nehmen. Im März 1957 erteilte der Gemeinderat Holzhausen dem Bürgermeister und dem Amtsdirektor den Auftrag zu Grundstücksverhandlungen für eine Zentralschule. Im Februar 1958 waren die Verhandlungen so weit abgeschlossen, dass beschlossen wurde, ein Gelände zu kaufen

und eine Schule mit Turnhalle, Lehrschwimmbecken und Lehrerwohnhaus zu bauen. Architekt Bünemann aus Lübbecke, der auch bereits die Volksschule in Preußisch Oldendorf gebaut hatte, erhielt den Planungsauftrag. Auf Grund von Bodenproben stellte sich heraus, dass es Probleme mit der Gründung geben würde. Nach langen Überlegungen kam man zu dem Ergebnis, eine Pfahlgründung zu schaffen. So wurde der gesamte Schulkomplex auf Pfählen gebaut. Hierdurch entstanden erhebliche Mehrkosten, die vorher nicht einkalkuliert waren. 1959 konnte dann mit dem Bau begonnen werden. Der Schulbetrieb wurde Anfang 1961 aufgenommen. Die beiden Schulgebäude in Holzhausen und Heddinghausen wurden veräußert. 1961 richtete die Landwirtschaftliche Berufsschule des Kreises Lübbecke den Antrag an den Gemeinderat, den Unterricht der Mädchenberufsschule in die neuerrichtete Volksschule Holzhausen zu verlegen. Der Rat stimmte dem Antrag zu. Der Unterricht wurde am 1. April 1961 aufgenommen. Wie lange dieser in Holzhausen erteilt wurde, kann nicht mehr nachvollzogen werden.
In der Gemeinde Börninghausen gab es in Börninghausen und in Eininghausen je eine zweiklassige Volksschule. Auch hier begann im Jahre 1953 die Diskussion um einen Schulneubau mit dem Unterschied, dass es heftige Auseinandersetzungen darüber gab, ob eine Zentralschule oder sowohl für Börninghausen als auch für Eininghausen jeweils eine neue Schule gebaut werden sollte. Sowohl der Rat der Gemeinde Börninghausen als auch die Schulverbandsversammlung beschäftigten sich in endlosen Sitzungen mit diesem Thema. Einig war man sich im Jahre 1953 darüber, dass der bestehende Zustand auf Dauer nicht mehr tragbar war. Danach ging der Hickhack erst richtig los. Der Gemeinderat fasste im Dezember 1953 den Beschluss, eine vierklassige Volksschule zu bauen. Die Schulverbandsversammlung legte im Mai

Teilansicht der alten Volksschule in Börninghausen, die 1961 abgetragen wurde.

1954 als Standort den Bereich der Turnhalle (Grenze zwischen Börninghausen und Eininghausen) fest. Im März 1955 war dann wieder der Gemeinderat am Zuge, der den Beschluss fasste, in Börninghausen im Schulgarten eine zweiklassige Schule zu bauen und in Eininghausen einen weiteren Klassenraum anzubauen. Daraufhin stellten die Ratsmitglieder aus Eininghausen am 2. Juni 1955 den Antrag, Börninghausen und Eininghausen zu zwei selbständigen Gemeinden zu erheben, weil es hinsichtlich der Beseitigung der Schulraumnot unüberbrückbare Meinungsverschiedenheiten zwischen Börninghauser und Eininghauser Ratsmitgliedern gebe. Der Antrag wurde vom Rat abgelehnt. In der gleichen Sitzung wurde dann beschlossen, eine Zentralschule, wie vom Amtsdirektor vorgeschlagen, nicht zu bauen, sondern für Börninghausen eine vier- und für Eininghausen eine dreiklassige Schule. Gegen den Bau der und Zentralschule stimmten die Ratsmitglieder aus Eininghausen. Dem Beschluss des Rates stimmte auch die Schulverbandsversammlung zu. Im Februar 1956 setzte der Regierungspräsident die Zuschussbeträge für den Neubau der beiden Schulen fest mit der Auflage, die Neubauten als eine Maßnahme zu sehen. Daraufhin wurde für die Schule in Eininghausen ein Grundstück erworben. In Börninghausen standen zwei Standorte zur Diskussion. Hier wurden die Bürger befragt, die sich mit überwältigender Mehrheit für den Standort an der Turnhalle aussprachen. Am 7. August 1956 fand eine gemeinsame Sitzung des Gemeinderates und der Schulverbandsversammlung statt. Gleich nach Beginn der Sitzung verließen die Börninghauser Mitglieder die Sitzung. Da nicht mehr als die Hälfte der Ratsmitglieder anwesend waren, musste die Sitzung wegen Beschlussunfähigkeit geschlossen werden. Die Schulverbandsversammlung tagte dann aber auf Grund eines Antrages von mehr als ein Drittel der Mitglieder weiter. Nach der Eröffnung verließen auch hier die Mitglieder aus Börninghausen die Sitzung. Obwohl der Regierungspräsident die Zuschussbewilligung von dem Bau beider Schulen zum gleichen Zeitpunkt abhängig gemacht hatte, beschloss die Schulverbandsversammlung, den Neubau in Eininghausen unabhängig von dem in Börninghausen zu errichten. Hiervon erfuhr der Regierungspräsident und ordnete an, bezüglich der Schulneubauten nichts weiter zu veranlassen. Es sollte zunächst ein Ortstermin mit einem Vertreter des Kultusministeriums in Düsseldorf stattfinden. Am 7. September 1956 fand dieses Gespräch dann statt, in dem u. a. auch die nicht gesicherte Finanzierung besprochen wurde. Es wurde dann beschlossen, die Lücke durch Aufnahme eines Darlehens zu schließen und in Eininghausen sofort mit dem Bau zu beginnen, weil hierfür bereits geprüfte und genehmigte Pläne vorlagen. Hiergegen hatte der Regierungspräsident etwas einzuwenden. Er versagte die Genehmigung zur Aufnahme eines Darlehns für den Grunderwerb in Eininghausen, weil er den Standort nicht für geeignet hielt. Prompt antwortete die Schulverbandsversammlung mit dem Beschluss, dass die Gründe des Regierungspräsidenten nicht stichhaltig seien und es bei dem Standort verbleibe. In der Zwischenzeit trat wieder der Gemeinderat auf den Plan. Es lag ein Antrag auf Auflösung des Gesamtschulverbandes vor. In der Sitzung im September 1957 verließen die vier Ratsmitglieder aus Eininghausen die Sitzung. Mit den sechs Stimmen der Ratsmitglieder aus Börninghausen wurde die Auflösung des Gesamtschulverbandes beschlossen. Ziel des Beschlusses sollte es sein, das Schulbauproblem zum Abschluss zu bringen. Zum gleichen Zeitpunkt hatte der Regierungspräsident verfügt, dass nur noch ein Schulneubau in Börninghausen in Frage käme. Zum guten Schluss siegte dann doch noch die Vernunft und der Gemeinderat beschloss am 25. November 1957 einstimmig, den Gesamtschulverband nicht aufzulösen und für Börninghausen und Eininghausen Schulneubauten zu errichten. In Börninghausen gab es dann noch Probleme in der Grundstücksfrage. Aber auch diese konnten gelöst werden, so dass dann die Planung, mit der Architekt Wagner aus Espelkamp beauftragt wurde, in Angriff genommen werden konnte. Im August 1959 wurde mit den Bauarbeiten für die Schule in Börninghausen begonnen. Am 14. November 1960 fand die Einweihung der Schule statt. Auch Eininghausen bekam seine neue Schule. Im Mai 1961 begannen die Bauarbeiten. Am 19. Juli 1963 wurde die Schule eingeweiht. Die alte Schule in Börninghausen wurde abgetragen und das Schulgebäude in Eininghausen verkauft.

Im Jahre 1964 gab es dann ein neues Problem, nachdem die Schulverbandsversammlung beschlossen hatte, am neuen Sportplatz eine Turnhalle zu errichten. Hiergegen legte der Regierungspräsident sein Veto ein, weil die Wege von den beiden Schulen zur Turn-

Volksschule in Börninghausen von Süden aus gesehen (heute Grundschule).

halle zu weit seien. Die Bedenken teilte die Schulverbandsversammlung nicht. Architekt Wagner wurde mit der Planung beauftragt. Es erfolgten dann Eingaben der Elternschaft gegen den Standort am Sportplatz. Daraufhin sah sich die Verbandsversammlung veranlasst, die Angelegenheit zurück zu stellen.

Im Januar 1968 verfügte der Regierungspräsident, die Jahrgänge fünf bis acht der Schule in Eininghausen in eine Mittelpunktschule in Börninghausen zusammen zu fassen. Hiergegen wehrte sich die Bauerschaft Eininghausen mit der Begründung, dass die Schulwege zu weit seien und die Schule in Börninghausen zwei zusätzliche Klassenräume benötige. Die Schüler des neunten Schuljahres (1965 eingeführt) sollten ab 1. Dezember 1966 in Holzhausen beschult werden. Die Schulverbandsversammlung stimmte unter der Voraussetzung zu, dass die Schüler mit einem Bus befördert würden.

Im Jahre 1967 stellten die Schulpflegschaften der Volksschulen Börninghausen und Eininghausen den Antrag, die beiden Schulen zum nächstmöglichen Zeitpunkt zu einem Schulsystem zusammen zu fassen. Dem Antrag stimmte zunächst die Schulverbandsversammlung und danach auch der Regierungspräsident zu. Die Zusammenfassung erfolgte ab dem 1. August 1967. Das erste bis vierte Schuljahr wurde in Eininghausen und das fünfte bis achte in Börninghausen beschult. Nachdem das Schulwesen für die Grund- und Hauptschulen ab 1. August 1968 auf das Amt Preußisch Oldendorf übertragen wurde, benötigte man nur noch eine Schule für die Grundschüler. Die Grundschüler aus Börninghausen, Eininghausen und Büscherheide wurden in der Grundschule Börninghausen beschult. Das Schulgebäude in Eininghausen war überflüssig und wurde im November 1968 veräußert. Desgleichen auch das im Zusammenhang mit dem Schulneubau errichtete Lehrerwohnhaus. Der Gesamtschulverband wurde am 31. Dezember 1968 aufgelöst.

Durch die Neuordnung des Schulwesens ab 1. August 1968 wurden die Volksschulen aufgelöst und Grund- und Hauptschulen eingeführt. Für die Grundschüler (erstes bis viertes Schuljahr) standen Schulgebäude zur Verfügung, für die Hauptschüler (fünftes bis neuntes Schuljahr) fehlte ein solches. Für diese Schüler wurden Räumlichkeiten in den Grundschulen Preußisch Oldendorf und Holzhausen zur Verfügung gestellt. Die Beschulung in zwei Gebäuden, die auch noch zirka 5 km auseinander lagen, war natürlich nur ein Provisorium und konnte kein Dauerzustand sein. Selbst die Lehrkräfte mussten teilweise in den Pausen von einem Schulort zum anderen fahren. Da die Raumnot immer größer wurde, wurden im Jahre 1972 vier Klassenräume an die Grundschule Preußisch Oldendorf angebaut. Im Jahre 1970 beschloss die Amtsver-

tretung, ein neues Schulzentrum, das Haupt- und Realschule vereinigen sollte, zu bauen. Es kam jedoch nur zum Bau einer Hauptschule, die im November 1976 eingeweiht wurde.
In den Gemeinden Lashorst (eine Klasse) und Hedem (zwei Klassen, später drei) gab es ebenfalls Volksschulen. Ab Ende 1965 kam hier Bewegung in das Schulwesen, nachdem sich abzeichnete, dass dieses neu geregelt werden sollte. Die Schüler des fünften bis achten Schuljahres und später auch die des neunten Schuljahres sollten einer Mittelpunktschule in Alswede zugeführt werden. Es wurde ein Schulverband gegründet, dem auch die Gemeinden Lashorst und Hedem beitraten. Es gab dann zwar einen Schulverband, aber kein Schulgebäude. Ab dem Schuljahr 1967/68 wurden die Schüler des fünften bis achten Schuljahres in Hedem beschult. Die Schüler des dritten und vierten Schuljahres aus beiden Gemeinden wurden sowohl in Lashorst als auch in Hedem beschult. Die Aufteilung nahmen die Lehrer vor. 1969 beschlossen die Gemeinderäte Lashorst und Hedem, im Amt Alswede drei Grundschulen zu errichten und eine neue Hauptschule mit neun Klassen in Benkhausen zu bauen. Bis zur Fertigstellung der neuen Schule sollte der Unterricht für die Hauptschüler in den Grundschulen durchgeführt werden, was auch geschah. Nachdem das Schulwesen ab dem 1. August 1968 auf das Amt Alswede übergegangen war, wurde der 1966 gebildete Schulverband Amt Alswede aufgelöst.

Burgruine Limberg (1955).

Rahden

von Roland Mettenbrink

Die kommunale Arbeit im Amt Rahden unterscheidet sich nicht wesentlich von der Arbeit anderer Gemeinden in Deutschland in den 50er und 60er Jahren. Es galt, Flüchtlinge und Vertriebene zu integrieren, Siedlungen zu planen, Wohnungen zu bauen, am wirtschaftlichen Aufschwung teilzuhaben und Gewerbebetriebe anzusiedeln. Zudem waren die technischen Errungenschaften umzusetzen. Die Kanalisation wurde erweitert, eine zentrale Wasserversorgung aufgebaut, das Telefonnetz ausgebaut. Außerdem war es an der Zeit, die Installation von Straßenbeleuchtungen vorzunehmen, eine geregelte Müllabfuhr zu organisieren und die Modernisierung der Feuerwehren voranzutreiben. Der Wege- und Straßenbau wurde in Rahden wie im gesamten Bundesgebiet mit besonderem Engagement betrieben. Bedeutsam war der Bau der Umgehungsstraße (B 239) um Rahden und Kleinendorf, eine Bundes-

Der Museumshof Rahden.

maßnahme, die zur Verkehrsberuhigung der Ortsmitten führte. Die ausgebaute B 239 als wichtige Nord-Süd-Verbindung verbesserte die Lage Rahdens als Gewerbestandort erheblich. Wie in den anderen Ortschaften spielte der Sport eine herausgehobene Rolle, was zur Errichtung von Sportstätten führte. Schließlich wurden in Kooperationen mit den Kirchengemeinden Kindergärten errichtet und Friedhofskapellen gebaut. Nach dem unsäglichen Leid des Zweiten Weltkrieges und Trauer in fast jeder Familie über als Soldaten gefallene Angehörige waren in den 50er und 60er Jahren Gedenkstätten zu errichten, an denen dieser Kriegstoten gedacht werden konnte. Der Aufbau Espelkamps als Flüchtlingsstadt und ihre Ausgliederung aus dem Amtsbezirk stellten mit Sicherheit eine Besonderheit dar. Über sie ist im Artikel über Espelkamp berichtet.

Darüber hinaus wurden aber im Amt Rahden nachhaltige kommunalpolitische Akzente gesetzt, die den Amtsbezirk als politische und wirtschaftliche Einheit stärkten.

1. Die zukunftsorientierte Förderung der Landwirtschaft

Durch die vorangetriebene Industriealisierung im Nachkriegsdeutschland war auf der einen Seite kulturell im Amtsbezirk an der Landwirtschaft als prägenden Faktor der Vergangenheit festzuhalten. Dies wurde durch die Errichtung des Museumshofes eindrucksvoll geleistet. Andererseits war in diesem so ländlich strukturierten Bereich die Landwirtschaft zu fördern. So wichtig die Ansiedlung von Gewerbebetrieben war, Rahden blieb mehr als andere Regionen in Deutschland von der Landwirtschaft bestimmt. Diesem Ziel der Förderung der Landwirtschaft dienten die Flurbereinigungen und schließlich auch die Aueregulierung. Letztere war eine Maßnahme des Landes NRW. Durch die Flurbereinigungen und durch die Aueregulierung kam es zur Entwässerung der Grundstücke, eine bessere Nutzung des Bodens war möglich. Durch Überschwemmungskatastrophen konnten die Ernten nun nicht mehr vernichtet werden. Der Zuschnitt der Grundstücke wurde günstiger. Der oftmals durch Hand- und Spanndienste bewerkstelligte Wegebau auch in den abgelegensten Winkeln der Gemeinden ermöglichte es den Landwirten, mit den landwirtschaftlichen Gerätschaften, die technisch immer weiter entwickelt wurden, auf die Äcker und Felder zu kommen. So blieb die Landwirtschaft konkurrenzfähig und konnte bei aller Industrialisierung für einen Großteil der Einwohner des Amtes Rahden Grundlage des Lebens bleiben.

2. Der Amtsbezirk Rahden als Standort von Schulen

In den 50er und 60er Jahren bis zur Schulreform der sozial-liberalen Koalition in NRW (1968) wurden die Volksschulen in den Gemeinden des Amtsbezirkes gefördert. So geschah es überall im Kreis Lübbecke. Die Vielzahl von Schulerweiterungen und Neubauten sind Ausweis dafür. Nach der Reform sorgte man sich, Schulen zu erhalten, in dem Bewußtsein, daß zu einem eigenständigen Leben einer Gemeinde eine Schule gehört. So wurden Rahden und Wehe zunächst Hauptschulstandorte. Pr. Ströhen, Tonnenheide, Varl und Rahden selbst wurden Grundschulstandorte. Wo die Schulen sind, dahin zieht es letztlich die Menschen. Die Mittelpunktstellung Rahdens drückt sich auch darin aus, daß Rahden Standort der Mittelschule, später Realschule, war. Dies kam nicht nur den Rahdenern Bürgern zugute, sondern letztlich auch dem gesamten Amtsbezirk. Um so bezeichnender ist es, daß die Gemeinden Espelkamp, Sielhorst, Varl, Wehe, Tonnenheide, Kleinendorf und Pr. Ströhen 1953 wegen der zu

Die Kiepe

Nr. 85 Mittwoch, den 22. September 1954 4. Jahrgang

Die neue Realschule in Rahden

Die neue Realschule in Rahden

wird nunmehr endgültig am 2. Oktober bezogen werden. „Was lange währt – wird endlich gut" behauptet der Volksmund und wir möchten auch in diesem Falle die Wahrheit des Sprichwortes nicht in Abrede stellen. Nachdem feststand, daß das im Jahre 1928 erbaute Schulgebäude für die stetig gewachsene Schülerzahl (die Entwicklung kommt in dem nachstehenden Artikel zu Worte) völlig unzulänglich geworden war und auch das Volksschulgebäude unbedingt eine Erweiterung erfahren mußte, stimmte der Gemeinderat von Rahden dem Vorschlag der Regierung, einen Neubau zu errichten, einstimmig zu. Die Schwierigkeiten, die zu überwinden waren, bis es endlich so weit war, sind in der Tagespresse hinreichend behandelt worden. Gegner und Befürworter begannen ein Tauziehen, das hoffentlich nunmehr beendet sein wird. Die Gemeinde Rahden, die nach dem Auffliegen des Mittelschulzweckverbandes die alleinige Trägerschaft übernahm, hat damit eine große finanzielle Belastung übernommen, aber wenn im Laufe einiger Jahre diese Sorgen überstanden sind, wird man den Männern, die heute weitblickend das Schulproblem so gelöst haben, die Anerkennung nicht versagen. Das neue Schulhaus ist ein wirklich repräsentatives Gebäude nach den Plänen von Dipl.-Ing. Bünemann, Lübbecke von Rahdener Handwerkern erbaut. Es enthält 11 Klassen, 1 naturwissenschaftlichen Raum, 1 Rektorzimmer, 1 Lehrerzimmer, mehrere Lehrmittelräume, 1 Hausmeisterwohnung, eine Brause mit Umkleideräumen, 1 Pausenhalle, Toilettenanlagen und 1 Fahrradunterstellraum. 2 Klassenräume im Obergeschoß des Hauptgebäudes können zu einer Aula vereinigt werden. Das gesamte Hauptgebäude ist unterkellert. U. a. befinden sich im Keller eine komplette Lehrküche und ein Werkraum. K.

***

Aus zwingenden Gründen muß die Einweihung der neuen Realschule um eine Woche verschoben weden. Die Einweihungsfeier findet am Sonnabend, dem 2. Oktober 1954 statt. Die Elternschaft der Schüler sowie die Rahdener Bürgerschaft, insbesondere auch die ehemaligen Schüler und Selectaner sind dazu herzlich eingeladen. Die „Ehemaligen" und die Selectaner treffen sich am Abend des 2. 10. zu ihrer Wiedersehensfeier. – Die Festrede hält Herr Regierungspräsident Dr. Galle und die Feier wird umrahmt von Darbietungen des Chors der Realschule u. des Rolf Clairmont-Quartetts Lübbecke.

Von der Selecta zur Realschule

Wenn sich die Rahdener Realschule am 2. Okober von ihrem alten Schulbau verabschiedet, so kann sie damit eine Jubiläumsfeier verbinden. Am 18. 6. waren 25 Jahre vergangen, seit die damaligen gehobenen Klassen der Volksschule mit 120 Schülern in das bisherige Mittelschulgebäude einzogen. Genau ein Vierteljahrhundert hat es der Schule als Heim gedient und das Auf und Ab unserer stürmischen Geschichte und der Entwicklung der Schule miterlebt. Nur wenige Stationen seien hier erwähnt, die sich als Meilensteine auf diesem Wege abheben: Am 6. 9. 38 wurden die gehobenen Klassen zu einer grundständigen Mittelschule ausgebaut, die im Kriegsjahre 1943 ihre staatliche Anerkennung fand. Durch Ministerialerlaß vom 21. 3. 51, dem Tage, an dem die Schule gerade ihr 25jähriges Bestehen feierte, wurde sie als Realschule umbenannt.

Am 2. Oktober wird nun der Neubau geweiht und seiner Bestimmung übergeben. Damit erhält die Schule ein Heim, das ihrer heutigen Größe und Bedeutung entspricht. Aus dem gegebenen Anlaß dürfte es nicht uninteressant sein, die Schule einmal in ihrem gegenwärtigen Stande zu betrachten.

Mit 423 Schülern und Schülerinnen, 216 Jungen und 207 Mädchen, ging die Realschule in das Schuljahr 1954. Den bestehenden 11 Klassen muß voraussichtlich Ostern eine 12. angegliedert werden. Die Schüler werden von 11 hauptamtlichen Lehrkräften, 6 Lehrern u. 5 Lehrerinnen, sowie von 2 nebenamtlichen und 2 nebenberuflichen Lehrkräften betreut.

Die soziale Aufgliederung der Schule nach den Berufen der Eltern ergibt ein interessantes Bild:

An erster Stelle stehen hier bedauerlicherweise die Kriegsweisen. 94 Schülern hat der Krieg den Vater genommen. Die einzelnen Berufsgruppen sind in folgender Stärke vertreten:

1.)	Selbständige Kaufleute und Gewerbetreibende	93
2.)	Beamte, Lehrer, Pfarrer, Akademiker in freien Berufen	73
3.)	Nicht selbständige Handwerker u. Arbeiter	54
4.)	Angestellte	45
5.)	Landwirte	39
6.)	Sonstige	25

Diese Zusammensetzung dürfte mit großer Deutlichkeit beweisen, daß die Realschule in Wahrheit nichts anderes ist als eine Schule des Volkes mit erweitertem Lehrziel.

Aus welchen Gemeinden kommen nun die Schüler? Natürlich stellt das Amt Rahden das Gros. Es verteilt sich folgendermaßen auf die einzelnen Gemeinden: Rahden 85, Kleinendorf 22, Varl 17, Sielhorst 3, Tonnenheide 12, Espelkamp, Altg. 15; Espelkamp-Mittwald 87, Wehe 19, Pr. Ströhen 23.

Die übrigen Schüler kommen aus den benachbarten Ämtern und Kreisen: Amt Dielingen 41, Amt Alswede 8, Kreis Minden (Hille) 2, Kreis Nienburg 51, Kreis Diepholz 38.

Hollendiek, Realschuldirektor

erwartenden finanziellen Belastung durch einen geplanten Schulneubau aus dem Realschul-Zweckverband ausschieden. Die Trägerschaft ging allein auf die Gemeinde Rahden über. Nachdem das Land NRW in Aussicht gestellt hatte, 50% der Baukosten zu tragen, konnte der Beschluß zum Neubau gefaßt werden. Die Veranschlagung des Kostenaufwandes von 400.000,– DM wurde während der Planungsphase auf 460.000,– DM erhöht.

Durch den Neubau der Realschule war der Schulstandort Rahden für weiterführende Schulen gesichert. Die private Handelsschule Dr. Kohlhase und die Landwirtschaftliche Berufsschule gehörten ebenfalls zum Schulangebot Rahdens. Der Aufbau eines Gymnasiums 1995 führte folgerichtig die Stellung Rahdens als Schulstadt weiter.

3. Der Erhalt des Krankenhauses Rahden

Im Dezember 1953 erschien in der Lübbecker Kreiszeitung ein Artikel, in dem zu lesen war: „Der Amtsverwaltung bereitet nicht geringe Sorgen die Frage der Erweiterung des Amtskrankenhauses, die wegen der seit langem bestehenden außerordentlich großen Bettennot in ein akutes Stadium getreten ist. Es kommt vor allem darauf an, für die Errichtung einer Isolierstation Geldmittel zu beschaffen. Mit der Ausarbeitung des Anbauplanes hat die Amtsvertretung einen Facharchitekten beauftragt und die dafür erforderlichen Mittel bewilligt. Ein Auschuss ist mit der weiteren Verfolgung der Angelegenheit betraut. Leider scheiterten bis jetzt alle Pläne an der Beschaffung der Geldmittel. Vom neuen Jahr sollte man erhoffen können, daß die neuen Pläne Wirklichkeit werden."

1956 konnte der Grundstein für einen beachtlichen Erweiterungsbau gelegt werden. Mit der Planung war das Baubüro Kopp beauftragt worden. Die Entwürfe wurden im wesentlichen vom Architekten Gielen fertiggestellt. 158 Betten wurden geschaffen. Bislang hatten 65 Betten zur Verfügung gestanden. Der Erweiterungsbau war dadurch möglich geworden, daß am 1. April 1956 die Übernahme in die Trägerschaft des Kreises erfolgte. Von diesem Zeitpunkt an führte das bisherige „Amtskrankenhaus" die Bezeichnung „Kreiskrankenhaus Rahden". Ein Schwesternwohnheim wurde 1959 gebaut, zwanzig

Das Kreiskrankenhaus Rahden in den siebziger Jahren.

Schwestern zogen am Ahlfeld ein. 1970 erfuhr das Kreiskrankenhaus noch einmal eine beträchtliche Erweiterung in südlicher Richtung vom Altgebäude. Hier wurde die gynäkologische Abteilung untergebracht. Es standen damals 21 Plätze mit zwei Kreißsälen zur Verfügung. Die gynäkologische Abteilung wurde in den 80er Jahren in Rahden eingestellt und ins neugebaute Krankenhaus nach Lübbecke verlegt.

Das Kreiskrankenhaus Rahden gewährleistete die medizinische Versorgung der Menschen in der Region. Weite Fahrten nach Lübbecke, Minden oder Diepholz erübrigten sich für die Angehörigen durch die Krankenaufnahme in Rahden. Die Bedeutung Rahdens ist bis heute durch den Betrieb eines Krankenhauses hervorgehoben, zudem ist es ein nicht gering einzuschätzender wirtschaftlicher Faktor.

4. Die kommunale Neuordnung 1973

Ein wichtiges Thema, worüber Ende der 60er, Anfang der 70er Jahre in den Gremien und darüber hinaus in der Bevölkerung im Altkreis Lübbecke diskutiert wurde, war die kommunale Neuordnung. Kommt es zu einem Großkreis Minden-Ravensberg (unter Einschluß von Minden, Lübbecke und Herford)? Werden Lübbecke und Herford zusammengeschlossen?

Oder entsteht ein Kreis Minden-Lübbecke? Der Landtag entschied sich letztlich für den Kreis Minden-Lübbecke. Es ging aber auch um die Neustrukturierung im Inneren der Kreise. Grundlage der Überlegungen im Kreis Lübbecke war das Wibera-Gutachten (Wibera: Wirtschaftsberatungs- Aktiengesellschaft Düsseldorf). Für den Nord-Osten des Kreises sprach sich das Wibera-Gutachten für eine Großgemeinde Rahden aus, wobei Schmalge an Espelkamp abzutreten sei und Oppenwehe hinzukommen solle. Die Einwohnerschaft von Oppenwehe plädierte auf einer Gemeindeversammlung im Mai 1970 deutlich für eine Angliederung an Rahden. Bürgermeister Büttemeier wandte sich an den anwesenden Kreisbaudirektor Müller mit den Worten: „Berichten Sie Ihrem Chef (OKD Dr. Momburg) wie die Stimmung in Oppenwehe ist. Die Gemeinde ist eindeutig auf Rahden ausgerichtet, wo weiterführende Schulen, ein Krankenhaus, Fachärzte, Apotheken und entsprechende Einkaufsplätze vorhanden sind. Für die Oppenweher Einwohner führen alle Wege zum Kreis über Rahden, nicht über Levern." (Neue Westfälische, 28. Mai 1970)

Schon am 17. März 1970 wurde ein entsprechender Gemeinderatsbeschluß in Oppenwehe gefaßt. Auch Oppendorf tendierte, wenn die Zuordnung Oppenwehes in dieser Weise erfolgen sollte, zu einem Anschluss an Rahden (Beschluß v. 5. Juni 1970).

Die Amtsvertretung Rahden enthielt sich einer Stellungnahme zu diesen Beschlüssen.

Der Kreistag (Oktober 1970) entschied sich dafür, daß Oppenwehe und Oppendorf im Amt Dielingen-Wehdem verbleiben sollten, dieses sollte mit dem Amt Levern zur Gemeinde Stemwede zusammengeschlossen werden. Diese neukonzipierte Gemeinde Stemwede war bevölkerungsmäßig groß genug, um überlebensfähig zu sein. Die Gemeinderäte von Oppenwehe und Oppendorf willigten mit jeweiligen Beschlüssen im September 1971 ein.

Der Landtag bestätigte dieses Konzept in seinem Bielefeldgesetz (24. Oktober 1972). Obwohl die Bevölkerung Tonnenheides auch jenseits der L 770 (Teile von Schmalge) gern bei Rahden geblieben wäre, wurde sie Espelkamp angegliedert. Die Tielge (Gebiete davon gehörten vor der Neugliederung zu Oppenwehe) wurde ganz Rahden zugeordnet.

Entgegen der Planung des Kreistages von 1970 blieb allerdings im Westen die Haßlage bei Rahden (nicht nach Espelkamp), und es kam hinsichtlich der Varler Grenze nur zu geringfügigen Grenzverschiebungen.

Zur kommunalen Neuordnung gab es im Amtsbezirk unterschiedliche Stimmen.

Ein Befürworter war der Amtsdirektor. „... Zu den Vor- und Nachteilen der Gebietsreform sagte Amtsdirektor Suderow, dass seines Erachtens sich künftig viele Gemeinschaftsprojekte besser durchführen lassen würden, dass man auch überörtliche Straßenplanungen besser zum Zuge bringen könne ..." (Neue Westfälische 18. April 1970)

Eine Kostenersparnis der Verwaltung sah Suderow nicht voraus, eher eine Verteuerung.

„Er gab der Hoffnung Ausdruck, dass im künftigen Rat einer Großgemeinde Rahden das Ortschaftsdenken nicht stärker als das Gemeindenken sein möge, denn nur dann sei eine fruchtbare Arbeit auf größerer kommunaler Ebene möglich." (ebd.)

In den umliegenden Ortschaften wurde die kommunale Neuordnung kritisch gesehen, z. B. in Pr. Ströhen: „Bürgermeister Helmut Kammeier stellte die Frage in den Raum, was bei einer so riesigen Flächenordnung, wie sie bei der Bildung der Großgemeinde Rahden vorgesehen sei, aus den doch recht abseits gelegenen Randgebieten, zu denen auch Pr. Ströhen gehöre, werde. Wird Ströhen zu einer Schafweide?" (ebd.)

Auf Grund des Verlustes der Selbständigkeit war in den umliegenden Ortschaften eine traurige Stimmung spürbar.

„Rahdens Bürgermeister Meier hob hervor, daß man bei der kommunalen Neuordnung im Amtsbezirk Rahden noch günstig dran sei. Strukturmäßig bilde sich hier Rahden als Schwerpunkt [heraus] und [biete sich] damit als Sitz der künftigen Großgemeinde an, worüber man in anderen im Kreis vorgesehen Großgemeinden noch lange streiten werde. Meier erinnerte dabei an den Raum Dielingen-Wehdem-Levern." (ebd.)

5. Rahden wird Stadt

Rahden hatte schon im 18. Jahrhundert versucht, die Stadtrechte zu erlangen. Doch was Preußisch Oldendorf gelang, 1719 von der preußischen Regierung zur Stadt erhoben zu werden, sollte Rahden lange nicht beschieden sein. Mit der kommunalen Neugliederung aber wurde es Wirklichkeit.

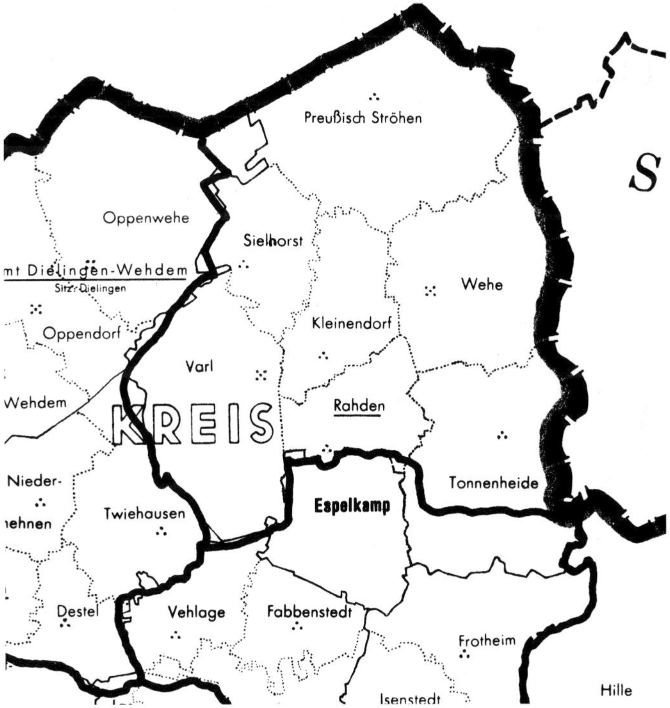

Im Bielefeldgesetz (24. Oktober 1972) heisst es in § 11: „(1) Die Gemeinden Kleinendorf, Preußisch Ströhen, Rahden — mit Ausnahme der in § 8 Abs. 2 genannten Flurstücke —, Sielhorst — mit Ausnahme der in § 12 Abs. 2 genannten Flurstücke —, Tonnenheide — mit Ausnahme der in § 8 Abs. 2 genannten Fluren und Flurstücke —, Varl — mit Ausnahme der in § 8 Abs. 2 und § 12 Abs. 2 genannten Flurstücke — und Wehe werden zu einer neuen Gemeinde zusammengeschlossen. Die Gemeinde erhält den Namen Rahden und führt die Bezeichnung ‚Stadt'." (2) . . .

Damit Rahden die Stadtrechte erhielt, war ein Gebietsänderungsvertrag notwendig zwischen den Gemeinden des Amtes Rahden, dem Amt selbst und dem Wasserbeschaffungsverband des Amtes. Diesen beschlossen die Gemeindevertretungen von Rahden, Kleinendorf, Wehe, Tonnenheide, Sielhorst und Varl in ihren letzten Sitzungen vor der kommunalen Neugliederung. Zugestimmt hat auch der Gemeinderat Pr. Ströhen, allerdings unter der Voraussetzung, dass alle übrigen Gemeinden des Amtes dem Beschluß folgten.
Für die Stadtwerdung Rahdens setzte sich besonders Amtsdirektor Suderow ein. Er berichtet:
„Der Weg der Gemeinde Rahden zur Stadt Rahden war lang und schwierig. Er dauerte über 250 Jahre. Der erste Versuch (1719) scheiterte am Widerstand der Stadt Minden, die Rahden als ihr Hinterland betrachtete und erfolgreich beim preußischen König intervenierte.

Als 1964 das Raumordnungsprogramm NRW aufgestellt wurde, war Rahden im Entwurf des Programms nur als Unterzentrum ausgewiesen (wie z. B. Levern und Wehdem). Trotz Amtsgericht und Krankenhaus! Es gelang nur mit Mühe, bei der Landesregierung durchzusetzen, daß Rahden in der endgültigen Fassung des Programms als Unterzentrum mit mittelzentralen Teilfunktionen ausgewiesen wurde.

Der Weg zur Erlangung der Stadtrechte war noch schwerer, als ich es erwartet hatte. Sogar in Rahden selbst mußte für diesen Gedanken geworben werden. Vor allem in den Außenbereichen des Amtes war das Interesse an der Stadtwerdung nicht sehr groß. Dabei wirkte sich der Unmut über den Verlust der Selbständigkeit der Einzelgemeinden aus.

Doch sahen immer mehr Rahdener ein, daß Rahden nur als Stadt eine Chance hatte, sich neben der aufstrebenden Nachbarstadt Espelkamp auf Dauer zu behaupten. Beim Regierungspräsidenten in Detmold und der Landesregierung in Düsseldorf hatte man für das Rahdener Anliegen, Stadt zu werden, überhaupt kein Verständnis. Dort hieß es, wartet mal erst die Ergebnisse der Reform ab, dann kann man weitersehen. Wenn man dem gefolgt wäre, wäre Rahden nie Stadt geworden. In Rahden wurde, vielleicht nicht zu Unrecht, vermutet, daß bei den Regierungsstellen eine gewisse Rücksichtnahme auf Espelkamp eine Rolle spielte. Dass Espelkamp als ‚Kind aus der Ehe von Staat und Kirche' in Düsseldorf einen besonderen Status hatte und hat, ist ja auch völlig verständlich. Nur mit Mühe und unter Ausnutzung aller für Rahden im politischen und kirchlichen Raum erreichbaren Kräfte gelang es schließlich doch für Rahden die Bezeichnung Stadt im Bielefeldgesetz zu erreichen. Dazu mußten auch ungewöhnliche Wege beschritten werden. Ich schlug Reinhold Spönemann vor, wir sollten uns um ein Gespräch mit dem Ehrenbürger von Espelkamp, Bischof Kunst, bemühen. Dieses Gespräch fand dann auch im Hause des Bischofs in Tonnenheide-Schmalge statt. Wir trugen dem Bischof vor, dass die Stadtwerdung Rahdens auch im Espelkämper Interesse liege, weil eine gute Nachbarschaft zwischen Espelkamp und Rahden, die beide doch wünschen müßten, nur möglich sei, wenn in Rahden niemand behaupten könnte, wie 1719 Minden, so habe nun Espelkamp die Stadtwerdung Rahdens hintertrieben. Wir hatten den Eindruck, daß dieses Argument seine Wirkung auf den Bischof nicht verfehlte. Er versprach jedenfalls, seinen nicht unbeträchtlichen Einfluß in Düsseldorf im Rahdener Sinne geltend zu machen. Dies ist wohl auch geschehen. Die Bezeichnung Stadt für die neue Großgemeinde Rahden stand im Bielefeldgesetz".

Die Bezeichnung Stadt hat die Bedeutung Rahdens nach außen hin erhöht. Namen sind nicht nur Schall und Rauch. Das „Stadtsein Rahdens" hat die Eigenständigkeit der früheren Amtssparkasse gestärkt und sie bis heute erhalten. Aus der „Amtssparkasse" wurde die „Stadtsparkasse". Sicher hat die Umwandlung in eine Stadt den Standort des Amtsgerichtes in Rahden (Neubau 1964) mit gesichert. Rahden blieb „Gerichtsstadt" für den Bereich des nördlichen Altkreises (Rahden selbst, Espelkamp und Stemwede). Alle Einrichtungen profitieren von der Einordnung Rahdens als Stadt.

Die neue Stadt Rahden führte das von Heinrich Bretthauer 1969 konzipierte Amtswappen.

Stemwede

von Ernst-August Schmidt

1. Konflikte, die das kommunale Miteinander belasteten, wurden ausgeräumt

Levern gegen Levern

Anfang der fünfziger Jahre hatte die Gemeinde Levern das ehemalige Hitler-Jugend-Heim an den Knopf-Fabrikanten Schade, Levern, veräußert. Es muss angemerkt werden, dass diese wohlgemeinte Veräußerung recht problematisch verlief, bis der Knopf-Fabrikant Schade die Produktion aufnehmen konnte.

Der Erlös dieses Verkaufs wurde von der Gemeinde Levern in notwendige Baumaßnahmen gesteckt, die wiederum der Jugend zugute kamen. Damit war jedoch die Amtsvertretung Levern nicht einverstanden, da sie Ende der dreißiger Jahre zu dem Bau des HJ-Heims finanziell und sachlich beigetragen hatte. Sie beanspruchte daher Teilhabe aus dem Nutzungsgewinn jener Jahre, sowie Beteiligung am Verkaufserlös.

Eine beide Seiten zufriedenstellende Lösung konnte nicht gefunden werden; es kam zu einem komplizierten und langwierigen Rechtsstreit, wie deutlich aus den Gerichtsunterlagen zu entnehmen ist. Kompliziert deshalb, weil zunächst die rechtmäßige Besitznachfolge des HJ-Heims geklärt werden musste, ob also der Verkauf hatte stattfinden dürfen und wenn ja, in welchem Umfang die vier übrigen amtsangehörigen Gemeinden finanziell zu entschädigen seien und zu welchem Zweck die Gemeinde Levern den Verkaufserlös zu verwenden habe, da ja die ursprüngliche Baumaßnahme dem Wohle der Jugend gedient hatte.

Die Klägerin, die Amtsvertretung Levern, wurde abgewiesen und zur Zahlung der Prozesskosten von knapp 600,– DM verurteilt. – Dagegen wurde Widerspruch eingelegt! Begründung:
Der Streitwert des Objektes von 10.000,– DM sei künstlich hochgehalten worden, wodurch dann wiederum die Gerichtskosten gestiegen seien. Diesem Widerspruch gab das Gericht nicht statt. Die Klägerin wurde somit erneut verurteilt, nun auch die Kosten des zweiten Verfahrens zu tragen.

Diese unerfreuliche Auseinandersetzung hatte zwar amtlich ein Ende gefunden, doch waren die Verstimmungen darüber noch jahrelang als „persönliche Nachbeben“ spürbar, die sich auch politisch entsprechend auswirkten.

Konflikt um das Dielinger Amtshaus

Unter den Überschriften „Der Streit um das Dielinger Amtshaus“ und „Letzter Weg: Zwangsmaßnahme der Aufsichtsbehörde“ berichtete die Lübbecker Kreiszeitung am 15. Juni 1954 ausführlich über die Problematik der dringend notwendigen Instandsetzungsarbeiten am Dielinger Amtshaus.

Die Amtsvertreter des Wehdemer Bezirks plädierten für die Verlegung des baufälligen und nicht mehr zeitgemäßen Gebäudes in eine zentralere Lage des Amtes, damit also für einen Neubau.

Die Amtsvertreter des Dielinger Amtsbezirkes wünschten die Erweiterung und Reparatur des alten Gebäudes in Dielingen.

Zweimal schon hatte sich 1954 die Amtsvertretung mit dieser Problematik beschäftigt, jedes Mal ohne konkretes Ergebnis.

Auch in einer weiteren Sitzung, die von heftigen Auseinandersetzungen gekennzeichnet war, gab es keine umsetzbare Entscheidung, obwohl Landrat Niermann und Oberkreisdirektor Dr. Huchzermeyer vermittelnd eingriffen.

Die Abstimmung über den Punkt 'Verlegung des Amtssitzes und Neubau in zentraler Lage' ergab das gleiche Ergebnis wie in den beiden vorangegangenen Sitzungen:
10 Stimmen dafür, 8 Stimmen dagegen. Damit war dieser Punkt abgelehnt, da die gesetzlich vorgeschriebene Zweidrittelmehrheit nicht erreicht worden war.

Kreisbaumeister Gerlach wies ebenfalls auf die zur Vermeidung von Unfällen dringend notwendigen Reparaturen am Dielinger Amtshaus hin und darauf, dass die Gefahr des Einsturzes des Gebäudes bestand.

Danach erhoben einige Amtsvertreter erneut die Forderung nach Wiederherstellung des Zustandes vor 1936, als beide Ämter noch getrennt waren. Nach Unterbrechung der Sitzung und getrennten Beratungen — ebenfalls ohne Ergebnis — wurde der Aufsichtsbehörde anheimgestellt, durch Zwangsmaßnahmen die notwendigen Entscheidungen zu treffen.

Am 29. Juni 1954 war in der Zeitung zu lesen:
„So endete der Amtshausstreit", „Instandsetzung jetzt zwangsweise verfügt".

Die Begründung: Abwendung von unmittelbaren Gefahren für die im Amtsgebäude tätigen und wohnenden Personen und zur Sicherheit des Publikumsverkehrs.

Am 3. Juli 1954 titelte die Kreiszeitung auf der Seite „Aus Stadt und Umgebung" :

„Soll das Amt Dielingen-Wehdem aufgelöst werden?"
In der Sitzung vom 1.7.54 war zwar beschlossen worden, die an dem Gebäude erforderlichen Instandsetzungsarbeiten unverzüglich durchzuführen, gleichzeitig aber fasste die Amtsvertretung ohne Debatte den einstimmigen Beschluss, den acht Gemeinden die Auflösung des Amts Dieligen-Wehdem zu empfehlen.

Nach erneuter Diskussion in der Sitzung der Amtsvertretung vom 15. September 1954 wurde mit deutlicher Mehrheit (13 zu 3 Stimmen, bei einer Enthaltung) endgültig dem Um- und Ausbau des Dielinger Amtgebäudes zugestimmt. Gleichzeitig wurde aber auch beschlossen, auf einer der nächsten Sitzungen der Amtsvertretung abzustimmen über die Trennung der beiden Ämter unter einer gemeinsamen Verwaltungsführung - also den Zustand vor 1936 wiederherzustellen. Jedoch sollten vorher noch Erkundigungen über die Vor- und Nachteile, sowie über die Kosten der Trennung eingeholt werden.

Eine Gegenüberstellung der Verwaltungskosten des Kreises Lübbecke mit denen des Kreises Diepholz ergab nach den Feststellungen des Gemeindeprüfungsamtes Lübbecke beim Gemeindeprüfungsamt in Diepholz deutlich höhere Kosten der niedersächsischen Verwaltungsstruktur.

Im November 1954 wurde dann in der Oppenweher Gemeinderatssitzung einstimmig beschlossen, den in ihrer Sitzung am 25. August gefassten Beschluss zur Auflösung des Amtes Dieligen-Wehdem für nichtig zu erklären. Gemeindevertreter Wüppenhorst hatte zuvor mitgeteilt, daß sich nach seinen Recherchen durch eine Auflösung des Amtsverbandes keine Einsparungen ergeben würden gegenüber dem jetzigen Zustand.

Mit diesem Beschluss war die erforderliche 2/3-Mehrheit der amtsangehörigen Gemeinden nicht mehr gegeben. Somit konnten auch der Gemeindetag Westfalen, die Kreisverwaltung und der Regierungspräsident ihr Nachdenken über dieses Problem einstellen.

Schaffung von Arbeitsplätzen

Anfang der 50er Jahre war die Beschaffung von Arbeitsplätzen noch immer eine Herausforderung für die ländlich ausgerichteten Gemeinden am Stemweder Berg. Galt es doch vordringlich, den zahlreichen Flüchtlingen und Evakuierten nicht nur Arbeit zu vermitteln, sondern sie dadurch auch an die Gemeinde zu binden und sie zu integrieren.

Am 15. Juli 1952 war in der Lübbecker Kreiszeitung die hoffnungsvolle Schlagzeile zu lesen „Richtfest im ersten Industriebetrieb des Nordkreises". Zahlreiche Vertreter aus Industrie und Politik, des Kreises, der Gemeinde und des Arbeitsamtes waren zu diesem Ereignis erschienen.

Nach langen, schwierigen Verhandlungen um Grundstücke und Trasse ist es soweit: 1972 erster Spatenstich für die Dielinger Bahnunterführung. Von links: Bürgermeister Meyer-Reningen und Amtsdirektor Pollert (Foto: W. Horstmann).

Der erste Industriebetrieb — das bedeutete lukrativere Arbeitsplätze als in der Landwirtschaft, das bedeutete höhere Gewerbesteuern und weitere positive Entwicklungen im Dielinger Bezirk. Der Bauherr Dr. Ulderup, der im benachbarten Lemförde schon erfolgreich produzierte, hatte Erweiterungsmöglichkeiten gesucht, die ihm hier dank der Weitsicht von Gemeindedirektor Pollert und Bürgermeister Meyer zu Reiningen geboten worden waren.

Diesen beiden Herren war es gelungen, zunächst den Landwirt Hesekamp vom Sinn des Verkaufs der Röthekuhle zu überzeugen. Als dann die stetig wachsende Automobilindustrie erhebliche Erweiterungen nötig werden ließ, stellten die Landwirte Rosenbaum und Tribbe weitere landwirtschaftlich genutzte Flächen zur Verfügung. Innerhalb von nur 20 Jahren erfolgten mehrfach Hallenerweiterungen und -umbauten bis zum heutigen Fabrikkomplex entlang der Dr.-Jürgen-Ulderup-Straße.

Die Lemförder Mitarbeiter nannten das Werk wegen der mehrfachen Anbauten humorvoll den „Flick"-Konzern.

Mit der stetigen Firmenvergrößerung wuchs auch die Zahl der Mitarbeiter:
1955: 113 Mitarbeiter
1965: 506 Mitarbeiter
1970: 929 Mitarbeiter

In diesen Zahlen ist auch eine erhebliche Anzahl italienischer und portugiesischer Beschäftigter enthalten, die wegen des seinerzeitigen Mangels an Arbeitskräften in der Dümmer-Region seit Anfang der 60er Jahre als Gastarbeiter angeworben worden waren. Dieses wiederum machte eine Erweiterung des Werkswohnungsbaus erforderlich.

Die Siedlung »Italia« galt lange Zeit als vorbildlich im Werkswohnungsbau für Gastarbeiter. Die Bungalow-Siedlung entstand 1965, die Mehrfamilienwohnungen wurden 1973 für Portugiesen errichtet.

„1968 wurde die noch im Werk Lemförde verbliebene mechanische Kugelzapfen-Fertigung nach Dielingen verlagert.

Anfang der 70er Jahre entstand die Halle für den Sondermaschinenbau. Der Maschinenbau erfuhr eine Erweiterung durch die inzwischen zentralisierten Bereiche ‚Werkzeugbau‘ und ‚Scharfschleiferei‘.

Ein weiteres Indiz für die Bedeutung des Standortes: Hier war stets der Ausgangspunkt für Produktinnovationen, ob es die Ursprünge der Elastmetall-Herstellung, die Querlenkerfertigung oder auch die Schaltungsaktivitäten waren.

So erlebte dieses Werk eine stürmische Entwicklung und kann auf eine stolze Erfolgsbilanz mit heute mehr als 1.100 Mitarbeitern als wichtige ‚Drehscheibe des Unternehmens‘ verweisen.“

Dr. Jürgen Ulderup

Zu ihrem fünfzigjährigen Bestehen gab die Lemförder Metallwaren eG, Lemförde, eine Triologie zu Geschichte und Entwicklung des weltweit agierenden Unternehmens heraus. Es ist imponierend und spannend zu lesen, wie dieses Unternehmen aus kleinsten Anfängen ab 1946 durch stetige, umsichtige Arbeit aufgebaut und ständig weiterentwickelt wurde. Im Band »Annäherung an Jürgen Ulderup – Der Lebensweg eines deutschen Unternehmers« schreibt Werner Schwippes, Köln: „Jürgen Ulderup gleicht dem Idealtypus eines kapitalistischen Unternehmers so wie es bei Max Weber in seinem Werk »Die protestantische Ethik und der Geist des Kapitalismus« nachgelesen werden kann.

Man könnte meinen, er hätte diesem Vorbild bewusst nachgelebt, gäbe es nicht Grund zur Annahme, dass er Webers Idealbild nicht gekannt hat.

Er war in seinem Handeln ein Mann der Sozialen Marktwirtschaft, auch wenn er es selbst nicht so formuliert hat. Denn er hielt nichts von Zuordnungen und öffentlichen Bekenntnissen. Vielmehr entschied er allein nach praktischen Gesichtspunkten, und ob er damit in die Nähe einer Lehrmeinung geriet oder sich gar in Übereinstimmung mit ihr befand, war ihm gleichgültig. Er war Pragmatiker, nicht Theoretiker.

Als glückliche Verbindung muß es bezeichnet werden, dass er Unternehmer und Manager in einer Person war. Er konnte beide Funktionen ausfüllen, weil er Unternehmer mit Leib und Seele war, das Geschäft des Managers aber vorher gründlich erlernt und seine Fähigkeit dazu in einem Großbetrieb bereits unter Beweis gestellt hatte.

In späteren Jahren konnte er sich einer Reihe sehr kompetenter Würdigungen als Unternehmer wie als Manager erfreuen. Er selbst nannte drei Grundsätze als wichtige Grundlage für den Erfolg seines Unternehmens: Herstellung erstklassiger Produkte, sozialverpflichtetes Handeln im Betrieb, gesellschaftliches Engagement im betrieblichen Umfeld.

An ihm wurden Weitblick und Kreativität, Mut und Innovationsfreude gerühmt. Sein Mut verließ ihn auch in Krisenzeiten nicht, und sein Interesse an neuen Entwicklungen ist fast versessen zu nennen. »Was gibt es Neues?« und: »Was können wir Näheres darüber erfahren?« waren stehende Redewendungen von ihm; und das war nicht nur so dahingesagt.

Sein Führungsstil war ausgesprochen patriarchalisch, der eines strengen aber gerechten Patrons. So hat er sich selbst gesehen, und so wird er auch übereinstimmend geschildert. Seinen Mitarbeitern verlangte er vor allem und immer wieder Verantwortungsbewußtsein bei der Arbeit ab, Selbstkontrolle und Gewissenhaftigkeit. Wir Lemförder produzieren nicht Zierleisten, sondern lebenswichtige Lenkungsteile, hieß es mahnend im Betrieb. Und: Bedenke, daß von Deiner Gewissenhaftigkeit das Leben anderer abhängt.

Hermann Schwinges aus Düsseldorf hat in einer Tischrede anläßlich einer Vertretertagung 1976 zu Ulderup gesagt, was die meisten empfanden: »Sie sind nicht nur wegen Ihres umfassenden Wissens und unermüdlichen Einsatzes und Ihrer Erfolge wegen als Unternehmer respektiert und geschätzt. Sie sind mit Ihrer menschlichen Anteilnahme, die Sie den persönlichen Anliegen Ihrer Mitarbeiter entgegenbringen und helfen lassen, für uns als ein Patron im besten Sinne des Wortes geworden.«

Kein Zweifel: Dr. Jürgen Ulderup hatte Freude an seiner Unabhängigkeit und Selbständigkeit, Lust an der Übernahme von Verantwortung, am Disponieren und Entscheiden. Das Geldverdienen war ihm wichtig als Ausweis für den Erfolg. Wenig Wert legte er darauf, im Rampenlicht zu stehen. Er gierte nicht nach öffentlicher Anerkennung und nicht danach, seinen Namen in der Zeitung zu lesen.

Er war Unternehmer; nichts als Unternehmer; der ideale Unternehmer schlechthin, sagt der Rechtsanwalt Dr. Bruno Germscheid aus Düsseldorf von ihm. Da blieb für anderes kaum Platz.

Der Gesinnung nach wurde er wohl mit Recht dem national-konservativ-liberalen Lager zugerechnet, doch hat er es vermieden, sich parteipolitisch festzulegen. Er unterstützte CDU und FDP mit Geldzuwendungen. Mit den Sozialdemokraten hatte er nichts im Sinn, wenngleich er Helmut Schmidt schätzte."

Im November 1954 beschloss der Oppenweher Gemeinderat nach einigen Vorbesprechungen die Ansiedlung eines Industriebetriebes, um auch in diesem Amtsbezirk Arbeitsmöglichkeiten zu schaffen. Ein 50.000 qm großes Gebiet wurde ausgewiesen, die Erschließung geplant.

Amtsdirektor Pollert wurde in der Sitzung vom 25. August 1954 beauftragt, diesbezüglich tätig zu werden, Interessenten anzusprechen und mit ihnen über die Ansiedlungskonditionen zu verhandeln.

Ein umfangreicher Papierkrieg begann, da die Aufsichtsbehörde (Kreisverwaltung) zunächst der Auffassung war, der ursprüngliche Kaufpreis von 1,50 DM/qm müsse bei der Weiterveräußerung an den Möbelfabrikanten Möller, Herford, beibehalten werden. Die Gemeinde hatte dieser Firma, die zunächst noch im Wettbewerb mit mehreren anderen Unternehmen gestanden hatte, für 0,40 DM den Zuschlag erteilt, da sonst auch diese die besseren Gründungskonditionen im niedersächsischen Grenzbereich angenommen hätte. Diese seitens des Kreises beanstandete Wettbewerbsverzerrung zur Abwerbung von Industriebetrieben wurde dann wegen des relativ geringen Umfanges der „Zuwendung“ mit Wirkung vom 17. September 1957 aufgehoben, nachdem der Innenminister trotz gewisser Bedenken mit Erlass vom 9. September 1957 diesbezüglich grünes Licht gegeben hatte. Die vom Kreisbauamt geforderte notwendige Rodungserlaubnis umging das Forstamt bei der Landwirtschaftkammer in Lübbecke mit der Feststellung, es handele sich hierbei nicht um einen Verstoß gegen die Verordnung zum Schutze des Waldes vom 31. März 1950, sondern um Ödland, das nur teilweise bewaldet war. Endlich war der Weg für die Neugründung der Firma Möller (Möbelproduktion) frei; sie operierte jedoch erfolglos und musste nach kurzer Zeit aufgeben.

Ein Ansiedlungserfolg gelang den Oppenwehern 1958:
Das Eisenwerk Streuber und Lohmann aus Herford übernahm unter dem Firmennamen „Sulo“ zu günstigen Bedingungen zunächst Teile des Oppenweher Industriegeländes und begann nach dem Umbau bereits 1959 mit der Produktion von Haushaltsartikeln aus Kunststoff im 3-Schicht-Betrieb mit sechs Maschinen in der Halle I.

Auch die Weiterentwicklung des Werkes verlief erfolgreich: In den Jahren 1961-1971 wurden die Hallen II - VIII errichtet und ein umfangreiches Sortiment an Kunststoffartikeln für Industrie, Haushalt, Kanalbedarf, sowie Zulieferungen für die Auto- und Rasenmäherindustrie produziert.

Diese Produkte fanden auch im Ausland guten Absatz. Ein weltweiter Exportschlager war das geschätzte, weil zweckdienliche Mülltonnensortiment mit dem rotweißen Aufdruck „Sulo“.

Im November und Dezember 1971 wurde die größte Spritzgussmaschine der Welt im Oppenweher

1971 wurde die größte Spritzgussmaschine der Welt in Oppenwehe aufgebaut.

Sulowerk aufgebaut. Sie fertigte hauptsächlich 240-Liter-Müllgefäße, aber auch spezielle Artikel in Zimmergröße.

Ein eigener Fuhrpark, 12-15 Lkws, sowie ein eigener Werkzeugbau mit 15-20 Mitarbeitern sorgten für weitere Arbeitsplätze.

Die Ausbildung der Lehrlinge (Starkstromelektriker, Werkzeugmacher, Maschinenschlosser und kaufmännische Angestellte) erfolgte durch betriebseigene Lehrkräfte. Die Höchstzahl der bei Sulo Beschäftigten belief sich auf etwa 300 Mitarbeiter. Der Schichtbetrieb erwies sich für die landwirtschaftlichen Nebenerwerbsbetriebe als recht vorteilhaft.

Anfang der 60er Jahre baute Sulo eine eigene Werkssiedlung mit Ein- und Zwei-Familienhäusern, wodurch auch die Einstellung ausländischer Mitarbeiter wesentlich erleichtert wurde.

Der Gemeinde Levern gelang es erst 1970 durch geschickte Verhandlungsführung des Amtsdirektors Heinz Redecker eine weltweit agierende Firma, die deutsche Wurlitzer GmbH, nach Levern zu holen. Etwa zehn Jahre nach Firmengründung in Hüllhorst strebte die deutsche Wurlitzer GmbH dank guter Markterfolge ihrer Automatenvielfalt mit der Gründung eines Zweigwerkes in Levern einen bedeutenden Kapazitätsausbau an. Der Gemeinderat Levern faßte am 25. August 1970 den Grundsatzbeschluss zur Ansiedlung der Wurlitzer, nachdem alle möglichen Fördermaßnahmen in Betracht gezogen worden waren. Die Ansiedlung dieses Betriebes im neuen Industriegebiet an der L 770 war ein deutlicher Gewinn für das Amt Levern, gerade auch im Hinblick auf die bevorstehende Gebietsreform, wurden doch damit für das Amt Levern die Chancen selbständig zu bleiben merklich verbessert.

Außer den drei vorgestellten, international agierenden Firmen, die Stemwede gewissermaßen international bekannt gemacht haben – etwas Lokalpatriotismus sei hier gestattet – verfügte in diesen Jahren allein das Amt Dielingen-Wehdem über 30 Betriebe mit mehr als 10 Beschäftigten, die laut Amtsstatistik ca. 900 Arbeitern und 130 Angestellten Arbeit gaben. Darunter waren folgende Betriebe mit mehr als 50 Arbeitnehmern: Heidenreich (Dielingen), Sinn (Haldem), Molkerei (Haldem), Depenbrock (Arrenkamp), Martlage (Westrup), Niemeier (Wehdem), Hucke (Wehdem), Kükelhan (Oppendorf).

Im Amt Levern waren zwei größere Betriebe ansässig: die Baufirma Scheer und die Molkerei Richter KG.

Schulbauten und Schulorganisation

Das Bildungswesen bereitete den Gemeindevätern in den beiden Ämtern einiges Kopfzerbrechen. Wenn auch die Landwirte bereitwillig Ländereien für Schulen, Lehrerwohnhäuser, Turnhallen, Lehrschwimmbecken und Hausmeisterwohnungen preiswert zur Verfügung stellten, waren doch die Baukosten und die Folgekosten das eigentliche Problem.

Ohne erhebliche Zuschüsse vom Land NRW und vom Kreis hätten sich die notwendigen Baumaßnahmen des Schulsektors nicht verwirklichen lassen. Jede der dreizehn Stemweder Gemeinden unterhielt eine Schule. Die dörfliche Schule war damals nicht nur pädagogischer Mittelpunkt, sondern auch ein kulturell-soziologischer, der wesentlicher in seiner Bedeutung anzusehen war, als vergleichbare Schulen in den Städten. Der lange Schulweg war wegen zunächst fehlender Fahrmöglichkeiten für die Kinder ein wichtiges Kriterium für die Schule im Dorf.

Levern war die erste Gemeinde, die bereits 1952/53 einen Neubau erstellte, um den inzwischen unzumutbaren schulischen Engpass zu beseitigen. Ende der 50er bis Anfang der 60er Jahre wurden alle weiteren Schulen erstellt, elf davon ersetzten als Neubauten die nicht mehr zeitgemäßen alten Dorfschulen. Zwei Schulen wurden erheblich erweitert und umgebaut.

Die Bevölkerung war stolz auf ihre Schulen. Die Kinder fühlten sich darin offensichtlich wohl, denn die freundliche und moderne Ausstattung bewirkte eine angenehme Schulatmosphäre. Doch die stürmische Weiterentwicklung in allen Bereichen der BRD machte auch vor den idyllischen Dorfschulen nicht halt. Bereits ab 1. Dezember 1966 wurden die Gemeinden verpflichtet, 9. Pflichtschulklassen einzurichten. Die Vollzeitschulpflicht endete nun nicht mehr nach acht, sondern nach neun Schuljahren.

Für die meisten der 2- und 3-klassigen Stemweder Dorfschulen, auch schon als Zwergschulen bezeichnet, ein Problem.

Diese neue Entwicklung bedeutete: Schüler der 9. Klassen mußten gefahren werden. Es entstanden somit zusätzliche Kosten für den Schulbus.

Die Schulreform von 1968 brachte erhebliche Veränderungen im Bereich der dreizehn gemeindlichen Schulen. Diese Reform sah vor, die Volksschulen aufzulösen und durch zweizügige Grundschulen mit den Klassen 1 - 4 und zweizügige Hauptschulen mit den Klassen 5 - 9 zu ersetzen.

Wenn auch die erweiterten und verbesserten Unterrichtsinhalte dieser Schulreform für einen Industriestaat wie die BRD allseits anerkannt wurden, so bedeutete sie andererseits für manche Gemeinde den Verlust der neuen kleinen Volksschule. Schulverbände mussten gegründet werden und neue Schulen mussten errichtet werden – für manchen wenig verständlich, waren doch erst wenige Jahre zuvor Schulen erbaut worden, die nun leer standen, weil sie den gesetzlichen Anforderungen nicht mehr entsprachen.

Erlasse über die weitere Verwendung, bzw. über den weiteren Verwendungsnachweis der Verkaufserlöse zur Tilgung der Schulbaudarlehen, regelten diesen Problemkreis. Für das Amt Leven verlief dieser Neuordnungsprozess relativ reibungslos, nachdem die Amtsvertretung der Bezirksregierung in Detmold unmißverständlich klargemacht hatte, sich einem Zwangschulverband mit dem Amt Alswede aufs Äußerste zu widersetzen.

Die daraufhin genehmigte Übergangslösung sah folgende Organisationsform vor :

1. Für die Gemeinden Levern, Destel und Sundern eine einzügige Grundschule, zunächst in Destel
2. Für die Gemeinden Niedermehnen und Twiehausen eine einzügige Grundschule in Twiehausen.
3. Für die Gemeinden Levern, Destel, Twiehausen, Niedermehnen und Sundern eine zweizügige Hauptschule als Gemeinschaftsschule zunächst in Levern

Der Vorschlag der Bezirksregierung für das Amt Dielingen-Wehdem sah zwei zweizügige Hauptschulen vor, eine in Dielingen und eine in Wehdem. In Haldem wurde die zweizügige Grundschule für Dielingen, Drohne, Haldem und Arrenkamp errichtet. Damit waren Arrenkamp und Drohne ohne Schulbetrieb.

Im Wehdemer Bezirk konnten sich die Gemeindevertreter nicht einigen. Es mußte zwischen Westrup, Wehdem, Oppendorf und Oppenwehe ein Zwangsschulverband als Übergangslösung gegründet werden.

In Wehdem wurde als Übergangslösung die zweizügige Hauptschule errichtet, mit je zwei 5. und 6. Klassen aus Wehdem, Westrup, Oppendorf und Oppenwehe. Die 7., 8. und 9. Klassen wurden bereits in Wehdem beschult.

Hauptschule Wehdem — 1960 erbaut.

Die Oppendorfer Grundschule lief nach zwei Jahren aus. Oppenwehe bekam eine zweizügige Grundschule, Westrup blieb als einzügige Grundschule bestehen.

1973 wurde in Wehdem ein weiteres, modernes Hauptschulgebäude mit großzügigen Verwaltungsräumen, Filmraum und Werkraum eingeweiht.

Als Dauerlösung ersetzte im Amt Levern ein zweizügiger Grundschulneubau neben der Hauptschule die dargestellte Übergangslösung.

Die Hauptschule bekam als Dependance zunächst die Twiehauser Schule für die 5. und 6. Klassen zugewiesen. Nach deren Schließung wurde statt dessen die Niedermehner Schule als Zweitbetrieb zugeteilt.

Die Stadt Espelkamp, die Ämter Rahden, Dielingen, Levern und Alswede hatten die Bildung eines Sonderschulverbandes beschlossen. Gemäß § 15, Abs. 5 des Gesetzes über kommunale Gemeinschaftsarbeit vom 26. April 1961 fand die erste Schulverbandsversammlung am 1. Juni 1971 im Rathaus in Espelkamp statt. Das Ergebnis war die Gründung der Martinsschule als Schule für Lernbehinderte. Somit war das Problem der Förderung von lernbehinderten Kindern auch für Stemwede gelöst.

Das Amt Levern trat Mitte der 60er Jahre dem Volkshochschulverband des Kreises Lübbecke bei. Damit war die Erwachsenenbildung ebenfalls möglich geworden.

War nun endlich Ruhe in Stemweder Schulbereich eingetreten? Weit gefehlt! Die anstehende Gebietsneuordnung, Schülerrückgang und die Beschulung der Kinder von Gastarbeitern sollten noch zu so mancher Veränderung führen.

Die Freiwilligen Feuerwehren

In den 50er Jahren war es Aufgabe der 13 Gemeinden ihrer freiwilligen Feuerwehren zu modernisieren. Eine zeitgemäße Ausrüstung der Löschgruppen seitens der Gemeinden schaffte die materiellen Voraussetzungen für den uneigennützigen Dienst der Feuerwehrmänner. Der technische Fortschritt ließ den Aufgabenkreis der Freiwilligen Feuerwehr über die Brandbekämpfung hinaus vielseitiger und komplizierter werden, so daß auch die stetige Weiterbildung der Feuerwehrmänner gewährleistet sein mußte.

Die Löschgruppen der Gemeinden wurden 1964 zu den beiden Amtslöschverbänden Dielingen-Wehdem und Levern zusammengefaßt. Diese Zusammenlegungen erwiesen sich bei der Anschaffung von Geräten und Ausrüstung als vorteilhaft, ebenso bei der Einsatz-koordination.

Der sonntägliche Dienst der Löschgruppen diente nicht nur der Pflege der kameradschaftlichen Zusammengehörigkeit, sondern vor allem auch der Wartung von Geräten und Ausrüstung, die einen erheblichen Wert darstellten. Amtsbrandmeister Strauer hat in einem Bericht vom 1. April 1970 den Zeitwert der gesamten Ausrüstung des Amtslöschverbandes Dielingen-Wehdem ermittelt: 481.021 DM.

Die Gründung der Löschgruppen begann nach dem Ersten Weltkrieg: Dielingen (1922), Levern (1926), Haldem (1929), Niedermehnen und Drohne (1932), Sundern, Destel und Twiehausen (1933), Oppendorf, Oppenwehe, Wehdem und Westrup (1934), Arrenkamp (1942).

Wege- und Straßenbau

Der Wege- und Straßenbau, der in den Kriegs- und unmittelbaren Nachkriegsjahren fast völlig zum Erliegen gekommen war, musste Anfang der 50er Jahre dringend vorangetrieben werden.

Vor dem Hintergrund permanent überlasteter Kassen wägten die Gemeinden sorgfältig ab, wo zuerst gebaut werden sollte, um den Ärger ihrer Bürger über Matsch und große Wasserpfützen vor den Häusern möglichst gering zu halten.

Den Bau der Ortsdurchfahrten im Bereich der L 766 (Dielingen, Haldem, Levern, Destel), der L 769 (Arrenkamp, Westrup, Wehdem), der L 917 (Wehdem, Oppendorf) und der L 765 (Brockum, Oppenwehe) finanzierte zwar das Land NRW, doch mussten die Kosten für die Bürgersteige von den Gemeinden bzw. den Ämtern getragen werden.

Die Planung sah vor, den Straßenbau mit dem Bau von Entwässerungskanälen zu kombinieren, was sich in der Praxis nicht immer einrichten ließ. Ausbaumaßnahmen dieser Größenordnung zogen sich über Jahre hin, weil Planungen, Grundstückserwerbungen und Finanzierungen nur langfristig und langwierig abzustimmen waren.

Beim Ausbau von Gemeindeverbindungsstraßen (5 m Breite) und Wirtschaftswegen (3,5 m Breite) in den Bezirken Dielingen, Wehdem und Levern wurden seit Anfang der 60er Jahre auch für den Straßenbau ausgerüstete Gemeindearbeiter eingesetzt. Dementsprechend verkürzte sich der Zeitraum zwischen Planung und Ausführung, auch die Koordinationsmöglichkeiten verbesserten sich.

Das Ausmaß der Bautätigkeit dieser zwei Jahrzehnte und der damit verbundenen Kosten wird aus der nachfolgenden Statistik der Dielinger Verwaltung erkennbar:

	Länge (km)	Wert (DM)
Gemeindeverbindungs-Straßen	51,110	7 165 125,00
Ausgebaute Wirtschaftswege	140,665	12 308 187,50
Sonstige ausgebaute Gemeindewege und -straßen	59,000	5 900 000,00
Parkplätze (m^2)	2 892,00	101 040,00
		25 474 352,50

Der Ausbau der Straßenbeleuchtungen in beiden Ämtern, ein Indiz für Wohlstandsentwicklung, zog sich von ersten kleineren Installationen in einigen Ortsmittelpunkten Anfang der 50er bis Anfang der 70er Jahre mit stetig steigenden Unterhaltungskosten hin.

Be- und Entwässerung

In einigen Bereichen der Gemeinde Stemwede bereitete in trockenen Jahren die Wasserversorgung Probleme. Sie erfolgte, oft im Verbund mehrerer Nachbarn, durch Hauswasserpumpanlagen mit Druckbehältern. Trotzdem kam es je nach Tiefe und Lage der Brunnen in trockenen Jahren zu Versorgungsschwierigkeiten, auch die Qualität war nicht immer gesichert. Das änderte sich in einigen Gemeindeteilen mit der Einführung der öffentlichen und damit kontrollierten Wasserversorgung Ende der 60er Jahre.

Für das Amt Levern wurde im Mai 1966 ein Wasserbeschaffungsverband gegründet. Das Wasserwerk Destel nahm Mitte 1968 seinen Betrieb auf und versorgte zunächst den Ortskern von Levern. Die übrigen Gemeinden des Amtes wurden erst in den folgenden Jahren an die öffentliche Wasserversorgung angeschlossen. Das Amt Dielingen-Wehdem begann 1969 mit einem Versorgungsprovisorium für Dielingen und Drohne. Erst Jahre später konnte die Versorgung auch für die übrigen Ortskernbereiche ausgebaut werden.

Die Entwässerung beider Ämter erfolgte aufgrund der hygienischen Dringlichkeit einige Jahre früher. Dielingen nahm 1966 das Pumpwerk Linnert in Betrieb, wo die Abwasserreinigung zunächst in einem Erdbecken erfolgte. Die Haldemer Kläranlage wurde 1966 angeschlossen, die Wehdemer und Oppenweher 1964. Die Kläranlage Levern-Süd ging bereits 1960 in Betrieb, die Kläranlage Levern-Nord 1963.

Die weiteren Ausbaumaßnahmen in den übrigen Gemeinden der beiden Ämter erfolgten abschnittsweise in den folgenden Jahren.

Einen Eindruck von den erheblichen Ausgaben des Teilausbaus der Kanalisationen im Amt Dielingen-Wehdem vermittelt folgende Statistik:

Gemeinde	Rechnungsjahr	Ausgabe DM
Dielingen	1953–1969	910 455,73
Haldem	1963–1969	1 204 437,46
Wehdem	1959–1969	638 043,36
Oppenwehe	1961–1969	636 961,17
		3 389 867,72

Müllbeseitigung

Die Müllbeseitigung im Stemweder Raum war schon seit 1957 in verschiedenen Gemeindeprotokollen angesprochen worden. Die Satzung über die gemeindliche Müllabfuhr der Gemeinde Dielingen vom 30. August 1957 wurde bis zur Änderung am 1. Januar 1971 noch dreimal ergänzt und verbessert, der Kenntnisentwicklung über die Müllproblematik und den gesetzlichen Vorgaben entsprechend.

Die Gemeinde Twiehausen wies im Dezember 1965 darauf hin, dass der ausgewiesene gemeindliche Müllabladeplatz eingezäunt und abgeschlossen wird und die Müllanfuhr nur noch am ersten und dritten Sonnabend jeden Monats erfolgen könne. Der Grund: wildes ungeordnetes Müllabladen bis dicht an die Straße und auch noch auf angrenzendes Gelände. Künftig sollte gelten: Brennbares Material wird nicht mehr auf den Müllplatz gebracht.

Mitte der 60er Jahre gab es Anfragen der Kreisverwaltung bei allen Stemweder Gemeinden über die Art der Müllbeseitigung. Daraus war beispielsweise zu entnehmen, dass sämtliche Müllgruben im Amt Levern im Grundwasserbereich lagen. Lediglich in Levern war ein Abfluß in den Großen Dieckfluß vorhanden. Hinweise auf Problemmüll gab es noch nicht. Das Abbrennen der Müllgruben zur Verminderung des Mülls war üblich. Nur wenige Müllgruben waren eingezäunt.

Im Amtsbereich Dielingen-Wehdem waren die Verhältnisse ähnlich: Von den sieben Müllgruben (die Gemeinde Arrenkamp entsorgte mit in Westrup) waren nur zwei eingezäunt. Bei fünf Müllgruben geschah die Müllablagerung im Grundwasserbereich. Im Protokollbuch ist nachzulesen, daß in einem Fall die Müllgrube nur 40 m vom nächsten Hausbrunnen entfernt war.

Am 13. August 1971 überprüfte eine Kommission im Auftrag des Regierungspräsidenten 36 Müllkippen in Hüllhorst, Preußisch Oldendorf, Levern, Dielingen-Wehdem und Rahden. Das Ergebnis der Überprüfungen dieses Tages: auf allen Müllkippen konnten bei der Besichtigung keine giftigen Abfälle in Form von Schlamm oder geschlossenen Fässern festgestellt werden. Kritisch angemerkt wurde, dass es sich in allen Fällen um eine nicht den Vorschriften entsprechende Deponierung handelte.

Die 37. an diesem Tag in Augenschein genommene Müllkippe in Isenstedt, als gemeinsame Deponie der Städte Espelkamp und Lübbecke, sowie der Ämter Alswede und Gehlenbeck, wurde nicht beanstandet.

Die Verfassungsbeschwerde des Amtes Levern in Kürzestfassung

Levern war vor der Auflösung des Stifts im Jahre 1810 durch Napoleon der eindeutige, stets angenommene kulturelle und wirtschaftliche Mittelpunkt des heutigen Amtes gewesen.

Auch wenn durch den Verlust des Leverner Landgerichtes 1817 eine weitere einschneidende Beschränkung hinzugekommen war, so blieb dennoch die altgewachsene Struktur des bestehenden Kirchspiels bis auf den heutigen Tag erhalten.

Nach dem Landesentwicklungsplans NRW, der vor der überarbeiteten Fassung des „Bielefeld"-Gesetzes Gültigkeit hatte, war Levern auch wegen seiner fast

4000 Besucher am Sonnabend:

Festzug war vier Kilometer lang

40 Deutschamerikaner als Gäste in Wehdem

Wehdem (rst). Die Festwoche „1000 Jahre Wehdem" geht heute mit dem Schützenfest zu Ende. Am Wochenende war die Gemeinde das Ziel vieler Menschen aus nah und fern. Besonders am gestrigen Sonntag, als der historische Festzug stattfand, der eine Länge von über vier Kilometern hatte.

Aber auch an der musikalischen Festveranstaltung am Freitagabend und am Heimatabend am Sonnabendabend nahmen bereits an die 4000 Besucher teil. Hinzu kam noch der Kindernachmittag auf dem Sportplatz, der Kinderfestzug und nicht zuletzt auch die Direktübertragung des Rundfunks von der Dehle des Hofes Niermann aus, die viele Menschen anzogen.

Über 2000 Besucher waren es, die zum Heimatabend die Festzelte bis zum Bersten füllten. Mit solch einem Besucherstrom hatte man nicht gerechnet. Doch war die Freude darüber groß. Auch zahlreiche Ehrengäste, neben dem Schirmherrn der Tausendjahrfeier, Staatsminister a. D. Niermann, auch die Landtagsabgeordneten Pürsten (Espelkamp) und Ey (Quernheim), Landrat Schumacher, Kreisrechtsrat Dr. Linkermann, viele Bürgermeister aus den Gemeinden rings um den Stemwederberg und auch der Geschäftsführer des Westfälischen Heimatbundes, Dr. Riepenhausen, der die Festansprache hielt.

■ Amtsheimatpfleger Wollgramm ■ rief allen Besuchern von nah und ■ fern im Namen der Gemeinde ■ Wehdem ein herzliches Willkom- ■ men zu. Unter dem Beifall der Be- ■ sucher begrüßte er besonders die ■ etwa 40 Deutsch-Amerikaner, die ■ von jenseits des großen Teiches in ■ ihre alte Heimat am Stemweder- ■ berg gekommen sind, die an zwei ■ großen Tischen Platz genommen ■ hatten.

Ebenso begrüßte Wollgramm die Teilnehmer eines Wiedersehenstreffens ehemaliger Panzergrenadiere, die Ende des letzten Krieges in Wehdem gelegen hatten, auch einen ehemaligen französischen Kriegsgefangenen mit seiner Familie. Sie alle hätten die Tausendjahrfeier Wehdems zum Anlaß genommen, ihre Verbundenheit mit dem Ort zu bezeugen. Der Besuch so vieler Gäste aus der Ferne sei, so meinte Wollgramm, eine hervorragende Aussage über die Gastfeundschaft, die sie einst in Wehdem genossen hätten und die sie heute so mit dem Dorf und seiner Bevölkerung verbinde.

Die Teilnehmer des Wiedersehenstreffens der Panzergrenadiere hatten der Gemeinde zwei Ruhebänke und eine Blumenschale zum Geschenk vermacht, die inzwischen bereits aufgestellt wurden. Landrat Schumacher überbrachte der Gemeinde Wehdem zu seinem tausendjährigen Bestehen die Glückwünsche des Kreises, der Kreisvertretung und -verwaltung. Als Sohn aus der Nachbargemeinde Oppendorf berichtete Schumacher ein wenig aus der geschichtlichen Entwicklung des Dorfes, verband damit persönliche Erinnerungen und wünschte abschließend Wehdem weiterhin Blühen und Gedeihen.

Dr. Riepenhausen verglich in seiner Festansprache die Geschichte Wehdems mit den Jahresringen eines Baumes. Die Menschen, die sich zuerst rings um den Stemwederberg seßhaft gemacht, das Land gerodet und urbar gemacht hätten, hätten zugleich auch den Grundstein für das Gemeinwesen gelegt. Die beharrliche, stille Arbeit an der Erde, das Bauerntum, sei auch für die heutige Welt unentbehrlich.

Das Chritentum und schließlich auch die Bildung einer Gerichtsbarkeit am Ort seien weitere Jahresringe in der Entwicklung Wehdems. In Wehdem sei die 1000jährige Geschichte dazu angetan, so sagte Dr. Riepenhausen, weiter darauf aufzubauen und von ihr aus den Schritt in Gegenwart und Zukunft zu tun. Riepenhausen zollte dem Gemeinschaftssinn in der Gemeinde Lob, wo sich auch der letzte Bürger für die Verschönerung des Ortes und für die Ausgestaltung der Jubiläumsfeierlichkeiten eingesetzt habe.

■ Ein buntes abwechslungsreiches ■ Programm bot der weitere Ablauf ■ des Heimatabends. Es musizierte ■ wieder das Schnathorster Blasor- ■ chester. Vorspruch, Lieder, Spiele, ■ Tanz und Musik bestimmten das ■ Bild von vier Stunden. Frau Klip- ■ ker, im Ort „Tante Ida" genannt, ■ trug plattdeutsche Gedichte vor. ■ Viel Beifall fanden die Sänger des ■ MGV Diepholz, die unter Kreis- ■ chorleiter Ingo Schütz sangen, die ■ Wehdemer Trachtengruppe unter ■ Lehrerin Fräulein Klän, die ■ Volkstänze vortrug, der Wehde- ■ mer Kirchenchor mit seinem Lied ■ von Marie Brosin, der Wehdemer ■ Heimatdichterin.

Viel Beifall konnten auch die „Wehmske Schöiler" unter Hauptlehrer Wollgramm mit ihrem Gesang und Tanz erringen. Sonderbeifall gab es für den Schnathorster Solisten Karl Kölling bei der „Post im Walde". Den Abschluß des Abends bildete das Laienspiel „Vadder oder Sühn", in bewährter Manier vorgetragen von der Lashorster Laienspielschar unter Friedel Maschmeier.

Bilder von der Wehdemer Festwoche.

Lutherischer Kirchentag in Levern

Präses D. Thimme sprach vor rund 1000 Zuhörern

Levern (an). Es war eine große Festgemeinde aus ganz Minden-Ravensberg, die sich am Sonntag zum Lutherischen Kirchentag in der Festhalle zu Levern versammelt hatte. „1000 Jahre Kirchengeschichte — wieviel Christusgeschichte!" war das Thema, zu dem Präses Dr. Thimme sprach.

Der Lutherische Kirchentag für Minden-Ravensberg fand aus Anlaß des 1000jährigen Bestehen Leverns hier statt. Er bildete zusammen mit einem Festgottesdienst, der am Sonntagvormittag mit Superintendent Dr. Begemann in der Stiftskirche stattfand, den Auftakt zu einer kirchlichen Festwoche, die bis einschließlich Pfingstmontag andauert.

Etwa tausend Menschen waren es, die am Sonntagnachmittag die Festhalle füllten, als hier der Kirchentag mit der Begrüßung durch Superintendent Dr. Begemann seinen Anfang nahm. Auch Pfarrer Simme, als Vertreter der katholischen Kirche, nahm daran teil. Ebenso ein Vertreter der benachbarten niedersächsischen Landeskirche.

Einige Beispiele, jedes für eine Zeitepoche, führte Superintendent Dr. Begemann an, als er einen kurzen Abriß über die 1000jährige Kirchengeschichte von Minden-Ravensberg gab. Er erinnerte an Pastor Volkening, dem hierzulande bekannten Erweckungsprediger. Der Segen dieser Zeit sei heute noch in vielen Gemeinden spürbar.

In lebendiger und impulsiver Form nahm Präses Dr. Thimme anschließend zum Thema des Kirchentages „1000 Jahre Kirchengeschichte — wieviel Christusgeschichte!" Stellung. Der Kirchentag solle in erster Linie ein Festtag für Levern sein, so meinte der Präses weiter, für seine Kirche, die man zum 1000jährigem Bestehen beglückwünsche.

Präses Dr. Thimme verglich die Kirche mit einem kantigen, knorrigen, auch etwas rissig und trocken gewordenen Eichbaum, der aber immer wieder neue Zweige treibe und neues Leben hervorbringe. So sei die Kirchengeschichte Christusgeschichte, die sich aus sich heraus immer wieder erneuere.

Aber auch die Kirchengeschichte werde von Menschen gemacht. „Es menschelt immer in der Gemeinde Jesus Christus", so meinte Dr. Thimme. Auch dafür müsse man Verständnis haben. Der Präses führte vier Punkte an, in der das Menschliche auch in der Kirche immer wieder allzu menschlich werde.

Die Versuchung der Macht, die Kirche als Machtfaktor zu nutzen, die aber dienen solle; die Versuchung zum faulen Frieden, wo man nicht den Mut aufbringe, sich offen zu Gott, zu Jesus Christus, zum Evangelium zu bekennen; die Versuchung zum Unfrieden mit all ihren Uneinigkeiten, Hader und Streit innerhalb der großen Christengemeinde und schließlich die Versuchung zur menschlichen Selbstgerechtigkeit und Werkerei.

Trotz Menschengeschichte bleibe die Kirchengeschichte Gottesgeschichte. Im Hinblick auf die Zukunft der Kirche meinte Präses Thimme abschließend: „Wer in der Vergangenheit Gott am Werke sieht, kann die Zukunft wagen, auch wenn sie dunkel ist!"

Oben: Präses Dr. Thimme bei der Festansprache. Unten: Vorn die Ehrengäste bei der Festveranstaltung, an ihrer Spitze Staatsminister a. D. Gustav Niermann mit Gattin.

kleinstädtischen Infrastruktur von den Planern als Zentralort für den unteren Nahversorgungsbereich angesehen worden. Daraus ergaben sich für Levern echte Chancen, der Verwaltungssitz einer selbständigen Großgemeinde Levern zu werden, zumal die fünf amtsangehörigen Gemeinden schon seit Ende der 50erJahre beispielhaft effektive Zusammenarbeit geleistet hatten.

1961 und 1963 wurde Levern in dem Landeswettbewerb „Unser Dorf soll schöner werden" als Landessieger ausgezeichnet. Auf Bundesebene im Rahmen des gleichen Wettbewerbes erhielt Levern eine Silber- und eine Bronzeplakette.

1969 feierte Levern gemeinsam mit den vier amtsangehörigen Gemeinden sein gelungenes, hervorragend durchgeführtes 1000-jähriges Bestehen, wobei anzumerken ist, daß Destel 969 ebenfalls erstmals urkundlich erwähnt worden war.

Ein Sonderdruck des „Westfalen-Spiegels" stellte Levern als 1. „Westfalentag-Dorf" eindruckvoll heraus. Die gut organisierten Arbeitskreise zum Thema „Die Zukunft des ländlichen Raumes" fanden hohen Anklang bei den zahlreich erschienenen Fachleuten aus Verwaltungen und Heimatgremien.

Vor diesem beeindruckenden Hintergrund wird es verständlich, weshalb das Amt Levern unbedingt selbständig bleiben wollte.

Schon in der Sitzung der Amtsvertretung des Amtes Levern vom 6. März 1969 herrschte einmütig die Auffassung, noch vor Beginn der Zusammenlegungsmaßnahmen der Landesregierung, das Amt zu einer Großgemeinde Levern zusammenzufassen, um so die Chance auf Selbständigkeit zu vergrößern.

In der Amtsvertretersitzung vom 24. März 1970, Punkt 3 der Tagesordnung (Beratung über verschiedene Neuordnungsvorschläge im Raum des Amtes Levern) wurde folgende einstimmige Meinung im Protokoll festgehalten:

„Die Vertreter des Amtes Levern sind einmütig der Auffassung, daß eine Großgemeinde, bestehend aus den amtsangehörigen Gemeinden Levern, Destel, Twiehausen, Niedermehnen und Sundern, die ideale Lösung für den dünnbesiedelten Raum im Nordwesten des Kreises Lübbecke ist.

Der Neuordnungsvorschlag der »WIBERA« bringt keine brauchbare Lösung des Problems. Abgesehen von der Flächengröße des konzipierten Gemeinwesens werden drei Zentralorte zusammengefasst, die auch künftig ihre zentralörtliche Bedeutung nicht nur behaupten, sondern auch verstärken möchten.

Eine gedeihliche kommunalpolitische Arbeit wird durch diese gleichgelagerten Interessen in Frage gestellt, zumal das politische Schwergewicht im Raume des Amtes Dielingen-Wehdem liegt. ..."

„... Da in den bisherigen Neuordnungsgebieten mehrere Großgemeinden mit etwa 5000 Einwohnern entstanden sind, kann nicht eingesehen werden, weshalb für das Gebiet des Amtes Levern nicht auch eine derartige Lösung gefunden wird."

An dieser Zielsetzung sowohl der Amtsvertreter als auch der Gemeindevertreter aller fünf amtsangehörigen Gemeinden hatte sich bis zur Einreichung der Verfassungsbeschwerde im Oktober 1972 nichts geändert, obwohl die Landesregierung in der endgültigen Fassung des „Bielefeld"-Gesetzes generell eine Größenordnung von 15000 Einwohnern für neuzubildende Großgemeinden vorsah.

Der Gesamtaufwand der fünf Gemeinden und ihrer politischen Gremien aller Parteien war nicht nur gewaltig, sondern auch bewundernswert einstimmig in seinem mitreißenden „Wir-Gefühl".

Bis zur Entscheidung der Verfassungsklage wurden die Amtsgeschäfte vorübergehend vom Beauftragten des Rates, Amtsbürgermeister Heinz Becker, seinem Stellvertreter Ernst-August Schmidt und Amtsdirektor Heinz Redecker weitergeführt.

Von links:
Amtsbürgermeister Friedrich Lahrmann (Amt Levern); Vizebürgermeister Ernst-August Schmidt (Levern); Amtsbürgermeister Heinz Becker (Haldem); Amtsdirektor Heinz Redecker (Amtsverwaltung Levern); Amtsoberinspektor Friedrich Schmalge (Amtsverwaltung Dielingen).

Foto: W. Horstmann

Das Neugliederungsgesetz mit der darin festgelegten Großgemeinde Stemwede trat nach den drei vorgeschriebenen Lesungen im Landtag am 24. Oktober 1972 mit Wirkung zum 1. Januar 1973 in Kraft.

Zuvor war am 7. Mai 1972 in Bad Oeynhausen noch ein Anhörungstermin des Landtagsausschusses für die kommunale Neugliederung des Raumes Bielefeld abgehalten worden. Dabei hatten die politischen Vertreter des Amtes Levern G. Terberger und E.A. Schmidt eindrucksvoll die Positionen ihrer erhofften Großgemeinde Levern vertreten, die jedoch in der Auswirkung auf die Gesetzgebung ohne Wirkung geblieben waren. Am 23. Februar 1973 reichte Prof. Dr. Hoppe, Münster, Klage vor dem Verwaltungsgericht in Münster ein, um die Selbständigkeit der Großgemeinde Levern gerichtlich durchzusetzen. Dabei bezog er sich geschickt auf das Urteil der erfolgreichen Verfassungsbeschwerde der Stadt Heimbach, deren Beschwerdekriterien durchaus mit denen des Amtes Levern vergleichbar waren.

Grundlage der Beschwerde: Der Art. 78 der Landesverfassung auf das Recht zur Selbstverwaltung ist durch das „Bielefeld“-Gesetz für den Raum des Amtes Levern verletzt worden.

Amtsinspektor Wehmeier, Levern, hatte dazu unterstützendes Beweismaterial zusammengetragen. Die Erfolgsaussichten waren günstig, zumal die politischen Vertreter des Amtes Levern Terberger und Schmidt, auch in Münster vor dem Landesverfassungsgericht ihre stichhaltigen Argumente wirkungsvoll darlegen konnten. Doch vergebens, denn am 7. Dezember 1973 wurde in Münster für Recht erkannt: „Das Gesetz zur Neugliederung der Gemeinden und Kreise des Neugliederungsraumes Bielefeld vom 24. Oktober 1972 (GV NW 284) ist, soweit es die Gemeinden Destel, Levern, Niedermehnen, Sundern und Twiehausen betrifft mit Artikel 78 der Verfassung für das Land Nordrhein-Westfalen (SGV NW 100) vereinbar. Die Entscheidung hat Gesetzeskraft.“

Die ersten Stemweder Bürgermeister mit Gemeindedirektor Heinz Redecker.
Von links: Werner Sämann, 1. stellvertretender Bürgermeister (Oppenwehe); Heinz Becker, Bürgermeister (Haldem); Heinz Redecker, Gemeindedirektor (Levern); Otto Lange, 2. stellvertretender Bürgermeister (Twiehausen). Foto: W. Horstmann

Rückblickend aus heutiger Sicht bleibt das Fazit:
Dank der diplomatischen und fachlich fundierten Amtsführung von Bürgermeister Heinz Becker, Haldem, und Amtsdirektor Heinz Redecker, Levern, gelang es allmählich im Gemeinderat und in der Bevölkerung ein Bewußtsein anzubahnen von „Wir in Stemwede“.

VII. Die Notwendigkeit einer Gebietsreform

von Dr. Günter Linkermann

In den ersten Jahren nach dem Zweiten Weltkrieg waren die Verwaltungen und die politischen Gremien auf Kreis- und Gemeindeebene fast ausschließlich damit beschäftigt, die Grundbedürfnisse der Bürger zu befriedigen. Es mangelte an allem:
Lebensmitteln, Kleidung, Heizmaterial, Wohnraum und vor allem an Arbeitsplätzen. In dem ländlich geprägten Kreis Lübbecke war die Not zwar nicht so groß wie in den weitgehend zerstörten Ballungszentren der Großstädte, doch der Zustrom der Vertriebenen und Flüchtlinge brachte auch für unseren Raum mancherlei Probleme mit sich. Die Daseinsvorsorge der Menschen stand im Vordergrund des kommunalen Handelns. Man hatte zunächst keine Kraft darauf verwenden können, die Lebensräume der Menschen zu gestalten und die Wirtschaftsstruktur zu verbessern. Erst im Laufe der Jahre konnten sich die kommunalen Gebietskörperschaften stärker diesen Aufgaben zuwenden.

Im Kreis Minden-Lübbecke gab es eine Besonderheit, die die weitere Entwicklung entscheidend beeinflussen und für den gesamten Raum prägend werden sollte: Die Gründung der Vertriebenensiedlung Espelkamp auf dem Gelände einer ehemaligen Munitionsfabrik. Die Entwicklung Espelkamps übte nicht nur einen Sog auf die Menschen aus den deutschen Ostgebieten aus; durch die Errichtung von Gewerbe- und Industriebetrieben seit den 50er Jahren kam es bald auch zu einer Binnenwanderung im Kreis Lübbecke. Die rege Bautätigkeit und die Bereitstellung von Arbeitsplätzen führten dazu, dass nicht nur die Bevölkerung Espelkamps, sondern die des gesamten Kreises überproportional anwuchs. Man kann sagen, dass Espelkamp den Kreis Lübbecke in Bewegung gebracht hat und für den Kreis so etwas wie eine „Initialzündung" war (vgl. Dr. Rolf Momburg »Der wirtschaftliche Strukturwandel im Kreis Lübbecke«, 1965).

Zu Beginn der 60er Jahre sprang der Funke der vor allem durch Espelkamp in Gang gekommenen Strukturveränderung auf den übrigen Kreis Lübbecke über. Begünstigt wurde die Entwicklung dadurch, dass sich in den Ballungsräumen mit dem allgemein starken Konjunkturauftrieb zunehmend ein Mangel an Arbeitskräften bemerkbar machte, während in den ländlichen Bereichen aus der Umstrukturierung der Landwirtschaft und im hiesigen Raum auch aus dem Rückgang der Tabakindustrie noch Arbeitskräfte verfügbar waren. Die Entwicklung lässt sich deutlich am Industriebesatz (Industriebeschäftigte auf 1 000 Einwohner) ablesen; man kann fast von einer sprunghaften Entwicklung in unserem Raum sprechen.

Jahr	Industrie-beschäftigte	Industriebesatz Industriebeschäftigte auf 1 000 Einwohner
1950	6 000	73
1960	10 600	127
1970	15 500	167

Im Industriebesatz hatte der Kreis Lübbecke im Jahr 1970 bereits den Durchschnitt des Landes NRW überflügelt.

Espelkamp war zwar der industrielle Schwerpunkt des Kreises, doch auch in anderen Kommunen gab es kräftige Impulse, die zu entsprechenden Industrieansiedlungen führten; genannt seien hier Lübbecke,

Dielingen, Rahden, Preußisch Oldendorf, Nettelstedt, Oppenwehe, Wehdem und Hüllhorst/Schnathorst.

Die Kreisstadt Lübbecke, die noch über einige bedeutsame Industriebetriebe aus der Vorkriegszeit verfügte, wurde durch die neuen Industrieansiedlungen zunächst von Espelkamp überrundet, holte dann aber mit der Ausweisung der großen Gewerbe- und Industriegebiete im Bereich der Bundesstraße 65 und des Mittellandkanals zunehmend auf.

Bemerkenswert war die starke wirtschaftliche Entwicklung im Norden des Kreises, der bis weit in die Nachkriegszeit landwirtschaftlich geprägt gewesen war. Bereits Ende der 60er Jahre lag das Amt Dielingen-Wehdem mit einem Industriebesatz von 143 Beschäftigten auf 1 000 Einwohner hinter den Städten Espelkamp (429) und Lübbecke (326) an dritter Stelle im Kreisgebiet. Auch das Amt Hüllhorst hatte sich schon außerordentlich gut entwickelt; es nahm den vierten Platz vor den Ämtern Rahden, Gehlenbeck und Preußisch Oldendorf ein. Die Ämter Levern und Alswede waren hingegen verhältnismäßig schwach industrialisiert.

Eine aktive Verkehrs-, Wirtschafts- und Industrie-Ansiedlungspolitik des Kreises Lübbecke und seiner Gemeinden hat in jenen Jahren die Wirtschaftskraft unseres Raumes entscheidend verbessert. Bemerkenswert war vor allem, dass die früheren Monostrukturen der Zigarrenindustrie durch eine Branchenvielfalt abgelöst worden waren.

Die größten Industriezweige waren nunmehr die Bekleidungs- und Elektronindustrie, gefolgt von der Eisen-, Blech- und Metallwarenindustrie, der Kunststoffindustrie sowie dem Maschinenbau, der Möbelindustrie und der Papierverarbeitung. Dieses Spektrum wurde ergänzt durch die Nahrungs- und Genussmittelindustrie sowie die traditionelle Zigarrenherstellung. In diese Zeit fallen aber auch die ersten Aktivitäten auf dem Gebiet des Fremdenverkehrs.

Bei diesen außergewöhnlichen strukturellen Veränderungen konnte es nicht ausbleiben, dass sich die Gemeinden in ihrem Bemühen um die Ansiedlung von Gewerbe- und Industriebetrieben gegenseitig zu überbieten versuchten, dabei aber oft auch sehr schnell an die Grenzen ihrer verwaltungsmäßigen und finanziellen Leistungsfähigkeit stießen. Der Blick auf die Vielzahl und die Größe der ländlichen Gemeinden mag dies bestätigen (siehe Übersichtsplan auf Seite 20).

1. Das Ringen um die Neuordnung der gemeindlichen Ebene

Vor dem Hintergrund der gemeindlichen Zersplitterung und der Überforderung der relativ kleinen Gemeinden in ihrer Leistungskraft war es nicht verwunderlich, dass der Ruf nach einer Gebietsneuordnung in allen Ländern der Bundesrepublik Mitte der 60er Jahre zunehmend lauter wurde. Wissenschaftler und erfahrene Verwaltungspraktiker befassten sich mit der Frage, welche Mindestgröße eine Gemeinde haben müsste, um die ihr obliegenden Aufgaben erfüllen zu können. Angesichts dieser Diskussion war es nur konsequent, dass die damalige Landesregierung unter dem Ministerpräsidenten Franz Meyers am 5. Oktober 1965 beschloss, eine Sachverständigenkommission für die kommunale und staatliche Neugliederung des Landes NRW einzusetzen. Dieser Komission, deren Vorsitzender Staatssekretär Adenauer, Düsseldorf, war, gehörten u. a. Ministerialbeamte, leitende Kommunalbeamte, Vertreter kommunaler Spitzenverbände und Wissenschaftler an. Aufgabe der Kommission war es, die Frage zu untersuchen, ob die damalige räumliche Gliederung der Gemeinden den Erfordernissen einer modernen Verwaltung – insbesondere unter Berücksichtigung der Bevölkerungs-, Siedlungs-, Wirtschafts- und Verkehrsentwicklung – entsprach.

Ein besonderes Augenmerk sollte dabei auf die Zukünftige Existenzberechtigung der Ämter gerichtet werden. Die Kommission sollte auch zu den Möglichkeiten der Neuordnungs-Verfahren und zu der Frage Stellung nehmen, wie der Wille der betroffenen Bevölkerung berücksichtigt werden könnte. Um es vorwegzunehmen, der Wille der Bevölkerung hat später bei der Durchführung der Gebietsneuordnung leider keine Rolle mehr gespielt. Die Kommunalreform war ein Diktat von „oben“ nach „unten“. Die später durchgeführte Anhörung der Vertretungskörperschaften war mehr eine formalrechtliche Pflichtübung als ein Eingehen auf begründete, abgewogene Argumente.

Die Kommission kam sehr bald zu dem Ergebnis, dass sich die zwingende Notwendigkeit zu einer durchgreifenden Neugliederung der Gemeinden in den ländlichen Zonen ergab. Im Lübbecker Raum gab es zu jener Zeit eine Reihe von Gemeinden mit unter 1 000 Einwohnern, von dem Extremfall der Gemeinde Huchzen mit 93 (!) Einwohnern einmal abgesehen. Dass Gemeinden mit 500 bis 1 000 Einwohnern die Aufgaben zur Verbesserung ihrer Infrastruktur (schulische Angebote, soziale Einrichtungen, Ausweisung von Siedlungs- und Industriegebieten, Erschließungsmaßnahmen) nicht annähernd aus eigener Kraft erfüllen konnten, lag auf der Hand.

Aus der Sicht des Landes wurde es als notwendig erachtet, das Leistungsgefälle zwischen den großen Städten in den Ballungskernen und den ländlichen Zonen, in denen Klein- und Kleinstgemeinden vorherrschten, zu beseitigen. Dieses Versorgungsgefälle hatte in den 50er Jahren zu einer deutlichen Abwanderungsbewegung in die Ballungskerne und Ballungsrandgebiete geführt.

Die staatsbürgerliche Gleichheit und die Anforderungen an einen sozialen Rechtsstaat verpflichteten nach Auffassung der Kommission das Land, allen Bürgern gleiche Chancen zur Entfaltung ihrer Persönlichkeit zu gewährleisten. Nach der geltenden Rechtsordnung habe der Bürger einen Anspruch auf eine gute Ausbildung, eine befriedigende, den Lebensstandard sichernde Arbeit, auf Teilnahme am zivilisatorischen Fortschritt und auf Zugang zu den kulturellen Werten. In den ländlichen Zonen müsste daher ebenso wie in den Städten ein bestmögliches Angebot an Arbeitsplätzen, Dienstleistungen und Ausbildungsmöglichkeiten in zumutbaren Entfernungen vorhanden sein. Um diese Ziele zu erreichen, müssten gerade in den ländlichen Zonen auf der örtlichen Ebene Verwaltungseinheiten geschaffen werden, die nach Einwohnerzahl und Gebiet groß genug wären, um eine hauptberufliche, mit geschulten Fachkräften besetzte Verwaltung tragen zu können.

Das Leistungsgefälle der kommunalen Selbstverwaltung könne nur dann beseitigt werden, wenn durch eine Zusammenfassung der bestehenden Gemeinden zu größeren Einheiten die Zahl der Gemeinden im Lande NRW wesentlich herabgesetzt und die Unterschiede in der Einwohnerzahl und in der Fläche stark vermindert würden. Nur durch die Bildung größerer Gemeinden könnten die finanziellen Voraussetzungen für die Verminderung des Leistungsgefälles und die Angleichung der Lebensqualität geschaffen werden. Ein wesentliches Hindernis für eine gleichmäßige Aufgabenerfüllung sei die unterschiedliche Steuerkraft der Gemeinden, die durch das Land auch im Rahmen des Finanzausgleichs nicht ausgeglichen werden könne.

In der Bauleitplanung zeige sich in besonderer Weise, wie nachteilig die jetzigen Strukturen seien. Nach § 2 des Bundesbaugesetzes stünde jeder Gemeinde unabhängig von ihrer Größe die Planungshoheit zu. Dies führe dazu, dass gerade kleinere Gemeinden nur dann von diesem Recht Gebrauch machten, wenn ein konkretes Angebot vorhanden oder ein absoluter Bedarf gegeben sei.

Häufig würden Baugebiete dort ausgewiesen, wo ein Eigentümer Bauland erschließen oder zufällig ein Unternehmen seinen Betrieb ansiedeln möchte. Da jede Gemeinde selbstverständlich Gewerbe und Industrie haben möchte, seien oft kleinräumige Lösungen die unvermeidliche Folge. Es sei im übrigen auch unwirtschaftlich, allzu kleine Wohngebiete entstehen zu lassen.

Richtig ist, dass gerade das Minden-Ravensberger Land viele Beispiele für derartige Negativentwicklungen aufweist. Allein der Bau und die Unterhaltung von Schulen überforderte viele Gemeinden. Ähnliches ließ sich auch für die Wasserversorgung und Abwasserbeseitigung feststellen. Dies alles waren Bereiche, in denen die kleinen Gemeinden auf die großzügige finanzielle Hilfe des Landes und die Verwaltungskraft der Kreise angewiesen waren. Auch im damaligen Kreis Lübbecke bedienten sich die kleinen Gemeinden und Ämter in vielen Aufgabenbereichen immer wieder der Verwaltungshilfe des Kreises; als Beispiel sei die Gründung des Wasserverbandes Große Aue genannt, der nach intensiven Vorarbeiten durch die Kreisverwaltung aus 28 Wasser- und Bodenverbänden gebildet worden ist.

Die Kommission ist im Rahmen ihrer Untersuchungen auch auf den möglichen Fortbestand der Ämter eingegangen, die damals für die kleineren Gemeinden nicht nur die „Schreibstube“, sondern auch die Träger der öffentlichen Verwaltung zur Wahrnehmung der Auftragsangelegenheiten und der Pflichtaufgaben zur Erfüllung nach Weisung (§ 3 Abs. 1 Amtsordnung) waren. Das Festhalten an dieser Institution hätte nach Auffassung der Reformer bedeutet, dass den Gemeinden Aufgaben entzogen und auf die Ämter übertragen werden müssten. Eine solche Aufgabenübertragung wurde aber aus sachlichen und verfassungsrechtlichen Gründen für bedenklich gehalten, weil den Gemeinden das Recht auf Selbstverwaltung garantiert worden war (Art. 28 Abs. 2 GG, Art. 78 Abs. 2 nrw. Verf.)

Man wies auch darauf hin, dass die Gliederung der Ämter sehr verschieden sei; im übrigen sei es dem Amtsdirektor und seinen Mitarbeitern kaum noch möglich, die Selbstverwaltungsaufgaben der amtsangehörigen Gemeinden, die oft in einem Konkurrenzverhältnis standen, aufeinander abzustimmen. Die zahllosen Sitzungen der Gemeinderäte und ihrer Ausschüsse führten für die Dienstkräfte einer Amtsverwaltung zu einer unwirtschaftlichen Zersplitterung der Verwaltungstätigkeit. Es käme hinzu, dass der Amtsdirektor nicht kraft Gesetzes Gemeindedirektor der amtsangehörigen Gemeinden sein müsste, wie es ursprünglich geregelt gewesen sei.

Aus all diesen Gründen kam die Kommission zu der eindeutigen Feststellung, dass die Ämter nach einer Neugliederung der Gemeinden entbehrlich seien und auch in Ausnahmefällen nicht bestehen bleiben sollten.

Die weitere Frage war nun, nach welchen Kriterien die neuen Gemeinden gebildet werden und welche Mindestgröße sie haben sollten. Zur Beantwortung dieser Fragen lehnte man sich an das Landesentwicklungs-Programm vom 7. August 1964 an, in dem die Ziele der Landesplanung für die ländlichen Zonen beschrieben waren. „Um eine wirksame Förderung der Bevölkerungsentwicklung und der Wirtschaftskraft zu erreichen und die Voraussetzungen für ein weiteres Wachstum des Sozialproduktes zu schaffen" so heißt es hier, sollten Arbeitsplätze geschaffen, Bildungseinrichtungen und Wohnungen an bestimmten Schwerpunkten gefördert werden. Ein Auseinanderfallen von Arbeits-, Versorgungs-, Wohnungs- und Erholungsbereichen sollte möglichst verhindert werden. Zur Erreichung dieses Zieles sollten in den ländlichen Zonen günstig gelegene zentrale Orte für einen bestimmten Nachbarschaftsbereich ausgebaut werden.

Die Kommission war der Ansicht, dass eine wichtige Grundlage des wirtschaftlichen und sozialen Lebens aller Bürger eine gesicherte Nahversorgung sei. Zu einer entsprechenden Nahversorgung sei eine Reihe von öffentlichen Einrichtungen erforderlich, wie z. B. ein leistungsfähiges Schulwesen, Weiterbildungseinrichtungen, kulturelle, soziale und sportliche Einrichtungen, aber auch ein vielseitiges Angebot an Einkaufsmöglichkeiten und Dienstleistungen.

Die Mindest-Einwohnerzahl sei für die genannten Einrichtungen zwar nicht immer die gleiche; sie müsse aber in der Regel mindestens 8 000 Einwohner umfassen, nur im Ausnahmefall dürfe sie bei 5 000 Einwohnern liegen. Diese Einwohnerzahlen seien im Übrigen auch vonnöten, wenn eine Gemeinde mit einer eigenen hauptberuflichen, hinreichend spezialisierten Verwaltung alle Selbstverwaltungs- und Auftragsangelegenheiten sowie Pflichtaufgaben zur Erfüllung nach Weisung erledigen solle. Nur Gemeinden mit einer derartigen, näher bezeichneten Grundausstattung seien existenzberechtigt (Gemeinden des Typs A).

Hiervon abzugrenzen seien die Gemeinden des Typs B, die einmal für ihr Gebiet die Aufgaben der Gemeinden des Typs A wahrnähmen, darüber hinaus aber in der Lage sein müssten, weitere Einrichtungen höherer Art — auch für einen überörtlichen Nahversorgungsbereich — bereitzustellen.

Den Gemeinden des Typs B müsse es möglich sein, aus eigenen Einnahmen oder durch Zuweisungen des Landes einen größeren Versorgungsbereich ohne Inanspruchnahme der Nachbargemeinden abzudecken. Der Bereich, für den die Gemeinden des Typs B Aufgaben erfüllen, müsse mindestens 30 000 Einwohner umfassen.

Als die Adenauer-Kommission nach etwa einjähriger Tätigkeit ihr Gutachten am 22. November 1966 der Landesregierung vorlegte, setzte im Land ein Sturm der Entrüstung ein. An der Basis wurden von Politikern und Verwaltungsfachleuten Gegenvorstellungen entwickelt. Die kommunalen Spitzenverbände traten in intensive Beratungen ein und holten Gegengutachten ein. Auch schon vor der Veröffentlichung des Gutachtens hatte es Stellungnahmen gegeben, die inhaltlich nicht mit den Vorstellungen der Kommission übereinstimmten. So hatte sich der Landkreistag bereits im Januar 1966 für eine gemeindliche Mindestgröße von 5 000 Einwohnern ausgesprochen. Er regte für eine Übergangsphase die gesetzliche Übertragung der Bauleitplanung und sonstiger Selbstverwaltungsaufgaben auf die Ämter an. Auf Dauer könne man sich allerdings nicht der Erkenntnis verschließen, dass die Bildung von Großgemeinden gegenüber den Ämtern die bessere Lösung sei.

Die Vorschläge des Kreises
(Gemeindeneuordnung in zwei Stufen)

Eine intensive Diskussion über die Neugliederung der Gemeinden begann nun auch im Kreis Lübbecke. Der Kreistag befasste sich unter dem Vorsitz von Landrat Heinrich Schumacher am 29. März 1967 zum ersten Mal mit dieser Thematik. Der damalige Kreisdirektor

Landrat Heinrich Schumacher überreicht Dr. Günter Linkermann die Ernennungsurkunde. Zwischen beiden: Kreisbediensteter Emil Malinowski; rechts im Bild: Dezernent Karl Horstmann.

Dr. Rolf Momburg hatte in einem Grundsatzreferat die Notwendigkeit des Zusammenschlusses kleiner Gemeinden bejaht. Dieser Auffassung schlossen sich die Fraktionsvorsitzenden der im Kreistag vertretenen Parteien an (Heinrich Hüffmeyer, SPD; Hermann Struckmeier, CDU; Karl Treseler, F.D.P.). Sie bedauerten zugleich, dass das Gutachten der Adenauer-Kommission die Belange des ländlichen Raumes zu wenig berücksichtigt habe.

In seiner Sitzung vom 12. Juni 1968 setzte sich der Kreistag dann intensiver mit der Frage der gemeindlichen Neuordnung auseinander. Inzwischen hatte es personelle Veränderungen an der Spitze der Verwaltung gegeben: Dr. Momburg war als Nachfolger von Dr. Huchzermeyer zum Oberkreisdirektor gewählt worden; Regierungsassessor Dr. Günter Linkermann hatte die Nachfolge des bisherigen Kreisdirektors Dr. Momburg angetreten.

Die Mitglieder aller im Kreistag vertretenen Fraktionen folgten der von Oberkreisdirektor Dr. Rolf Momburg vorgetragenen Auffassung, dass eine kommunale Neuordnung – wenn sie erfolgreich sein sollte – nicht **gegen** die Bevölkerung durchgeführt werden dürfe. Im Grundsatz teilte man die Auffassung der Adenauer-Kommission, dass eine Verwaltung eine bestimmte Größe haben müsste, um eine qualifizierte, durch Arbeitsteilung und Spezialisierung gekennzeichnete Arbeit leisten zu können. Kreistag und Kreisverwaltung waren allerdings nicht der Meinung, dass die Daseinsvorsorge lediglich in der Organisationsform der Einheitsgemeinde erbracht werden könnte. Als Übergangs- und Zwischenstufe wurde vielmehr die

Beibehaltung der Ämterverfassung für sinnvoll gehalten. Als untere Grenze für eine Gemeinde wurde die Zahl von 2 000 Einwohnern angesehen. Nachdrücklich wurde darauf verwiesen, dass der technische Aufgabenvollzug kein ausschließliches Kriterium sein könnte. Die „Maßstabsvergrößerung" allein wäre noch kein absoluter Wert; vielmehr müsste man bei den Neuordnungsvorschlägen historische, kirchliche, kulturelle und sonstige gesellschaftliche Bindungen und Beziehungen berücksichtigen. Es wäre im Übrigen verfehlt, zum alleinigen Kriterium der kommunalen Neuordnung die Zentralorte des Landesentwicklungsplanes I zu machen. Eine konsequente Anwendung der Versorgungsbereichs-Erwägungen würde nämlich bedeuten, dass das gesamte Umland kleinerer, mittlerer und größerer Städte eingemeindet werden müsste. Grenzverschiebungen im städtischen Bereich sollten vielmehr in erster Linie auf einen etwaigen echten Flächenbedarf der jeweiligen Stadt abgestellt sein. Erst in zweiter Linie könnte ein gestörtes Stadt-Umland-Verhältnis, das dringend der Korrektur bedürfte, Grund für eine Zuordnung von Nachbargemeinden zur Stadt sein.

Seitens des Kreises wurde darauf hingewiesen, dass sich das gemeindliche Leben auf dem flachen Land in verhältnismäßig eng begrenzten lokalen Bereichen abspiele, die Entwicklung zu einem größeren Lebensraum aber schon begonnen habe. Man müsse sich an den Realitäten der Gegenwart orientieren und einen Kompromiss zwischen dem *Gewachsenen* und dem vorhersehbar *Notwendigen* suchen. Das bedeute, dass man in der **ersten** Stufe der kommunalen Neuordnung an einer größeren Zahl von Gemeinden festhalten wolle, die überwiegend — entsprechend den bisherigen Regelungen — durch Ämter zusammengefasst werden müssten. Voraussetzung sei allerdings eine Aufgabenstärkung der Ämter, die dann auch die Verantwortung für die Bildung neuer Zentren zugewiesen bekommen müssten.

In einer **zweiten** Stufe der kommunalen Neuordnung schlage man dann die Umwandlung der meisten Ämter in Einheitsgemeinden vor. Nachdrücklich wurde darauf hingewiesen, dass der ländliche Raum nicht mit Ballungsrandzonen des Ruhrgebietes oder auch des benachbarten Kreises Herford vergleichbar sei.

Mit bemerkenswerter Akribie und großem Verantwortungsbewusstsein hat der Kreistag zunächst unter dem damaligen Landrat Heinrich Schumacher, sodann (ab 1969) unter seinem Nachfolger Hermann Struckmeier und die Kreisverwaltung unter der Stabführung von Dr. Momburg die Neuordnungsvorschläge erarbeitet und vertreten. Es würde den Rahmen dieser Abhandlung sprengen, wollte man die vielfältigen Überlegungen und Entscheidungsprozesse darstellen. Das Ergebnis all der Überlegungen war, die Zahl der Gemeinden des Kreises Lübbecke in einer ersten Stufe von 50 auf 23 und in einer zweiten Stufe auf 10 zu reduzieren (siehe Neuordnungsvorschlag erste Sufe, Seite 412).

Nach den Vorstellungen des Kreises ssollten zunächst folgende Verwaltungseinheiten bestehen bleiben bzw. geschaffen werden:

die Städte
Lübbecke und Espelkamp

die Ämter

Hüllhorst (mit den Gemeinden Hüllhorst, Oberbauerschaft, Schnathorst)

Preußisch Oldendorf (mit den Gemeinden Preußisch Oldendorf, Holzhausen, Börninghausen)

Rahden (mit den Gemeinden Rahden, Varl, Wehe, Tonnenheide, Pr. Ströhen)

Dielingen-Wehdem (mit den Gemeinden Dielingen, Haldem, Wehdem, Oppenwehe)

Landrat Heinrich Schumacher verabschiedet sich vom Kreisausschuss. Von links nach rechts (sitzend): Fraktionsvorsitzender Hermann Struckmeier (CDU), stellv. Landrat Ortwin Grevel (FDP), Landrat Heinrich Schumacher (CDU), Fraktionsvorsitzender Heinrich Hüffmeyer (SPD), Wilhelm Hegerding (stehend): Fraktionsvorsitzender Karl Treseler (FDP), Ernst Dedert, Oberkreisdirektor Dr. Rolf Momburg, Heinrich Burkamp, Fritz Steding, Dezernent Karl Horstmann, Erich Seidel.

Gehlenbeck (mit den Gemeinden Gehlenbeck, Nettelstedt, Isenstedt, Frotheim)
Levern-Alswede (mit den Gemeinden Levern, Alswede)
Die unterbreiteten Neuordnungsvorschläge erschienen den Verantwortlichen des Kreises ausgewogen, hatten aber den Mangel, dass sie sich nicht in jedem Fall an dem Landesentwicklungsplan I mit seinen Zentralorten orientierten. So hatte das Amt Gehlenbeck zwar einige Einrichtungen auf Amtsebene (z. B. das Freibad, die Hauptschule), aber keinen Zentralort. Da es auch dem Amt Alswede an einem Zentralort man-

Neuordnungsvorschlag
1. Stufe

gelte und die Bevölkerungszahl dieses Verwaltungsbereiches nur 5 380 Menschen betrug, unterbreitete der Kreis den Vorschlag, einen neuen Amtsverband Levern-Alswede mit insgesamt 10 000 Einwohnern (und den Gemeinden Levern und Alswede) zu bilden. Die Zuordnung Leverns erwies sich deswegen als sehr schwierig, weil kaum Verflechtungen mit den Gemeinden am Stemweder Berg bestanden, sondern die allgemeine Orientierung der Leveraner zur Kreisstadt Lübbecke und in abgeschwächter Form auch nach Espelkamp gegeben war. Bei einer Zuordnung zum Amt Dielingen-Wehdem befürchtete man das Entstehen einer dreipoligen Gebietskörperschaft.

Wie sich im Laufe der Jahre gezeigt hat, war diese Befürchtung durchaus begründet. Als der Gesetzgeber später die dreipolige Gemeinde Stemwede gebildet hatte, hat das Spannungsverhältnis jahrelang zu einer Blockierung der Arbeit im Gemeinderat geführt. So ließ sich im Gemeinderat kein Einvernehmen über die Errichtung eines neuen Rathauses in Levern erzielen. Dies war nahezu ein Schildbürgerstreich, wenn man bedenkt, dass die Gemeinde für dieses Vorhaben einen rund 50%igen Landeszuschuss zu den förderungsfähigen Kosten bekommen hätte.

Der vom Kreis erarbeitete Vorschlag war insofern ausgewogen, als keine der vorgeschlagenen Verwaltungseinheiten weniger als zirka 10 000 Einwohner hatte. Man hielt diese Konzeption auch deswegen für zukunftsweisend, weil für die zweite Stufe die Umwandlung der Ämter in Einheitsgemeinden vorgesehen war (siehe Plan Neuordnungsvorschlag 2. Stufe, Seite 414).

Nur für den Raum Dielingen-Wehdem und Levern-Alswede hielt man die Bildung von jeweils zwei Gemeinden unter der Klammer des Amtes auf Dauer für sinnvoll. Wie wir wissen, sah das Ergebnis der gemeindlichen Neuordnung dann doch völlig anders aus.

Nur noch sechs Gemeinden im Altkreis Lübbecke

Die im Rahmen des am 28. September 1972 verabschiedeten und am 1. Januar 1973 in Kraft getretenen Bielefeld-Gesetzes vom Gesetzgeber beschlossene gemeindliche Neuordnung wich in einigen wesentlichen Punkten von den auf Gemeinde- und Kreisebene entwickelten Vorstellungen ab. Von den ehemals 50 Kommunen des Altkreises Lübbecke blieben nur noch sechs übrig (siehe Plan Gemeindeneuordnung, Seite 415). Die bisherigen Ämter wurden aufgelöst, diese Institution sollte fortan im ganzen Lande entfallen.

Im Altkreis Minden schrumpfte die Zahl von 75 auf fünf Kommunen. Der zweifelsohne sorgfältig begründete Gesetzentwurf der Landesregierung vom 22. März 1972 folgte hinsichtlich der Auflösung der Ämter und der Bildung der neuen Gemeinden den Grundsätzen des Gutachtens der Sachverständigen-Kommission für die kommunale Neugliederung des Landes (Abschnitt A und B). Dabei seien, so hieß es in der Begründung, die Grundsätze und Ziele der Raumordnung und Landesplanung sowie verwaltungswissenschaftliche Überlegungen und Berechnungen berücksichtigt worden.

Es würde den Rahmen dieser Ausführungen sprengen, wenn an dieser Stelle die Gebietszuordnungen und -abtrennungen behandelt würden, die zu dem jeweiligen Zuschnitt der sechs Kommunen führten.

Nur die wesentlichen Änderungen sollen dargestellt werden:

Neuordnungsvorschlag
2. Stufe

Die Gemeindeneuordnung

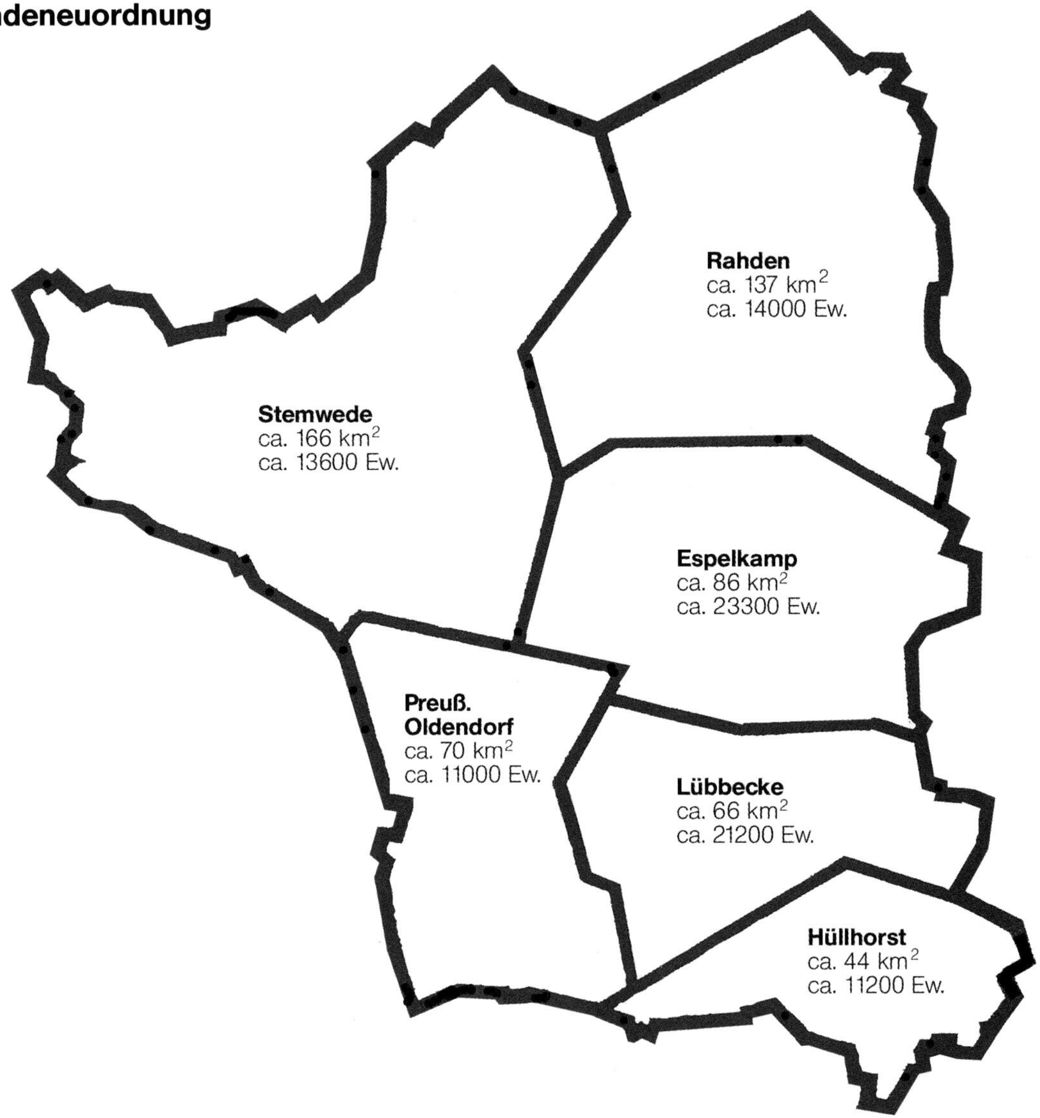

Die Großgemeinde **Lübbecke** ist unter Einbeziehung von Gehlenbeck, Eilhausen, Nettelstedt, Blasheim und von Gebietsteilen der Gemeinden Isenstedt, Frotheim, Alswede und Ahlsen-Reineberg gebildet worden. Der Mittellandkanal wurde zur Grenze zwischen Lübbecke und Espelkamp bestimmt. Dem Wunsch der Gemeinden des Amtes Gehlenbeck auf Fortbestand als Großgemeinde wurde ebenso wenig entsprochen wie dem gleichen Begehren der Gemeinden des Amtes Alswede, das ebenfalls aufgeteilt wurde.

Die neue Großgemeinde **Espelkamp** wurde im Wesentlichen unter Einbeziehung von Fabbenstedt, Vehlage, Frotheim, Isenstedt, eines großen Teils von Alswede sowie von kleineren Gebietsteilen der Gemeinden Lübbecke, Tonnenheide (Ortsteil Schmalge), Twiehausen, Destel, Lashorst und Hedem gebildet. Als Begründung für die wesentliche Vergrößerung der Städte Lübbecke und Espelkamp wurde darauf hingewiesen, dass diese Entwicklungsschwerpunkte 3. Ordnung, die an der in Nord-Süd-Richtung verlaufenden, landesplanerisch festgelegten Entwicklungsachse 2. Ordnung lagen, ihrem Auftrag als Versorgungsnahbereiche nicht mehr gerecht würden.

Das ehemalige Amt **Rahden** wurde – von kleineren Grenzkorrekturen abgesehen – in die Stadt Rahden umgewandelt.

Die neue Stadt **Preußisch Oldendorf** umfasste, mit Ausnahme Blasheims, unter Einbeziehung von Hedem und Lashorst, den alten Amtsbereich.

Im Wesentlichen unverändert ging die neue Gemeinde **Hüllhorst** aus der Gebietsneuordnung hervor.

Außerordentlich schwierig war, wie bereits an anderer Stelle erwähnt, die Neuordnung im nordwestlichen Kreisgebiet. Mit Ausnahme von Levern, Dielingen und Wehdem fehlte es schon damals wie auch heute an echten Siedlungsschwerpunkten. Keiner dieser ehemals selbständigen Gemeinden konnte man die Qualität eines echten Versorgungs-Nahbereichs zusprechen. Da die drei genannten Orte im Übrigen jeweils an der Peripherie der neu gebildeten Gemeinde **Stemwede** liegen, ist es bis heute den Verantwortlichen in Politik und Verwaltung nicht gelungen, eine den Interessen aller Bürger gerecht werdende Lösung zu finden. Nachteilig ist sicherlich auch, dass es in der Gemeinde Stemwede zwei Verwaltungsstandorte gibt: Levern und Dielingen.

2. Unterschiedliche Vorstellungen zur Kreisneuordnung

Der Vorschlag der Sachverständigen-Kommission

Während über das Gutachten (Adenauer-Gutachten) zur Neugliederung der Gemeinden in den ländlichen Zonen des Landes NRW vom 22. November 1966 noch heiß diskutiert wurde, rollte die Woge der Neuordnung bereits auf die Kreise zu. Die erste umfassende Untersuchung, in der übrigens der Fortbestand des Kreises Lübbecke vorgeschlagen wurde, hatte Prof. Isbary im Jahre 1967 vorgelegt. Am 9. April 1968 publizierte dann die Sachverständigen-Kommission, die jetzt in zum Teil anderer Zusammensetzung unter dem Vorsitz des Staatssekretärs Dr. Rietdorf beraten hatte, den Teil B des Gutachtens. In diesem sogenannten „Rietdorf-Gutachten“ wurde neben der Neugliederung der Städte und Gemeinden in den Ballungszonen vor allem die Reform der Kreise behandelt.

Die Kommission war von der Landesregierung beauftragt worden, sich insbesondere mit der Frage zu beschäftigen, ob die damalige räumliche Gliederung der Kreise den Erfordernissen einer modernen Verwaltung entsprach. Sie sollte untersuchen, ob die Grenzen der Kreise geändert und Kreise zusammengelegt werden müssten. Auch sollte geprüft werden, welche der bislang von staatlichen Behörden wahrgenommenen Aufgaben auf die Kreise und welche Kreisaufgaben auf die großen kreisangehörigen Gemeinden übertragen werden könnten.

Die Vorlage dieses Gutachtens löste einen Sturm der Entrüstung in ganz NRW aus. Es wurden Gegenvorstellungen entwickelt, Gegengutachten erarbeitet. Doch letztlich hat sich die Rietdorf-Kommission mit ihren Vorstellungen durchgesetzt, die Zahl der Kreise von 57 auf 31 zu verringern.

Nicht realisiert wurde allerdings die beabsichtigte umfassende Verlagerung von staatlichen Aufgaben auf die Kreisebene. Während diese sogenannte Funktionalreform zwischen der Kreis- und der Gemeindeebene weitgehend umgesetzt wurde, ist die Aufgabenverlagerung von der staatlichen Ebene auf die Kreise in den Anfängen stecken geblieben. Es hat sich gezeigt, dass das Land nicht die Absicht hat, hier grundlegende Änderungen durchzusetzen. Der Verfasser, der lange Zeit in verantwortlicher Funktion auf Kreisebene tätig gewesen ist, hat sich ohnehin oft gefragt, ob die Bezirksregierungen nach dem Entstehen der Großkreise noch eine Existenzberechtigung haben. Dies hatte offenbar auch die jetzige Landesregierung erkannt, die zwischenzeitlich einige Sonderbehörden aufgelöst und in die Bezirksregierung integriert hat, um auf diese Weise die staatliche Mittelebene zu stärken.

Angesichts der weitreichenden Folgen, die das oben erwähnte Rietdorf-Gutachten für unseren Raum gehabt hat, bedarf es eines Eingehens auf den Inhalt dieser Untersuchungen.

Man kann diesem Gutachten darin zustimmen, dass im Laufe der letzten 150 Jahre ein Aufgabenverschiebung stattgefunden hatte. Während sich der liberale Staat Anfang des 19. Jahrhunderts im Wesentlichen auf die Gefahrenabwehr und die Erhaltung der öffentlichen Sicherheit und Ordnung beschränkt hatte, stand seit einigen Jahrzehnten die Leistungsverwaltung im Vordergrund staatlichen und kommunalen Handels. Diese Entwicklung hatte mit der Sozialgesetzgebung zum Ende des 19. Jahrhunderts eingesetzt. Die Folgen zweier verlorener Kriege, zweier Inflationen, die Eingliederung eines Millionenheeres an Vertriebenen und Flüchtlingen hatte zu maximalen Anforderungen an den sozialen Rechtsstaat geführt, der sich verpflichtet hatte, jedem Bürger die gleichen Chancen der Entfaltung seiner Persönlichkeit und der Teilnahme an den geistigen und materiellen Lebensgütern zu sichern. Obwohl auch die Kreise diese Aufgaben in anerkennenswerter Weise wahrgenommen hätten, sei zur Verbesserung der Leistungsfähigkeit nunmehr eine Neugliederung der Kreise vonnöten – so lautete die Argumentation.

Die Neuordnung der Kreise ergebe sich aus verschiedenen Gründen: Zunächst müsse man berücksichtigen, dass sich die Gemeindereform auf den Inhalt und Umfang der Kreisaufgaben auswirken werde. Die bislang von vielen Kreisen den kleineren Gemeinden und Ämtern geleistete Verwaltungshilfe werde in Zukunft entfallen.

Auch würden die Gemeinden durch die Gemeindereform in die Lage versetzt, solche gemeindlichen Aufgaben zu übernehmen, die bis jetzt ersatzweise von den Kreisen wahrgenommen würden. Die gebietliche Neugliederung der Gemeinden eröffne die Möglichkeit, bisher den Landkreisen gesetzlich obliegende Zuständigkeiten in Zukunft den neugebildeten Gemeinden zu übertragen. Zu einer weiteren Entlastung der Kreise werde es auch dadurch kommen, dass Aufgaben des Jugendwohlfahrtsgesetzes und der

Bauaufsicht auf Gemeinden einer bestimmten Größenordnung übertragen werden könnten (sogen. Privilegierung). In anderen Tätigkeitsfeldern, die dem Kreis verbleiben müssten und nur von ihm wahrgenommen werden könnten, sei hingegen eine Steigerung der Leistungsfähigkeit vonnöten. So zwinge der Schulaufsichtsdienst zu einer Spezialisierung. Ähnliches gelte für ein leistungsfähiges Gesundheitsamt. Die Trägerschaft eines differenzierten berufsbildenden Schulwesens erfordere ebenfalls eine bestimmte Kreisgröße; dies gelte auch für den Krankenhausbereich, ein umfangreiches Kreisstraßennetz und das Vermessungswesen. Der öffentliche Personennahverkehr könne nicht mehr dem freien Spiel von Angebot und Nachfrage überlassen werden; die Verkehrserschließung im Versorgungsbereich der zentralen Orte sei vielmehr eine den Kreisen oder gar eine einem Regionalverband obliegende öffentliche Aufgabe.

Die Gutachter vertraten weiter die Auffassung, dass ein Oberkreisdirektor die Aufgaben der unteren staatlichen Verwaltung (allgemeine Kommunalaufsicht und Sonderaufsicht über Gemeinden, Zweckverbände und sonstige Körperschaften des öffentlichen Rechts, Gewässeraufsicht und Jagdaufsicht) wie auch als Leiter der Kreispolizeibehörde in einem größeren Kreis wirksamer als in einem kleineren Kreis wahrnehmen könne, da er zur Wahrnehmung dieser Aufgaben qualifizierteres Personal einsetzen könne.

Zieht man das Resümee des Gutachtens, so kommt man zu folgendem Ergebnis:

Ebenso wie bei der Gemeindereform war es den Gutachtern wichtig, auch bei der Kreisreform eine Maßstabsvergrößerung zu begründen und zu rechtfertigen. So wurden vor allem die Argumente herausgestellt, die dieser Zielsetzung dienten.

Die Kreissparkasse Lübbecke hielt schon immer mit der technischen Entwicklung Schritt. Im Dezember 1970 nimmt Oberkreisdirektor Dr. Rolf Momburg in Gegenwart der Mitglieder des Verwaltungsrats die EDV-Anlage in Betrieb. Von links nach rechts: Erich Seidel, Dr. Günter Linkermann, Bruno Lammermann, Dr. Rolf Momburg, Karl-Wilhelm Deerberg, Ortwin Grevel, Sparkassendirektor Ernst Surberg, Karl Grabenkamp, Sparkassendirektor Wilhelm Mathemeier.

Feuerwehrübung in Tonnenheide am 21. August 1972. Kreisdirektor Dr. Günter Linkermann (hier im Gespräch mit Kreisbrandmeister Heinz Theilig) überzeugt sich von der Leistungsfähigkeit der Feuerwehren im Kreis Lübbecke.

Die Gutachter stellten fest, dass „bei allen Vorbehalten gegen absolute Zahlen“ bei einer Kreisbevölkerung unter 150 000 Einwohnern eine Neugliederung allein aus dem Gesichtspunkt der Bevölkerungszahl geboten erschiene. Wo die Verdichtung der Bevölkerung es erlaube, solle die Zahl von 200 000 Einwohnern als Mindestzahl angestrebt werden, weil sie die Grundlage für die Erfüllung vieler Aufgaben verstärke und verbessere. Nach oben sei die Einwohnerzahl der neuen Kreise eher durch Schwierigkeiten der Erschließung der Kreisgebiete und durch eine ungünstige Streuung der Einwohner als durch eine absolute Zahl zu begrenzen. In den stark verdichteten Räumen könnten Kreise bis zu 500 000 Einwohnern erreichen.

Die Einheitlichkeit der Landschaft brauche nicht zum Gliederungsprinzip erhoben zu werden; ebenso wenig könnten Reformvorschläge an historischen, konfessionellen, landsmannschaftlichen oder politischen Zusammenhängen scheitern. Die Argumente der Überschaubarkeit und der Ortsnähe spielten – so die Gutachter – bei den Kreisen nur eine untergeordnete Rolle, da die Kreise insoweit auf die Hilfe der Gemeindeverwaltungen zurückgreifen könnten. Das Kreisbewusstsein werde durch die Qualität der Einrichtungen des Kreises und seiner Dienste ebenso wie durch die Qualifikation der Kreistagsabgeordneten, des Oberkreisdirektors und seiner Mitarbeiter geprägt. Zu dem letzten Argument sei angemerkt, dass das Kreisbewusstsein der Bürger trotz aller Bemühungen auch nach drei Jahrzehnten immer noch zu wünschen übrig lässt.
Dass bei dieser Konzentration von Kreisen der Wegfall des Kreissitzes für viele bisherige Kreisstädte ein Verlust sein würde, vermochten die Gutachter nicht wegzudiskutieren. Hier sahen sie aber Ausgleichsmöglichkeiten durch Ansiedlung von Industrie- und Gewerbebetrieben und zentralörtlichen Einrichtungen wie Schulen, Weiterbildungseinrichtungen etc. Im Übrigen sei das Land NRW gefordert, diesen Städten eine besondere Finanzausstattung zu gewähren.
Eine Verteuerung der Verwaltung sei entgegen anderslautenden Behauptungen mit der Reform nicht verbunden. Im Gegenteil, bei gleichzeitiger Leistungssteigerung werde eine Verbilligung der Verwaltung ermöglicht.
Entsprechend ihrem Auftrag haben die Gutachter sodann Vorschläge zur gebietlichen Neugliederung der Kreise unterbreitet. Diese Vorschläge, die das ganze Land umfassten, orientierten sich an dem System der Entwicklungsschwerpunkte und Entwicklungsachsen entsprechend dem Entwurf des Landesentwicklungsplanes II.

Die Sachverständigen-Kommission schlug vor, die Landkreise Minden und Lübbecke zusammenzuschließen, allerdings die südlich des Wiehengebirges gelegenen 18 Gemeinden beider Kreise dem Kreis Herford zuzuordnen. Begründet wurde die Abtrennung dieser Gebietsteile mit den engen Verflechtungen, die in der Siedlungs- und Wirtschaftsstruktur zwischen der Stadt Bad Oeynhausen und dem Raum Löhne-Gohfeld bestanden.

Der Landkreis Lübbecke wurde in den Gutachten als äußerst strukturschwach bezeichnet. In jedem Fall sei es erforderlich, in einem neuen Kreis Minden-Lübbecke das Straßennetz planmäßig auszubauen, um den Raum in seiner Tiefe an die leistungsfähigen Entwicklungsachsen anzuschließen und damit die Voraussetzungen für eine Strukturverbesserung durch die Ansiedlung von Industriebetrieben zu schaffen.

Leider ist zu dieser Feststellung zu bemerken, dass die Verkehrsferne unseres Raumes – vor allem des Altkreises Lübbecke – noch immer zu beklagen ist. So fehlen nach wie vor eine zügige Anbindung der B 239 an die Autobahn A 2 im Raum Herford. Ebenso wenig ist die Landesstraße 770 an die Autobahn Bremen – Osnabrück (A 1) und an die Autobahn Hannover – Ruhrgebiet (A 2) angebunden worden. Das damalige Projekt der Autobahn A 5 Bremen – Gießen, die etwa auf der Grenze der beiden Altkreise Lübbecke und Minden in Nord-Süd-Richtung verlaufen sollte, ist ebenso aufgegeben worden wie der Neubau der Bundesstraße 65 zwischen Minden und Lübbecke. Diese Hinweise sollen allerdings nicht so verstanden werden, dass der Verfasser die Realisierung aller genannten Projekte für erforderlich hält. Im Gegenteil, es wäre wünschenswert gewesen, wenn man schon damals nach dem Grundsatz gehandelt hätte: Ausbau geht vor Neubau.

Natur- und Landschaftsschutz hatten im Kreis Lübbecke schon in den sechziger Jahren einen großen Stellenwert. Eine der wichtigsten Termine war in jedem Jahr die Begehung des Oppenweher Moores. Von links n. rechts: Landesrat Robert Paasch (Landschaftsverband Westfalen-Lippe), Heinrich Hüffmeyer (im Hintergrund), Dr. Günter Linkermann; rechts: Karl Treseler, Friedrich Büttemeier (Bürgermeister der Gemeinde Oppenwehe).

Kreis Lübbecke wehrt sich gegen Zusammenschluss mit Minden

Kreis unterbreitet Alternativvorschläge

Bis zur Verabschiedung des Bielefeld-Gesetzes am 28. September 1972 hat sich der Kreistag wiederholt mit der Kreisreform befasst und Gegenvorstellungen entwickelt.

Unmittelbar nach Veröffentlichung des Rietdorf-Gutachtens hat sich der Kreistag in seiner Sitzung vom 12. Juni 1968 in einer ersten Stellungnahme mit aller Entschiedenheit gegen den Zusammenschluss der Kreise Minden und Lübbecke (unter gleichzeitiger

Abtrennung des Bereichs Bad Oeynhausen/Rehme und des Amtes Hüllhorst) ausgesprochen. Als Hauptargument wurden die wenig ausgeprägten wirtschaftlichen, verkehrsmäßigen und kulturellen Beziehungen zwischen den beiden Kreisen angeführt. Bei einer solchen Lösung sei eine Schwächung des gesamten Lübbecker Raumes zu befürchten.

Zustimmen könne man hingegen dem im Auftrag der Landkreisversammlung von Prof. Stern und Privatdozent Dr. Püttner erarbeiteten, 1969 vorgelegten Gutachten über „die Neugliederung der Landkreise in NRW", in dem die Zuordnung Lübbecke – Minden als Verlegenheitslösung bezeichnet wurde.

Auch in berufständischen Organisationen regte sich Widerstand gegen einen Großkreis Minden-Lübbecke. In einer Stellungnahme vom 12. Juni 1969 lehnten Kreishandwerksmeister Walter Mothes und Geschäftsführer Assessor Herbert Becker namens der Kreishandwerkerschaft den Vorschlag der Rietdorf-Kommission ab. Sie verwiesen aus der Sicht des Handwerks auf die kaum vorhandenen Verflechtungen mit dem Raum Minden. Nicht weniger deutlich war die ablehnende Haltung der Landwirtschaft, die in einer Stellungnahme des Landwirtschaftlichen Kreisverbandes Lübbecke vom 20. Juni 1969 zum Ausdruck kam. In dieser von Geschäftsführer Assessor Hinnah unterzeichneten Erklärung wurden die Nachteile eines Großkreises aus der Sicht der Landwirtschaft dargestellt. Die Landwirte vertraten die Auffassung, dass ihrem Berufsstand in einem landwirtschaftlich geprägten Raum wie dem Kreis Lübbecke in Fragen der Gebietsneuordnung in jedem Fall ein Mitspracherecht zugebilligt werden müsse.

In einer weiteren Stellungnahme vom 30. Juni 1969 lehnte der Kreistag erneut die Verschmelzung mit dem Kreis Minden ab. Entsprechend dem Vorschlag von Isbary (1967) und Stern-Püttner (1969) sprach sich

Der Ausbau der Großen Aue hatte die Lage der Landwirtschaft, die bis dahin immer wieder von Überschwemmungen betroffen gewesen war, entscheidend verbessert. Vorn im Bild links Oberkreisdirektor Dr. Huchzermeyer, rechts Regierungspräsident Ernst Graumann.

der Kreistag dafür aus, den Kreis Lübbecke bis zur Neuordnung der Länder bestehen zu lassen und dann gegebenenfalls mit dem niedersächsischen Kreis Wittlage zu vereinen.

Als sich dann abzeichnete, dass man in Düsseldorf diesen Überlegungen nicht folgen würde und im Übrigen die Länder-Neuordnung in weite Ferne gerückt war, wurden weitere Neuordnungsvarianten erarbeitet.

Im Rahmen dieser Überlegungen waren vorübergehend auch Regionalkreise im Gespräch, die der damalige Innenminister Weyer favorisierte. Das Ziel dieses Denkmodells war es, die Zahl der Verwaltungsebenen durch eine Zusammenfassung der Bezirksregierungen und der Kreise zu verringern. Dabei wurden für das ganze Land NRW zwei Varianten, das

12er und das 25er Modell (Vorschlag des Innenministers) diskutiert.

Der Lübbecker Kreistag machte sich diese Überlegungen zu eigen und sprach sich in seiner Sitzung vom 2. Juli 1970 für die Bildung eines Regionalkreises aus den bisherigen Kreisen Herford, Minden und Lübbecke und dem Oberzentrum Bielefeld für den Fall aus, dass der Kreis Lübbecke seine Selbständigkeit verlieren würde (12er Modell). Hilfsweise signalisierte der Kreis Lübbecke auch seine Zustimmung zum 25er Modell, das einen Zusammenschluss der Kreise Herford, Minden und Lübbecke bedeutet hätte. Obwohl viele Experten in der Bildung von Regionalkreisen eine zukunftsweisende Lösung sahen, wurden diese Überlegungen mangels politischer Durchsetzbarkeit bald fallengelassen.

Im Kreishaus in Lübbecke sah man auch in der Folgezeit die Notwendigkeit, sich erneut mit dem Gutachten B auseinander zu setzen.

In der Kreistagssitzung vom 11. März 1971 legte Oberkreisdirektor Dr. Momburg eine

1. Variante

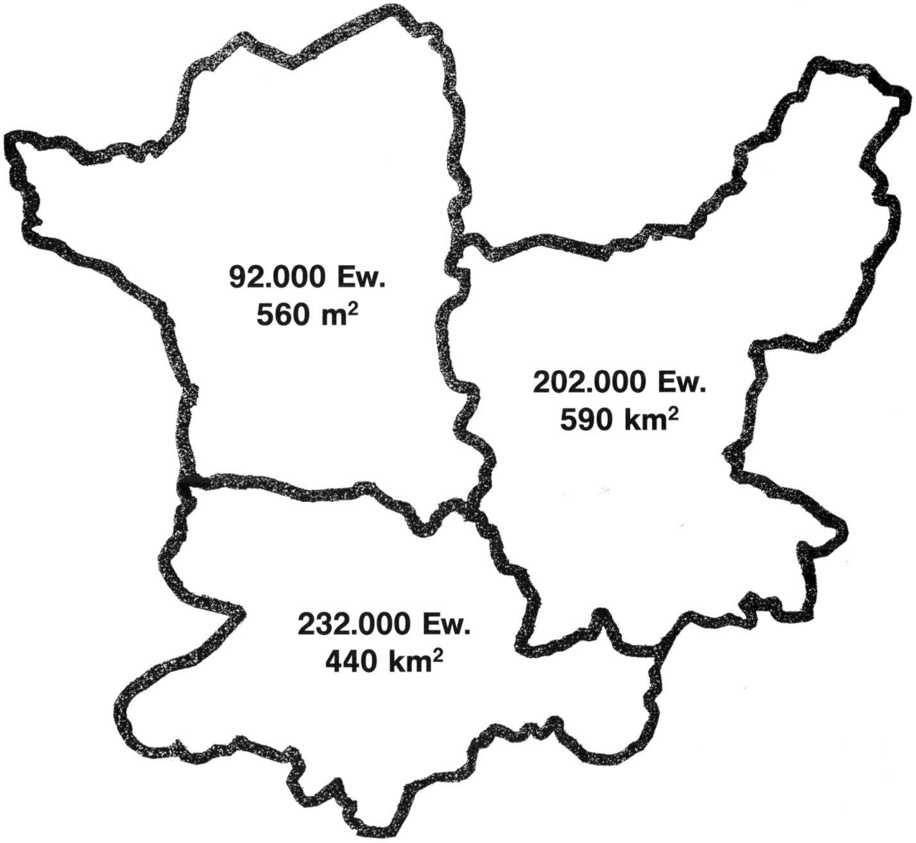

2. Variante

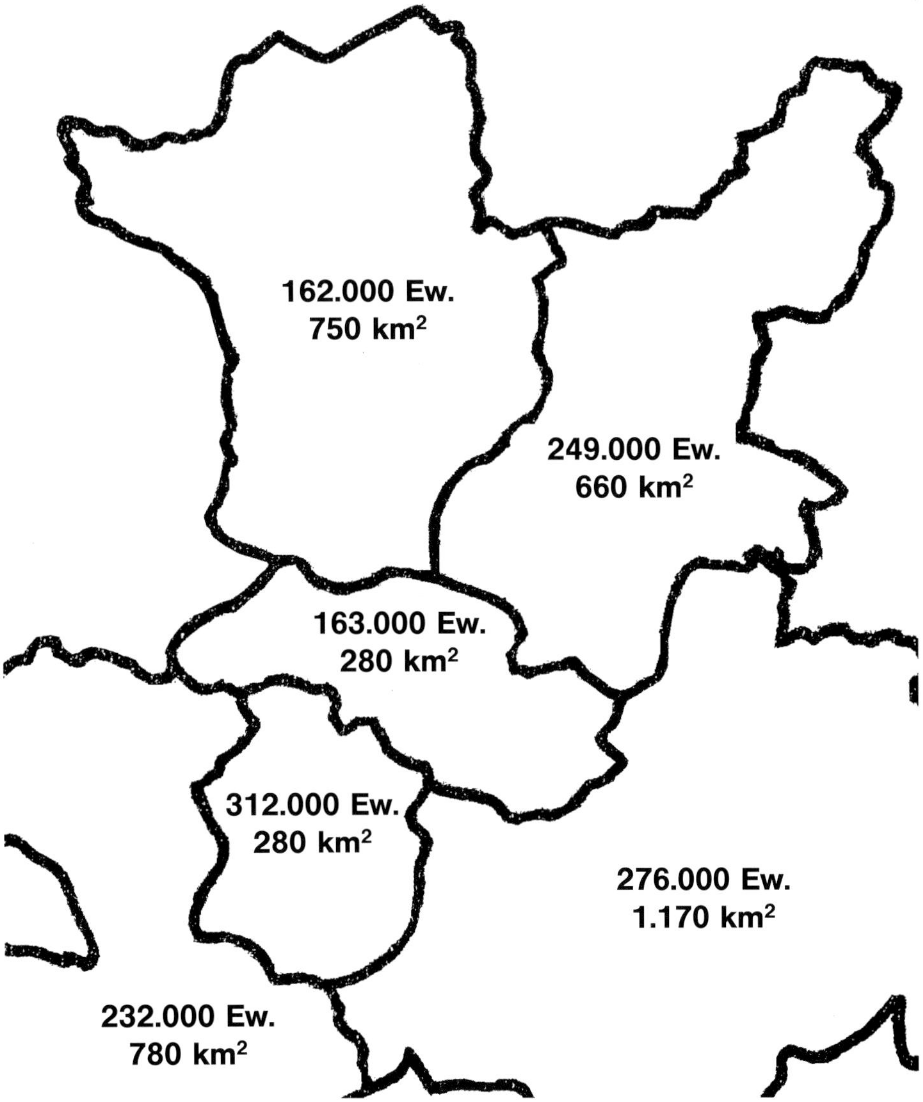

Studie zu den „Möglichkeiten zur Neugliederung der Kreise im Raum Minden-Ravensberg aus der Sicht des Kreises Lübbecke" vor. In dieser Schrift wurden die denkbaren Varianten der Kreisneuordnung in ihren Vor- und Nachteilen gegenübergestellt und abgewogen. Diese Untersuchungen hatten eine Tiefe, die der Neuordnungsvorschlag des Gutachtens B leider vermissen ließ.

Als 1. Variante (s. Plan) wurde der von Isbary und Stern–Püttner unterbreitete Vorschlag, die Kreise Lübbecke (95 000 Einwohner), Minden (200 000 Einwohner) und Herford (230 000 Einwohner) bestehen zu lassen, aufgenommen und als wünschenswert herausgestellt.

Als 2. Variante (s. Plan) wurde die Bildung eines sogenannten Wiehengebirgskreises (162 000 Einwohner – Zusammenschluss Kreis Lübbecke, nördlicher Kreis Herford) vorgestellt. Wegen der Zuordnung der Räume Bünde–Kirchlengern–Rödinghausen (Kreis Herford) und Hille (Kreis Minden) zu diesem Wiehengebirgskreis mit Lübbecke als zentral gelegener Kreisstadt sind dieser Lösung allerdings von vornherein keine großen Chancen gegeben worden, weil sie mit einer Auflösung des Kreises Herford verbunden gewesen wäre. Die Stadt Herford wäre mit 163 000 Einwohnern in die Größenordnung einer kreisfreien Stadt hineingewachsen, ein Status, den sie übrigens vor der Gebietsneuordnung hatte.

Die vom Gutachten B vorgeschlagene Lösung (3. Variante) (s. Plan), die einen Zusammenschluss der Kreise Minden und Lübbecke nördlich des Wiehengebirges (ohne Bad Oeynhausen, ohne die Ämter Rehme und Hüllhorst) vorsah (238 000 Einwohner) wurde als ausgesprochen unglückliche Lösung kritisiert und nachdrücklich abgelehnt. Der einzige Vorteil dieser 3. Variante bestehe in der Homogenität der zusammengelegten Gebietsteile. Ein solcher räumlicher Zuschnitt stimme auch nicht mit dem Landesentwicklungsplan II überein, der eine Entwicklungsachse 2. Ordnung für den Kreis Lübbecke in Nord-Süd-Richtung ausweise, während es in Ost-West-Richtung zwischen Lübbecke und Minden nur eine Entwicklungsachse 3. Ordnung gebe. Die peripher gelegene Kreisstadt Minden besitze für den gesamten Raum Lübbecke keine Zentralität; überhaupt bestünden aus Lübbecker Sicht zu Minden keine

3. Variante

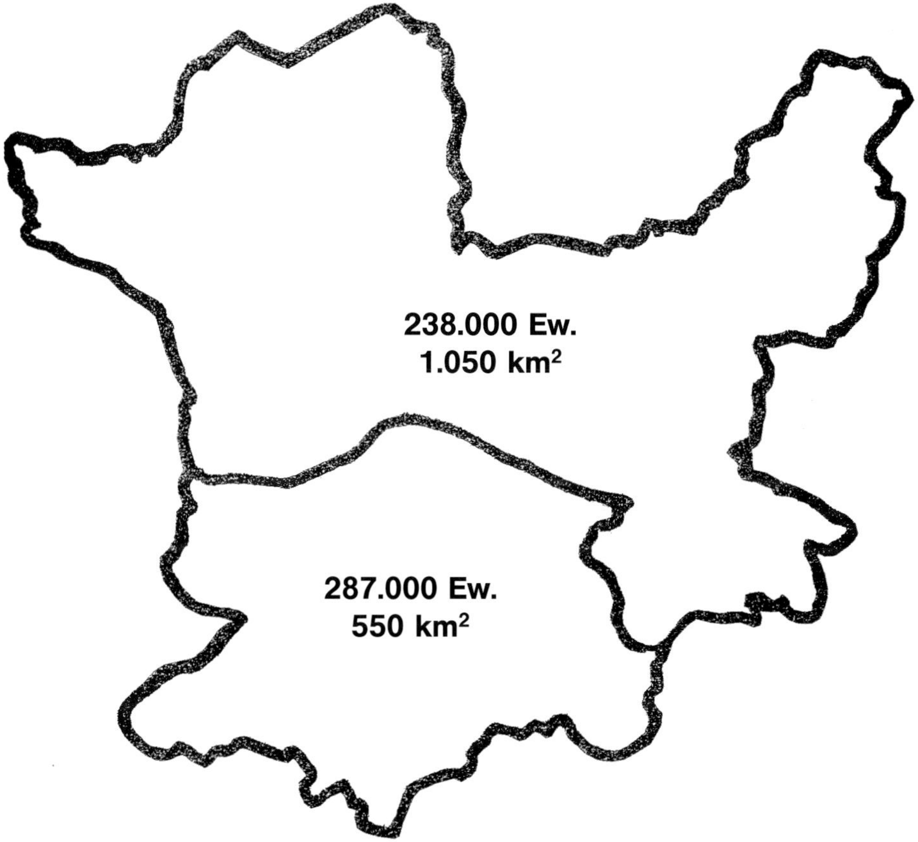

4. Variante

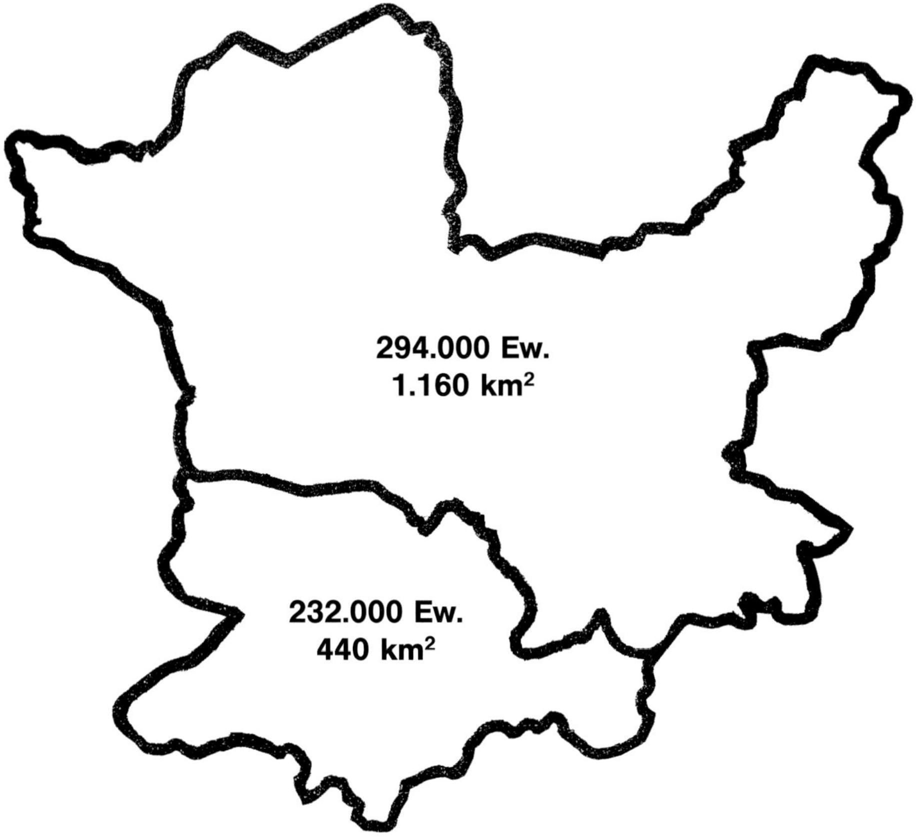

nennenswerten wirtschaftlichen und verkehrsmäßigen Verflechtungen. Der von der Sachverständigen-Kommission vorgeschlagene neue Kreis wäre im Vergleich zum Kreis Herford und zum Raum Bielefeld zu schwach strukturiert. Auf den Wirtschaftsraum Oeynhausen–Rehme könne bei der Bildung eines solchen „Kreises mit breiten Rändern und Wespentaille" (so Stern–Püttner, siehe Seite 127) unter keinen Umständen verzichtet werden.

Auch gegen den als 4. Variante (s. Plan) bezeichneten Zusammenschluss der bisherigen Kreise Minden und Lübbecke (294 000 Einwohner) opponierten die Lübbecker nachdrücklich. Bei dieser Lösung sahen sie die Hauptschwächen in der Durchschneidung des Verflechtungsgebietes Oeynhausen/Löhne, das im LEP II als Entwicklungsschwerpunkt zweiter Ordnung ausgewiesen war. Diese Variante ist dann später unter Abtrennung der früheren Gemeinde Uffeln (jetzt Teil von Vlotho/Kreis Herford) vom Landtag beschlossen und umgesetzt worden.

Im Laufe der letzten Jahrzehnte hat sich immer wieder gezeigt, dass die Grenzziehung im Raum Bad Oeynhausen/Löhne in der Tat eine ausgesprochen schlechte Lösung war und ist. Größere planerische Vorhaben, z. B. die Ausweisung von Straßen (u. a. der Autobahn A 30) oder von Kurgebieten lösten immer wieder Kontroversen zwischen diesen beiden Kommunen aus und führten oft zu unterschiedlichen Beschlusslagen in den politischen Gremien dieser beiden Städte.

Als einzig überzeugende Lösung wurde vom Kreis Lübbecke die Variante 5 (s. Plan), nämlich der Zusammenschluss der Kreise Herford, Minden, Lübbecke (525 000 Einwohner) zum Kreis Minden-Ravensberg vorgeschlagen. Dieser Großkreis füge sich, so wurde überzeugend dargelegt, ausgezeichnet in das System der Entwicklungsachsen und Entwicklungsschwerpunkte ein. Die sich bei den Varianten 1 - 4 ergebenden Probleme entstünden bei dieser Lösung nicht. Wenn man zudem den Raum Bad Oeynhausen/Löhne zum geografischen und verwaltungsmäßigen Mittelpunkt dieses Großkreises mache, seien die besonderen Probleme dieses Raumes gelöst. Auch die Zuordnungsproblematik der Gemeinde Hüllhorst mit ihren Verflechtungen nach Minden und Herford entfalle. Für die 3er-Lösung spreche auch, dass das Minden-Ravensberger Land ohnehin über mancherlei Integrationsfaktoren — wie Sprache und Brauchtum, Siedlungs- und Wirtschaftsstruktur —

5. Variante

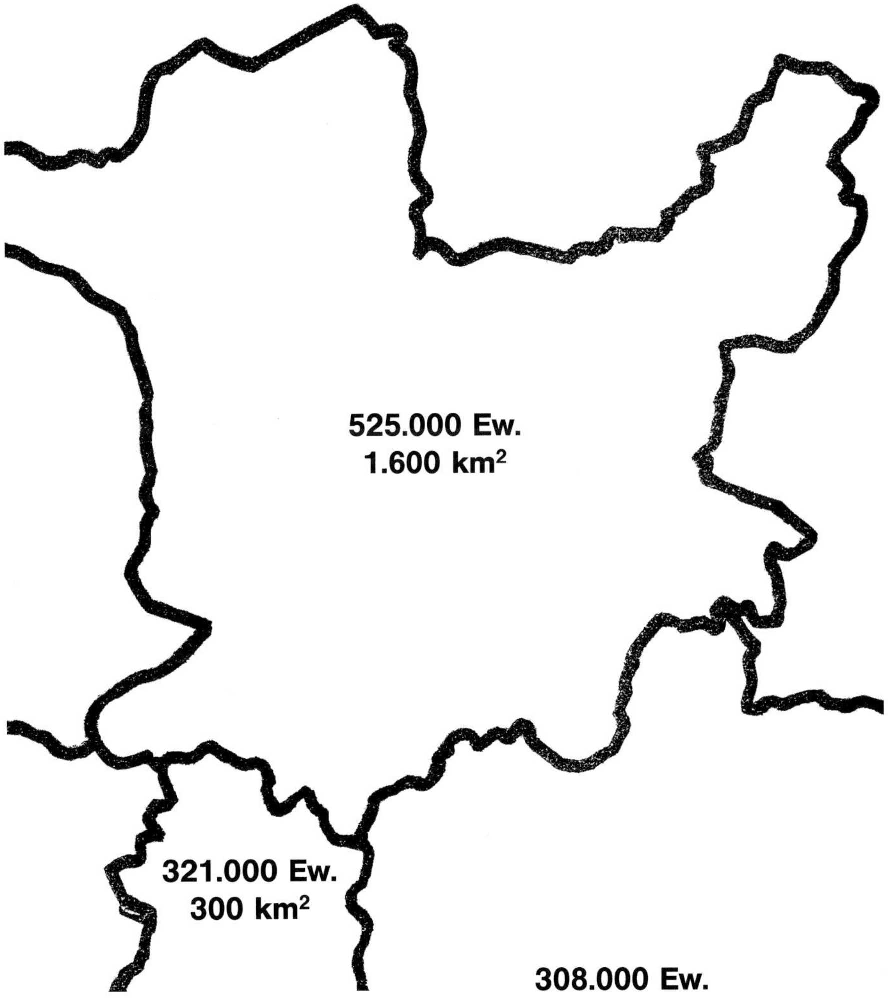

verfüge. Es gebe bereits eine Reihe von Einrichtungen und Behörden, die für alle drei Kreise zuständig seien, z. B. das Arbeitsamt und das Kreiswehrersatzamt in Herford, das Forstamt in Lübbecke. Das gegen ein solch großes Gebilde vorgebrachte Argument der mangelnden Überschaubarkeit sei nicht überzeugend; im Hochstift Paderborn und im benachbarten Niedersachsen gebe es wesentlich flächengrößere Kreise. Schließlich versperre ein Großkreis Minden-Ravensberg nicht den Weg zu einem späteren Regionalkreis.

Aus heutiger Sicht muss man allerdings sagen, dass ein derart großes Gebilde schwerlich überschaubar und kaum regierbar gewesen wäre.

Innenminister und Landesregierung schlagen dem Landtag die Bildung des Großkreises Minden-Ravensberg vor

Ebenso wie der Kreis Lübbecke wandte sich der Kreis Minden gegen die Bildung eines Kreises Minden-Lübbecke. Auch er favorisierte den Großkreis Minden-Ravensberg für den Fall, dass der Kreis Minden unter Einschluss der Städte Bad Oeynhausen und Vlotho nicht selbständig bleiben könnte. Hingegen lehnte der Kreis Herford den Großkreis nachdrücklich ab.

Eine Genugtuung war es für die Verantwortlichen des Kreises Lübbecke, als sich der Innenminister des Landes NRW in seinem Neuordnungsvorschlag vom 15. Juli 1971 primär den Lübbecker Neuordnungsvorschlag zu eigen machte und für diese Lösung in überzeugender Weise die gleichen Argumente anführte, wie sie vom Kreis Lübbecke vorgetragen worden waren. Die sog. große Lösung wurde unter dem Gesichtspunkt der zentralörtlichen Bereichsgliederung als „ideales Modell" einer Kreisreform bezeichnet, in der es in eindrucksvoller Weise ein ausgewogenes System von Entwicklungsschwerpunkten und Entwicklungsachsen gebe. Die Bedenken wegen der hohen Einwohnerzahl und der großen Fläche wurden als nicht sonderlich schwerwiegend angesehen.

In einem Alternativvorschlag hielt der Innenminister zwar auch die Zweierlösung (Kreis Herford und Kreis Minden-Lübbecke ohne Bad Oeynhausen) für denkbar und mit den Gründen des öffentlichen Wohles vereinbar. Anders als das Sachverständigen-Gutachten sprach sich der Innenminister bei der Realisierung der Zweierlösung aber für den Verbleib der Gemeinde Hüllhorst beim Kreis Minden-Lübbecke aus, weil Hüllhorst eindeutige mittelzentrale Bezüge zu Lübbecke habe.

Der Innenminister ließ keinen Zweifel daran, dass er der „großen Lösung" wegen der besseren wirtschaftlichen Ausgewogenheit und der optimalen Entwicklungschancen für das gesamte Kreisgebiet den Vorzug gab. Diese Lösung entspreche am Besten den wirtschaftlichen, räumlichen und verkehrlichen Zusammenhängen. Sie biete die von der Bevölkerung gewünschte Verklammerung mit dem ostwestfälischen Kernraum um Bielefeld/Herford. Die sich ergebende Größe schaffe allerdings auch Probleme (u. a. die Frage des Kreissitzes), die sich bei der kleinen Lösung nicht stellten.

Die kleine Lösung vermeide zwar diese Schwierigkeiten, sei aber in anderer Hinsicht problematisch. Der Kreis Herford sei flächenmäßig derart klein, dass er aus landesplanerischer Sicht an der untersten Grenze liege. Außerdem lasse er die strukturschwachen, von Niedersachsen umrahmten Bereiche nördlich des Wiehengebirges allein. Letztlich werde es eine Aufgabe des sachorientierten Ermessens sein, die Vorteile und Nachteile beider Lösungen gegeneinander abzuwägen und *einer* Lösung den Vorzug zu geben.

Als dem Landtag am 22. März 1972 von der Landesregierung der Entwurf des „Gesetzes zur Neugliederung der Gemeinden und Kreise des Neugliederungsraumes Bielefeld“ vorgelegt wurde, enthielt diese Landtagsdrucksache als einzigen Lösungsvorschlag für unseren Raum ebenfalls die Bildung des Großkreises Minden-Ravensberg. Der vorgeschlagene Zusammenschluss der Kreise Herford, Minden und Lübbecke war fundiert und überzeugend begründet. An mehreren Stellen des Gesetzentwurfes hatte die Landesregierung darauf hingewiesen, dass die „Zweierlösung“ wegen ihrer deutlichen Schwächen nicht in Betracht kommen könnte.

Großkreislösung wird mit knapper Mehrheit zu Fall gebracht

Es stellte sich bald heraus, dass ein Gesetzentwurf noch kein Gesetz ist. Nachdem der Gesetzentwurf mit der 3er-Lösung die erste Lesung im Landtag noch unbeschadet überstanden hatte, wurde von der CDU-Fraktion das Signal zum Gegenangriff geblasen. Offenbar wurde befürchtet, dass ein Großkreis Minden-Ravensberg mit über 500 000 Einwohnern zum Präzedenzfall für den Zuschnitt anderer Kreise im Lande werden könnte. Der mögliche Verlust politischer Mehrheiten und der Erhalt des eigenen Kreises soll – so wurde kolportiert – für die intensiven Bemühungen einiger Abgeordneter, diesen Großkreis zu verhindern, ausschlaggebend gewesen sein. In der zweiten Lesung am 26. September 1972 wurde deutlich, dass der Kreis Minden-Ravensberg keine Chance mehr hatte. Bei der dritten Lesung am 28. September 1972 sprach sich der Landtag mit einer knappen Mehrheit gegen diesen Kernpunkt des Bielefeld-Gesetzes aus. Mit Hilfe von vier SPD-Abgeordneten hatte die CDU-Opposition den Großkreis Minden-Ravensberg zu Fall gebracht. Durch das Bielefeld-Gesetz wurden 173 Gemeinden zu 17 neuen Gemeinden und 8 Kreise zu 4 neuen Kreisen zusammengefasst.

Im Lübbecker Kreistag und in den Medien hatte dieses Abstimmungsergebnis insofern noch ein Nachspiel, als auch die heimischen Landtagsabgeordneten Gustav Niermann und Albert Pürsten (beide CDU) gegen den so nachdrücklich vom Kreis Lübbecke geforderten Großkreis gestimmt hatten, für den sie vorher wiederholt in der Öffentlichkeit plädiert hatten. Der Antrag der SPD-Kreistagsfraktion (Vorsitzender Heinrich Hüffmeyer), das Verhalten der Abgeordneten Niermann und Pürsten zu missbilligen, verfehlte im Kreistag nur knapp die Mehrheit (15 : 16 Stimmen).

Auf einem Empfang, zu dem die Repräsentanten der Behörden, Verbände und der unterschiedlichsten gesellschaftlichen Gruppen eingeladen waren, nahm man Abschied vom Kreis Lübbecke, der sich seit seiner Gründung im Jahr 1831 in bemerkenswerter Weise entwickelt hatte (siehe Bild Seite 431).

Im Übrigen fügte man sich in den letzten Wochen, die bis zum Inkrafttreten des Bielefeld-Gesetzes am 1. Januar 1973 verblieben, in das Unabänderliche. Die Oberkreisdirektoren Horst Rosenbusch (Minden) und Dr. Rolf Momburg (Lübbecke) sowie die Landräte Hans Rohe (Minden) und Hermann Struckmeier (Lübbecke) führten in den folgenden Monaten unter Beteiligung der Führungskräfte der Verwaltungen und der politischen Repräsentanten viele Abstimmungsgespräche. U. a. wurde eine Kommission aus den Oberkreisdirektoren, den Kreisdirektoren Karl Klaffei und Dr. Günter Linkermann, den Personaldezernenten Adolf Meyer und Karl Horstmann gebildet, die die Organisation und Geschäftsverteilung der neuen Kreisverwaltung Minden-Lübbecke erarbeitete.

Betrübnis im Kreistag über Bielefeldgesetz
FDP und SPD enttäuscht über heimische MdL

Scharfe Mißbilligung des Verhaltens von Niermann und Pürsten / Breite Diskussion in der Kreistagssitzung

Nur der Kreis Herford bleibt nahezu unverändert erhalten

Einschneidendste Gebietsreform seit über 150 Jahren

Von Manfred Gärtner

Düsseldorf (eig. Ber.). Ostwestfalen-Lippes Landkarte (mit Ausnahme des Hochstiftes Paderborn) wird am 1. Januar 1973 die einschneidendsten Korrekturen seit den von Steinschen Reformen vor über 150 Jahren erfahren. Die Kreise Minden und Lübbecke, Wiedenbrück und Halle (neuer Kreisname Gütersloh) sowie Detmold und Lemgo (Lippe) werden zu neuen Kreisen zusammengelegt. Der Landkreis Bielefeld geht mit Ausnahme der Gemeinde Schloß Holte-Stukenbrock in der Stadt auf.

Bielefeld wird 320000-Einwohner-Stadt
Großkreis Minden-Ravensberg gescheitert

4 SPD-Abgeordnete stimmten mit CDU-Opposition / Morgen dritte Lesung

Wir stellen den neuen Kreis Minden-Lübbecke vor:

300000 Einwohner leben auf einer Fläche von 1058 qkm in sieben Städten und vier Gemeinden

Der Lübbecker Kreistag tritt zu seiner letzten Sitzung zusammen.

Bildreihe rechts:
Ein letztes Zusammensein des Kreisausschusses im Haus des Landrats Hermann Struckmeier.
Ganz oben: Oberkreisdirektor Dr. Rolf Momburg und stellv. Land- rat Ortwin Grevel trinken auf die Zukunft. Mitte: Gerhard Wetzel (links) und Ernst Dedert er- innern sich an schöne Stunden. Unten: Karl Treseler, Heinrich Hüffmeyer und Erich Seidel in nachdenk- licher Runde.

Da Minden vom Gesetzgeber als Sitz der Verwaltung des neuen Kreises bestimmt worden war, das im Rohbau stehende Mindener Kreishaus aber noch nicht bezogen werden konnte, mussten die Mitarbeiter(innen) der neu gebildeten Verwaltung in den ersten Jahren nach der Neugliederung in beiden Orten Minden und Lübbecke untergebracht werden. Allmorgendlich fuhren Bedienstete der früheren Lübbecker Verwaltung nach Minden und umgekehrt aus Minden nach Lübbecke, weil die neu gebildeten Abteilungen bzw. Ämter nicht zersplittert, sondern jeweils in ihrer Gesamtheit untergebracht worden waren.

Etliche Mitarbeiter der Lübbecker Kreisverwaltung wichen der Umsetzung nach Minden dadurch aus, dass sie in den Dienst der neu gebildeten Gemeinden überwechselten. So verständlich die Verärgerung der Beschäftigten über den endgültigen Wechsel des Dienstortes auch war, so waren manche Reaktionen doch überzogen. Der neue Kreis Minden-Lübbecke (die Bezeichnung war ursprünglich nur als Arbeitstitel gedacht und ist durch ein Versehen des Landtags nicht mehr korrigiert worden) hat alle Mitarbeiter(innen) der beiden Kreise übernommen, niemand ist arbeitslos geworden.

Die Anlaufschwierigkeiten der ersten Zeit nach der Kreiszusammenlegung sollen allerdings auch nicht verschwiegen werden. Diese Schwierigkeiten ergaben sich nicht nur aus der Zersplitterung der Verwaltung, den Organisationsproblemen, sondern vor allem daraus, dass es der Verwaltung noch längere Zeit an der inneren Homogenität fehlte. Viele Mitarbeiter beider Kreise hatten den Arbeitsplatz wechseln, in ein hinteres Glied zurücktreten, neue Vorgesetzte der „anderen“ Verwaltung akzeptieren müssen.
Im parlamentarischen Bereich hingegen ist die Zusammenlegung erstaunlich schnell verkraftet worden. Mindener und Lübbecker Fraktionen hat es im Kreistag von Anfang an nicht gegeben.
Stellt man allerdings die Frage nach dem Kreisbewusstsein der Bevölkerung, so gibt es hier auch nach fast 30 Jahren vor allem im Altkreis Lübbecke noch eine Distanz. Die Bürger- und Ortsnähe hat nicht nur durch die größere Entfernung zur jetzigen Kreisstadt Minden, sondern auch dadurch gelitten, dass die Verwaltung größer und aus der Sicht des Bürgers anonymer geworden ist. Diese Entwicklung ist im Laufe der Jahre noch dadurch verstärkt worden, dass die heutigen Dienstkräfte des Kreises nur noch zu einem relativ geringen Teil aus dem Altkreis Lübbecke stammen bzw. hier ansässig sind. Umso wichtiger ist es, dass die Verantwortlichen in Politik und Verwaltung sich weiter um die Stärkung des Identitätsbewusstseins unserer Bürger bemühen. In dieser Beziehung sind wir in unserem Mühlenkreis Minden-Lübbecke zwar auf einem guten Weg, aber noch längst nicht am Ziel.

Blick auf Lübbecke von Norden (1955).

Abschiedsempfang des Kreises Lübbecke im Hotel Deke, Preuß. Oldendorf.
Von links nach rechts: Oberkreisdirektor a. D. Dr. Ernst Huchzermeyer; Oberkreisdirektor Horst Rosenbusch, Minden; Landrat Hermann Struckmeier; ehemaliger Landrat Heinrich Schumacher; Dezernent Karl Horstmann; Regierungspräsident Ernst Graumann; Kreisdirektor Dr. Günter Lin- kermann; Staatsminister a. D. Gustav Niermann; Fraktionsvorsitzender Heinrich Hüffmeyer; stellv. Landrat Ortwin Grevel; Oberkreisdirektor Dr. Rolf Momburg.

Sicherlich wollen noch einige Leser dieses Buches, die die Jahre 1953 bis 1973 miterlebt und in den Arbeitskreisen zur Erstellung dieser Schrift nicht mitgearbeitet haben, Anregungen zu den einzelnen Kapiteln geben.

Wir bitten diese Anmerkungen weiterzuleiten an die Volkshochschule Altkreis Lübbecke, Wilhelm-Kern-Platz 4, 32339 Espelkamp.

Die Erstellung dieses Buches wurde ermöglicht durch die Unterstützung folgender Institutionen und Kommunen:

Sparkasse Minden-Lübbecke; Stadtsparkasse Rahden; die Freie Demokratische Partei, Kreisverband Minden-Lübbecke; die Sozialdemokratische Partei Deutschlands, Unterbezirk Minden-Lübbecke; die Christlich-Demokratische Union, Kreisverband Minden-Lübbecke; die Gemeinden Stemwede und Hüllhorst sowie die Städte Lübbecke, Espelkamp, Preußisch Oldendorf und Rahden.